Rainer Bunz · Der vergessene Maestro – Frieder Weissmann

Buch

Frieder Weissmann (1893-1984) war in den „Goldenen Zwanzigern" und Anfang der dreißiger Jahre ein bedeutender deutscher Dirigent, bis ihn die Nazis zur Emigration zwangen. Während er danach in Deutschland in Vergessenheit geriet, konnte er seine Karriere als Orchestererzieher und Gastdirigent in den Niederlanden, in Süd- und Nordamerika, nach 1950 auch in Ländern wie Kuba und Italien erfolgreich fortsetzen. Aktiv als Dirigent noch im neunten Lebensjahrzehnt, verkörpert Frieder Weissmann eine ganze Epoche. Er arbeitete auf drei Kontinenten mit den seinerzeit größten Stars aus Oper und Konzert zusammen und war ein Zeitzeuge, dessen wechselvolles Schicksal nicht zuletzt deswegen im kollektiven Gedächtnis festgehalten zu werden verdient, weil es eine berührende deutsch-jüdische Geschichte erzählt. Vor dem Hintergrund der Wirrnisse und Katastrophen des vorigen Jahrhunderts entwirft Rainer Bunz das faszinierende Porträt eines außergewöhnlichen Menschen und Musikers. Sein gründlich recherchiertes, in jahrelanger Arbeit entstandenes Buch ist die erste Biographie des zu Unrecht vergessenen Maestros Frieder Weissmann.

Autor

Rainer Bunz, Jahrgang 1944, studierte Germanistik, Anglistik und Amerikanistik in München, Tübingen und Medford, Mass., USA. Nach beruflichen Stationen im deutsch-amerikanischen Kulturaustausch und in der evangelischen Publizistik wechselte er 1980 zum Ersten Deutschen Fernsehen (ARD) und war dort dreißig Jahre lang als Spielfilmredakteur tätig, zuständig u. a. für die erfolgreichen Verfilmungen von Henning Mankells Wallander-Krimis mit Krister Henriksson und Kenneth Branagh. Als Autor ist Rainer Bunz in jüngerer Zeit vor allem mit historischen Veröffentlichungen hervorgetreten.

Rainer Bunz

Der vergessene Maestro
Frieder Weissmann

Mit 95 Abbildungen.

Bibliografische Information der Deutschen Nationalbibliothek:
Die Deutsche Nationalbibliothek verzeichnet diese Publikation in der Deutschen Nationalbibliografie;
detaillierte bibliografische Daten sind im Internet über http://dnb.d-nb.de abrufbar.

TWENTYSIX – Der Self-Publishing-Verlag
Eine Kooperation zwischen der Verlagsgruppe Random House und BoD – Books on Demand

© 2016 Rainer Bunz
Satz, Layout und Umschlaggestaltung S. Elber

Herstellung und Verlag:
BoD – Books on Demand, Norderstedt

ISBN: 978-3-7407-0899-3

„Als Künstler befindet sich der Dirigent in einer bevorzugten Position. Er verfügt über ein Orchester, das ihn kennt und mit ihm in endlosen Proben bereits alle emotionalen Höhen und Tiefen des aufzuführenden Werks durchlitten hat. Aber wie ein Bumerang kann sich auch das Orchester vom harmlosen Instrument zum Mordwerkzeug verwandeln. Bisweilen, wenn auch nur kurz, lässt sich das Publikum täuschen – ein Orchester aber niemals! Ein erfahrener Musiker eines der großen Orchester der Welt sagte einmal: ‚Bereits nach dem ersten Auftakt, wenn er nur den Dirigentenstab hochhebt, wissen wir schon, *wer* der Dirigent ist und ob wir auf seiner Seite sind.‘ Und falls nicht, wird der Dirigent immer verlieren. Aber wenn das Orchester mit dem Dirigenten mitgeht, dann kann er sich wie ein Mann in einer glücklichen Ehe fühlen, wo sich beide Partner ohne viel Getue verstehen, sich gegenseitig respektieren und immer gemeinsam bestrebt sind, alles zu einem guten Ende zu bringen.“

Frieder Weissmann

Für M. und S.

Inhalt

Vorwort

Eine Biographie mit weit über vierhundert Seiten über einen Dirigenten, den heute fast niemand mehr kennt – ist das nicht ein bisschen zu viel des Guten? Wenn sein Schaffen es nicht verdiente und sein Leben mausgrau und alltäglich geblieben wäre, gewiss. Aber beides trifft bei Frieder Weissmann nicht zu. Während der Weimarer Republik war er einer der bekanntesten jüngeren deutschen Dirigenten. Erfolgreich als Opern- und Konzertdirigent, leitete er viel beachtete Konzerte der Dresdner Philharmoniker, des Berliner Sinfonie-Orchesters und der Berliner Philharmoniker. Als „Hausdirigent" der Berliner Lindström AG war er ein Markenzeichen des damals größten Schallplattenkonzerns in Europa und – lange vor seiner ersten Auslandsreise – eine in der Musikwelt international anerkannte Größe. Er war ein Schallplattenpionier und seinerzeit im Bereich der E-Musik wohl der produktivste Schallplatten-Dirigent Deutschlands. Er wagte viele Schallplattenpremieren, u. a. die erste Gesamtaufnahme aller Beethoven-Sinfonien, und arbeitete bis 1933 mit allen großen Stars von Oper und Konzert zusammen, hießen sie Lotte Lehmann, Meta Seinemeyer, Lauritz Melchior, Richard Tauber, Josef Schmidt, Emanuel Feuermann, Josef Wolfsthal oder Moriz Rosenthal.

Die Machtübernahme der Nazis setzte seiner Karriere in Deutschland ein jähes Ende. Dank internationaler Bekanntheit und gut funktionierender Kontakte ins Ausland gelang ihm – im Unterschied zu manch anderen Musiker-Emigranten – relativ leicht in der Fremde eine zweite erfolgreiche Karriere als Dirigent und Orchestererzieher, zunächst in Holland und Argentinien, später auch in Nord- und Lateinamerika. Aber auch da legte ihm die Politik wiederholt Steine in den Weg: 1939 wurde er infolge des Kriegsausbruchs von seinen Wirkungsstätten in den Niederlanden und Argentinien abgeschnitten, 1953 führte das Regime des kubanischen Diktators Batista zur Trennung von seinem Orchester in Havanna. Trotz vieler Widerstände, nicht zuletzt auch von mächtigen US-Künstleragenten, behauptete sich Frieder Weissmann im Musik-*Business* und war noch im neunten Lebensjahrzehnt als Dirigent aktiv.

Die Lebensleistung Frieder Weissmanns, der mit weit über 2.000 zwischen 1921 und 1950 eingespielten Schallplatten und zahlreichen Rundfunkaufnahmen ein umfangreiches *Oeuvre* wie nur wenige Dirigenten hinterließ, ist in der Tat beachtlich und verdient auch heute noch Interesse. Darüber hinaus verkörperte er eine ganze Epoche. Musikalisch schlug sein Leben eine Brücke von der Spätromantik zur Seriellen Musik, von der Operette bis zum Jazz und der Beat- und Popmusik der 1980er Jahre. Mediengeschichtlich durchmaß er eine Strecke, die von der frühen Tonaufzeichnung mit Schalltrichter bis zur digitalen Bild- und Tontechnik reichte und in deren Verlauf das Kino, der Rundfunk und das Fernsehen entstanden und zu dominierenden Massenmedien wurden. Er war ein Zeitzeuge, der in seinem wechselvollen Leben auf drei Kontinenten hautnah die Wirrnisse und Katastrophen des 20. Jahrhundert erlebte. Er überstand zwei Weltkriege, Hungerjahre, Revolutionszeiten, wurde vom Trubel der gar nicht so „Goldenen Zwanziger" mitgerissen und vom Niedergang der Weimarer Republik enttäuscht. Hinzu kamen private Schicksalsschläge: der Soldatentod seines geliebten Bruders 1917, der frühe Tod der legendären Sängerin Meta Seinemeyer 1929, seiner großen Liebe und ersten Ehefrau, der Tod des Vaters wenige Wochen nach den Novemberpogromen von 1938, die Ermordung der Mutter in Auschwitz 1942, der überraschende Tod seiner zweiten Ehefrau Rosa Edna Chevallier-Boutell 1980.

Musikalisch geprägt wurde Weissmann vom 19. Jahrhundert, insbesondere von der Musik der Hoch- und Spätromantik. Deren Komponisten waren für ihn keine entrückten Klassiker, sondern Schöpfer von Gegenwartsmusik. Bei seiner Geburt war Richard Wagner erst zehn Jahre tot, dessen italienischer Antipode Giuseppe Verdi (1813-1901) lebte noch und präsentierte seine letzte Oper FALSTAFF. Johannes Brahms (1833-1897) und Anton Bruckner (1824-1896), die großen Sinfoniker der Romantik, kosteten den verdienten Ruhm aus, den ihr in diesem Jahr verstorbener russischer Kollege Peter I. Tschaikowsky (1840-1893) sich mit einer in wenigen Wochen kurz vor seinem Tod komponierten „PATHÉTIQUE"-Sinfonie zwar für immer sichern konnte, aber nicht mehr genießen durfte. Gustav Mahler (1860-1911) und Richard Strauss (1864-1949) waren lebende Vorbilder, die zu Fixsternen an Weissmanns musikalischem Himmel wurden. Sie markieren auch Leuchtpunkte in seiner Dirigentenkarriere, deren Anfänge alles andere als einfach waren. Der Vater, der für seinen Sohn einen anderen Beruf vorgesehen hatte, leistete jahrelang hinhaltenden Widerstand, und Teile der Presse reagierten auf seine ersten öffentlichen Auftritte als Dirigent und Komponist mit so ätzender Missbilligung, dass jeder andere Aspirant mit weniger Selbstbewusstsein aufgegeben hätte und für immer traumatisiert gewesen wäre.

Neben der Musik war für Weissmann der im letzten Drittel des 19. Jahrhunderts anschwellende Antisemitismus, zu dessen Stimmungsmachern fatalerweise Richard Wagner zählte, von schicksalhafter Bedeutung. In seinem Geburtsjahr zog erstmals eine dezidiert antisemitische Partei in den Reichstag ein, die den Boden für Verhältnisse vorbereitete, die Weissmann vierzig Jahre später zur Aufgabe seiner Existenz in Deutschland zwangen. Schon vorher hatte er immer wieder antisemitische Ressentiments, Anfeindungen und Behinderungen erlebt, z. B. von den Behörden, die ihm, obwohl er gebürtiger Hesse war, einen deutschen Pass bis zu seinem siebenunddreißigsten Lebensjahr vorenthielten — und den er schon fünf Jahre später leichten Herzens gegen einen argentinischen Pass eintauschte, nachdem die Nazis die Nürnberger Rassengesetze erlassen hatten.

Zweifellos haben die Brüche in Weissmanns Karriere, sein unstetes Leben auf drei Kontinenten und in verschiedensten Sprachräumen dazu beigetragen, dass ihn die Medien, aber auch die Musikwissenschaft und die Exilforschung aus dem Blick verloren haben und ihm der verdiente Nachruhm nicht zuteil wurde. In Deutschland kam das Totschweigen durch die Nazis hinzu, das mitverantwortlich dafür war, dass ihm dort ein Comeback nach dem Krieg nicht gelang. Bis heute hat sich an der Missachtung von deutscher Seite kaum etwas geändert – was aktuell zwei wissenschaftliche Publikationen leider belegen. Die Berliner Dissertation (Lange, Peter. 2015. *Ein amerikanischer Europäer: Die zwei Leben des Dirigenten Hans Schwieger*. Berlin: Metropol-Verlag) über den ebenfalls hierzulande vergessenen, 1938 in die USA geflüchteten Dirigenten Hans Schwieger ist zweifellos verdienstvoll und ambitioniert, allein ihre Angaben zur Person Frieder Weissmanns, dessen Lebensweg wiederholt Schwiegers Laufbahn kreuzte, sind meistens falsch oder unvollständig, weil sie allein auf einer völlig überholten amerikanischen Quelle von 1957 basieren. Auch die Verdienste des via Internet vom Musikwissenschaftlichen Institut der Universität Hamburg veröffentlichten „Lexikons verfolgter Musiker und Musikerinnen der NS-Zeit" stehen außer Frage, doch ist der im September 2015 veröffentlichte und mit dürftigsten Personen- und Literaturangaben versehene Eintrag zu Frieder Weissmann absolut unzureichend, zudem auch fehlerhaft. So wird ihm die Berufsbezeichnung „Jurist" angedichtet, obwohl er nie über ein einziges Semester Jurastudium hinausgekommen war. Darüber hinaus wird auch die Verbindung zu seinem – ebenfalls mit einem Kurzeintrag vertretenen – Vater Ignatz Isidor Weissmann unterschlagen.

Um dem Mangel einer dringend erforderlichen Biographie Frieder Weissmanns abzuhelfen, ist dieses Buch entstanden. Bis vor vier Jahren war auch mir sein Name völlig unbekannt. Folglich habe ich Frieder Weissmann auch nie kennengelernt, noch jemals vorher ein Konzert besucht, bei dem er dirigierte, oder Schallplatten gehört, die unter seiner musikalischen Leitung entstanden waren. Die Tatsache, dass er in der hessischen Stadt Langen auf die Welt kam, in der ich selbst mehr als zwanzig Jahre lang gewohnt und während dieser Zeit nie etwas von ihm gehört oder gelesen hatte, war für mich der Anlass, mich mit seiner Person näher zu beschäftigen. Nach Vortragstätigkeit und einem einstündigen, im Januar 2013 im Programm Bayern Klassik ausgestrahlten Radioessay über Frieder Weissmann reifte mein Entschluss, sein Leben und Werk mit einer ausführlichen Biographie zu würdigen.

Dass es ein schwieriges Vorhaben werden würde, ahnte ich, aber hätte ich von vornherein gewusst, welche Schwierigkeiten mich tatsächlich erwarteten, hätte ich es vielleicht doch nicht in Angriff genommen. Eine Biographie über einen Menschen zu schreiben, der ein so wechselvolles Leben in verschiedensten Sprachräumen auf drei Kontinenten führte, ist schon aufgrund der sich dabei ergebenden geographischen und sprachlichen Hindernisse keine einfache Sache. Erschwert wird sie noch dadurch, dass Weissmann nur wenig hinterlassen hat, um Biographen die Arbeit zu erleichtern. Bedingt durch die Flucht 1933, die Schiffskatastrophe 1934, den Weggang von Buenos Aires 1937 und

die Aufgabe des USA-Wohnsitzes 1981 ist fast alles aus der Zeit vor 1934 und
das meiste, was er danach besessen, komponiert, aufgezeichnet, gesammelt und
dokumentiert hatte, verloren gegangen.

Geblieben ist ein schmaler Nachlass, der für die detaillierte Rekonstruktion
seines Lebens oftmals kaum ergiebig ist. Tagebücher oder andere private Auf-
zeichnungen über sein Leben sind darin nicht zu finden. Enthalten sind eine
kleine Fotosammlung, zwei Adressbücher, mehrere Pässe und nicht sehr viele
Briefe, darunter eine Handvoll, die von den Eltern stammen, und ein kleines
Bündel, geschrieben im heißen Sommer 1948, von seiner zweiten Frau. Ferner
stößt man auf ein paar Interviews, z. T. auf CD festgehalten, bei denen sich
Weissmann, wohl gewitzt durch frühe, nicht immer positive Erfahrungen mit
den Medien, als ein sehr vorsichtiger Gesprächspartner erweist, der Interview-
ern nur selten Einblick in sein Privatleben gibt.

All diese Umstände und dazu noch eine in Bezug auf seine Person kaum
existierende Sekundärliteratur erforderten eine jahrelange intensive Recherche-
arbeit in Archiven, Bibliotheken, im Internet, bei Arbeitgebern, Fachleuten und
Weggefährten Weissmanns bzw. deren Nachkommen. Da das Projekt allein
meiner Initiative entsprang und ohne finanzielle Förderung auskommen musste, blieben Vor-Ort-Recherchen aus Kostengründen auf Deutschland beschränkt. Dank eines mittlerweile vielfältigen digitalen Angebots konnte überraschend oft auf ausländische Zeitungen und Zeitschriften über das Internet zu-
gegriffen werden, das niederländische Webportal „Delpher" (http://www.del-
pher.nl/) muss man hier als vorbildlich sowohl hinsichtlich des Angebots als
auch der Aufbereitung und Handhabung bezeichnen.

Mit dem bei den Nachforschungen zutage geförderten Material ließen sich
viele, aber leider nicht alle biographischen Lücken mit wohl begründetem Material schließen. Nicht selten blieb mir dann nur der Ausweg der Vermutung, der
sich durch Worte wie „vermutlich", „wohl", „anscheinend" ankündigt. Sollten
Leserinnen und Leser bessere Kenntnis über manche noch dunkel gebliebene
Stellen in Weissmanns Biographie haben oder sonstigen Korrekturbedarf feststellen, wäre ich für entsprechende Hinweise dankbar.

Rainer Bunz
im Januar 2016

KAPITEL 1

Semy
1893-1916

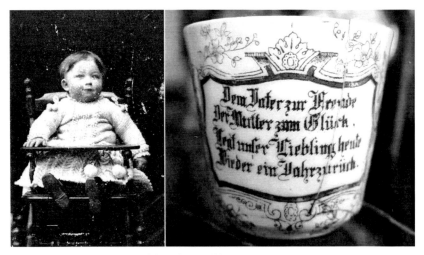

Semy Weissmann im Alter von einem Jahr; rechts seine Geburtstagstasse.

Herkunft und Kindheit

Über seine Herkunft sprach er nur ungern. Wenn die Rede doch darauf kam, konnte der sonst stets Höfliche durchaus ungemütlich werden. Eine amerikanische Lokalreporterin sollte dies im Jahre 1968 zu spüren bekommen, als sie ein Interview mit dem damals 75jährigen Dirigenten damit beginnen wollte, dass sie nach seinem Geburtsort fragte. „Das interessiert doch niemand," fauchte er, „wo ich geboren wurde, hat absolut keine Bedeutung!"[1]

Im Grunde hatte er recht, denn von der hessischen Kleinstadt Langen, in der Frieder Weissmann am 23. Januar 1893 das Licht der Welt erblickte, dürfte wohl kaum ein Leser des im US-Staat Connecticut beheimateten Lokalblatts je gehört haben. Ganz abgesehen davon, dass er selbst von dem südlich von Frankfurt am Main auf halber Strecke nach Darmstadt gelegenen Geburtsort Langen nur eine vage Vorstellung hatte. Denn von der Stadt, die heute rund 37.000 Einwohner hat, damals aber nur 4.500 meist evangelische Bewohner zählte, dürfte er nicht mehr wahrgenommen haben, als ihm die Perspektive aus der Kinderwiege ermöglichte. Im November 1894, kaum dass er auf beiden Beinen stehen konnte, lebten er und seine Eltern schon nicht mehr in Langen, sondern in Frankfurt am Main. Hier verbrachte er seine Kindheit und Jugend, und weil ihn diese Stadt mehr als Langen prägte, hatte er auch kein schlechtes Gewissen, sie dem Herausgeber des 1929 erschienenen *Deutschen Musiker-Lexikons* als Geburtsort zu nennen.[2]

Bei gleicher Gelegenheit zögerte er auch nicht, sein Geburtsdatum zwei Jahre später anzusetzen, eine Verschleierungstaktik, die er bis ins hohe Alter praktizierte. Der bereits erwähnten amerikanischen Lokalreporterin machte er z. B. weis, er sei mit 21 Jahren promoviert worden und habe im Alter von 27 Jahren die Leitung des Berliner Sinfonie-Orchesters übernommen. Tatsächlich war er jedoch schon 27 Jahre alt, als er die Promotionsurkunde empfing, und gar 38, als er die Leitung des Berliner-Sinfonie Orchesters übernahm.

Nicht zuletzt wegen seines lange bewahrten jugendlichen, sportlichen Aussehens hatte er nie Hemmungen, sich mal um zwei, fünf oder sieben Jahre zu verjüngen. Selbst in seinen Pässen fummelte er am Geburtsjahr herum. Er kam damit stets durch alle Kontrollen, bis zwei Jahre vor seinem Tod ein – natürlich! – deutscher Grenzbeamter in München in seinem amerikanischen Pass die kleine Manipulation an der Endziffer des Geburtsjahrs entdeckte, durch die eine 3 in eine 8 verwandelt worden war. Ein deutscher Beamter konnte das natürlich nicht durchgehen lassen, und fast wäre der kleine alte Mann, der von seiner Freundin, der holländischen Malerin Sylvia Willink-Quiël, gestützt werden musste, als krimineller Urkundenfälscher festgenommen worden, hätte sie nicht durch gewaltige Überredungskünste und Bekundungen tiefster Reue den Grenzer so weit bringen können, dass er beide passieren ließ.

Kann man die Manipulationen am Geburtsjahr noch als eitlen *Spleen* abtun, so handelte es sich bei dem Vornamen Frieder bzw. Friedrich, den er sich ab etwa 1916 zulegte, doch um eine schwerwiegende Eigenmächtigkeit. Laut der am 25. Januar 1893 ausgefertigten Geburtsurkunde hatten ihm seine Eltern einen anderen Vornamen gegeben. Demnach war an diesem Tag der dem diensthabenden Standesbeamten Dröll „der Persönlichkeit nach" bekannte „iraelitische Religionslehrer Isidor Weißmann, wohnhaft zu Langen, israelitischer Religion" im Langener Rathaus erschienen und hatte zu Protokoll gegeben, „daß von der Auguste Weißmann, geborenen Löb, seiner Ehefrau, israelitischer Religion, wohnhaft bei ihm, zu Langen, in seiner Wohnung, am dreiundzwanzigsten Januar des Jahres tausend acht hundert neunzig und drei, Nachmittags um drei Uhr ein Kind männlichen Geschlechts geboren worden sei, welches den Vornamen Samuel, erhalten habe."[3]

Den Vornamen Samuel wollte der neue Erdenbürger schon bald nach seiner Volljährigkeit nicht mehr beibehalten. Er hatte ihn zuvor auch kaum in der standesamtlichen Form, sondern meist in der Variante „Sem(m)y" getragen. Zum „S." verkürzt, blieb er nach 1916 noch eine Weile als Mittelinitial bestehen, bis dieses um 1930 ganz verschwindet und gelegentlich einem dritten Vornamen „Peter" Platz macht. Die Annahme des sehr „deutsch" klingenden Vornamens Frieder war zweifellos eine Maske, die sich Weissmann in Zeiten wachsender antisemitischer Vorfälle zum eigenen Schutz aufsetzte, zum anderen aber auch eine Art Befreiungsschlag, der allen, die es anging, seine Emanzipation von dem Judentum, in dem er aufgewachsen war und das seine Eltern repräsentierten, signalisieren sollte.

Die Eltern: Isidor Ignatz Weissmann und Auguste Weissmann geb. Löb um 1935.

Die Eltern

Der Vater Isidor Weissmann stammte nicht aus Langen, sein Elternhaus stand auch nicht in Hessen oder in Deutschland, sondern in Klodawa, etwa achtzig Kilometer nordwestlich von Lodz. Heute der Woiwodschaft Großpolen zuge- ordnet, gehörte die Stadt damals mit ihren knapp 7.000 Einwohnern zu dem nach dem Wiener Kongress 1815 geschaffenen „Kongresspolen", das zum Großteil aus dem früheren Herzogtum Warschau bestand. Von Beginn an durch Personalunion eng mit Russland verbunden, hatte „Kongresspolen" 1832 nach einem gescheiterten Aufstand seine Autonomie verloren und war seitdem bis zum Untergang des Zarenreiches de facto ein russisches Protektorat oder „Gouvernement". Die Bevölkerung von „Kongresspolen" hatte infolgedessen nicht die polnische, sondern die russische Staatsbürgerschaft. Auch Isidor In- gnatz Weissmann – so sein voller Name – wurde ein Untertan des russischen Zaren, als er in Klodawa am 25. Januar 1863 geboren wurde.

In Klodawa gab es seit dem 15. Jahrhundert eine jüdische Gemeinde, die 1860 rund 600 Mitglieder hatte, darunter Isidor Weissmanns Vater Szmul Wajs- man Wojtowicz, der in deutschen Dokumenten Samuel Weissmann heißt. Er entstammte keiner alteingesessenen Familie, sondern war aus Posen zugezogen. Sein Name taucht erstmals 1852 in Dokumenten der jüdischen Gemeinde Klo- dawa auf. Genannt wird der damals 41-jährige bei drei Ereignissen: der Geburt eines Sohnes Szlama Enuch und dem Tod einer Tochter Hanna sowie dem Tod seiner – möglicherweise im Kindbett verstorbenen – Ehefrau Ryfka. Aus der Ehe mit Ryfka ging noch ein weiterer Sohn Moziek Jeyec hervor, der 1856 verstarb. Szlama Enuchs weiteres Schicksal ist unbekannt.

Bereits 1853 war Samuel Weissmann eine zweite Ehe mit der vierundzwanzig Jahre jüngeren Brane Surah Neifeld eingegangen, die in deutschen Dokumenten Bertha Neufeld heißt und angeblich einer alten Rabbiner- und Gelehrtenfamilie entstammte. Aus dieser Ehe gingen sechs Kinder hervor, vier Söhne Lejzer (* 1856), Isidor Ignatz (* 1863), Moziek Aron (* 1866) und Jozek Dawid (* 1872) sowie zwei Töchter Estera Gitel (* 1858) und Gene Brama (* 1876). Während Lejzers und Gene Bramas weiteres Schicksal unbekannt ist, wissen wir, dass nicht nur Isidor, sondern auch die Geschwister Estera Gitel, Moziek Aron und Jozek Dawid heirateten.[4] Samuel Weissmann starb 1877, seine Witwe Bertha geb. Neufeld lebte 1892, als Isidor heiratete, offenbar noch in Klodawa. Ihr weiteres Schicksal ist unbekannt.

Es waren eher einfache Verhältnisse, in denen die Weissmanns in Klodawa lebten. Aus Gemeindeunterlagen geht hervor, dass der um 1811 geborene Samuel Weissmann den Metzgerberuf ausübte, also zur Fleischversorgung Tiere nach den religionsgesetzlichen Vorschriften der koscheren Schächtung schlachtete. Möglicherweise diente er der jüdischen Gemeinde auch in der Funktion des Schächters, da er später das Amt des Kantors übernahm – eine Doppelfunktion, die in kleinen Gemeinden oft dieselbe Person ausübt.

Über Isidor Weissmanns Kindheit, Jugend und Ausbildung wissen wir nichts Genaues, doch ist anzunehmen, dass er eine höhere Schule besuchte, denn er beherrschte neben Deutsch und Russisch auch die französische Sprache. Spätestens nach dem Stimmbruch und der Herausbildung seiner klangvollen Bassbaritonstimme stand für ihn fest, dass er wie sein Vater Kantor werden würde. Auch sonst in musikalischer Hinsicht begabt, war er ein passabler Klavierspieler, der sich später sogar einen eigenen Flügel zulegte.[5]

Wohl Anfang der 1880er Jahre verließ Isidor Weissmann sein Elternhaus und seine Geburtsstadt Klodawa, um sein Glück in Deutschland zu suchen. Auslöser seines Entschlusses könnten die nach der fälschlicherweise Juden zugeschriebenen Ermordung des Zaren Alexander II. im März 1881 einsetzenden antijüdischen Repressalien und eine von Südrussland auch nach „Kongresspolen" überschwappende Welle von Juden-Pogromen gewesen sein, in deren Folge eine regelrechte Massenflucht osteuropäischer Juden nach Westen einsetzte. Welchen Weg er einschlug und wo er in Deutschland Station machte, liegt im Dunkeln. Erst im März 1888 stoßen wir im Großherzogtum Hessen wieder auf seine Spuren und zwar in dem Dorf Erfelden, heute ein Ortsteil von Riedstadt im Kreis Groß-Gerau. Bei der dortigen jüdischen Gemeinde, der damals 50 der insgesamt 866 Dorfbewohner (5,8 Prozent) angehörten,[6] versah Isidor Weissmann bis August 1889 die Ämter des Vorbeters und Religionslehrers. Als Religionslehrer bezog er dabei ein jährliches Gehalt von 244 Mark und 48 Pfennigen. Hinzu kamen 50 Mark für seine Dienste als Vorbeter. Außerdem musste ihm die Gemeinde pro Tag ein Kostgeld in Höhe von 70 Pfennigen zahlen.

Gesondert abgerechnet wurden ferner gelegentliche „besondere Belohnungen" für beispielsweise das „Vorlesen des Buchs Esther" in Höhe von 2 Mark.[7]

Mit solch mageren Einkünften ließ sich freilich ein junger, gebildeter und aufstrebender Kantor nicht lange halten. Man hatte sich in Erfelden daran gewöhnt, dass die Kantoren in rascher Folge wechselten, und niemand war daher erstaunt, als Isidor Weissmann im September 1889 kündigte, um bei der jüdischen Gemeinde im dreißig Kilometer entfernten Langen die frei gewordene und mit einem jährlichen Gehalt von 600 Mark „bei bedeutendem Nebeneinkommen" ausgestattete „Stelle eines Religionslehrers, Vorbeters u. Schächters" zu übernehmen.[8]

In Langen hatten sich Juden schon im letzten Viertel des 17. Jahrhunderts niedergelassen. Ende des 19. Jahrhunderts zählte die Gemeinde achtzig Köpfe, was einem Bevölkerungsanteil von weniger als zwei Prozent entsprach. „Die Juden in Langen lebten allgemein in wirtschaftlich guten Verhältnissen und waren zum größten Teil angesehene Geschäftsleute."[9] Eine Synagoge konnte sich die Gemeinde erst Anfang des 20. Jahrhunderts leisten.[10] Bis dahin begnügte man sich mit einem Betsaal in einem heute nicht mehr existierenden Gebäude (Borngasse 10) unweit des Ludwigsplatzes (heute Wilhelm-Leuschner-Platz), das der jüdischen Gemeinde gehörte. Diese besaß auch eine Religionsschule, ein rituelles Bad sowie seit 1876 einen eigenen Friedhof. Für die religiösen Aufgaben beschäftigte die Gemeinde einen Vorbeter bzw. Kantor, der zugleich als Religionslehrer und *Schochet*, d. h. als Schächter, fungierte. „Der Kantor, hebr. Chasan, ist der Vorbeter der Gemeinde. Er sollte eine gute Stimme haben, verheiratet, untadelig und vollkommen mit der Liturgie vertraut sein. Beim synagogalen Gottesdienst spielt der Kantor eine bedeutende Rolle. Er steht an einem Lesepult, das sich vor dem Toraschrein befindet. Von hier aus führt er durch den Gottesdienst. Bei den sehr langen Festtagsgottesdiensten teilen sich in den meisten Fällen zwei Kantoren diesen Dienst oder der Chasan wechselt sich mit dem Rabbiner ab. Größere und wohlhabende Gemeinden beschäftigen einen hauptberuflichen Kantor. Im Prinzip kann aber jedes fähige (männliche) Mitglied ab dreizehn Jahren gebeten werden, den Gottesdienst zu leiten. Der Kantor wirkt außer bei den Gottesdiensten bei allen Ereignissen mit, bei denen ein passender Gesang notwendig ist, wie bei Hochzeiten oder Beerdigungen."[11]

1892 heiratete der mittlerweile 29jährige Isidor Weissmann die gerade volljährig gewordene Auguste Loeb (1871-1942). Sie stammte aus Monsheim, einem Dorf in der Nähe von Worms, das, heute in Rheinland-Pfalz gelegen, damals zu einem Gebiet gehörte, das „Rheinhessen" genannt wurde und 1815 durch Beschluss des Wiener Kongresses dem (bis 1918 bestehenden) Großherzogtum Hessen zugeschlagen worden war. Die in Monsheim seit dem 18. Jahrhundert existierende jüdische Gemeinde zählte um 1890 knapp vierzig Mitglieder, was etwa vier Prozent der rund 900 Einwohner ausmachte.[12] Eine der alteingesessenen jüdischen Familien war die Familie Löb, die sich seit dem letzten

Drittel des 18. Jahrhunderts als Metzger und Viehhändler betätigte. Dies hatte auch der 1885 im Alter von 64 Jahren verstorbene Josef Loeb II. getan und zwar mit solchem Erfolg, dass er z. B. beim großen Viehmarkt in Grünstadt im September 1864 zwei „Ehrenpreise für Käufer von preiswürdigem Vieh" erhielt.[13] Josef Loeb II. war mit der Metzgertochter Johanna geb. Reinach (1834-1923) verheiratet, die aus dem pfälzischen Winzerdorf Essingen bei Landau stammte, wo sich Juden schon um die Mitte 16. Jahrhunderts niedergelassen hatten. Das Paar hatte sieben Kinder, zwei Söhne und fünf Töchter, von denen wohl nur der Sohn Ferdinand (1864-nach 1932), der das Metzgergeschäft weiterführte, und die Töchter Rosalie (1866-1918), Auguste (1871-1942) und Regina (1873-1942) das Erwachsenenalter erreichten.[14] Da Rosalie bereits verheiratet war,[15] sollte Auguste als nächste unter die Haube kommen. Isidor Weissmann war damit einverstanden, und so schloss er mit Auguste Löb den Bund fürs Leben.

Am 24. Oktober 1892 erschienen – laut Monsheimer Eheregister – der „israelitische Lehrer Isidor Weissmann, Sohn des verstorbenen Lehrers Samuel Weissmann, zuletzt wohnhaft zu Klodawa und seiner Ehefrau Bertha Weissmann geborene Neufeld wohnhaft zu Klodawa" und die „Auguste Loeb, israelitischer Religion, Tochter des verstorbenen Metzgermeisters Josef Loeb des Zweiten, zuletzt wohnhaft zu Monsheim, und seiner Ehefrau Johanna Loeb, geborene Reinach wohnhaft zu Monsheim" vor dem Monsheimer Standesbeamten Schäfer „zum Zwecke der Eheschließung", bei welcher zwei Zeugen, der 28jährige Bruder der Braut, der Metzger Ferdinand Loeb aus Monsheim,[16] und ihr 68jähriger Onkel, der Metzger Cornelius Mann (1825-1896) aus Pfiffligheim bei Worms,[17] zugegen waren.[18]

Was das Monsheimer Eheregister nicht erwähnt, war die Tatsache, dass die Braut im sechsten Monat schwanger war. Eine sozusagen in letzter Minute erfolgte „Mussheirat" war die Eheschließung wohl dennoch nicht. Höchstwahrscheinlich hatte eine – leider nicht überlieferte – Trauung des Paares nach jüdischem Ritus bereits sehr viel früher stattgefunden. Im Judentum gilt nur das Paar als verheiratet, das die Ehe nach jüdischem Ritus geschlossen hat, indem es gemeinsam den Segen des Rabbiners unter dem Traubaldachin, der *Chuppa*, empfing. Eine zivile Trauung gilt aus jüdisch-religiöser Sicht nicht als Eheschließung. Vermutlich waren die beiden spätestens im Mai 1892 von einem Rabbiner in der Synagoge von Monsheim getraut worden. Die standesamtliche Hochzeit dürfte für das Brautpaar Weissmann nur eine rein formale Angelegenheit gewesen sein, um die Ehe und die Zukunft des noch ungeborenen Kindes nach gültigem deutschen Recht abzusichern.

Schon bald nach der Geburt des nach dem Großvater väterlicherseits benannten Semy war seine Mutter wieder schwanger geworden. Die Aussicht, bald noch für ein weiteres Familienmitglied verantwortlich zu sein, zwang Isidor Weissmann dazu, sich umgehend nach einer besser besoldeten Stelle umzusehen. Denn mit seinem Jahresgehalt von 600 Mark – etwa so viel wie damals ein unverheirateter protestantischer Vikar verdiente – hatte er schon jetzt die dreiköpfige Familie kaum angemessen versorgen können. Dass er bei seiner Stellensuche den Blick vor allem nach Frankfurt am Main richtete, kann nicht erstaunen. Schließlich war die Mainmetropole Ende des 19. Jahrhunderts nach Berlin die Großstadt mit den meisten jüdischen Einwohnern, deren Anteil an der Stadtbevölkerung im Vergleich zu Berlin sogar mehr als doppelt so hoch war.[19] Die Berufsaussichten für einen Kantor waren bei einer solch zahlreichen jüdischen Einwohnerschaft natürlich viel besser als in dem kleinen Langen. Hinzu kam, dass in Langen – wie eigentlich in den meisten Landgemeinden um Frankfurt herum – die jüdische Gemeinde der orthodoxen Glaubensrichtung anhing und sich im Gottesdienst an die althergebrachten Riten und die traditionellen Gebote hielt. Frankfurt hingegen hatte sich im 19. Jahrhundert zu einem Zentrum des liberalen Reformjudentums entwickelt. Allein deswegen war die Stadt ein erstrebenswertes Ziel für Isidor Weissmann, der, glatzköpfig und glatt rasiert, schon von seinem Äußeren her – wie die wenigen erhalten Fotos belegen – so gar nicht dem Bild des typischen orthodoxen Juden mit wallendem Bart entsprach.

Im jüdischen Frankfurt am Main

Isidor Weissmanns Stellensuche hatte noch zu keinem positiven Ergebnis geführt, als seine Frau am 23. Juli 1894 einen zweiten Sohn zur Welt brachte. Er sollte den Vornamen Josef nach dem mütterlichen Großvater erhalten, war aber so schwächlich, dass er noch am selben Tag verstarb.[20] Den Schmerz über den Verlust des Kindes hatte das Ehepaar Weissmann noch nicht überwunden, da erhielt Isidor die Zusage zur Übernahme einer Kantorenstelle an der Frankfurter Hauptsynagoge. Das 1860 in der Börnestraße, der früheren Judengasse, errichtete Gebäude, dessen eindrucksvolle Architektur gotisch-maurisch-orientalische Stilelemente verquickte, diente der liberalen jüdischen Hauptgemeinde, genannt Israelitische Gemeinde, als Synagoge und war bis zur Zerstörung im November 1938 – nach den Worten des deutsch-jüdischen Historikers Paul Arnsberg – das „Zentrum des jüdischen Lebens in Frankfurt".[21]

Dort übte nun Isidor Weissmann während der nächsten vier Jahrzehnte und bis zur Versetzung in den Ruhestand das Amt eines Kantors aus. Bis zuletzt widmete er sich dieser Aufgabe mit vollem Einsatz und tiefster Überzeugung. Selbst dann, als seine Kräfte infolge Alters nachließen, ließ er es sich nicht nehmen, am letzten Tag des Laubhüttenfests, dem *Simchat Tora* genannten Tag der Gesetzesfreude, die schwerste Thorarolle aus der heiligen Lade an sich zu nehmen und bei den sieben langen Umzügen durch das Gotteshaus stolz vor sich her zu tragen.[22] Für seine physische Einsatzbereitschaft schätzte man ihn ebenso wie für sein „bemerkenswertes hebräisches und talmudisches Wissen".[23] Am meisten aber beeindruckte seine „umfangreiche, kraftvolle Baß-

Baritonstimme".[24] Isidor Weissmanns Ruf als Sänger soll so beachtlich gewesen sein, dass Mitglieder des Frankfurter Opernensembles allein seiner schönen Stimme wegen die Gottesdienste in der Hauptsynagoge besuchten, auch wenn sie nicht dem jüdischen Glauben anhingen.[25]

In seinem Sänger-Nachschlagewerk GROSSE STIMMEN hat Jens Malte Fischer in einem eigenen Kapitel die Gesangskunst jüdischer Kantoren ausführlich gewürdigt und auf „die enge Verbindung des jüdischen Kantorengesangs zur Gesangskunst europäischer Tradition" hingewiesen.[26] Im Falle des kleinen Semy Weissmann dürfte die Gesangskunst des Vaters, der selbst gerne Opernaufführungen besuchte, zweifellos die in ihm schlummernde musikalische Saat bereichert haben, die dann später mit ihm als Komponisten und Dirigenten aufgehen sollte. Nicht umsonst schätzten die berühmtesten Gesangskünstler die Zusammenarbeit mit ihm. Denn er wusste intuitiv, was sie wollten und was sie auch benötigten. Vom großen Wagner-Bariton Friedrich Schorr, auch er übrigens Sohn eines jüdischen Kantors, stammt das Lob, Frieder Weissmann habe ein Gefühl dafür, wie Sänger atmeten.[27]

Noch stärker als der väterliche Gesang war aber die Anziehungskraft des väterlichen Klaviers. Kaum, dass der kleine Semy angefangen hatte, die Welt um sich herum zu begreifen, war er fasziniert von dem merkwürdigen Instrument, dem der Vater so behende magische Klänge entlocken konnte. Offenbar handelte es sich dabei nicht um ein normales Pianino, sondern um einen veritablen Flügel, unter den sich der kleine Semy, wann immer er konnte, zurückzog, um dem Vater beim Klavierspiel zuzuhören. Gleichzeitig bot ihm der große Flügel auch Schutz immer dann, wenn er etwas angestellt hatte und vor dem aufbrausenden Vater die Flucht ergriff.

Die Familie Weissmann hatte nach ihrem Wegzug von Langen zunächst eine Wohnung im nordöstlichen Stadtteil Bornheim in der Pestalozzistraße 6 bezogen. Anscheinend war diese Wohnung aber nicht sehr geräumig, denn schon Ende Oktober 1896, als sich weiterer Nachwuchs ankündigte, zog die Familie in eine andere Wohnung. Sie befand sich im zweiten Stock des Hauses Mauerweg 3, nahe des Bethmann-Parks. Von hier aus hatte Isidor Weissmann einen viel kürzeren Weg zu seinem Arbeitsplatz, der Hauptsynagoge. Hier erblickte auch am 3. April 1897 Semys Bruder Richard das Licht der Welt.

Der Mauerweg verlief in einer Gegend nahe der Innenstadt, wo Nord- und Ostend zusammenstießen. In beiden Bezirken lebten damals zwei Drittel der jüdischen Bevölkerung Frankfurts. Bis zur Zerstörung im „Dritten Reich" und Zweiten Weltkrieg existierte dort jüdisches Leben in einer Vielfalt und Lebendigkeit, von der sich heute nur noch wenige eine Vorstellung machen können. Damals gab es dort „unzählige jüdische Institutionen, wie Waisenhaus, Siechenhäuser, Altersheime, Suppenanstalt (Theobaldstraße), das Krankenhaus in der Königswarter Straße, die Männer- und Frauen-Krankenkasse in der Rechneigrabenstraße sowie die Realschule der Israelitischen Religionsgesellschaft am Tiergarten, neben dem damaligen Kaiser-Friedrich-Gymnasium, und auch bis zum

Jahre 1908 das Philanthropin in der Rechneigrabenstraße."[28] Hier befanden sich
die jüdischen Metzgereien, Bäckereien und viele jüdische Gaststätten, und im
„Herbst, zur Zeit des Laubhüttenfests, sah man in dieser Gegend hunderte von
Laubhütten in den Gärten und den Veranden der Wohnungen entstehen."[29]
Geprägt war die Gegend vom jüdischen Kleinbürgertum, von Handwerkern
und Kaufleuten. Die Mehrheit der jüdischen Bewohner war im osteuropäischen
Judentum verwurzelt und tendierte zur orthodoxen Glaubensrichtung. Die Anhänger eines liberalen, reformierten Judentums bildeten „in diesem Stadtviertel
eine kleine Minderheit, die nicht dem ‚genius loci' dieses Milieus entsprach.
Man sah auf diese liberalen ‚Häretiker' von oben herab; sie galten als Fremdkör-
per. Die Liberalen ihrerseits betrachteten die ‚Frommen' als Fanatiker und für
rückständig. Gesellschaftsbildend war dieses ‚liberale' Element im Ostend nicht
und immer mehr verstärkte sich aus diesen Kreisen der Wegzug nach dem
Westen, Nordend oder Nordwesten."[30]

Semys Eltern neigten zwar der liberalen Richtung zu, doch hatten sie überhaupt kein Verlangen, die bunte Lebendigkeit ihres Viertels gegen das feinere
Westend einzutauschen. Sie fühlten sich im Nord- und Ostend zuhause, auch
weil dort so vieles sie an ihre Herkunft erinnerte. In diesen kleinbürgerlichen
Stadtteilen „kannte einer den anderen. Es war eine Kleinstadt im Rahmen der
Großstadt."[31] Kinder konnte man draußen gefahrlos unbeaufsichtigt lassen,
„man ‚verlor' sich nicht in diesem ‚jüdischen' Ostend."[32]

Diese Gefahr mussten Semys Eltern freilich nicht befürchten, weil ihr Erst-
geborener offenbar nur wenig Interesse am üblichen Spiel mit anderen Kindern
zeigte. Stattdessen war er geradezu fixiert auf das magische Tasteninstrument
im Wohnzimmer der Familie. So bald er es konnte, wagte er sich an die Klavia-
tur und begann, nach Herzenslust darauf herumzuspielen. Vater Isidor hatte
das musikalische Talent des Sohnes schnell erkannt und gleich nach Kräften dadurch gefördert, dass er Semy in die Geheimnisse des Klavierspiels einwies. Er
war ihm auch solange ein guter Musiklehrer, bis er erkennen musste, dass ihn
der Knirps als Klavierspieler überholt hatte. Laut Weissmanns eigener Aussage
hatte er sich schon vor der Jahrhundertwende, also im Alter von etwa sechs
Jahren, als geborener Pianist erwiesen, den der Vater nun zur weiteren Vervoll-
kommnung seines Spiels einem fähigen (namentlich nicht bekannten) Klavierlehrer anvertraute.[33]

Das Frankfurter Goethe-Gymnasium um 1910, zeitgenössische Postkartenansicht.

Schuljahre 1899-1911

Am Frankfurter Philanthropin

Im Frühjahr 1899, nach Ostern, begann für Semy Weissmann die Schulzeit. Eine der prägendsten Phasen im Leben eines Menschen, liegt sie in seinem Falle leider ziemlich im Dunkeln. Alle seine Schulzeugnisse hatte er – falls er sie je aufgehoben hatte – bei seiner Emigration 1933 zurücklassen müssen oder im Laufe seines wechselvollen Lebens verloren. Im Nachlass ist davon jedenfalls nichts zu finden. Mit Sicherheit wissen wir nur, dass er von 1905 bis 1911 das Frankfurter Goethe-Gymnasium besuchte und dort auch das Abitur machte.

Über seine Schulzeit davor können wir uns auf keine Quelle berufen. Vermutlich besuchte er jedoch in den Jahren 1899 bis 1905 das Frankfurter Philanthropin. Diese 1804 gegründete und seit 1867 staatlich anerkannte private Lehranstalt der liberalen Israelitischen Gemeinde Frankfurts stand Schülern aller Konfessionen offen. Zu ihr gehörten eine Realschule (für Jungen) und ein Lyzeum (für Mädchen), d. h. zwei höhere Schulen, die zur mittleren Reife führten, ferner eine Vorschule, die dreijährigen Grundschulunterricht bot. Im Gegensatz zur vierjährigen staatlichen Volksschule konnten Schüler damals schon nach drei Jahren auf höhere Schulen wechseln, wenn sie eine Vorschule besucht hatten – eine besondere Einrichtung, die nur an Privatschulen existierte und mit dem Ende des Kaiserreiches 1918 unterging.

Unterlagen zu einzelnen Schulklassen des Philanthropins aus der Zeit um 1900 sind heute nicht mehr vorhanden. Erhalten haben sich lediglich die Jahresberichte der Schule, die im Internet zugänglich sind.[34] In ihnen werden allerdings nur diejenigen Schüler namentlich erwähnt, die von dort mit der mittleren Reife abgingen. So entdeckt man im Jahresbericht 1912 den Namen von Semy Weissmanns jüngerem Bruder Richard, der die gesamte Schulzeit am Philanthropin verbrachte und dort im Frühjahr 1912 die mittlere Reife erlangte.[35] Demzufolge kann man davon ausgehen, dass auch Semy Weissmann diese Lehranstalt besuchte. Zunächst wird er dort drei Jahre lang Vorschulunterricht in den Fächern Deutsch, Rechnen, Religion (mit Unterricht in biblischer Geschichte und hebräischer Sprache) sowie ab der zweiten Klasse Schreiben, Turnen und Gesangsunterricht erhalten haben. 1902 wechselte er dann an die Philanthropin-Realschule, wo der Unterricht um folgende Fächer erweitert wurde: Französisch, Geschichte bzw. Erdkunde und Naturbeschreibung bzw. Chemie.

Die Schulferien verbrachten Semy und sein Bruder Richard häufig bei der mütterlichen Verwandtschaft in Monsheim. Noch im hohen Alter erinnerte sich Weissmann gerne an diese Besuche beim Onkel Ferdinand, in dessen Haus die schon lange verwitwete Großmutter Johanna und die unverheiratete Tante Regina wohnten. Besonders begeisterte die beiden Jungen der Viehreichtum der Verwandten, und der junge Semy entdeckte wohl schon damals jene Tierliebe, die ihm zeitlebens eigen war und vor allem „hoch zu Ross" größte Glücksgefühle bescherte.[36]

Am Frankfurter Goethe-Gymnasium

Wie beim jüngeren Sohn Richard, der nach der Realschule Kaufmann wurde, dürfte Vater Ignatz auch für seinen erstgeborenen Sohn Semy eine Schulbildung vorgesehen haben, die diesen später einmal für einen eher praktischen Beruf befähigen sollte. Wahrscheinlich hatte er auch bei Semy zunächst einen kaufmännischen Beruf als Händler, Unternehmer oder Angestellter im Bankwesen im Auge gehabt, bis er schließlich feststellen musste, dass dieser – im Unterschied zu Richard – überhaupt kein Talent zum Kaufmann hatte. Semys unbestreitbare musikalische Begabung erschien ihm jedoch keine gute Alternative zu bieten. Zum einen sah Vater Weissmann, wie der Sohn später einem amerikanischen Journalisten erklären sollte, in Musikanten immer noch das „fahrende Volk", dessen zigeunerhafter Lebensstil seinen bürgerlichen Wunschvorstellungen zuwiderlief.[37] Zum anderen hielt er aber seinen Sohn für eine Musikerkarriere auch gar nicht befähigt. Zwar stand Semys Talent außer Frage, aber Ignatz Weissmann glaubte, hinsichtlich der täglichen Klavierübungen doch eindeutige Anzeichen mangelnden Eifers feststellen zu können. Edgar Sarton-Saretzki, Ignatz Weissmanns 1922 geborener Patensohn, erinnert sich noch heute mit Schmunzeln, dass sich der Patenonkel über die angebliche Faulheit seines Sohnes selbst dann noch aufregen konnte, als dieser längst ein anerkannter Dirigent war.[38]

Da er der Meinung war, Semy tauge weder zum Kaufmann noch zum Klaviervirtuosen, sah Ignatz Weissmann nur im Beruf des Anwalts eine Zukunft

für seinen Sohn. Für diese Entscheidung sprach nicht nur die in der Regel finanzielle Einträglichkeit dieses Berufs. Wie kaum eine andere Religion gründet
sich das Judentum auf Gesetze. Zum Gottesdienst gehört die ständige Verge-
genwärtigung der traditionellen Gesetze, deren Erlernen und Auslegung eine
von früh an eingeübte Praxis ist. Zweifellos begünstigte dies die Verbreitung
des Anwaltsberufs bei der jüdischen Bevölkerung, die im Kaiserreich bei einem
Anteil von etwa einem Prozent an der Gesamtbevölkerung mehr als zehn Prozent der Jurastudenten stellte.[39] Zur jüdischen Präferenz des Anwaltsberufs trugen aber auch noch andere Gründe bei, z. B. die Erfahrung, dass Juden, obwohl rechtlich gleichgestellt, auch noch Anfang des 20. Jahrhunderts von vielen
Berufen ausgeschlossen waren. Als Beamte hatten sie überhaupt keine Chance,
auch nicht als Angehörige von Berufen, die der Gewerbeordnung unterlagen.
Geduldet waren sie als Kaufleute und als Angehörige sogenannter „freier" Be-
rufe wie Anwalt, Arzt, Zahnarzt, Journalist oder Künstler.

Eine Ausbildung zum Anwalt erforderte freilich ein akademisches Studium,
für die wiederum ein Abitur an einem Gymnasium Voraussetzung war. Als Re-
alschüler konnte Semy nicht auf ein normales humanistisches Gymnasium
wechseln. Glücklicherweise gab es aber damals schon die ganz junge Einrichtung des Reformgymnasiums, die kein Gegenentwurf, sondern eine zeitgemäße
Ergänzung des bis dahin in Preußen dominierenden humanistischen Gymnasi-
ums sein sollte. Der Lehrplan des Reformgymnasiums begann in der ersten
Klasse (Sexta) nicht mit Latein, sondern mit einer modernen Fremdsprache,
meist Französisch. Latein wurde erst ab der Untertertia (heute siebte Klasse),
Griechisch bzw. Englisch erst ab der Untersekunda (heute neunte Klasse) unterrichtet. Dieser Lehrplan, der zuerst in Frankfurt am Main im 1897 neu gegründeten Goethe-Gymnasium entwickelt und in die Praxis umgesetzt worden
war, hieß „Frankfurter Modell" und war das Vorbild für alle danach in Preußen
errichteten Reformgymnasien.

Dem Wunsch des Vaters folgend, wechselte Semy Weissmann also nach
drei Klassen an der Philanthropin-Realschule mit Beginn des Schuljahres 1905
in die Untertertia des Goethe-Gymnasiums, gerade noch rechtzeitig, um dort
mit Latein als zweiter Fremdsprache weitermachen zu können.[40] 1905 wechselte
auch der gleichaltrige Selmar Spier (1893-1962) ans Goethe-Gymnasium, der
zuvor nicht das Philanthropin, sondern die Samuel Hirsch-Realschule der orthodoxen Religionsgesellschaft besucht hatte. Der Kaufmannsohn, dessen Familie ein bekanntes Frankfurter Schuhgeschäft („Schuh-Spier") betrieb, saß in
der Parallelklasse und machte wie Weissmann 1911 das Abitur am Goethe-Gymnasium. Später wurde er Anwalt, der 1936 nach Palästina emigrieren
musste. In den 1950er Jahren kehrte er nach Frankfurt zurück, arbeitete als
Sachbearbeiter der United Restitution Organisation und veröffentlichte 1961
ein schmales Buch unter dem Titel VOR 1914, in dem er seine Frankfurter
Kindheits- und Jugenderinnerungen festhielt.[41]

Spiers Erinnerungen sind sehr lesenswert nicht nur, weil sie anschaulich das damalige Leben im „jüdischen" Frankfurter Ostend, sondern auch ganz unmittelbar die Befindlichkeit eines jüdischen Heranwachsenden in der Zeit vor dem Ersten Weltkrieg beschreiben. Für uns sind Spiers Erinnerungen aber vor allem deswegen aufschlussreich, weil sie von einem Zeitgenossen stammen, der Weissmann aufgrund seiner Herkunft aus dem gleichen jüdischen Milieu, des gleichen Alters und des Besuchs der gleichen Schule relativ nahe gestanden hatte. Beide studierten nach dem Abitur nicht nur in Heidelberg, sondern auch in München, und beide haben sich auch später noch getroffen. In seinem Buch erwähnt Spier eine Begegnung mit Weissmann in Frankfurt in den 1920er Jahren.[42] Spiers Namenseintrag in Weissmanns Adressbüchlein belegt zudem eindeutig, dass die beiden noch in den 1950er Jahren Kontakt hielten, als Weissmann nach Frankfurt kam und beim Verfahren zur Wiedergutmachung nach dem Bundesentschädigungsgesetz die fachliche Hilfe seines alten Schulkameraden in Anspruch nahm.

Sehr ausführlich geht Spier in seinem Buch auf die Schulzeit am Goethe-Gymnasium ein, welches damals „jedenfalls das modernste an Schule [war], das geboten wurde, – von gewissen Landerziehungsheimen abgesehen. Schon das Gebäude war neu, die Klassenräume in einem Trakt nach Südwesten orientiert, mit weiten Fensteröffnungen, so daß das Licht frei hinduchfluten konnte. Unten lag die breite Allee, die inzwischen die Ausfallstraße der Stadt nach dem Westen, nach Main und Wiesbaden, geworden ist. An ihrem Ende wuchs ein für damalige Verhältnisse riesiger Bau aus dem Boden: die Festhalle, die mit einem aus ganz Deutschland besuchten Sängerfest vom Kaiser persönlich eingeweiht wurde."[43] Unter der sehr heterogenen Lehrerschaft gab es – so Spier – „keine eigentliche Fehlbesetzung".[44] Statt dessen zählte dazu manche Koryphäe wie der Direktor und klassische Philologe Ewald Bruhn (1862-1936), der in den 1920er Jahren mit Weissmanns Klassenlehrer, dem Germanisten Julius Schmedes (* 1864), ein weit verbreitetes Lateinisches Lesebuch veröffentlichen sollte. Zu nennen wären ferner der Biologe Max Flesch oder der Philologe Hans Merian-Genast, der ein Verehrer Richard Wagners war und 1902 zu dessen Todestag einen „Richard Wagner als Flüchtling in und bei Weimar 1849" betitelten Aufsatz in der *Frankfurter Zeitung* veröffentlicht hatte.

Auch die Zusammensetzung der Schülerschaft war nicht homogen. Wie sich Selmar Spier erinnerte, stammten die Mitschüler vielmehr „aus allen Schichten der Frankfurter bürgerlichen Bevölkerung, ein kleiner Prozentsatz bestand aus Söhnen von zugezogenen Offizieren und Beamten. In der Klasse gab es eine Art von sozialer und regionaler Gruppierung. Es ist bemerkenswert, daß diese Gruppierung nichts mit der Religion zu hatte. [...] Das Elternhaus, seine Lage im bevorzugten Viertel oder in einem der gewöhnlichen Stadtteile, bestimmte die Gruppierung. Es gab Häuser im Westen oder in der Gegend des Stadtwalds mit Dienerschaft und Wagen, und es gab kleine Wohnungen der Innenstadt, wo die Mutter so gut wie alles machte."[45]

Die Erfahrung sozialer Grenzen und Unterschiede war für den im jüdischen
Kleinbürgertum des Nord- und Ostends aufgewachsenen Kantorensohn Weissmann eine Lektion, die ihn ebenso nachhaltig prägen sollte wie die liberale
Geisteshaltung in dieser Schule. Wohl schon bald, nachdem er mit dreizehn
Jahren die *Bar Mitzwa* erreichte, hatte er begonnen, sich vom überkommenen
jüdischen Glauben und von dem Milieu zu lösen, das der Vater und die Mutter
personifizierten. Gleichzeitig weckte die Begegnung mit Schulkameraden, die
der wohlhabenden bürgerlichen, mitunter auch adligen Oberschicht angehörten, in ihm ein zeitlebens virulentes Faible für diese gesellschaftlichen Kreise,
deren Lebensstil nicht nur die Haltung von Hunden erlaubte, sondern auch von
Reitpferden, die so viel eleganter waren als die Arbeitsgäule seiner mütterlichen
Verwandtschaft, auf denen er seine ersten Reitversuche gewagt hatte.
    Wenn Weissmann zur Schule ging oder dorthin mit der Straßenbahn fuhr,
kam er noch vor dem Westend zuerst am Saalbau in der Junghofstraße und am
Platz mit dem prächtigen Opernhaus vorbei. Beide Gebäude faszinierten ihn
kaum weniger als das Westend, hatte er doch schon bald nach seinem Wechsel
ans Goethe-Gymnasium angefangen, sich für die Oper und die im Saalbau veranstalteten Konzerte der Frankfurter Museums-Gesellschaft zu interessieren.
Seit 1907 war der Holländer Willem Mengelberg (1871-1951) der Chefdirigent
der Museums-Konzerte, die er bis 1920 leiten sollte. Ihn würde Weissmann
später einmal als eine Persönlichkeit bezeichnen, die ihm jahrelang Vorbild gewesen sei.[46] Er selbst hatte wohl damals auch begonnen, sich an erste Kompositionen zu wagen, die – wie alle seine Schöpfungen – heute verschollen sind.
Vermutlich fing er zunächst mit kleineren Formen an, z. B. mit Vertonungen
von Gedichten, die meistens von der Liebe handelten. Denn inzwischen hatte
sich Semy Weissmann heftig in ein Mädchen verliebt, von der er 1982 nur noch
den Vornamen Lotte wusste. Allerdings erinnerte sich dabei noch an einen
Dialog mit Lottes Schwester, der seine damalige Unbedarftheit in Sachen Liebe
köstlich illustriert: „Liebst Du sie denn?" fragte die Schwester. „Ja, ich liebe
sie." „Hast Du sie geküßt?" „Ja, ich küsste sie." „Und sonst nichts?" „Nein, gar
nichts. Was sollte denn da noch sein?"[47]
    Zielgerichteter als die Annäherungsversuche ans andere Geschlecht waren
seine Anstrengungen auf musikalischem Gebiet. Neben weiteren Kompositionen wagte er sich jetzt auch auf das Gebiet der Kammermusik, indem er sich
in den letzten Schuljahren mit zwei Klassenkameraden, dem jüdischen Arzt-
sohn Hans Mayer (* 1893) und dem protestantischen Kaufmannsohn Hermann
Kloos (*1892), zu einem Klaviertrio zusammentat, das zunächst nur zum eigenen Vergnügen spielte. Hans Mayer, dessen Vater die Israelitische Kuranstalt in
Bad Soden leitete, spielte Cello und gehörte mit dem Geiger Hermann Kloos
schon seit Jahren zum Schulorchester des Goethe-Gymnasiums. Weissmann
selbst hat in dem Orchester, das sein Mathematik- und Physiklehrer Franz
Wünnenberg leitete, allem Anschein nach nie mitgewirkt, vielleicht weil Hermann Schmidt-Fellner (1892-1940) aus der Parallelklasse, der später Direktor

der Frankfurter Metallgesellschaft wurde und im Konzentrationslager Mauthausen ums Leben kam, seit 1906 den Platz des Pianisten einnahm.

Nachdem er sich als Unterprimaner in einer „größeren Studientagsarbeit" auch musikwissenschaftlich betätigt und mit dem Thema „Wagners Vorläufer in der Gestaltung des Musikdramas" auseinandergesetzt hatte,[48] trat der Oberprimaner Weissmann am 9. und 10. Dezember 1910, wenige Wochen vor dem Abitur, mit seinen Triokameraden Kloos und Mayer bei einer „musikalisch-theatralischen Aufführung" des Goethe-Gymnasiums vor Publikum auf. Als Pausenmusik bei der Schüleraufführung der Molière-Komödie LES FOURBERIES DE SCAPIN (SCAPINS STREICHE) spielten sie zwei Sätze eines Klaviertrios, das der zu seiner Zeit vor allem für seine Plagiate berüchtigte italienische Klaviervirtuose Giovanni Luigi Lodi gen. Sterkel (1690-1754) komponiert hatte – zweifellos schon damals eine nur Musikhistorikern geläufige Rarität.

Unverkennbar waren Semy Weissmanns Ambitionen längst auf eine musikalische Zukunft ausgerichtet, als er sich Anfang 1911 auf die Abitursprüfungen vorbereitete. Das war natürlich auch seinem Vater nicht entgangen, der aber wenig davon wissen wollte. Stur hielt er an seinem einmal gefassten Plan fest, der den Sohn zum Beruf des Anwalts bestimmt hatte. Als väterliches Erbteil besaß Semy Weissmann auch eine gewisse Sturheit, doch in diesem Fall nützte sie wenig, weil der Vater finanziell am längeren Hebel saß. So fügte er sich und meldete der Schulleitung, dass er nach dem Abitur das Studium der „Rechtswissenschaft" aufnehmen werde.[49]

Nach bestandenen Prüfungen wurden die Abiturienten, unter ihnen Weissmann, am Morgen des letzten Schultags, Mittwoch, 5. April 1911, in einer festlichen „Progressions-Feier" von der Schule verabschiedet. „Ein Jahrgang von Oberprimanern stand im schwarzen Examensrock in der ersten Reihe," erinnerte sich Selmar Spier. Chor und Schulorchester brachten Händel, Mozart und Haydn zu Gehör als Zwischenmusik bei der vom Direktor vorgenommenen Preisverteilung und Vorträgen zweier Primaner. Beide waren jüdischer Herkunft, der eine, der im Ersten Weltkrieg gefallene Ernst Adler, Sohn des Philanthropin-Direktors Salo Adler, hielt einen Vortrag in griechischer Sprache, der andere, Friedrich Flersheim, später Teilhaber des Bankhauses J. Dreyfus & Co. und vor dem Zweiten Weltkrieg in die USA ausgewandert, hielt eine „Deutsche Rede" über Napoleons Außenpolitik. Letzter Programmpunkt war Felix Mendelssohn-Bartholdys KOMITAT, gesungen vom dreistimmigen Knabenchor mit Begleitung. „Das Lied hatte nur drei Strophen," schreibt Selmar Spier, „aber die waren ziemlich lang. Ich weiß sie heute noch auswendig. Fünf Jahre lang hatten wir, laut oder leise, den andern sie gesungen. Eines Tages sang man sie uns. ‚Wandern müssen wir auf Erden/ unter Freuden und Beschwerden/ geht hinab, hinauf/ unser Erdenlauf./ Das ist unser Los auf Erden.' Ich verließ mit meinen Freunden leicht betäubt die Aula. Es war schwer begreiflich, aber es war Wirklichkeit: Die Schulzeit war vorüber, das Leben begann."[50]

Die Heidelberger Universität um 1910, zeitgenössische Postkartenansicht.

Lehrjahre 1911-1916

Student in Heidelberg 1911

Mit Ausnahme von gelegentlichen Besuchen bei der mütterlichen Verwandt-
schaft in Monsheim bei Worms war der 18jährige Semy Weissmann bislang
nicht über Frankfurt am Main hinausgekommen. Behütet, mit zunehmenden
Alter sich aber immer mehr eingeengt fühlend, war er dort aufgewachsen und
sah nun nach bestandenem Abitur mit großen Erwartungen der Freiheit des
Studentenlebens entgegen. Indem er sich anscheinend willig dem Wunsch des
Vaters nach einem Jurastudium beugte, fuhr Weissmann drei Wochen nach der
Abiturfeier nach Heidelberg. Schließlich besaß die von romantischen Dichtern
wegen ihrer reizvollen Lage, ihrer „Burschenherrlichkeit" und biederen Gemüt-
lichkeit viel besungene Neckarstadt mit der Universität nicht nur die älteste
Alma mater des Deutschen Reiches, sondern galt auch als eine der besten Aus-
bildungsstätten für Juristen. Dort immatrikulierte sich „Weißmann, Semi [...]
Staatsangehörigkeit Russland [...] Rel. mosaisch" bei Semesterbeginn, am 25.
April 1911, als Student der Rechtswissenschaft.[51]
    Gleich fünf Mitabiturienten vom Frankfurter Goethe-Gymnasium hatten
ebenfalls in Heidelberg das Studium aufgenommen. Neben dem schon früher
erwähnten Selmar Spier waren dies die Kaufmannsöhne Arthur Nawratzki
(1892-nach 1940) und Menny Rapp (1892-1974), die beide vor dem Zweiten
Weltkrieg in die USA emigrierten, der 1939 vor den Nazis nach Australien ge-

flohene Erich Ullmann (1892-1974), dessen Vater Direktor der Frankfurter Chemiefabrik Cassella war, und Walter Sternberg (1892-1918), der im Ersten Weltkrieg gefallene Sohn eines Frankfurter Lederfabrikanten. Mit Ausnahme von Menny Rapp, der Medizin studierte und später bis zur Emigration als Chirurg in Frankfurt arbeitete, wählten sie alle Jura als Studienfach.

Über Weissmanns Jurastudium ist manch Falsches gesagt worden. Er selbst war daran nicht ganz unschuldig, schließlich hatte ihm schon das DEUTSCHE MUSIKER-LEXIKON von 1929, dessen Einträge in der Regel auf den Angaben der betroffenen Personen basieren, einen juristischen Doktortitel zuerkannt – eine Fehlinformation, der auch die nationalsozialistische Propaganda aufsaß. Leider hat Weissmann nach 1945 nichts unternommen, um diese Legende, die noch heute in bundesdeutschen Nachschlagewerken weiterlebt, zu korrigieren.[52] Im Gegenteil, später schmückte er sich (bzw. sein amerikanischer Agent ihn) gelegentlich sogar mit zwei Doktorhüten, dem richtigen von der Münchner philosophischen und einem falschen von der Heidelberger juristischen Fakultät.[53]

Nicht genug damit, erfand er 1930 eine ziemlich rührselige Geschichte über seine Studentenzeit, als der amerikanische Journalist Richard J. Magruder ihn für ein längeres, in der ersten Nummer des anspruchsvollen, aber kurzlebigen Schallplattenjournals *Disques* erschienenes Porträt interviewte. Ihr zufolge hatte Weissmann sich mehrere Jahre lang schier verzweifelt an juristischen Studien abgemüht, bis ihm eines Tages ein älterer Student den Rat gab, sich um seines Glückes willen zu seiner wahren Berufung als Musiker zu bekennen – ein Rat, den Weissmann sogleich befolgt und der ihm auch alsbald die Anerkennung des Vaters eingebracht habe.[54]

Wenn es denn je diesen älteren Studenten gab, dann hatte dieser ihn schon gleich nach der Immatrikulation davon überzeugt, das Jurastudium an den Nagel zu hängen. Denn in Weissmanns Studentenakte entdeckt man dort, wo üblicherweise besuchte Vorlesungen und Übungen dokumentiert werden, nur gähnende Leere – ein ziemlich starkes Indiz dafür, dass er nach der Immatrikulation wohl nie mehr den Weg in die juristische Fakultät gefunden hatte. Dass er sich damit dem Diktat des Vaters widersetzte, muss ihm ebenso bewusst gewesen sein wie die Gewissheit eines heftigen Streits mit dem Vater, der zu Semesterende unweigerlich von seiner Eigenmächtigkeit erfahren würde. Weissmann nahm dies offenbar in Kauf, denn er war bereits jetzt fest entschlossen, seinen eigenen Weg als Musiker zu gehen.

Statt mit juristischen Vorlesungen verbrachte er seine Zeit lieber damit, an eigenen Kompositionen weiterzuarbeiten und sich zur Verbesserung seines Könnens an den großen Vorbildern der Musik zu schulen. Mit Rat und Hilfe stand ihm dabei ein Mann zur Seite, der damals die prägende Persönlichkeit des Heidelberger Musiklebens war. Er hieß Philipp Wolfrum (1854-1919), war einer der bedeutendsten Orgelspieler seiner Zeit und als intimer Kenner des Werks von Johann Sebastian Bach eine Koryphäe auf dem Gebiet der Kontrapunktik. Seitdem er 1884 an die Heidelberger Universität berufen wurde, hatte sich

Wolfrum als Gründer des akademischen Gesangsvereins, des Bach-Chors und des städtischen Philharmonischen Orchesters, als Mitgründer einer 1909 errichteten Musikakademie und als Generalmusikdirektor größte Verdienste erworben. Rührig auch als Komponist war Wolfrum ein Förderer von Talenten, der einen weitgespannten Freundeskreis unterhielt. Zu seinen Freunden zählten Engelbert Humperdinck (1854-1921), Richard Strauss (1864-1949), Max Reger (1873-1916), ferner der im Juli 1911 verstorbene, als Wagner-Dirigent berühmte Österreicher Felix Mottl und – last but not least – der wenige Wochen vor Mottl verstorbene Gustav Mahler.

Den heute wohl nur noch Fachleuten geläufigen Professor Wolfrum könnte Weissmann schon als dreizehnjähriger Gymnasiast erstmals zu Gesicht bekommen haben, als Wolfrum am 14. Dezember 1906 ein Museums-Konzert mit dem Frankfurter Opernhausorchester dirigierte. Das umfangreiche, für Wolfrums Vorlieben typische Programm präsentierte Symphonisches von Stamitz und Haydn, Weihnachtslieder von Cornelius und Ausschnitte aus Oratorien von Bach (WEIHNACHTSORATORIUM), Liszt (CHRISTUS) und Berlioz (DIE FLUCHT NACH ÄGYPTEN).[55] Danach dürfte Semy Weissmann immer wieder auf Wolfrums Namen gestoßen sein, sei es bei der Aufführung seiner Werke in Frankfurt oder sei es durch Veröffentlichungen wie zuletzt 1910 seines zweibändigen Werkes über Johann Sebastian Bach.

Als Professor am Evangelischen Theologischen Seminar bereitete Wolfrum die Theologiestudenten mit Vorlesungen zur Geschichte des evangelischen Kirchenlieds und Übungen zur Elementarmusik- und Harmonielehre sowie Chorgesang auf den Pfarrerberuf vor. Diese in seiner Wohnung Neuenheimer Landstraße 32 „privatissime und gratis" abgehaltenen Vorlesungen und Übungen waren – laut Vorlesungsverzeichnis – „nur für die ordentlichen Mitglieder des [Evangelisch-Theologischen, Anm. d. Verf.] Seminars" zugänglich.[56] Wie Weissmann es schaffte, dass ihn Professor Wolfrum dennoch unter seine Fittiche nahm und ihn in die Geheimnisse des Kontrapunkts und der Harmonielehre einweihte, bleibt unserer Vermutung überlassen. Das Geldproblem könnte er kühn dadurch gelöst haben, dass er die ihm vom Vater für das Jurastudium mitgegebenen Kolleggelder so „umwidmete", dass sie schließlich bei Professor Wolfrum landeten und ihm zwar nicht zu „gratis", aber immerhin „privatissime" dargebotenen Unterricht verhalfen. Möglicherweise bedurfte es aber gar nicht dieser Maßnahme, weil Professor Wolfrum sein Talent erkannt und ihm – wie von Richard J. Magruder angedeutet – von vornherein kostenlosen Unterricht versprochen hatte.[57]

Mit welchen Beschäftigungen neben dem Wolfrumschen Unterricht sich der Student Weissmann in Heidelberg die Zeit vertrieb, wissen wir ebenso wenig wie mit welchen Studenten er dort Umgang hatte. Anzunehmen ist aber, dass er sich öfters mit seinen Klassenkameraden vom Frankfurter Goethe-Gymnasium traf, vielleicht auch mit Mitabiturienten anderer Frankfurter Gymnasien wie z. B. dem Volkswirt Arthur Ellinger (*1893).[58]

Ellinger, Selmar Spier und Arthur Nawratzki hatten beschlossen, ihr Studium in München fortzusetzen. Deren Entschluss könnte Weissmann auf den Gedanken gebracht haben, sich ebenfalls zu weiteren Studien nach München zu begeben. Vielleicht hatte ihm aber auch Professor Wolfrum diese Idee eingegeben, der sie schon deswegen für einleuchtend halten musste, weil viele seiner Komponistenfreunde in der Isarmetropole wohnten. Außerdem unterrichtete dort am musikwissenschaftlichen Institut der Universität auch ein gewisser Professor Kroyer, der ein großer Verehrer von Wolfrums Freund Max Reger war (und – was Wolfrum natürlich nicht wissen konnte – den nach seinem Tod in Heidelberg neu eingerichteten musikwissenschaftlichen Lehrstuhl 1920 als erster Inhaber übernehmen würde).

Bei Semesterende machte sich Weissmann auf den Weg nach Frankfurt, wo die Familie inzwischen nicht mehr im Mittelweg 50, sondern seit 3. Juli 1911 in der Bleichstraße 42 wohnte. Wie von ihm vorausgesehen, war der Vater ganz außer sich, als er ihn vor vollendete Tatsachen stellte. Irgendwann beruhigte sich Ignatz Weissmann aber wieder etwas und schluckte schließlich die „Kröten", die Semy ihm vorgesetzt hatte: Aufgabe der Juristerei und Fortsetzung des Studiums in München. In einem Punkt ließ der Vater aber nicht mit sich reden: die Musik sollte niemals Hauptzweck des Studiums sein. Weil es zwecklos war, verbot er ihm nicht, sich musikalisch weiterzubilden. Doch hatte sich alles, was mit Musik zusammenhing, den Fächern unterzuordnen, die ihm als Vater vordringlich erschienen. Und weil er wünschte, dass sein Sohn wenn schon nicht als Anwalt, so doch immerhin als Geisteswissenschaftler beruflich und gesellschaftlich reüssierte, befürwortete bzw. bestimmte er jetzt, dass Semy Kunstgeschichte, Geschichte und Philosophie studieren sollte.

Notgedrungen, aber innerlich rebellierend, willigte Weissmann ein und wünschte sich, so schnell wie möglich von Frankfurt wegzukommen. Doch der Vater hielt den Deckel seiner Geldschatulle während der gesamten Semesterferien eisern zu und ließ ihn erst Anfang November bei Vorlesungsbeginn die Reise nach München antreten.

Student in München 1911-1914

„München leuchtete" – mit diesen beiden, mittlerweile fast geflügelten Worten zur Eröffnung seiner 1902 erschienenen Erzählung GLADIUS DEI trifft Thomas Mann haargenau den Punkt, wodurch sich München um 1900 vor allen anderen deutschen Großstädten auszeichnete: Die Stadt war Leuchtfeuer und Lichtblick zugleich.[59] Als der 20jährige Semy Weissmann Ende Oktober 1911 in München eintraf und sich für das kommende Semester an der Philosophischen Fakultät der Universität immatrikulierte, war er sogleich fasziniert von der Isarmetropole, die wie keine andere deutsche Stadt südländisches Flair verströmte und den Geist der Pariser *Belle Époque* atmete. München vereinigte Bodenständigkeit und kultiviertes Raffinement, vermengte Musenkuss, Lebenslust und Katholizismus zu bajuwarischer Gemütlichkeit. Die Stadt lockte mit geschäftigen Boulevards und stillen Seitenstraßen, glänzte mit tempelgleichen Bauwerken und weitete die Lungen durch ihre öffentlichen Parks. Ein reiches Kunstleben überstrahlte manch dunkles Loch im sozialen Gewebe und alle gesellschaftlichen Schranken fielen in der fröhlichen Geselligkeit der Biergärten. Schwabing war das Münchner Gegenstück zum Pariser Montparnasse, ein Parnass der deutschen Bohème (oder was sich dafür hielt) mit dem Dichter Stefan George als Hohepriester und der angesagtesten Kabarettbühne der „Elf Scharfrichter" in der Türkenstraße als Komödiantentruppe. In Sachen Musik glänzte München kaum weniger als die Hauptstadt des Reiches. Dafür sorgten mehrere bedeutende Musiktheater, Orchester und Chöre sowie eine lebendige kammermusikalische Szene. Und eine aus der Freundschaft der drei Komponisten Richard Strauss, Max von Schillings und Luwig Thuille hervorgegangene „Münchner Schule", die eine ganze Generation von – je nach Blickwinkel – Neu- bzw. Nachromantikern prägen und bis in die 1930er Jahre ein Begriff im deutschen Musikleben sein sollte.

1911 „leuchtete" München immer noch wie zur Jahrhundertwende. Allerdings war im nasskalten Novemberwetter nicht viel zu spüren von der bezaubernden südländischen Atmosphäre, wie sie Thomas Mann eingefangen hatte. Weissmann hatte noch kein Zimmer und nahm daher in der Barerstraße 49 bei Dippert das erstbeste,[60] hielt es aber dort nur einen Monat lang aus. Ab 9. Dezember 1911 wohnte er im dritten Stock des Hauses Adalbertstraße 33 bei Amalie Deschelmeyer,[61] einer Tierarzt-Witwe, die darauf angewiesen war, Pensionsgäste bei sich aufzunehmen. Für einen Studenten war das Haus gut gewählt, denn im Erdgeschoss befand sich eine große Gastwirtschaft der Max Emanuel Brauerei samt Biergarten mit im Sommer schattenspendenden Kastanienbäumen.

Wie vom Vater verlangt, hatte er sich in der Philosophischen Fakultät immatrikuliert, zunächst mit Kunstgeschichte als Studienschwerpunkt, dann mit Geschichte im Sommersemester 1912. Daneben hörte er Vorlesungen über Literatur, Erkenntnistheorie und zur Geschichte der Philosophie. Im einzelnen lassen sich seine Münchner Studien nicht näher beschreiben, da alle Studienbücher verloren gegangen sind. Anzunehmen ist, dass er schon im Wintersemester 1911/12 damit begonnen hatte, sich im musikwissenschaftlichen Seminar umzusehen. Inhaber des dortigen Lehrstuhls war seit 1900 der Musikwissenschaftler und Komponist Professor Adolf Sandberger (1864-1943). Er war ein Schüler des Komponisten Josef Rheinberger und wurde 1887 mit einer Arbeit über Peter Cornelius, den Komponisten der komischen Oper DER BARBIER VON BAGDAD, promoviert. Obwohl er sich selbst mehr Bedeutung als Komponist zumaß, liegen Sandbergers Verdienste vor allem bei der Herausgabe der DENKMÄLER DER TONKUNST IN BAYERN und des NEUEN BEETHOVEN-JAHRBUCHS sowie seiner Beschäftigung mit den Werken von Orlando di Lasso. Als Lehrer von u. a. Werner Egk (1901-1983), Felix Raabe (1900-1996) und

Hans von Benda (1888-1972) blieb der Antisemit Sandberger,[62] der ordentliches Mitglied der Bayerischen Akademie der Wissenschaften war, nicht ohne Einfluss auf eine Komponistengeneration, die sich in der Zeit des Nationalsozialismus profilierte. Sandbergers Stellvertreter an der Universität war Professor Theodor Kroyer (1873-1945), früher als Musikredakteur der *Münchner Allgemeinen Zeitung* ein unermüdlicher Vorkämpfer für Max Reger und jetzt als Musikwissenschaftler eine Koryphäe auf dem Gebiet niederländisch-italienischer Musik des 16. Jahrhunderts.

Die für die nächsten zehn Jahre einflussreichste Persönlichkeit wurde für Weissmann aber ein Mann von außerhalb der Universität: der Komponist, Pianist und Musikpädagoge Walter Braunfels (1882-1954). Der gegenüber Weissmann zehn Jahre ältere Braunfels hatte bereits im Alter von drei Jahren seinen Vater verloren, den als Übersetzer des Nibelungenlieds und des spanischen Dichters Cervantes hervorgetretenen jüdischen Frankfurter Juristen und Literaten Ludwig Braunfels (1810-1885). Von seiner musikalisch hochgebildeten Mutter, einer Großnichte des Komponisten Louis Spohr, erzogen, hatte Braunfels nach dem Abitur am Hoch'schen Konservatorium in Frankfurt studiert und anschließend Klavierunterricht in Wien bei dem berühmten Lehrer Theodor Leschetizky erhalten. Ab 1903 war er Assistent von Felix Mottl am Münchner Nationaltheater. Zunächst als Klaviervirtuose hervorgetreten, errang Braunfels 1909 als Komponist erste größere Erfolge mit der Uraufführung seiner phantastischen Oper PRINZESSIN BRAMBILLA OP. 12 und seinen SYMPHONISCHEN VARIATIONEN OP. 15. Im gleichen Jahr heiratete er Berta von Hildebrand, die frühere Verlobte von Wilhelm Furtwängler. Sie war die jüngste Tochter von Adolf von Hildebrand (1847-1921), einem damals führenden deutschen Bildhauer, dessen repräsentative Villa im Münchner Stadtteil Bogenhausen ein Treffpunkt der Münchner Gesellschaft war. Mit Werken wie der OFFENBARUNG JOHANNIS FÜR TENOR-SOLO, DOPPELCHOR UND GROSSES ORCHESTER OP. 17 und der SERENADE ES-DUR FÜR KLEINES ORCHESTER OP. 20 festigte Braunfels seinen Ruf und etablierte sich spätestens im Februar 1912 mit der aufsehenerregenden Uraufführung der CARNEVALS-OUVERTÜRE FÜR GROSSES ORCHESTER OP. 22 als einer der „fortschrittlichen Avantgardisten seiner Zeit."[63]

1911 zählte Braunfels auch zum Gründerkreis einer nach dem Vorbild des Berliner Sternschen Konservatoriums geplanten privaten Musikschule in München. In einer ersten Ankündigung in der *Allgemeinen Musikzeitung*, Ausgabe November 1911, wurde Braunfels bereits als Pädagoge für Komposition und Klavierspiel angekündigt, doch scheiterte das Projekt, weil das bayerische Innenministerium in dem geplanten Unternehmen eine der staatlichen Musikakademie abträgliche private Konkurrenz sah.[64] Möglicherweise hatte Weissmann schon aufgrund dieser Ankündigung den Kontakt mit Braunfels gesucht, dem er zu dieser Zeit persönlich wohl noch nicht begegnet war, den er aber als Komponisten sicher bereits kannte und schätzte. Spätestens im Sommersemester 1912 hatten sich die beiden dann kennengelernt mit der Folge, dass Braunfels sich bereit erklärte, Weissmann als Kompositionsschüler anzunehmen und – wie schon Professor Wolfrum – dabei auf ein Honorar zu verzichten.[65]

Dass zwischen ihm und Braunfels bereits ein länger bestehendes Schüler-Lehrer-Verhältnis bestand, belegt ein zum Semesterende verfasster Brief, den Weissmann am 25. Juli 1912, kurz vor seiner Rückreise nach Frankfurt, noch in München an Braunfels schrieb:

Sehr verehrter, lieber Herr Braunfels,
Übermorgen dampfe ich nach meinem gehaßten Frankfurt. Ich hoffe aber immer noch auf einen Glückszufall, der mich wo anders hin verschlägt, z. B. nach Rumänien als Hauslehrer, vielleicht bekomme ich nämlich diese Stelle.
Es wäre mir alles egal, nur nicht nach Frankfurt. [...] Mein Referat hielt ich vorige Woche i. d. Universität u. bekam daraufhin ein gutes Seminarzeugnis; jetzt habe ich ein Gedicht v. O. J. Bierbaum fertig u. ein anderes von Liliencron angefangen; im geliebten Frankfurt werde ich dann auch im Louis Thuille das von Ihnen aufgegebene arbeiten. Ob ich im Oktober schon herkann? Ich muß in Frankfurt meinen alten Herrn sondieren und werde Ihnen dann schreiben.
Als ich mein Zeugnis für mein Referat eingeschickt hatte, kam kein Wort d. Anerkennung, vielmehr: „Leider muß ich Dir wieder sagen, daß Du Dich zu sehr mit Musik beschäftigst und nicht wie ich es wünsche auch mit Philosophie, Kunstgesch., u. Literatur." Auch sonst war der Brief wunderbar.
Trotzdem befinde ich mich sehr wohl; und grüße Sie so und recht herzlichst
Ihr in aeternum dankbarer
Semi Weißmann

Der Brief ist Teil einer zwischen Sommer 1912 und Januar 1933 geführten Korrespondenz, von der mit Ausnahme eines Antwortbriefes vom Januar 1933 leider alle Briefe, die Braunfels geschrieben hatte, verloren gegangen sind. Erhalten und im Nachlass von Walter Braunfels aufbewahrt sind indes die Briefe, die Weissmann seinem Lehrer Braunfels schrieb.[66] Angesichts der spärlichen Zeugnisse, die von Weissmann aus der Zeit vor 1933 erhalten geblieben sind, ist das kleine Konvolut von Briefen äußerst wertvoll, zumal der zumeist sehr intime Charakter der Briefe überraschende Einblicke in Weissmanns geistige und seelische Befindlichkeit bei Abfassung der Briefe ermöglicht.

Der Brief vom 25. Juli 1912 ist der bislang früheste handschriftliche Text, den wir von Weissmann haben. Aus ihm geht hervor, dass er sich im zu Ende gegangenen Semester unter Braunfels' Anleitung mit diversen Kompositionen beschäftigte, u. a. Vertonungen zweier Gedichte von Otto Julius Bierbaum und Detlev von Liliencron, und dass ihm von Braunfels als „Hausaufgabe" für den Aufenthalt bei der Familie in Frankfurt eine Komposition im Stil von Ludwig Thuille (1861-1907) aufgegeben wurde, einem spätromantischen Südtiroler Komponisten, der als Professor am Münchner Konservatorium von eminenter Bedeutung (und zeitweise auch Braunfels' Lehrer) war. Ansonsten ist der Brief ein Dokument der weit fortgeschrittenen Entfremdung zwischen Weissmann und seinem Vater und einer daraus resultierenden ablehnenden Haltung gegenüber der „Vaterstadt" Frankfurt. Bemerkenswert ist, dass Weissmann schon jetzt der für ihn offenbar unerträglich gewordenen finanziellen Bevormundung durch den Vater zu entkommen suchte und sich bereits konkret um eine Hauslehrerstelle im weit entfernten Rumänien beworben hatte.

Fast noch bemerkenswerter als diese Informationen sind Ton und Charakter des Briefes. Weissmann hält zwar eine gewisse respektvolle Distanz zu dem Lehrer, betont seine „ewige" Dankbarkeit, doch öffnet er sich ihm gleichzeitig uneingeschränkt und läßt Braunfels tief in sein Inneres und sein verzweifeltes Ringen mit dem Vater blicken, der sich seinen musikalischen Ambitionen weiterhin in den Weg stellt. Diese Direktheit und Offenheit, Intimstes preiszugeben, die auch die übrigen Briefe bestimmt, ist für Weissmann sehr ungewöhnlich und ein Zeichen dafür, dass Braunfels für ihn mehr war als nur ein Lehrer. Er war das, wonach er sich lange gesehnt hatte: ein Mensch, der wie er ganz in der Musik aufging, ein Vorbild als Komponist und Pianist und eine Person, welche die Rollen eines verständnisvollen Vaters und eines beschützenden älteren Bruders in sich vereinigte.

Die Anerkennung, die ihm durch die Aufnahme in Braunfels' Schülerkreis zuteil wurde, muss Weissmann als grenzenloses Glück empfunden haben, weil er damit endlich die dringend erwünschte Bestätigung seiner Berufung zum Komponisten und Musiker bekommen hatte. Aufgrund des Gefühls naher Verbundenheit neigte Weissmann in seinen Briefen mitunter zu einer geradezu hemmungslosen Vertraulichkeit, von der wir nicht wissen, ob Braunfels sie immer goutierte. Etwa, wenn Weissmann die Sprache auf seine Probleme mit einem gewissen Mädchen bringt, deren Namen er verschweigt: „Schade, daß ich jetzt nicht mit Ihnen zus.[ammen] sein kann und ‚beichten'. Ich hätte so einiges, in puellaler Hinsicht, was mich bewegt. - Es existiert doch nur *eine* puella für mich; das kommt mir immer erst durch den immensen Unterschied zum Bewußtsein."[67] Oder wenn er jammert: „Warum geben Sie mir keine Ratschläge, so wie andern? Ich werde immer eifersüchtig, wenn ich höre, daß Sie auch mit andern Schülern stehen."[68]

Ein durchgängiges Motiv der Briefe bis 1914 ist Weissmanns ablehnende Haltung gegenüber Frankfurt. Im August 1912 schreibt er dem in Frankfurt geborenen Braunfels, er wüsste „von dem verfl.[uchten] Frankfurt auch sehr wenig Freudiges zu erzählen. Bis auf den Aufenthalt in Ihrer Heimatstadt (denn *ich* bin wenigstens nicht da geboren und kam erst als unschuldiger 2jähriger Knabe hierher) geht es mir gut."[69] Als er sich Anfang März 1913 wieder in den Semesterferien in Frankfurt aufhält, schreibt er: „Nun bin ich endgültig da. Vielleicht bringe ich es fertig, schon am 1. April wieder nach M.[ünchen] zu können. Dann will ich den Namen Gottes preisen. Mit einer Passacaglia!"[70]

Weissmanns Stoßseufzer dürfte seinem Mentor, der sich mit kunstvollen Variationsstücken einen Namen gemacht hatte, gefallen haben, schließlich zählt die Passacaglia zu den anspruchsvollsten musikalischen Variationsformen. Tatsächlich hatte Braunfels' Schüler zum damaligen Zeitpunkt beachtliche Fortschritte gemacht. Dies zeigt nicht nur eine im genannten Brief vorgetragene und mit Notenbeispielen illustrierte Darlegung eines Instrumentationsproblems bei einer Mozart-Sinfonie, sondern auch ein Bündel mit drei „Klaviersachen", das er Braunfels im August 1912 zuschickte. Weissmann bat um eine Beurteilung der Stücke hinsichtlich ihrer Eignung für einen Kompositionswettbewerb, den ein US-amerikanisches Konservatorium in St. Louis – vermutlich das 1886 gegründete Strassberger Conservatory of Music – ausgeschrieben hatte. Es handelte sich dabei um „1) ein Concertstück, 2) ein Orchesterstück von mittleren Schwierigkeiten (beide für Klavier), 3) drei einfache Klavierstücke." Er wisse, fuhr er fort, „daß das zweite Stück mit dem poetischen Obertitel u. den poetischen Untertiteln tonlich wohl ziemlich langweilig ist. Den Walzer habe ich gemacht ohne Strauß' Rosenkavalier zu kennen. Den lernte ich 2 Wochen darauf hier kennen; ich glaube aber garnicht, daß Ähnlichkeiten vorhanden sind."[71]

Beim ROSENKAVALIER fand Weissmann „rein musikalisch [...] sehr viel Schönheiten", doch gefiel ihm die Richard Strauss-Oper, zu deren Verbreitung er später mit seinen Schallplatten durchaus beitragen sollte, „nicht als Lösung des Problems Komische oder Lustige Oper, (das soll es doch wohl sein?)". Geteilter Meinung war er auch bei Franz Schrekers (1878-1934) Oper DER FERNE KLANG, bei deren Uraufführung er in Frankfurt am 18. August 1912 zugegen war. „Der erste Akt gefiel mir nicht, der zweite u. dritte (sehr) gut. Der erste Akt war mir zu ‚modern'; und wo er Melodien brachte, waren sie mir zu ärmlich. Daran scheint überhaupt das Werk keinen Überfluß zu haben; ich könnte mich nicht *einer* Melodie erinnern; es hat aber auch gar keine einen Versuch gemacht, hängen zu bleiben. D. h. es kam nichts vor, was ich hätte behalten wollen; die Wirkung beruhte nicht so sehr auf der Melodie, als auf einer harmonisch-melodischen Linie; ich weiß nicht, ob ich recht habe; ich wollte Ihnen nur meine Empfindungen schreiben." [72]

Wie man sieht, nutzte Weissmann die Ferienaufenthalte im „gehaßten Frankfurt", um sich bei musikalischen Veranstaltungen weiterzubilden. Eine vom Orchesterspiel her wenig überzeugende Darbietung von Beethovens NEUNTER SINFONIE durch das – 1912 aus dem ehemaligen Palmengartenorchester hervorgegangene – Frankfurter Tonkünstlerorchester am 3. März 1913 im Saalbau sollte ihn dennoch stark beeindrucken: „Gestern Abend war ich i. d. IX. (von Beeth.). Die Aufführung war schlecht. Die Bläser oft einen halben Takt zurück, aber d. Werk – unglaublich, wirklich nicht mehr irdisch. Wenn ich es nur mal auch in einer dementsprechenden Aufführung hören kann."[73]

Die vom königlichen Musikdirektor Max Kaempfert (1871-1941) geleitete Aufführung hatte trotz ihrer Mängel die Wirkung einer Initialzündung, die in Weissmann das bis dato schlummernde Talent des Dirigenten weckte: „Ich werde, da ich gestern d. IX. hörte, die Partitur studieren. Ich habe schon damit angefangen, es macht mir unendlich viel Freude. Ich habe eine wahnsinnige

Lust, Dirigent zu werden."[74] Da für Dirigenten die Beherrschung eines Instruments, meistens des Klaviers, eine Grundvoraussetzung ist, war Weissmann
nach diesem „Erweckungserlebnis" bestrebt, während der Zeit, die er in Frankfurt verbrachte, seine pianistischen Fähigkeiten zu verbessern. Den dafür geeigneten Lehrer fand er in dem 50jährigen Schweizer Pianisten Willy Rehberg
(1863-1937), der schon im Alter von zwanzig Jahren am Leipziger Konservatorium unterrichtete und 1890 als Erster Klavierlehrer ans Genfer Konservatorium, 1907 an Dr. Hoch's Konservatorium in Frankfurt am Main berufen wurde.
Letzteres Institut hatte Rehberg mit Ende des Sommersemesters 1911 verlassen, um an der Mannheimer Musikhochschule die Leitung der Klavierausbil-
dungsklasse zu übernehmen. Als Klavierpädagoge blieb Rehberg, der 1917 Ko-
direktor der Mannheimer Musihochschule wurde, aber dennoch weiterhin in
Frankfurt dadurch präsent, dass er dort eine „Privatklasse für höheres Klavierspiel" gründete,[75] in der offenbar auch Weissmann Aufnahme fand.[76] Andeutungen Richard J. Magruders zufolge, scheint Weissmann, der von sich gelegentlich als Willy Rehbergs „Meisterschüler" sprach, mit dem weithin geschätzten Klavierlehrer ein ähnliches, d.h. für ihn kostenloses, Arrangement wie mit
Braunfels in München und Wolfrum in Heidelberg getroffen zu haben,[77] was
ihn des Problems enthob, sich mit seinem Vater über die Finanzierung dieser
Unternehmung streiten zu müssen.

Als Komponist machte Weissmann unterdessen weitere Fortschritte, wie
eine am 17. April 1914 an Braunfels verschickte Postkarte belegt, in der er dem
Mentor die Fertigstellung von mehreren „neuen Sachen" mitteilte, u.a. einer
Vertonung der Ballade RITTER OLAF von Heinrich Heine. Sie wollte er demnächst der Öffentlichkeit präsentieren und zwar im „Neuen Verein". Dieses aus
dem 1891 von Studenten gegründeten „Akademisch-dramatischen Verein" hervorgegangene und zeitweilig verbotene Forum moderner Literatur und Kunst
spielte in der Prinzregentenzeit eine wichtige Rolle als Vermittler modernen
Theaters von Autoren wie Hauptmann, Ibsen, Sudermann und Schnitzler. Bevor er sich aber dem Publikum stellte, wollte sich Weissmann bei Braunfels
rückversichern: „Ceterum: eine Ballade fertig: ‚Ritter Olaf' von Heine, ich
möchte sie im ‚Neuen Verein' singen lassen. [...] Was Sie zur Ballade sagen
werden. ‚Man' sagt sie sei dramatisch!"[78]

Ob es zu dieser Veranstaltung je kam und ob seine Ballade den Beifall des
Publikums fand, wissen wir ebenso wenig wie Braunfels' Urteil über das Werk.
Die Tatsache aber, dass der 21jährige die Zeit für gekommen hielt, um sich der
Öffentlichkeit als Komponist vorzustellen, spricht für ein erhebliches Maß an
Selbstsicherheit. Möglicherweise war dieses auch befördert worden durch seine
Fortschritte am musikwissenschaftlichen Seminar. Mittlerweile im siebten Stu-
diensemester war Weissmann akademisch an dem Punkt angelangt, an dem er
eine Promotion zum Doktor der Philosophie ins Auge fassen konnte. Mit Professor Kroyer, bei dem er früher eine Seminararbeit über süddeutsche Singspie-
le geschrieben hatte, und mit Zustimmung des Ordinarius Professor Sandber-

ger war Weissmann schnell über den Gegenstand seiner Dissertation einig geworden, den in Darmstadt geborenen Komponisten Georg Abraham Schneider
(1770-1839). Dieser heute weitgehend in Vergessenheit geratene Zeitgenosse
Beethovens erschien Weissmanns künftigem „Doktorvater" Sandberger als loh-
nenswertes Forschungsobjekt, da es sich bei ihm um „eine durch allgemeine
Musikalität wie starkes Compositionstalent und große Fruchtbarkeit bemerkenswerte Künstlerpersönlichkeit [handele], die es vom einfachen Oboisten
und Hornisten schließlich zum k. preuß. Kapellmeister neben Spontini gebracht
hat."[79] Aus Weissmanns Sicht dürfte das Thema ein bislang wenig „beackertes"
Forschungsgebiet versprochen haben, bei dem er sich ein zügiges, von Sekun-
därmeinungen wenig behindertes Vorankommen auf dem Weg zum begehrten
Doktortitel erhoffen konnte.

Vom Studenten der Philosophie nunmehr zum Promovenden vorgerückt,
wechselte Weissmann noch im laufenden Semester die Wohnung. Am 18. Juni
1914 zog er von der Adalbertstr. 43 (bei Vorgeitz), wo er die letzten drei Semester wohnte, in das Haus Kaiserplatz 5 (bei Lauterer).[80] Vielleicht erhoffte er
sich vom ruhigeren Ambiente einer Schwabinger Nebenstraße die rechte Inspiration für seine Dissertation. Doch kaum hatte er sich in der neuen Umgebung
eingerichtet, geriet die Arbeit an der Dissertation ins Stocken. Denn inzwischen
war die Welt aus den Fugen geraten, weil ein 19jähriger Gymnasiast namens
Gavrilo Princip, ein Mitglied der serbisch-nationalistischen Geheimorganisation
„Schwarze Hand", am 28. Juni 1914 in der bosnischen Hauptstadt Sarajewo
tödliche Schüsse auf das österreichisch-ungarische Thronfolgerehepaar abgegeben hatte. Die politischen Reaktionen des In- und Auslands waren zunächst
verhalten geblieben. Doch dann stellte Österreich dem benachbarten und als
Drahtzieher des Attentats vermuteten Königreich Serbien am 23. Juli 1914 ein
auf 48 Stunden befristetes Ultimatum. Was nur ein strategischer Schachzug sein
sollte, löste eine diplomatische Kettenreaktion aus. Binnen weniger Tage schlit-
terten die europäischen Großmächte in einen Krieg, der schon bald zum Weltkrieg wurde. An dessen Ende befanden sich drei Viertel der Weltbevölkerung
im Kriegszustand und mehr als 17 Millionen Menschen hatten durch Kriegs-
handlungen das Leben verloren.

„Wäre ich doch ein Ulan mit Gaul und Lanze!"

In Deutschland, aber nicht nur dort, schienen diejenigen, die in dem am 1. August 1914 ausgebrochenen Krieg ein katastrophales Verhängnis erkannten, zunächst in der Minderzahl zu sein. Für die meisten Menschen wirkte der Krieg –
so Serenus Zeitblom in Thomas Manns großem Künstlerroman „Dr. Faustus"
– „ganz vorwiegend als Erhebung, historisches Hochgefühl, Aufbruchsfreude,
Abwerfen des Alltags, Befreiung aus einer Welt-Stagnation, mit der es so nicht
weiter hatte gehen können, als Zukunftsbegeisterung, Appell an Pflicht und
Mannheit, kurz, als heroische Festivität."[81] Vom allgemeinen Überschwang ließ

sich auch die jüdische Bevölkerung mitreißen, nicht zuletzt wegen des Verspre-
chens Kaiser Wilhelms II. zu Kriegsbeginn, wonach er jetzt keine Parteien, sondern nur noch Deutsche kenne. Wie sich der jüdische Frankfurter Rechtsanwalt
Selmar Spier erinnerte, benahmen sich die meisten Juden „nicht anders als ihre
christlichen Mitbürger. [...] Die jüdischen jungen Leute strömten freiwillig in die
Kasernen, genau wie ihre christlichen Altersgenossen, auch sie getrieben von einem alten, wenn auch nur für Juden geltenden Gedankenmuster: Blutopfer ver-
bürgen Gleichberechtigung. [...] Seit 100 Jahren, seit den Befreiungskriegen, waren Juden ins Feld gezogen, um sich als Deutsche zu bewähren. So gingen sie
wieder, überzeugt, ein siegreiches Vaterland werde sie nicht mehr hinter seine
anderen Söhne zurücksetzen.“[82]

Patriotische Begeisterung verspürte auch Selmar Spiers Klassenkamerad
Semy Weissmann, der vom Krieg völlig romantische Vorstellungen hatte und
sich „tatsächlich [wünschte], irgendwo oben in Luxemburg zu sitzen, mit einem
Gaul u. einer Lanze (d. h. z. B. als Ulan)“.[83] Wie er Walter Braunfels Anfang
Oktober 1914 aus Frankfurt schrieb, hatte sich Weissmann denn auch gleich
nach Kriegsbeginn freiwillig zu den Waffen gemeldet, wurde aber zu seinem
Bedauern „als Freiwilliger nicht mehr genommen“. Der Grund für die Ablehnung war sicher nicht mangelnde körperliche Tauglichkeit, sondern die Tatsache, dass er, obwohl er kein Wort Russisch sprach und russischen Boden noch
nie betreten hatte, für die deutschen Behörden aufgrund der Herkunft seines
Vaters weiterhin als Russe galt. Dies wurde ihm kurz darauf erneut bewiesen,
als er einem – ihm wohl irrtümlicherweise zugegangenen – Musterungsbescheid
Folge leistete und sich vermutlich am 15. August 1914 im Frankfurter „Kegler-
heim“ in der Bergerstr. 121 einfand, wo – laut einer Anzeige in der *Frankfurter
Zeitung* vom 10. August 1914 – die Militärpflichtigen des Jahrgangs 1893 mit
dem Anfangsbuchstaben „W“ gemustert wurden. Doch „als ich hinzog, sehr
froh, wurde ich nicht aufgerufen. Auf meine Frage stellte sich heraus, daß die
Macacos nachträglich irgendwo mein Ausländertum festgestellt haben; u. sol-
chene werden nicht eingestellt“.[84]

Nachdem man ihm so wiederholt klar gemacht hatte, dass ihn die Deutschen nur dann als Soldat akzeptieren würden, wenn er eine deutsche Staatsbürgerschaft vorweisen könne, wandte sich Weissmann an den jüdischen
Frankfurter Justizrat Dr. Leopold Wurzmann (1860-1941). Mit dessen Hilfe
reichte er am 12. September 1914 beim für Frankfurt am Main zuständigen
preußischen Regierungspräsidium in Wiesbaden (die einst freie Reichsstadt
Frankfurt war seit 1866 preußisch) ein Gesuch um Naturalisation ein, wobei er
ausdrücklich darauf hinwies, „daß ich dienen will“.[85] Trotz rechtlicher Gleich-
stellung jüdischer Bürger seit 1871 wurden osteuropäische Juden bei Einbürgerungsverfahren bis in die Weimarer Zeit regelrecht diskriminiert, indem Angehörige der ersten Generation in der Regel gänzlich von der Einbürgerung ausgeschlossen wurden. Angehörige der zweiten Generation hatten nur dann eine
Chance, akzeptiert zu werden, wenn sie sich freiwillig zum Militärdienst melde-

ten und dafür gesundheitlich geeignet waren.[86] Weissmann erfüllte beide Bedingungen, dennoch blieb er – angesichts bisheriger Enttäuschungen – skeptisch hinsichtlich der Erfolgschancen seines Gesuchs: „Ob es durchgeht – ich bin ja früher schon 2 mal abgewiesen worden."[87]

Weissmanns Bereitschaft, preußischer Staatsbürger und Soldat zu werden, entsprang nicht allein romantischer Kriegsbegeisterung. Dahinter stand auch die Hoffnung, sich auf diese Weise sowohl der finanziellen Bevormundung seitens des Elternhauses als auch der zunehmend lästigen Außenseiterrolle des russischen Juden entledigen zu können. Auf der Suche nach finanzieller Unabhängigkeit hatte er sich bereits vor Kriegsausbruch um ein Stipendium beworben und sich zwecks befürwortender Stellungnahmen an Professor Sandberger und Walter Braunfels gewandt.[88] Doch auf Grund seiner russischen Nationalität waren die Chancen, das Stipendium zu bekommen, nach Kriegsausbruch praktisch aussichtslos geworden. In der antirussisch aufgeheizten Stimmung nach der für die Deutschen siegreichen Schlacht bei Tannenberg Ende August 1914 kam es dann zu weiteren Restriktionen für ausländische Studenten. So hatte der Tübinger Universitätssekretär Albert Rienhardt gleich am Tag nach der Schlacht in der *Frankfurter Zeitung* die Forderung erhoben, Deutschlands Hochschulen müssten „künftig verschiedenen Nationalitäten verschlossen sein. Eine Scheidung zwischen anständigen Nationen und skrupellosen Wegelagerern und Dieben deutscher Bildung, Kultur und Technik hat sich eben vollzogen. Zwischen ihnen und unseren Hochschulen ist das Tafeltuch zerschnitten, hoffen wir für lange Zeit."[89] Als Weissmann sich Anfang Oktober 1914 brieflich an Walter Braunfels wandte, war es ihm schon nicht mehr möglich, an seiner bereits begonnenen Dissertation weiterzuarbeiten: „[...] an der Doktorarbeit selbst kann ich gar nichts machen, da mir alle Bücher fehlen u. ich auch von Bibl.[iotheken] jetzt erschwert bekomme. - Und wenn ich nicht naturalisiert werde, kann ich in München gar nicht weiter studieren, da für die nächsten [fehlt: Jahre] M.[ünchen] u. Berl.[in] u. noch ein Universitäten vor allem für Leute meines Schlages gesperrt sind. Wäre schöne Geschichte."[90] Mittlerweile war er als Russe auch zunehmend in Gefahr, als feindlicher Ausländer betrachtet und möglicherweise abgeschoben zu werden: „Heute läuft nun hier das Gerücht," schrieb er an Braunfels, „Ausländer würden ausgewiesen; ich habe mich erkundigt, es scheint keine Ente zu sein."[91]

Kein Wunder, dass er angesichts solch bedrohlicher Umstände „nicht gern über Möglichkeiten der Zukunft" nachdenken wollte, denn „sonst würde ich manchmal wenn nicht traurig, doch sorgenvoll aussehen." Ganz ohne Hoffnung blickte er aber auch nicht in die Zukunft. Wenn sich sein Ulanenwunsch nicht erfülle, ließ er Braunfels wissen, dann „möchte ich dirigieren". Denn inzwischen hatte sich ihm eine neue Welt eröffnet, in der die Nationen sich nicht bekriegten: „Es geht doch alles jetzt drunter u. drüber u. wenn ich im Theater bin, fühle ich doch international."[92]

Am Frankfurter Opernhaus 1914-1916

Im preußischen Regierungspräsidium in Wiesbaden hatte man es nicht eilig mit der Beantwortung von Weissmanns Gesuch um Einbürgerung. Somit zum Ausharren bei den Eltern gezwungen und bedrückt von der ungewissen Zukunft, suchte er, die Wartezeit sinnvoll zu nutzen und arbeitete, „soweit man eben Geduld u. Neigung dazu hat. Ich übe etwas Klavier, lege mir ein Compendium für mein musikalisches Examen an, das nahezu fertig ist u. die Zeit vom frühesten Anfang bis zu Berlioz einbegreift".[93] Darüber hinaus besuchte er auch die Vorstellungen in der Frankfurter Oper, z. B. am 26. September 1914 die Aufführung von Richard Wagners PARSIFAL. Der 1883 verstorbene Komponist hatte noch zu Lebzeiten verfügt, dass dieses Werk nur in Bayreuth aufgeführt werden dürfe. Als mit Beginn des Jahres 1914 die damals gültige dreißigjährige Schutzfrist ablief, stürzten sich die Bühnen geradezu auf PARSIFAL, und so gelangte das Stück auch in Frankfurt a. M. zur Aufführung. Für Weissmann war es die erste Begegnung mit Wagners „Bühnenweihspiel". Wie er Braunfels schrieb, konnte er sich allerdings mit diesem Werk nur wenig anfreunden: „Ich war neulich in Parsifal. Darf ich was darüber sagen? Natürlich, sagen Sie. Also ganz vorsichtig: Es kam mir vor als hätte er so wenig Gesicht? Alles andere bei Wagner hat Gesicht, u. zwar je nach einem Stoff ein entsprechendes Aussehen. Der Charakter oder die Seele ist überall; aber Lohengrin, u. Meistersinger u. Ring haben ihre eigenen Gesichter u. Parsifal nur ein halbes oder gar Viertel. Vor allem scheint mir viel weniger Potenz vorzuliegen, bes. in den heiligen Stellen; lediglich schien mir durch die Orchester*farbe* das Heilige, Wunderbare, getroffen zu sein, nicht aber im Ausdruck."[94]

Für den Besuch der Opernvorstellungen war er nicht mehr auf das Geld des Vaters angewiesen. Mit ihm hatte es in jenen Tagen offenbar mehrere heftige Zusammenstöße gegeben – zum einen, weil der Vater grundsätzlich und vehement eine Verpflichtung beim Militär ablehnte, zum andern, weil der Sohn einmal wohl etwas zu forsch seinen Anteil am Erbe der Großmutter einforderte: „Eines Tages hat meine Großmutter mich in ihrem Testament bedacht mit Geld. Und da habe ich meinen Vater gefragt, ‚Wie ist das mit dem Geld von der Großmutter?' Und da war er so wütend, dass er mir gesagt hat, ‚Raus mit Dir!' Und da bin ich [...] auf der Stelle zum Opernhaus in Frankfurt am Main gegangen und hab gesagt, ‚Mein Vater hat mich rausgeschmissen, können Sie mich brauchen?'" Er wurde zum Probespiel aufgefordert und sollte ein ihm unbekanntes Stück von Richard Strauß spielen. „Hab' ich vom Blatt gespielt. ‚Ausgezeichnet!' Hat er mich mit 60 Mark angestellt. Sechzig Mark!"[95]

Weissmann nennt hier nicht den Namen des Mannes, dem er damals vorspielte und der ihn als „Solorep.[etitor]" – so das BÜHNEN-JAHRBUCH 1915 – engagierte.[96] Sein Name fällt jedoch im Brief, den Weissmann Anfang Oktober 1914 an Walter Braunfels schrieb: „Inzwischen habe ich mich hier an Dr. Rottenberg gewandt, ob er mir nicht ermöglichen kann, Zutritt zu den Proben u. Vorstellungen zu haben oder ob [ich] im Theater für absehbare Zeit ein bissel reingucken könne."[97]

Ludwig Rottenberg (1864-1932) war der erste Kapellmeister der Frankfurter Oper, die damals keinen Generalmusikdirektor kannte. Er war ein Original, „ein kleines, sehr sarkastisches grauhaariges Männchen, gebürtiger Wiener, Jude, der regelmäßig *die Fackel* von Karl Kraus las und mit Theodora Adickes, der ältesten Tochter des großen Frankfurter Oberbürgermeisters Franz Adickes, verheiratet war. [...] Er war ein hinreißender Mozartdirigent, ganz einfach und ohne jede Pose, toscaninihaft, aber von Toscanini sprach damals noch niemand."[98] Nach nur einjähriger Kapellmeisterzeit an der Oper in Brünn hatte Rottenberg 1892 die Nachfolge des überraschend verstorbenen Felix Otto Dessoff (1835-1892) angetreten, der seinerzeit als einer der bedeutendsten Dirigenten galt. Der „um das hohe musikalische Niveau der Frankfurter Oper durch mehr als drei Jahrzehnte verdiente[ ] Ludwig Rottenberg",[99] der selbst Beachtliches als Komponist leistete,[100] war ein großer Förderer moderner Komponisten wie Eugène d'Albert, Béla Bartók, Peter Cornelius, Claude Debussy, Frederick Delius, Erich Wolfgang Korngold, Franz Schreker, Rudi Stephan, Richard Strauss, schließlich auch von Paul Hindemith (1895-1963), den er 1915 als Konzertmeister engagierte und der 1923 sein Schwiegersohn wurde.

Mit den von Rottenberg in Aussicht gestellten sechzig Mark Monatsgehalt kam ein alleinstehender junger Mann ohne Wohnung natürlich auch zu Kaisers Zeiten nicht sehr weit. Lebensmittel waren in Frankfurt am Main – laut BÜHNEN-JAHRBUCH von 1915 – „sehr teuer", und ein „Mittagstisch" kostete eine Mark bis eine Mark fünfzig. Der Durchschnittspreis für ein möbliertes Zimmer belief sich auf dreißig Mark, und als Pensionsgast mit Vollverpflegung zahlte man monatlich ab 75 Mark aufwärts.[101] Weissmann hielt deshalb nach einer zweiten Einnahmequelle Ausschau und fand sie – wie er später erzählte – in einem der zahlreichen Kaffeehäuser, für die Frankfurt bis lange nach dem Zweiten Weltkrieg bekannt war.[102]

Welches Café Weissmann damals engagiert hatte, wissen wir nicht, auch war sein Gastspiel als Kaffeehauspianist nur von kurzer Dauer. Er war nämlich seinem Bruder Richard begegnet: „Und dann hat er gesagt, die Mutter will dich doch gerne wiedersehen. Willst Du nicht wiederkommen?"[103] Wie hätte er der Bitte der Mutter nicht folgen können? Und so ging er mit dem Bruder, der Ostern 1912 die mittlere Reife erlangt und den Kaufmannsberuf ergriffen hatte,[104] wieder zurück in die elterliche Wohnung, die sich seit 30. Juni 1913 im Frankfurter Nordend im 3. Stock des Hauses Elkenbachstraße 4 befand.[105] Während die Mutter den Heimkehrer glücklich in die Arme schloss, unterdrückte der Vater seinen Zorn. Hin- und hergerissen zwischen Missbilligung und Stolz, begann er, sich mit der Entscheidung des Sohnes zu arrangieren, der sich nun im prachtvollen, 1880 am ehemaligen Bockenheimer Tor errichteten Opernhaus daran machte, den Dirigentenberuf „von der Pike auf" zu erlernen.

Etwa zur gleichen Zeit, da er sich am 1. November 1914 bei den Münchner Behörden nach Frankfurt a. M. abmeldete, erhielt Weissmann vom Wiesbadener Regierungspräsidium die Mitteilung, dass „sein Antrag vom 12.9.14 um Einbürgerung abgewiesen" wurde.[106] Die Gründe für die Ablehnung lassen sich heute wegen fehlender Akten nicht mehr feststellen. Weissmann war natürlich wegen des Bescheids enttäuscht, weil sich dadurch an seiner misslichen Situation des nur geduldeten Ausländers, der zudem einer feindlichen Macht angehörte, nichts änderte. Andererseits blieb er aber dadurch weiterhin von der zweifelhaften Bürgerpflicht des Militärdienstes befreit und konnte sich voll und ganz auf seine neuen Aufgaben am Frankfurter Opernhaus konzentrieren.

Als Solorepetitor, auch Korrepetitor genannt, musste Weissmann an Stelle des Orchesters die Sängerinnen und Sänger bei Proben am Klavier begleiten und ihnen bei der Einstudierung ihrer Rollen helfen. Bis heute gilt eine solche Tätigkeit als Voraussetzung für den Dirigentenberuf. Bei der Vielfalt des Spielplans und des vielköpfigen Ensembles mit unterschiedlichsten, oft schwierigen Künstlernaturen werden Weissmanns erste Gehversuche in der Welt der Oper nicht einfach gewesen sein. Als Korrepetitor, der wohl hin und wieder auch im Hintergrund als Hilfsdirigent assistierte, scheint er jedoch mit seinen Aufgaben schnell und auch zur Zufriedenheit des ersten Kapellmeisters Rottenberg zurecht gekommen zu sein. Lernbegierig nutzte er die Zeit, in denen er nichts zu tun hatte, indem er sich z. B. zu den Musikern im Orchestergraben setzte, sie genau bei der Arbeit beobachtete und danach neugierig befragte.[107]

Bei welchen Opern und mit welchen Sängern Weissmann damals zusammenarbeitete, ist nicht überliefert. Ein engerer Kontakt dürfte ihn aber mit der zwei Jahre jüngeren Sopranistin Emmy Bettendorf, die zur gleichen Zeit wie er an der Frankfurter Oper angefangen hatte, verbunden haben. Die „auffallend schöne Stimme" der am Hoch'schen Konservatorium ausgebildeten waschechten Frankfurterin „versprach bereits während ihres Anfänger-Engagements in Frankfurt [...] eine besondere Entwicklung."[108] Mit einem kleinen Umweg über Schwerin landete sie schon 1919 in Berlin, wo ihr Stern an der Staatsoper Unter den Linden von Jahr zu Jahr heller erstrahlte. Dort kam es auch zu einem Wiedersehen mit Weissmann – für beide der Beginn einer jahrelangen engen, erfolgreichen Zusammenarbeit.[109]

Wie Bettendorf verließ auch Weissmann Frankfurt zum Ende der Spielzeit 1915/16. Wohl dank bester Empfehlungen Ludwig Rottenbergs engagierte ihn das Stadttheater Stettin für die kommende Saison. Bevor er seine Stelle aber dort antrat, unternahm er noch im Juli/August 1916 einen knapp dreiwöchigen Abstecher nach München.[110] Vermutlich arbeitete er an seiner Dissertation weiter, sei es, dass er in Münchner Archiven und Bibliotheken recherchierte, oder sei es, dass er sich von seinem „Doktorvater" Professor Sandberger kritische Anregungen und Vorschläge für die Weiterarbeit geben ließ. Danach verbrachte er noch kurze Zeit bei den Eltern, bis er sich Anfang September 1916 auf den Weg nach Stettin zu seiner ersten Kapellmeisterstelle machte.

KAPITEL 2

Debüt
1916-1920

Das Stettiner Stadttheater am Königsplatz um 1914, zeitgenössische Postkartenansicht.

Am Stettiner Stadttheater

Auftritt: Friedr. S. Weißmann

Im Jahre 1916 zählte die in Meeresnähe zwischen den Mündungsarmen der Oder gelegene Stadt Stettin, heute Szczecin, etwa 255.000 Einwohner, also etwas mehr als die Hälfte der Einwohner der rund 650 Straßenkilometer entfernten Stadt Frankfurt am Main (damals über 450.000 Einwohner). Einst Mitglied der Hanse und Residenzstadt der Herzöge Pommerns, war Stettin im 19. Jahrhundert zur Hauptstadt der preußischen Provinz Pommern aufgestiegen. Industrie und Handel blühten in der Stadt, die ihren Wohlstand nicht zuletzt einer rasch anwachsenden jüdischen Einwohnerschaft verdankte. Seit dem 6. September 1916 in Stettin gemeldet,[1] wandelte sich hier der jüdische Kantorensohn Semy Weissmann zum Kapellmeister „Friedr. S. Weißmann" – so die Namensnennung als einer der „Musik-Vorstände" des Stettiner Stadttheaters im Bühnenjahrbuch von 1917.[2] Laut dieser Quelle wohnte er nahe beim Stadttheater in der Schillerstraße Nr. 4, einer ruhigen Nebenstraße der Stettiner Neustadt. Da nicht im Stettiner Adressbuch von 1917 als Wohnungsinhaber genannt,[3] wird er dort nur zur Untermiete gewohnt haben.

Was ihn zum Wechsel des Vornamens bewog, kann nur vermutet werden. Auffällig ist jedoch, dass der Vorgang mit zwei Ereignissen zusammenfällt: zum einen seiner definitiven Loslösung vom Elternhaus, zum anderen einer im Kriegswinter 1915/16 über die jüdische Bevölkerung hereingebrochenen Welle der Judenfeindlichkeit, die in ganz Deutschland inner- und außerhalb des deutschen Heeres zu „Kampagnen gegen jüdische Geschäftsleute, Ladenbesitzer, Bankiers und Politiker" führte.[4] In dieser für Juden zunehmend bedrohlicher gewordenen Situation war für jemanden mit dem typisch jüdischen Vornamen Semy bzw. Samuel die Tarnung durch Annahme eines sehr deutsch klingenden Vornamens eine nur zu verständliche Schutzmaßnahme. Historisch gebildet, wählte Weissmann den Namen Friedrich, der gerade in Preußen einen ganz besonderen Klang hatte. Die damit vollzogene Annahme einer neuen Identität signalisierte gleichzeitig, dass er nicht mehr länger derjenige sein wollte, als der er vor dreiundzwanzig Jahren geboren wurde. Er wollte nicht mehr so heißen, wie der jüdische Metzger in Klodawa, der sein Großvater war, wollte weg vom jüdischen Milieu des Frankfurter Nord- und Ostends, weg von einer Religiosität, die sein Vater verkörperte und mit der er schon lange nichts mehr anfangen konnte. Wie sehr er sich auch später noch vom Milieu seiner Herkunft distanzierte, zeigt eine Beobachtung des aus Frankfurt am Main stammenden Journalisten Edgar Sarton-Saretzki, der ihn 1948 in Montreal für den kanadischen Rundfunk interviewte und sich damals sehr darüber wunderte, dass dem Gesprächspartner ganz offensichtlich „seine Herkunft als Sohn des Kantors Ignatz Weissmann meinem Paten nicht sonders genehm" war.[5]

Ein Sprungbrett für junge Talente

Der Stolz des Stettiner Bürgertums war das zur Mitte des Jahrhunderts nach höfischem Vorbild errichtete Stadttheater, ein Drei-Sparten-Haus für 1.000 Zuschauer, das den Königsplatz beherrschte und 1905 aufwendig renoviert wurde. So großzügig man Geld in das Bauwerk steckte, so knauserig blieben aber die Zuwendungen der Stadt für das Opernorchester, das mit einer Stammbesetzung von 34 Musikern auskommen musste und auch bei Wagner-Aufführungen mit Aushilfskräften nie mehr als 50 Musiker aufbieten konnte.

Seit ihrer Gründung galt die Stettiner Oper als ein „gutes Sprungbrett für junge Talente".[6] Tatsächlich machten denn auch die beiden letzten Kapellmeister Heinrich Jalowetz (1882-1946) und Kurt Harder jeweils einen großen Karrieresprung: Jalowitz ging zu Alexander Zemlinsky (1871-1942) nach Prag ans Neue Deutsche Theater, Harder als erster Kapellmeister an die Aachener Oper.[7] Wohl wegen der Kriegszeiten, in denen man stets mit Einberufungen rechnen musste, hatte man nun in Stettin die beiden Kapellmeisterposten doppelt besetzt. Als erste Kapellmeister verpflichtete man Otto Klausner und Clemens Krauss (1893-1954), als zweite Kapellmeister und Chordirigenten Weissmann und Richard Richter (1892-1970). Otto Klausner war zuvor erster Kapellmeister in Mainz, Pilsen und am Stadttheater Rostock gewesen, das infolge des Krieges seinen Betrieb vorläufig eingestellt hatte. Sein sehr viel jüngerer, mit

Weissmann gleichaltriger und aus Wien stammender Kollege Clemens Krauss
(1893-1954), der drei Jahre zuvor in Brünn als Dirigent debütiert und danach in
schneller Folge Stationen am Deutschen Theater in Riga und Nürnberg absolviert hatte, verdankte seine Anstellung dem Einfluss seines Gönners Richard
Strauss.[8] Er sollte in Stettin bis 1921 bleiben und nach einer steilen Karriere im
Dritten Reich die neben Richard Strauss und Wilhelm Furtwängler einflussreichste Persönlichkeit auf dem Gebiet der Musik werden. Den Kollegen Klausner
hatte er in Stettin schnell in den Schatten gestellt und galt seitdem sowohl im
Hause selbst wie auch in der Öffentlichkeit als der eigentliche Chef des Orchesters.[9]

Obwohl man sich im dritten Kriegsjahr befand und die Bevölkerung, vor allem bei der Lebensmittelversorgung, immer stärker die Folgen der Mangelwirt-
schaft zu spüren bekam, hielt man in Stettin den Konzert- und Theaterbetrieb
in vollem Umfange aufrecht. Man bemühte sich, auch in Kriegszeiten aktuell zu
bleiben, und so waren die fünf Premieren der Saison 1916/17 allesamt Stettiner
Erstaufführungen. Zwei davon, die komische Oper DIE SCHNEIDER VON
SCHÖNAU des niederländischen Komponisten Jan Brandts-Buys (1868-1933)
und Eugen d' Alberts (1864-1932) – von ihm selbst als „Bühnendichtung in einem Prolog und einem Akt" bezeichnete – Oper DIE TOTEN AUGEN, waren
erst ein halbes Jahr vorher an der Dresdner Oper uraufgeführt worden.[10] Die
restlichen drei Erstaufführungen galten Operetten, die ebenfalls erst wenige
Monate vorher uraufgeführt worden waren, Emmerich Kálmáns DIE
CZARDASFÜRSTIN, Heinrich Bertés Singspiel DREIMÄDERLHAUS und Leo Aschers
DER SOLDAT DER MARIE.[11]

Die zur Zeit Christi in Jerusalem spielende Oper DIE TOTEN AUGEN dürfte
Weissmann am stärksten beeindruckt haben, auch weil der berühmte Komponist und Klaviervirtuose Eugen d' Albert die Stettiner Premiere Ende Oktober
1916 selbst dirigierte.[12] Seit dem durchschlagenden Erfolg seiner Oper
TIEFLAND im Jahre 1903 hatte sich der Liszt-Schüler d' Albert, der damals vielen als größter Pianist seiner Zeit galt, als geschätzter Opernkomponist etabliert. Mit der Oper DIE TOTEN AUGEN war ihm auch jetzt wieder ein Erfolgs-
stück gelungen, bei dem er die verschiedensten Stilmittel aufs effektvollste einzusetzen wusste. Die „Partitur leuchtet in bunten Farben und läßt keinen der
zahlreichen, teils berührenden, teils dramatischen Höhepunkte des Bühnengeschehens ungenutzt."[13] Glanzstück der Oper, die in rascher Folge alle großen
Bühnen zunächst in Deutschland, nach Kriegsende auch in ganz Europa und
den USA eroberte, wegen ihres jüdischen Sujets aber während des *Dritten Reiches* von den Bühnen verbannt war, ist das Lied der blinden Myrtocle „Psyche
wandelt durch Säulenhallen". Siebzehn Jahre nach der Stettiner Aufführung
und nur Tage vor seiner eigenen Flucht aus Deutschland sollte Weissmann dieses Lied mit der großen Sopranistin Lotte Lehmann in einer der schönsten Aufnahmen für die Schallplatte einspielen.

Am Libretto der Oper hatte der skandalumwitterte Bestseller-Autor Hanns Heinz Ewers (1871-1943) mitgewirkt, der drei Jahre zuvor das Drehbuch zu dem Film DER STUDENT VON PRAG geschrieben (und dabei auch zusammen mit dem Dänen Stellan Rye Regie geführt) hatte. Der Film – mit Paul Wegener in der Hauptrolle – war ein sensationeller Erfolg und gilt als ein Meilenstein der Filmgeschichte. Den Filmstoff, der anhand der Geschichte eines Studenten, der sein Spiegelbild verkaufte, das romantische Doppelgänger-Motiv aufgriff, ließ Ewers anschließend von dem Schriftstellerkollegen Heinrich Noeren zum Opernlibretto umarbeiten, für das sich der als „skandinavischer Chopin" bekannte finnische Komponist und Pianist Selim Palmgren (1878-1951) sogleich zu interessieren schien.[14] Ob Weissmann von der Existenz des Noeren Opernlibrettos und des Palmgren-Kompositionsvorhabens wusste, ist fraglich. Mit Sicherheit ist aber anzunehmen, dass er den Film – möglicherweise schon seit seiner Münchner Studentenzeit – kannte. Angespornt von dem Erlebnis der Stettiner Aufführung der d'Albert-Oper und davon überzeugt, mit dem Ewers-Stoff des STUDENTEN VON PRAG einen ebenso tauglichen Opernstoff entdeckt zu haben, machte sich Weissmann an erste Entwürfe zur Komposition des großen Werks einer Oper – ein Projekt, das ihn noch lange begleiten sollte.

Weissmanns Aktivitäten am Stettiner Opernhaus lassen sich im einzelnen heute nicht mehr nachvollziehen. Sicher wird er – wie auch sein zweiter Kapellmeisterkollege Richard Richter,[15] ein Max Reger- und Arthur Nikisch-Schüler – wohl kaum bei einer Premiere mit der Leitung des Orchesters zum Zuge gekommen sein. Dies war Sache der beiden ersten Kapellmeister, den zweiten Kapellmeistern oblagen undankbarere Aufgaben, hauptsächlich Proben- und Korrepetitorendienste und gelegentlich die Orchesterleitung bei regulären Wiederholungen im laufenden Spielplan. Weissmann hatte damit keine Probleme, denn er wollte in Stettin vor allem Erfahrungen am Pult sammeln. Auch gegen den Spielplan mit seinem starken Übergewicht der „leichten Muse" Operette wird er kaum Einwände gehabt haben. Vermutlich war er sogar insgeheim dankbar, auf diese Weise ein sicheres Gefühl für die Unterhaltungsbedürfnisse des Publikums zu bekommen.

Auch wenn sich die Stadt in den mageren Kriegszeiten ein halbwegs vitales Musikleben bewahrte, blieb Stettin doch ein ziemlich provinzielles Pflaster. Hin und wieder, mit der Zeit wohl auch immer öfter, wird Weissmann kleine Fluchten ins zwei Bahnstunden entfernte Berlin unternommen haben, wo Opernhäuser, Sprechbühnen, Konzertsäle, Museen, Kunsthallen und immer mehr Kinos lockten, ganz zu schweigen von den Möglichkeiten, dort wichtige Persönlichkeiten kennenzulernen. Aber je öfter er von Stettin nach Berlin auswich und je länger er sich dort aufhielt, desto klarer wurde ihm auch, dass er so schnell wie möglich aus Stettin weg musste, um dort nicht gänzlich zu versauern. Glücklicherweise war sein Engagement auf eine Spielzeit befristet. So musste er noch bis Ende April 1917 in Stettin ausharren. Danach war er frei, und nichts stand nunmehr seinem Ziel Berlin noch im Wege.

Das einzige erhaltene Foto von Richard Weissmann (1897-1917), rechts der Grabstein auf dem deutschen Soldatenfriedhof im nordfranzösischen Dourges .

Konzertkapellmeister und Komponist

Bei Lolo Barnay und Dr. Rosenstock

Der Krieg währte nun fast schon drei Jahre. In Deutschland war die einstige Siegesstimmung längst verflogen, Kriegsmüdigkeit hatte sich ausgebreitet. Zum immer mehr als sinnlos empfundenen massenhaften Sterben an den Kriegsfronten gesellte sich an der „Heimatfront" die Verzweiflung einer infolge gegnerischer Blockaden und eigener Logistikmängel zunehmend ausgehungerten Bevölkerung. Im Februar 1917 war deren durchschnittliche Versorgung auf 1.000 Kalorien pro Tag, die Hälfte des Mindestbedarfs, gesunken. Umsonst war die Hoffnung der deutschen Militärs, Englands Blockade-Politik durch den im gleichen Monat erklärten „uneingeschränkten U-Boot-Krieg" durchbrechen zu können. Stattdessen riefen sie damit einen neuen Gegner, die USA, auf den Plan. Deren förmliche Kriegserklärung vom 6. April 1917 zeigte zunächst noch wenig Wirkung, und so hielten sich die Kriegsgegner im Westen weiterhin in Schach mit Offensiven und Gegenoffensiven. Obwohl immer mehr Menschen in mörderischen Stellungskriegen geopfert wurden, blieb das Ende des Krieges unverrückbar in weiter Ferne.

Bei einer der zahllosen, von den Heeresberichten nicht einmal am Rande erwähnten „Feindberührungen" in dieser Phase des Krieges erfüllte sich auch das Schicksal von Weissmanns jüngerem Bruder Richard. Er hatte sich 1916 gegen den Willen des Vaters freiwillig zu den Waffen gemeldet. Im Gegensatz zu seinem älteren Bruder, dem der preußische Staat zwei Jahre früher die kalte Schulter gezeigt hatte, wurde er sofort akzeptiert – die kämpfende Truppe hatte inzwischen zu hohe Menschenverluste zu beklagen. So rückte Richard Weissmann Mitte September 1916 zum Militär ein und absolvierte in Mainz,[16] vermutlich beim Königlich Preußischen 2. Nassauischen Infanterie-Regiment Nr. 88, die Grundausbildung. Dort dürfte auch das einzige von ihm erhaltene Foto, eine unscharfe Xerokopie, entstanden sein, das den Jüngling in Uniform zeigt. Danach wurde er an die Front geschickt, wo sich der bis dato russische Jude Richard Weissmann offenbar so bewährte, dass ihm der preußische Staat am 28. März 1917 die Gunst der Einbürgerung gewährte,[17] ein Recht, das seinem Vater und dem älteren Bruder weiterhin vorenthalten blieb und dessen er selbst sich nur kurz erfreuen durfte.[18] Am 28. Juli 1917, ein Vierteljahr nach seinem zwanzigsten Geburtstag, wurde Richard Weissmann, der zuletzt der ersten Kompanie des 1. Minenwerfer-Bataillons angehörte, in der Nähe von Arras von einer feindlichen Kugel getroffen und tödlich verletzt.[19]

Der Tod des Bruders hatte Weissmann tief ins Herz getroffen, denn mit dem vier Jahre Jüngeren, der ihn an Körpergröße um einiges überragte und den er auch wegen seiner stattlichen Erscheinung ein wenig bewunderte, hatte ihn stets ein inniges Verhältnis verbunden. Die große Zuneigung trug wohl auch dazu bei, dass sich mit zunehmendem Alter das Bild des früh Verstorbenen etwas verklärte und Weissmann ihn aus der späten Rückschau des Jahres 1982 zum Offizier beförderte,[20] obwohl Richard – laut Grabstein und offiziellen „Verlustlisten" – nur ein einfacher Gefreiter gewesen war.

Die Nachricht vom Tod des Bruders erreichte Weissmann in Berlin, wo er seit einem Vierteljahr lebte und sich als freischaffender „Konzertkapellmeister und Komponist" – so seine Berufsbezeichnungen in einem 1919 eigenhändig verfassten Lebenslauf – über Wasser hielt.[21] Das Risiko einer solchen Existenz war für einen jungen, namenlosen Dirigenten sicher beträchtlich, genau betrachtet aber auch nicht sehr viel geringer als bei einer kärglich besoldeten Kapellmeisterstelle in der Provinz. Immerhin hatte sich Berlin – trotz der immer bedrückenderen Situation Deutschlands nach außen wie nach innen – noch viel von seinem alten Glanz als kulturelle Hauptstadt des Kaiserreiches bewahren können. Das Konzertleben blühte auch im dritten Kriegsjahr, das garantierten Männer wie Richard Strauss (1864-1949) und Leo Blech (1871-1958), die beiden Generalmusikdirektoren von der königlichen Hofoper, der Chef der Berliner Philharmoniker Arthur Nikisch (1855-1922) oder die Dirigenten Eduard Mörike (1877-1929) und Ignatz Waghalter (1881-1949) vom städtischen Deutschen Opernhaus in Charlottenburg. „Über 30 ständige Bühnen und eine wechselnde Anzahl kleinerer Saisonbühnen" – so das Bühnenjahrbuch 1918 – boten allenthalben Neues in Sachen Oper, Operette, Sprechtheater, letzteres vom klassischen bis zum modernen Schauspiel, von der Posse übers Volksstück bis zur Ausstattungsrevue.[22] Während der normalerweise spielzeitfreien Sommermonate lockten nicht wenige der Musiktheater das Publikum zusätzlich mit zweimonatigen „Sommerspielzeiten" bei teilweise reduzierter Chor- und Orchesterbesetzung.

Von allen Städten Deutschlands bot Berlin auch jetzt im Kriege immer noch die besten Chancen für Musik ausübende Künstler, zumal viele Stellen durch Einberufungen zum Militär, durch Kriegsverwundung oder -tod ihrer Inhaber besetzt werden mussten. Weitere Verdienstmöglichkeiten fanden Musiker bei Salonorchestern in Cafés, aber auch Unterhaltungsorchestern in Gast- und Vergnügungsstätten. Zahlreiche Laienorchester boten vielleicht keine großen Gagen, waren aber für Anfänger wie Weissmann ein ideales Experimentierfeld und überdies ein Ort der Begegnung zu wohlsituierten bürgerlichen Kreisen. Noch Mitte der 1950er Jahre erinnerte sich der Musikkritiker der Berliner Tageszeitung *Der Abend* sehr gut an den „sehr jungen Dirigenten" Weissmann, der „die ‚Egmont'-Ouvertüre sehr ausgeglichen und präzis mit einem Laien-Orchester vor den Toren Berlins [probierte]."[23]

Ein für Musiker zunehmend interessantes Betätigungsfeld bot auch der Film. Das noch junge und stumme Medium war mittlerweile in Berlin in vielen Kinos zuhause. Einige von ihnen waren nach dem Vorbild echter Theater mit großem Vorhang und einer nach Rängen unterteilten Bestuhlung ausgestattet. Statt mit einem einzigen Pianisten als musikalischem Begleiter der Stummfilme lockten diese Kinopaläste mit Musikensembles, welche die Größe eines kleinen Orchesters erreichen konnten und manchem Berufsmusiker den Verdienst sichern halfen. Im 1906 erbauten Neuen Schauspielhaus am Berliner Nollendorfplatz hatte man z. B. den fast 1.400 Zuschauer fassenden, ursprünglich als Konzertsaal geplanten und mit edler Mahagoni-Verkleidung ausgestatteten „Mozartsaal" schon bald zu einem Kino umgewidmet, in dem ein 15-köpfiges Orchester die dort gezeigten Stummfilme musikalisch untermalte.[24]

Über eventuelle berufliche Verbindungen Weissmanns zum damaligen Kino ist nichts überliefert. Andererseits lebte er zu jener Zeit mit einer jungen Frau unter einem Dach, die 1919 als Filmschauspielerin in dem Spielfilm KINDER DER LIEBE, einem sogenannten „Sittenfilm" über das Schicksal unehelicher Kinder, debütieren sollte. Unter dem Künstlernamen Margit Barnay wurde sie ein Star der Stummfilmära, der mit Regisseuren wie Friedrich W. Murnau und Schauspielerkollegen wie Fritz Kortner und Emil Jannings zusammenarbeitete.

Das Haus, in dem Weissmann und Margit Barnay, die 1896 in Berlin als Margot Rosenstock auf die Welt kam, wohnten, hatte die Adresse Derfflingerstraße 5.[25] Es stand in der Nähe des Tiergartens im Lützowviertel, „schon seit langem eine von Künstlern bevorzugte Wohngegend."[26] Das mehrgeschossige Reihenhaus mit prächtiger Gründerzeitfassade gehörte Margit Barnays Vater, dem ebenso vermögenden wie gebildeten jüdischen Berliner Rechtsanwalt Dr.

Siegfried Rosenstock.[27] Wie viele andere Vertreter des assimilierten jüdischen Großbürgertums von Berlin kannte sich der Anwalt und Unternehmer Dr. Rosenstock nicht nur in der schnöden Welt des Geldes und der Wirtschaft aus,[28] sondern auch in der schönen Welt von Theater und Musik. Im Jahre 1900 hatte er eine Abhandlung über BÜRGERLICHES GESETZBUCH UND THEATERRECHT veröffentlicht, war in jener Zeit Syndikus des Thalia-Theaters, etwas später auch juristischer Berater des Wiener Zirkusdirektors Albert Schumann (1858–1939) gewesen, der in Berlin und Frankfurt am Main großartige Theaterbetriebe errichtete, die zirzensische Maßstäbe setzten.

Verheiratet war Dr. Rosenstock mit der Tochter Charlotte (1872-1943) des jüdischen Schauspielers und Theaterleiters Ludwig Barnay (1842-1924) und dessen ebenfalls jüdischer ersten Ehefrau Maria Kreuzer.[29] Der Schwiegervater gilt als eine „der wichtigsten Persönlichkeiten des deutschen Theaters im späten 19. Jahrhundert",[30] die Schwiegermutter, eine Tochter des bekannten Wiener Tenors Heinrich Kreuzer (1817-1900), war eine gefragte Sopranistin, die nach Charlottes Geburt zwei Jahre lang dem Ensemble des Frankfurter Opernhauses (1873 bis 1875) angehört hatte.

Charlotte Rosenstock geb. Barnay hatte von der Mutter das musikalische Talent geerbt. Zudem war sie auch eine sehr begabte Malerin, die bereits als 22-jährige unter ihrem Mädchennamen Lolo Barnay mit zwei Bildern (KINDERBILDNIS und MÄNNLICHER STUDIENKOPF) auf der Großen Berliner Kunstausstellung von 1894, dem jährlich stattfindenden Salon des ältesten deutschen Künstlerverbands, des Vereins der Berliner Künstler, vertreten war. Zur Musik fühlte sie sich aber mehr berufen, weshalb sie nach einer Gesangsausbildung und nach der Geburt zweier Kinder unter dem Künstlernamen Lolo Barnay eine Karriere als Sängerin anstrebte. Ihre Begabung für Kunst und Musik übertrug sich auch auf die Kinder: Margot (1896-1974) studierte Malerei und Musik, bevor sie als Schauspielerin zum Film ging, Helmut (1902-1978), der sich den Künstlernamen Elmo Barnay zulegte und nach 1933 in die USA emigrierte, wurde Sänger, Komponist, Illustrator und Bildhauer.

Aufgrund seiner finanziellen Verhältnisse hatte es Dr. Rosenstock gewiss nicht nötig, Untermieter bei sich aufzunehmen. Wenn er dennoch den jungen Kapellmeister Weissmann ab Sommer 1917 bei sich wohnen ließ, dann hatte er andere Gründe als das Erzielen von Mieteinnahmen. Obwohl längst zum evangelischen Glauben konvertiert, fühlte sich Dr. Rosenstock immer noch an sein jüdisches Herkommen gebunden. Ein musikalisch talentierter Sohn eines jüdischen Kantors verdiente durchaus sein Interesse. Als Gast willkommen war er ihm umso mehr, kam doch damit auch ein Klavierlehrer für die beiden Kinder und gewissermaßen ein „hauseigener" Korrepetitor für die singende Gattin ins Haus, die sich zu jener Zeit als Gesangslehrerin ein neues Betätigungsfeld erschloss. Und schließlich war ein Kapellmeister nie fehl am Platz, falls einmal bei Hauskonzerten mit größerer Besetzung musiziert werden sollte.

Umgekehrt dürften Weissmann die zweifellos guten Beziehungen seiner Gastgeber zur Berliner Musik- und Theaterszene kaum weniger willkommen gewesen sein. Allein deren unmittelbare Nachbarschaft in der – nach einem kurfürstlich-brandenburgischen Feldmarschall aus der Zeit des Dreißigjährigen Krieges benannten – Derfflingerstraße versprach wertvolle Kontaktmöglichkeiten zu einflussreichen Persönlichkeiten aus Kultur und Politik.[31] Darüber hinaus genoss der aus eher bescheidenen Verhältnissen stammende Frankfurter Kantorensohn sichtlich die weltoffene Atmosphäre und das großzügige Ambiente des im jüdischen Großbürgertum von Berlin bestens vernetzten Ehepaars Rosenstock.

Liebelei

Zum Freundes- und Bekanntenkreis des Ehepaars Rosenstock zählten zweifellos auch die Familien der beiden Bankiers-Brüder Franz und Robert von Mendelssohn. Die Söhne des wegen seiner Wohltätigkeit und seines Mäzenatentums im Jahre 1888 vom 99-Tage-Kaiser Friedrich III. in den Adelsstand erhobenen Bankiers Franz von Mendelssohn (1829-1889) hatten nach dem Tod des Vaters dessen Bankgeschäft erfolgreich weitergeführt und dabei ein Vermögen erworben, das ihnen einen Platz unter den zehn reichsten Einwohnern Berlins sicherte. Sichtbarer Ausdruck ihres Reichtums waren ihre imposanten, auf benachbarten Riesen-Grundstücken errichteten Villen im Grunewald, die dank der Großzügigkeit ihrer Eigentümer zu besonders geschätzten Treffpunkten der an Kunst und Musik interessierten feinen Gesellschaft geworden waren. Das Palais von Robert von Mendelssohn (1857-1917) beeindruckte durch eine mächtige Eingangshalle mit Marmorfußboden und kostbaren Gobelins an den Wänden, die zu holzgetäfelten Räumen führte, in denen der Hausherr seine immens wertvolle Gemäldesammlung alter und moderner Meister präsentierte. Die Villa des Bruders Franz von Mendelssohns (1865-1935) war dem Kronberger Schloss, dem Witwensitz der Kaiserin Victoria (1840-1901), nachempfunden und verfügte über einen Konzertsaal, der Platz für rund 400 Personen bot und Auftritte bedeutender Musiker sah wie z. B. des Geigers Adolf Busch (1891-1952) oder der Pianisten Artur Schnabel (1882-1951) und Edwin Fischer (1886-1960).[32]
Wie ihr Vater engagiert als Mäzene und soziale Wohltäter, waren beide Mendelssohn-Brüder würdige Erben der von Felix Mendelssohn-Bartholdy begründeten musikalischen Familientradition. Zu ihren Lehrern zählte Joseph Joachim (1837-1907), der Freund von Johannes Brahms und Max Bruch und einer der bedeutendsten Geiger seiner Zeit. Eine von Joachim besessene Stradivari-Geige – die De Barreau von 1714 – erwarb Robert von Mendelssohn, um sie später Joachims Schüler Karl Klingler (1879-1971) zu überlassen. In dessen renommierten Klingler-Quartett, das öfters im Hause Mendelssohn konzertierte, sollte Francesco von Mendelssohn (1901-1972), der Sohn Robert von Men-

delssohns und ein begabter Cellist, eine Zeitlang mitspielen. Auch dessen Cello, ebenfalls von Stradivari, stammte aus der exquisiten Instrumentensammlung Robert von Mendelssohns, der selbst ein begeisterter Cellospieler war.

Ein Jahr älter als Francesco war dessen Schwester Eleonora (1900-1951), die ihren Vornamen der von Robert von Mendelssohn verehrten italienischen Schauspielerin Eleonora Duse (1858-1924) verdankte. Die berühmte Patin war eine enge Freundin von Eleonoras Mutter, der italienischen Sängerin und Pianistin Giulietta Gordigiani (1871-1955), die schon bald nach ihrer Hochzeit damit begonnen hatte, „einen sonntäglichen Musiksalon [zu arrangieren], der allen angesehenen Musikfreunden offensteht."[33] An dieser Einrichtung hielt sie auch dann unbeirrt fest, als ihr Gatte Robert von Mendelssohn schwer erkrankte und im August 1917 starb.

Wohl bei einem dieser von der Witwe kurz nach ihres Mannes Tod veranstalteten sonntäglichen Hauskonzerte war auch Weissmann, vermutlich in Begleitung des Ehepaars Rosenstock, zugegen und hatte dabei die Tochter Eleonora kennengelernt. Offenbar hatte sich daraus schon bald ein kleiner Flirt mit der sieben Jahre jüngeren Eleonora entwickelt, die – was Weissmann nicht ahnen konnte – vom Tod ihres Vaters zutiefst traumatisiert war und den Verlust zeitlebens damit zu kompensieren suchte, dass sie sich hoffnungslos in sehr viel ältere Männer verliebte. Wie Weissmann, Pferdeliebhaber und begeisterter Reiter seit seiner Jugend, im Jahr vor seinem Tod einem holländischen Journalisten anvertraute, waren er und die siebzehnjährige Eleonora gelegentlich auch gemeinsam im Grunewald ausgeritten. Eines Tages hatte sie ihm dabei zu verstehen gegeben, dass sie ihn nicht lieben könne, denn eigentlich sei sie unendlich in den legendären Dirigenten Arturo Toscanini (1867-1957) verliebt.[34] Der so Adorierte war – was sie ihm nicht sagte – freilich nicht der einzige. Etwas länger schwärmte sie schon für einen anderen, der ebenfalls vom Alter her ihr Vater hätte sein können: die gegenüber Toscanini nur wenig jüngere Theaterlegende Max Reinhardt (1873-1943). Nach dem kurzen Zwischenspiel einer unglücklichen Ehe mit dem Schweizer Pianisten Edwin Fischer (1886-1960) sollte diesen zwei älteren Männern ihre ganze Liebessehnsucht gelten – ein selbstmörderisches Unterfangen, das zum tragischen Ende Eleonora von Mendelssohns in einem schäbigen New Yorker East-Side-Apartment führen musste.[35]

Schlank und sportlich, war der blauäugige, blendend aussehende Weissmann ein Typ, der Frauen anzog. Nicht nur Eleonora von Mendelssohn, auch die sechzehnjährige Leni Riefenstahl (1902-2003) zählte damals zu seinen gewiss zahlreichen Damenbekanntschaften. „Affären" entwickelten sich daraus keine, es blieben harmlose Liebeleien. Denn der junge Weissmann hatte damals vom weiblichen Geschlecht anscheinend noch wenig Ahnung. Alles andere als ein Casanova, war Weissmann, geprägt von einem strengen Elternhaus und den prüden Moralvorstellungen seiner Zeit, mit seinen fast fünfundzwanzig Jahren in sexueller Hinsicht noch völlig unerfahren. Und sollte dies auch noch eine ganze Weile bleiben.[36]

Debüt in Berlin

Nach dem Sturz der Zarenherrschaft im März 1917 und der acht Monate später erfolgten Machtübernahme der kommunistischen Bolschewiki war Russland als Kriegsteilnehmer ausgeschieden. Die Nachbeben dieser Ereignisse hatten in Deutschland im Januar 1918 reichsweite Arbeiterstreiks ausgelöst – Vorboten des Herbstes 1918 und des Untergangs der Monarchie in Deutschland. Trotz dieser dramatischen Geschehnisse, trotz weiterhin massenhaften Sterbens an den Fronten und höchst prekärer Versorgungsverhältnisse hielt die bürgerliche Gesellschaft wie eh und je an ihrer eingeübten Lebensweise fest. Blickt man in die Berliner Tageszeitungen, z. B. in die mittlerweile im Internet einsehbare *Vossische Zeitung,* kann man angesichts seitenlanger Theater- und Konzertannoncen nur mit Erstaunen feststellen, wie lebendig sich doch das Musikleben der Hauptstadt in jenen Monaten des schleichenden Staats-Untergangs gestaltete.

Scheinbar unbeeindruckt von den aktuellen Geschehnissen zeigte sich auch der mittlerweile 25-jährige Frieder Weissmann, der sich im Hause Rosenstock-Barnay als freischaffender „Korrepetitor" – so seine Berufsbezeichnung im BÜHNEN-JAHRBUCH[37] – betätigte und mit Hilfe seiner gönnerhaften Vermieter nicht nur das gesellschaftliche Parkett der Hauptstadt erkundete, sondern auch seine beruflichen Ambitionen als Komponist, Klavierbegleiter und Dirigent vorantrieb. Als Komponist hatte er inzwischen eine Reihe von Werken geschaffen, die ihrer Veröffentlichung harrten, z. B. Vertonungen von Otto Julius Bierbaums (1865-1910) vier NARRENLIEDERN, eingerichtet für Sopran und Klavierbegleitung, die er sechs Jahre vorher als Münchner Student begonnen hatte.[38] Lolo Barnay dürfte ihm bei den Vertonungen der vom Jugendstil und dem Lebensgefühl der Münchner Bohème geprägten Gedichte Bierbaums Muse und erste Interpretin bei Hauskonzerten gewesen sein. Geschmeichelt von ihrer künstlerischen Hebammenrolle hatte sie nun auch eingewilligt, diese Lieder bei der ersten öffentlichen Aufführung vorzutragen. Dies beschlossen, begannen die beiden mit vereinten Kräften den Plan eines gemeinsamen Konzerts in die Tat umzusetzen. Lolo Barnay sollte dabei als Liedsängerin in Erscheinung treten können, Weissmann als ihr Begleiter am Klavier, aber auch als Dirigent eines Orchesters.

Am 10. März 1918 erschien in der *Vossischen Zeitung* im Namen der Berliner Konzertdirektion Robert Sachs erstmals die Ankündigung eines Konzerts mit dem Blüthner-Orchester und der Solistin Lolo Barnay unter der Leitung des Dirigenten „Frieder S. Weiszmann", das in der Woche vor Ostern, am „Freitag, 22. März, 7^{1/2} Uhr", im Blüthnersaal stattfinden sollte. Der Blüthnersaal war ein am Magdeburger Platz gelegener großer Konzertsaal, der 1907 mit finanzieller Unterstützung des Leipziger Klavierbauers und Gründers der Pianofortefabrik Blüthner, Julius Ferdinand Blüthner (1824-1910), erbaut worden war. Ein im gleichen Jahr gegründetes Sinfonieorchester, das diesen Saal als ständige

IV. (letztes) Sinf.-Konz. **Paul Scheinpflug**
des Blüthner-Orchesters

Solist **Artur Schnabel**

BACH: Suite D-Dur Nr. 3 für Orchester.
BEETHOVEN: Klavierkonzert Es-Dur Nr. 5.
BRAHMS: Sinfonie Nr. 4 E-Moll.
Karten 2 bis 6 M. Bote & Bock, Werth., Orch.-Büro.

Blüthnersaal.   Freitag, 22. März, 7½ Uhr:

Konzert mit dem Blüthner-Orchester

Dirigent: **Frieder S. Weiszmann**

Solistin: **Lolo Barnay** (Lieder von Brahms, Weiszmann)

Ouv.: Verkaufte Braut, Hebriden, Meistersinger.
Brahms: Sinfonie No. 2, D-Dur.
Karten 2 bis 6 M. Bote & Bock, Werth., Stahl.

Blüthnersaal.   Sonnabend, 23. März, 8 Uhr:

Lieder- und Arien-Abend
k. k. Kammers.   Hedwig

Francillo-Kauffmann

Kt 2 bis 6 M. Bote u. Bock u. A. Wertheim.

Die Sängerin Lolo Barnay und Anzeige der Berliner Konzertdirektion Robert Sachs in der Vossischen Zeitung *vom 10. März 1918.*

Spielstätte benutzte, nannte sich der Einfachheit halber Blüthnersaal-Orchester bzw. kurz Blüthner-Orchester.[39] Dieses neben den 25 Jahre älteren Berliner Philharmonikern zweite große Sinfonieorchester der Metropole hatte sich in der relativ kurzen Zeit seines Bestehens zu einem renommierten Klangkörper entwickelt, der sich nicht nur in Berlin, sondern dank zahlreicher Gastspiele auch weit darüber hinaus großer Popularität erfreute. Leiter des Orchesters war seit 1914 der aus Sachsen stammende, auch als Komponist geschätzte Paul Scheinpflug (1875-1937), der sich in besonderer Weise für die Werke zeitgenössischer Komponisten, v. a. der spätromantischen Richtung, einsetzte. Auch jetzt war er das Wagnis eingegangen, dem verwöhnten Berliner Publikum einen jungen, völlig unbekannten Komponisten und Dirigenten zu präsentieren.

Auf dem Programm des Konzertes, mit dem sich Weissmann als Dirigent, Komponist und Liedbegleiter dem Hauptstadtpublikum vorstellen wollte, standen die Opern-Ouvertüren zu Smetanas VERKAUFTER BRAUT und Wagners MEISTERSINGER, ferner Mendelssohn-Bartholdys Konzert-Ouvertüre DIE HEBRIDEN OP. 26 sowie von Brahms die 2. SINFONIE D-DUR OP. 73. Zwischen diese Orchesterstücke eingeschoben waren die von Lolo Barnay gesungenen, von Weissmann am Klavier begleiteten Lieder von Brahms und „Weiszmann" – eine heute unübliche, aber damals bei Sinfoniekonzerten häufig praktizierte Programmabwechslung.

Das überlange Programm zeugte von großen Ambitionen und versprach viel – vielleicht zu viel für einen jungen, noch wenig erfahrenen und sicher von großem Lampenfieber gepackten Dirigenten, dem offenbar auch nur wenig Probenzeit zugestanden worden war. Manches ging denn auch ziemlich daneben bei Weissmanns Berliner Debüt am Abend des 22. März 1918. Es freilich – wie Bruno Schrader von der *Neuen Zeitschrift für Musik* – als „ein Anfängerkon-

zert in des Wortes übelstem Sinne" zu bezeichnen, war denn doch ein zu har-
sches und ungerechtes Urteil des für seine chauvinistischen und antisemitischen
Ausfälle bekannten Kritikers, der mitten im zweiten Satz der Brahms-
Sinfonie „das Hasenpanier" ergriff und „nach der Philharmonie hinüber" flüchtete."[40]

Sehr viel differenzierter und ausgewogener urteilte die *Allgemeine Musikzeitung*, die bei Weissmanns Leistungen insgesamt „den Eindruck guter Begabung
und ursprünglichen musikalischen Empfindens" gewann, freilich mit dem Vorbehalt, dass die „Forderungen, welche die Werke des Abends an ihn stellten,
[...] erst teilweise erfüllt [waren]."[41] Auch dieser Kritiker fand den zweiten Satz
der Brahms-Sinfonie misslungen und ein paar weitere Stellen, „die sich noch in
einer Art chaotischem Urzustande befanden", doch entdeckte er auch „einiges,
besonders im ersten Satze, [das] ganz gerundet und plastisch dastand." Und um
dieser gelungenen Teile willen, „kann man warten und hoffen. Nur vielleicht
vorerst nicht wieder Brahms."[42]

Weissmanns Vertonungen von Otto Julius Bierbaums NARRENLIEDERN, denen sich Kritiker Schrader durch vorzeitige Flucht aus dem Konzertsaal entzogen hatte, waren – nach Meinung der *Allgemeinen Musikzeitung* – „geschickt: sie
trafen den rechten Ton und zeigten ein gutes Empfinden für die Mittel und
Ausdruckslinien des Liedes."[43] Auch für die Sängerin Lolo Barnay hielt der
Kritiker Lob und Tadel parat, Lob für ihre Wiedergabe der Weissmannschen
Lieder, denen sie „eine gute Vermittlerin" war, Tadel für ihre etwas mangelhaf-
te Ausgestaltung der Brahms-Lieder.

Sicher hatte sich Weissmann von seinem Berliner Konzertdebüt mehr erhofft, mehr Beifall, vor allem aber besseres Gelingen. Dennoch ließ er sich
nicht entmutigen und von dem eingeschlagenen Weg abbringen. Denn, nüch-
tern betrachtet, hatte er zwar keinen durchschlagenden Erfolg erzielt, aber zumindest bei einem Teil der maßgeblichen Musikkritik doch den Eindruck eines
jungen Talents hinterlassen, das als Dirigent und Komponist zu größeren Hoffnungen berechtigte.

Debüt in München

Im November 1918 war endlich der Krieg vorbei. Am 8. November reiste eine
zivile deutsche Delegation unter Staatssekretär Matthias Erzberger zu Waffen-
stillstandsverhandlungen ins nordfranzösische Städtchen Compiègne, und tags
darauf wurde in Berlin die Republik ausgerufen. Der von den Ereignissen im
belgischen Spa überraschte Kaiser flüchtete noch in der Nacht ins holländische
Exil, wo er sich fortan mit Holzhacken in Form hielt und vergebliche Pläne zur
Wiederherstellung der Monarchie schmiedete.

Während in Deutschland die Frontsoldaten mit hängenden Köpfen in ihre
Heimatkasernen zurückströmten und sich die politischen Verhältnisse dramatisch zu verwirren begannen, wurden auch für Weissmann die Verhältnisse in

Berlin im Haus Derfflingerstraße 5 ungemütlicher. Dr. Rosenstocks Tochter, die Filmschauspielerin Margit Barnay, hatte kurz vor Kriegsende, am 17. Oktober 1918, den kriegsverletzten Architekten Hans Schmidt-Werden geheiratet.[44] Die für das Paar notwendige Einrichtung eines eigenen Haushalts machte die Abtretung von Wohnraum ebenso notwendig wie die Schaffung von Büros und Kanzleien für gleich drei Rechtsanwaltskollegen des Hausherrn und die „Autotelephon Gesellschaft m. b. H.", ein neues Unternehmen, das Dr. Rosenstock seinem Firmenimperium hinzugefügt hatte.[45]

Etwa zur gleichen Zeit, als der Krieg zu Ende ging, war auch Weissmann mit seiner Dissertation endlich fertig geworden. Nun musste er sie nur noch in München bei der Universität einreichen. Dies war für ihn der äußere Anlass, um Berlin noch im November 1918 zu verlassen und nach München zu reisen. Dort entrichtete er am 22. November 1918 bei der Universitätskasse die fälligen Promotionsgebühren in Höhe von 300 Mark.[46] Danach ließ er sich noch mehrere Wochen Zeit, bis er schließlich am 17. Januar 1919 das „Promotionsgesuch" samt Dissertation und aller erforderlichen Unterlagen beim Dekan der Philosophischen Fakultät der Münchner Universität einreichte.

Dem „Promotionsgesuch" ist zu entnehmen, dass Weissmann sich im Herzen von Schwabing, schräg gegenüber der Kunstakademie und in unmittelbarer Nähe des Siegestors, in der Pension Doering im Haus Ludwigstraße 17 b einquartiert hatte. Diese Pension, die noch heute an gleicher Stelle existiert (jetzt Pension am Siegestor in der Akademiestraße 5), war beliebt bei Künstlern und Literaten, z. B. bei dem expressionistischen Schriftsteller Adolf von Hatzfeld, der in seinem 1923 erschienenen Roman DIE LEMMINGE ein scharfsichtiges Bild der damaligen Münchner Verhältnisse zeichnete. Unterhalb der Pension befand sich im Erdgeschoss des Hauses die von dem Buchhändler und Antiquar Horst Stobbe geführte Bücherstube am Siegestor, die schon bald nach ihrer Eröffnung im Jahre 1916 zum – u. a. von Rainer Maria Rilke regelmäßig aufgesuchten – Treffpunkt der Münchner Intellektuellen avanciert war.

So anregend die Atmosphäre in diesem Haus am Siegestor für Weissmann war, so zog es ihn doch mehr in ein Haus, das sich außerhalb Münchens in dem Weiler Icking bei Holzen befand. Denn dorthin hatte sich der von ihm bewunderte Komponist und Lehrer Walter Braunfels zurückgezogen, der mittlerweile aufgrund traumatischer Kriegserfahrungen zum katholischen Glauben übergetreten war. Von einer Kriegsverletzung genesen, hatte er nicht nur wieder mit dem Komponieren begonnen, auch als Pianist trat er wieder häufig auf und trug mit seinen Auftritten bei Klavierabenden und Orchesterkonzerten wesentlich zur Belebung der Münchner Musikszene bei. Wie sich Braunfels' Sohn Wolfgang (1911-1987) erinnerte, verkehrten damals viele berühmte Musiker im Hause seines Vaters, „unter anderen Max Reger, Hans Pfitzner, Richard Strauß und Heinrich Kaminski: ‚Es waren vor allem die konservativen Meister der deutschen Musik, die seinen Freundeskreis bildeten. Es herrschte ein hochgemuter Glaube an das Fortwirken der großen deutschen Musiktradition des 19. Jahrhunderts in unserem Hause.""[47]

Neben den genannten Berühmtheiten kamen ins Braunfelssche Haus aber auch zahlreiche weniger bekannte Musiker wie z. B. Frieder Weissmann. Es war nicht nur alte Anhänglichkeit, die ihn den Kontakt zu Braunfels suchen ließ, sondern doch mehr die Erwartung, sich in der Münchner Musikszene dank Braunfels' weitgespannter Beziehungen etablieren zu können. Tatsächlich war Braunfels umgehend dazu bereit, seinen Schüler Weissmann zu unterstützen, indem er dafür sorgte, dass dieser die Einladung erhielt, als Gast des Münchner Konzertvereinsorchesters ein Konzert zu dirigieren, bei dem Walter Braunfels als Solist mitwirkte.

Das Konzertvereinsorchester, das später den Namen Münchner Philharmoniker annehmen sollte, wurde 1893 von dem Stuttgarter Klavierfabrikanten Franz Kaim (1836-1935) gegründet und hieß deswegen eine Zeitlang Kaim-Orchester. Wegen finanzieller Schwierigkeiten wurde es 1908 vom Münchner Konzertverein übernommen und firmierte seitdem als Konzertvereinsorchester. Im Krieg inaktiv, erwachte es danach zu neuem Leben, wurde aber zunächst nur von Gastdirigenten geleitet. Neben bekannten Dirigenten wie Bruno Walter, Wilhelm Furtwängler, Hans Pfitzner, Ferdinand Löwe (1865-1925) und Max Fiedler (1859-1939) kamen dabei auch mehrere junge Talente wie Frieder Weissmann zum Zuge.

Die traditionelle Spielstätte des Konzertvereinsorchesters war die 1895 im Jugendstil errichtete und 1944 durch Bomben zerstörte Tonhalle in der Münchner Türkenstraße. Dort fand am 28. Januar 1919 schließlich das Konzert statt, bei dem Weissmann wie bei seinem Berliner Debüt die Konzert-Ouvertüre Die Hebriden op. 26 von Felix Mendelssohn-Bartholdy sowie die Zweite Sinfonie von Johannes Brahms aufs Programm gesetzt hatte. Beide Stücke umrahmten das Klavierkonzert in Es-Dur op. 73 von Ludwig van Beethoven, dessen Solopart Walter Braunfels spielte.

Richard Würz (1885-1965), Komponist und Musikkritiker der *Münchner Neuesten Nachrichten*, der führenden Münchner Tageszeitung, urteilte danach: „Ein von Frieder S. Weißmann, einem jungen Dirigenten, geleitetes Konzert mit dem Konzertvereinsorchester ist erwähnenswert, weil es dem Solisten des Abends, Walter Braunfels, Gelegenheit zu einer schönen künstlerischen Leistung gab: sein Vortrag des Klavierkonzerts in Es-Dur von Beethoven war stark empfunden und von ausgezeichneter pianistischer Auffassung. Der Dirigent zeigte nach der technischen Seite eine anerkennenswerte Sicherheit und Gewandtheit, überhaupt Routine im Umgang mit dem Orchester und eine gute Kenntnis der Partituren, die er aufgelegt hatte. Er richtet sein Augenmerk vor allem auf rhythmische Verve, auf den Schmiß, wobei das Markieren des Rhythmus mit dem Handgelenk äußerlich stark auffällt."[48]

Der Erfolg dieses Konzerts veranlasste Weissmann und Braunfels zur Fortsetzung der Zusammenarbeit. Angestrebt wurde als nächstes ein Konzert mit den Berliner Philharmonikern, das Weissmann dirigieren und bei dem Braunfels den Solopart in Mozarts KLAVIERKONZERT NR. 23 A-DUR KV 488 spielen sollte. Während sie sich mit den Vorbereitungen für dieses Konzerts beschäftigten, war Weissmanns Dissertation auf dem in der Philosophischen Fakultät üblichen Weg der Prüfung und Begutachtung bei Professor Sandberger gelandet. Der konzedierte zwar dem Kandidaten, er sei „ein begabter junger Musiker, der als Dirigent und Componist sich bereits erfolgreich öffentlich betätigt" habe. Doch als Musikwissenschaftler schien ihm Weissmann „[z]ur vollen Entfaltung seiner Fähigkeiten [...] noch nicht gelangt" zu sein.[49]

Sein ablehnendes Urteil mit der gleichzeitigen Aufforderung „zur Ergänzung" der Arbeit übermittelte Sandberger dem Dekan der Philosophischen Fakultät am 21. Februar 1919, einem sonnigen Vorfrühlingstag, an dem der militaristische und antisemitische Student Anton Graf von Arco auf Valley zwei Schüsse auf den bayerischen Ministerpräsidenten Kurt Eisner abgab. Sie kosteten nicht nur dem sozialistischen Staatsmann das Leben, sondern waren auch der Auslöser für heftigste politische Wirren, die Anfang April 1919 in das kurzlebige und blutig endende Abenteuer der Errichtung einer Räterepublik in München mündeten.

Finlandia

Wahrscheinlich noch vor der Ermordung des bayerischen Ministerpräsidenten Kurt Eisner kehrte Weissmann nach Berlin zurück. Die Situation dort war freilich keineswegs weniger bedrohlich als jene, die nun den Alltag in München bestimmte. Fast siebzig Tote hatte es in Berlin am Heiligen Abend 1918 gegeben, als Marinesoldaten rebellierten, um ausstehende Soldzahlungen einzufordern. Noch blutiger verlief kurz danach der sogenannte „Spartakusaufstand", mit dem die radikale Linke, die eine Räterepublik anstrebte, die für den 19. Januar angesetzten ersten freien Wahlen zur verfassungsgebenden Nationalversammlung gewaltsam verhindern wollte. Zehn Tage lang bekriegten sich Aufständische und die durch Freikorps verstärkten Truppen der provisorischen Regierung. Am Ende zählte man 165 Tote, darunter die von Freikorpssoldaten heimtückisch ermordeten linken Wortführer Rosa Luxemburg und Karl Liebknecht.

Zur Angst vor den bürgerkriegsähnlichen Verhältnissen in Berlin kam im Falle Weissmanns noch eine weitere, nicht weniger schwerwiegende Sorge hinzu: Infolge des im März 1918 zwischen Deutschland und Sowjetrussland geschlossenen Separatfriedens von Brest-Litowsk und dem in diesem Vertrag endgültig beschlossenen Verzicht Sowjetrusslands auf seine polnischen Gebiete, darunter auch das ehemalige „Kongresspolen", hatten er und sein Vater ihre bisherige russische Nationalität verloren. Ihre Ausgrenzung aus der deutschen Gesellschaft war damit aber keineswegs aufgehoben, denn seitdem waren beide praktisch staatenlos. Zudem verdächtigte man Juden nun auch noch als Handlanger der russischen Bolschewiken und hielt sie mitverantwortlich für die revolutionären Umtriebe von Kommunisten und anderen linksradikalen Kräften. Einen Ausweg aus der höchst misslichen Situation zu finden, schien unmöglich. Doch Weissmann hatte Glück und fand ihn ausgerechnet in dem aus den Trümmern des Zarenreiches neu erstandenen Staat Finnland.

Seit 1809 ein unter russischer Oberhoheit stehendes Großfürstentum, hatte sich Finnland am 6. Dezember 1917, kurz nach der russischen „Oktoberrevolution", für unabhängig erklärt. Am 4. Januar 1918 wurde es von Sowjetrussland und in der Folge durch zahlreiche andere Staaten, z. B. Deutschland am 6. Januar 1918, anerkannt.[50] Der erste finnische Botschafter in Deutschland, der Chemieprofessor Edvard Hjelt (1855-1921),[51] traf im Februar 1918 in Berlin ein. Seitdem existierte dort eine finnische Gesandtschaft im Hause Wichmannstraße 28 nahe des Lützowplatzes, d. h. in Fußnähe zur Derfflingerstraße, wo Weissmann wohnte. Als Botschafter in Berlin hielt Hjelt engen Kontakt zu General Erich Ludendorff und Generalfeldmarschall Paul von Hindenburg, doch nach Kriegsende erwies sich diese Nähe zum Kriegsverlierer als diplomatischer Makel, der zu Hjelts Beurlaubung ab 1. Januar 1919 führte.

Möglicherweise noch vor seiner Abreise nach München im November 1918 hatte Weissmann in Berlin den drei Jahre älteren finnischen Botschafts-Attaché Harald Hornborg (1890-1976) kennengelernt,[52] einen ehemaligen Philosophiestudenten und engen Mitarbeiter Edvard Hjelts. Später ein erfolgreicher Schriftsteller, veröffentlichte Hornborg von 1928 bis 1965 rund dreißig Bücher, darunter eine Reihe humorvoller Erzählungen über die spießbürgerliche Bevölkerung eines deutsches Großherzogtums im 17. und 18. Jahrhundert mit dem bezeichnenden Namen „Filistringen". In seiner Not wandte sich Weissmann nun an diesen finnischen Bekannten, der nach der Beurlaubung seines Chefs Edvard Hjelt offenbar in die Lage versetzt war, ziemlich eigenständig Entscheidungen treffen zu können. Nicht umsonst ein guter Geschichtenerzähler, scheint Hornborg denn auch gleich die rettende Idee gehabt zu haben. Von Weissmann mit familiären Details versorgt, entwickelte er für diesen eine so glaubhafte Legende, dass er danach gar nicht anders konnte, als Weissmann am 3. März 1919 einen finnischen Pass mit der Nummer 926 auszustellen.[53] Damit hatte Weissmann endlich ein Dokument, das ihn nicht nur vom Odium des „Ostjuden" befreite, sondern zum Angehörigen eines mit Deutschland befreundeten skandinavischen Landes machte.

Die für die finnischen Behörden „frisierte" Weissmannsche Familiengeschichte gründete auf der Behauptung, dass Weissmanns Vater nicht im polnischen Klodawa, sondern auf finnischem Boden in der Stadt Kuopio auf die Welt gekommen sei, wo sich die Großeltern kennengelernt hätten. Dass die Geburt des Vaters erst im polnischen Klodawa registriert wurde, sei damit zu erklären, dass die Großeltern Finnland gleich nach der Geburt ihres Sohnes Isidor in Richtung Klodawa verlassen hätten. Erst nach ihrer Ankunft dort hätten sie die Zeit gefunden, die Geburt des Kindes bei der jüdischen Gemeinde anzuzeigen, wo man offenbar keine weiteren Fragen stellte. Aufgrund seines finnischen Geburtsorts stünde jedenfalls dem Vater – und folglich auch dem Sohn Frieder Weissmann – die finnische Nationalität zu.

Tatsächlich war in Finnland im 19. Jahrhundert während der russischen Herrschaft eine kleine, um 1870 etwa 500 Köpfe zählende jüdische Minderheit entstanden, zunächst durch zwangsrekrutierte polnische Juden, sogenannte „Kantonisten", die mit der russischen Armee nach Finnland kamen. Als Zar Alexander II. ab 1858 allen ausgedienten Soldaten erlaubte, am Ort ihres Militärdienstes wohnen zu bleiben, waren es wieder mehrheitlich polnische Juden, die es nach Finnland zog. Kuopio war eine der wenigen finnischen Städte mit einer jüdischen Gemeinde, die allerdings schon zum Ende des Jahrhunderts infolge Abwanderung nicht mehr existierte.

Zunächst nur für die Dauer von zwei Jahren gültig, wurde der Pass am 9. März 1921 anstandslos für weitere fünf Jahre verlängert. Als Weissmann 1926 eine erneute Verlängerung beantragte, zögerte plötzlich das finnische Außenministerium und bat die Botschaft um Auskunft darüber, auf Grund welcher Dokumente der Pass 1919 und 1921 ausgestellt bzw. verlängert worden sei. Da bei der Botschaft keine Unterlagen auffindbar waren und auch Weissmann nicht in der Lage war, beweiskräftige Dokumente herbeizuschaffen, sah das Außenministerium 1927 keine Möglichkeit, „Weissmann als finnischen Staatsbürger zu bestätigen". Es stellte zugleich die Frage, wie es überhaupt möglich war, ihm 1919 einen Pass auszustellen.[54]

Somit wurde Weissmann wieder für eine längere Zeit staatenlos, bis es ihm 1930 gelang, einen deutschen Pass zu erwerben. An der finnischen Herkunft seines Vaters hielt er aber so unverbrüchlich fest, dass die Medien noch nach seinem Tod die Legende weiterspannen, sein Vater sei ein Finne und er selbst nur zum Teil jüdischer Herkunft gewesen.[55] Selbst enge Freunde konnte er damit hinters Licht führen,[56] jedoch nicht den Vater. Der kannte die eigene Familiengeschichte besser und bemühte sich deshalb selbst nie um eine finnische Staatsbürgerschaft, auch dann nicht, als sein Sohn schon den finnischen Pass (für ein paar Jahre zumindest) in der Tasche hatte. Auf der Frankfurter Einwohnermeldekarte ist in der Rubrik „Geburtsort, Provinz, Land" der Vermerk „Rußland" durchgestrichen und durch „Polen" ersetzt worden, womit die 1919 entstandene Republik gemeint war. Polnischer Staatsbürger wurde Ignatz Weissmann freilich nie. Ende September 1927 meldete der Sohn der finnischen Botschaft in Berlin, sein Vater sei „staatlos". Außerdem, so fügte er hinzu, habe sich die finnische Angelegenheit inzwischen erledigt.[57]

„Dazu berufen, eine Rolle im deutschen Musikleben zu spielen"

Just am 3. März 1919, als Weissmann seinen finnischen Pass erhielt, begann ein von Anhängern aller linken Parteien organisierter Generalstreik, der tagelang das ganze öffentliche Leben in Berlin lähmte. Versuche der Kommunisten, den Generalstreik zu einem bewaffneten Aufstand auszuweiten, sowie Plünderungen und Angriffe auf Polizeireviere in der Innenstadt hatten am gleichen Tag die Verhängung des Belagerungszustand durch das preußische Staatsministerium zur Folge. Vom sozialdemokratischen Reichswehrminister Gustav Noske, dem Inhaber der vollziehenden Gewalt, zu Hilfe gerufen, besetzten tags darauf rund 30 000 Mitglieder von Freikorps die Hauptstadt und begannen die Stützpunkte revolutionärer Arbeitergruppen anzugreifen. Die Falschmeldung, Kommunisten hätten sechzig Polizisten ermordet, verschärfte die Lage, denn sie gab Noske den Vorwand für den Befehl, jeden bewaffneten Gegner der Regierungstruppen und Freikorps sofort zu erschießen. Was dann passierte, glich bürgerkriegsähnlichen Kämpfen, die sich in den folgenden Tagen von der Innenstadt zu den vorwiegend von Arbeitern bewohnten Stadtbezirken Friedrichshain und Lichtenberg verlagerten. Dem gnadenlosen Terror der zehnfach überlegenen Regierungstruppen und Freikorpsverbände, die auch vor dem Einsatz schwerer Artillerie in Wohngebieten nicht zurückschreckten, fielen am Ende rund 1.200 Aufständische zum Opfer – eine blutige Bilanz, die als schwere Hypothek auf der jungen Republik lasten sollte.

Vom Generalstreik und den Unruhen war natürlich in besonderer Weise das Konzertleben der Stadt in Mitleidenschaft gezogen worden. Veranstaltungen konnten nicht ausreichend angekündigt werden, weil die Tageszeitungen nicht erschienen. Viele Konzerte wurden abgesagt, aber doch nicht alle. Ein Kritiker der musikalischen Wochenzeitschrift *Signale für die musikalische Welt* wunderte sich über die Starrköpfe und fragte sich, „ob die Kraftproben, die einzelne wagemutige Künstler durch Festhalten an ihren Konzertdaten ablegten, Bewunderung oder ein mitleidiges Lächeln verdienen. Denn die Unsicherheit auf den Strassen, das Versagen aller Verkehrsmittel (teilweise sohar der elektrischen und der Gas-Beleuchtung) musste notwendigerweise zu einer völligen Verkümmerung des Unternehmens führen. Wem konnte man es zumuten, Wege von einer deutschen Meile und mehr im Dunkel und bei regnerischem Wetter zu Fuss zurückzulegen mit der Aussicht auf Heimkehr gegen Mitternacht?"[58]

Ein eklatanter Fall einer solchen „Kraftprobe" war ein Konzert des Berliner Philharmonischen Orchesters, das am 8. März 1919, einen Tag nach Beendigung des Generalstreiks, im Saal der Berliner Hochschule stattfand. Zwar war die Veranstaltung schon vierzehn Tage vorher in der Presse angekündigt worden, doch weil in den Tagen vor dem Konzert keine Tageszeitungen erschienen waren, hatte eine gezielte Vorauspropaganda nicht mehr stattgefunden. Gerade noch in ihrer Abendausgabe brachte die *Vossische Zeitung* eine fünfzeilige, klein gedruckte Ankündigung des Konzerts „des jungen Dirigenten Frieder S. Weißmann", die gegenüber der Vorankündigung vom Februar statt Walter Braunfels Leonid Kreutzer (1884-1953) als Solisten nennt, der Beethovens 5. KLAVIERKONZERT ES-DUR OP. 73 (und nicht ein Mozartsches Klavierkonzert) spielen würde.[59] Wer vergleichen konnte, stellte außerdem fest, dass das jetzige Programm nur noch zwei Stücke, das Werk Beethovens und Bruckners „Ro-

mantische" 4. SINFONIE IN ES-DUR (WAB 104) enthielt, nicht aber Adolf Sandbergers symphonischen Prolog RICCIO.

Die Programm- und Besetzungsänderungen dürften wegen des Generalstreiks erfolgt sein, der ausreichende Orchesterproben unmöglich gemacht hatte. Für Walter Braunfels war in letzter Minute Leonid Kreutzer eingesprungen,
ein seit 1908 in Berlin lebender russischer Klaviervirtuose und -pädagoge
deutsch-jüdischer Abstammung. Als Folge des Generalstreiks litt die Veranstaltung nicht nur unter mangelndem Besuch, sondern – wie der *Signale*-Kritiker
bedauernd feststellte – auch unter einer extrem ungemütlichen Saalatmosphäre:
„Der grosse Raum zeigte derartige Leere, dass die Akustik unerträglich war;
obendrein herrschte eine so niedrige Temperatur, dass Ueberzieher und Pelz-
werk unerlässliche Vorbedingungen für längeren Aufenthalt bildeten."[60]

Weil keine Probe möglich gewesen war, litt das Zusammenspiel und der Dirigent hatte – wie die *Berliner Börsen-Zeitung* bedauerte – „viel Mühe aufzuwen-
den, um den Solisten, der sich von seinem Temperament wiederholt zu rhyth-
mischen und dynamischen Übertreibungen hinreißen ließ, zu folgen. Auch
klang der Flügel und selbst das Orchester bei der mangelhaften Besetzung des
Zuschauerraums merkwürdig leer."[61] Die bei Beethoven aufgetreten Mängel
machte Weissmann – nach Meinung des *Signale*-Kritikers – danach jedoch bei
der Bruckner-Sinfonie mehr als wett. Hier „erwies sich Weissmann als nicht un-
begabter Dirigent. Er überschaute das gewaltige Werk, wusste ihm Leben und
Wirkung zu leihen und fand im Orchester einen verständnisvollen Helfer."[62]

Nicht nur wohlwollend, sondern fast schon begeistert war die Kritik Friedrich Schwabes, der in der *Allgemeinen Musikzeitung* daran erinnerte, dass sich
Weissmann „schon im vorigen Konzertwinter als begabter Orchesterdirigent
und Komponist vorgestellt hatte". Schwabe sah sich nach diesem Konzert in
seiner guten Meinung von dem Dirigenten mehr als bestätigt: „Die ursprüngli-
che Dirigenten-Begabung des jungen Künstlers steht außer jedem Zweifel, er
beherrscht die Werke geistig und dirigiertechnisch, und mit überlegener Ruhe
und dem nötigen Temperament waltete er seines Amtes. Über einige Tempi, z.
B. im Scherzo der Bruckner-Sinfonie, könnte man streiten, und bei Beethoven
war der Kontakt mit dem Pianisten nicht immer restlos gewahrt, aber das sind
Ausstellungen, die sich wohl in der Hauptsache aus dem Mangel an Proben erklären lassen, und sie fallen nicht ins Gewicht gegenüber der hoffnungsvollen
Aussicht, daß man es hier mit einem Dirigenten zu tun hat, der, zur Persönlichkeit herangereift, im deutschen Musikleben eine Rolle zu spielen berufen erscheint."[63]

Frankfurt 1919

Gestärkt in seinem Selbstvertrauen durch solche Kritiken, aber auch durch den
Besitz eines finnischen Passes, verschmerzte Weissmann schnell die Ablehnung
seiner Dissertation durch Professor Sandberger. Umgehend machte er sich an

die geforderte Überarbeitung, indem er sich wieder in Berliner Bibliotheken und Archiven an Georg Abraham Schneiders Spuren heftete. Weissmann war jedoch nur halb bei der Sache, weil seine Gedanken auf ein bedeutsames Ereignis in seiner Heimatstadt Frankfurt am Main fixiert blieben: die Uraufführung seiner LIEBESPSALMEN, eines groß angelegten Werks für Frauenchor, Sopransoli und Orchester.

Die Komposition basierte auf dem gleichnamigen Gedichtzyklus des jüdischen, mit Else Lasker-Schüler befreundeten und 1916 im Baltikum gefallenen frühexpressionistischen Schriftstellers Peter Baum (1869-1916). Es war ein hochfliegendes, für die Ausführenden schwierig zu bewältigendes Werk. Genaues über die Umstände seiner Entstehung wissen wir nicht. Anzunehmen ist, dass Weissmann die LIEBESPSALMEN nach dem Tod des Dichters und während seiner Berliner Zeit im Hause von Dr. Rosenstock komponierte. Anregungen zu dem ungewöhnlichen, vokal rein auf Frauenstimmen ausgerichteten Werk dürfte er in erster Linie durch die für die Entwicklung des weiblichen Chorgesangs eminent wichtige Frankfurter Chorleiterin Margarete Dessoff (1874-1944) erhalten haben.

Obwohl auch in ihrem Nachlass keinerlei Hinweise auf frühere Kontakte zu finden sind,[64] wird man davon ausgehen können, dass Weissmann Margarete Dessoff schon vorher, z. B. während seiner Korrepetitorenzeit an der Frankfurter Oper in den Jahren 1914-16, kennengelernt hatte. Die in Wien geborene Tochter des berühmten Dirigenten Felix Otto Dessoff (1835-1892), dem in Frankfurt am Main nur ein zweijähriges Wirken als Leiter des Opernhaus-Orchesters vergönnt war, hatte nach dem frühen Tod des Vaters und einer abgebrochenen Ausbildung zur Oratorien- und Liedsängerin sich erfolgreich als Gesangspädagogin betätigt und im Jahre 1907 mit 35 ihrer Schülerinnen den Dessoffschen Frauenchor gegründet. „Für zahlreiche junge Komponisten der gegen Ende des 19. Jahrhunderts geborenen Generation [...] wurde der Dessoff'sche Frauenchor zu einem Forum, das ihnen zu Ur- und Erstaufführungen verhalf und den Anstoß zur Schaffung neuer Werke für die insgesamt schmale Frauenchorliteratur gab."[65]

Das von Margarete Dessoff geleitete Konzert fand am 9. April 1919 im Saalbau statt, einem 1861 in der Frankfurter Junghofstraße nach Plänen des Architekten Heinrich Burnitz (1827-1880) errichteten Kultur- und Veranstaltungszentrum. Es bot Räumlichkeiten für verschiedenste Anlässe und Veranstaltungen, darunter einen rund 1.800 Personen fassenden Großen Saal, in dem auch die Museums-Gesellschaft ihre beliebten Konzerte mit dem Opernhausorchester durchführte. Das Publikum des an diesem Abend vollbesetzten Saals erlebte – wie die *Frankfurter Zeitung* bemerkte – „eine Veranstaltung großen Formats".[66] Ausgeführt wurde das Konzert vom Dessoffschen Frauenchor, wobei mehrere Sängerinnen solistisch hervortraten, sowie von einem Orchester aus Mitgliedern des Opernhausorchesters, darunter dessen Konzertmeister Paul Hindemith (1895-1963).

Neben Weissmanns Werk, das Schluss- und Höhepunkt des Abends bildete, standen vier neuere Stücke auf dem Programm, drei schon bekannte Werke (die von Louis Saar bearbeitete TRAUMSOMMERNACHT des Neuromantikers Ludwig Thuille, Anton Urspruchs DREI GESÄNGE und DREI ALTE DEUTSCHE VOLKSLIEDER von Siegfried Ochs) sowie als weitere Uraufführung die LIEDER DER MÄDCHEN für vierstimmigen Frauenchor, Sopran-Solo und Kammerorchester von Edvard Moritz (1891-1974), einem in Hamburg geborenen jüdischen Komponisten, der 1937 Deutschland verlassen musste und in die USA emigrierte.

Trotz mancher Intonationsunsicherheiten und Tonunreinheiten sowohl beim Chor als auch den Solistinnen fanden beide Uraufführungen „bei prächtig beschwingter Wiedergabe warmes Interesse" bei den Zuhörern.[67] Bei der Presse sorgte die Gegensätzlichkeit der beiden Werke fast gleichaltriger Komponisten jedoch für konträre Reaktionen. So fand Paul Bekker (1882-1937) von der liberalen *Frankfurter Zeitung*, damals einer der einflussreichsten Musikkritiker, großes Gefallen an dem „im fest gefügten Brahmsstile verankert[en]" Werk von Edvard Moritz, während er in der Komposition des zwei Jahre jüngeren Weissmann nur ein „ungebärdiges Lehrlingsstück" erkennen konnte. Es sei „unerfreulicher, weil in jeder Beziehung abrupt und unreif [...]. Was dem jungen Komponisten noch abgeht, sucht er durch orchestrales Getue zu ersetzen."[68] Ins gleiche Horn stieß die Frankfurter *Kleine Presse*, die das Weissmann-Werk „weniger erfreulich" fand und fortfuhr: „Hier soll der Aufwand großer Mittel über die geringe Inspiration und die einstweilige Unfähigkeit zum Aufbau großer Formen hinwegtäuschen. Junger Most, der sich wild gebärdet und sich vielleicht einmal zu einem bescheidenen Haustrunk klärt."[69]

Anderer Auffassung waren die bürgerlich orientierten *Frankfurter Nachrichten* und der *General-Anzeiger*, die auflagenstärkste Frankfurter Tageszeitung. Letzterem Organ erschien Weissmann „aus härterem Holz [...] geschnitzt" als Edvard Moritz. In seinem „harmonisch heiklen Werk" strebe Weissmann „seiner männlich herben Natur gemäß [...] monumentale Wirkungen an, er sucht die innig-stillen ‚Liebesgedichte' zu einem mächtigen Dithyrambus zu steigern. Bei diesem Bekenntnis ist Weißmann, die Pfade des Dichters gänzlich verlassend, besonders im Schlußsatz ins Theatralische geraten."[70] Auch der Kritiker der *Frankfurter Nachrichten* verspürte bei Weissmann, der „aus den ekstatischen Bekenntnissen Peter Baums in den Liebespsalmen eine Sinfonie gemacht" habe, eine Musik, die neue Wege verfolge. „In ganz moderner Tonsprache sind die heißen Harmonien des Chors in den Rahmen des durchspielenden Orchesters hineingebaut. Es wogt und treibt darin bewußt chaotisch in farbensatten Akkorden. In dem abschließenden vierten Stück treten zwei obligate Soprane [...] in das volle Klangbild ein. Jedenfalls hat der jugendliche Komponist eine lebhafte Phantasie und einen Klangsinn, der im Auge zu behalten ist."[71]

Auch wenn die Presse seine LIEBESPSALMEN bei der Uraufführung nicht durchweg positiv beurteilt hatte, konnte Weissmann, der an diesem Abend im

Saal anwesend war,[72] doch mit dem Beifall des Publikums seiner Heimatstadt zufrieden sein. Eigentlich hatte er nach diesem Konzert nach München aufbrechen wollen, doch dort hatten linksradikale Kräfte inzwischen eine Räterepublik nach ungarischem Vorbild ausgerufen. Die schon kurz darauf ausgelösten heftigen Straßenkämpfe weiteten sich schnell zu blutigen Massakern aus, und es war daher alles andere als ratsam, sich nach der Isarmetropole zu begeben.

Die gewonnene Zeit nutzte Weissmann, um sich in Frankfurt im Gespräch zu halten. Schon einen Monat später trat er dort wieder mit eigenen Werken hervor. Diesmal präsentierte er sechs noch unveröffentlichte Lieder auf Texte von zwei Zeitgenossen, dem Schwaben Cäsar Flaischlen (1864-1920) und dem Norddeutschen Hermann Löns (1866-1914), sowie dem chinesischen Dichter Yang-Ki (um 1400) und Volksliedern aus DES KNABEN WUNDERHORN. Uraufgeführt wurden seine Lieder am 8. Mai 1919 im Kleinen Saalbau-Saal, nachdem es der von Weissmann am Klavier begleiteten Düsseldorfer Sopranistin Annemarie Lenzberg (*1889) „mit einer über landläufige Interpretierungsweise weit hinausragenden Vortragskunst" gelungen war, sich mit Robert Schumanns LIEDERKREIS" OP. 30 beim Publikum „günstig einzuführen".[73] Auch um den Erfolg von Weissmanns Lieder „machte sich die Sängerin mit ihrem besten Können verdient."[74]

Wie schon nach der Uraufführung der LIEBESPSALMEN waren die Reaktionen der Frankfurter Presse auch jetzt wieder sehr gespalten. Die *Frankfurter Zeitung* hielt Weissmanns Kompositionen für völlig misslungen: „Die Weißmannschen Lieder [...] geben Hoffnungen auf eine selbständige Entwicklung ihres Schöpfers wenig Raum. Ihre Faktur ist dilettantisch, der Ausdruck auf billig melodische Wirkungen berechnet, sie wirken wie improvisiertes Musikmachen zu Texten, deren gedanklicher Struktur und geistigem Gehalt der Komponist fern bleibt. Es hat keinen Wert, auf solche Art musikalisch zu schaffen, wenigstens nicht, sofern man ernst genommen will. Strenge Arbeit und Selbsterziehung sind hier noch sehr vonnöten, falls Weißmann auf leichte Publikumserfolge verzichten und als Künstler gelten will."[75] Eine gegenteilige Auffassung vertrat der *General-Anzeiger*: „Die Lieder von F. S. Weißmann, für die die Sängerin außerdem eintrat, hatten mit Berechtigung lebhaften Beifall, gefühlswarme schlichte Reime von Flaischlen, Löns und aus ‚des Knaben Wunderhorn' sind von dem Komponisten mit einprägsamen Melodien und charakteristisch ausdeutenden Begleitungen ausgestattet worden. Die Stimmung des chinesischen Gedichts spiegelte auch das harmonisch reizvolle Lied ‚In einer Sommernacht' gut wieder. Herr Dr. Weißmann begleitete, wenn auch zu hart und eigenwillig akzentuierend, mit musikalischem Empfinden."[76]

Als ein „treffliche[r] Begleiter am Klavier" erschien „Dr. Frieder S. Weißmann" auch den *Frankfurter Nachrichten*. Etwas reservierter urteilte das Blatt jedoch über seine Leistung als Komponist: „Auffällig ist bei seinen Vertonungen die vielfache Verwendung der hohen Stimmlage; bei den ersten Liedern ist die Erfindung recht verstandesmäßig erklügelt und in den Intervallen oft so gewaltsam, daß Dichter und Komponist gefühlsmäßig in verschiedenen Zungen zu uns reden. Weißmanns Neigung, zuviel an innerer Bewegung geben zu wollen, die kürzlich im Dessoffschen Frauenchor aus den Liebespsalmen Peter Baums eine Art ‚Sinfonie‘ werden ließ, die aber aus den ekstatischen Versen eine gewisse Rechtfertigung entnehmen konnte, wurde hier weniger verständlich, wenn z. B. in dem Liede aus dem Chinesischen das Aufkeimen des Rasens als eine Art jähen Vorgangs pianistisch herausgegriffen wird. Am besten ist die Stimmung des norddeutschen Dichters getroffen, die Lönssche Lyrik und das Rosmarin sind verhältnismäßig einfach behandelt und decken sich mit der Dichtung."[77]

Obwohl noch nicht promoviert, hatte sich Weissmann für diese Veranstaltung mit dem Doktortitel geschmückt – ein klarer Verstoß gegen die Regeln des Promotionsverfahrens. Vermutlich wollte er damit in erster Linie seine Eltern beeindrucken, denen er wahrscheinlich noch keinen reinen Wein bezüglich seiner abgelehnten Dissertation eingeschenkt hatte. Die Sache blieb unbemerkt und folgenlos, denn wegen der gerade blutig niedergeschlagenen Räterepublik in München dürfte dort auch an der Universität manches in Unordnung geraten sein. Danach saß der Schrecken den Münchnern noch lange in den Gliedern, und die Verhältnisse sollten sich erst nach der Aufhebung des über München verhängten Standrechts am 1. August 1919 allmählich beruhigen.

München Sommer 1919-Herbst 1920

Sechs Tage nach der Aufhebung des Standrechts meldete Frieder Weissmann den Münchner Behörden seine Ankunft und seinen erneuten Aufenthalt in der Pension Doering in der Ludwigstraße 17 b.[78] Zu ihren Gästen zählte damals auch eine österreichische Diplomatenfamilie, deren Sprößling namens Ödön von Horvath (1901-1938) gerade das Abitur bestanden hatte. Er wusste noch nicht so recht, was er an der Münchner Universität studieren sollte, würde aber schon bald als Schriftsteller und Dramatiker von sich reden machen.

Von der Pension Doering aus war es nicht allzu weit zur Wurzerstraße, wo sich im Haus mit der Nummer 16 die in München seinerzeit dominierende, 1892 gegründete Süddeutsche Konzertdirektion befand. Dank seines erfolgreichen Münchner Debüts vom vergangenen Januar war Weissmann dort kein Unbekannter mehr. Man wusste auch um seine Verbindungen zu Walter Braunfels, der mit der gleichen Agentur zusammenarbeitete. Zu Braunfels' Freunden und Förderern zählte der Komponist und Dirigent Hans Pfitzner (1869-1949), der seit 1908 in Straßburg gelebt und gearbeitet hatte. Erst vor kurzem war Pfitzner an den nahen Ammersee gezogen, um ab Herbst 1919 die Leitung des Münchner Konzertvereinsorchesters zu übernehmen. Eins kam zum anderen, und so erschien schließlich in der Wochenendausgabe der *Münchner Neuesten Nachrichten* vom 27./28. September 1919 eine Anzeige der Süddeutschen Konzertdirektion, die zum Abonnement für drei Konzerte des Philharmonischen Orchesters mit dem Dirigenten „F. S. Weissmann" (ohne Doktortitel!) aufrief.

Angekündigte Termine waren Dienstag, 7. Oktober 1919, mit der Sopranistin Berta Kiurina vom Opernhaus Wien, Montag, 1. Dezember 1919, mit dem Pianisten Edwin Fischer, und Mittwoch, 10. März 1920, mit der ebenfalls zum Ensemble der Wiener Oper gehörenden Sopranistin Elisabeth Schumann.

Bei Weissmanns erstem Abonnement-Konzert gelangten Mahlers KINDER-TOTENLIEDER und Tschaikowskys SECHSTE SINFONIE H-MOLL „PATHETIQUE" zur Aufführung. Wegen Erkrankung der ursprünglich als Solistin verpflichteten Sopranistin Berta Kiurina (1882-1933) von der Wiener Hofoper, war kurzfristig der finnische Bariton Helge Lindberg (1887-1928) eingesprungen, der wenige Tage vorher in München ein vielbeachtetes Bach-Händel-Konzert gegeben hatte. Der Sänger war eine beeindruckende Persönlichkeit, ein Multitalent als Sänger, Dichter, Bildhauer und Boxer und eine extravagante Erscheinung, kantig, hochgewachsen und je nach Lebensphase mit wallender Haartracht oder Glatze. Ausgebildet in Deutschland, hatte er sich in Stuttgart niedergelassen, wo er als Gesangslehrer und Konzertsänger wirkte und regen Kontakt zur dortigen expressionistischen Kunstszene (Oskar Schlemmer, Johannes Itten) hielt. Als Sänger mied er die Oper, seine Domäne war der Lied- und Oratoriengesang, wobei sein Repertoire Werke vom Barock bis zur Moderne umfasste. Seine Stimme war nicht makellos, sie war auch nicht schön. Aber dank einer stupenden Atemtechnik war sie verblüffend expressiv und in einer Weise viril, dass beide Geschlechter im Publikum reihenweise schwach wurden und sich seine Anhängerschaft bald über ganz Europa verteilte.

Dass Lindberg nicht über die wohlklingendste Stimme verfügte und man „sich die Wiedergabe dieser einer fast unheimlichen Intensität des Ausdrucks hingegebenen Gesänge stimmlich im einzelnen noch schöner denken [konnte]," stellte auch Richard Würz anschließend in seiner Konzertkritik in den *Münchner Neuesten Nachrichten* fest. Dennoch – so Würz weiter – wurde „der Künstler der schweren Aufgabe, für die Mahlerischen Lieder den richtigen Gefühlston zu treffen, in hervorragender Weise gerecht."[79] Dem Dirigenten Weissmann zollte Würz ebenfalls große Anerkennung, denn er „begleitete nicht ohne feines, eindringendes Verständnis für die Mahlerische Orchester-Klangsprache. Die äußerste Differenzierung des Klangausdrucks, wie sie etwa Bruno Walter als idealer Interpret dieses Werks zu erreichen vermag, war freilich an so manchen Stellen noch zu vermissen. Mit der pathetischen Sinfonie von Tschaikowsly erbrachte Weißmann von neuem den Beweis, daß in ihm eine unleugbare Begabung steckt. Es gelang ihm eine im allgemeinen sehr lebendige und auch klangschöne Gestaltung des Werkes."[80] Rundweg positiv war das Urteil des Münchner Korrespondenten der *Rheinischen Musik- und Theater-Zeitung*, des schwäbischen Komponisten Siegfried Kallenberg (1867-1944), der von Weissmann meinte, in ihm „steckt viel Begabung. Die Art, wie er die Mahler'schen Kindertotenlieder (von H. Lindberg mit starkem Gefühlsausdruck gesungen) und die pathetische Sinfonie von Tschaikowsky interpretierte, war fesselnd und zeugte von feinem eindringendem Verständnis für die Psyche dieser Musik."[81]

Schon bald nach dem Konzert verließ Weissmann München und reiste an den Tegernsee.[82] Dort hatten sich damals viele Künstler, Literaten und Musiker niedergelassen und die kräftige Bergseeluft mit einem Hauch Schwabinger Bohème angereichert. Vermutlich suchte Weissmann dort aber weniger die Nähe zu anderen Künstlern, als vielmehr Ruhe und Erholung. Beides benötigte er nicht nur zur Vorbereitung seiner nächsten Konzerte, sondern auch, um seiner Dissertation den dringend benötigten letzten Schliff zu geben. Ein weiteres Motiv für den Abstecher ins Münchner Umland war kompositorisch-kreativer Natur. Einem von Tegernsee aus an Walter Braunfels gerichteten Brief ist zu entnehmen, dass Weissmann damals gerade „an der Instrumentation eines 1-sätzigen Chor und Orchesterwerks" arbeitete, das im nächsten Frühjahr in Frankfurt aufgeführt werden sollte. Darüber hinaus hatte er sich offenbar auch zu einer völligen Umarbeitung des STUDENTEN VON PRAG entschlossen: „Meine Oper mache ich von Grund auf neu", schrieb er Braunfels.[83] Offenbar hielt es Weissmann dann aber doch nicht lange am Tegernsee aus, denn bereits am 20. Oktober 1919 registrierten die Behörden seine Rückkehr nach Frankfurt,[84] wo sein Vater vor drei Wochen das 25jährige Dienstjubiläum als Kantor an der Hauptsynagoge gefeiert hatte.

Auch in Frankfurt scheint Weissmann nur kurze Zeit geblieben zu sein. Danach führte ihn sein Weg nach Berlin, wo er sich wegen seiner Dissertation wohl in erster Linie weiteren Recherchen in Bibliotheken und Archiven widmete. Außerdem hatte er Braunfels versprochen, eine dort in seiner Wohnung aufbewahrte Partitur zurückschicken.[85] Wohl um den 23. November 1919 kehrte er dann nach München zurück, wo er in den nächsten Tagen bei zwei kurz hintereinander terminierten Veranstaltungen auftreten sollte: am 28. November 1919 bei einem Liederabend im Museum als Klavierpartner der Sopranistin Annemarie Lenzberg und am 1. Dezember 1919 bei seinem zweiten Abonnement-Konzert in der Tonhalle als Dirigent des Konzertvereinsorchesters.[86]

Beim Liederabend präsentierten sich beide Künstler mit dem gleichen Programm, mit dem sie schon am 8. Mai 1919 in Frankfurt am Main erfolgreich gewesen waren. Für das Orchesterkonzert waren zwei gewichtige Werke angekündigt, Beethovens SINFONIE NR. 7 A-DUR OP. 92 und – mit Edwin Fischer als Solisten – das ZWEITE KLAVIERKONZERT B-DUR OP. 83 von Johannes Brahms. Fischer, der ein knappes halbes Jahr zuvor Weissmanns Berliner Bekannte Eleonora von Mendelssohns geheiratet hatte, sagte jedoch seine Mitwirkung kurz vor der Veranstaltung ab. Möglicherweise war seine Absage der Grund dafür, dass die Münchner Presse an jenem Abend offenbar nur durch Alexander Berrsche (1883-1940), den Musikkritiker der *Münchner Zeitung*, das konservative Konkurrenzblatt der *Münchner Neuesten Nachrichten*, vertreten war. Und dieser Kritiker fühlte sich geradezu provoziert von der unkonventionellen, sehr bewegten Dirigierweise des jungen Kapellmeisters.

Verständnislos monierte Berrsche, dass „Weißmann, der den Taktstock schon längere Zeit schwingt, durch zappelnde Unruhe und gänzlich unnötige

Gesten Spieler und Hörer nervös macht und dabei selbst so nervös ist, daß er sich zuweilen erst nach einigen Takten in dasjenige Tempo hineinfindet, das er eigentlich im Auge hatte."[87] Nach diesem Bannstrahl folgte – wenig überraschend – sein Fazit, wonach „leider darauf verzichtet werden [muss], ihn für eine Hoffnung unseres Konzertlebens zu halten." Als wäre diese Disqualifikation nicht schon genug, holte Berrsche zum Schluss seines Artikels etwas weiter aus und verpasste Weissmann – mit Blick auf den drei Tage vorher stattgefundenen Liederabend mit Annemarie Lenzberg – eine weitere deftige „Watsch'n", indem er ihm auch die Befähigung zum Klavierbegleiter absprach: Weissmann habe „nicht nur als Dirigent enttäuscht, sondern auch durch seine grobfühlige Begleitung das Niveau des Liederabends der Frau Annemarie Lenzberg gedrückt. Diese feine, sensible Künstlerin kann die musikalischen Leistungen, die sie ihrem nicht sehr ausgiebigem Organ abringt, erst dann gebührend ins Licht stellen, wenn sie einen gleichwertigen Begleiter findet."

Um solch vernichtende Presseschelte zu überstehen, brauchte es ein dickes Fell. Weissmann muss es gehabt haben, denn nur wenige Tage später meldete er sich für eine weitere Prüfung, indem er beim Dekanat der Philosophischen Fakultät der Universität München zum zweiten Mal ein Promotionsgesuch einreichte. Die Neufassung seiner Dissertation fand endlich die Zustimmung Professor Sandbergers, der am letzten Tag des Jahres 1919 ein weitgehend positives Urteil fällte, allerdings auf der Beseitigung einiger kleiner Mängel noch vor dem *Rigorosum*, der mündlichen Schlussprüfung, bestand. Seinem Resümee zufolge hatte Weissmann „nach wiederholten Anläufen ein passables Lebensbild dieses Mannes [Georg Abraham Schneider] vorgelegt, wobei er insbesondere aus dem Archiv der preuß. Generalintendanz und aus alten Musikzeitungen neues Material gewann. Auch für die berliner Musikgeschichte im Allgemeinen bringt seine Arbeit manche Bereicherung. [...] Den kritischen Teil hat Verf. nunmehr völlig umgestaltet und zeigt jetzt Vertrautheit mit der maßgebenden neueren Literatur; er zeichnet auch die musikgeschichtliche Situation um 1800 und giebt [...] eine synthetische Untersuchung über Schneiders Kammermusik. Seine Ausführungen zeigen im Allgemeinen richtiges Urteil und fördern auch ein wichtiges Resultat zu Tage im Nachweis unausgebildeter zweiter Themen im Sonatensatz noch zu dieser späten Zeit."[88]

Nachdem er die von Sandberger gewünschten Korrekturen noch berücksichtigt hatte, unterzog sich Weissmann dem *Rigorosum* im Dekanatszimmer der Philosophischen Fakultät am Freitag, dem 9. Januar 1920, nachmittags zwischen drei und sieben Uhr. Zunächst wurde er in den Nebenfächern geprüft, in Anthropologie durch Professor Rudolf Martin (1864-1926) und im Fach deutsche Literatur durch Professor Franz Muncker (1855-1926). Danach erfolgte die Prüfung im Hauptfach Musikwissenschaft durch die Professoren Kroyer und Sandberger. Am Ende eines langen Tages hatte Weissmann alle Prüfungen mit dem Gesamtresultat *cum laude* bestanden, also mit einer Note, die eine den

Durchschnitt übertreffende Leistung bezeichnet, und wurde damit zum Doktor der Philosophie promoviert.[89]

Beschwingt vom frisch erworbenen Doktorgrad, bereitete sich Weissmann gleich danach auf die nächste Veranstaltung vor, die am 27. Januar 1920 im Odeon stattfinden sollte. Das Odeon war ein in den 1820er Jahren von Leo von Klenze im klassizistischen Stil errichtetes Konzerthaus, in dem heute das Bayerische Innenministerium residiert. Geplant war ein Liederabend, bei dem Weissmann den Bariton Helge Lindberg bei zwei Liederzyklen, Beethovens AN DIE FERNE GELIEBTE OP. 98 und Schumanns DICHTERLIEBE OP. 48, sowie vier Liedern von Hugo Wolf begleiten sollte. Es scheint, dass sich zwischen beiden, momentan wegen Weissmanns finnischem Pass sogar landsmannschaftlich verbundenen Männern ein herzliches Einvernehmen entwickelt hatte, das so weit ging, dass sich beide im selben Hotel Vier Jahreszeiten einquartierten. In diesem wohl elegantesten Münchner Hotel fühlten sich beide offenbar recht wohl, wie eigenhändige Einträge Weissmanns und Lindbergs ins Autographenalbum einer gewissen Emmy Huber, die als Telefonistin im Hotel Vier Jahreszeiten arbeitete, belegen. Während Lindberg mit skandinavischer Zurückhaltung für „das enzückende [sic!] Telefon im Jahreszeiten" schwärmte,[90] charmierte Weissmann geradezu unverblümt die junge Frau: „Nur vor einem habe ich im Hotel Angst; mir die Gunst der Mädchen am Telefon zu verscherzen – wenn sie aber so nett ist wie Emmeline, dann fällt einem das Liebenswürdigsein nicht nur nicht schwer – sondern stellt sich von selbst ein [...]."[91]

Falls beide die nette Telefonistin auch zu dem Liederabend einluden, taten sie damit nicht nur ihr, sondern auch sich selbst einen Gefallen. Denn – so Richard Würz in den *Münchner Neuesten Nachrichten* – es „war ein schlecht besuchter Abend." Dieser bedauerlichen Tatsache zum Trotz wurde die Veranstaltung im Odeon aber ein Triumph. Der galt natürlich vor allem Lindberg, dem „Sänger der Schlichtheit und Prunklosigkeit. Lindberg ist keine blendende stimmliche Erscheinung. Sein Organ ist arm an sinnlichem Klangreiz. [...] Hinter dieser Schlichtheit aber [...] steht ein großes Können. Und in der Tat: die Führung der gesanglichen Linie, die Atemtechnik, die Dynamik seiner Tongebung – all das ist bei Lindberg reif und bewunderungswürdig." Auch Alexander Berrsche von der *Münchner Zeitung* war vom Sänger Lindberg begeistert. Im Gegensatz zum Kollegen Würz, der Weissmann dafür lobte, dass er „den Sänger mit weichem Klavierton und größter Zurückhaltung [begleitete]",[92] blieb Berrsche, obwohl er sonst nur wenig bemängelte, weiterhin ablehnend gegenüber Weissmann. In herablassendem Ton schulmeisterte er den Pianisten: „F. S. Weißmann, der diesmal als Begleiter glücklicher war wie an dem Abend der Frau Lenzberg, möge sich sagen lassen, daß ein wirklich substantielles, singendes Pianissimo nur durch verhaltene Kraft hervorgebracht wird. Das bloße leise Antippen erzeugt nicht als klanglose Schattenhaftigkeit."[93]

Weissmanns drittes Abonnement-Konzert mit dem Konzertvereinsorchester sollte ursprünglich am 10. März 1920 stattfinden. Weil aber die als Solistin vorgesehene Sopranistin Elisabeth Schumann (1888-1952) ausfiel und Edwin Fischer, der beim letzten Dezember-Konzert abgesprungen war und sich im Februar 1920 in München aufhielt, noch Termine frei hatte, wurde rechtzeitig umdisponiert und das Konzert auf den 28. Februar 1920 ins Odeon vorverlegt. Früheren Kritiker-Mahnungen („nur nicht wieder Brahms") zum Trotz stand das ganze Konzert im Zeichen von Johannes Brahms, von dem zwei Hauptwerke, das ZWEITE KLAVIERKONZERT B-DUR OP. 83 mit Edwin Fischer als Solisten und die DRITTE SINFONIE F-DUR OP. 90, aufgeführt wurden.

Natürlich war Edwin Fischer der Star des Abends, der die Kritik zu Lobeshymnen anspornte. Begeistert von Fischers „männlicher Kraft und Leidenschaft", schwärmte Richard Würz in den *Münchner Neuesten Nachrichten*: „Er hat einen prachtvollen Impetus in seinem Spiel, der bis zu der seelischen Wurzel eines Werkes reicht und mit einem heißen und ungestümen Drang den überzeugendsten, befreitesten und zwingendsten Ausdruck zu finden hofft." Neben der Hauptattraktion Fischer hatte Weissmann keinen leichten Stand, doch konnte er sich – wie Richard Würz bemerkte – als Dirigent durchaus behaupten: „Weißmann bewies an diesem Abend mit der F-Dur-Symphonie von Brahms, daß er unter den jungen Dirigenten, die sich in der letzten Zeit hier zeigten, einer der begabtesten ist. Er traf den Stil der Brahmsschen Symphonie mit überraschender Sicherheit."[94] Auch Siegfried Kallenberg berichtete in der *Rheinischen Musik- und Theater-Zeitung* über „außerordentliche Eindrücke" bei Brahms' Klavierkonzert, gewonnen durch Edwin Fischers „monumental geformte Wiedergabe" des Soloparts und die „mit größter Anschmiegsamkeit und Elastizität" erfolgte Begleitung durch den Dirigenten Weissmann.[95]

Aller Anerkennung als Dirigent zum Trotz, setzte Weissmann seine Hoffnungen auch weiterhin auf eine Komponistenlaufbahn, zumal er – wie er Walter Braunfels im Oktober des Vorjahres wissen ließ – die Erfahrung gemacht habe, dass „merkwürdigerweise [...] meine Entwicklung erst jetzt und dazu noch langsam [beginnt]."[96] Damals sprach er auch von der Arbeit an einem „1-sätzigen Chor und Orchesterwerk", bei dem es sich wahrscheinlich um jene ELEGIEN für gemischten Chor und Orchester handelte, denen Gedichte von Eduard Stucken (1865-1936) zugrunde lagen. Nach dem DEUTSCHEN MUSIKER-LEXIKON von 1929 soll die Uraufführung dieses Werks in Frankfurt am Main im Jahre 1920 durch den Dessoffschen Chor erfolgt sein,[97] doch liegt hier eine Irrtum vor. Denn tatsächlich wurden dort am 28. April 1920 Weissmanns LIEBESPSALMEN noch einmal aufgeführt.[98] Woran die Uraufführung der ELEGIEN scheiterte, lässt sich heute leider nicht mehr feststellen.

Ein schlechte Ersatzlösung war die Wiederholung der LIEBESPSALMEN jedenfalls nicht. Im großen Saal des Saalbaues, der „bis auf den letzten Platz" besetzt war,[99] gab es an diesem Abend zunächst zwei Erstaufführungen von Hans Pfitzner (1869-1949) und Hans Gal (1890-1987), denen die *Frankfurter Zeitung*, die sich dieses Mal mit negativen Äußerungen zu Weissmanns Werk auffallend zurückhielt, nur wenig abgewinnen konnte. Den krönenden Abschluss des

Konzerts bildeten Weissmanns LIEBESPSALMEN, deren „reizvolle[ ], den musikalischen Sinn und die Tonfestigkeit des Ensembles wie der einzelnen Gruppen so lebhaft beanspruchenden Aufgaben" der Chor – laut *Frankfurter Nachrichten* – „gut studiert" und „auch nach der geistigen und seelischen Seite hin mit voller Hingabe" bewältigt hatte.[100]

Nach dieser gelungenen Frankfurter Aufführung, bei der seine Anwesenheit nicht belegt ist, blieb Weissmann noch ein gutes halbes Jahr in München. Vermutlich bemühte er sich während dieser Zeit um weitere Engagements, sei es als Gastdirigent oder festangestellter Kapellmeister bei einem Münchner Orchester. Noch im Oktober des Vorjahres hatte er sich an Walter Braunfels gewandt, weil er dessen SINFONISCHE VARIATIONEN ÜBER EIN ALTFRANZÖSISCHES KINDERLIED OP. 15 von 1909 in München aufzuführen gedachte.[101] Eine Verwirklichung dieser Absicht ließ sich aber bislang ebenso wenig nachweisen wie ein Konzert, das angeblich sein letztes in München war und an das sich Weissmann 1981 nur noch ganz vage erinnern konnte.[102]

Im Admiralspalast

Im Spätherbst kehrte Weissmann wieder nach Berlin zurück, wo er – wie früher – als Gast oder Untermieter im Hause des Ehepaars Rosenstock-Barnay wohnte.[103] Ohne festes Engagement hielt er sich mit allerlei musikalischen Gelegenheitsjobs über Wasser, zum Beispiel am 18. Dezember 1920, als er in der Philharmonie ein aus Mitgliedern der Berliner Philharmoniker bestehendes Kammerorchester dirigierte, das den befreundeten Sänger Helge Lindberg begleitete.[104] In der Presse als „der grosse nordische Bariton" angekündigt, war Lindberg am 1. Dezember 1920 erstmals vor Berliner Publikum aufgetreten und hatte das Publikum so begeistert, dass sogleich dieses Folgekonzert anberaumt wurde. Die Presse war indes wegen der stimmlichen Qualität des Sängers mit Lob etwas zurückhaltender gewesen, gestand aber, wie z. B. die *Berliner Börsenzeitung*, gleichwohl den Ausnahmecharakter dieses Künstlers ein: „Man muß sich auf den hochinteressanten Sänger einstellen. Wer eine sogenannte schöne Stimme zu hören erwartet, erlebt eine Enttäuschung, wer sich auf einen Gesangskünstler ersten Ranges gefaßt macht, nicht. [...] Lindbergs keusche Entrücktheit und Gottnähe [hat mich] sehr gerührt. Das Publikum fühlte instinktiv die Gegenwart einer singulären Persönlichkeit, der mit Schlagworten nicht beizukommen ist und zeichnete den Gast durch rauschenden Beifall aus. Der Kritiker hat es bei Lindberg nicht leicht. Er muß seine ganze Besonnenheit aufbieten, um nicht einen Sänger, der ein großer Sangesmeister und interessanter Empfinder ohne schöne Stimme ist, mit dem kritischen ABC abzutun."[105]

Vermutlich war Weissmann als Dirigent auch hin und wieder im Admiralspalast in der Friedrichstraße aufgetreten, einem riesigen, 1911 eröffneten Etablissement, zu dessen Attraktionen – neben einem Kino, luxuriösen Bädern, Cafés und Restaurants – eine 50 mal 23 Meter große Eisarena zählte. Auf ihr

wurden Eisballette aufgeführt, deren Handlungen von Leo Bartuschek, dem
künstlerischen Leiter des Hauses, ersonnen wurden. Bartuschek kann als der eigentliche Begründer von Eisspektakeln gelten, wie sie heute noch unter Namen
wie „Holiday on Ice" fortleben. Er stellte die erste Ballettkompanie zusammen,
die auf Schlittschuhen tanzte und hob mit ihr im April 1911 im Admiralspalast
ein neues Unterhaltungsgenre, die Operette auf dem Eis, aus der Taufe. Für die
musikalische Untermalung dieser Spektakel war lange allein der Wiener Julius
Einödshofer (1863-1930) als Komponist und Dirigent eines 36-köpfigen Haus-
orchesters zuständig. Einödshofer verließ Ende August 1920 den Admiralspalast mit der Folge, dass Leo Bartuschek bei der Suche nach einem Ersatzkandi-
daten auf Weissmann aufmerksam wurde.

Zu Bartuscheks erfolgreichsten Produktionen zählte das Eisballett FLIRT IN
ST. MORITZ, das auch in der laufenden Saison wieder das Programm dominierte, allerdings mittlerweile unübersehbar Staub angesetzt hatte. Ein neues Ballett
war daher dringend vonnöten, um das Berliner Publikum bei Laune zu halten.
Bartuschek hatte auch schon eine lustige Geschichte dafür parat, die im Schwa-
binger Künstlermilieu während der Münchner Faschingszeit spielen sollte. Da
Einödshofer nicht mehr zur Verfügung stand, erhielt Weissmann, vielleicht
auch wegen seiner Münchner Ortskenntnis, von Bartuschek den Auftrag zur
Komposition der Musik – eine Aufgabe, die Weissmann längere Zeit voll in
Anspruch nahm und keinen Verzug erlaubte. Schließlich sollte die Urauffüh-
rung des gemeinsamen Werks, für das sich die Schöpfer den Titel
FUTURISTISCHER CARNEVAL ausgedacht hatten, in der kommenden Spielzeit
stattfinden.

Weniger lustig erschienen Weissmann indes seine Zukunftsaussichten als
Komponist. Angesichts täglich schwieriger werdender Lebensverhältnisse gab
er sich keinen Illusionen hin, was seine Chancen in diesem Metier betraf. Wäh-
rend er an den Melodien für das Eisballett feilte, kam ihm im Frühjahr 1921 zu
Ohren, dass Bruno Weyersberg (* 1880), der bislang als Korrepetitor bei der
Berliner Staatsoper arbeitete,[106] von dort wegging, weil er einen Ruf als erster
Kapellmeister nach Oberhausen erhalten hatte.[107] Weissmann erkannte seine
Chance und nutzte sie auch sogleich. So wurde „Dr. Frieder Weißmann", der
inzwischen in der Derfflingerstraße 5 ausgezogen war und ein paar Straßen weiter in der Lützowstraße 50 ein neues Quartier gefunden hatte, Bruno Weyers-
bergs Nachfolger an der Berliner Staatsoper ab der Spielzeit 1921/22.[108]

KAPITEL 3

Bewährung
1921-1925

Frieder Weissmann Anfang der 1920er Jahre.

Berliner Staatsoper 1921-1924

Wer ist der Bub mit den blauen Augen?

Bis zum Untergang der Monarchie im November 1918 trug die Berliner Oper „Unter den Linden" den Namen Königliche Hofoper. Danach hieß sie Staatsoper unter den Linden, die Königliche Kapelle wurde die Kapelle der Staatsoper. Nach dem Ausscheiden von Georg von Hülsen-Haeseler (1858-1922), dem letzten Intendanten von Kaisers Gnaden, und einer kurzen Interims-Intendanz des Komponisten, langjährigen Hofkapellmeisters und Generalmusikdirektors Richard Strauss (1864-1949) war Max von Schillings (1868-1933) um die Mitte des Jahres 1919 zum Intendanten berufen worden, zum einen, weil dies die Belegschaft ausdrücklich so wünschte, zum anderen, weil er wegen seiner früheren Erfolge als Generalmusikdirektor des Königlichen Hoftheaters in Stuttgart auch die besten Voraussetzungen für das Berliner Amt mitzubringen schien.

Heute beim breiten Opernpublikum in Vergessenheit geraten, galt Max von Schillings damals neben Richard Strauss (1864-1949) und Hans Pfitzner als führender Opernkomponist Deutschlands, der – auch darin beiden Kollegen ähnlich – als Dirigent kaum weniger berühmt und geschätzt war. Von Anfang an mangelte es freilich nicht an Stimmen, die gegen Schillings' Berufung waren.

Auch an vorgesetzter Stelle beim preußischen Kultusministerium gab es manchen, dem der 1912 vom württembergischen König in den persönlichen Adelsstand erhobene Schillings keine gute Wahl erschien. Schon vom Habitus her
eine aristokratische Erscheinung, verkörperte der als Max Schillings im westfälischen Düren geborene Sohn eines Landwirts und Bürgermeisters in der Tat
eher das untergegangene System der Monarchie als die neue demokratische Republik von Weimar. In der Wilhelminischen Ära als Komponist, Dirigent und
Opernintendant zu höchsten Ehren gelangt, blieb Max von Schillings hinsichtlich seiner künstlerischen, gesellschaftlichen und politischen Anschauungen
stets ein rückwärts gewandter Traditionalist, dem die Moderne verschlossen
blieb, weil er sie innerlich ablehnte – eine verbreitete Einstellung beim konservativen Bürgertum, als dessen Repräsentant sich Schillings durchaus verstand.

Durch eine kluge Spielplangestaltung, bei der die Moderne nicht vernachläs-
sigt wurde, hatte Schillings es verstanden, seine Kritiker zu bändigen. Ganz
zum Verstummen brachte er sie allerdings nicht, auch deswegen, weil seine private Lebensführung Angriffspunkte bot. Seine Affäre mit Barbara Kemp (1881-
1959), der Primadonna der Berliner Staatsoper, war ein offenes Geheimnis. Die
große Wagner- und Richard Strauss-Sängerin hatte 1916 die Titelrolle bei der
Berliner Erstaufführung von Schillings berühmtester Oper MONA LISA gesungen und damit den mit seiner Cousine Caroline Peill unglücklich verheirateten
Intendanten in einen Abgrund von Leidenschaften gestürzt. Für Schillings war
Barbara Kemp die Erfüllung seiner Wünsche, doch sollte die Affäre erst 1923
in geordnete Bahnen gelenkt werden, als er nach einer zähen Scheidung Barbara Kemp in zweiter Ehe heiraten konnte.

Das – im Hinblick auf seine Zeit bei der Berliner Staatsoper – früheste Ereignis, an das sich Weissmann noch im Alter erinnern konnte, waren Proben
für eine Neuinszenierung von Richard Wagners FLIEGENDEM HOLLÄNDER. Entgegen seiner Erinnerung fanden diese Proben aber nicht im Jahre 1920 statt,[1]
sondern im Juli 1921, drei Monate vor der am 17. September 1921 anberaum-
ten Premiere.[2] Zum Zeitpunkt der Proben muss Weissmann noch ziemlich neu
im Hause gewesen sein. Zu denen, die ihn nicht kannten, zählte Barbara Kemp,
die damals im Zenith ihrer Karriere stand. Von ihrer einzigartigen Sangeskunst
wie auch ihrer Erscheinung war selbst ein scharfzüngiger Kritiker wie der
Kunst- und Musikschriftsteller Oscar Bie (1864-1938) so hingerissen, dass er in
hymnisches Schwärmen verfiel: „Aus diesem starken gesunden Körper, aus diesem Gesicht, das frei von jeder konventionellen Schönheit, ganz im lebendigs-
ten Ausdruck des Augenblicks sich bewegt, quillt ein Sopran, der die stärksten
dramatischen Akzente in sich trägt und von Seele durchzittert ist."[3]

Proben mit der erfolgsverwöhnten, selbstbewussten Operndiva verliefen oft
stürmisch, und so fürchtete denn auch jetzt mancher das Schlimmste, als sie,
kaum dass die Probe angefangen hatte, mit hoher Stimme laut in den Saal rief:
„Wer ist der Bub mit den blauen Augen?"[4] Der „Bub", auf den sich alle Augen
richteten, war der mit 28 Jahren schon reichlich erwachsene, aber offenbar im-

mer noch sehr jung wirkende neue Korrepetitor Frieder Weissmann, den in der Tat blaue Augen von seltener Strahlkraft auszeichneten. Ihm – wie auch den meisten Anwesenden – schwante nichts Gutes, da setzte die Primadonna nach: „Der spielt nicht schlecht Klavier!" So überraschend gelobt, war Weissmann fortan der persönliche Korrepetitor der Diva.[5] Es war eine Auszeichnung mit Folgen, denn beim Intendanten Max von Schillings zählte kein Lob mehr als das von Barbara Kemp. Ihr war er völlig ergeben, und so erstaunt es wenig, dass Schillings, der offenbar bis dahin wenig Notiz von Weissmann genommen hatte, sich danach in geradezu auffälliger Weise ihrer „Entdeckung" annahm.

Ballettdirigent in der Oper und der Eisarena

Fast schon ein Topos ist in Rückblicken auf Musikerkarrieren die Schilderung eines sensationellen „Durchbruchs über Nacht" durch das mutige Einspringen für einen durch plötzliche Krankheit oder andere widrige Umstände am Auftreten verhinderten berühmten Kollegen. Auch Weissmann hat für seine Biographie ein solches Ereignis reklamiert und über seine Agenten verbreiten lassen.[6] Demnach habe ihm eine plötzliche Unpässlichkeit des Intendanten Max von Schillings schon bald nach der erfolgreichen Premiere des FLIEGENDEN HOLLÄNDERS die Gelegenheit gegeben, sich als „Einspringer" in letzter Minute zu bewähren, der, obwohl er keine Zeit zur Vorbereitung hatte, die gebotene Chance beherzt nutzte und bravourös den Abend rettete. Zur Bestätigung des Vorfalls erbrachten unsere Recherchen zwar keine Hinweise, doch recht ungewöhnlich für einen jungen Korrepetitor ist die Tatsache, dass Weissmann schon bald nach seinem Dienstantritt für eine Premiere herangezogen wurde.

Am 28. November 1921 dirigierte er die Berliner Erstaufführung des Balletts DER ZAUBERGEIGER. Schöpfer des Werks war Hans Grimm (1886-1965), ein mit dem Verfasser des Buches VOLK OHNE RAUM nicht identischer, gleichwohl von den Nationalsozialisten später geförderter Komponist. Bezüglich der Handlung hatte sich Grimm von den Märchen sammelnden Namensträgern inspirieren lassen, dabei allerdings keine glückliche Hand gehabt. Denn – so die *Vossische Zeitung* – „er hat jedenfalls das verbrauchteste Motiv aufgegriffen, das er aufgreifen konnte. Die verbrauchtesten Motive sind freilich die dankbarsten, und so tut auch ‚Der Zaubergeiger' seine Schuldigkeit."[7]

Die Choreographie zum ZAUBERGEIGER stammte von Heinrich Kröller (1880-1930), dem Ballettmeister und Solotänzer des Staatsopern-Balletts seit 1919. Eigentlich ein Vertreter der klassischen Schule, hatte sich Kröller unter dem Einfluss Michel Fokines (1880-1942) und der *Ballets Russes* zunehmend dem neuen künstlerischen Tanz geöffnet und im Februar 1921 mit der deutschen Erstaufführung der JOSEPHSLEGENDE nach der Musik von Richard Strauss eine „historische Tat an der Lindenoper" vollbracht.[8] Auch jetzt lobte ihn wieder die Presse für „seine ausdrucksvolle Pantomimik, seinen Tanz, in dem sich stets Seelisches offenbart,"[9] und für das „kurzweilige[ ], aber hübsch

inszenierte[ ] und getanzte[ ] bzw. gemimte[ ]
Stückchen, das in die Weihnachtszeit gut hinein-
passt."[10] Nur lauwarmen Beifall spendete die Presse
dem Komponisten, dessen Musik „gefällig, hübsch
sozusagen und geschickt gemacht"[11] sei bzw. sich
„auf achtbarem Niveau"[12] bewege. Noch zurückhaltend, aber anerkennend fielen die Presseurteile
über den Neuling am Dirigentenpult aus. Für die
einen „figurierte [als Dirigent] zum ersten Male Dr.
Frieder Weissmann nicht ungeschickt,"[13] für die anderen waltete „am Kapellmeisterpulte [...] Dr. Frieder S. Weissmann umsichtig und temperamentvoll
seines Amtes".[14]

Ums Ballett machen Dirigenten oft einen
großen Bogen. Denn Ballett-Dirigieren erfordert
mehr als die Kenntnis der Partitur einer Komposition. Ein guter Dirigent muss darüber hinaus auch
die Choreographie genau kennen und mit den Be-
wegungsabläufen des Tanzes bestens vertraut sein.
Damit Musik und Tanz sich zu einer Einheit zu-
sammenfügen, ist viel Vorbereitung und viel gemeinsame Probenarbeit mit den Tänzern erforder-
lich. Dies führt dazu, dass Ballett-Dirigieren gerne

Anzeige im Berliner Tageblatt
vom 23. Dezember 1921.

Spezialisten überlassen wird – oder Anfängern. Weissmann war beides. Trotz
einiger Erfahrungen stand er immer noch am Anfang seiner Dirigentenlaufbahn, doch war er auch ein geborener Ballett-Dirigent. Er konnte sich in die
Tänzer hineinversetzen, bei ihm stimmten die Tempi sowohl für die Akteure
auf der Bühne wie für die Musiker im Orchestergraben. Schillings hatte dieses
besondere Talent seines Schützlings gleich nach dessen geschmeidiger Zusammenarbeit mit dem Ballettmeister Kröller erkannt. Beeindruckt von Weissmanns Leistung und mit einem leichten Anflug von Selbstkritik soll Schillings
damals zu seinem Assistenten (und Spielleiter) Joseph Höpfl (1873-1926) gesagt
haben: „Ich weiß nicht, was der Weissmann hat. Aber etwas muss in seinem
Arm sein, das ich nicht habe."[15]

Fortan war Weissmann der Ballettdirigent des Hauses, dem in den folgenden zwei Spielzeiten die musikalische Leitung bei allen Ballettpremieren anvertraut war. Seine besondere Begabung für die Gattung Ballett konnte Weissmann schon einen Monat später erneut eindrucksvoll beweisen, allerdings nicht
im großen Haus der Berliner Staatsoper, sondern in der Eisarena des Admirals-
palasts. Dort erfolgte am 23. Dezember 1921 die Uraufführung des Eisballetts
FUTURISTISCHER CARNEVAL mit der von ihm komponierten Musik und – wie die
Presseankündigungen hervorhoben – „unter persönlicher Leitung des Komponisten". Sowohl in seiner Eigenschaft als Komponist wie auch als Dirigent war

der Abend für ihn ein voller Erfolg. Die *Berliner Börsen-Zeitung* sprach von einer „glänzende[n] Uraufführung", die „noch zahlreiche Zuschauer anlocken [werde], die sich an dem flotten Spiel, an der prachtvollen Ausstattung, an dem Farbenreichtum der Szenerie und der Kostüme und an der melodiösen Musik erfreuen werden." Autor und Regisseur Bartuschek sowie Komponist und Dirigent Weissmann „konnten beide die verdienten Ehren des Abends, in zahlreichen Hervorrufen und Blumenspenden bestehend, gleich persönlich in Empfang nehmen."[16] Auch das *Berliner Tageblatt* lobte Weissmann und fand, seine „Musik paßt sich dem Textbuch vorzüglich an." Und überhaupt habe der Admiralspalast mit dieser Produktion „für die Wintersaison gut vorgesorgt".[17] Das Werk war in der Tat keine Eintagsfliege und blieb bis Ende April 1922 im täglichen Programm.[18] Danach gab es im Admiralspalast keine weiteren Eisrevuen mehr. Denn dem Unternehmen war der Unterhalt der Eisarena zu teuer geworden. Es beschloss deren Umwandlung zum Varietétheater und eröffnete dieses nach einem großen Umbau im Herbst 1922.

Mit Heinrich Kröller, der die Berliner Staatsoper Ende 1922 verließ und nach Wien zu Richard Strauss ging, arbeitete Weissmann noch bei zwei Premieren zusammen, der Uraufführung des Balletts VOM SCHATTEN ZUM LICHT mit Musik von Franz Schubert, Felix Mendelssohn-Bartholdy, Franz Liszt, Giacomo Meyerbeer und Johann Strauss sowie der Neueinstudierung von Leo Delibes' (1836-1891) Ballett SYLVIE. Dass das erste Stück bereits im Februar 1922 bei einer Galavorstellung („für Herren ist Frack, für Damen Abendkleid vorgeschrieben") während einer „Frühjahrsmodenwoche" im Schauspielhaus am Gendarmenplatz mit großem Erfolg gezeigt worden war,[19] schien die Presse wenig zu stören, als drei Monate später die offizielle Premiere im Staatstheater anstand. Kröllers Leistung als Tänzer und Choreograph fand auch jetzt wieder ihren Beifall ebenso wie die des Dirigenten, dem die *Vossische Zeitung* in fast schon gewohnter Weise bescheinigte, Weissmann habe das Orchester „umsichtig und temperamentvoll" geleitet.[20] Bei Delibes SYLVIE am 30. November 1922 kam die Musik – nach Meinung desselben Blattes – unter „Dr. Weißmanns Stabführung [...] zu anmutiger Geltung."[21] Auch das einflussreiche musikalische Wochenmagazin *Signale für die musikalische Welt* war zufrieden: „Dass sich das Orchester unter Frieder S. Weissmanns gewissenhafter Leitung ausgezeichnet hielt, braucht kaum gesagt zu werden. Die liebenswürdigen Tanzweisen entfalteten hohen Reiz."[22]

Intermezzo: Marlene Dietrich

Der bereits mit Kriegsende einsetzende Verfall der deutschen Währung hatte sich im Laufe des Jahres 1922 gefährlich beschleunigt. Ein US-Dollar, den man zu Jahresbeginn noch für zweihundert Mark umtauschen konnte, kostete am Jahresende über viertausend Mark. Löhne und Gehälter wurden zwar immer wieder erhöht, konnten aber nie mit dem Anstieg der Preise wirklich Schritt

halten. Nebenverdienste waren daher in jedem Fall willkommen. Auch Weissmann war für jede sich bietende „Mucke" dankbar, selbst wenn er dabei nicht
mit großen Gagen rechnen konnte. So hatte er sich Ende März 1922 von einer
jungen Sängerin, der in Brandenburg a. d. Havel geborenen Altistin Gusta
Hammer (1896-1977),[23] dazu überreden lassen, sie bei ihrem Konzertdebüt am
Klavier zu begleiten. Obwohl sich – wie die Zeitschrift *Signale für die musikalische
Welt* feststellte – zur Veranstaltung „ein beifallfreudiges Publikum" eingefunden
hatte, zeigte sich das Blatt vor allem von der Sängerin enttäuscht, dem Klavierbegleiter Weissmann empfahl es, er hätte sich „des öfteren in der Tonstärke
größere Zurückhaltung auferlegen dürfen."[24]

Ob er diesen Rat acht Monate später befolgte, wissen wir nicht, da wir zu
der am 19. November 1922 im Theater am Kurfürstendamm stattgefundenen
„Tanz-Matinée", bei der Weissmann als Klavierbegleiter mitwirkte, keine Pressestimmen finden konnten. Hinter der Unternehmung stand der Solotänzer des
Staatsopernballetts Curt von Paquet-Léon, der nebenbei Ballettunterricht gab
und an diesem Morgen seine jüngste Entdeckung, die siebzehnjährige Marcelle
Baum (1905-1987), erstmals der Öffentlichkeit vorstellte. Zum Leidwesen ihres
Entdeckers, der stilistisch auf etwas ausgetretenen Pfaden wandelte, wechselte
die begabte Tänzerin gleich danach zu der Russin Evgenia Eduardova (1882-
1960), deren Berliner Ballettschule seit 1920 bei jüngeren Tänzern mehr *en vogue*
war. Später heiratete Marcelle Baum den ungarischen Tänzer und Choreographen Ferenc Nádasi (1893-1966), der nach dem Krieg als Leiter der staatlichen Ballettschule in Budapest eine ganze Generation von Tänzern prägte.

Keine Tänzerin, aber Besitzerin auffallend schöner Beine war eine 21-jährige
Frau, die von einer Karriere als Violinvirtuosin träumte. Marlene Dietrich
(1901-1991), so ihr Name, hatte 1918 an der Musikhochschule Weimar eine
Ausbildung zur Konzertgeigerin begonnen und diese 1921 an der Berliner
Musikhochschule und bei dem großen ungarischen Geiger Carl Flesch (1873-
1944) fortgesetzt. Giuseppe Becce (1877-1973), ein erfolgreicher Filmkomponist (u. a. Musik zu Robert Wienes DAS CABINET DES DR. CALIGARI und Fritz
Langs DER MÜDE TOD) und der Leiter des UFA-Filmorchesters, engagierte
noch im gleichen Jahr die seiner Meinung nach ziemlich begabte Marlene als
Konzertmeisterin, musste sie aber schon nach wenigen Wochen wieder entlas-
sen, angeblich nicht wegen ihres Spiels, sondern weil ihre allzu attraktiven Beine
die anderen Spieler zu sehr von den Notenblättern ablenkten.[25]

Das Geigenspiel gab sie danach keineswegs sofort auf. Wahrscheinlich spielte sie in jener Zeit sogar ernsthaft mit dem Gedanken an eine Konzertkarriere.
Um diese zu befördern, nahm sie wohl auch Kontakt zu Frieder Weissmann
auf. Mit dem jugendlichen und smarten Dirigenten, der auch am Klavier eine
gute Figur machte, glaubte sie ein Duo bilden zu können, das allein schon vom
Anblick her die Herzen des Publikums gewinnen müsste. Sowohl der Zeitpunkt
wie auch die genauen Umstände ihrer Begegnung mit Weissmann sind nicht
überliefert. Als Leinwandgöttin, die nur ungern Einblick in ihre frühen Jahre

gab, hat Marlene Dietrich die Sache später entweder vergessen oder aus ihrem Gedächtnis getilgt – beides würde erklären, weshalb keiner ihrer Biographen diese Begegnung erwähnte, die 1922 stattgefunden haben muss. Weissmann erinnerte sich nur undeutlich an das Jahr, allerdings sehr wohl daran, dass Marlene damals noch eine völlig unbekannte junge Frau war, die bis dahin weder auf einer Bühne noch vor einer Kamera gestanden hatte.[26]

Auch wenn sie den Plan als für beide höchst vorteilhaft ausmalte, war Weissmann für die Sache nicht zu haben. Denn er hatte gleich erkannt, dass Marlenes Talente eigentlich ganz woanders lagen. Nach seiner Absage brach der Kontakt zu ihr schnell ab, und Weissmann sollte Marlene nur noch dann sehen können, wenn er ins Theater oder Kino ging. Denn sie hatte sogleich auf die Schauspielerei umgesattelt und wurde damit zur Legende. Ihre Geige ließ sie seitdem zwar im Kasten, nicht aber den Geigenbogen. Ihn benötigte sie auch als Weltstar noch gelegentlich, wenn sie im Studio Film-Kollegen oder im Krieg GI's damit belustigte, dass sie eine Singende Säge zwischen die Knie spannte und diesem „Instrument" mit ihrem Bogen erstaunliche Klänge entlockte.[27]

Hyperinflation und Kapellmeisterkrise

Inzwischen war die Inflation längst vom schnellen in den rasenden Galopp verfallen. Statt täglich fiel der Wert des Geldes bald in noch kürzeren Zeitabständen, sodass ein am Morgen ausgezahltes Gehalt oder Honorar am Abend nur noch Bruchteile wert war. Weil das Geld so schnell an Wert verlor, begnügte man sich an der Abendkasse der Staatsoper damit, die Ticketpreise mit Kreide auf eine Tafel zu schreiben.

Nicht nur das alte Geld verlor seinen Wert, auch alte Vorstellungen von Moral, Kunst und Leben. Starre Geschlechterrollen waren passé, plötzlich tanzten und liebten Männer ihresgleichen ebenso unverhohlen wie Frauen. Als besonders chic galt der androgyne Typ, bei dem die Geschlechtergrenzen zu verschwimmen schienen. „Dada" verbreitete scheinbaren Unsinn in Malerei und Dichtung, in der Musik brach die Zwölftonmusik die bislang gültigen Kompositionsregeln. Die Konventionen des monarchistischen Ständestaats hatten ausgedient, auch in der Mode. Statt sich in atemberaubende Korsetts und knöchellange Kleider zu zwängen, nahmen die Frauen die Dinge etwas lockerer. Der Büstenhalter ersetzte das Mieder, und die Röcke wurden kürzer. Männer wählten zunehmend offene Hemdkragen und weiche Pullover an Stelle der bretthartten Hemdbrust mit steifem Kragen und Krawatte, und das Monokel, Inbegriff des starren Blicks, wurde ein ironisch verfremdetes Accessoire derer, die auf herkömmliche Kleiderordnungen pfiffen. Man übte sich in Grenzüberschreitungen, nahm Drogen, feierte wilde Partys und machte die Nacht zum Tage, indem man sich – vor allem in Berlin – ins blühende Nachtleben stürzte.

Die deutsche Hauptstadt war das Zentrum der „wilden Zwanziger", die im Grunde eine Ära des gesellschaftlichen Umbruchs waren, der einer Revolution gleichkam. In Berlin war man allerorten Zeuge, wie sich eine Gesellschaft ihrer Fesseln der Vergangenheit zu entledigen suchte und, wie von einer allgemeinen Unruhe gepackt und mitunter noch etwas taumelnd, in Bewegung geriet. Sport wurde ein Massenereignis, und Schnelligkeit lautete das Tagesmotto. Menschen ließen sich von schnellen Autos ebenso begeistern wie von Pferderennen oder Sieben-Tage-Radrennen. Revuegirls beschleunigten mit ihren wirbelnden Beinen den Puls vor allem älterer, männlicher Zuschauer. Überhaupt schien plötzlich alle Welt nur noch tanzen zu wollen, Foxtrott, Swing, verrückten Charleston oder erotischen Tango. Überall schossen Tanzkapellen aus dem Boden, waren Tanzcafés überfüllt. Selbst auf „seriösen" Theaterbühnen hatte der Tanz Konjunktur, insbesondere der moderne, freie Tanz mit Pantomime, „Grotesktänzern" oder den „lasterhaften Tänzen" einer Anita Berber (1899-1928).

Wie Weissmann jene Zeit erlebte, können wir nur erahnen, denn er selbst hat sich darüber – wenn überhaupt – nur in persönlichen Gesprächen geäußert, die nirgends dokumentiert sind. Man kann aber davon ausgehen, dass auch er vom Trubel der *roaring twenties* mitgerissen wurde und – wie mehrfache Wohnungswechsel in relativ kurzen Abständen nahelegen – sich vom Lebensgefühl einer ruhelos gewordenen Gesellschaft anstecken ließ. Bei Dr. Rosenstock war er schon vor längerer Zeit ausgezogen. 1922 wohnte er, nur wenige hundert Schritte davon entfernt, in der Lützowstraße 50. Ein Jahr später lautete seine Adresse Xantener Straße 20, nun wohnte er als Untermieter am oberen Kurfürstendamm 130 in Halensee.[28]

Unruhe hatte sich auch an der Staatsoper breit gemacht, nachdem sich der Generalmusikdirektor Leo Blech (1871-1958) völlig überraschend und zu unerhört lukrativen Konditionen von der städtischen Konkurrenz, dem Deutschen Opernhaus in Charlottenburg, hatte abwerben lassen. Das Bedauern war groß, dass der hochgeschätzte Dirigent, der siebzehn Jahre lang an der Staatsoper als erster Kapellmeister, davon zehn Jahre auch als Generalmusikdirektor, gewirkt hatte, nun „seine geistige Heimat" schon zum Ende der Spielzeit verließ.[29] Durch Blechs Entschluss waren Schillings' alte Widersacher im preußischen Kultusministerium wieder munter geworden. Sie erhofften sich jetzt von einem neuen Generalmusikdirektor ein Gegengewicht zum Intendanten Schillings. Wasser auf ihre Mühlen war ein lautstark von dem Teil der Presse, der sich an Schillings' Amtsführung oft gerieben hatte, zur „Kapellmeisterkrise" aufgebauschter Personalkonflikt. Ausgelöst hatte ihn Schillings mit seiner Weigerung, den bisherigen ersten Kapellmeister Fritz Stiedry (1883-1968) zum Nachfolger Blechs zu ernennen. In Zugzwang gebracht, lavierte Schillings zunächst verunsichert, zog sich aber schließlich elegant aus der Affäre, indem er Ende August 1923 den erst 33jährigen Mannheimer Kapellmeister Erich Kleiber (1890-1956) als seinen Wunschkandidaten präsentierte.[30] Der brauchte nur ein einziges Probedirigat von Beethovens FIDELIO, und alle Verantwortlichen waren überzeugt, mit ihm den einzig richtigen Nachfolger Blechs gefunden zu haben.

Im Gefolge des neuen Chefs kamen neue Kapellmeister an die Staatsoper. Den Posten von Fritz Stiedry, der im Groll und nach einem längeren juristischen Nachspiel fortging,[31] übernahm im März 1924 der Düsseldorfer Kapellmeister Georg Szell (1897-1970). Schon vorher waren Walter Wohllebe (* 1880) aus Bremen, Selmar Meyrowitz (1875-1941) und Ernst Prätorius (1880-1946) aus Berlin als weitere Kapellmeister engagiert worden. Bei den Korrepetitoren stand Weissmann weiterhin auf dem dritten Platz hinter Hermann Weigert (1890-1955) und Richard Jäger. Als vierter Korrepetitor war im Vorjahr der Grieche Dimitri Mitropoulos (1896-1960) auf Empfehlung seines Lehrers Ferrucio Busoni (1866-1924) hinzugekommen. Wie Weissmann sollten auch Stiedry, Szell, Wohllebe, Weigert und Mitropoulos vom Schicksal später in die USA verschlagen werden. Die fast gleichaltrigen Mitropoulos und Szell stiegen dort zu Stardirigenten auf, die als Chefs zweier *Big Five*-Spitzenorchester das amerikanische Musikleben nachhaltig mitbestimmten.[32]

Schon vor Kleibers Berufung hatte Schillings seinen Schützling Weissmann immer öfters ans Dirigentenpult geschickt. „Madame Butterfly, La Traviata, Die Fledermaus – Max von Schillings hat mich alles dirigieren lassen," erinnerte sich Weissmann 1981. „Dafür bin ich ihm ewig dankbar."[33] Auch nach Beginn der Ära Kleiber war dem Korrepetitor Weissmann eine gewisse Sonderstellung eigen, er dirigierte weiterhin große Opern und war, wie gewohnt, der Ballettdirigent des Hauses. Mit dem neuen Ballettchef Max Terpis (1889-1958), einem in der Schweiz geborenen Schüler von Mary Wigman (1886-1973) und Rudolf von Laban (1879-1958), hatte Weissmann bereits bei der letzten Premiere der Saison 1922/23 zusammengearbeitet, der Uraufführung des Balletts DER TÄNZER UNSERER LIEBEN FRAU. Die Musik des von der Kritik als „weihrauchgetränkte[s] Legendenspiel" und „frumbes Butzenscheibendrama" geschmähten Stücks stammte von Bruno Stürmer (1892-1958) und war „nicht die Arbeit eines großen Könners."[34] Mehr Zustimmung fanden der neue Choreograph Max Terpis, von der Kritik begrüßt als ein „Tänzer von frischer Phantasiekraft" und „eine tänzerische Persönlichkeit von ungewöhnlicher Spannweite und bedeutendem Können", sowie der Dirigent Frieder Weissmann, der auch an diesem Abend wieder „ruhig und umsichtig seines Amtes [waltete]".[35]

Mit Max Terpis, der in einer „Zeit umfassenden stilistischen Aufbruchs der modernen Richtung des deutschen Ausdruckstanzes zum Durchbruch auch auf der Staatsopernbühne" verhalf und dazu beitrug, dass das „Berlin der zwanziger Jahre [...] zur Hochburg dieses auch als Modern Dance oder German Dance bezeichneten Neuen Künstlerischen Tanzes" wurde,[36] arbeitete Weissmann danach noch zwei Mal zusammen. Am 20. Oktober 1923 leitete er das Orchester bei der Premiere von Terpis' Choreographie TÄNZE mit Musik von Franz Liszt (RAKOCZY-MARSCH und TASSO) und am 18. Februar 1924 – mit Leoncavallos Kurzoper BAJAZZI als Vorprogramm – bei der Premiere des Doppelprogramms ALTE UND NEUE TÄNZE und DIE ROTE BLUME, letzteres ein Ballett nach einem Libretto von Walter Kömme und mit Musik von Richard Strauss.

Etikett einer am 8. Oktober 1921 aufgenommenen Plattenseite des Duetts Senta-Holländer, dirigiert von "Dr. Weissmann", rechts die Sopranistin Emmy Bettendorf.

Schallplatten – Die große Chance

Ein überraschendes Angebot

Als Barbara Kemp ein Jahr vor Marlene Dietrich den Korrepetitor Weissmann bei einer FLIEGENDEN HOLLÄNDER-Probe für sich entdeckte, bewies sie ein scharfes Auge, noch mehr aber ein feines Gehör für dessen pianistische Fähigkeiten. Ihre vierzehn Jahre jüngere Kollegin Emmy Bettendorf, seit 1919 Ensemble-Mitglied der Berliner Staatsoper, wusste um dieses Talent des Korrepetitors Weissmann schon sehr viel länger, denn sie kannte ihn schon seit gemeinsamen Anfängerjahren in Frankfurt a. M.. Auch mit ihr, die jetzt bei der Neuinszenierung des FLIEGENDEN HOLLÄNDERS die Zweitbesetzung der Senta war, hatte Weissmann diese Rolle einstudiert und zwar, wie es scheint, zu allseitiger Zufriedenheit. Zwar wollte die *Vossische Zeitung* Emmy Bettendorf nach der B-Premiere am 20. September 1921 nicht mit der drei Tage vorher „geradezu Wundervolles" bietenden Barbara Kemp gleichsetzen, spendete ihr aber dennoch großes Lob dafür, dass sie „eine Senta auf die Beine [stellt], gesanglich und schauspielerisch sorgfältig durchgearbeitet, die ihrer Wirkung sicher ist."[37]

Etwa zur gleichen Zeit hatte Emmy Bettendorf einen lukrativen Schallplattenvertrag mit der Carl Lindström AG, dem damals größten europäischen Schallplattenhersteller mit Sitz in der Berliner Schlesischen Straße 27, abgeschlossen.[38] Schon drei Wochen nach der B-Premiere des FLIEGENDEN HOLLÄNDERS waren die ersten Aufnahmen im Rahmen dieses Vertrages geplant. Mit dem bekannten Bariton Werner Engel (*1884) von der Wiener Staatsoper sollte Emmy Bettendorf am 8. Oktober 1921 das große Duett Senta-Holländer „Wie aus der Ferne längst vergangener Zeiten" für das Lindström-Schallplattenlabel Parlophon aufnehmen. Anscheinend befürchtete sie, bei der Sache könnte manches schief gehen, denn bevor sie loszog, bat sie Weissmann, er möge sie ins Studio begleiten. Ihre Vorahnungen trogen nicht, denn bei ihrer Ankunft stellte sich heraus, dass der für die Aufnahmen vorgesehene Dirigent krankheitshalber abgesagt hatte.[39]

Weil der verzweifelte Produzent nicht wusste, woher er so schnell einen Dirigenten bekommen sollte, schlug Emmy Bettendorf ihm kurzerhand „ihren", mit der HOLLÄNDER-Partitur bestens vertrauten Korrepetitor Weissmann als Ersatz vor. Froh, das bestellte Orchester der Berliner Staatsoper nicht wieder unverrichteter Dinge nach Hause schicken zu müssen, vertraute der Mann ihrem Urteil, und Weissmann kam so nicht nur zu seiner ersten Schallplattenaufnahme, sondern, weil die Aufnahmen so prächtig vonstatten gingen, auch zu einem Vertrag mit der Carl Lindström AG. Noch 1981 erinnerte er sich stolz an das monatliche Anfangsgehalt von dreihundert Mark – doppelt soviel, wie er bei der Berliner Staatsoper verdiente.[40]

Fortan verging kaum ein Monat, in dem Weissmann nicht an mehreren Tagen im Aufnahmestudio der Carl Lindström-AG zugegen war. Während er sich als deren „Hausdirigent" unverdrossen durch die Opern- und Konzertliteratur hindurcharbeitete, strahlte der Name des auf den Etiketten des Parlophon-Labels fortan „Dr. Weissmann" Genannten bald immer heller und wurde ein Gütesiegel für musikalisch kompetente und dem Stand der Technik angemessene Schallplatten-Einspielungen.

Die „akustische" Schallaufzeichnung

Technisch steckte die Schallaufzeichnung in der ersten Hälfte der 1920er Jahre fast noch in den gleichen Kinderschuhen wie 1877, als der Erfinder Thomas Alva Edison erstmals seinen „Phonographen" der Weltöffentlichkeit vorstellte. Unbekannt waren immer noch Mikrofon oder Lautsprecher, ganz zu schweigen von Mischpulten oder Gerätschaften, mit denen man störende Töne entfernen, fehlende hinzufügen und Klänge je nach Gusto manipulieren konnte. Das praktizierte Verfahren war damals höchst simpel: Schall wurde über einen großen Schalltrichter eingefangen, an dessen kleiner Öffnung eine Membran befestigt war. Sie übertrug die Schallschwingungen der im Trichter gesammelten Töne und Klänge auf einen Stichel, der die Schwingungen rillenförmig in eine sich gleichmäßig drehende, scheibenförmige Wachsmatrize eingrub. Diese Matrize wurde dann umgewandelt in eine sogenannte „Mutter"-Matrize aus Metall, die bei der anschließenden Pressung der Schallplatte unter Verwendung einer sich erhärtenden Schellackmasse zum Einsatz kam.

Das klangliche Ergebnis der bis Mitte der 1920er Jahre praktizierten sogenannten „akustischen" Aufnahmetechnik war eigentlich nur für den Solisten,
der direkt vor dem Aufnahmetrichter spielte oder sang, halbwegs befriedigend.
Weil traditionelle Violinen zu leise waren, benutzte man – nach ihrem Erfinder
Johannes Matthias Augustus Stroh (1828-1914) so genannte – „Strohgeigen",
deren Saitenklänge nicht mehr über einen hölzernen Resonanzkörper, sondern
über eine Membran mit angeschlossenem Schalltrichter genau in Richtung Aufnahmetrichter verstärkt wurden. Tiefe Töne von Kontrabässen verpufften gar
völlig und wurden durch tief tönende Blasinstrumente wie Tuben ersetzt.

Die differenzierten Klänge eines Orchesters mit seinen verschiedenen In-
strumentengruppen konnten bei diesem Aufnahmeverfahren nur unzureichend
erfasst werden. Von nuancierter Klangmalerei hätte man damals ebenso wenig
sprechen können wie von Klangdynamik, sagte Weissmann 1946 in einem Interview. „Die Dynamik war zweidimensional – entweder ‚mezzoforte' oder
‚forte'."[41] Und ein richtiges Crescendo oder Diminuendo sei schlichtweg ein
Ding der Unmöglichkeit gewesen. Weil sich das Spiel eines großen Orchesters
mit den damaligen Mitteln nur unzureichend „einfangen" ließ, musste man sich
mit kleiner Besetzung, auch bei spätromantischen Werken, zufrieden geben.
Wie sich Weissmann 1946 erinnerte, standen ihm bei seinen ersten Aufnahmen
mit Emmy Bettendorf nur 25 Musiker zur Verfügung. „Vielleicht hätte Wagner
mich als ‚Frevler' geschmäht, aber eher glaube ich, er hätte das Unternehmen
sanktioniert. Denn die Vervielfältigung seiner Musik wäre ihm mehr wert gewesen."[42]

Wegen seiner Unzulänglichkeiten blickten renommierte Dirigenten oft ver-
ächtlich auf das Medium Schallplatte, in dessen Dienst sie sich nur hin und wieder wegen der guten Honorare stellen mochten. Der finanzielle Aspekt war
auch für Weissmann enorm wichtig, er sah aber in der Schallplatte doch mehr
als nur einen nützlichen Geldesel. Von den Möglichkeiten der Technik überzeugt, hatte er keine Zweifel am Siegeszug des jungen Mediums Schallplatte:
„Ich erinnerte mich an die frühen Tage der Fotografie und dies bestärkte meinen Glauben an die neue ‚Fotografie des Tons'. Ich wusste, auch sie würde sich
entwickeln, denn die Wissenschaft würde auch hier Fortschritte machen und
Männer der Technik würden unablässig an der Verbesserung der Tonwiederga-
be arbeiten. Und weil sie auf die Zusammenarbeit und den Rat eines Musikers
nicht verzichten konnten, freute ich mich jedes Mal, wenn ich ihnen behilflich
sein konnte."[43]

Bereits bei seiner ersten Schallplatteneinspielung lag ihm nicht nur die musikalische Umsetzung am Herzen, sondern auch die technische Seite der Unternehmung. Er analysierte die Akustik des Aufnahmeraums und testete verschiedene Sitzanordnungen der Spieler, bis er schließlich eine optimale Platzierung
gefunden hatte: „Es stand nur ein kleiner Aufnahmeraum mit einem nicht sonderlich großen Aufnahmetrichter zur Verfügung. Ich versuchte, das Beste aus
der ziemlich hoffnungslosen Situation zu machen und – soweit es ging – für

eine einigermaßen wohlklingende Orchesterbegleitung einer wunderbaren Sängerin zu sorgen."[44]

Die vor allem im Hinblick auf Orchester problematische Klangqualität der Trichter-Aufnahmen hatte zur Konsequenz, dass die Schallplattenfirmen im Hinblick auf reine Orchesterstücke eher zurückhaltend waren. Beim Großteil der in der Ära der Trichter-Aufnahmen entstandenen Schallplatten handelt es sich denn auch um solistische Darbietungen, sei es gesanglich oder instrumental, bei denen eventuell eingesetzte Orchester nur eine Begleitfunktion hatten und als Klangkörper kaum richtig zur Geltung kamen. Infolgedessen war es meist unerheblich, welches Orchester spielte, bei dem es sich häufig auch nur um ein am Aufnahmetag *ad hoc* zusammengestelltes Ensemble handelte. In solchen Fällen verzichtete man bei den Plattenetiketten meist auf Angaben zum Orchester oder beließ es bei einer allgemein gehaltenen Bezeichnung wie „Orchesterbegleitung". Wenn allerdings renommierte Orchester wie die Berliner Staatsopernkapelle mitwirkten, wollte man natürlich nicht auf deren klangvolle Namen verzichten. Schwierig wurde es, wenn nur einige der festangestellten Staatskapellen-Mitglieder im Aufnahmestudio saßen und mit entweder schon pensionierten Kollegen oder arbeitslosen bzw. bei irgendwelchen anderen Orchestern beschäftigten Musikern zusammenarbeiteten. Um in solchen Fällen Missverständnissen vorzubeugen, hatte man auf Druck des Vorstands der Staatskapelle schließlich auf die Formulierung „begleitet von der Kapelle der Staatsoper Berlin" verzichtet und als Ausweg die Bezeichnung „Mitglieder der Kapelle der Berliner Staatsoper" gewählt.[45]

Im Lindström-Aufnahmestudio: Oktober 1921 bis Sommer 1924

Bereits zwei Wochen nach seinem Schallplatten-Debüt hatten sich Weissmann und Emmy Bettendorf wieder im Aufnahmestudio der Carl Lindberg AG eingefunden. Am 22. Oktober 1921 begleitete er sie mit dem Orchester der Berliner Staatsoper bei Arien aus Jacques Offenbachs HOFFMANNS ERZÄHLUNGEN und aus Richard Wagners TANNHÄUSER sowie als Klavierpartner bei zwei Liedern von Edvard Grieg und Richard Wagner. Auch danach setzten die beiden ihre enge Zusammenarbeit fort, allein bis zur Sommerpause 1923 an sieben weiteren Aufnahmetagen.[46] Ihre vorerst letzten gemeinsamen Aufnahmen am 23. Mai 1923 waren – so Weissmann 1946 in einem Interview – „ein höchst ehrgeiziges Unterfangen," das „zumindest in Deutschland Geschichte machte".[47] Mit Emmy Bettendorf, der Mezzosopranistin Grete Mancke, den Tenören Peter I. Jonsson (* 1884), einem geborenen Isländer, und Gustav Werner sowie dem Bariton Werner Engel sollte an diesem Tag das Quintett „Selig, wie die Sonne meines Glückes lacht" aus Richard Wagners DIE MEISTERSINGER VON NÜRNBERG aufgenommen werden. Bei der damaligen Technik war es freilich keine einfache Sache, fünf Sänger vor einem einzigen Aufnahmetrichter so zu platzieren, dass keine Stimme verdeckt bzw. benachteiligt wurde. Weissmanns Lösung war genial und simpel: alle fünf Sänger mussten sich im Ring um den Trichter herum aufstellen, legten ihre Arme über die Nacken ihrer Nachbarn und sangen dann mit aller Kraft in den Trichter hinein.

Die meisten der Sängerinnen und Sänger, mit denen Weissmann bis zur Sommerpause 1923 an neunzehn Aufnahmetagen zusammenarbeitete, sind inzwischen beim Publikum in Vergessenheit geraten: Tenöre wie der schon erwähnte Isländer Peter I. Jonsson, der Grieche Costa Milona (1897-1949), die Italiener Giuseppe Corti und Nino Piccaluga (1890-1973) oder die Deutschen Hans Lissmann (1885-1964) und Emil Enderlein (* 1887), Baritone wie Franz Steiner (1876-1954), Josef Burgwinkel (1895-1966), Werner Engel oder solche Frauenstimmen wie die Sopranistinnen Mary Verriotis, Elise von Catopol (1887-1941), Else Knepel (* 1895) oder die schon erwähnte Mezzosopranistin Grete Mancke. Auch Emmy Bettendorf, die bald einer der beliebtesten Schellack-Stars wurde, kennen heute nur noch Musikspezialisten oder Schallplattensammler. An die Sopranistin Gertrud Bindernagel (1894-1932), mit der Weissmann am 10. Januar 1922 vier Arien aus Giuseppe Verdis Oper AIDA aufnahm, könnte sich vielleicht noch heute der eine oder andere Zeitungsleser erinnern, weniger wegen der großartigen Stimme der gefeierten Wagner-Sängerin, die von 1920-27 zum Ensemble der Berliner Staatsoper gehörte, als wegen ihres tragischen Todes am 3. November 1932, als sie von ihrem eifersüchtigen zweiten Ehemann, einem Berliner Bankier, vor der Oper erschossen wurde.

Im Vergleich zu den vielen Gesangsaufnahmen, bei denen Weissmann bis zur Sommerpause 1923 als Dirigent oder Pianist mitwirkte, sind Einspielungen, bei denen er damals mit Instrumentalisten zusammenarbeitete, auffallend selten. Nur drei Künstler sind zu nennen: die ungarisch-jüdische Geigerin Edith Lorand (1898/9-1960),[48] die bald als „Königin des Walzers" und glamouröse Leiterin eines Herren-Orchesters international berühmt wurde, ihr holländischer Kollege Maurits van den Berg (1898-1971), der in den 1920er Jahren Konzertmeister der Berliner Philharmoniker war, sowie der damals 19jährige Cellist Emanuel Feuermann (1902-1942). Mit dem früh Verstorbenen, den Jascha Heifetz und Artur Rubinstein, beide selbst herausragende Meister ihres Faches, ein „Jahrhunderttalent" bzw. den „größten Cellisten aller Zeiten" nannten und der noch heute in Cellistenkreisen als Mythos verehrt wird, nahmen Weissmann und ein nicht näher bezeichnetes Orchester am 15. Dezember 1921 die Sätze Allegro und Adagio aus Joseph Haydns CELLOKONZERT NR. 2 D-DUR auf. Mehr ließ sich damals auf einer Schallplatte nicht unterbringen, und so verzichtete man – heute schwer vorstellbar – auf den dritten Rondo-Satz. Noch am selben Tag war Weissmann Feuermanns Klavierpartner bei den Bearbeitungen für Cello und Klavier von Robert Schumanns „Träumerei" (aus KINDERSZENEN OP. 15) und „Abendlied" (aus 12 KLAVIERSTÜCKE FÜR KLEINE UND GROSSE KINDER OP. 85). Beide Stücke wurden am 8. April 1922 noch einmal aufgenommen, jetzt aber begleitet vom Staatsopernorchester, das Weissmann dirigierte. Bei zwei weiteren Stücken, die an diesem Tag aufgenommen wurden, dem NOCTURNE OP. 9, 2 von Frédéric Chopin sowie Pablo de Sarasates ZIGEUNERWEISEN OP. 20, war Weissmann wieder Feuermanns Klavierpartner. Veröffentlicht wurden am Ende aber nur die beiden Sätze des Haydn-Konzerts sowie Chopins NOCTURNE und Sarasates ZIGEUNERWEISEN.

Dass Weissmann in seiner Anfangszeit als Schallplattendirigent nicht häufiger mit Instrumentalsolisten zusammenarbeitete, lag wohl in erster Linie an der in der Regel längeren Spieldauer von Werken für Soloinstrumente und Orchester. Denn erst mit der Erfindung der Langspielplatte Ende der 1940er Jahre wurde es möglich, Stücke von mehr als vier Minuten Spieldauer auf einer Plattenseite unterzubringen. Bis dahin enthielt eine Schallplatte in der Regel nur zwei entsprechend kurze Musikstücke, bei klassischer Orchestermusik etwa Tänze, Märsche, Ouvertüren, Vor- und Zwischenspiele.[49] Solch kurze Orchesterstücke, die auf einer einzigen Schallplatte untergebracht und somit leichter vermarktet werden konnten, hatte Weissmann denn auch bis zur Sommerpause 1923 an insgesamt zwölf Aufnahmetagen in großer Zahl eingespielt.[50]

Nach der Sommerpause erscheint Weissmanns Name in den Aufnahmebüchern der Lindström AG erstmals wieder am 19. November 1923, drei Tage nach Einführung der „Rentenmark" als neuem Zahlungsmittel. An diesem Tag dirigierte er Aufnahmen der beiden PEER GYNT-SUITEN OP. 46 und OP. 55 von Edvard Grieg, die am 1. Dezember 1923 fortgesetzt und abgeschlossen wurden. Das beteiligte Orchester war nicht das Orchester der Berliner Staatsoper, sondern das Berliner Sinfonie-Orchester (vormals Blüthner-Orchester), das in der Zeit von Ende Juni bis Dezember 1923 bei Parlophon das Staatsopernorchester ersetzte.

Die Gründe für die auffällige Ausklammerung des Staatsopernorchesters wissen wir nicht. Ein Zusammenhang mit entsprechenden Direktiven des neuen Generalmusikdirektors an der Staatsoper ist nicht auszuschließen, bleibt aber Spekulation. Zur Schallplatte hatte Kleiber, der erstmals im Dezember 1923 den Weg ins Aufnahmestudio fand und für sein Debüt bei dem Konkurrenzlabel Vox auf das Staatsopernorchesters keineswegs verzichtete,[51] auch noch lange nach der Einführung des verbesserten „elektrischen" Aufnahmeverfahrens ein sehr distanziertes Verhältnis. Wie er einem argentinischen Interviewer 1929 zu erläutern versuchte, störte ihn neben der umständlichen Aufnahmeprozedur, den unvermeidlichen Eigengeräuschen des Schellackmaterials vor allem der Umstand, dass die Schallplatte etwas Lebendiges und Veränderliches unabänderlich fixiert. Eine Schallplatte, meinte er, sei eine Musikkonserve, und ein Mensch, der nur Schallplatten höre und nicht in Konzerte gehe, sei wie jemand, der nur Dosennahrung zu sich nehme. Menschen hätten aber frisches Essen nötig.[52]

Bei dieser zu Weissmann ziemlich konträren Einstellung verwundert es kaum, dass Kleiber sich erst 1928 an die Schallplatteneinspielung einer Sinfonie wagte. Zu dem Zeitpunkt konnte Weissmann bereits ein beeindruckendes Oeuvre sinfonischer Aufnahmen auf Schallplatte vorweisen, dessen Anfänge ausge-

PARLOPHONE

Special Issues

BEETHOVEN'S
NINTH SYMPHONY
(No. 9 in D Minor. Op. 125)
THE CHORAL SYMPHONY
RECORDED COMPLETELY BY
The Blüthner Symphony Orchestra

Soloists : Wally Von Roemer (Soprano)   Hilde Ellger (Contralto)
Waldemar Henke (Tenor)   Adolph Schöpflein (Bass)
and Opera House Chorus.   Conducted by Dr. WEISSMANN.

9—12-inch Double-sided Records 4/6 each, or complete with Handsome Album, £2 : 2 : 0

Englische Werbeanzeige vom Juli 1924 für die "Parlophon"-Aufnahme von Beethovens Neunter Sinfonie. Die Solisten des Schlusssatzes sind diejenigen der 1921 unter Eduard Mörike entstandenen Aufnahme. Genannt wird als Dirigent aber nur „Dr. Weissmann".

rechnet in die Zeit von Kleibers erster Berliner Saison fielen. Weissmanns erste Schallplatten-Einspielung einer „großen" Sinfonie, zugleich einer der bedeutendsten und beim Publikum damals wie heute beliebtesten der Gattung, galt Tschaikowskys SINFONIE NR. 6 B-MOLL OP. 74 „PATHÉTHIQUE". Begonnen hatte er die Aufnahmen noch kurz vor der Sommerpause, am 6. und 18. Juni 1923, mit dem Staatsopernorchester. Am 15. Dezember 1923 setzten Weissmann und das Berliner Sinfonie-Orchester die Arbeit mit der Einspielung des noch fehlenden ersten Satzes fort. Da man damit an diesem Tag nicht fertig wurde, bedurfte es noch eines weiteren, abschließenden Aufnahmetermins am 26. Januar 1924. Eingeschoben zwischen die beiden PATHÉTIQUE-Aufnahmetermine erfolgte am 29. Dezember, wieder mit dem Berliner Sinfonie-Orchester, die wahrscheinlich allererste Schallplatteneinspielung von Tschaikowskys spektakulärer OUVERTÜRE SOLENELLE „1812" OP. 49, eine auch heute immer noch bei populären Konzerten umjubelte Gelegenheitskomposition.

Wenige Tage danach, am 3. Januar 1924, begann dann ein Unternehmen, das auf Anregung der japanischen Parlophon-Tochter zustande gekommen war[53] – die Gesamteinspielung aller Sinfonien Ludwig van Beethovens für die Schallplatte mit dem Orchester der Berliner Staatsoper unter Leitung von Frieder Weissmann. Aufnahmen einzelner Beethoven-Sinfonien bzw. einzelner Sätze von Beethoven-Sinfonien hatte es schon vorher gegeben, auch bei Parlophon, wo Eduard Mörike (1877-1929), ein Neffe des gleichnamigen schwäbischen Dichters und seit 1912 Kapellmeister am Deutschen Opernhaus in Berlin-Charlottenburg,[54] im Jahre 1921/22 mit dem Staatsopernorchester jeweils ein oder zwei Sätze von jeder Beethoven-Sinfonie außer der vierten aufgenommen hatte.

Eine Palme für die erste Inangriffnahme des Mammutunternehmens einer Gesamteinspielung gebührt freilich der Deutschen Grammophon, die ein solches Projekt im Jahre 1923 unter Hinzuziehung von fünf Dirigenten, Walter Wohllebe, Otto Klemperer, Oskar Fried (1871-1941), Hans Pfitzner (1869-1949) und Bruno Seidler-Winkler (1880-1960), startete. Den Siegeslorbeer in dem edlen Wettstreit verdient aber doch das etwas später von der Parlophon mit Weissmann gestartete Projekt, denn es lag schon im Februar 1925, über ein halbes Jahr vor dem der Deutschen Grammophon, abgeschlossen vor. Zudem war es das Werk fast nur von einem Dirigenten, Frieder Weissmann, und von einem Orchester, dem Orchester der Berliner Staatsoper. „Fast" muss man deswegen sagen, weil Weissmann die SIEBTE SINFONIE ganz und bei der NEUNTEN SINFONIE den vierten Satz mit der „Ode an die Freude" auslassen musste und weil bei der DRITTEN und NEUNTEN SINFONIE auch andere Orchester beteiligt waren. Um bei dem Wettstreit mit der Deutschen Grammophon die Nase vorn zu behalten, ergänzte Parlophon die fehlenden Stücke mit Aufnahmen, die unter Leitung von Eduard Mörike entstanden waren, die SIEBTE SINFONIE am 15. Mai 1924, der Schlusssatz der neunten Sinfonie schon am 7. Dezember 1921. Bei der SINFONIE NR. 3 ES-DUR „EROICA" OP. 55 spielte das Orchester der Berliner Staatsoper (am 30. Mai und 24. September 1924) fast alles mit Ausnahme des ersten Teils des ersten Satzes, der am 17. März 1924 mit dem Berliner Sinfonie-Orchester aufgenommen worden war. Gleich drei Orchester kamen bei der NEUNTEN SINFONIE zum Einsatz. Während Weissmann am 3. Januar und 30. Mai 1924 den ersten Satz (*allegro ma non troppo*) mit dem Orchester der Berliner Staatsoper aufnahm, dirigierte er am 26. Januar und 2. Februar 1924 das Berliner Sinfonie-Orchester beim zweiten (*molto vivace*) und dritten Satz (*adagio molte e cantabile*). Mörikes Einspielung des Schlusssatzes vom Januar 1921 erfolgte mit dem Orchester des Deutschen Opernhauses in Charlottenburg. Bei Parlophon war man jedoch mit dieser alten Aufnahme nicht glücklich, und man entschloss sich daher schon bald nach Veröffentlichung zu einer Neuaufnahme am 31. Januar 1925, wieder mit Eduard Mörike als Dirigenten, jedoch mit dem Orchester der Berliner Staatsoper.

Als wären die sinfonischen „Brocken" Tschaikowskys und Beethovens nicht genug, dirigierte Weissmann in der Zeit von Februar bis Juni 1924 an insgesamt fünfzehn weiteren Aufnahmetagen einen bunten Reigen von Ouvertüren und Orchesterstücken der Komponisten Mozart, Beethoven, Weber, Rossini, Liszt, Smetana und Richard Strauss, zwei Violinkonzerte von Mendelssohn-Bartholdy und Tschaikowsky sowie Lieder und Arien aus Werken von Mozart bis Richard Strauss, bei denen die Sopranistin Maria Lorentz-Höllischer (* 1888), die Tenöre Anton Maria Topitz (1887-1949) und Max Hirzel (1888-1957) sowie die Baritone Theodor Scheidl und Josef Burgwinkel mitwirkten.

Herausragend sind die im April und Mai an zwei Tagen aufgenommenen Violinkonzerte von Mendelssohn und Tschaikowsky wegen des phantastischen Geigers Eddy Brown (1895-1974). Der in Chicago, Illinois, als Sohn eines österreichischen Schneiders und Amateurgeigers geborene Eddy Brown war ein echtes „Wunderkind". Von Jenö Hubay, dem Budapester Lehrer von Jascha Heifetz, Mischa Elman und Toscha Seidel, und von dem ebenso legendären Leopold Auer in St. Petersburg ausgebildet, war Eddy Brown schon im Alter von vierzehn Jahren eine Sensation auf den Konzertpodien in Budapest, London und Berlin. 1916 kehrte er in die USA zurück und setzte dort, schon bald auch mit Hilfe von Schallplattenaufnahmen, seine triumphale Karriere fort, bis er 1930 die Konzertpodien zugunsten einer einflussreichen Tätigkeit im aufkommenden Medium Rundfunk verließ.

Ein Kuriosum ist die am 15. April 1924 erfolgte Aufnahme von Felix Mendelssohn-Bartholdys VIOLINKONZERT NR. 2 E-MOLL OP. 64 deswegen, weil an jenem Tag nur der erste und dritte Satz aufgenommen wurden. Den zweiten Satz bestritt Parlophon mit einer schon am 19. Januar 1924 erfolgten Einspielung durch die Geigerin Edith Lorand und dem Berliner Sinfonie-Orchester unter Leitung von Camillo Hildebrand. Eine solche Koppelung wäre heute undenkbar, ist aber nicht ohne Reiz, weil sie zwei stilistisch völlig konträre, technisch ebenbürtige Schüler Jenö Hubays präsentiert – hier der zupackend und mit jugendlichem Elan aufspielende Eddy Brown, dort die mit reichlich Portamento eher altmodisch phrasierende Edith Lorand – und so den vom Komponisten gewollten Kontrast der Sätze noch unterstreicht.

Während das *mixtum compositum* des Mendelssohn-Konzerts seinerzeit veröffentlicht wurde, blieb Tschaikowskys im Mai 1924 mit Eddy Brown und dem Staatsopernorchester eingespieltes VIOLINKONZERT D-DUR OP. 35 unter Verschluss. Vermutlich entschied sich Parlophon damals zur Zurückhaltung wegen ein paar kleiner Passagen, die fehlten, und sonstiger Patzer seitens der Aufnahmetechnik. Erst 85 Jahre später gelangten diese Aufnahmen an die Öffentlichkeit,[55] als ein kleines US-Label die Wiederveröffentlichung des Mendelssohn-Konzertes zum Anlass nahm, auf derselben CD auch das Tschaikowsky-Konzert unterzubringen – ein Glücksfall, denn Browns Tschaikowsky-Interpretation ist überaus feurig und schlichtweg virtuos. Das einzige, was man bei dieser Wiederentdeckung bemängeln könnte, ist das Weglassen zweier „Zugaben", die Eddy Brown und Weissmann als Klavierbegleiter an beiden Aufnahmetagen eingespielt hatten: Cesar A. Cuis „Orientale" aus KALEIDOSCOPE OP. 50,9 und das berühmte „Hindulied des indischen Kaufmanns" aus Rimsky-Korsakows Oper SADKO, arrangiert für Violine und Klavier.

Frieder Weissmann um 1925.

In der westfälischen Provinz

Erster Kapellmeister am Stadttheater Münster i. W. 1924-25

Im Haus „Unter den Linden", dem Max von Schillings zwar weiter präsidierte, das Erich Kleiber als Generalmusikdirektor aber musikalisch regierte, hatten sich für Weissmann zuletzt immer weniger Entfaltungsmöglichkeiten geboten. Immer mehr war ihm dabei zur Gewissheit geworden, dort auf verlorenem Posten zu stehen. Nunmehr 31 Jahre alt, wollte er seine berufliche Zukunft nicht allein der Schallplatte überlassen. Wer als Dirigent nach vorne kommen wollte, musste bessere Referenzen vorweisen können als Schallplatten, waren sie auch noch so zahlreich und finanziell einträglich. Was in der Musikwelt zählte, waren – wie das Beispiel Kleibers zeigte – Erfolge in der traditionellen Rolle des Kapellmeisters vor Publikum, sei es im Orchestergraben oder auf dem Konzertpodium. Folglich hatte Weissmann schon im Frühjahr damit begonnen, nach vakanten Kapellmeisterposten Ausschau zu halten. Sein Blick war schließlich auf die westfälische Stadt Münster gefallen, wo man beim Stadttheater dringend einen ersten Kapellmeister suchte.

1915 zur Großstadt erhoben, hatte die erzkatholische Bischofsstadt Münster gleich nach dem Krieg begonnen, sich ihres konservativen Images, z. B. durch eine umfassende Neuordnung des städtischen Musiklebens, zu entledigen. Beim Stadttheater, das nach der Wiederaufnahme des Spielbetriebs ab September 1919 vor sich hin kümmerte, griffen die Stadtväter zu radikalen Maßnahmen. Zum Ende der Spielzeit 1923/24 wurde nicht nur ein neuer Intendant berufen, sondern auch fast das gesamte künstlerische Personal ausgewechselt. Vom Solistenensemble blieb kaum jemand übrig, die Hälfte des Chores musste gehen und von den Musikvorständen wurde nur der junge zweite Kapellmeister Bruno Vondenhoff (1902-1982) in die nächste Spielzeit übernommen.[56]

Mut bewiesen die Stadtväter auch bei der Neubesetzung der Leitungsposten, für die man zwei ausgewiesene Vertreter eines progressiven Musiktheaters gewinnen konnte. Neuer Intendant wurde der Regisseur Hanns Niedecken-Gebhard (1889-1954), ein Schüler Max Regers, der 1922 in Göttingen und Hannover mit einer als revolutionär empfundenen Inszenierung der Händel-Oper JULIUS CÄSAR einen sensationellen Erfolg verbucht und sich seitdem als einer der führenden deutschen Opernregisseure profiliert hatte. Neuer Musikchef des Hauses wurde der 33jährige Bochumer Generalmusikdirektor Rudolf Schulz-Dornburg (1891-1949), ein entschiedener Anhänger der musikalischen Avantgarde, der sich in den vorangegangenen fünf Jahren u. a. mit der Aufführung von Werken Paul Hindemiths, Ernst Kreneks und Erwin Schulhoffs als Fürsprecher der Moderne erwiesen hatte.[57] Weil Schulz-Dornburg vorerst noch sein Amt als Generalmusikdirektors in Bochum weiter ausüben wollte, stellte man ihm eine beachtliche Zahl von Kapellmeistern und Korrepetitoren zur Seite, die den alltäglichen Opernbetrieb am Laufen halten sollten.[58]

Als ersten Kapellmeister und „als ‚Ergänzung' zu Schulz-Dornburg" engagierte Intendant Niedecken-Gebhard den Dirigenten Weissmann.[59] Dieser hatte Ende April 1924 als Gast zwei Aufführungen von Richard Wagners DER FLIEGENDE HOLLÄNDER mit solchem Aplomb dirigiert,[60] dass die *Westfälische Landeszeitung* nur staunen konnte: „Dr. Weißmann besitzt ganz spezifische Theatereigenschaften, und zwar in hohem Maße [...] klare Zeichensprache [... ,] scharfe Einzelausführungen und einen sehr starken, geradezu scharfen Willen."[61] Weissmann nachgeordnet waren neben dem bereits erwähnten zweiten Kapellmeister Bruno Vondenhoff die Dirigenten Heinz Swoboda (1897-1990), Gustav Schlemm (1902-1987) und Karl Hauf.[62]

Schon in Hannover hatte Niedecken-Gebhard mit namhaften Vertretern des Ausdruckstanzes wie der Tänzerin und Choreographin Mary Wigman und ihres Schülers, dem in der Schweiz geborenen Max Terpis (1889-1958), zusammengearbeitet. Dabei formte sich sein – von Niedecken-Gebhard mit dem Begriff „tänzerischer Stil" umschriebenes – Konzept eines vom Tanz geprägten Musiktheaters, welches die Absicht verfolgte, die „Musik in der Bewegung und der Bewegtheit der Darsteller, das Hinaufgreifen aus dem Gehen und Kriechen in die schwingende Welt tänzerischen Erlebens und Ausdrückens" lebendig werden zu lassen.[63] Eng verknüpft mit seinem Konzept des „tänzerischen Stils" war die von Niedecken-Gebhard aus der Beschäftigung mit Händel-Opern gewonnene Vorstellung vom Musiktheater als einer Kult- und Weihestätte. Folgerichtig stellte er das Programm seiner ersten Münsteraner Spielzeit unter die Leitbegriffe „Spiel" und „Feier": „Aus ‚reinem Spiel' und ‚kultisch überhöhter Handlung' soll sich das Programm zusammensetzen. Kult, Feier und Gemeinschaft rücken ins Zentrum seiner Arbeit."[64]

Zum Leidwesen Weissmanns, den man mit Richard Wagner nach Münster gelockt hatte, verschwand dieser Komponist in der Spielzeit 1924/25 völlig vom Spielplan. An Wagners Stelle waren nun die kultisch überhöhten Händel-Inszenierungen getreten, deren musikalische Leitung natürlich Sache des Chefs Schulz-Dornburg war. Bestrebt sein avantgardistisches Profil weiter zu schärfen, beschränkte er sich des weiteren auf wenige moderne Werke wie Hindemiths Ballett DÄMON oder die Oper DIE LETZTEN MENSCHEN des im Krieg gefallenen Rudi Stephan (1887-1915) sowie, zur Eröffnung der neuen Saison, Beethovens FIDELIO. Die musikalische Betreuung des restlichen Spielplans, insbesondere des vom heimischen Publikum mehr geschätzten gängigen Opernrepertoires, übertrug Schulz-Dornburg seinen Kapellmeistern, allen voran Frieder Weissmann. Dessen erster Auftritt galt denn am 14. Oktober 1924 auch keiner Premiere, sondern der Wiederaufnahme von Verdis RIGOLETTO.[65] Die nicht mehr ganz taufrische Inszenierung eines Repertoirestücks störte Weissmann wenig, denn Verdi zählte zu den Komponisten, die er zeitlebens besonders schätzte. Und diese Wertschätzung ließ ihn sogleich zur Hochform auflaufen. Davon sichtlich beeindruckt, geizte die *Westfälische Landeszeitung* nicht mit Lob: „Die musikalische Führung war ganz von italienischem Blut erfüllt und getrieben", war „bewegt und beseelt von der heißblütigen Musik des Dirigenten [... .] Weißmann ist eine starke Persönlichkeit!"[66]

Schon zwei Tage später stand Weissmann wieder am Pult. Jetzt dirigierte er die Münsteraner Erstaufführung des PERSISCHEN BALLETTS, eines 1920 komponierten Werks des in Wien geborenen Schönberg-Schülers Egon Wellesz (1885-1974), der bis zu seiner 1938 erzwungenen Emigration nach England zu den meistaufgeführten Komponisten im deutschsprachigen Raum zählte. Die Uraufführung des einaktigen, auf einer Idee der russischen Tänzerin Ellen Tels basierenden „tänzerischen Intermezzos" hatte erst wenige Monate vorher, am 20. Juli 1924, bei den Donaueschinger Musiktagen in einer Inszenierung Niedecken-Gebhards und unter der musikalischen Leitung von Rudolf Schulz-Dornburg stattgefunden. Für Aufsehen hatte dabei insbesondere die Choreographie gesorgt, die der junge Tänzer und Choreograph Kurt Jooss (1901-1979), wie Max Terpis ein Schüler Rudolf von Labans, mit seiner eigenen Tanztruppe entwickelt hatte. Seitdem ans Stadttheater Münster engagiert, war das expressionistische Tanztheater des Balletts Jooss ein Aushängeschild der Intendanz Niede-

cken-Gebhards und dessen avantgardistischen Zielen eines aus dem Tanz entwickelten Musiktheaters.[67]

Das PERSISCHE BALLETT war das erste größere Handlungsballett, mit dem
Kurt Jooss dem Münsteraner Publikum seine tänzerischen Ambitionen demonstrieren konnte. Trotz anfänglicher Vorbehalte war Rudolf Predeek (1886-
1950),[68] der langjährige Kritiker des *Münsterischen Anzeigers*, von dem neuen
Tanzstil und künstlerischen Leistung des Balletts Jooss rundweg begeistert. Weniger anfreunden konnte sich der Kritiker aber mit der Musik. Er fand, sie sei
„ganz bestimmt nicht der neue Weg, den die Tonkunst für die Zukunft ein-
schlägt [...]. Was man dieser Ballettmusik unbedingt zugestehen muß, ist ihre
rhythmisierende Kraft. Sie hat also als Dienerin des Balletts eine wichtige Aufgabe gut erfüllt. Ihre dramatische Kraft aber ist nur in Verbindung mit dem
Tanz, mit dem plastischen Ballett anzuerkennen. Denn vom Ballett aus ging die
Dramatik und die Reihenfolge der Geschehnisse, und somit ist es für die musikalische Bearbeitung des ‚Persischen Balletts' Hervorhebung zur Genüge, daß
sie eben nicht störte." War das Stück nach Predeeks Meinung auch in musikalischer Hinsicht eine undankbare Aufgabe, so zollte er dennoch Respekt vor der
Leistung des Dirigenten Weissmann: „In der Aufführung [...] tat Dr. Frieder
Weißmann alles mögliche, um ihr [d. h. der Musik] Würdigung zu verschaffen,
ein Bemühen, das ihm persönlich künstlerische Anerkennung erwarb."[69]

Die *Münstersche Zeitung* konnte der Musik von Egon Wellesz offenbar etwas
mehr abgewinnen. Ihr erschien sie zwar „in Klang und Farbe und Rhythmus so
ganz anders als das, was man bisher ‚orientalische Musik' nannte, aber sie ist
raffiniert gemacht." Freundliche Worte fand sie für den Dirigenten Weissmann,
der die „mit lebhaftem Beifall aufgenommen[e]" Aufführung „musikalisch mit
feiner Einfühlung leitete."[70] Auch wenn der Rezensent der *Westfälischen Landeszeitung* zugestehen musste, dass wohl die meisten Hörer mit der Musik des
PERSISCHEN BALLETTS wenig anzufangen wüssten, so war er persönlich doch
sehr davon angetan: „Wild peitscht die Musik hinter den Gestalten her und
treibt sie hinein in einen wirbelnden, sinnbetörenden Rhythmus, der nicht stille
steht bis alles zu Ende ist." Sein Lob galt deshalb auch „der scharfzuckigen
musikalischen Leitung von Dr. Weißmann", die den großartigen tänzerischen
und choreographischen Leistungen „in jeder Beziehung ebenbürtig" sei. „Jeder
stand in seiner Art zu höchst, und doch fiel keiner auch nur mit einer Handbe-
wegung aus dem Rahmen, der diese Persische Luft trotz der unpersischen
Musik von Egon Wellesz umspannte."[71]

Bei der Wiederholung des PERSISCHEN BALLETTS zwei Wochen später am
29. Oktober 1924 feierte das Stück – laut *Münsterscher Zeitung* – „erneut Triumphe".[72] Weissmann leitete das Orchester auch an diesem Abend, an dem im
zweiten Teil die Uraufführung der von Kurt Jooss inszenierten und choreo-
grafierten TANZ-SUITE nach der gleichnamigen Komposition des in Wien geborenen Ernst Toch (1887-1964) auf dem Programm stand. Den Komponisten,
einen Hauptvertreter der musikalischen Neuen Sachlichkeit, hatte Weissmann

bereits kennengelernt, als Toch noch am Frankfurter Dr. Hoch'schen Konservatorium Klavier und Komposition studierte und beide Klavierunterricht bei Willy Rehberg erhielten. Toch war Rehberg 1913 ans Mannheimer Konservatorium gefolgt, wo er Komposition und Theorie unterrichtete. 1933 ins amerikanische Exil getrieben, erlangte Toch, der sich am Ende seines Lebens als „meist vergessenster Komponist des 20. Jahrhunderts" bezeichnete,[73] trotz vieler Auszeichnungen nie mehr die gleiche Geltung wie in der Weimarer Zeit. „Künstlerisches Neuland" sei mit der Aufführung der TANZ-SUITE betreten worden, fand der Rezensent der *Münsterschen Zeitung* und meinte damit sicher nicht nur die auf abstrakte Bewegungsformen und -abläufe reduzierte Choreographie und die für die meisten Ohren ungewohnte Musik, sondern auch das hervorragende Zusammenspiel zwischen Bühne und Orchestergraben: „Orchester und Tanzgruppe verschmolzen sich hier einig zu einer Einheit, die eine köstliche Harmonie ausströmte."[74]

Auch am nächsten Premierenabend, dem 4. November 1924, stand Frieder Weissmann wieder am Dirigentenpult, allerdings nur beim zweiten Teil eines von Hanns Niedecken-Gebhard inszenierten Doppelprogramms mit den Kurzopern DER TÄNZER UNSERER LIEBEN FRAU von Bruno Stürmer (1892-1958) und DAS HÖLLISCH GOLD von Julius Bittner (1874-1939). Das erste der in volkstümlichem Ton gehaltenen Legendenspiele hatte Weissmann im Vorjahr zusammen mit Max Terpis bei der Berliner Uraufführung musikalisch „aus der Taufe gehoben", weshalb man es jetzt dem Kollegen Karl Hauf überlassen hatte. Interessanter war zweifellos das jetzt von Weissmann dirigierte, 1916 in Darmstadt uraufgeführte und damals viel gespielte Werk von Julius Bittner, einem von Gustav Mahler geförderten und von Bruno Walter sehr geschätzten Wiener Komponisten, der im Hauptberuf Richter und Beamter im österreichischen Justizministerium war. Inzwischen völlig in Vergessenheit geraten, zählte Bittner in der ersten Hälfte des 20. Jahrhunderts zu den erfolgreichsten österreichischen Komponisten, dessen spätromantische, in ihrer schillernden Farbigkeit an Erich W. Korngold erinnernde Musik auch heute noch gefallen kann. Weissmann war ein kongenialer Interpret dieser Musik, der – so die *Münstersche Zeitung* – „die dramatischen und lyrischen Feinheiten der Partitur mit besonderer Sorgfalt heraus[arbeitete]; zu wuchtig wurde er beim Höhepunkt der Handlung, der auch von Hein Heckroths Bühnenbild fast zur Beängstigung gesteigert wurde, während die übrige Szenerie so recht aus dem heiteren Geiste des Märchens gestaltet war."[75]

Obwohl sein Terminkalender bis zum Jahresende mit Wiederholungen der Wellesz-, Toch- und Bittner-Stücke und der Vorbereitung der für den 25. Dezember 1924 geplanten Premiere einer Neuinszenierung von Verdis OTHELLO zur Genüge voll war, verschloss sich Weissmann nicht der wegen schwerer Erkrankung des Generalmusikdirektors Volbach kurzfristig an ihn herangetragenen Bitte, am 17. Dezember 1924 das „3. Volks-Symphoniekonzert" des Städtischen Sinfonieorchesters zu dirigieren. Trotz kurzer Vorbereitungszeit und –

wegen der Weihnachtszeit – großer Lücken im Publikum wurde der Abend ein voller Erfolg. Die Presse überschlug sich danach geradezu mit Lob für Weissmann, der – nach Meinung der *Westfälischen Landeszeitung* – „über ganz vorzügliche Qualitäten eines Konzertdirigenten" verfüge und eine „musikalische Wirkung" erzeuge, die „als nachschöpferisch und virtuos bezeichnet werden muß." Bei dem Konzert, das Brahms' DOPPELKONZERT FÜR VIOLINE UND VIOLONCELLO sowie Tschaikowskys PATHÉTIQUE-SINFONIE zur Aufführung brachte, habe man nicht nur den Eindruck gehabt, „daß Musiker unter ihm außerordentlich leicht und sicher spielen, daß er die Partitur ebenso fest im Kopf wie Tempo und Leute in der Hand hat, daß Dirigierwille und Dirigierkönnen in gleichem Maße hoch entwickelt sind, man fühlt sich auch und schließlich ganz gezwungen unter die hochgespannte Musikalität, die hier nach außen drängt. So war es kein Wunder, daß er ebenso Brahms wie Tschaikowsky zu außerordentlicher Wirkung brachte. [...] So ist auch das Lied, das die Pathetische Symphonie Tschaikowskys singt, ebenso elementar und urhaft wie russische Steppe und russische Menschen. Weißmann hat diese Bilder mit einer ganz unglaublich inneren Bewegung und ganz mit glühenden Farben wiedergegeben, die einer weiteren Kritik das Wort entziehen."[76]

Rudolf Predeek vom *Münsterischen Anzeiger* rühmte „Weißmanns ausgesprochene Dirigenten- und Künstlerfähigkeit", die „in weitesten Kreisen anerkannt zu werden verdient. Mit großem Temperament, mit innerem Feuer und Mitleben und mit sicherer Zeichendeutung, beherrschte Weißmann das Orchester und führte es zu lebendiger und hinreißender Sprache." Zwar erschien dem Kritiker Weissmanns Stabführung bei Brahms' DOPPELKONZERT (mit den Konzertmeistern Fritz Fier und Max Renger als Solisten) noch „ein wenig intellektuell" und zu wenig „glut- und bluterfüllt". Doch regelrecht begeistert war er dann vom zweiten Teil des Konzerts, in dem Weissmann die „glohende Gewalt" der PATHÉTIQUE „mit zündender Kraft entfachte. Tschaikowsky, der Sklave, der Leidenschaftliche, Gesetzlose, Melancholische, Aufbrausende, der Künder seines von elementaren Mächten durchbebten Landes, fand in Weißmann den pathetischen Sprecher, den ungestümen Gestalter seines Werkes. Nicht oft kann man von solch unbedingt anzuerkennenden Dirigentenleistungen und Begabungen sprechen wie bei Weißmann. Seine Fähigkeit zeigte sich auch in der inneren Wirkung auf das Orchester, das mit großem Schwung und mit höchster Einordnung die beiden Werke spielte."[77]

Bei allem Lob fanden die Herren von der Presse aber doch noch ein kleines Haar in der Suppe. Es war die Art, wie Weissmann dirigierte, woran beide Kritiker Anstoß nahmen. Der *Münsterische Anzeiger* rieb sich an der „ungehemmte[n], für das Orchester zwar sichere[n], für den Zuschauer aber nicht immer harmonisch wirkende[n] Taktgebung",[78] die *Westfälische Landeszeitung* störte „allzu auffälliges Armrecken und gespreizte Beine bei Forte-Einsätzen, ebenso auffälliges Dirigieren mit der linken Hand oder auch nach Außen allzu straffes Anreißen der Taktschläge." Dies seien zwar „Eigenschaften, die ihn zu einem ganz besonders hochwertigen Theaterdirigenten machen, drängen sich im Konzert zu Ungunsten innenmusikalischer Wirkungen zu sehr in den Vordergrund."[79]

In der Tat stand Weissmanns Stil, mit größtem körperlichen Einsatz zu dirigieren, damals in krassem Gegensatz zum tradierten Ideal, das Arthur Nikisch wie kein anderer verkörperte. Bei ihm rühmte die Kritik „diese Sicherheit über sich selbst, diese unweigerliche Beherrschtheit war seine Kultur, durch sie gewann er sich alle, mit denen er zu tun hatte, Publikum und Orchester, nicht nur in Deutschland, sondern auch im Ausland, das ihm als Konzert- und auch als Operndirigenten überall bedingungslos gehuldigt hat."[80] Ein Mann wie Furtwängler, der im Stadium tiefster Einfühlung in die Musik von seltsamen Zuckungen gepackt wurde, war die große Ausnahme von der Regel, welche bestens verkörpert wurde von Erich Kleiber, der – wie Filmzeugnisse belegen – stramm wie ein Tambourmajor vor dem Orchester stand und zackig-knapp, mit beherrschter Zeichengebung das Orchester lenkte. Erst in den 1950/60er Jahren sollte durch Dirigenten wie Leonard Bernstein oder Erich Kleibers Sohn Carlos dieses Ideal, das Weissmann nie erfüllte, außer Kurs gesetzt werden. Wenn er dirigierte, dann bedeutete dies höchste körperliche Anspannung und schweißtreibende Kraftanstrengung. Als er einmal seinen Vater nach einer Konzertprobe fragte, wie ihm die Sache gefallen habe, soll der – so Weissmann 1983 in einem Interview – nur kurz und trocken geantwortet haben: „Junge, Du schwitzt ja so!"[81] Vom Bariton Walther Kirchhoff, der auch ein ganz guter Karikaturist war, erzählte Weissmann, dass der ihn oft beim Dirigieren gezeichnet und ihn jedes Mal in eine Pfütze aus Schweißtropfen hineingestellt habe.[82]

Die Aufführung einer Neuinszenierung von Verdis OTHELLO am Weihnachtstag,[83] bei der Weissmann – nach Meinung der *Düsseldorfer Nachrichten* – „das Orchester geradezu meisterlich an[packte] und [...] zu der musikalisch besten Leistung der Saison [führte]",[84] war die erste von vier Premieren, mit denen Weissmann in Münster im Laufe der restlichen Spielzeit seinen Ruf als außerordentlich begabter Dirigent weiter festigen konnte. Die zweite Premiere am 1. Februar 1925 galt der Erstaufführung der erst zehn Wochen vorher, am 15. November 1924, in München unter Leitung von Hans Knappertsbusch mit großem Erfolg uraufgeführten musikalischen Komödie DON GIL VON DEN GRÜNEN HOSEN von Walter Braunfels.[85]

Schon bei seinem Einstellungsgespräch hatte Weissmann gegenüber Niedecken-Gebhard kein Hehl aus seiner Vorliebe für die Werke seines Münchner Lehrers gemacht. Auf sein Drängen war denn auch Braunfels' neue Oper, die auf einer Mantel-und-Degen-Komödie des spanischen Barock-Dichters Tirso de Molina basierte, auf den Münsteraner Spielplan gelangt. Allerdings war darüber, wie er Braunfels am 4. Februar 1925 vertraulich mitteilte, beim Intendanten und seinem musikalischen Chef Schulz-Dornburg wenig Begeisterung aufgekommen: Niedecken-Gebhard habe es abgelehnt, den Komponisten nach Münster einzuladen, weil dies angeblich „mit zu großer pecuniärer Belastung verbunden gewesen wäre", und Schulz-Dornburg hatte, als er in München ein

Konzert dirigierte, auffällig und mit fadenscheiniger Entschuldigung jeglichen Kontakt mit Braunfels vermieden.[86] Unbeirrt von der offensichtlichen Abneigung seiner Dienstvorgesetzten gegenüber Braunfels, machte sich Weissmann an die Einstudierung des Werks: „Ich habe meine ganze Liebe und Dankbarkeit zu Ihnen [...] in die Arbeit zum Don Gil gelegt. Der Erfolg war ganz außerordentlich", schrieb er am Tag nach der B-Premiere an Braunfels. „Ich selbst fand meinen ‚Braunfels' an vielen Stellen wieder – an vielen fand ich ganz *neue* und völlig eigene Dinge – die mir grosse Freude gaben (so die Zwischenspiele, Dirigiersachen par excellence)."[87]

Entgegen Weissmanns Eindruck hatte das Werk des Komponisten, den der Kölner Oberbürgermeister Konrad Adenauer im November 1925 zum Gründungsdirektor der Kölner Musikhochschule berufen sollte, in Münster keinen ungeteilten Beifall gefunden. So erschien es dem Rezensenten der *Zeitschrift für Musik* doch recht fraglich, ob „bei der in unsrer guten Stadt recht verbreiteten Kunstheuchelei" viele Leute etwas damit anfangen könnten, zumal es „wenig Witz", aber „viel Blech" habe. Man müsse „schon recht gutwillig sein, um eines Komponisten Können zu preisen, obwohl vom Bühnengesang bei dieser Geschwollenheit des Orchestersatzes kein Wort zu verstehen ist!"[88]

Aufgeschlossener und im Urteil sehr viel differenzierter zeigte sich Rudolf Predeek vom *Münsterischen Anzeiger*, der das Werk „zu den den erfolgreichsten und wertvollsten Erscheinungen der neuesten Zeit" rechnete.[89] Braunfels habe „das spanische Lustspiel mit deutschem Gemüt" bekleidet. „Die Musik ist nicht nur kompositionstechnisch überragend gut geschrieben, sondern sie zeigt Klangschönheiten und kammermusikalische Feinheiten, die nur in einer wahren Musikerseele wachsen." Als „das Neue und Beste an der Oper", der eine „Meilensteinbedeutung nach den ‚Meistersingern' und dem ‚Rosenkavalier'" zukomme, erkannte Predeek das „zwischen Orchester und Stimme" bestehende „gute Verhältnis; die Oper geht nicht vom symphonischen, vom orchestralen aus, sondern von der Stimme, vom Gesang, von den Arien und Ensemblesätzen." Für das Orchester sei Braunfels Musik eine Herausforderung, eine schwere, dank Weissmanns Leitung „aber gut gelöste und dankbare Aufgabe. Abgesehen davon, daß an manchen Stellen die Instrumente die Bühne zudeckten – ein Mangel am akustischen Ausgleich – hat das Orchester eine geradezu virtuose Leistung vollbracht. Weißmanns Auffassung der Partitur zeigte sich im Temperament und dem leichten Schmiß, ihr fehlte ein wenig das Gemütvolle, das eigentlich Braunfelssche. Aber er führte ein klingendes, blühendes Spiel und damit lag der Schwerpunkt der Aufführung und des Erfolges in seiner Hand."[90]

Nicht minder angetan von Weissmanns Stabführung zeigte sich der Kritiker des *Münsterischen Anzeigers* nach der nächsten Premiere, die am 22. Februar 1925 eine Neuinszenierung von Jacques Offenbachs Oper HOFFMANNS ERZÄHLUNGEN auf die Bühne brachte.[91] Die Inszenierung wie auch die Leistungen der Sänger ordnete er freilich nur „den guten Durchschnittsleistungen unseres Theaters" zu. Das Orchester hingegen „erreichte unter Friedrich Weißmann in klarer Linie die immer geistreiche Charakteristik der Partitur, Zartheit und dramatischen Schwung. Weißmann gab ersichtlich durch die Feilung und Sorgfalt beim Studium dem Werke die Bedeutung, die ihm musikalisch wegen der Originalität der Einfälle, wegen der Echtheit der Dramatik und wegen der Schönheit der Instrumentierung und der Melodie zukommt. [...] Im Zuschauerraum war man außerordentlich zufrieden."[92]

Die letzte Premiere, die Weissmann in Münster musikalisch leitete, fand am 19. Mai 1925 statt und galt einer Neuinszenierung von Mozarts Oper FIGAROS HOCHZEIT.[93] Regie führte der 22jährige Österreicher Herbert Graf (1903-1973), für den Münster das Sprungbrett wurde für eine internationale Karriere als Opernregisseur, die ihn nach seiner Emigration 1933 an die New Yorker Metropolitan Opera führte.[94] Das von ihm beabsichtigte heitere Spiel stieß freilich bei den Sängern an manche Grenzen und die „bei der Musik vom ersten Akkord an" vorhandene „Lustspielstimmung" ließ sich – wie die *Westfälische Landeszeitung* fand – „auf der Bühne erst allmählich wecken."[95] Einhellige Anerkennung zollte die Presse der Leistung von Orchester und Dirigent. Der *Münsterische Anzeiger* war besonders von der „außerordentlich sorgfältigen, dabei schmissigen und scharf durchdachten musikalischen Leitung" angetan. Weissmanns „Wiedergabe der Partitur war ein feines Gewebe mozartischer Köstlichkeiten. [...] Die Begeisterung des Publikums war ehrlich und verdient."[96] Die lokale Konkurrenz von der *Münsterschen Zeitung* würdigte Weissmanns „feinsinnige Einfühlung in die Art Mozarts. Es erklang Mozart in seiner ganzen Ursprünglichkeit und genialen Einfachheit."[97] Nicht anders war das Fazit der Regionalzeitung *Westfälischer Merkur*: „Weißmann gab Mozart so, wie ihn der Meister vielleicht selbst dirigiert hätte, d. h. in einer prachtvollen Herausarbeitung der klaren Architektonik der Partitur, einem innerlichen Versenken in die quellende Fülle seiner Arien."[98]

FIGAROS HOCHZEIT wurde in der zu Ende gehenden Spielzeit nur noch einmal, am 24. Mai 1925, aufgeführt. Zwei Tage später war Weissmann zu dreitägigen Schallplattenaufnahmen zurück in Berlin. Nichts deutet darauf hin, dass er danach je wieder nach Münster zurückkehrte. Die neun Monate, die er am Münsteraner Stadttheater verbracht hatte, mochten künstlerisch – wie der Zuspruch von Seiten der Presse belegt – für ihn ertragreich gewesen sein, finanziell dürften sie sich aber weniger gelohnt haben, zum einen wegen der bescheidenen Kapellmeisterbezüge, zum anderen wegen der erheblichen Reisekosten für seine häufigen Fahrten zu Aufnahmen bei der Carl Lindström AG.

Die finanziellen Nachteile hätte Weissmann wohl länger in Kauf genommen, hätten nicht andere Gründe gegen ein Bleiben in Münster gesprochen. Noch im Februar 1925 rechnete er mit einer zweiten Spielzeit in Münster, denn gegenüber Braunfels sprach er damals von recht konkreten Plänen, dessen (1913 entstandene) Oper ULENSPIEGEL in Münster aufzuführen.[99] Offenbar konnte Niedecken-Gebhart diesem Projekt noch weniger als DON GIL abgewinnen. Für Weissmann war damit der Rückzug aus Münster beschlossene Sache. Denn es erschien ihm sinnlos, länger unter einer Intendanz zu arbeiten, die glaubte, Wagner-Opern und die Werke eines so bedeutenden Zeitgenossen wie Walter Braunfels links liegen lassen zu können und stattdessen ein Theater favorisierte, das mit seinen tänzerischen Massenspektakeln acht Jahre später nur zu gut ins kulturpolitische Konzept der Nationalsozialisten passte.[100] Ein weiteres Ereignis, das gegen ein längeres Bleiben in Münster sprach, dürfte Schulz-Dornburgs Entschluss gewesen sein, auf sein Amt als Bochumer Generalmusikdirektor zu verzichten.[101] Nunmehr gewillt, sich voll auf seine Aufgaben in Münster zu konzentrieren, war abzusehen, dass sein stärkeres Engagement den Spielraum des ersten Kapellmeisters eher einengen als erweitern würde.

Überhaupt erschien Weissmann damals eine Karriere in der rheinisch-westfälischen Provinz eher wenig verlockend. Denn zum naheliegenden Schritt, sich auf die in Bochum (durch Schulz-Dornburgs Rückzug) frei gewordene Stelle des Generalmusikdirektors zu bewerben, hatte er sich nicht entschließen können. Obwohl er mit dem Ruf, den er sich in Münster erworben hatte, sicher beste Chancen gehabt hätte, ist sein Name – im Gegensatz zum Kollegen Heinz Swoboda – unter den mehr als sechzig Bewerbern nicht zu finden.[102]

„Meilensteine der Schallplattengeschichte"

Was Weissmann neben seiner neunmonatigen Münsteraner Kapellmeistertätigkeit in Berlin als Schallplattendirigent leistete, ist erstaunlich – nicht nur wegen der großen physischen Beanspruchung, sondern vor allem wegen der Qualität seiner Aufnahmen von Orchesterwerken, die bis heute als Prüfsteine für jeden Dirigenten gelten. Genannt werden muss hier an erster Stelle die Weiterführung des Projekts der Gesamtaufnahme der Beethoven-Sinfonien, welches im Februar 1925 abgeschlossen werden konnte. 1927 bezeichnete es das bis heute einflussreichste englische Schallplattenmagazin als einen „Meilenstein der Schallplattengeschichte".[103]

Weitere Orchesterwerke, die zwischen September 1924 und Juni 1925 unter Frieder Weissmanns Leitung mit dem Orchester der Berliner Staatsoper auf Schallplatten aufgenommen wurden, waren Mozarts SINFONIEN NR. 39, 40 und 41, Haydns SINFONIE NR. 94 (MIT DEM PAUKENSCHLAG), die SINFONIE FANTASTIQUE von Hector Berlioz und Beethovens ZWÖLF DEUTSCHE TÄNZE. Ferner ein bunter Strauß Ouvertüren zu Opern von Christoph W. Gluck, Wolfgang A. Mozart, Carl Maria von Weber, Hector Berlioz, Ambroise Thomas und Karl Goldmark sowie zwei Beethoven-Ouvertüren (ZUR NAMENSFEIER OP. 115, DIE WEIHE DES HAUSES OP. 124) und Johannes Brahms' FESTOUVERTÜRE. Zu erwähnen sind schließlich auch noch vier Konzerte, zwei Violinkonzerte (Beethovens OP. 61 und Mozarts viertes VIOLINKONZERT KV 218) mit der Krefelder Geigerin Riele Queling und zwei Cellostücke (Georg Friedrich Händels CELLOKONZERT IN G-MOLL und Max Bruchs KOL NIDRE – ADAGIO NACH HEBRÄISCHEN MELODIEN OP. 47) mit dem Solisten Alexander Barjansky (1883-

1961), einem damals namhaften russisch-jüdischen Cellovirtuosen, der auf einem exzeptionellen Cello, genannt „Barjansky Stradivari", spielte.

Diese eindrucksvolle Liste von Orchesterwerken, die Weissmann in kürzester Zeit auf Schallplatte bannte und für deren Einspielung andere Kollegen oft
Jahre gebraucht hätten, bliebe freilich unvollständig ohne die zahlreichen
Schallplattenaufnahmen aus jener Zeit, bei denen Weissmann Gesangskünstler
mit Orchester, gelegentlich aber auch am Klavier begleitete. Hervorzuheben
sind hier Emmy Bettendorf, Max Hirzel, Robert Burg und Leo Schützendorf,
ganz besonders aber die Sopranistin Fritzi Jokl und der Tenor Lauritz Melchior.

Die Aufnahmen mit Lauritz Melchior (1890-1973) fanden am 3. und 5. Dezember 1924 statt. Begleitet vom Orchester der Berliner Staatsoper sang der legendäre Heldentenor, der nur wenige Monate vorher in Bayreuth debütierte,
Siegmunds Liebeslied und Parsifals „Nur eine Waffe taugt" aus Richard Wagner Opern SIEGFRIED bzw. PARSIFAL sowie je zwei Lieder von Edvard Grieg
und dem aus Tauberbischofsheim gebürtigen Komponisten Richard Trunk
(1879-1968). Vom harmonischen Zusammenspiel mit dem jungen Dirigenten
war der damals am Beginn seiner internationalen Karriere stehende Melchior
offenbar so angetan, dass er Weissmann großzügig einhundert Mark spendieren
wollte. Der war jedoch von dieser Großmanns-Geste entsetzt und lehnte das
„Trinkgeld" vehement ab, was den Sänger erst recht beeindruckte. Fortan hatten die beiden ein freundschaftliches Verhältnis, und der kräftig gewachsene, im
angelsächsischen Raum doppeldeutig auch *the great Dane* genannte Melchior zog
Weissmann bei privatesten Details ins Vertrauen, z. B. wie er das Herz seiner
künftigen zweiten Ehefrau, einer bayerischen Schauspielerin, die beim Film als
stuntwoman arbeitete, eroberte – indem der Sänger einen kühnen Fallschirm-
sprung wagte und in den Garten von „Kleinchen" plumpste.[104]

Fritzi Jokl, zu deren Bewunderern Dirigenten wie Bruno Walter, Karl Böhm
und Otto Klemperer, aber auch der Kölner Oberbürgermeister Konrad Adenauer   zählten,   war   eine   Koloratursängerin,   die   eine   „bezaubernde
Silberstimme" besaß und über einen „exquisiten tragenden Ton" und eine „makellose[ ] Technik" verfügte.[105] Darüber hinaus beeindruckte sie als eine mondä-
ne Erscheinung, die schlank, strahlend und verführerisch die *Roaring Twenties* geradezu personifizierte. Nach Stationen in Frankfurt (1917-22), Darmstadt
(1922-23) und Berlin (Volksoper, 1923-25), war die gebürtige Wienerin Fritzi
Jokl ab 1925 in Köln zum Liebling des dortigen Opernpublikums aufgestiegen.
Mit der besonders für ihre Mozart-Interpretationen bewunderten Sängerin arbeitete Weissmann im Aufnahmestudio am 26. November 1924 und 26. März
zusammen: am ersten Termin sang sie Arien aus Mozarts ENTFÜHRUNG AUS
DEM SERAIL und HOCHZEIT DES FIGARO sowie aus Giacomo Meyerbeers
HUGENOTTEN und Friedrich von Flotows MARTHA, am zweiten ihr Glanzstück,
die Arie der Königin der Nacht aus Mozarts DIE ZAUBERFLÖTE, und vier weitere Arien aus Opern von Gioachino Rossini (BARBIER VON SEVILLA), Ambroise
Thomas (MIGNON), Giuseppe Verdi (EIN MASKENBALL).[106]

KAPITEL 4

Glück
1925-1929

Die Sängerin Meta Seinemeyer mit ihrem Hund Druka (1895-1929).

Macht des Schicksals

Liebe auf den ersten Blick

Die Wetterverhältnisse am Dienstag, dem 17. November 1925, waren moderat und der Jahreszeit entsprechend. Das Thermometer bewegte sich um plus 2 Grad Celsius, es war trocken und der Himmel aufgrund eines über Mittel- und Nordeuropa liegenden Hochdruckgebiets eher heiter als wolkig.[1] Nichts deutete auf ein schicksalhaftes Datum hin, kein Wetterumschwung, kein Sturm, weder Föhn, noch Gewitter. Als Weissmann bei der Lindström AG eintraf, war alles wie immer vorbereitet, die Musiker stimmten ihre Instrumente, auch die Sängerin, mit der an diesem Tag Aufnahmen gemacht werden sollten, hielt sich bereit. Sie hieß Meta Seinemeyer, war dreißig Jahre alt und der neue Star der Dresdner Semperoper.

Bereits ihr Dresdner Debüt am 29. November 1924 war furios gewesen. Als Gast für ein erkranktes Ensemblemitglied eingesprungen, hatte sie als Marguerite in Gounods FAUST einen so durchschlagenden Erfolg beim Publikum erzielt, dass sie der damalige Opernchef Fritz Busch (1890-1951) auf der Stelle unter Vertrag nahm. Ein halbes Jahr später folgte der Triumph, als sie bei der Uraufführung der Oper DOKTOR FAUSTUS des im Vorjahr verstorbenen Komponisten Ferruccio Busoni (1866-1924) die herausfordernde Sopranpartie der

Herzogin von Parma grandios bewältigte und damit entscheidend zum Erfolg der Uraufführung beitrug.

Weissmann hatte von der Sängerin gewiss nicht erst da gehört. Wahrscheinlich hatte er sie auch schon früher gelegentlich auf der Bühne gesehen, als sie in den Jahren 1918 bis 1925 noch Ensemblemitglied des Charlottenburger Deutschen Opernhauses war. Aber aus heute unerfindlichen Gründen scheint er von ihr dennoch lange keine besondere Notiz genommen zu haben. Er stand damit nicht alleine, denn auch die Schallplattenindustrie hatte die Sängerin – mit Ausnahme von drei 1919 bei der Berliner Artiphon aufgenommenen Duetten aus Bizets CARMEN, Mascagnis CAVALLERIA RUSTICANA und Johann Strauss' ZIGEUNERBARON – links liegen lassen. Nach ihren großen Dresdner Erfolgen war die Lage aber eine völlig andere, und Weissmann zögerte nicht, dem für Künstler-Verträge zuständigen Lindström-Direktor Alfred Gutmann nachdrücklich den Abschluss eines Vorvertrags mit der Sängerin zu empfehlen.[2]

Nun also sollten erste Probeaufnahmen mit der Dresdner Sopranistin erfolgen. Die berühmte Arie der Maddalena „Von Blut gerötet war meine Schwelle" aus Umberto Giordanos Oper ANDREA CHÉNIER stand als erste Nummer auf dem Dispositionszettel. Mit dieser Rolle hatte Meta Seinemeyer zehn Monate früher bei der Dresdner Erstaufführung am 21. Januar 1925 einen triumphalen Erfolg errungen. Der im Publikum anwesende Komponist war von ihrer Darstellung der Maddalena so beeindruckt, dass er sie als beste Maddalena rühmte, die er je gesehen habe, und dieses Lob noch mit dem Ausruf steigerte: „In ganz Italien gibt es keine so herrliche Frauenstimme wie die der Seinemeyer!"[3]

Nicht anders als dem Komponisten erging es Weissmann an diesem 17. November 1925, kaum dass Meta Seinemeyer zu singen angefangen hatte. Auch er war hingerissen von einer Stimme, die auf unvergleichliche Weise Innigkeit und Brillanz, beseelte Lyrik und leidenschaftliche Dramatik vereinigte und jene „unvergleichliche Beseelung" verströmte, die man – so Fritz Busch – „gern die ‚Träne in der Stimme' nennt."[4] Aber nicht nur die Klarheit und Wärme der Stimme faszinierten Weissmann an dieser Frau. Es war ihre besondere Erscheinung, die das Diven- und Madonnenhafte, keusche Unschuld und sinnliche Weiblichkeit miteinander vereinte und so ganz seinem Frauenideal entsprach.

Für Meta Seinemeyer war die Begegnung mit Weissmann kaum weniger aufwühlend. Je mehr sie mit ihm das vorgesehene Tagespensum hinter sich brachte, desto mehr verspürte sie zu dem jugendlich wirkenden Orchesterleiter ein – gemeinhin „Liebe auf den ersten Blick" genanntes – Gefühl der Zuneigung. Und als die beiden sich am späten Nachmittag voneinander verabschiedeten, waren nicht nur drei weitere Arien („Eines Tages seh'n wir" und „Man nennt mich jetzt Mimi" aus Puccinis MADAME BUTTERFLY bzw. LA BOHÈME sowie „Ha, welch' Glück" aus Gounods FAUST) in Wachsmatrizen eingegraben, sondern auch die große Liebe in zwei Menschenherzen.

Von den Aufnahmen des Tages waren nur zwei zu aller Zufriedenheit ausgefallen, weshalb die Arien aus LA BOHÈME und FAUST unveröffentlicht blie-

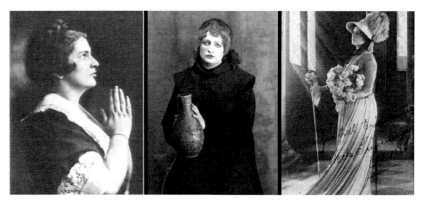

Meta Seinemeyer als (v l. n. r.) Agathe (DER FREISCHÜTZ), Leonore (MACHT DES SCHICKSALS) und Tosca (TOSCA).

ben. Meta Seinemeyer war an diesem Tag gesundheitlich nicht auf der Höhe, hatte sie doch schon tags zuvor eine Aufführung in Dresden, wo sie die Agathe in Carl Maria von Webers DER FREISCHÜTZ singen sollte, wegen Krankheit abgesagt.[5] Um sich zu erholen, fuhr die Sängerin nach den Aufnahmen vermutlich gleich zu ihren Eltern, die in Charlottenburg im zweiten Stock des Hauses Kantstraße Nr. 129 wohnten.[6] Wahrscheinlich blieb sie dort etwas länger, denn sie hatte sich bis 28. November 1925 krank gemeldet, später diese Krankmeldung um weitere vier Wochen und schließlich nochmals um zwei Wochen bis 13. Januar 1926 verlängert. Trotz der verlängerten Erholungszeiten war sie aber Mitte Januar immer noch so geschwächt, dass sie schon nach zwei Vorstellungen, am 16. und 18. Januar 1926, erneut Auftritte absagen und weitere zehn Tage pausieren musste. Eine ärztliche Diagnose dieser Erkrankung ist nicht überliefert, doch muss man wohl davon ausgehen, dass es sich um erste Anzeichen jener heimtückischen Krankheit handelte, die zu Meta Seinemeyers frühem Tod im August 1929 führen sollte.[7]

Ende Januar war Meta Seinemeyer wieder zurück auf der Bühne. Voller Zuversicht, bei der Premiere der Dresdner Erstaufführung von Verdis Oper DIE MACHT DES SCHICKSALS am 20. März 1926 in Bestform auftreten zu können, kam sie am 11. Februar 1926 zu zweitägigen Schallplattenaufnahmen nach Berlin. Unter PR-Aspekten war es zweifellos ein geschickter Schachzug von Parlophon, rechtzeitig zu dem von Opernfreunden aus nah und fern mit großer Spannung erwarteten Dresdner Ereignis Schallplatten auf den Markt zu bringen, auf denen Meta Seinemeyer, der weibliche Star des Abends, ihre Sangeskunst mit drei großen, deutsch gesungenen Arien aus Verdis Oper demonstrieren konnte („Hier bin ich", „Frieden, Frieden" und „Noch hegt mich der geliebte Ort"). Aufgenommen wurden diese Arien der Leonora am 11. und 12. Februar 1926 zusammen mit zwei weiteren Stücken aus Puccinis Oper TOSCA, nämlich der Arie der Tosca „Nur der Schönheit weiht' ich mein Leben" und dem Duett Tosca-Cavaradossi „Noch hegt mich der geliebte Ort" mit dem schwedischen Tenor Carl Martin Oehman (1887-1967).

Bis zur Premiere von DIE MACHT DES SCHICKSALS absolvierte Meta Seinemeyer in Dresden nur noch drei Auftritte, am 13. Februar als Agathe in Webers Freischütz, am 24. Februar als Tosca in Puccinis gleichnamiger Oper und am 1. März als Maddalena in Giordanos ANDREA CHÉNIER. Vom 6. März bis 16. März 1926 blieb sie krankheitshalber der Dresdner Oper fern. Weissmann machte zuletzt am 14. Februar Schallplattenaufnahmen (mit dem Berliner Staatsopernorchester und Meta Seinemeyers Dresdner Kollegen, dem Bariton Robert Burg) und war anschließend, wie ein Brief an Walter Braunfels belegt,[8] nach Bad Reichenhall gefahren, wo er in der Pension Erica wohnte.

Es dürften wohl kaum eigene körperliche Beschwerden gewesen sein, zu deren Linderung Weissmann den oberbayerischen Kurort aufgesucht hatte. Dieses Motiv dürfte eher schon auf die unter Erschöpfungszuständen leidende Meta Seinemeyer zutreffen, die sich vermutlich auch zu jener Zeit in Bad Reichenhall aufhielt und wie Weissmann in der palazzoartigen Villa des Hoteliers Anton Oberstarzbacher logierte. Der Hauptgrund für beider Rückzug in das „Meran des Nordens" dürfte aber ihr Wunsch gewesen sein, endlich einmal ganz ungestört zusammen sein zu können. Der Rückzug der Liebenden, die sich wohl schon dort verlobten,[9] muss so total gewesen sein, dass Weissmann – wie er seinem Mentor schuldbewusst gestand – nicht einmal eine wichtige Aufführung einer Braunfels-Komposition mitbekam: „Ich bin Anfang März hier heraus und merkwürdiger Weise – mir selbst unaufgeklärt, wußte, ahnte und hörte nicht einmal von der Aufführung der Variationen bis nachher."[10]

Die „Verdi-Renaissance"

Die am 20. März 1926 erfolgte Dresdner Erstaufführung von Verdis Oper MACHT DES SCHICKSALS, die allgemein als Beginn der deutschen „Verdi-Renaissance" betrachtet wird, war in der Tat eine Sensation und ein Höhepunkt in Meta Seinemeyers Laufbahn. Franz Werfel, der Autor einer zwei Jahre zuvor erschienenen Bestseller-Biographie über den Komponisten Verdi, der für die Dresdner Aufführung ein neu ins Deutsche übertragenes Libretto verfasst hatte, war von ihrer Darstellung so hingerissen, dass er ihr brieflich überschwänglichste Komplimente machte: „Fräulein Seinemeyer, Sie haben heute abend eine ganz große Gesangstat vollbracht, ich *muß* Ihnen das sagen! Es gibt keine solche warme Stimme mehr auf der deutschen Bühne. Die Linie ihres Gesangs ist vollendet. Die Friedensarie war in Ihrer ruhigen, schönheitstrunkenen Führung für das ganze Haus tieferschütternd. Ich glaube, Verdi selbst hätte an Ihrem Gesang seine helle Freude gehabt!"[11]

Seinemeyers triumphale Verkörperung der tragisch-liebenden Leonora festigte ihren Ruf als Primadonna der Dresdner Oper. „Die" Seinemeyer, „für viele auch ‚unsere Seinemeyer'",[12] sorgte für ausverkaufte Aufführungen und ließ –

damals in Deutschland bei Opernsängern noch relativ unbekannt – eine schnell anwachsende Fan-Gemeinde entstehen. Gleichzeitig öffneten sich nunmehr für sie – und ebenso für ihren (wahrscheinlich) Verlobten Weissmann, der zweifellos an diesem 20. März 1926 im Zuschauerraum gesessen hatte – auch alle Türen in die Dresdner Gesellschaft. Zu Seinemeyers Verehrern, mit denen nun auch Weissmann bekannt wurde, zählte z. B. der aus dem rheinischen Gummersbach stammende Fabrikantensohn und Bankier Dr. Erich Sondermann (1888-1959), seit 1923 Direktor der Dresdner Filiale der Commerz- und Privatbank AG, der am schicksalhaften 19. August 1929 Zeuge von Weissmanns Trauung mit der auf dem Sterbebett liegenden Meta Seinemeyer werden sollte.[13]

Meta Seinemeyers plötzlicher Starruhm hatte auch die Nachfrage nach ihren Schallplatten hochschnellen lassen. Parlophon wollte daher so schnell wie möglich weitere Aufnahmen mit ihr machen. Kaum drei Wochen nach der Verdi-Premiere fanden diese am 9. und 12. April 1926 statt, wobei die musikalische Leitung jetzt und auch später allein ihrem Verlobten Frieder Weissmann anvertraut war. Begleitet vom Orchester der Berliner Staatsoper wurden an beiden Tagen zwei Lieder von Richard Strauss (CÄCILIE OP. 27, 2 und MORGEN OP. 27,4) aufgenommen, ferner zwei Arien aus Webers FREISCHÜTZ („Wie nahte mir der Schlummer", „Und ob die Wolke sie verhüllte") sowie je eine Arie aus Verdis OTELLO („Sie saß mit Leide auf öder Weide"), Offenbachs HOFFMANNS ERZÄHLUNGEN („Sie entfloh', die Taube so minnig") und Bizets CARMEN („Ich sprach, dass ich furchtlos mich fühle"), wobei letzteres Stück unveröffentlicht blieb.

„Gramophone-Celebrity"

Dank des weltweiten Vertriebs seiner vielen Schallplatten durch den Lindström-Konzern war der Name des Dirigenten Weissmann, der selbst noch nie die Grenzen Deutschlands überschritten hatte, mittlerweile auch im Ausland ein Begriff geworden. Zu denen, die schon früh auf Weissmann aufmerksam wurden, zählte der englische Musikkritiker John Fielder Porte, Mitarbeiter des renommierten, 1923 gegründeten Schallplattenmagazins *Gramophone* und Verfasser von Büchern über Chopin, McDowell und Elgar. Er hatte schon Anfang 1926 eine längere Würdigung Weissmanns für die Artikelserie der „Gramophone Celebrities" fertig gestellt, deren Erscheinen sich – wohl aufgrund der damaligen Umwälzungen auf dem Gebiet der Schallplattentechnik – aber um mehr als ein Jahr verzögerte. Für die erst im August 1927 erfolgte Veröffentlichung wurde der Text zwar aktualisiert, allerdings so nachlässig, dass auch mittlerweile Überholtes drin stehenblieb. Aus heutiger Sicht ist dies kein Nachteil, denn hätte den Artikel ein aufmerksamer Redakteur damals richtig verbessert, wäre ein für Weissmanns Biographie bedeutsames Detail entfallen und für immer in Vergessenheit geraten: die Berufung „zum musikalischen Leiter der deutschen Opernkompanie für deren diesjährige [d. h. 1926] Argentinien-Tournee."[14]

Seitdem sich Buenos Aires 1908 mit dem pompösen Teatro Colón ein großartiges Opernhaus zugelegt hatte, war die argentinische Metropole das Opern-Mekka der südlichen Hemisphäre. Vom Glanz des auch wegen seiner Akustik gerühmten Teatro Colón ließen sich die weltbesten Gesangskünstler und Dirigenten an den Rio de la Plata locken, wo lange die italienische Oper dominierte. Dennoch gab es „auch starke deutsche Traditionen",[15] z. B. dirigierte Felix von Weingartner 1922 Wagners RING DER NIBELUNGEN, ein Jahr später leiteten Richard Strauss SALOME und ELEKTRA sowie Franz Schalk LOHENGRIN, DIE WALKÜRE und TRISTAN UND ISOLDE.

Für die ab Ende Mai 1926 beginnende Saison hatte man beim Teatro Colón eine etwas umfänglichere deutsche *temporada* geplant, bei der Wagners WALKÜRE, TANNHÄUSER, MEISTERSINGER, TRISTAN UND ISOLDE sowie Webers FREISCHÜTZ im Juli und August – während der deutschen Theaterferien – aufgeführt werden sollten. Dafür hatte ein uns unbekannter Impresario eine Anzahl namhafter Interpreten von deutschsprachigen Bühnen verpflichten können. Aus Berlin kamen Karin Branzell (1891-1974) und Friedrich Schorr (1888-1953) von der Staatsoper sowie Alexander Kipnis (1891-1978) von der Charlottenburger Städtischen Oper, aus Stuttgart Rudolf Ritter (1878-1966), aus Frankfurt a. M. Else Gentner-Fischer (1883-1943), aus Wien Richard Schubert (1885-1959) und als *primadonna* Meta Seinemeyer aus Dresden. Die Vorbereitungen dieser Argentinien-Tournee liegen leider ebenso völlig im Dunkeln wie alle Details zu Weissmanns Engagement. Möglicherweise hatte Meta Seinemeyer sich dafür eingesetzt oder gar zur Bedingung für ihre Teilnahme an der Tournee gemacht. Schließlich waren die beiden ja inzwischen verlobt und schmiedeten ernsthaft Pläne für eine gemeinsame Zukunft.

Als sich aber das Paar im April 1926 an die Vorbereitungen für die lange Reise in die südliche Neue Welt machen wollte, musste Weissmann leider feststellen, dass sein zuletzt am 9. März 1921 um fünf Jahre verlängerter finnischer Pass inzwischen nicht mehr gültig war. Vollends zum Erliegen kamen die gemeinsamen Reisevorbereitungen, als kurz darauf die finnische Botschaft in Berlin sich wegen der Fragwürdigkeit von Weissmanns angeblicher finnischer Herkunft außer Stande sah, den Pass ein weiteres Mal zu verlängern. Ohne Aussicht auf schnelle Beschaffung eines gültigen Passes zerplatzte die gemeinsame Argentinientournee wie eine Seifenblase.

Des einen Unglück war aber auch hier des anderen Glück, und so kam der damalige Chefdirigent des Cincinnati Symphony Orchestra Fritz Reiner, der im Frühling 1926 gerade durch Europa tourte, zu einem unverhofften Gastengagement am Teatro Colón in Buenos Aires. Einen Wermutstropfen musste aber auch er schlucken, denn in Argentinien dirigierte Reiner zu seinem großen Bedauern danach nie mehr.[16]

Das 1945 zerstörte Dresdner Gewerbehaus, ehemalige Spielstätte der Dresdner Philharmoniker, zeitgenössische Postkartenansicht.

Im Aufwind

Gastdirigent der Dresdner Philharmoniker

Trotz des geplatzten Argentinien-Engagements und der ins Stocken geratenen Schallplattenproduktion bei der Lindström AG gab es für Weissmann keinen beruflichen Leerlauf. In Dresden hatte sich inzwischen auch für ihn ein Engagement ergeben. Am 20. April 1926 sollte er dort das Dresdner Philharmonische Orchester bei einem der „Großen Abonnements-Konzerte" dirigieren, für die der Dresdner Richard Wagner-Verband Deutscher Frauen die Schirmherrschaft übernommen hatte.[17] Ort der Veranstaltung war der Saal des Gewerbehauses an der Ostra-Straße, die traditionelle Spielstätte der Dresdner Philharmonie.

Chefdirigent des 1870 gegründeten Dresdner Philharmonischen Orchesters war seit der Spielzeit 1924/25 Generalmusikdirektor Eduard Mörike, der zuvor zwölf Jahre lang Kapellmeister am Deutschen Opernhaus in Charlottenburg war. Weissmann und Mörike kannten sich gut von der Arbeit in den Lindström-Studios, wo sie – wie in einem früheren Kapitel erwähnt – schon 1923/24 bei dem Projekt der Schallplatten-Gesamteinspielung von Beethovens Sinfonien zusammengearbeitet hatten. Den – gleich ihm – heute in Vergessenheit geratenen Kollegen Eduard Mörike, der auch zu den Stammdirigenten der Lindström AG zählte, nannte Weissmann noch 1981 „einen ganz ausgezeichneten Dirigenten".[18]

Dem Sponsor zuliebe hatte Weissmann für sein Dresdner Debüt ein stark auf Richard Wagner zugeschnittenes Programm aufgestellt, bei dem er sich erstmals auch gemeinsam mit Meta Seinemeyer der Öffentlichkeit präsentieren konnte. Umrahmt von den Ouvertüren zu den Opern RIENZI und DIE MEISTERSINGER VON NÜRNBERG und getrennt durch Beethovens LEONOREN-OUVERTÜRE NR. 3 lag das Schwergewicht auf zwei Programmblöcken mit Arien und Duetten aus Werken Giuseppe Verdis und Richard Wagners. Gesangspartner von Meta Seinemeyer war der Bass-Bariton Friedrich Plaschke (1875-1952), wie sie ein Liebling des Dresdner Publikums, der von 1900 bis 1937 eine dauerhafte Stütze der Semperoper war. Weil beide erst vor wenigen Wochen entscheidend zum triumphalen Erfolg der Dresdner Erstaufführung von Verdis Oper DIE MACHT DES SCHICKSALS beigetragen hatten, war es eine geschickte Programmentscheidung, sie vor der Pause mit dem Duett Pater Guardian-Leonore „So beginne! Ich warte" und Leonores Arie „Frieden, Ruhe, Frieden" anfangen zu lassen. Mit des Holländers Arie „Die Frist ist um", dem Duett Senta-Holländer „Wie aus der Ferne längst vergang'ner Zeiten" sowie den Liedern „Schmerzen" und „Träume" nach Gedichten von Mathilde Wesendonck stand der Gesang dann nach der Pause ganz im Zeichen Richard Wagners.

Das Konzert war ein voller Erfolg. Verblüfft registrierte die *Dresdner Volkszeitung* den „nach jeder Nummer nicht endenwollende[n], das gebührende Normalmaß überschreitende[n] Beifall", und die *Dresdner Nachrichten* erkannten in Weissmann einen „Temperamentsmusiker durch und durch! Eine sehr starke Dirigentenbegabung, von der noch sehr viel zu erwarten ist."[19] Auch die Veranstalter waren beeindruckt und entschlossen sich zu einem länger währenden Gastengagement Weissmanns, das ihm pro Spielzeit die Leitung von etwa der Hälfte der „Großen Abonnementskonzerte", d. h. etwa drei bis vier, übertrug. Für die kommende Saison hatte man auch schon gleich drei Termine in Aussicht genommen, am 19. Oktober und 30. November 1926 sowie am 18. Januar 1927.

Gast auf Schloss Storkau

Unterdessen war Meta Seinemeyer zu ihrer großen Reise nach Südamerika aufgebrochen, von der sie erst Anfang September 1926 wieder zurückkehrten sollte.[20] Wo und wie Weissmann die Zeit ihrer Abwesenheit verbrachte, ist nirgends überliefert. Manches spricht aber dafür, dass er einen Großteil des Sommers 1926 auf Schloss Storkau nahe Stendal verbrachte. Besitzer des Anwesens war der Frankfurter Kaufmann und preußische Rittmeister a. D. Leon von Guaita (1878-1932). Als Miterbe des berühmten Rheingau-Weinguts Johannisberg und des Mumm'schen Champagnerhauses im lothringischen Reims hatte Leon von Guaita vor dem Krieg ein Vermögen erworben, das ihn 1912 in die Lage versetzte, in der Nähe von Stendal das Landgut Storkau zu kaufen und darauf für sich und seine Familie ein stattliches Schloss zu errichten.

Das nicht im damals üblichen Stil des Historismus, sondern des Barock errichtete Schloss lässt ein künstlerisches Faible des Bauherrn erkennen, das sich insoweit auf seinen einzigen Sohn Leberecht von Guaita (1906-1980) übertrug, als dieser musikalische Neigungen entwickelte mit dem Ziel, Musiker und Komponist zu werden.[21] Weil die Guaitas wie Max von Schillings die berühmte Frankfurter Kaufmannsfamilie Brentano zu ihren Vorfahren zählte, hatte Leberecht sich schon früh für das Werk Max von Schillings, seines Großonkels, interessiert. Als angehender Abiturient war er denn auch hin und wieder während der Schulferien nach Berlin gekommen, um den Großonkel Max an seiner jetzigen Wirkungsstätte, der Berliner Staatsoper, aufzusuchen. Bei einem dieser Besuche hatte der junge Guaita auch Weissmann kennengelernt, den er auch deswegen bewunderte, weil er von seinem Großonkel Max schon so viel Lobendes über ihn gehört hatte. Umgekehrt scheint auch Weissmann von dem wissbegierigen Leberecht recht angetan gewesen zu sein, für den er gerne in die Rolle des Lehrers schlüpfte, um ihn in die Geheimnisse der Tonkunst einzuweihen. Es dauerte auch nicht lange, bis Weissmann ein mehr oder weniger regelmäßiger Gast auf Schloss Storkau wurde. Neben den gebotenen Annehmlichkeiten eines adligen Landsitzes genoss er dort all das, womit ihn eine ländliche Umgebung erfreute: der Umgang mit Tieren, insbesondere das Glück auf Pferderücken bei Ausritten in Feld, Wald und Flur. Darüber hinaus verschafften ihm die dank seiner Bemühungen erzielten musikalischen Fortschritte von Lebs, wie er den jungen Leberecht bald nannte, eine große Befriedigung, die mit den Grund dafür legte, dass sich zwischen ihm und dem beträchtlich Jüngeren eine Männerfreundschaft entwickeln konnte, die zeitlebens Bestand hatte.

Lebs hatte nach dem Abitur zwei Semester lang seine Französischkenntnisse am Lausanner Institut Quinche aufgebessert und stand nun vor der Frage, wo und bei wem er seine musikalische Ausbildung fortsetzen sollte. Wohl einem Rat Weissmanns folgend, entschied er sich für ein Studium in Köln an der Rheinischen Musikschule und der dort 1925 gegründeten und seitdem von Weissmanns Kompositionslehrer Walter Braunfels gemeinsam mit Walter Abendroth (1896-1973) geleiteten Hochschule für Musik.[22] Lebs' Aufbruchstimmung wirkte offenbar so ansteckend, dass Weissmanns eigenes, lange brach gelegenes kompositorisches Talent unversehens zu neuem Leben erwachte.

Wahrscheinlich in jenen Sommermonaten 1926 begann er mit der Komposition eines Liederzyklus', dem fünf Gedichte des französischen Schriftstellers André Germain (1881-1971) zugrunde lagen. Der von der Salonkultur der *Belle Époque* geprägte germanophile Bankierssohn genoss damals in intellektuellen Kreisen diesseits des Rheins nicht zuletzt wegen seines exaltiert dandyhaften

Der Guaita'sche Familiensitz Schloss Storkau bei Stendal um 1925.

Auftretens beträchtliche Aufmerksamkeit. Im Blick auf die Aktualität der Person Germains waren dessen Gedichte zweifellos eine gute Wahl. In literarischer Hinsicht entsprachen sie allerdings nicht mehr ganz dem Zeitgeschmack, sodass Weissmann die Aufgabe zufiel, den literarischen Mangel durch musikalisches Können zu kompensieren. Leider ist auch dieses Werk heute verschollen, das Weissmann zwei Jahre später mit den Dresdner Philharmonikern und seiner Verlobten Meta Seinemeyer als Solistin uraufführen sollte.[23]

Zu jener Zeit übte Storkau eine besondere Anziehungskraft nicht nur auf Weissmann, sondern auch auf dessen verehrten Lehrer Max von Schillings aus. Im Gegensatz zu Weissmann suchte Schillings dort aber weniger Inspiration und Erholung, als vielmehr geistig-moralische Stärkung. Im Dezember 1925 hatte Schillings die schlimmste Demütigung seines Lebens erhalten, als er nach monatelang in aller Öffentlichkeit ausgetragenen Kontroversen von seinem Dienstherrn, dem preußischen Kulturminister Carl Heinrich Becker (1876-1933), fristlos seines Amtes als Intendant der Berliner Staatsoper enthoben wurde. Dadurch zutiefst in seiner Ehre gekränkt, suchte Schillings sein seelisches Gleichgewicht zurück zu gewinnen, indem er seinem latenten Antisemitismus und bislang nur diskret geäußerten nationalkonservativen Überzeugungen zunehmend freien Lauf ließ und sich für nationalsozialistisches Gedankengut erwärmte.

Auffallend häufig kam Schillings damals – laut dessen Biographen Wilhelm Raupp – in Storkau mit Lebs Schwager Ludolf Hermann von Alvensleben (1901-1970) zusammen,[24] einem hünenhaften, schneidig auftretenden blonden Landjunker. Der von Freunden „Bubi" genannte Alvensleben, der seit 1923 als

Pächter das Gut Storkau bewirtschaftete und im selben Jahr Lebs' älteste Schwester Melitta geheiratet hatte, war ein Bewunderer Hitlers. Im *Dritten Reich* machte er unter Himmler Karriere und wurde einer der gefürchtetsten Nazi-Schergen.[25] Wie nicht wenige NS-Verbrecher konnte auch „Bubi" von Alvensleben im persönlichen Umgang durchaus gewinnend sein. Er besaß gute Manieren, war nicht ungebildet, zeigte sich musikalisch interessiert und pflegte später „die Bekanntschaft mit Größen der Musikszene wie Paul van Kempen und Herbert von Karajan."[26] Auch der Vornehmheit und gute Umgangsformen verkörpernde Max von Schillings, der über sich einmal gewitzelt hatte: „Ich stehe eigentlich mit mir selbst auf Sie und bin mir gar nicht vorgestellt,"[27] war sichtlich vom Schwiegersohn des Großvetters Leon von Guaita angetan, der ihn nun in Storkau einer so gründlichen nationalsozialistischen Gehirnwäsche unterzog,[28] dass Max von Schillings danach voll ins Lager der extremen Rechten wechselte.[29]

Natürlich ist Weissmann die politische Radikalisierung Max von Schillings', den er 1946 gegenüber einem amerikanischen Journalisten als seinen „zweiten Vater" bezeichnete,[30] nicht entgangen. Doch Weissmann hatte schon früh gelernt, dass man als in Deutschland nur geduldeter Jude sich lieber nicht mit politischen Angelegenheiten befasste. Besser war es für Menschen wie ihn, sich in dem Reich der Kunst zu bewähren, d. h. in seinem Fall im Reich der Musik. Diese apolitische Verinnerlichung der Kunst war eine nicht nur beim jüdischen, sondern beim gesamten deutschen Bürgertum vor 1933 weit verbreitete Geisteshaltung. Wie viele seiner bürgerlichen Zeitgenossen hielt sie letztlich auch Weissmann davon ab, sich mit dem Nationalsozialismus gebührend auseinanderzusetzen. Und vermutlich schenkte er auch deswegen Max von Schillings' politischer Anbiederung bei den Nationalsozialisten nur wenig Beachtung, hielt dessen Meinungsumschwung vielleicht sogar nur für die Narretei eines in seiner Ehre zutiefst gekränkten Mannes.

Im Gegensatz zu Weissmann, der zeitlebens aus seiner Anhänglichkeit an Schillings kein Hehl machte, hielt sich dieser mit Bekundungen der Zuneigung zu Weissmann völlig zurück. Weder finden sich in Schillings' Nachlass,[31] noch in der Schillings-Biographie von Raupp irgendwelche Hinweise auf Weissmann. Dass aber beide auch nach Weissmanns Weggang von der Berliner Staatsoper den Kontakt miteinander aufrecht erhielten, steht außer Frage. Enge Freunde waren sie zwar nicht, denn anders als heute waren Väter, auch sogenannte „zweite Väter", damals Respektspersonen, zu denen man hoch sah. Noch 1981 sagte Weissmann über Schillings, „er war kein Freund, aber er war freundlich. Ich hatte immer den größten Respekt vor ihm."[32]

Tatsächlich war Max von Schillings „nicht der Typ, der schnell und unbekümmert Freundschaften schloß. Er galt als etwas unnahbarer Einzelgänger, der nur wenig von sich und seinem Privatleben erzählte. Auf Gesellschaften war Schillings ein gern gesehener Gast, besonders gesellig war er aber wohl nicht."[33] Trotzdem war der von spöttischen Zungen wegen seiner geschmeidigverbindlichen Umgangsformen „diplomatischer Max" Genannte ein guter Gastgeber und ein angenehmer Gesprächspartner. Weissmann schätzte Schillings' gerade wegen seiner distinguierten Art, die ihn, wann immer er mit Weissmann zusammenkam, offenbar auch daran hinderte, seine politisch rechtslastigen Neigungen und antisemitischen Gedanken offen auszusprechen.

Was für Weissmann vor allem zählte, war die Musik. Sie war sein Lebenselixier. Ganz besonders vitalisierend war für ihn die Musik der Spätromantik, mit der er aufgewachsen war und die ihn zutiefst in seinem musikalischen Empfinden geprägt hatte. Und bei dieser Stilrichtung gab es für ihn neben Richard Strauss und Gustav Mahler nur einen großen, wirklich bedeutenden lebenden Komponisten – Max von Schillings. Man mag heute über dieses Urteil den Kopf schütteln, für Weissmann war Max von Schillings' Künstlertum aber eine lebensbestimmende Richtschnur. Dass dieser von ihm hochverehrte Komponist ihn überdies als Dirigent auch noch gefördert hatte, vermehrte nur seine Hochachtung, und deswegen konnte Weissmann ihm – und seiner Frau Barbara Kemp – alle politischen Verirrungen verzeihen.

Königsberg

Nur drei Wochen nach Weissmanns erfolgreichem Dresdner Debüt meldete die *Berliner Börsenzeitung* am 12. Mai 1926, Frieder Weissmann, „ein Schüler Sandbergers und Braunfels'", sei „als erster Kapellmeister an das Stadttheater zu Königsberg i. Pr. verpflichtet" worden.[34] Wie es zu diesem Engagement kam, lässt sich heute nicht mehr genau feststellen. Anzunehmen ist, dass Weissmann schon früh durch Max von Schillings davon Kenntnis erhielt, dass im ostpreußischen Königsberg die Stelle des ersten Kapellmeisters am Stadttheater frei wurde. Denn bei dem bisherigen Stelleninhaber Klaus Nettsträter (1892-1952), der auch das Orchester beim 1925 gegründeten Ostmarken-Rundfunk AG (ORAG) leitete, handelte es sich um einen ehemaligen Schüler Max von Schillings', der, infolge Vermählung mit Barbara Kemps Schwester Josephine (* 1886), auch Schillings' Schwager war. Nettsträter hatte im Frühjahr 1926 seine Ämter aufgegeben, um in Frankfurt am Main ab kommender Spielzeit die Nachfolge des krankheitshalber in den Ruhestand getretenen ersten Opernkapellmeisters Ludwig Rottenberg anzutreten.[35]

Königsberg war zwar seit 1919 durch den polnischen „Korridor" vom übrigen Reich getrennt, dank seines Flughafens Devau, des ersten, 1923 eröffneten zivilen Flughafens in Deutschland, aber relativ schnell auf dem Luftwege von Berlin aus zu erreichen. Folglich brauchte Weissmann, der ja inzwischen keinen finnischen Pass mehr besaß und quasi staatenlos war, bei einem Engagement weder unliebsame Passkontrollen noch größere zeitliche Einschränkungen seiner Tätigkeit in den Berliner Lindström-Studios befürchten. Angesichts dieser für ihn recht günstigen Umstände hatte sich Weissmann in Königsberg beworben und war wohl gleich nach dem Dresdner Konzert in die ostpreußische Metropole gereist, um sich dort mit einem Gastdirigat auf Probe vorzustellen.

Eine Merkwürdigkeit der Königsberger Dirigentenkür ist freilich die Tatsache, dass bald nach Weissmanns Berufung zum ersten Kapellmeister ein zweiter Kandidat ins gleiche Amt gewählt wurde. Wie die österreichische Musikzeitschrift *Musikblätter des Anbruch* in ihrer Ausgabe Juni/Juli 1926 meldete, hatten die Königsberger den in Wien geborenen Ludwig Leschetitzky (1886-1951), der damals Kapellmeister in Chemnitz war, „nach erfolgreichem Gastspiel als leitender erster Kapellmeister an das Opernhaus in Königsberg als Nachfolger des nach Frankfurt a. M. berufenen Kapellmeisters Nettsträter verpflichtet".[36] Weshalb die Königsberger für die Position, die vorher von einem Mann ausgefüllt wurde, nunmehr eine Doppelspitze brauchten, bleibt ebenso unverständlich wie der Umstand, dass sich Weissmann mit der Position des stellvertretenden ersten Kapellmeisters begnügte, beides kann aber heute nur spekulativ erklärt werden.[37]

Im Zweiten Weltkrieg schwer zerstört und seitdem – wie die nördliche Hälfte von Ostpreußen – unter sowjetischer bzw. russischer Herrschaft stehend, war Königsberg in den 1920er Jahren eine blühende mittlere Großstadt mit rund 300.000 Einwohnern. Die Krönungsstadt der preußischen Könige und Geburtsstätte des großen Philosophen Immanuel Kant (1724-1804) blickte zurück auf eine stolze Geschichte als politisches, wirtschaftliches und kulturelles Zentrum von Ostpreußen. Traditionsreich auch in musikalischer Hinsicht galt Königsberg unter Musikfreunden – je nach Blickwinkel – als „Wagner-", „Brahms-" oder „Pfitzner-Stadt". Das aktuelle musikalische Geschehen ruhte auf zwei Säulen, den städtischen Sinfoniekonzerten und der Oper im geschichtsträchtigen Stadttheater. Beide Institutionen waren privat organisiert, die Stadt gab Zuschüsse, die – auch wegen der wirtschaftlich schwierigen Zeiten nach dem Ersten Weltkrieg – aber stets zu gering ausfielen.

Direkt gegenüber vom Stadttheater hatte Weissmann mittlerweile eine Wohnung im Haus Theaterplatz 5 bezogen.[38] So brauchte er nur wenige Schritte, um am Abend des 31. August 1926 an seinen Arbeitsplatz zu gelangen und Giacomo Meyerbeers DIE AFRIKANERIN zur Eröffnung der neuen Opernsaison zu dirigieren. Eine Übernahme aus der vorhergehenden Saison, ließ die Aufführung dennoch Publikum und Presse aufhorchen, vor allem wegen des Neuankömmlings am Dirigentenpult. Ihm bescheinigte die *Königsberger Hartungsche Zeitung* „gezügeltes Temperament, frische Musizierlust, Kraft der Suggestion".[39] Nicht weniger anerkennend äußerten sich andere Pressestimmen. Die ebenfalls vom Hartungschen Verlag herausgebrachte Boulevardzeitung *Königsberger Tageblatt* resümierte: „Dr. Weißmann ist Temperament durch und durch, dennoch nie mit aufdringlichem Pathos, sondern in edler Sachlichkeit."[40] Und der nationalkonservativen *Ostpreußischen Zeitung* erschien Weissmann als „ein zielbewußter Musiker, der weiß, was er will und seinen Willen auch sicher durchsetzt."[41]

Musikkritiker der *Hartungschen Zeitung* war der Pianist, Komponist und Schriftsteller Erwin Kroll (1886-1976), der auch als Berichterstatter für die einflussreiche *(Neue) Zeitschrift für Musik* tätig war. Die zweite kritische Stimme, die im Königsberger Musikleben den Ton angab, war der mit Kroll befreundete Komponist und Musikkritiker Otto Besch (1885-1966). Er arbeitete für die *Königsberger Allgemeine Zeitung*, ein Blatt von überregionaler Bedeutung mit eher liberaler Leserschaft, in dem er sich nach einer von Weissmann am 16. September 1926 musikalisch geleiteten Aufführung von Verdis AIDA hoch zufrieden über den neuen Kapellmeister äußerte: „Die große Linie ist da, der innere Schwung, die Entfesselung leidenschaftlichen Feuers [...]."[42] Krolls Urteil schloss sich auch die sozialdemokratische *Königsberger Volkszeitung* an, für die der „Höhepunkt" des Abends die „berühmte Einzugsszene [war], die Frieder Weißmann mit Schwung und Feuer dirigierte, Ensemble und Massen mitriß."[43]

Wie sein Kollege Erwin Kroll betätigte sich auch Otto Besch nebenbei als Berichterstatter für eine musikwissenschaftliche Fachzeitschrift. In der (seit 1901 in Berlin und Leipzig erscheinenden) Halbmonatsschrift *Die Musik* bescheinigte er den Kapellmeistern Weissmann und Leschetizky, sie hätten sich „beide als ausgezeichnete Musiker bereits bewährt. Man erlebte unter ihrer Leitung die hiesige Erstaufführung von Janáčeks ‚Jenufa', die aber nach wenigen Aufführungen mangels der Gunst des Publikums wieder verschwinden mußte. Starken Erfolg hatte Verdis ‚Macht des Schicksals' in der Werfelschen Bearbeitung."[44] Die am 24. Oktober 1926 in Königsberg erstaufgeführte Verdi-Oper hatte Weissmann bis dahin zwar noch nicht vor Publikum dirigiert, sie war aber für ihn kein völlig unbekanntes Terrain. Schließlich hatte er erst im vergangenen Februar mehrere Arien aus dieser Oper mit Meta Seinemeyer im Schallplattenstudio aufgenommen.

Ein Glanzpunkt im Spielplan wurde die auf Weissmanns Betreiben zustande gekommene Aufführung von Max von Schillings' Oper MONA LISA, deren Premiere der Komponist am 16. Dezember 1927 selbst dirigierte. Die Hauptrollen sangen an diesem Abend Schillings' Ehefrau Barbara Kemp und Michael Bohnen, eine Idealbesetzung, die dem Werk schon 1923 bei der amerikanischen Erstaufführung zum Erfolg verholfen hatte.[45] Weissmann, der die beiden Nachaufführungen dirigierte,[46] war noch 1946 stolz auf diese unter Beteiligung des „zutiefst dankbaren" Komponisten zustande gekommene „Neubelebung" von dessen Oper,[47] die bereits damals zunehmend seltener aufgeführt wurde.

Schon bald nach dieser Schillings-Oper gelangte mit Walter Braunfels' jüngster Oper DON GIL VON DEN GRÜNEN HOSEN das Werk eines weiteren Weissmann-Mentors in Königsberg zur Aufführung. Nachdem er bereits 1925 die Münsteraner Erstaufführung dieses Werks musikalisch geleitet hatte, war Weissmann natürlich auch jetzt der richtige Mann für die Königsberger Erstaufführung am 13. Februar 1927, die Otto Besch als „durchaus beachtlich" einstufte, obwohl sie leider nur „geteilten Gefühlen begegnete".[48] Schuld daran war seiner Meinung nach in erster Linie das schwache Libretto des Werks, das mit insgesamt vier Aufführungen die für Königsberg durchschnittliche Anzahl eines Werks pro Saison erreichte.[49]

Für Beschs Kollege Erwin Kroll war Braunfels' Oper eine Offenbarung. Bereits eine Woche nach der Uraufführung des Werks in München hatte er dem Komponisten am 25. November 1924 brieflich gratuliert und die Oper als „einen der größten künstlerischen Eindrücke der letzten Monate" bezeichnet. „Ich bewunderte vor allem die innige und eigenartige Verschmelzung des deutschen Wesens mit dem spanischen und empfand, daß dieses Werk im heutigen Opernschaffen eine exzeptionelle Stellung einnimmt."[50] Seine Erwartungen fand Kroll bei der Königsberger Erstaufführung keineswegs enttäuscht: „Unser Stadttheater wagte sich an Braunfels ‚Don Gil'. Der Versuch lohnte die aufgewandte Mühe. Willig gab man sich der Musik des Werkes hin, die durch den Bolerorhythmus hindurch überall Gesang aufblühn läßt und den verschlungenen Witz des Bühnengeschehens zu wirklichem Humor erhebt." Neben „den liebenswerten Eigenschaften des Werkes" sei der „begeisterte Empfang, den Braunfels Hosenkomödie bei uns gefunden," vor allem „der ganz vortrefflichen Aufführung zu danken. Dr. F. Weißmann war als musikalischer Leiter mit ebensoviel Temperament wie eindringender Sachkenntnis um das Werk bemüht."[51]

Der einhundertste Todestag Ludwig van Beethovens war für die Königsberger Oper Anlass zu einer Neuinszenierung von dessen einziger Oper FIDELIO. Sie hatte am 6. März 1927 Premiere und wurde musikalisch geleitet von Weissmann, der für seine Leistung wieder große Zustimmung fand.[52] Die konservative *Ostpreußische Zeitung* empfand „herrlichste Klarheit und Durchsichtigkeit" und rühmte „eine Leistung, das Ergebnis angestrengter Arbeit, vollbracht von einer ursprünglichen Musikantennatur."[53] Noch bündiger und begeisterter war das Urteil der sozialdemokratischen *Königsberger Volkszeitung*: „Noch nie erlebten wir eine so hervorragende Aufführung."[54]

Neben FIDELIO standen im März 1927 noch drei weitere Neuinszenierungen im Königsberger Opernspielplan: Lortzings ZAR UND ZIMMERMANN, Verdis RIGOLETTO und DER ROSENKAVALIER von Richard Strauss. Für letzteres Werk hatte sich Weissmann besonders eingesetzt, denn nach dem großen Erfolg mit Schillings' Oper MONA LISA wollte er nun noch einmal das Königsberger Publikum damit beglücken, dass eine Berühmtheit wie Richard Strauss sein eigenes Werk bei der Premiere am 31. März 1927 dirigierte.[55] Tatsächlich war der Komponist der Einladung nach Königsberg gefolgt. Zu Weissmanns Überraschung zeigte sich der Meister nach der Ankunft hauptsächlich daran interessiert, die Fähigkeiten des jungen Kapellmeisters besser kennenzulernen, denn „mit Proben hielt er sich nur fünf Minuten lang auf. Dann sagte er zu mir: ‚Weissmann, machen doch Sie weiter.' Und da schwang ich meine Beine über die Balustrade und begann zu dirigieren. Er beobachtete mich die ganze Zeit, beobachtete mich unentwegt. Wir wurden gute Freunde."[56]

Von Weissmanns Probenarbeit muss Richard Strauss recht beeindruckt gewesen sein, denn danach schlug er Weissmann vor, doch einmal nach Wien zu kommen, um dort zu dirigieren.[57] Auch die *Königsberger Allgemeine Zeitung* registrierte zufrieden, wie Weissmann die drei Nachaufführungen des ROSENKAVALIERS im April 1927 dirigierte:[58] „Wer Dr. Frieder Weißmann kennt, kann sich denken, daß das Orchester in Klangschönheit erblühte, und daß die intimsten Reize der Partitur wunderbar entschleiert wurden."[59]

Im April und Mai 1927 regierte dann in Königsberg die leichte Muse mit den Erstaufführungen zweier Operetten, Nebdals POLENBLUT und Lehárs PAGANINI. Mit jeweils acht Aufführungen bedacht, übertrafen sie weit das Wagnersche *Opus magnum* des RINGS, der, dirigiert vom Leiter der Sinfoniekonzerte Generalmusikdirektor Ernst Kunwald (1868-1939), ab Mitte Mai zum programmatischen Schluss- und Höhepunkt der Saison wurde. Vielleicht hatte Weissmann im Mai noch die eine oder andere Aufführung der Lehár-Operette dirigiert, doch wird er wohl die meiste Zeit schon nicht mehr in der Stadt am Pregel, sondern wegen Schallplattenaufnahmen in der Spreemetropole Berlin verbracht haben.

Wenn Weissmann später auf die Königsberger Saison zurückblickte, dann beschlichen ihn vielleicht gemischte Gefühle, denn, abgesehen von einigen gelungenen Aufführungen und schönen menschlichen Begegnungen, hatten ihn die zehn Monate dort in seiner beruflichen Entwicklung kaum weitergebracht. Vergällt wurde ihm die Königsberger Zeit durch die unausgewogene persönliche Bilanz jedoch nicht. Als man 1929 das 120-jährige Bestehen der Königsberger Oper feierte und von „bekannten Künstlern", die früher für das Haus tätig waren, ein paar Worte zum weiteren Geleit erbat, rühmte Weissmann „die alte unbestechliche Kultur einer Stadt von geschichtlicher, künstlerischer und geistiger Tradition", die in ihm „die nachhaltigsten Eindrücke nicht nur ausgelöst, sondern auch wach gehalten" habe. Deshalb sei „unbedingt zu wünschen, daß nicht nur aus politischen Gründen, sondern aus Hochachtung vor der geistigen Provenienz einer derartigen Stadt alles geschehe, eine Kulturstätte solchen Ranges blühend und stark zu gestalten."[60] Eine vergebliche Hoffnung, denn schon drei Jahre später „strich die Stadt dem Theater die Subventionen. Sie war so bankrott, dass sie noch nicht einmal mehr ihre Staatssteuern abführen konnte. Die (z. T. von jüdischen Bürgern getragene) Opernhausgesellschaft löste sich auf, der Intendant wechselte mitten in der Spielzeit nach Leipzig, und die besten Kräfte wanderten ab."[61] Weitere zwölf Jahre später fiel im August 1944 endgültig der Vorhang über die traditionsreiche Geschichte des Stadttheaters, als es infolge der schweren Luftangriffe auf Königsberg bis auf die Grundmauern niederbrannte.

Meta Seinemeyer und Frieder Weissmann im Studio vor Mikrophon, um 1927.

Im Mikrophon-Zeitalter

Nachdem andere Firmen schon im Frühjahr 1926 mit elektrisch aufgenommenen Schallplatten in den Markt vorgeprescht waren, hatte schließlich auch Parlophon am Mittwoch, dem 29. September 1926, den Einstieg in die neue Ära
der Schallplattentechnik gewagt. Im umgerüsteten „Saal" der Berliner Lindström AG traten an diesem Tag Emmy Bettendorf und der dänische Startenor
Lauritz Melchior vor die Mikrofone, um, begleitet von Weissmann und dem
Orchester der Berliner Staatsoper, die Duette Elsa-Lohengrin aus dem dritten
Akt von Richard Wagners LOHENGRIN („Das süße Lied verhallt", „Wie hehr er-
kenn' ich uns'rer Liebe Wesen", „Atmest du nicht mit mir die süßen Düfte?",
„Höchstes Vertrau'n hast du mir schon zu danken", „Hörtest du nichts?") für
die Schallplatte einzuspielen.
     Dass die Firma für ihr Debüt in der neuen Technik gerade Emmy Betten-
dorf ausgewählt hatte, war ein – nach Meinung von Compton Mackenzie, dem
Herausgeber des englischen Magazins *Gramophone* – verdientes Privileg der
Künstlerin, die wie kaum eine andere zur Verbreitung der Parlophon-Schallplat-
ten beigetragen habe.[62] Für Weissmann war ihre Mitwirkung darüber hinaus ein
gutes Omen, verdankte er doch eben dieser Sängerin sein Entrée 1921 in das
Schallplattengeschäft.
     Das Ergebnis dieser ersten Einübung in die neue Technik erschien Comp-
ton Mackenzie als „die bis dahin beste Wagner-Gesangsaufnahme sowohl hin-

sichtlich der Stimmen als auch der Aufnahmetechnik." Bettendorf und Melchi-
or seien ein ideales Gespann und bezüglich des elektrischen Aufnahmeverfahrens reiche keine andere Firma an Parlophon heran, die mit dieser Platte den
brillantesten Start hingelegt habe.[63] Nicht weniger beeindruckt zeigte sich Ma-
ckenzies Redaktionskollege Herman Klein (1856-1934). Der angesehene Musikkritiker, seit 1924 Mitarbeiter von *Gramophone*, rühmte die „köstliche Qualität"
des Gesangs, die makellose Intonation sowie die perfekte Atemtechnik und
Phrasierung der Solisten. „Von Anfang bis Ende herrscht ein völliges Einverständnis zwischen beiden Sängern, und die musikalische Begleitung wie auch
die Aufnahmetechnik sind gleichermaßen über alle Kritik erhaben."[64]
    Die Begeisterung des englischen Blattes für Emmy Bettendorf war sympto-
matisch für deren hohen Marktwert, der sich auch darin ausdrückte, dass zur
Deckung der Nachfrage innerhalb kurzer Zeit drei weitere Aufnahmesitzungen
mit der Sängerin anberaumt waren. Schon am nächsten Tag arbeiteten Emmy
Bettendorf und Frieder Weissmann wieder zusammen, allerdings ohne Orchester. Am Klavier begleitete er die Sopranistin bei einem elektrisch aufgenommenen *Remake* von Schumanns Liederzyklus FRAUENLIEBE UND -LEBEN OP. 42
(nach Gedichten Adalbert von Chamissos),[65] den beide bereits am 25. Novem-
ber 1921 eingespielt hatten. Die dritte gemeinsame Aufnahmesitzung erfolgte
am 7. Oktober 1926 und stand ganz im Zeichen des zweiten Aktes von Richard
Wagners MEISTERSINGER VON NÜRNBERG. Solistisch Mitwirkende waren neben
Emmy Bettendorf die Altistin Louise Marck-Lüders, die Tenöre Carl Martin
Öhman und Wilhelm Gombert sowie die Bassisten Michael Bohnen und Leo
Schützendorf. Knapp einen Monat später, am 4. November 1926, sang Emmy
Bettendorf, wiederum begleitet von Weissmann und dem Staatsopernorchester,
zwei Arien der Pamina aus Mozarts ZAUBERFLÖTE und die Arie der Rezia
(„Ozean, du Ungeheuer!") aus Webers OBERON.
    Bei den MEISTERSINGER-Aufnahmen zeigte sich *Gramophone*-Kritiker Her-
man Klein fast noch mehr als vom „bewundernswerten Gesang" von deren
technischer Qualität und der „exzellent realistischen" Wiedergabe überrascht.[66]
Bei der OBERON-Aufnahme rühmte der Kritiker neben dem „durchweg exzellenten Orchester" vor allem die Sängerin, von deren Talent diese elektrische
Aufnahme „den seit langem besten Beweis" und die „vielleicht schönste Schall-
plattenwiedergabe dieser Arie" liefere.[67]

Die Schallplattenerstaufnahmen zum Beethoven-Gedenkjahr 1927

Mit Blick auf den hundersten Todestag von Ludwig van Beethoven (27. März
1927) nahm Weissmann für Parlophon zwischen November 1926 und März
1927 drei umfänglichere Werke auf. Es handelte sich um elektrische Erstauf-
nahmen, zwei davon waren sogar echte Schallplattenpremieren. Begonnen hatte
die Aufnahmeserie am 4. November 1926, als der polnische Pianist Karol Szreter und das Orchester der Berliner Staatsoper Beethovens KLAVIERKONZERT

Nr. 4 G-Dur op. 58 einspielten. Der früh an Leukämie verstorbene Solist, der einst als neunjähriges pianistisches „Wunderkind" begonnen hatte und nach dem Ersten Weltkrieg eine steile internationale Karriere in Mittel- und Osteuropa machte, spielte das Werk zwar „mit den beiden die Stimmung dieses Konzerts etwas virtuos überwuchtenden Rubinsteinschen Kadenzen",[68] brachte aber dennoch die lyrische Grundstimmung des Werks aufs beste zur Geltung. Zu Recht bezeichnete ein englischer Kritiker sein Spiel als virtuos, zugleich aber auch als höchst poetisch und im Gegensatz zu vielen anderen Pianisten nie überbetont. Gelobt wurde auch das von Weissmann dirigierte Staatsopernorchester, das Karol Szreter aufs harmonischste unterstützt habe.[69]

Eine echte Novität abseits des üblichen Beethoven-"Kanons" bannte Weissmann mit dem Orchester der Berliner Staatsoper ein Vierteljahr danach, am 23. Februar 1927, auf Schallplatte: die Ouvertüre „Wellingtons Sieg oder die Schlacht bei Vittoria" op. 91, ein sinfonisches Schlachtengemälde, mit dem der Komponist zu Lebzeiten einen größeren Publikumserfolg erzielte, als mit seinen Sinfonien oder Instrumentalkonzerten. Aufnahmen im März und Dezember 1927 galten einer zweiten Beethoven-Schallplattenpremiere, der viersätzigen, 1909 in der Jenaer Universitätsbibliothek entdeckten, daher „Jenaer" genannten Sinfonie in C-Dur, welche die Musikwissenschaft lange dem jungen Beethoven zuschrieb, bis sie Ende der 1960er Jahre als ein Werk seines Altersgenossen Friedrich Witt (1770-1836) identifiziert wurde.

Zwar wurden beide Aufnahmen allgemein als musikalisch und aufnahmetechnisch gelungen eingestuft, Beethovensche Geniestreiche mochten aber die wenigsten Kritiker in ihnen erkennen. Dem Publikum gefiel jedoch der populäre Charakter beider Werke. Es genoss die gefälligen Melodien der „Jenaer" Sinfonie und – dank der neuen Aufnahmetechnik – bei Wellingtons Sieg ein für damalige Ohren sensationelles Klangspektakel, das, fast wie ein moderner *soundtrack*, heterogene Klangelemente miteinander verwob, Trommelwirbel, Fanfarenklänge, Gewehrsalven und Kanonendonner in patriotische Gesänge von Engländern und Franzosen münden ließ und diese schließlich zur gloriosen englischen Nationalhymne vereinigte.

In die Winter- und Frühlingsmonate 1927 fielen noch mehrere Aufnahmetage, an denen Weissmann und das Orchester der Berliner Staatsoper eine ganze Serie von Ouvertüren einspielten, z. B. zu Mozarts Figaros Hochzeit und Don Giovanni oder Flotows Martha und Alessandro Stradella. In England, wo im Unterschied zu Deutschland schon damals eine ernst zu nehmende Schallplattenkritik existierte, fanden diese Aufnahmen ein positives Echo. *Gramophone*-Rezensenten hatten zwar in technischer Hinsicht hier und da etwas zu bemängeln, lobten aber stets die solide Qualität der Interpretation. Die Don Giovanni-Ouvertüre erschien ihnen „ganz hervorragend produziert" und „eine wirklich gute Mozart-Interpretation, guter Mozart und guter Giovanni".[70] Bei der Martha-Ouvertüre entzückte *Gramophone* das „wunderbare Hörnerspiel" und die kluge Vorbereitung des Höhepunkts,[71] bei der Ouvertüre zu

ALESSANDRO STRADELLA der bewundernswert vitale, volle Orchesterklang, der die Platte „wahrscheinlich zu einem der besten Hörbeispiele von Flotows Talent macht, das es heutzutage gibt.“[72] Die Aufnahme der Ouvertüre zu FIGAROS HOCHZEIT schließlich erschien dem Blatt „unzweifelhaft als eine der besten Aufnahmen Parlophons in jüngster Zeit.“[73]

Frühe elektrische Aufnahmen mit Meta Seinemeyer – Oktober 1926 bis Mai 1927

Anfang September 1926 war Meta Seinemeyer von ihrer erfolgreichen Argentinien-Tournee zurückgekehrt. Begleitet von ihrem Verlobten Frieder Weissmann und dem Staatsopernorchester gab sie am 12. Oktober 1926 ihr elektrisches Schallplattendebüt mit drei – deutsch gesungenen – Arien aus Verdis AIDA („Als Sieger kehre heim!“, „Vater, Geliebter, die heiligen Namen“) und Puccinis BOHÈME („Man nennt mich jetzt Mimi“) sowie der – italienisch gesungenen – Arie „Suicidio!“ aus Ponchiellis GIOCONDA. Bei dieser Aufnahme (wie auch bei allen später italienisch eingesungenen) gefällt nicht zuletzt ihre – im Vergleich zu den meisten deutschen Sängern jener Zeit – erstaunlich gute Aussprache des Italienischen, die eine bemerkenswerte Sprachbegabung erkennen lässt.[74]

Noch am Abend dieses 12. Oktobers 1926 erfolgte – im privaten Rahmen – eine weitere Schallplattenaufnahme unter Mitwirkung des Paares Seinemeyer-Weissmann. Aufnahmeort war die Berliner Wohnung des Lindström-Angestellten Horst Wahl, der das Paar Seinemeyer-Weissmann samt künftigem Schwiegervater, Kriminalkommissar Wilhelm Seinemeyer (1870-1931), zu sich zum Abendessen eingeladen hatte. Wie sich Wahl sechzig Jahre später erinnerte, bat ihn die Sängerin im Verlauf des Abends, „ob es nicht möglich sei, meinen Nachbarn, Herrn Kammersänger Joseph Schwarz zu uns herüber zu bitten.“ Der von schwerer Krankheit gezeichnete und wenige Wochen später verstorbene Joseph Schwarz (1880-1926), den Musikkenner noch heute als einen der großen deutschen Baritone schätzen, sagte „[z]u unserer aller Freude [...] sofort zu, und im Verlaufe des sehr fröhlichen Beisammenseins bat Dr. Weissmann unseren Ehrengast, ob er nicht mit der Meta einmal ein Duett singen wolle, er würde gern am Klavier begleiten. Was kann man da viel sagen – es wurde ein unbeschreibliches Ereignis. Das Zusammenklingen von zwei der herrlichsten Stimmen, die es gegeben hat, ließ das Crucifixus von Jean-Baptiste Fauré in geradezu überirdischer Schönheit erstrahlen“.[75]

Leider ist der von Wahl angefertigte Mitschnitt dieser einmaligen Zusammenarbeit der drei Künstler verschollen. Musikalische Sternstunden mit dem Gespann Seinemeyer-Weissmann sollte es freilich noch viele geben, und Aufnahmen sind von den meisten noch heute greifbar. Bereits drei Wochen nach Meta Seinemeyers elektrischem Schallplattendebüt und der „Session“ bei Horst Wahl arbeitete das Paar Seinemeyer-Weissmann wieder im Berliner Aufnahmestudio zusammen. Mit von der Partie war am 3. November 1926 der dalmatische Tenor Tino Pattiera (1890-1966), seit 1914 ein Stützpfeiler der Dresdner Oper. Der blendend aussehende Sänger, nach den Worten des Dresdner Generalmusikdirektors Fritz Busch eine „einzig dastehende Vereinigung von Stimme und Erscheinung",[76] bildete mit Meta Seinemeyer seit der Dresdner Premiere von Giordanos ANDREA CHÉNIER ein sensationelles Gespann, um das die Semperoper viel beneidet wurde.

Aus der großartigen Schlussszene von ANDREA CHÉNIER stammten auch zwei Duette („Du kommst daher", „O wunderbare Schönheit"), die – neben einem Duett aus Puccinis BOHÈME – an diesem 3. November für die Schallplatte festgehalten wurden. Pattieras „wundervolle Stimme" sollte Weissmann später ebenso wenig vergessen wie seine durch Nervosität bei Schallplattenaufnahmen verursachten Atembeschwerden, die er zu Weissmanns Verwunderung dadurch behob, dass er vor dem Mikrofon ganz in die Knie ging.[77] Der merkwürdige Trick war zweifellos effektiv, denn als die Aufnahme im Herbst des nächsten Jahres in England veröffentlicht wurde, verspürte *Gramophone*-Kritiker Herman Klein begeistert „Volldampf von der ersten bis zur letzten Note" und eine geradezu perfekte Wiedergabe ekstatischer Liebesraserei.[78]

Beim nächsten Aufnahmetermin am 27. November 1926 war Ivar Andrésen, ein wegen seiner außergewöhnlichen Bassstimme vielbeachteter Neuling im Dresdner Opernensemble, der Partner von Meta Seinemeyer. Sie hatte sich während dieser Woche bei der Dresdner Oper krank gemeldet.[79] Deshalb war sie an diesem Tag wohl auch ungenügend disponiert, sodass die Aufnahmen des deutsch gesungenen Duetts Leonore-Pater Guardian („Eine Frau bin ich, Vater") aus Verdis MACHT DES SCHICKSALS unveröffentlicht blieben und im kommenden Jahr wiederholt werden mussten.

Den Höhepunkt in Weissmanns Schaffen vor der Sommerpause 1927 bildeten die Aufnahmen mit Meta Seinemeyer am 4. und 5. Mai 1927. Am ersten Tag standen die Cavatina der Contessa aus dem zweiten („Heil'ge Quelle reiner Triebe") sowie deren Arien aus dem dritten Akt („Und Susanna kommt nicht", „Wohin flohen die Wonnestunden?") von Mozarts FIGAROS HOCHZEIT auf dem Programm. Für den deutschen „Stimmenpapst" Jürgen Kesting sang sie dabei zwar „nicht so formvollendet wie Melba, auch nicht so aristokratisch wie Schwarzkopf, aber mit reichem Ton und einem sehr guten Triller [...]."[80] Am 5. Mai 1927 folgten die Aufnahmen dreier italienisch gesungener Arien („Son giunta! Grazie, o Dio!", „Deh, non m'abbandonar!" und „Pace, pace, mio Dio!") aus Verdis LA FORZA DEL DESTINO, die – so Jürgen Kesting – „auf der gleichen Höhe" mit Aufnahmen von Elisabeth Rethberg und Maria Callas stünden.[81] Kesting rühmt „die vor Intensität vibrierenden Seinemeyer-Aufnahmen" und den suggestiven Klang ihrer Stimme, „der, ästhetisch gesehen, von genuinem Pathos erfüllt ist. In dieser Hinsicht ist Seinemeyer so einzigartig wie in Deutschland nur Lotte Lehmann und später Maria Callas, und wie man nie müde wird diese beiden Sängerinnen zu hören, kann man auch Seinemeyersüchtig werden."[82]

Die „Semperoper" in Dresden um 1928. Rechts im Bild das Hotel Bellevue, in dem Meta Seinemeyer und Frieder Weissmann zwei benachbarte Suiten bewohnten.

Im Florenz an der Elbe

„Streng, unsentimental – ein himmlischer Trost"

„Dresden war eine wunderbare Stadt, voller Kunst und Geschichte und trotzdem kein von sechshundertfünfzigtausend Einwohnern zufällig bewohntes Museum. Die Vergangenheit und die Gegenwart lebten miteinander im Einklang. Eigentlich müsste es heißen: im Zweiklang. Und mit der Landschaft zusammen, mit der Elbe, den Brücken, den Hügelhängen, den Wäldern und mit den Gebirgen am Horizont, ergab sich sogar ein Dreiklang. Geschichte, Kunst und Natur schwebten über Stadt und Tal, vom Meißner Dom bis zum Großsedlitzer Schloßpark, wie ein von seiner eignen Harmonie bezauberter Akkord."[83] Nicht von ungefähr bediente sich der in Dresden geborene Schriftsteller Erich Kästner musikalischer Begriffe, wenn er sich in seinen Kindheitserinnerungen das Erscheinungsbild seiner Geburtsstadt ins Gedächtnis rief. Denn tatsächlich war Dresden eine Stadt, in der die Musik seit Jahrhunderten in vollster Blüte stand. Namen wie Heinrich Schütz (1617-72), Johann Adolf Hasse (1731-63), Carl Maria von Weber (1817-24) und Richard Wagner (1813-1883) sind untrennbar mit der von Johann Gottfried Herder „Elbflorenz" genannten Stadt verbunden. Auch nach dem Ersten Weltkrieg war Dresden neben Berlin und München das dritte deutsche Musikzentrum, das über eines der weltweit schönsten Opernhäuser und eine höchst lebendige Musikszene mit namhaften Komponisten, Instrumentalisten und Gesangskünstlern verfügte.

So war es nicht nur die Attraktion seiner Verlobten Meta Seinemeyer, sondern auch der musikalische *genius loci*, der Weissmann nach Dresden lockte. Dort hatte er in der zurückliegenden Saison 1926/27 Publikum und Presse bei drei „Großen Abonnement-Konzerten" der Dresdner Philharmoniker begeistert: am 19. Oktober 1926, 30. November 1926 und 18. Januar 1927. Solisten waren im ersten Konzert Meta Seinemeyer und der Dresdner Klavierprofessor Franz Wagner (*1890), zwei aktuelle Lieblinge des heimischen Publikums, im zweiten Konzert der Bassist Ivar Andrésen (1896-1940) und die junge ungarische Sopranistin Anne Roselle (1894-1955), zwei aufsehenerregende Neuzugänge beim Dresdner Opernensemble, im dritten Konzert Max von Schillings' Gattin Barbara Kemp und der 26-jährige Geiger Josef Wolfsthal (1899-1931), der im Vorjahr jüngster Professor der Berliner Musikhochschule geworden war und bis zu seinem frühen Tod ein legendäres Klaviertrio mit Paul Hindemith und Emanuel Feuermann bildete. Mit ihm verband Weissmann eine längere Bekanntschaft, die ins Jahr 1921 zurückreichte. Damals hatten beide an der Berliner Staatsoper unter Max von Schillings angefangen, Weissmann als Korrepetitor und Wolfsthal als Konzertmeister des Orchesters.

Bereits in diesen ersten Dresdner Konzerten ließ Weissmann bei der Programmwahl eine ganz eigene Handschrift erkennen, die nicht nur seine Konzerte in den folgenden Spielzeiten prägte, sondern auch für seine gesamten späteren Konzertaktivitäten charakteristisch war. Hervorstechende Merkmale sind: a) Pflege des klassisch-romantischen, insbesondere spätromantischen Repertoires unter regelmäßigem Einbezug zeitgenössischer Werke von bevorzugt nachromantischen bzw. moderat modernen Komponisten; b) Berücksichtigung von Werken, die Weissmann im näheren zeitlichen Umfeld auf Schallplatte eingespielt hatte bzw. einzuspielen gedachte; c) Rückgriff auf lokale bzw. regionale Spitzenkräfte als Solisten und d) Nutzung von Schallplattenkontakten zur Verpflichtung hochkarätiger nationaler und internationaler Solisten.

Ein weiteres Charakteristikum Weissmannscher Programmplanung ist die Anhänglichkeit an Vorbilder, Förderer, Lehrer und Weggefährten, die dazu führte, dass er sich 1927 gleich zweimal vor Max von Schillings verbeugte. Für die erste Hommage am 18. Januar 1927, nur einen Monat nach der Königsberger Premiere der Schillings-Oper MONA LISA, hatte Weissmann ein Programm zusammengestellt, das ausschließlich Werke seines „zweiten Vaters" enthielt: die sinfonische Dichtung SEEMORGEN OP. 6, 2, die von Barbara Kemp gesungenen GLOCKENLIEDER OP. 22, und schließlich das 1910 entstandene VIOLINKONZERT A-MOLL OP. 25, ein heute kaum mehr gespieltes Werk, in dem jedoch Max von Schillings „die technischen Möglichkeiten des Soloinstruments aufs feinste" auslotete.[84] Bei der zweiten Schillings-Hommage am 29. November 1927 ließ Weissmann den kompletten 1. Akt der Oper MONA LISA konzertant aufführen. Die Titelrolle sang Schillings' Gattin Barbara Kemp, der drei der bekanntesten Sänger der Dresdner Oper zur Seite standen: Robert Burg, Max Lorenz und Ludwig Eybach.

Noch öfter setzte Weissmann Werke seines Idols Richard Strauss aufs Programm. Bereits am 19. Oktober 1926 hatte Meta Seinemeyer zwei Richard Strauss-Lieder („Morgen" op. 27, 4 und „Cäcilie" op. 27, 2) gesungen. Ein Jahr später, am 28. Oktober 1927, bildete die sinfonische Dichtung EIN HELDENLEBEN OP. 40 den Höhepunkt eines Konzerts, in dem der Pianist Hermann Drews „als geschmackvoller Mozartinterpret" (im KLAVIERKONZERT D-MOLL KV 466) und Edith Lorand, das weibliche Aushängeschild des Lindström-Schallplattenkonzerns, „als rassige Geigerin" (im VIOLINKONZERT OP. 35) schon zuvor Glanzpunkte gesetzt hatten.[85] Die *Dresdner Nachrichten* waren danach begeistert: „Dr. Weißmann ist der Mann dazu, einem Orchesterkörper Impulse zu geben, die vorwärts und aufwärts führen und die dem auszulegenden Werke bei aller Hochachtung vor dem Komponisten doch auch den Stempel einer fesselnden eigenpersönlichen Auffassung aufdrücken. [...] So farbig, so klangprächtig haben die Philharmoniker schon lange nicht gespielt. Ein ungewöhnlicher Beifall!"[86] Nicht weniger entzückt war die Dresdner *Volkszeitung*: „Weißmann ließ Strauß' Tondichtung ‚Ein Heldenleben' aufklingen, und zwar derart fesselnd, daß der Dirigent zum Mitdichter am Werke wurde."[87]

Straussens sinfonische Dichtung DON JUAN OP. 20 bildete am 14. Dezember 1927 das prächtige Finale eines Konzerts, das zuvor schon mit Glucks Ouvertüre zu IPHIGENIE IN AULIS, Vivaldis sechstem VIOLINKONZERT A-MOLL OP. 3, dem Brahmsschen VIOLINKONZERT D-DUR OP. 77 sowie fünf – von der Sopranistin Annemarie Lenzberg gesungenen – Arien und Liedern von Gluck, Pfitzner und Mahler reich an musikalischen Köstlichkeiten war. Am 28. Februar 1928 spielten die Dresdner Philharmoniker unter Weissmanns Leitung die sinfonische Dichtung TOD UND VERKLÄRUNG OP. 24 von Richard Strauss sowie als Dresdner Erstaufführung den PANATHENÄENZUG OP. 74, ein einsätziges Klavierkonzert für die linke Hand, das Strauss als Auftragswerk des einarmigen Pianisten Paul Wittgenstein (1887-1961), der auch als Solist mitwirkte, im Vorjahr komponiert hatte. Am gleichen Abend wurden auch noch vier Richard Strauss-Lieder zu Gehör gebracht, die – einer in den Konzerten Eduard Mörikes bis 1928 gepflegten Sitte folgend[88] – mit Klavierbegleitung vorgetragen wurden. Interpreten waren die Koloratursopranistin Liesel von Schuch (1891-1990) und der „seit 1915 [...] untrennbar mit dem reichen Dresdner Konzertleben verbunden[e]" Pianist Arthur Chitz (* 1882),[89] den die Nazis vermutlich 1944 in einem KZ bei Riga umbrachten. Liesel von Schuch sang danach noch den Solopart des Orchester-Konzertwalzers FRÜHLINGSSTIMMEN OP. 410 von Johann Strauss, dem zweiten Namenspatron dieses „Johann und Richard Strauss-Abends". Weissmann hatte das Stück erst wenige Wochen vorher mit dem Berliner Staatsopernorchester für die Schallplatte aufgenommen. Gleiches gilt für den zweiten Johann-Strauss-Walzer des Abends, die GESCHICHTEN AUS DEM WIENER WALD.

Seinen Münchner „Doktorvater" August Sandberger ehrte Weissmann am
22. März 1928 mit der Aufführung von dessen VIOLA – SINFONISCHES GEDICHT
FÜR ORCHESTER op. 17. Nicht nur mit dieser „reizvollen Tondichtung", sondern auch mit zwei weiteren „ernsten Dingen", Alexander Glasunows
VIOLINKONZERT A-MOLL OP. 82 mit dem ungarischen Geiger Zoltán Székely
(1903-2001) sowie Beethovens SINFONIE NR. 3 ES-DUR („EROICA") OP. 55, ver-
mochte Weissmann „von seiner entschiedenen Begabung völlig zu überzeu-
gen."[90] Wie schon im Vormonat wurde auch jetzt das konzertant-sinfonische
Programm von einem klavierbegleiteten Vortrag unterbrochen, bei dem die in
Dresden geborene Sopranistin Charlotte Schrader (1899-1988), eine Schülerin
Elisabeth Rethbergs und von 1923 bis 1926 Mitglied der Dresdner Oper, eine
Mozart-Arie und drei Schubert-Lieder zu Gehör brachte.[91]

Zum Höhepunkt der „Großen Abonnement-Konzerte" in der Saison
1927/28 wurde das Konzert vom 5. Januar 1928, das zwei Beethoven-Werke
präsentierte: die OUVERTÜRE ZU CORIOLAN OP. 62 und die SINFONIE NR. 9 D-
MOLL OP. 125. Die Solisten bei dem zweiten Werk waren Meta Seinemeyer, Helene Jung, Max Hirzel und Robert Burg – allesamt Spitzenkräfte der Dresdner
Staatsoper, mit denen Weissmann eine intensive Zusammenarbeit bei Schallplatten verband. Auch dank ihrer Mitwirkung erlebte das Publikum eine denkwürdige Aufführung. Die *Dresdner Nachrichten* waren danach begeistert: „Die
‚Neunte', die schönste dieser Veranstaltungen! Dr. Weißmann hatte mit der
Neunten, dem Prüfstein der Dirigenten, seinen größten Erfolg. Eine eiserne
Konsequenz, mit der die Strenge der Auffassung gewahrt wird; verliert sich nirgends an Details, gibt dem Scherzo den gleichen Ernst wie dem ersten Satz,
und läßt jene seltsame Heiterkeit Beethovens packend und klar werden, jene
Heiterkeit, die ergreift, weil ihre Herkunft aus Schmerzen deutlich ist. Und diese Strenge des Ganzen macht auch den langsamen Satz ganz unsentimental, er
wird himmlischer Trost."[92] Auch beim Publikum hatte die Aufführung eine so
starke Resonanz gefunden, dass schnellstmöglichst eine Wiederholung von
Beethovens „Neunter" mit denselben Solisten für den 31. Januar 1928 arrangiert werden musste.

Verwandte Seelen

Seit Juli 1927 war Weissmann in Dresden polizeilich gemeldet.[93] In den Dresdner Adressbüchern sucht man freilich seinen Namen ebenso vergeblich wie den
von Meta Seinemeyer. Dies lag daran, dass beide weder eine eigene Wohnung
besaßen, noch zur Miete wohnten. Ihrem wenig sesshaften Lebensstil entsprach
mehr ein Domizil, das schnelle Ortswechsel ermöglichte. Ein Hotel also, und
für Künstler ihres Ranges natürlich eines von gehobener Qualität. Die nobelste
Herberge der Stadt war das direkt neben der Semperoper gelegene (heute verschwundene) Hotel Bellevue, in dem beide je eine Suite bewohnten. Wegen der
damaligen Moralvorstellungen konnten sich die Verlobten keine gemeinsame

Suite teilen. Keine Einwände hatte die Hoteldirektion jedoch gegen Weissmanns Anmietung einer Suite mit innerer Verbindungstür zur Suite von Meta Seinemeyer.[94]

Allein dieses Fast-Zusammenwohnen belegt die Unsinnigkeit von Behauptungen wie derjenigen, dass Weissmann die Sängerin nur „aus der Ferne bewundert" habe.[95] Sicher bewunderte er Meta Seinemeyers Gesangskünste, aber beider Beziehung war doch etwas ganz anderes als die eines Stars und seines ehrfürchtigen Fans. Ob beider Verhältnis auch sexueller Natur war, wissen wir nicht, ist aber anzunehmen. Auf jeden Fall fühlte sich Weissmann mit Meta Seinemeyer durch eine innige Liebe verbunden, die zweifellos auch erwidert wurde. Noch im hohen Alter machte Weissmann gegenüber einem amerikanischen Interviewer das rührend-stockende Geständnis: „Ich war total verliebt in Meta Seinemeyer. Ich mochte, ja ich liebte sie sehr, denn – sie war wunderbar."[96]

Die künstlerische Seelenverwandtschaft zwischen den beiden hatte in der abgelaufenen Saison 1927/28 zu recht häufiger Zusammenarbeit geführt, im Berliner Lindström-Aufnahmestudio an insgesamt zehn Tagen, in Dresden bei zwei Aufführungen von Beethovens „Neunter" im Saal des „Gewerbehauses". Hinzu kamen zwei Arien- und Liederabende, in Dresden am 9. Dezember 1927 im Saal (1358 Plätze) des „Vereinshauses" in der Zinsendorfstraße und in Berlin am 16. Januar 1928 im Beethovensaal der Philharmonie. Von Weissmann am Klavier begleitet, sang Meta Seinemeyer bei diesen Veranstaltungen Arien aus Opern von Weber, Ponchielli, Puccini und Giordano sowie Lieder von Schubert, Mahler und Richard Strauss.

Im ersten der von Weissmann dirigierten Dresdner „Großen Abonnements-Konzerte" der Saison 1928/29 wagte das Duo am 16. Oktober 1928 die Uraufführung einer Weissmannschen Komposition, der FÜNF LIEDER NACH GEDICHTEN VON ANDRÉ GERMAIN. Wie alle Kompositionen Weissmanns ist auch dieses Werk verschollen, zudem sind auch Pressestimmen zur Dresdner Uraufführung heute nicht mehr auffindbar. Weissmann hat das Werk mit Orchesterbegleitung danach noch zwei Mal dirigiert, mit dem NORAG-Rundfunkorchester und der Sopranistin Martha Geister (1905-1991) bei seinem Hamburger Debüt am 16. Oktober 1931 und mit dem Berliner Sinfonieorchester und der Sopranistin Miette Muthesius am 28. Februar 1932. Kritikern, die das Werk bei der Berliner Erstaufführung hören konnten, erschien es – so das *Berliner Tageblatt* – als „eine empfundene und ehrliche Arbeit", bei der nicht nur „deren Wärme erfreut", sondern auch die „geschmackvoll und mit irisierenden Farben der Harmonik und des Orchestralen" musikalisch ausgedeuteten Gedichte.[97] Auch die *Vossische Zeitung* war von Weissmanns Komposition angetan und charakterisierte die Lieder als „lyrische Rezitative von moderner Haltung, deren wesentliches sich im farbig behandelten Orchesterpart kundgibt."[98]

Knapp ein Vierteljahr nach der Dresdner Uraufführung scheint das Weissmannsche Werk noch einmal eine Aufführung mit beiden Verlobten in Dresden im Rahmen eines klavierbegleiteten Liederabends erlebt zu haben.[99] Leider ist auch über diese Veranstaltung nichts Näheres bekannt, doch dürfte die Resonanz kaum weniger günstig gewesen sein als bei einem Liederabend des Duos einen Monat früher, bei dem Weissmann ein aufmerksamer Begleiter war, der – wie ein Kritiker anmerkte – „Frl. Seinemeyer gewandt ‚beflügelte‘."[100]

Vermutlich beabsichtigte das Paar, das innerhalb von einem Jahr vier Liederabende in Dresden und Berlin bestritten hatte, diese Form der Zusammenarbeit auch in Zukunft fortzuführen, vielleicht war auch ein gemeinsames Projekt einer Liedersammlung auf Schallplatte geplant.[101] Doch sollte es dazu leider ebenso wenig kommen wie zur Verwirklichung eines noch größer dimensionierten Projekts, das Weissmann (und wohl auch seiner Verlobten) wie geschaffen schien, um sich gemeinsam der Musikwelt zu beider Vorteil zu präsentieren.

Den Anstoß dazu dürfte Weissmann durch die im Herbst 1926 in die Kinos gelangte Neuverfilmung (mit Conrad Veidt und Werner Krauß) des Stummfilmklassikers DER STUDENT VON PRAG bekommen haben. Das Original vom Jahre 1913 hatte seinen Schaffensdrang schon ein Jahrzehnt früher zu einer – zuletzt im Oktober 1919 in einem Brief an Walter Braunfels erwähnten[102] – Opern-Adaption inspiriert, die er lange mit sich herumtrug, ohne sie je abzuschließen. Die erfolgreiche Neuverfilmung dürfte Weissmann wieder an das alte Projekt erinnert haben, und zwar um so nachdrücklicher, als die neue Version mit einer opulenten Musikbegleitung aufwartete und mit den weiblichen Gegenspielern, dem holden Burgfräulein Margit von Schwarzenberg (im Film: Agnes Esterhazy) und dem verführerischen Blumenmädchen Lyduschka (im Film: Elizza La Porta), zwei geradezu maßgeschneiderte Rollenvorbilder für seine Verlobte parat hielt. Die Wiederaufnahme der Arbeit an seiner Oper fiel vermutlich in die Sommerferien 1927 während eines Aufenthalts auf Schloss Storkau. Möglicherweise hielt sich dort während der Semesterferien auch Freund Lebs auf, der inzwischen in Köln als Schüler von Walter Braunfels und des Busoni-Freundes Philipp Jarnach (1892-1982), zwei führenden Vertretern der zeitgenössischen Musik, gute Fortschritte gemacht hatte. Er wird sicher Weissmann ein wertvoller Helfer und Gesprächspartner bei der Arbeit gewesen sein.

Die Oper DER STUDENT VON PRAG blieb Weissmanns einziges Werk dieser Gattung und wurde erstmals im 1929 erschienenen DEUTSCHEN MUSIKER-LEXIKON erwähnt. Eine Aufführung oder eine Veröffentlichung scheint die Oper, deren Manuskript verschollen ist, nie erlebt zu haben.[103] Wahrscheinlich hatte Weissmann sein Werk bei der Flucht im Jahre 1933 in Berlin zurücklassen müssen, wo es dann mit seinen übrigen Hinterlassenschaften verloren ging.[104] Als merkwürdige Koinzidenz bleibt noch anzumerken, dass ein Jahr, nachdem Weissmann Deutschland verlassen hatte, der von den Nationalsozialisten wohlgelittene Komponist Erich Mirsch-Riccius (1884-1982) eine auf dem Libretto von Heinrich Noeren basierende Oper DER STUDENT VON PRAG veröffentlichte, die 1935 im Deutschen Theater Wiesbaden unter der musikalischen Leitung des geschätzten Wagner-Dirigenten Karl Elmendorff (1891-1962) uraufgeführt, aber schon nach drei Aufführungen wieder abgesetzt wurde.[105]

Links: Festliche Einweihung des neuen Aufnahmeraums der Lindström AG mit dem Orchester der Berliner Staatsoper unter Frieder Weissmann (im Hintergrund die große Welte-Orgel); rechts: Titelbild des Parlophon-Neuaufnahmen-Katalogs vom März 1929.

Im Lindström-Aufnahmesaal 1927-29

Die schon bald nach Einführung des Aufnahmeverfahrens mit Mikrophon und Verstärker rasant angestiegene Nachfrage nach elektrisch aufgenommenen Schallplatten bescherte der Branche eine sehr willkommene Phase der Hochkonjunktur. Um sich der neuen Marktsituation anzupassen, hatte die Lindström-Direktion gleich nach dem Einstieg in die neue Technik den Bau eines völlig neuen Konzertsaals beschlossen, „um künftige großzügige Orchester-, Chor- und Solisten-Aufnahmen zu ermöglichen".[106] Im Herbst 1927 wurde das weiträumige Studio mit seiner imposanten Welte-Orgel fertiggestellt, doch brauchten die Lindström-Techniker danach noch einige Zeit, bis sie den Saal akustisch „in den Griff" bekamen. So wurde der Saal erst Anfang Februar 1928 in einer feierlichen Veranstaltung offiziell eingeweiht. Die Initiative zum Bau des Konzertsaals war nicht zuletzt von Weissmann ausgegangen,[107] der nun bei der mit beachtlichem Aufwand betriebenen Einweihungsfeier verdientermaßen mit der musikalischen Ausgestaltung der Veranstaltung betraut worden war und „an der Spitze einer Schar von Mitgliedern des Staatsorchesters [...] nichts Geringeres als Strauß' ‚Don Juan' [produzierte]."[108]

   In den zwei Jahren von September 1927 bis August 1929 stand Weissmann – den Aufnahmebüchern von Parlophon und Odeon zufolge – im Schnitt an rund sieben Tagen pro Monat im Studio und sorgte dabei für insgesamt weit mehr als 300 doppelseitig bespielte Schellackplatten – eine gewaltige Menge, bei der allein die Namensnennung der etwa einhundert mitwirkenden Gesangs- und Instrumentalsolisten Seiten füllen würde. Von den damals unter Weissmanns Leitung entstandenen Aufnahmen hält die Tonträgerindustrie – allen

voran die Firma Preiser mit der Reihe „Lebendige Vergangenheit" – heute zahlreiche Wiederveröffentlichungen bereit. Entweder einzeln als MP3-Download
oder im Rahmen von CD-Kompilationen sind Aufnahmen erhältlich mit Stars
wie Ivar Andrésen, Emmy Bettendorf, Violetta de Strozzi, Fritzi Jokl, Adele
Kern, Lotte Lehmann, Carl Martin Oehman, Tino Pattiera, Nino Piccaluga,
Gotthelf Pistor, Hans Reinmar, Meta Seinemeyer und Richard Tauber.

Was die Zahl der seinerzeit entstandenen Aufnahmen, aber auch der Wiederveröffentlichungen angeht, übertrifft Meta Seinemeyer alle anderen.[109] Hervorzuheben sind die damals entstandenen Verdi-Aufnahmen, insbesondere von
DIE MACHT DES SCHICKSALS und OTELLO, die nach Jens Malte Fischer „die besten deutschen Verdi-Aufnahmen geblieben" sind.[110] Fischer ist sich darin einig
mit anderen Experten wie Jürgen Kesting, der die Verdi-Aufnahmen als „Seinemeyers zentrale Platten" bezeichnet: „Vokal großartig und sehr expressiv Ame-
lias Szene aus dem zweiten Akt des Maskenball – auf einer Höhe mit Rethberg
und Callas. Auf der gleichen Höhe auch die Szenen aus Die Macht des Schicksals (in italienischer Sprache). Allein in Maria Callas findet sie eine Konkurren-
tin bei der Aufnahme von Elisabethas ‚Tu che la vanità' aus Don Carlos".[111]
Herausragend sind auch die Aufnahmen mit Arien und Szenen aus Opern Richard Wagners, Puccinis und Humperdincks. Bleiben wir bei Kesting: „Aus
Wagners Werken gibt es Isoldes Liebestod, der das sehrende Sich-Verzehren im
Klang der Stimme ausdrückt. Sieglindes Erzählung ‚Der Männer Sippe' kommt
fast an Lehmanns Ideal-Version heran, nur ihr Tenor-Partner Curt Taucher ist
ein stimmlich greller Geselle. Hervorragend die Puccini-Titel: Manons ‚In quelle trine', Toscas Gebet und vor allem die mühelos gesungenen Szenen der Cio-
Cio-San. Besonders erwähnenswert das Kirschen-Duett mit Helene Jung, ein
glänzendes Beispiel für betörend schöne Klangmischung. Die ist auch im
Abendsegen aus Hänsel und Gretel zu hören – die Aufnahme ist den späteren
mit Schwarzkopf-Seefried und Schwarzkopf-Grümmer durchaus ebenbürtig."[112]

Mit der hier als Maßstab für Sieglindes Erzählung genannten Lotte Lehmann, bis zu ihrem Tod im Jahre 1976 eine der beherrschenden Persönlichkeiten der internationalen Opernszene, arbeitete Weissmann erstmals am 10. November 1928 zusammen. Die an diesem Tag und danach an drei weiteren Ter-
minen bis Sommer 1929 entstanden Aufnahmen von Schumann-, Wagner- und
Richard Strauss-Liedern, von Puccini-Arien, Operetten-Szenen und Schlager-
musik zeigen Lehmanns bemerkenswerte Vielseitigkeit, vor allem aber bringen
sie das zur Geltung, weshalb die Sängerin von Toscanini bewundert, von Richard Strauss hochgeschätzt und von Thomas Mann als „Frau Sonne" verehrt
wurde – „eine Stimme von sinnlicher Schönheit und zugleich innigster Wärme,
und es ist die Verbindung von vollkommen gebildeten Tönen und ausdrucksvoll deklamierten Worten, die ihren Vortrag lebendig macht, dringlich, leidenschaftlich, unbedingt."[113] Man höre dazu die 2005 auf CD wiederveröffentlichte
Aufnahme von Schumanns Liederzyklus FRAUENLIEBE UND -LEBEN OP. 42,[114]
die zwar Puristen wegen der (von Weissmann arrangierten) Begleitung eines sa-

lonhaften Klaviertrios verschmähen mögen, bei der aber jeder unvoreingenom-
mene Hörer von der Leidenschaft einer – wie die Wochenzeitung *Die Zeit*
schrieb – „sängerischen Erotikerin" gepackt wird, deren passionierte Stimme
sich „buchstäblich in die Eingeweide hinabsenkt" und dabei „alle Peinlichkeiten
und Betulichkeiten, die Schumanns Chamisso-Zyklus so leicht zugeschrieben
werden", vergessen lässt.[115]

Herausragend sind auch die am 17. Dezember 1928 eingespielten Finalsze-
nen zweier Johann Strauss-Operetten, vom zweiten Akt der FLEDERMAUS („Im
Feuerstrom die Reben") und vom ersten und zweiten Akt des
ZIGEUNERBARONS („Er ist Baron!?" und „Ein Fürstenkind! ein Wunder ist ge-
scheh'n!"), bei denen ein Topensemble mitwirkte, dem neben Lotte Lehmann
die Sopranistin Grete Merrem-Nikisch (1887-1970), die berühmte schwedischen Mezzossopranistin Karin Branzell, der Tenor Richard Tauber und der
Bariton Waldemar Staegemann angehörten. Mit Richard Tauber hatte Weissmann wenige Wochen vorher, am 29. Oktober 1928, erstmals zusammengearbeitet bei Aufnahmen von Duetten aus Strauss' DIE FLEDERMAUS, Lehárs
ZIGEUNERLIEBE und Puccinis MADAME BUTTERFLY. Mit dabei war die Sopranistin Vera Schwarz (1888-1964), von 1921 bis 1929 der Liebling des Wiener Publikums und seit 1926, als die beiden Lehárs PAGANINI in Berlin zum Durchbruch verhalfen, Taubers ideale Lehár-Partnerin. Mit ihr wie auch mit Richard
Tauber sollte Weissmann in den folgenden Jahren noch häufig und gern zusammenarbeiten. Wie gut das Sängerpaar harmonierte, zeigt die Aufnahme des Uhrenduetts aus DIE FLEDERMAUS („Dieser Anstand, so manierlich").

In Bezug auf Richard Tauber bezeichnet Jürgen Kesting diese Szene wie
auch die kurz danach aufgenommene Finalszene des zweiten Aktes der
FLEDERMAUS als ein „Glanzstück seiner riesigen und schwerlich übersehbaren
Diskographie [...] Mit Vera Schwarz hat er das Uhrenduett gesungen, gespielt,
auf der Stimme getanzt. Er singt es mit einer federnden Leichtigkeit und spielt
es – im Klang – mit dem rattenfängerischen Charme eines großen Schauspielers. Dann intoniert er, nie ward es süffiger gehört, ‚Brüderlein' und wechselt, er
war eben ein Star der Stars, zum Eisenstein fürs zweite Finale im Chor mit Lotte Lehmann und Karin Branzell als Orlofsky – eine Platte für den Silvester-
Abend auf einer einsamen Insel."[116]

Obwohl nicht verwandt und als Komponisten völlig anders geartet, war es
dann doch nur ein kleiner Schritt, als Weissmann zwei Tage nach der Aufnahme des Uhrenduetts des „Walzerkönigs" Johann Strauss sich am 1. November
1928 der berühmten Walzerfolge aus dem ROSENKAVALIER von Richard Strauss
annahm. Seine Einspielung mit dem Orchester der Berliner Staatsoper fand allgemein großen Anklang, auch der Komponist soll davon sehr angetan gewesen
sein. Bereits am 21. September 1928 hatte sich Weissmann an die wohl erste
Schallplattenaufnahme einer Szenenfolge aus dem ROSENKAVALIER gewagt. Mit
Meta Seinemeyer, Elisa Stünzner (1886-1975), Grete Merrem-Nikisch, drei
Stars der Dresdner Oper, und dem als einer der „schwärzesten" Basse geschätz-

ten Emanuel List (1891-1967) von der Berliner Staatsoper stand ihm dabei ein erstklassiges Ensemble zur Verfügung.[117]

Ein Schallplattenpionier war Weissmann nicht nur beim ROSENKAVALIER. Der damals neben Richard Strauss am meisten gespielte Opernkomponist war Erich W. Korngold (1897-1957), aus dessen im Oktober 1927 in Hamburg uraufgeführter Oper DAS WUNDER DER HELIANE Weissmann schon zwei Monate später eine Schallplatteneinspielung des Vorspiels zum dritten Akt, der einzigen längeren rein orchestralen Passage, vorlegte. Die Oper, vom Komponisten als sein Meisterwerk angekündigt, verschwand schon bald nach der Premiere von den Spielplänen der Opernhäuser und wird heute wieder entdeckt, auch von der Tonträgerindustrie, die sich erst 2012 an die erste Gesamtaufnahme des Werks wagte.[118] Neben einer von Manfred Gurlitt dirigierten Parlophon-Aufnahme der Arie „Ich ging zu ihm", entstanden im März 1928 mit Lotte Lehmann, die bei der Wiener Erstaufführung die Hauptrolle gesungen hatte, blieb deshalb Weissmanns Einspielung lange die einzige Tonaufnahme dieses verkannten Werks. Dessen Handlung ist – zugegeben – reichlich kraus und aberwitzig, aber die farbenreiche, in Klangkaskaden machtvoll aufwallende spätromantische Musik, die insbesondere im Vorspiel deutliche Mahler-Anklänge aufweist, ist – wie Weissmanns Einspielung auch heute noch belegt – wahrlich beeindruckend. Die Aufnahme gefiel auch dem 1934 vor den Nazis in die USA geflohenen Komponisten, der, als er in Berlin im Winter 1931 Schallplattenaufnahmen mit Richard Tauber dirigierte, gar nicht aufhören wollte, sich bei Weissmann dafür zu bedanken.[119]

Weitere herausragende Aufnahmen reiner Orchestermusik, die Weissmann zwischen Herbst 1927 und Sommer 1929 einspielte, waren Franz Liszts UNGARISCHE RHAPSODIE NR. 2 CIS-MOLL und Peter I. Tschaikowskys OUVERTÜRE SOLENELLE „1812" OP. 49 (im Februar und März 1928) sowie Edvard Griegs PEER GYNT SUITEN OP. 46 und OP. 55 (im Juni und September 1928). Liszts unverwüstliche UNGARISCHE RHAPSODIE NR. 2 CIS-MOLL spielte Weissmann im Oktober 1928 noch einmal ein, diesmal aber mit Soloklavier und dem Pianisten Karol Szreter. Er war auch im Oktober 1929 der Solist bei der Aufnahme von Saint-Saëns' Bravourstück DANSE MACABRE OP. 40, das – wie ein Kritiker meinte – „uns heute nicht mehr [schmeckt], auch nicht in der eigentümlichen, aber diskutablen Bearbeitung für Orchester und Klavier, das übrigens von Karol Szreter virtuos behandelt wird."[120] Etwas mehr dürfte der Kritik sicherlich die Einspielung des Lisztschen KLAVIERKONZERT NR. 2 A-DUR „geschmeckt" haben, die Ende November 1927 unter Weissmanns musikalischer Leitung mit dem Pianisten Josef Pembaur (1875-1950) und dem Berliner Staatsopernorchester entstanden war. Der gebürtige Tiroler Pembaur, der seit Beginn des Jahrhunderts in München lebte und an der Musikakademie unterrichtete, war berühmt als Lehrer, noch mehr aber für seine genialischen Liszt-Interpretationen, mit denen er das Publikum regelmäßig zu wahren Begeisterungsstürmen hinriss.

Eine Künstlerin, deren Ruf unverdienterweise nur auf das Rheinland beschränkt blieb, war die Krefelder Geigerin Riele Queling, mit der Weissmann schon 1925 u. a. Beethovens VIOLINKONZERT D-DUR OP. 61 eingespielt hatte. Als Ersatz für diese akustische Aufnahme sollte nun eine Neuaufnahme im elektrischen Verfahren mit denselben Mitwirkenden produziert werden. Nachdem er am 12. Dezember 1927 die Einspielung der beiden ersten Sätze des Werks geleitet hatte, konnte Weissmann jedoch die Aufnahme des dritten Satzes am 15. Mai 1928 nicht dirigieren, weil er – vermutlich auf Grund einer Fehlplanung – zur gleichen Zeit die Aufnahmen der Ouvertüre zu Flotows ALESSANDRO STRADELLA und des Vorspiels zu Bizets CARMEN leitete. Parlophon löste das Problem pragmatisch, allerdings auf eine heute etwas befremdliche Weise, indem der – offenbar gerade anwesende – Dirigent Michael Taube (1890-1972) mit der musikalischen Leitung der Aufnahme des letzten Satzes von Beethovens Werk betraut wurde.

Mozarts bekanntestes VIOLINKONZERT NR. 5 A-DUR KV 219 wurde im September 1928 auf Schallplatte eingespielt. Solist war der junge Geiger Joseph Wolfsthal, der in Dresden im Vorjahr bei der Aufführung des Schillingschen Violinkonzerts mitgewirkt hatte. Die Aufnahme, die heute noch von diversen Firmen als CD angeboten wird,[121] war bei Erscheinen auf begeisterten Zuspruch gestoßen. Die Fachzeitschrift *Die Musik* empfahl sie uneingeschränkt zum Kauf: „Eine Platte, die ‚man' sich anschaffen sollte, ist das A-dur-Violinkonzert von Mozart, mit schlichter Reinheit und starker Gestaltung von Joseph Wolfsthal gespielt."[122] Auch die *Frankfurter Zeitung* zeigte sich von dem „vorzügliche[n] Geiger Joseph Wolfsthal" nach dieser Begegnung „[a]uf der Grenze des symphonischen und des virtuosen Bezirks" höchst angetan.[123]

Ein ebenfalls großer, lang anhaltender Verkaufserfolg wurde die Ende November 1928 erfolgte Einspielung von Arcangelo Corellis CONCERTO GROSSO OP. 6, NR. 8 („WEIHNACHTSKONZERT"). Auch wenn die Wiedergabe sehr weit von den „historischen" Aufführungsstandards unserer Tage entfernt ist, ist die Aufnahme mit den Geigern Johannes Lasowski und Hans Reinecke sowie dem Cellisten Armin Liebermann, drei Mitgliedern des Berliner Staatsopernorchesters, noch heute hörenswert. Der zeitgenössischen Kritik erschien sie jedenfalls als vorbildlich. Die holländische Tageszeitung *Het Vaderland* empfahl sie ihren Lesern als ein besonders schönes Weihnachtsgeschenk, das mehr wert sei, „als hundert Effektaufnahmen mit Glocken, Harfen und Orgeln".[124]

Ein weiteres, schon am 8. Oktober 1928 eingespieltes Werk der Barockmusik, J. S. Bachs CEMBALOKONZERT NR. 7 G-MOLL BWV 1058, mit der Berliner Cembalistin Anna Linde dürfte die erste elektrische Schallplattenaufnahme eines Konzerts gewesen sein, bei der ein Cembalo als Soloinstrument eingesetzt wurde. Die heute völlig in Vergessenheit geratene Anna Linde, eine Schülerin der berühmten polnischen Cembalistin Wanda Landowska (1878-1959), hieß eigentlich Johanna Pincus (* 1880). Bis zur „Machtergreifung" der Nationalsozialisten leitete sie in Berlin eine Cembalo-Schule. Als Cembalistin, Musikwissenschaftlerin und Übersetzerin von Couperins L'ART DE TOUCHER LE CLAVECIN setzte sie sich unermüdlich für die Wiederentdeckung dieses Instruments ein, auch nachdem sie wegen ihrer jüdischen Herkunft Deutschland verlassen musste und in die USA emigrierte.

Diese Aufnahme kam nicht in den deutschen Handel, sondern wurde nur von der englischen Tochter Parlophone vertrieben. Überhaupt entstanden damals unter Weissmanns Leitung eine große Anzahl Schallplatten, die nur für ausländische Märkte produziert wurden. Bezüglich Instrumentalmusik ist in diesem Zusammenhang besonders auf die im April und Mai 1929 eingespielten Tondichtungen Le FONTANE DI ROMA von Ottorino Respighi und FINLANDIA OP. 26 des Finnen Jean Sibelius hinzuweisen. Von der Respighi-Aufnahme zeigte sich Arturo Toscanini noch Jahre später angetan, als Weissmann den großen Maestro in New York persönlich kennenlernte.[125] Genannt werden müssen außerdem die im April 1929 für die englische Parlophone erfolgten Einspielungen zweier Virtuosenstücke, César Ciardis LE CARNAVAL RUSSE und einer von François Borne arrangierten CARMEN-FANTASIE, bei denen der namhafte Berliner Flötenprofessor Emil Prill (1867-1940) mitwirkte. Ferner die im Januar 1929 für die italienische Tochter Fonotipia produzierten Aufnahmen zweier Virtuosenstücke, Fred Poliakins LE CANARI und IMITATION DES PETITS TAMBOURS, in denen der in Griechenland geborene jüdische Geiger Andreas Weißgerber (1900-1941), der in der Weimarer Zeit in Deutschland äußerst populär war und 1936 nach Palästina auswanderte, sein brillantes Können unter dem Pseudonym „Edward Styx" demonstrieren konnte.

Bei der Mehrzahl der damals unter Weissmanns Leitung für ausländische Märkte produzierten Schallplatten handelt es sich aber um Aufnahmen mit Gesangskünstlern. Herausragend – was die Zahl der Aufnahmen betrifft – ist dabei der dänische Wagner-Tenor Niels Jacob Hansen (1880-1969), mit dem Weissmann zwischen 1928 und 1930 zweiunddreißig Schallplattenseiten für die dänische Odeon-Tochter einspielte. Weitere Sängerinnen und Sänger, mit denen Weissmann damals bei reinen Auftragsproduktionen fürs Ausland bzw. überwiegend im Ausland vertriebenen Aufnahmen zusammenarbeitete, waren z. B. der von James Joyce hochgeschätzte irische Tenor John O'Sullivan (1877-1955), der bulgarische Tenor Petar Raitscheff (1887-1960), der tschechische Bassist Vilém Zítek (1890-1956), die Sopranistin Mary Lipčienė-Marcinkevičiūtė (1898-1970) und der Tenor Kipras Petrauskas (1885-1968), die beide aus Litauen stammten, die polnische Sopranistin Ewa Bandrowska-Turska (1894-1979), und die in Russland bzw. Italien bewunderten Koloratursopranistinnen Valeria Barsowa (1892-1967), die von 1920 bis 1948 dem Bolshoi-Ensemble angehörte, und Margherita Carosio (1908-2005), die zwanzig Jahre lang eine Stütze der Mailander Scala war.

Porträts von Meta Seinemeyer und Frieder Weissmann (letzteres in The Daily News, *Perth, Australien, vom 8. Februar 1928) und Programmzettel für das Dresdner „Elite-Konzert" am 26. Februar 1929.*

„Wir können auf diesen Kapellmeister stolz sein!"

Die Dresdner Konzerte der Spielzeit 1928/29

Unterdessen hatte sich Weissmann mit vollem Eifer in die Vorbereitungen für die Konzerte seiner dritten Dresdner Spielzeit gestürzt. Solistin im ersten „Großen Abonnements-Konzert" am 16. Oktober 1928 war Meta Seinemeyer. Sie gab nicht nur der Uraufführung seiner FÜNF LIEDER NACH GEDICHTEN VON ANDRÉ GERMAIN eine ganz persönliche Note, sondern akzentuierte auch das den ersten Teil des Programms beherrschende russische Thema mit zwei Opernarien aus Mussorgskis DER JAHRMARKT VON SOROTCHINTSI und Rimsky-Korsakows DIE ZARENBRAUT. Begonnen hatte der Abend mit einer feurigen Wiedergabe von Modest Mussorgskis sinfonischem Hexensabbat EINE NACHT AUF DEM KAHLEN BERGE in der Bearbeitung seines Landsmanns Nikolai Rimsky-Korsakow. Nach der Pause beschwor Weissmann Gustav Mahler, sein neben Max von Schillings und Richard Strauss drittes Idol der Spätromantik. Mit einer packenden Wiedergabe von dessen gewaltiger SINFONIE NR. 5 CIS-MOLL begeisterte er das Dresdner Publikum und widerlegte damit alle Selbstzweifel des Komponisten, der im März 1905 nach einer wenig erfolgreichen Aufführung des – heute zu seinen beliebtesten Schöpfungen zählenden – Werks in sein Tagebuch seufzte: „Die Fünfte ist ein verfluchtes Werk. Niemand capiert sie."

Beim zweiten „Großen Abonnements-Konzert" am 4. Dezember 1928 erfolgte vor der Pause die Wiedergabe zweier Konzerte, passend zur Weihnachtszeit des sogenannten „Weihnachtskonzerts", Arcangelo Corellis CONCERTO GROSSO OP. 6 NR. 8, sowie Mozarts VIOLINKONZERT NR. 5 A-DUR KV 219. Solisten des erstgenannten Werks waren drei herausragende Mitglieder der Dresdner Philharmoniker, die Geiger Szymon Goldberg (1909-1993) und Josef Lasek sowie der Cellist Enrico Mainardi (1897-1976), die sich mit dem Violaspieler Herbert Ronnefeld auch als Streichquartett der Dresdner Philharmonie einen Namen gemacht hatten. Solist beim Mozartschen Violinkonzert war Joseph Wolfsthal, der zwei Monate vorher auch in Berlin der Solist bei der Schallplatteneinspielung gewesen war. Weissmanns hier erkennbare programmplanerische Cross-Promotion-Strategie traf auch auf Corellis „WEIHNACHTSKONZERT" zu, das unter seiner Leitung nur wenige Wochen vorher – allerdings mit anderen Solisten – für die Schallplatte aufgenommen worden war.

Den zweiten Teil des Abends beherrschte Beethoven, dessen „SCHICKSALSSINFONIE" NR. 5 C-MOLL OP. 67 eine Wiedergabe erfuhr, die – laut Dresdner Nachrichten – „schlechthin zu bewundern [war], vor allem das lange Beharren in einem flüsternden, geheimnisvollen Pianissimo, aus dem die Steigerung einfach und großartig wie eine Naturgewalt herauswächst, ist eine Stärke von Weißmanns Kunst. Solche Wirkungen sind ungeheuer!"[126]

Tschaikowskys kaum weniger berühmte fünfte „SCHICKSALSSINFONIE" IN E-MOLL OP. 64 war ein knappes Vierteljahr später der Schluss- und Höhepunk eines von Weissmann am 26. Februar 1929 geleiteten Konzerts der Dresdner Philharmoniker. Ebenfalls unter der Schirmherrschaft des Richard Wagner-Verbandes Deutscher Frauen stehend, war es eine Veranstaltung im Rahmen der auf Initiative des Dresdner Pianisten, Dirigenten und Impresarios Paul Aron (1886-1955) zustande gekommenen „Elite-Konzerte". Neben dem Werk des von Weissmann besonders geschätzten Russen standen Kompositionen aus romanisch-iberischen Ländern und Südamerika auf dem Programm, die ein gesteigertes Interesse Weissmanns für französische, spanische und südamerikanische Musik widerspiegeln. Begonnen wurde das Konzert mit den NÄCHTE IN SPANISCHEN GÄRTEN betitelten sinfonischen Impressionen für Klavier und Orchester des spanischen Zeitgenossen Manuel de Falla (1876-1946). Solist war Paul Aron, ein Schüler Max Regers, der als Jude 1933 Deutschland verlassen musste und sich besonders „für die Etablierung der zeitgenössischen Musik im vorwiegend konservativen Dresden ein[setzte]."[127] Anschließend sang Meta Seinemeyer mit Orchesterbegleitung drei Arien aus Massenets LE CID, Verdis DON CARLOS und der bei uns kaum bekannten Oper LO SCHIAVO des hierzulande kaum bekannteren Brasilianers Antonio Carlos Gomez (1836-1896).[128]

In der laufenden Spielzeit dirigierte Weissmann danach noch zwei weitere Konzerte. Am 5. März 1929 erfuhr Beethovens SINFONIE NR. 9 D-MOLL OP 125 bei einem „Großen Abonnements-Konzert" mit den Solisten Meta Seinemeyer, Helene Jung, Ludwig Eybisch und Robert Burg, allesamt Ensemblemitglieder der Dresdner Oper, eine – nach Meinung der Zeitung Der Volksstaat – „sehr tief wirkende Aufführung. Ein maßvolles Zusammenfassen und treues Dienen an der Zeichnung der Komposition. Große ästhetische Eindrücke, wie man sie oft nicht hat! Das Scherzo war eine Dirigentenmeisterleistung Weißmanns."[129] Am 14. April 1929 offerierte er in einem „Festkonzert" mit den Dresdner Philharmonikern pure Unterhaltung. Wieder unterstützt von einheimischen Solisten, dem Geiger Joseph Lasek, dem Cellisten Enrico Mainardi, der Sopranistin Charlotte Schrader und dem Bassisten Robert Burg, erlebte das Publikum eine temperamentvolle Wiedergabe instrumentaler Musik von Smetana, Saint-Saens, Dvorak, Popper und von Arien aus Opern von Leoncavallo, Weber und Verdi.

Einen Monat vor diesem Konzert, am 14. März 1929, war der Chefdirigent des Orchesters, Generalmusikdirektor Eduard Mörike, im Alter von 51 Jahren gestorben. Sicher wäre Weissmann ein geeigneter Nachfolger gewesen und er hätte den Posten auch sicher gerne übernommen, doch wusste er, dass eine Bewerbung aussichtslos war. Denn der Verstorbene hatte sich schon zu Lebzeiten für den Duisburger Generalmusikdirektor Paul Scheinpflug als geeigneten Nachfolger ausgesprochen.[130] Der Orchestervorstand sah keinen Grund, von „der Empfehlung des überaus verdienstvollen und außerordentlich beliebten Mörike" abzuweichen,[131] und so wurde schon bald Paul Scheinpflug „einstimmig als Nachfolger Eduard Mörikes zum Dirigenten des Dresdner Philharmonischen Orchesters ernannt".

Frankfurter Intermezzo

Alles andere als ein Karrierist, war Weissmann aber auch keiner, der sich auf den Lorbeeren ausruhte. Wie jeder, der in seinem Metier vorankommen wollte, hielt er deshalb immer wieder Ausschau nach attraktiven Engagements, die entweder mit wohldotierten Gastverträgen oder aber einem Festengagement in leitender Position bei einem namhaften Orchester oder Opernhaus lockten. Hoffnungen dieser Art hatte Richard Strauss in ihm schon in Königsberg mit der Einladung nach Wien geweckt. Die Sache hatte sich dann schnell zerschlagen, nachdem Finnland, das ihm bereits im September 1926 eine Absage erteilte, im August 1927 endgültig die Verlängerung seines Passes verweigerte.[132] Später erklärte Weissmann das geplatzte Wiener Unternehmen mit damals übermäßiger Belastung durch Schallplattenaufnahmen.[133] Es war ein vorgeschobenes Argument, denn ohne gültigen Pass blieb Weissmann gar nichts anderes übrig, als weiterhin alle Hoffnungen auf Auslandsengagements zu begraben. Dies war für ihn um so misslicher, als ihn das englische Schallplattenmagazin *Gramophone* gerade im August-Heft 1927 mit einem (von uns schon in anderem Zusammenhang erwähnten) großen Porträt ins Rampenlicht der internationalen Musikwelt stellte und ihm eine große Zukunft prophezeite: „Denn als Dirigenten zeichnet [Weissmann] Mut, Selbstdisziplin, Wissen, Intellekt, Energie und Poesie aus, vor allem aber ein geradezu enthusiastischer Widerwille gegen schwerfälliges und langweiliges Musizieren".[134]

Am damals entstandenen Kontakt zu Richard Strauss hatte Weissmann danach weiter festgehalten. Ihm verdankte er denn auch das Privileg, nur sechs Wochen nach der Berliner Uraufführung in Dresden am 28. Februar 1928 Strauss' jüngstes Werk, den als „Symphonische Etüden in Form einer Passacaglia für Klavier (linke Hand) und Orchester" bezeichneten PANATHENÄENZUG OP. 74, mit dem einarmigen Pianisten Paul Wittgenstein erstaufführen zu können. Vom guten Kontakt zu Richard Strauss hoffte er wenig später nochmals profitieren zu können, als er diesen im Mai 1928 um den Gefallen bat, „mich Herrn Prof. Krauß der Ihnen doch besonders verbunden ist, gütigst [...] zu empfehlen, daß er mich Probedirigieren lässt."[135] Hintergrund seines Begehrens war die Tatsache, dass es am Opernhaus in Frankfurt am Main, dessen Intendant und Generalmusikdirektor seit 1924 Clemens Krauss hieß, eine personelle Veränderung gegeben hatte: Max von Schillings' Schwager Klaus Nettsträter, den es 1926 von Königsberg nach Frankfurt gezogen hatte, war einem Ruf als Generalmusikdirektor nach Braunschweig gefolgt.[136]

Wie gewünscht, setzte Strauss seinen Freund, den „Herrn Professor Clemens Krauss, Intendant der Oper Frankfurt a/M, Opernhaus", vier Tage später von Weissmanns Absicht in Kenntnis. Dem sollte Krauss freilich eine Antwort erst nach vielen Monaten und wohl auch nur deswegen zukommen lassen, weil er wegen einer USA-Tournee und einer schludrigen Terminplanung plötzlich dringend Gastdirigenten zur Aufrechterhaltung des Spielbetriebs an der Frankfurter Oper während seiner Abwesenheit benötigte. So verdankte Weissmann dem „‚Ausgleichverfahren' des seinem Frankfurter Pflichtenkreis wieder einmal auf längere Zeit entrückten Opernleiters" – wie der *General-Anzeiger* süffisant bemerkte – die einmalige Chance eines Probedirigats auf Anstellung[137]

Am Abend des 23. März 1929 stand Verdis Oper OTHELLO auf dem Frankfurter Opernspielplan, eine nach Meinung des *General-Anzeigers* nicht mehr ganz frische und mittlerweile in Routine erstarrte Inszenierung Lothar Wallersteins (1882-1949): „Das Gerüst und die Fassade der einst vorbildlich gelungenen Regieleistung ist noch vorhanden, aber von der geistigen Linienführung ist vieles verwischt." Dass der Abend dennoch ein Erfolg wurde, war – so der *General-Anzeiger* – einzig Frieder Weissmanns Verdienst: „Zum Glück saß am Pult ein Musiker, der die Fäden fest in der Hand hatte und seine Wünsche mit höchster Deutlichkeit dem Ensenble zu vermitteln verstand. Dr. Frieder Weißmann besitzt die Eigenschaft, die zu den wichtigsten des Theaterkapellmeisters gehört: Geistesgegenwart. Infolgedessen lockerte sich nirgends das Klanggefüge, was bei einem mit unzureichender Verständigungsprobe übernommenen Gastspiel einiges besagen will. Weißmann hat außerdem soviel Formungswillen und Anschauungskraft, daß es ihm trotz der notgedrungen improvisatorischen Haltung seiner Leitung weitgehend gelang, dem musikalischen Geschehen eine eigene Prägung zu geben. Er ist ein ausgesprochenes Bühnentemperament, der den dramatischen Nerv sicher erspürt. [...] Die in dieser Aufführung besonders hervorstechenden Eigenschaften Weißmanns: Zuverlässigste Schlagtechnik, feiner

Programmzettel für die OTHELLO-*Aufführung am 23. März 1929; rechts, Frieder Weissmann um 1928/29.*

Klangsinn und eine mit den Stilbedingungen der romantischen Oper vertraute Darstellungsgabe, lassen ihn befähigt erscheinen, einen dem führenden Kapellmeister [d.h. Clemens Krauss, Anm. Verf.] unmittelbar nachgeordneten oder beigeordneten Posten zu bekleiden."[138] Auch die übrige Frankfurter Presse war von Weissmanns Leistung an diesem Abend begeistert, die sozialdemokratische *Frankfurter Volksstimme* verfiel sogar in jubelnden Lokalpatriotismus: „Wir können auf diesen Kapellmeister stolz sein! Seine künstlerisch starke Prägung der Verdischen Partitur ließ ebenso sehr den fertigen Gestalter als auch den routinierten Techniker erkennen. Was Weißmann am Samstag abend seinem Klangkörper und seinen Solisten zu geben und zu nehmen vermochte, geht bedeutsam über gewohntes Mittelgut hinaus. [...] Feiertagstimmung in der Oper!"[139]

Das überschäumende Lob der Presse wie auch deren Empfehlungen blieben für Weissmann folgenlos, denn parallel zu seiner USA-Tournee war Krauss, unterstützt von Richard Strauss, in Verhandlungen zur Übernahme der Direktion der Wiener Staatsoper eingetreten. Die Folge war, dass Krauss schon kurz nach seiner Rückkehr aus den USA Frankfurt in Richtung Wien verließ und der Frankfurter Magistrat daraufhin eine Umorganisation der Oper in die Wege leitete. Danach waren die Funktionen von Intendant und Generalmusikdirektor wieder getrennt, Intendant wurde der Wiener Josef Turnau (1888-1954), Generalmusikdirektor der Kölner Hans Wilhelm Steinberg (1899-1978).[140]

Es scheint, dass Clemens Krauss Weissmanns bravouröses Frankfurter Debüt sehr wohl registrierte. 1981 bestätigte Weissmann im Interview, dass Krauss offenbar auch die Absicht hatte, ihn zu sich an die Wiener Staatsoper zu holen. Dass es zu dieser Zusammenarbeit nicht kam, dürfte wieder einmal am leidigen Passproblem gelegen haben. Weissmann zufolge soll aber dafür ausschließlich das zu niedrige Gehaltsversprechen verantwortlich gewesen sein – 24.000 Mark, etwa die Hälfte dessen, was Krauss erhielt und, wie er auftrumpfend dem verdutzten Krauss, lange ein Verächter der Schallplatte, entgegnete, nur ein Drittel dessen, was er zur Zeit mit seinen Schallplatten verdiene.[141]

Das letzte Foto: Meta Seinemeyer und Frieder Weissmann in Bad Kissingen, August 1929.

Tod und Verklärung

O lieb, so lang du lieben kannst!

Inzwischen war Meta Seinemeyers Krankheit immer weiter fortgeschritten. Sie stemmte sich dagegen zwar mit aller Macht und nahm, so oft sie konnte, ihre Termine an der Dresdner Oper wahr, aber ihre Kräfte schwanden zusehends. Als ahnte sie den nahen Tod und um so viel wie möglich für die Nachwelt fest-zuhalten, kam sie 1929 in monatlichen Abständen zu Schallplattenaufnahmen nach Berlin. Am 14. Januar sang sie an der Seite zweier Mitglieder der Berliner Staatsoper, des Tenors und Ernst Grenzebach-Schülers Jaro Dworsky (* 1891) und des für seine tiefschwarze Bassstimme international geschätzten Emanuel List (1891-1967), Szenen und Arien aus Gounods FAUST und Verdis EIN MASKENBALL sowie an der Seite der Altistin Helene Jung von der Dresdner

Staatsoper Duette aus Puccinis MADAME BUTTERFLY und Humperdincks HÄNSEL UND GRETEL. Am 18. März 1929 nahm sie dann vier Lieder auf, die zu ihren schönsten Schallplatten zählen: Franz Liszts „O lieb, so lang du lieben kannst!" aus LIEBESTRÄUME OP. 62, Felix Weingartners LIEBESFEIER OP. 16, 2 sowie Anton Rubinsteins ES BLINKT DER TAU OP. 72 und DIE NACHT OP. 44, 1. Diese vier Lieder gehören zu ihren anrührendsten Interpretationen, weil Seinemeyers Stimme eine unendliche Trauer und ein Wissen um die Vergänglichkeit verströmt. Man verspürt bei diesem „Schwanengesang" geradezu ihr Bemühen, damit ihrem Verlobten Weissmann ein letztes Geschenk zu machen.[142]

Am 24. April 1929 sang sie mit Curt Taucher das Siegmund-Sieglinde Duett aus dem ersten Akt von Wagners DIE WALKÜRE („Der Männer Sippe ...") auf Schallplatte, wobei dessen letzter Teil („War Wälse dein Vater") unveröffentlicht blieb. Zehn Tage später reisten sie und Weissmann am 3. Mai 1929 zu ihren letzten gemeinsamen Schallplattenaufnahmen nach Berlin. Mit ihrem Kollegen, dem Bariton Robert Burg von der Dresdner Oper, sang Meta Seinemeyer das große Duett Senta-Holländer „Wie aus der Ferne längst vergang'ner Zeiten" aus Richard Wagners DER FLIEGENDE HOLLÄNDER. Die vier „Takes" dieses Tages blieben unveröffentlicht, weil Seinemeyer, auch jetzt bei angegriffener Gesundheit noch immer eine Perfektionistin, mit ihrer stimmlichen Leistung unzufrieden war. Noch hoffte sie, die Aufnahmen zu einem späteren Zeitpunkt verbessern zu können – ein vergeblicher Wunsch.[143]

Trotz mittlerweile sehr geschwächter Gesundheit folgte sie gleich nach diesen Aufnahmen einer Einladung zu einem zweiwöchigen Gastspiel nach London. Am Covent Garden-Opernhaus trat sie in der Zeit vom 9. bis 21. Mai in fünf Vorstellungen auf und errang in fünf großen Wagner-Partien beachtlichen Erfolg beim Publikum wie bei der Presse der englischen Metropole. Weissmann hätte sie gerne nach London begleitet, doch ihm fehlte ja noch immer ein gültiger Reisepass. Bemühungen seines künftigen Schwiegervaters, des Berliner Kriminalkommissars Seinemeyer, für eine wohlwollende und rasche Ausstellung eines deutschen Passes sorgen zu wollen,[144] waren Anfang Mai 1929 noch ohne Erfolg geblieben. Infolgedessen begleitete der Vater „sein geliebtes Kind zu dem letzten Gastspiel ihres Lebens nach London, da es ihm unmöglich war, sie bei ihrem schlechten körperlichen Zustand noch allein reisen zu lassen."[145]

Während ihres London-Aufenthalts erkrankte Meta Seinemeyer. Ob es eine Grippe oder nur eine Erkältung war, lässt sich nicht mehr klären, doch versetzte die Krankheit der an Leukämie leidenden Sängerin letztlich den Todesstoß. Statt in größtmöglicher Ruhe ihre „Grippe" auszukurieren, trat sie, sobald sie etwas Kraft gesammelt hatte, am 9. Juni 1929 wieder in Dresden auf, musste aber schon nach einer Vorstellung des ROSENKAVALIERS wieder aufhören. Anschließend folgten Kuraufenthalte zuerst in der Schweiz, dann in Westerland auf Sylt und schließlich in Bad Kissingen, wo das letzte Foto entstand, das sie, sich entkräftet auf einen Stock stützend, mit ihrem Verlobten Weissmann zeigt.

Die – selbst für damalige Verhältnisse – ungewöhnlich lange Verlobungs-
phase des Paares lässt sich eigentlich nur damit erklären, dass die beiden aufgrund ihrer starken beruflichen Beanspruchung mit oft auswärtigen Verpflichtungen, aber auch wegen des zunehmend problematischer werdenden gesundheitlichen Zustands von Meta Seinemeyer nie den rechten Zeitpunkt für eine
Trauung fanden. Tatsächlich hatte sich das Paar durchaus lange vor der wirklich
„in letzter Minute" erfolgten Eheschließung schon zu diesem Schritt entschlossen. Dies belegt eine Äußerung Weissmanns gegenüber Sylvia Willink-Quiël.
Demnach hatte sich Meta Seinemeyer mit Blick auf die geplante Hochzeit bei
Weissmanns Vater, der ja Kantor an der jüdischen Hauptsynagoge in Frankfurt
war, danach erkundigt, unter welchen Voraussetzungen sie zum jüdischen
Glauben konvertieren könne.[146]

Ihr Wunsch nach einer jüdischen Hochzeit sollte freilich unerfüllt bleiben.
In der ersten Augustwoche wurde sie todkrank nach Dresden transportiert, wo
sie im Stadtkrankenhaus Dresden-Johannstadt von dem bedeutenden Internis-
ten Professor Otto Rostoski (1872-1962) behandelt wurde. „Eine junge hinge-
bende Freundin entschloss [sich], ihr Blut auf die Schwerkranke zu übertragen.
Es war umsonst."[147] Am Nachmittag des 19. August 1929, wenige Stunden vor
ihrem Tod um 19.45 Uhr, wünschte die völlig Entkräftete, ihren langjährigen
Verlobten Frieder Weissmann zu heiraten. Vom behandelnden Oberarzt mit
„Dringlichkeitsattest" herbeigerufen, vollzog der Dresdner Standesbeamte Ke-
gel die Trauung des Paares in Anwesenheit der Trauzeugen, des 41jährigen
Dresdner Bankdirektors Dr. Erich Sondermann und der 57 Jahre alten Braut-
mutter Anna Seinemeyer geborene Wassermann aus Berlin.[148] Die ungewöhnliche Trauungszeremonie war – entgegen der Behauptung Horst Wahls, eines
früheren Lindström-Mitarbeiters und (nach eigener Auskunft) guten „Freunds"
der Sängerin – keine Eheschließung nach „jüdischem Ritual",[149] sondern eine in
aller Eile arrangierte standesamtliche Trauung, bei der die geschwächte Braut
nicht einmal mehr die Heiratsurkunde unterschreiben konnte. Stattdessen signalisierte sie dem Standesbeamten ihr Einverständnis „durch Handzeichen".[150]

Wahl irrt sich in seinen „Erinnerungen an Meta Seinemeyer" leider nicht nur
in puncto jüdischer Eheschließung. Auch bei der Frage nach Meta Seinemeyers
Herkunft ist er kein zuverlässiger Zeuge. So war ihm gleich bei seiner ersten
Begegnung „eine seltsame beunruhigende Mischung" an ihr aufgefallen, die
sich „aus rassiger Weiblichkeit und mädchenhaftem Charme und jenem warmen, sinnlichen Fluidum" ergab, „wie es gerade Jüdinnen in hohem Maße zu
eigen ist".[151] Wohl von dieser etwas befremdlichen Charakterisierung inspiriert,
dichtete auch Robert Jones Meta Seinemeyer einen „jüdischen Vater" an.[152]
Macht man sich indessen die Mühe und sucht in kirchlichen und amtlichen Unterlagen nach Meta Seinemeyers Herkunft, findet man sehr schnell eindeutige
Belege dafür, dass sie christliche Eltern aus Bremer Handwerkerfamilien hatte
und evangelisch getauft war.[153] Wenn ihre Schallplatten nach 1933 den Macht-

habern ein Dorn im Auge waren, dann nicht wegen ihrer Herkunft, sondern allein wegen ihrer Heirat eines jüdischen Dirigenten.[154]

Die auf Wunsch Seinemeyers kurz vor ihrem Verscheiden vollzogene Trauung scheint offenbar nicht die Zustimmung ihres Bruders Willy Scinemeyer (1896-1973) gefunden zu haben. Bei zwei auf der Internetseite von Vicki Kondelik veröffentlichten Zeitungsausschnitten aus seinem bzw. seiner Ehefrau Nachlass, ein Nachruf auf die Sängerin mit Foto von Weissmann und die Todesanzeige in der *Sächsischen Staatszeitung*, sind Weissmanns Foto und Name durch heftiges Ausstreichen getilgt worden.[155] Was den Bruder der Verstorbenen zu dieser Vernichtungsaktion *in effigie* bewog, ob Antisemitismus oder Enttäuschung über den Verlust sicher gemeinter Erbansprüche durch die in letzter Minute erfolgte Hochzeit, lässt sich nicht mehr klären und muss Spekulation bleiben.

Die im Alter von dreiunddreißig Jahren Verstorbene wurde ausgiebig in Pressenachrufen des In- und Auslands gewürdigt. Die Beisetzung am 23. August 1923 auf dem Stahnsdorfer Friedhof in Berlin war ein großes Ereignis, zu dem viel musikalische Prominenz und ebenso viele Bewunderer der Sängerin erschienen waren. Besonders ergreifend war der Klagegesang ihrer Freundin und Kollegin, der Altistin Helene Jung von der Dresdner Oper, die vom Orchester der Berliner Staatsoper begleitet wurde. Helene Jung sollte auch solistisch – zusammen mit Curt Taucher – beim ersten „Großen Abonnement-Konzert" am 23. November 1929 hervortreten. Mit zwei Schlüsselwerken seiner großen Vorbilder – der Tondichtung TOD UND VERKLÄRUNG OP. 24 von Richard Strauss und Gustav Mahlers sinfonischem Liederzyklus DAS LIED VON DER ERDE – wurde das Konzert unter Weissmanns Leitung zu einem bewegenden Requiem für seine verstorbene Lebensgefährtin.[156] Tief „in die versonnene Geisteswelt des Ganzen eindringend", verspürten die *Dresdner Nachrichten* bei dem Konzert „eine wundervolle Reife und Tiefe in seinem Musizieren."[157] Nach Meinung der *Dresdner Neuesten Nachrichten* klang bei Mahlers Werk „viel Menschlichkeit aus dieser Deutung einer Sinfonie, die an letzte menschliche Dinge rührt. Und so blühte aus dem Werk ein stiller, feierlicher Ernst und der Glanz einer Schönheit."

Abschied von Dresden

Das 1888/89 in Weimar entstandene Werk TOD UND VERKLÄRUNG OP. 24, in dem der erst 25jährige Richard Strauss die letzten Momente im Leben eines Künstlers und dessen spirituelle Vollendung musikalisch darzustellen versuchte, hatte Weissmann schon drei Wochen vor dem Dresdner Konzert mit dem Berliner Staatsopernorchester auf Schallplatte eingespielt. Die Anfang November 1929 entstandene Aufnahme dürfte Teil eines größeren Projekts gewesen sein, mit der Parlophon die technisch veraltete, 1924/25 unter Eduard Mörikes Leitung entstandene Gesamteinspielung der Tondichtungen von Richard Strauss durch moderne elektrische Aufnahmen ersetzen wollte. Im Juni und Oktober 1929 waren deshalb die Tondichtungen DON JUAN OP. 20 und TILL EULENSPIEGELS LUSTIGE STREICHE OP. 28 unter Otto Klemperers Stabführung aufgenommen worden.[158] Drei Monate vorher war der damalige Leipziger Generalmusikdirektor Gustav Brecher, den die Nazis zwölf Jahre später in den Selbstmord trieben, an einer Neuaufnahme der Tondichtung TOD UND VERKLÄRUNG OP. 24 mit dem Leipziger Gewandhaus-Orchester gescheitert, weil angeblich die Technik versagt hatte.[159]

Als Weissmann ein halbes Jahr später Strauss' Opus 24 einspielte, hatten die Lindström-Techniker offenbar einen besonders guten Tag. Denn seine Aufnahme galt der Kritik, z. B. in Holland, als „eine seiner allerbesten und eine, die Parlophons hohen technischen Standard belegt. Diese Platten gehören in die Sammlung eines jeden Musikliebhabers."[160] Auf gleichem Niveau bewegte sich eine im Vormonat unter Weissmanns Leitung entstandene Einspielung von Mozarts SERENADE NR. 13 G-DUR „EINE KLEINE NACHTMUSIK" KV 525.[161] Der heimischen Kritik erschien sie als ein wahrer „Genuss [...]. Ansprechend, in Tempo und Dynamik gut ausbalanciert. Mit zarten Fingern angefaßt."[162]

Beide Aufnahmen überragen weit den Rest der im zweiten Halbjahr 1929 unter Weissmanns Leitung entstandenen Einspielungen von Orchesterwerken. Bei diesen handelt es sich um aktuelle Gelegenheitsproduktionen wie GRAF ZEPPELINS WELTREISE RUND UM DIE ERDE, ein am 10. September 1929, nur wenige Tage nach der spektakulären ersten Weltumrundung eines Luftschiffs, produziertes Musikpotpourri mit Motorengeräusch- und Kommentareinsprengseln, oder um Werke der gehobenen Salon- und Unterhaltungsmusik wie Joseph Lanners berühmtesten Wiener Walzer HOFBALL-TÄNZE OP. 161, Béla Kélers (1820-1882) UNGARISCHE LUSTSPIEL-OUVERTÜRE OP. 108, Paul Lacômes (1838-1920) SUITE ESPAGNOLE „LA FERIA" oder die SUITE ORIENTALE des französischen Belle Époque-Komponisten Francis Popy (1874-1928). Letztere gefiel der englischen Kritik wegen ihrer „hellen und klangvollen Orchestrierung" als „heller Farbtupfer am Grammophon-Horizont", deutsche Rezensenten waren von Lacômes „Unterhaltungsmusik" angetan, die mit ihren „wiegenden Rhythmen spanischer Tänzer, dem Gitarrengezupfe und Kastagnettengerassel die Füße zum Tanzen bringt und einen so in Stimmung versetzt, dass man immer wieder diese Platte auflegt."[163]

Bei den Gesangaufnahmen muss man die mit Margarete Bäumer (1898-1969) und der Schwedin Nanny Larsén-Todsen (1884-1982) hervorheben, damals zwei der bedeutendsten Wagner-Sängerinnen. Für Margarete Bäumer, die sich gerade anschickte, als Wagner-Heroine auch international die Bühnen zu erobern, waren die unter Weissmanns Leitung erfolgten Aufnahmen vom 20. September das Schallplattendebüt. Die junge Sängerin, die Bruno Walter im Vorjahr von Stuttgart nach Berlin an die Städtische Oper geholt hatte, sang je zwei Arien aus Wagners TANNHÄUSER und TRISTAN UND ISOLDE, die – so Weissmann – das große Talent der Sängerin aufs beste bezeugen.[164] Mit Margarete Bäumer, die von 1934 bis 1953 am Leipziger Opernhaus wirkte und in all diesen Jahren ein Publikumsliebling war, sollte Weissmann in den nächsten drei Jahren noch fünfmal im Aufnahmestudio zusammenarbeiten. Ihr wunderschön leuchtender Sopran, der sich mühelos in höchste Lagen schwingt, beeindruckt auch heute noch in den dabei entstandenen Aufnahmen von Duetten mit Wagner-Heroen wie Gotthelf Pistor, Walther Kirchhoff und Reimer Minten und dem als Mozart-Interpreten geschätzten Bariton Gerhard Hüsch.[165]

Im Gegensatz zu Margarete Bäumer war die Schwedin Nanny Larsén-Todsen schon lange eine internationale Größe des Wagner-Gesangs. Mit ihr machte Weissmann erstmals am 28. März 1928 Schallplattenaufnahmen von Brünhildes Schlussszene („Starke Scheite schichtet mir dort") aus Wagners GÖTTERDÄMMERUNG und der Senta-Ballade aus dem FLIEGENDEN HOLLÄNDER. Letztere blieb aber damals unter Verschluss und wurde nun am 18. Dezember 1929 mit einem Chor und dem Berliner Staatsopernorchester unter Weissmann wiederholt. Das Resultat stellte alle zufrieden, auch die Kritiker freuten sich, denn „Nanny Larsen-Todsen [...] singt Sentas Ballade mit einer Feinheit, wie wir sie von der Bühne her noch niemals vernommen haben."[166]

Zwei international nicht weniger berühmte Gesangskünstler waren zu jener Zeit der russische Bariton Georges Baklanoff (1880-1938) und sein Landsmann, der Tenor Dimitri Smirnoff (1882-1944). Mit beiden Sängern, die in den zurückliegenden Jahrzehnten zahlreiche Schallplatten bei anderen Firmen aufgenommen hatten, waren die unter Weissmann entstandenen Aufnahmen vom September bzw. Oktober 1929 ihre ersten im elektrischen Verfahren aufgenommenen und zugleich ihre überhaupt allerletzten für die Schallplatte.

Die acht im Oktober 1929 mit Smirnoff entstandenen Aufnahmen sind Raritäten, die heute bei Schallplattensammlern so gesucht sind wie bei Briefmarkensammlern die Blaue Mauritius. Merkwürdigerweise ist damals keine der Aufnahmen in den deutschen Handel gelangt: eine Arie aus Puccinis TOSCA wurde von der französischen Odeon veröffentlicht,[167] nur in Japan erschien eine Platte mit einer italienisch gesungenen Arie aus Massenets französischer Oper MANON und Lenskys Arie aus Tschaikowskys EUGEN ONEGIN,[168] nur in Polen das spanische, aber russisch gesungene Tenor-Bravourstück ¡AY ¡AY ¡AY des Chilenen Osman Perez Freire,[169] nur in Russland zwei Arien aus Rimsky-Korsakows Oper SADKO.[170] Mit Georges Baklanoff, einem „der ganz großen Sängerdarsteller der ersten Hälfte des 20. Jahrhunderts",[171] hatte Weissmann vierzehn Tage vorher drei Arien aus den Mussorgski-Opern CHOWANSCHTSCHINA und BORIS GODUNOW aufgenommen sowie zwei Arien aus Anton G. Rubinsteins Oper DER DÄMON, mit welcher der damals 21jährige Sänger 1903 in Kiew ein sensationelles Debüt gegeben hatte.

Heute sind die Namen von Smirnoff und Baklanoff so in Vergessenheit geraten, dass sie „in einem Opern-Quiz allemal gut [wären] für die nicht zu beantwortenden Fragen."[172] Auch Weissmann konnte sich später nicht mehr an die Aufnahmen mit Smirnoff erinnern.[173] Baklanoff war ihm indes im Gedächtnis geblieben, weniger freilich wegen der gemeinsam produzierten Schallplatten, als wegen des Silvesterabends 1929. Den verbrachte er auf dem nahe Potsdam gelegenen Landsitz des exzentrischen Sängers in trauter Gemeinschaft mit dessen „sechs russischen Wolfshunden, die alle um den Tisch herumsaßen. Kurz vor Mitternacht ging er zu einem Marienaltar, sprach ein Gebet, drückte einen verborgenen Knopf. Das Bild verschwand und machte Platz für eine der kostbarsten Sammlungen französischen Cognacs, die ich je gesehen hatte. Mit feierlichster Miene nahm Baklanoff zwei Flaschen an sich, und über diese machten wir uns dann her."[174]

Eine Woche nach diesem ungewöhnlichen Silvesterabend war Weissmann wieder in Dresden, um am 7. Januar 1930 das nächste „Große Abonnements-Konzert" der Dresdner Philharmoniker zu dirigieren. Mit einer „stimmungsvollen Aufführung" von Beethovens NEUNTER unter Mitwirkung der Solisten Charlotte Schrader, Helene Jung, Curt Taucher und Paul Schöffler erzielte Weissmann – so das Fachblatt *Die Musik* – wieder „den gewohnten Erfolg".[175] Die *Dresdner Nachrichten* priesen „das Zwingende künstlerischer Überzeugung! Wie man denn bei Weißmann jedesmal wieder das Gefühl inbrünstigster Versenkung in den Stoff gewinnt. So hat man ihm wie immer herzlich gedankt für eine Stunde tief-innerer Erbauung."[176] Und die *Dresdner Neuesten Nachrichten* spürten „den tiefen Ernst, den Willen eines innerlich ergriffenen Menschen, der letzte Geheimnisse zu verkünden hat."[177]

Mit dem dritten „Großen Abonnements-Konzert" am 25. Februar 1930 endete Weissmanns vierjährige Zusammenarbeit mit den Dresdner Richard Wagner-Verband Deutscher Frauen. „Ein ausverkaufter Gewerbesaal bei Frieder Weißmann. In dieser konzertfeindlichen Zeit fast ein Wunder," staunten die *Dresdner Neuesten Nachrichten*. Hauptwerk des Abends war die ZWEITE SINFONIE D-DUR OP. 73 von Johannes Brahms, ein von Weissmann innig geliebtes Werk, mit dem er sich zwölf Jahre früher in Berlin, ebenfalls in der kalten Jahreszeit, erstmals als Konzertdirigent an die Öffentlichkeit gewagt hatte. Konnte er das Publikum damals mit seiner Talentprobe nur wenig erwärmen, so gelang ihm dies nunmehr in höchstem Maße. Die *Dresdner Nachrichten* gewahrten eine „klassisch klare, von romantischer Wärme erfüllte Wiedergabe der zweiten Brahms-Sinfonie", die *Dresdner Neuesten Nachrichten* registrierten eine noch höhere Temperatur: „Die Wiedergabe war von Heißglut erhitzt."[178]

Nach diesem Konzert blieb Weissmann nicht mehr lange in Dresden. In der noch immer ungelösten Passangelegenheit war Schwiegervater Seinemeyer schließlich doch erfolgreich gewesen, und Weissmann konnte den mit Datum vom 14. März 1930 in Dresden ausgestellten deutschen Pass Nr. 491/30 in Empfang nehmen. Endlich war er in dem Land, wo er geboren wurde und in dem er seit 37 Jahren lebte, auch als Staatsbürger angekommen!

KAPITEL 5

Erfolg
1930-1933

Frieder Weissmann um 1930, links mit seinen Hunden Gin (l.) und Pascha (m.) sowie Druka (r.), dem Hund der verstorbenen Meta Seinemeyer.

Nach dem Börsenkrach

Das Wiener Bohème-Orchester

Unter den Auswirkungen der Weltwirtschaftskrise hatte die Schallplattenbranche besonders schwer zu leiden. Innerhalb von nur vier Jahren verlor sie fast drei Viertel ihrer Umsätze; wurden 1929 noch mehr als 30 Millionen Platten verkauft, so waren es im Jahre 1933 nur noch 8 Millionen.[1] Besonders gravierend waren die Umsatzrückgänge im Bereich der sogenannten „ernsten" Musik. Die Schallplattenfirmen reagierten darauf, indem sie verstärkt für Nachschub an Unterhaltungsmusik sorgten und die Produktion von E-Musik drosselten. Kostspielige (sowohl für den Produzenten wie den Käufer) Einspielungen von Werken, die mehrere doppelseitig bespielte Schallplatten erforderten, wurden nach Möglichkeit vermieden.

Für die Lindström AG waren die Einbussen ihres Schallplattengeschäfts besonders schlimm, weil auch der Absatz akustischer Grammophone, eine ihrer Domänen seit Gründung des Unternehmens, infolge der Hinwendung des Marktes zu elektrischen Plattenspielern zusammenbrach. Die kritische Situation bei der Lindström AG bekam Weissmann unmittelbar zu spüren, denn sein Auftragsvolumen, das in den Jahren 1927-29 für im Schnitt fast sieben Aufnahmetage pro Monat gesorgt hatte, ging 1930 um etwa vierzig Prozent auf im Schnitt knapp vier Tage pro Monat zurück. Den Veränderungen des Marktes gehorchend, verschob sich dabei der Schwerpunkt seiner Aufnahmetätigkeit immer mehr hin zu leichter Unterhaltungsmusik. Bereits 1930 verbrachte er im Studio fast ebenso viel Zeit mit Aufnahmen von Film- und Operettenschlagern,

Tangomusik, beliebten Walzern und volkstümlichen Liedern wie mit Aufnahmen von „ernster" Musik.

Weissmann verschloss sich keineswegs diesem Trend, im Gegenteil. Indem er mit bewährten Studiomusikern ein hauseigenes Ensemble namens Wiener Bohème Orchester gründete, das mit seinen Gute-Laune-Walzer-Schallplatten dauerhaft hohe Verkaufszahlen erzielte, beteiligte er sich aktiv an der Verbreitung des Unterhaltungsmusik-Repertoires des Lindström-Labels Odeon. Die Walzer MONTE CRISTO und TESORO MIO, aufgenommen am 20. Mai 1930, waren seine ersten Einspielungen mit diesem Ensemble, das danach in fast monatlichen Abständen neue Platten auf den Markt brachte, die vom reichen Fundus der Walzermusik zehrten. Die ausschließliche Pflege der Walzermusik war ebenso ein Markenzeichen des Ensembles wie seine ungewöhnliche Besetzung. Zur üblichen Salonmusik-Besetzung mit Streichinstrumenten und – dem meistens von Weissmann gespielten – Klavier kamen je nach Bedarf Instrumente aller Art hinzu: Zupfinstrumente wie Gitarre, Mandoline, Hawaii-Gitarre, Zither, Blasinstrumente wie Trompete, Tuba und Saxophon, Tasteninstrumente wie Akkordeon, Orgel, Schlaginstrumente wie Xylophon, Vibraphon, Marimba, hin und wieder sogar Röhrenglocken. Der Erfolg des Ensembles blieb nicht auf Deutschland beschränkt, sondern war international. Dazu trug auch die Vermarktungsstrategie der Plattenfirma bei, die das Ensemble in Frankreich L'Orchestre Bohemien und Le Grand Orchestre Bohemien, in Italien Orchestra Tipica Vienese, in Spanien und Argentinien Orquesta Los Bohemios Vieneses, in England, Australien und Neuseeland Orchestra Mascotte und in den Niederlanden Wiener Bohème Orkest nannte.

Das Wiener Bohème Orchester war eine Marke, aber kein ständiges Ensemble. Die Plattenetiketten nannten nur den Namen des Orchesters, auch nicht den des Orchesterleiters. Die Mitwirkenden wechselten und wurden für jede Aufnahme ad hoc engagiert. Natürlich gab es darunter einige, die, wie z. B. der erste Konzertmeister des Berliner Staatsopernorchesters Johannes Lasowski, fast immer hinzugezogen wurden und eine Art „Stammbesetzung" bildeten. Gelegentlich halfen auch Kolleginnen und Kollegen aus, die wie Dajos Bela und Edith Lorand eigene Tanz- und Unterhaltungsorchester leiteten.[2] Zu diesen zählte auch Otto Dobrindt (1886-1963),[3] der nach Weissmanns Emigration die Leitung des Orchesters übernahm. Er dirigierte das Wiener Bohème Orchester 1934 bei dessen einzigem öffentlichen Auftritt in einem Kurzfilm der UFA und machte mit ihm noch bis 1939 Aufnahmen.[4]

Zum Tee bei Dr. Weissmann

Seit seiner Rückkehr aus Dresden wohnte Weissmann in Berlin im Haus Von-der-Heydt-Straße Nr.7. Das mehrstöckige Mietshaus lag im Bezirk Tiergarten, dem traditionellen Diplomatenviertel, in unmittelbarer Nähe des Landwehrkanals und schräg gegenüber der Villa von der Heydt, einem in 1860er Jahren für den preußischen Minister August Freiherr von der Heydt errichteten klassizistischen Villa, in der heute die Hauptverwaltung der Stiftung Preußischer Kulturbesitz residiert.[5] Prominente Bewohner der Nachbarhäuser waren der Architekt und Maler Paul Schultze-Naumburg (1869-1949) in Nr. 1, der am Berliner Staatstheater herrschende Regie-Ekstatiker Jürgen Fehling (1885-1968) in Nr. 4, und in der Nr. 5 die Gräfin von Hülsen-Häseler. Sie war die Witwe des 1908 so unrühmlich verstorbenen Generals und Chefs des preußischen Militärkabinetts Dietrich Graf von Hülsen-Häseler (1852-1908), den just in dem Moment eine Herzattacke getroffen hatte, als er, im Tutu und verkleidet als Ballerina, seine kaiserliche Majestät mit einem Tänzchen aufheitern wollte. Der Neffe der Gräfin, der Schriftsteller und Dramaturg am Staatlichen Schauspielhaus Eckart von Naso (1888-1976), wohnte im gleichen Haus wie Weissmann, allerdings in einer tieferen Etage. In seinen Erinnerungen ICH LIEBE DAS LEBEN beschrieb Naso das Ambiente des Hauses: „Wir wohnten jetzt in einem Hause der Von-der-Heydt-Straße, das die glücksbringende Zahl 7 trug. Es war eine große, sehr schöne Wohnung [...]". Der Blick „aus den rückwärtigen Fenstern" schweifte „über das Gartendreieck fort, das, baumbestanden und still, von den Häusern der Friedrich-Wilhelm-Straße, der Von-der-Heydt-Straße und der Kaiserin-Augusta-Straße gebildet wurde [...]. Häuser starrten uns an. Aber einen Erker gab es, der zur Rechten den Blick über die Friedrich-Wilhelm-Straße zu den Baumreihen am Kanal freigab, zur Linken die Gartenvilla Von der Heydt und den Calandrelliplatz umfaßte. So blieb im steinernen Meer ein Stück Natur. Und die Straße selbst war so kurz, daß man überall noch Luft, Weite und Wolken verspürte."[6] Gutbürgerlich wie Herr von Naso waren die übrigen Mieter des – im Krieg bis auf die Grundmauern niedergebrannten – Hauses Nr. 7, das Berliner Adressbuch von 1931 nennt noch mehrere höhere Beamte aus Justiz und Verwaltung sowie Vertreter von Berufen wie Architekt, Maler, Schauspieler, Rechtsanwalt, Kaufmann, schließlich eine Witwe und eine Rentnerin.

Seit dem Auszug aus der elterlichen Wohnung kannte Weissmann eigentlich nur das Leben in Hotels und als Untermieter. Seine jetzige Wohnung war ziemlich geräumig und mitunter mag sie ihm – trotz der munteren Gesellschaft seiner drei Hunde Gin, Pascha und Druka – für eine einzige Person ein wenig zu groß erschienen sein. Anderseits war sie wegen ihrer Lage und Größe geradezu ideal, um Gäste einzuladen. Endlich konnte er nun auch einmal größere Gesellschaften bei sich empfangen. Wie es ihm die Mendelsohns und Rosenstocks einst vorgemacht hatten, so öffnete nun auch Weissmann, der sich mittlerweile den damals beliebten „Peter" als dritten Vornamen zugelegt hatte, seine Wohnung für regelmäßige *afternoon teas* und mehr oder weniger prominente Gäste aus Musik, Theater, Film und Kunst, mitunter auch aus Politik und Wirtschaft. Zwanzig Jahre später erinnerte sich die Berliner Kunsthändlerin Anja Triwar, die sich damals für das malerische Werk Joachim Ringelnatz' einsetzte, noch an ein paar der illustren Gäste bei Weissmanns Teegesellschaften: „Außer ‚Peterchen' (wie er genannt wurde) Weißmann waren nur Prominente um uns:

der große Cellist Gregor Piatigorsky, Max von Schillings mit seiner Frau, der Sängerin Barbara Kemp, der Dichter Hans Bethge, der türkische Botschafter und viele mehr."[7]

Besonders beeindruckte Frau Triwar ein weiblicher Gast, die Prinzessin Djavidan Hanum (1877-1968). Mit der sechzehn Jahre älteren Exfrau des letzten Khediven von Ägypten, einer besonders seltenen Blume der Berliner Society, verband Weissmann – laut eigener Aussage – ein recht enges freundschaftliches Verhältnis.[8] Als Ungarin aus adligem Haus unter etwas fragwürdigen Umständen in Amerika auf die Welt gekommen, hatte sie um 1900 den ägyptischen Khediven Abbas Hilmi II. (1874-1944) geheiratet. Nachdem sie die Welt des Harems zur Genüge kennengelernt hatte, trennte sie sich von dem Khediven zwölf Jahre später wieder und ging nach Wien, wo sie, eine begabte Klavierspielerin, mit ihrem Lehrer, dem auch von Weissmann geschätzten Klaviervirtuosen und Opernkomponisten Eugène d'Albert, ein Verhältnis anfing, das solches Aufsehen erregte, dass sie es Anfang der 1920er Jahre vorzog, nach Berlin zu gehen. Dort schrieb sie ein Buch über ihre Zeit im Harem, verkehrte „selbstverständlich in den höchsten Gesellschaftskreisen",[9] knüpfte Kontakte zu Filmschaffenden und verliebte sich in einen fünfzehn Jahre jüngeren, ehemals zaristischen Offizier mit blauen Augen, dem sie zu einer Statistenrolle bei der UFA verhalf. Auch sie selbst scheint vor der Kamera gestanden zu haben, wie ein Artikel mit Foto in der Zeitschrift *Revue des Monats* glauben machen will.[10] Aber konkrete Spuren in der Filmbranche konnten von ihr bislang nicht entdeckt werden.

Deutlichere Spuren beim Film hinterließ indessen Leberecht von Guaita, auch er ein häufiger Gast bei Weissmanns Teegesellschaften. Nach Abschluss seiner Studien in Köln war Lebs 1929 wieder nach Berlin zurückgekehrt. Offenbar noch etwas unentschlossen über seine berufliche Zukunft, assistierte er zunächst seinem Onkel Max von Schillings und dem Freund Weissmann. Ein in den UFA-Studios im Dezember 1930 entstandener zwölfminütiger „Kulturfilm" mit dem Titel TÖNE, DIE NIE VERKLINGEN, bei dem sowohl der Onkel Max von Schillings als auch der Freund Frieder Weissmann als Dirigenten eines aus Mitgliedern der Berliner Staatsoper bestehenden Orchesters mitwirkten,[11] dürfte ihm den Anstoß gegeben haben, sich Anfang 1931 auf das neue Terrain des Tonfilms vorzuwagen in der Hoffnung, dabei „meine musikalischen Fähigkeiten zum Einsatz bringen" zu können.[12] In Babelsberg zunächst als Cutter bei Spiel- und Dokumentarfilmen tätig,[13] assistierte Lebs schon 1931/32 dem Regisseur Eberhard Frowein (1881-1964) bei einem musikalischen Filmprojekt, bei dem sein Onkel Max von Schillings wieder vor der Kamera stand. Es handelte sich um eine – von dem österreichischen Komponisten und Direktor der Berliner Musikhochschule Franz Schreker (1878-1934) initiierte – Reihe kurzer musikalischer Dokumentarfilme, die unter dem Obertitel DAS WELTKONZERT berühmte Dirigenten bei der Aufführung musikalischer Meisterwerke zeigten und in den Kinos als Vorfilme eingesetzt werden sollten.[14]

Richard Tauber und Frieder Weissmann bei Plattenaufnahmen.

Richard Tauber und Gitta Alpár

Musikpädagogische Unternehmungen wie DAS WELTKONZERT waren wohlgemeint, dürften aber den meisten Kinobesuchern ziemlich egal gewesen sein. Angesichts zunehmend bedrückender Lebensverhältnisse infolge des New Yorker Börsencrashs vom Oktober 1929 wollte man auf der Kinoleinwand keine Orchestermusiker sehen, die sich an Werken der Hochkultur abarbeiteten. Das Kino war Fluchtort vor der tristen Realität, hier suchte man pure Zerstreuung, wollte lachen und weinen und Musik hören, die Kummer und Sorgen verscheuchte. Lustige Schlager und frivole Operettenlieder, die man mitsummen, mitpfeifen und vielleicht auch mitsingen konnte, hatten aber auch deswegen Konjunktur, weil die Leinwandgötter seit kurzem sprechen und singen gelernt hatten. Vor allem singende Stars lockten die Menschen scharenweise in die Kinos, sie waren die Trumpfkarte des neuen Mediums Tonfilm, das seine Geburtsstunde im Oktober 1927 in New York erlebte mit einem Film, der bezeichnenderweise THE JAZZ SINGER hieß.

In Deutschland war der im Januar 1929 in Berlin uraufgeführte Kurzspielfilm ICH KÜSSE IHRE HAND, MADAME ein Geburtshelfer des neuen Mediums, obwohl es sich dabei im Grunde um einen Stummfilm handelte, der Ton nur bei einer zweiminütigen Gesangsszene aufwies. Sie galt dem im Filmtitel genannten Tango, mit dem Richard Tauber im Vorjahr einen großen Platten-Hit erzielt hatte. Tauber trat in dem Film jedoch nicht bildlich in Erscheinung, stattdessen bewegte der Hauptdarsteller Harry Liedtke seinen Mund synchron zu Taubers Schallplattengesang. Der Erfolg von ICH KÜSSE IHRE HAND, MADAME veranlasste jedoch Tauber noch 1929 zu dem (nach kurzer Zeit misslungenen) Abenteuer einer eigenen Filmproduktionsfirma. In deren erster, am 19. April 1930 uraufgeführten Produktion mit dem Titel DAS LOCKENDE ZIEL spielte Richard Tauber einen singenden Kärntner Bauernburschen, der seinem Kärntner Mädel zuliebe auf die große Berliner Karriere samt mondäner Partnerin verzichtet. Im Verlauf der sehr vorhersehbaren Handlung sang Tauber zwei selbst komponierte Tangolieder (ROT IST DEIN MUND, DER MICH VERLACHT und ES WAR EINMAL EIN FRÜHLINGSTRAUM) sowie die Arie „Ach so fromm, ach so traut" aus Flotows MARTHA.

Vierzehn Tage vor der Premiere des Films hatte Tauber alle drei Stücke in den Lindström-Studios für die Schallplatte aufgenommen, begleitet von einem nicht näher bezeichneten Orchester, das Frieder Weissmann dirigierte. Drei Wochen später wurden die Aufnahmen mit denselben Mitwirkenden fortgesetzt, am 24. April 1930 mit einem Tango, dann zwei Fernweh-Walzern (BLUME AUS DEM WOLGATAL und MÄRCHEN VON TAHITI) und zwei Liebesliedern (GUTE NACHT, MEIN HOLDES, SÜSSES MÄDCHEN und DAS ZAUBERLIED), am 26. April 1930 mit zwei damals sehr populären geistlichen „Schlagern", dem holländisch gesungenen altniederländischen Dankgebet WILT HEDEN NU TREDEN (WIR TRETEN ZUM BETEN) und Beethovens Vertonung des Gellert-Gedichts DIE HIMMEL RÜHMEN DES EWIGEN EHRE, arrangiert für Tenor, Chor, Röhrenglocken und Orchester.

Weissmann kannte keine Berührungsängste hinsichtlich „leichter" Musik. Dies verband ihn mit Richard Tauber, den er wie keinen anderen Sänger schätzte. Noch 1983 schwärmte er von dessen Stimme: „Einzigartig! Kein Tenor hat eine so schöne, melodische, weiche und kraftvolle Stimme gehabt wie der Tauber. Und alle Aufnahmen, die ich mit ihm gemacht habe, haben mich entzückt. [...] Die Stimme war eigentlich unerhört, unerhört. Er hat sich niemals, niemals beklagt über irgendetwas und hat leicht, sehr leicht gesungen. [...] Es war ein wunderbares Zusammenarbeiten. [...] Ich habe niemals mit ihm eine Probe gemacht. Wir haben sofort die Aufnahme gemacht. [...] Ein wunderbarer Kollege."[15] Die Wertschätzung muss wechselseitig gewesen sein, denn Tauber, der zuvor bei Schallplattenaufnahmen mit wechselnden Dirigenten zusammengearbeitet hatte, kam ab 1931 in Deutschland nur dann noch ins Aufnahmestudio, wenn Weissmann dirigierte. Die von Januar 1931 bis März 1933, als Tauber Deutschland verließ, an vierundzwanzig Tagen gemeinsam eingespielten 68 Titel zeigen die gesamte Bandbreite des Könnens von Richard Tauber, angefangen vom Prolog des Tonio aus Leoncavallos PAGLIACCI über Lieder von Schubert, Mendelssohn-Bartholdy, Hugo Wolf und Richard Strauss bis hin zu Operettenliedern aus Emmerich Kalmáns GRÄFIN MARIZA und Schlagern wie ADIEU, MEIN KLEINER GARDEOFFIZIER. Sie belegen eindrucksvoll die Auffassung mancher Experten, die Tauber noch heute gerade deswegen als „Nachfol-

ger Carusos" ansehen, weil er sich wie jener „in der Oper, als Liedinterpret und
als Sänger leichter Musik [behauptete]."[16]

Galt Richard Tauber damals beim breiten Publikum als „König der Operette", so hieß die ungekrönte Königin dieses Genres Gitta Alpár. Bevor sie ihren
Thron bestieg, hatte sie wie Tauber eine erfolgreiche Karriere als Opernsänge-
rin absolviert und gehörte, nachdem Erich Kleiber sie in einer Vorstellung von
Leo Délibes' LAKMÉ „entdeckt" hatte, von 1927 bis 1930 dem Ensemble der
Berliner Staatsoper an. Ihre besondere Begabung auf den Gebieten sowohl der
„ernsten" Oper als auch der „leichten" Operette stellte sie gleich bei ihren ersten, im Dezember 1926 unter Weissmanns musikalischer Leitung entstandenen
Schallplattenaufnahmen für Parlophon unter Beweis: Arien aus Mozarts DIE
ZAUBERFLÖTE, IL RE PASTORE und Verdis RIGOLETTO und eine Handvoll Lie-
der und Couplets aus Lehárs PAGANINI und DIE FLEDERMAUS von Johann
Strauss. Alle diese Aufnahmen blieben jedoch unter Verschluss, vermutlich weil
die Plattenfirma zu dem Zeitpunkt ihre Starqualitäten noch nicht erkennen
konnte. Als sie vier Jahre später, am 12. Dezember 1930, wieder im Lindström-
Studio erschien, dachten die Parlophon-Leute über sie völlig anders. Kein Wunder, hatte sie doch erst wenige Tage zuvor bei der Premiere von Franz Lehárs
SCHÖN IST DIE WELT an der Seite Richard Taubers einen so sensationellen Erfolg errungen, dass sie danach die „Operettendiva schlechthin" war.[17]

Die am 12. Dezember – wieder unter Weissmanns musikalischer Leitung –
erfolgten Aufnahmen galten zwei Arien aus französischen Opern, Delibes'
Glöckchen-Arie („Wie durch göttliche Spende" aus LAKMÉ) und Massenets Se-
villana („In Sevilla, meine schönen Damen, die Frühlingslüfte kamen" aus DON
CÉSAR DE BAZAN), bei denen – so ein begeisterter Kritiker – Gitta Alpár „die
Raketen ihrer Kehlfertigkeit steigen [ließ]; begleitet von Weißmann wirken diese
Szenen, weil die Musik unverbraucht ist, heute noch lebensvoll."[18] Parlophon
zauderte nun nicht mehr, im Gegenteil: 1931 sollte Weissmann, der sich noch
im hohen Alter an die ungarische Sängerin als „eine erstklassige Musikerin mit
viel Pep" erinnerte,[19] mit Gitta Alpár allein an sieben Tagen im Schallplattenstudio zusammenarbeiten.[20]

Querschnitt-Opern und Fantasie-Stücke

Während die in Bedrängnis geratene Schallplattenindustrie zur Absatzsicherung
zunehmend auf Stars wie Gitta Alpár setzte, kamen unbekanntere Gesangskünstler immer weniger zum Zuge. Deshalb arbeitete auch Weissmann
1930/31 – abgesehen von Richard Tauber und Gitta Alpár – fast ausschließlich
mit so bewährten Kräften zusammen wie Margarete Bäumer, Emmy Bettendorf, Barbara Kemp, Lotte Lehmann, Elisabeth Rethberg, Mafalda Salvatini,
Vera Schwarz bei den Sängerinnen, John Gläser, Gerhard Hüsch, Heinrich
Knote, Walter Kirchhoff, Tino Pattiera bei den Sängern.

Mit Tino Pattiera, der sich später mit den Nazis gemein machte und an Fritz Buschs Vertreibung aus Dresden mitwirkte,[21] arbeitete Weissmann 1930/31 an sechs Tagen zusammen. Hervorzuheben sind die Aufnahmen vom 21. März 1930, sechs Plattenseiten mit Szenen aus Verdis DER TROUBADOUR,[22] bei denen neben Pattiera die von Furtwängler und Bruno Walter geschätzte Sopranistin Beata Malkin (1892-1973) von der Charlottenburger Oper sowie die Altistin Helene Jung und der Bass-Bariton Paul Schöffler (1897-1977), beide von der Dresdner Oper, mitwirkten. Die Produktion, eine Vorform der in den Jahren nach 1950 lange beliebten Schallplattengattung der Opernquerschnitte, war Parlophons Antwort auf den Versuch des Konkurrenzlabels Polydor, mit sogenannten „Kurzopern" das rückläufige Schallplattengeschäft zu beleben. Um sich von der Konkurrenz abzuheben, erfand Parlophon für seine Schöpfung den Begriff der „Querschnitt-Oper", die explizit „keine Kurzoper sein sollte, auch kein nach ungefährer Nähe der Tonarten zusammengestelltes Potpourri; vielmehr ein Querschnitt durch die Oper, der in der Reihenfolge der Handlung und in möglichst musikalischem Zusammenhange Szenen und Ensembles wiedergibt."[23] Auch wenn die Schallplattenfirma etwas anderes glauben machen wollte, so war die „Querschnitt-Oper" nichts anderes als eine „Kurzoper", und folgerichtig veröffentlichte die Lindström AG die Produktion etwas später auch unter diesem Vorzeichen bei der Marke Odeon. Der Öffentlichkeit war jedenfalls die Etikettierung als „Querschnitt-Oper" oder „Kurzoper" ziemlich egal. So bezeichnete das holländische Kulturmagazin *De Hollandsche Revue* den Unterschied zwischen beiden als den „zwischen Bruder und Schwester." Was aber zähle, fuhr das Blatt fort, sei das erzielte und in diesem Fall „sehr befriedigende" Ergebnis, welches „einem ausgezeichneten Dirigenten (Dr. Weissmann) und einem Solistenquartett von höchstem Rang" zu verdanken sei.[24]

Da dem Publikum der Sinn vor allem nach Gesangsaufnahmen stand, hielten sich die Schallplattenfirmen zunehmend bei Aufnahmen rein orchestraler Werke zurück. Auch Weissmann hatte immer seltener Gelegenheit, sich im Studio als Konzertdirigent zu betätigen. Falls doch, handelte es sich meist um Stücke aus Opern, die sich auf einer doppelseitig bespielten Platte unterbringen ließen, also Ouvertüren, Zwischenspiele oder auch – manchmal als „Fantasien" bezeichnete – Potpourris, wobei Zusammenstellungen aus Operetten beim Publikum besonders beliebt waren. So entstanden im Herbst/Winter-Halbjahr 1929/30 unter Weissmanns Leitung ein WIENER OPERETTEN-REVUE betiteltes Potpourri der „bekanntesten Wiener Operetten", ein Potpourri von Karl Millöckers BETTELSTUDENT, eine FORTISSIMO betitelte „große Fantasie über Emmerich Kalmáns sämtliche Operetten" und ein Potpourri aus Franz Lehárs LAND DES LÄCHELNS. Bei letzterem riet die Kritik, man dürfe „es nicht gleich hinter Puccini hören, denn es lebt von und in der Sphäre des Italieners allerdings gemischt mit Ingredienzien, die dem Land an der Donau durch Einfall und Rhythmisierung nahestehen. Weißmann ist der treffliche Dirigent."[25] Was bei Operetten gefiel, wollte manch einem aber bei Opern weniger schmecken.

Eine am 13. März 1930 aufgenommene „Große Phantasie" mit dem Titel VON OPER ZU OPER reizte zu säuerlicher Kritik: „Dr. Weißmann ist der Dirigent dieser zum Genre Gartenmusik gehörigen Anthologie der bewährtesten Stellen aus musikdramatischen Werken. In der Glanzzeit unserer Militärkapellen waren Potpourris solcher Art entschieden geistvoller."[26]

Zu den seltenen Ausnahmen, die Orchesterwerken der Konzertliteratur galten, zählten Aufnahmen am 27. Januar 1930 mit dem Berliner Staatsopernorchester und dem Cellovirtuosen Emanuel Feuermann, die dessen letzte Einspielungen für das Label Parlophon blieben: Max Bruchs KOL NIDRE — ADAGIO NACH HEBRÄISCHEN MELODIEN OP.47 und Anton Dvoraks CELLOKONZERT H-MOLL OP. 104.[27] Von letzterem Werk wurden freilich nur Teile des ersten und zweiten Satzes aufgenommen. Sie sollten weniger gelungene Passagen einer früheren, nur im englischen Handel erhältlichen Aufnahme ersetzen, die Feuermann im April 1928 und September 1929 mit dem Berliner Staatsopernorchester unter Michael Taube eingespielt hatte.[28]

Die Produktion von Werken, die mehr als eine doppelseitig bespielte Platte in Anspruch nahmen, wurde drastisch heruntergefahren. 1930/31 bekam Weissmann nur einmal die Chance, ein längeres Orchesterkonzert auf Schallplatte einzuspielen. Am 1. Mai und 26. November 1930 sowie am 2. März 1931 dirigierte er das Orchester der Berliner Staatsoper bei Frédéric Chopins Klavierkonzerts Nr. 1 c-moll op. 11. Solist war der polnische Pianist Moriz Rosenthal (1862-1946), der, ausgebildet von Franz Liszt und dem Chopin-Schüler Karol Mikuli, wie kein anderer die Traditionen des Klavierspiels im 19. Jahrhundert verkörperte. Sein Spiel galt als unübertroffen. Darüber hinaus war der universal gebildete Rosenthal, der mehrere Sprachen beherrschte und vortrefflich Schach spielte, auch ein Mann mit viel Witz und Humor. Das donnernde Oktavspiel des jungen Kollegen Horowitz bei Tschaikowskys erstem Klavierkonzert kommentierte er maliziös: „Er mag ein Oktavian sein, aber kein Cäsar."

Schon zu Lebzeiten eine Legende, fand die Schallplattenaufnahme des 67-jährigen Rosenthal auch jetzt nur begeisterte Zustimmung beim Publikum. Die englischsprachige Kritik lobte „die brillante Interpretation und die glänzende Aufnahme",[29] die *Hollandsche Revue* pries das „köstliche Spiel" des Pianisten und zögerte nicht, die „vortreffliche Klassik-Aufnahme" ihren Lesern „von Herzen zu empfehlen".[30] Weil Rosenthal, der seit 1924 Schallplattenaufnahmen machte, kein weiteres Klavierkonzert auf Schallplatte einspielte, gilt diese Aufnahme des Chopin-Konzerts als ein besonderes Vermächtnis des großen Pianisten, dessen sublimes, vom Orchester einfühlsam begleitetes Spiel auch heute noch einen exquisiten Hörgenuss bereitet.

Frieder Weissmann um 1930; rechts Ankündigungen seiner Radiokonzerte.

Radio- und Konzertdirigent

Achtung, Sendung!

Die Schwierigkeiten, mit denen die Schallplattenbranche Anfang der 1930er Jahre zu kämpfen hatte, waren nicht allein die Folge der allgemeinen Wirtschaftskrise. Den Ausschlag gab erst ein zweiter Faktor – der unaufhaltsame Siegeszug des Rundfunks. Nur sechs Jahre, nachdem die Berliner Funk-Stunde als erster Radiosender am Abend des 29. Oktober 1923 den öffentlichen Rundfunkbetrieb aufgenommen hatte, war die Zahl der offiziell angemeldeten Rundfunkteilnehmer in Deutschland von anfangs wenigen hundert auf über drei Millionen hochgeschnellt.[31] Bereits im Oktober 1924 existierten in neun Großstädten regionale, privat organisierte Programmgesellschaften, die ihre Sendungen über Mittelwelle verbreiteten und sich 1925 in der Reichsrundfunkgesellschaft, einer der Reichspost unterstellten Dachorganisation, zusammenschlossen.[32]

Im Wettbewerb der Audiomedien hatte die Radiokonkurrenz gegenüber der Schallplatte schon allein aus Kostengründen die Nase vorn. Während der Rundfunk vom Verbraucher neben der Anschaffung eines Rundfunkempfängers nur eine relativ geringe monatliche Teilnehmergebühr verlangte und dafür Tag für Tag stundenlange Musikangebote aller Art bereithielt, musste der

Kunde im Schallplattenladen allein für eine einzige, etwa 30-minütige und auf drei doppelseitige Schallplatten verteilte Sinfonie ebenso viel zahlen wie für ein halbes Jahr Rundfunkempfang.

Musik war von Anfang an (und ist bis heute) wichtigster Programmbestandteil im Angebot der Rundfunkstationen. Mit der rasch erfolgten Ausweitung der Sendezeiten reichten Schallplatten und Live-Übertragungen musikalischer Veranstaltungen schon bald nicht mehr aus, um den rapide gestiegenen Bedarf an musikalischen Programmen zu decken. So entstanden in kurzer Zeit sendereigene Orchester und Chöre, deren Darbietungen in der Regel live übertragen wurden. Diese, z. T. von namhaften Dirigenten geleiteten,[33] Klangkörper mussten ein sehr breites Repertoire beherrschen, das alle Stilrichtungen und -epochen mit einschloss, sinfonische Konzerte, Kammermusik, Opern, Operetten, Oratorien, aber auch Tanzmusik und Musik für Hörspiele.

Obwohl Weissmann sich bislang kaum um Rundfunk gekümmert hatte, war er in dem neuen Medium durchaus schon seit längerem präsent. Rundfunkredakteure, die für ihre Programme auf die Erzeugnisse der Schallplattenindustrie angewiesen waren, hatten früh damit begonnen, die von ihm kontinuierlich und in gleichmäßiger Qualität produzierten Aufnahmen in ihre Sendungen aufzunehmen. Griffen sie zunächst pro Sendung nur auf ein oder zwei von ihm dirigierte Stücke zurück, so widmeten sie mit der Zeit immer öfter eine längere Sendung ausschließlich Werken, die Weissmann auf Schallplatte eingespielt hatte. Der reiche Bestand an Weissmannschen Schallplatten erleichterte dabei den Redakteuren sehr die Arbeit und ermöglichte abwechslungsreiche Programme. Somit waren Konzerte unter dem Titel „Dr. Weissmann dirigiert" für die Radiohörer in ganz Deutschland bereits ein fester Begriff, bevor am 26. September 1930 ein von ihm geleitetes Rundfunkkonzert erstmals live über den Äther ging.

Ausstrahlender Sender dieses Konzerts war die Süddeutsche Rundfunk AG (SÜRAG) in Stuttgart. Die 1925 gegründete Rundfunkanstalt hatte 1926 eine enge Kooperation mit dem zwei Jahre vorher auf wirtschaftlich wackligem Fundament errichteten Philharmonischen Orchester vereinbart. Seitdem als Konzert- und als Rundfunkorchester finanziell besser abgesichert, wurden die Stuttgarter Philharmoniker in den Jahren 1926-29 vor allem von dem Gastdirigenten Leo Blech geprägt, dessen pro Saison zehn Konzerte dem Publikum wahre „sinfonische Sternstunden" bescherten.[34] Aber auch andere berühmte Gastdirigenten wie Hermann Abendroth, Siegmund von Hausegger, Felix von Weingartner oder Max von Schillings trugen in dieser frühen Phase zum Renommee des Orchesters bei. Dessen musikalische Leitung lag in den Händen von zwei jungen jüdischen Dirigenten, die beide – wie Weissmann – 1933 Deutschland verließen und in den USA eine neue Heimat fanden: dem aus Frankfurt am Main stammenden Emil Kahn (1896-1985), seit 1928 zuständig für die Rundfunkkonzerte, und dem im russischen Sankt Petersburg geborenen Efrem Kurtz (1900-1995), seit 1926 zuständig für die öffentlichen Konzerte. Geschäftsführer des Orchesters war seit 1925 Josef Leimeister, der vorher Hornist im Orchester der Berliner Staatsoper gewesen war und seit dieser Zeit zweifellos Kontakt zu Weissmann hatte.

Veranstaltungsort des an jenem Septemberabend 1930 über die Sender der Stuttgarter SÜRAG und der Frankfurter SÜWAG verbreiteten Konzerts war der Sendesaal im Alten Waisenhaus am Stuttgarter Charlottenplatz. Auf dem Programm standen neben einem klassischen Werk, Mozarts SINFONIE NR. 40 G-MOLL KV 550, zwei Kompositionen von Zeitgenossen, das Orchesterscherzo DER ZAUBERLEHRLING des Franzosen Paul Dukas (1865-1935) und die Tondichtung TOD UND VERKLÄRUNG OP. 24 von Richard Strauss – zwei Meisterstücke virtuoser Orchesterkunst, bei denen Weissmann sein Dirigiertalent voll ausspielen konnte: „Dr. Fr. Weißmann gehört zu den Kapellmeistern, unter denen ‚ein Orchester spielt', das heißt, er verfügt über jene suggestive Kraft und Energie, die notwendig sind, um Feuer aus einer musikalischen Körperschaft zu schlagen. Die Musiker sind ganz bei der Sache, Gruppen und Solisten wetteifern miteinander, alles klingt präzise, rhythmisch und beseelt! Musikalische Bildung und Beherrschung des Stoffes ergänzen diese Führereigenschaften."[35]

Beeindruckt waren auch die Verantwortlichen beim Stuttgarter Sender, die nicht zögerten, Weissmann – neben Leo Blech, Hans Pfitzner und Fritz Busch – in der Zeit von Januar 1931 bis Januar 1932 noch vier weitere Male als Gastdirigent einzuladen.[36] Zwei dieser Konzerte wurden am 9. Januar und am 8. Mai 1931 im Rahmen öffentlicher Veranstaltungen aus dem Festsaal der Stuttgarter Liederhalle übertragen, die beiden anderen Konzerte am 12. Juni 1931 und am 21. Januar 1932 waren nicht-öffentliche Übertragungen aus dem Stuttgarter Sendesaal.[37] Da allein die öffentlichen Konzerte Gegenstand kritischer Berichterstattung in den Tageszeitungen waren, soll hier nur auf sie näher eingegangen werden.

Am 9. Januar 1931 dirigierte Weissmann erstmals in Stuttgart vor Publikum und wurde, da durch „viele wirksame, verschiedenen Geschmacksrichtungen entsprechende Schallplatten [...] wohlbekannt, [...] von einer großen Menge von Zuhörern freundlichst begrüßt."[38] Begonnen hatte das Konzert mit Webers FREISCHÜTZ-Ouvertüre, an die sich das Brahmssche DOPPELKONZERT FÜR VIOLINE, VIOLONCELLO UND ORCHESTER A-MOLL OP. 102 mit den Solisten Georg Beerwald (1894-1959) und Louis Schuyer (1901-1943), zwei Konzertmeistern des Orchesters, anschloss. Beerwald sollte 1935 eine Professur an der Kölner Musikhochschule erhalten, sein holländischer Kollege Schuyer wurde 1933 aus Deutschland vertrieben und nach der Besetzung der Niederlande von den Deutschen 1943 im Vernichtungslager Sobibor umgebracht.

Ebenfalls aus Hitler-Deutschland vertrieben wurde Wolfgang Stresemann (1904-1998), dessen MUSIK FÜR ORCHESTER nach der Pause uraufgeführt wurde. Der Komponist, Sohn des von den Nationalsozialisten heftigst bekämpften Reichskanzlers Gustav Stresemann (1878-1929) und nach dem Zweiten Weltkrieg als Intendant der Berliner Philharmoniker und Karajan-Bändiger eine Legende, fand mit seinem Werk zwar freundliche Aufnahme beim Publikum, stieß aber bei der Stuttgarter Presse auf wenig Begeisterung. Der Kritiker des *Stuttgarter Neuen Tagblatts* dachte dabei meistens „an schwache Stellen in Schrekers Musik",[39] sein Kollege vom *Schwäbischen Merkur* meinte, der „Komponist muß erst noch sein wirkliches Berufensein durch stärkere musikalische Potenz erweisen."[40]

Auch mit dem Dirigenten Weissmann waren beide Kritiker nicht auf Anhieb warm geworden. Der eine missbilligte, dass Weissmann der Freischütz-Ouvertüre „zum Teil eine höchst subjektive Ausdeutung gab".[41] Der andere registrierte durchaus „seine sichere, gewandte, rhythmisch straffe und temperamentstark anregende Direktionstechnik" und sein „besonders auf die Erreichung glanzvoller klanglicher Steigerungen und Höhepunkte" ausgerichtetes Bestreben, sah aber darin zugleich auch die Gefahr, dass dabei „der formale Aufbau und der innere Gehalt eines nicht nur auf äußere Wirkung eingestellten Werkes in Stücke [geht]."[42] Schließlich einte aber beide Kritiker die Begeisterung über den krönenden Abschluss des Konzerts, die „mit stärkstem Beifall" bedachte Wiedergabe der Tondichtung DON JUAN OP. 20 von Richard Strauss.[43] „Das Orchester spielte unter Weißmanns Leitung mit Schwung und Feuer, auch fein abgetönt",[44] lobte der *Schwäbische Merkur*, dem *Stuttgarter Neuen Tagblatt* zeigten sich „Orchester und Dirigent im vollen Glanze künstlerisch temperamentvoller Auffassung und ausgezeichneten technischen Könnens."[45]

Das zweite öffentliche Konzert am 8. Mai 1931 fand im Rahmen einer vom Württembergischen Kulturministerium initiierten zweitägigen musikpädagogischen Tagung zum Thema „Schallplatte als Bildungsmittel" statt. Die vom Rundfunk und der Württembergischen Landesanstalt für Erziehung und Unterricht gemeinsam getragene Veranstaltung wurde gesponsort von der „Kulturabteilung" des Berliner Lindström-Konzerns. Diese 1929 geschaffene Einrichtung hatte die Aufgabe, den schulischen Musikunterricht durch Bereitstellung von geeigneten Schallplatten, Informationen, Kursen so umfassend wie möglich zu unterstützen. Im Grunde genommen war es eine clevere PR-Maßnahme, mit der die Lindström AG dem spürbar nachlassenden Interesse an dem Medium Schallplatte entgegenwirken wollte. Schon einmal war die „Kulturabteilung" bei einer derartigen Veranstaltung aufgetreten, die ein halbes Jahr vorher, am 30. November 1930, in Mannheim stattfand. Organisiert vom Ausschuss für Volksmusikpflege und der Mannheimer Volkshochschule in Zusammenarbeit mit der „Kulturabteilung" des Lindström-Konzerns kam es an diesem Tag zum „weltweit ersten Schallplattentag",[46] bei dem „die vielerlei Beziehungen aufgedeckt werden [sollten], die zwischen Schallplatte und Schule (im weitesten Sinne) bestehen."[47] Bei dieser Tagung war auch „Kapellmeister Frieder Weißmann" als Referent erschienen, der den Anwesenden zeigte, „wie die Schallplatte im Dienst der Chor- und Orchester-Erziehung heranzuholen ist, wie sie über Instrumente und Instrumentation aufklären kann, wie sie sogar Fingerzeige gibt für die richtige klangliche Interpretation."[48]

Trotz aller medienpädagogischen Vorzeichen wurde – wie das *Stuttgarter Neue Tagblatt* mit leicht hochgezogenen Augenbrauen anmerkte – bei dem Konzert im Mai 1931 „recht handfest, effektvoll, ohne erzieherische und richtunggebende Absichten für ein großes, an äußerlich glanzvoller, virtuosisch üppiger und problemloser Musik sich erfreuendes Publikum musiziert."[49] Eröffnet wurde der Abend mit PROLOG UND EPILOG ZU EINEM DRAMATISCHEN GEDICHT, einem Gelegenheitswerk aus der Feder des berühmten Tenors Richard Tauber, der, weil er sich mitunter auch als Dirigent betätigte, sein Werk schon zwei Monate vorher bei Schallplattenaufnahmen für das Lindström-Label Odeon dirigiert hatte.[50] Da diese Aufnahmen aber erst 1933 in den Handel gelangten, war die Stuttgarter Wiedergabe unter Weissmann tatsächlich die Uraufführung des Lehár-getränkten Tauber-Werks, das bei Publikum und Presse wenig Beifall fand. Anders der Dirigent Weissmann, der – so der *Schwäbische Merkur* – „mit Einsetzung seiner ganzen Persönlichkeit sich als Dirigent von Qualität vorstellte. Seine Bewegungen gehen für das Publikum zwar bis an die Grenze; doch beherrscht er offenbar sein Orchester; und auch das Werk."[51]

Auf Taubers Komposition folgten mit Tschaikowskys KLAVIERKONZERT NR. 1 B-MOLL OP. 23 und Eduard Lalos zweitem Violinkonzert, der SINFONIE ESPAGNOLE D-MOLL OP. 21, virtuose Bravourstücke, bei denen zwei Lindström-Vertragskünstler, der polnische Pianist Karol Szreter und der im russischen Odessa geborene geigerische Tausendsassa Tossy Spiwakowsky (1906-1998), ihr fabelhaftes Können zeigen konnten und dafür auch „mit laut schallendem Beifall bestätigt" wurden.[52] Beschlossen wurde der Abend wieder mit Richard Strauss, von dem gleich zwei Werke aufgeführt wurden, die Tondichtung TILL EULENSPIEGELS LUSTIGE STREICHE OP. 28 sowie als Zugabe die ROSENKAVALIER-WALZER. Weissmann spornte dabei das Orchester zu höchster Leistung an und erzielte „ganz überragende Leistungen [...]. Seine geniale Auffassung über ‚Till Eulenspiegels lustige Streiche', einem der schwierigsten Werke von Rich. Strauß, war unübertrefflich."[53] Das *Stuttgarter Neue Tagblatt* registrierte zufrieden „starken Beifall" wegen „brillanter Klangfarbigkeit und virtuosem Schwung",[54] der *Schwäbische Merkur* verspürte musikalische Wirkung „vor allem in den Einzelheiten, die plastisch und dynamisch belebt kamen".[55]

Als Gastdirigent trat Weissmann nach dem 21. Januar 1932 in Stuttgart nicht mehr auf. Weshalb es keine Fortsetzung gab, lässt sich heute nicht mehr feststellen, könnte aber damit zu tun gehabt haben, dass er inzwischen auch in Hamburg und Berlin ein regelmäßiger Gast im Rundfunk war. In Hamburg debütierte er am 16. Oktober 1931 auf Einladung des aus Frankfurt a. M. gebürtigen José Eibenschütz (1872-1952), der seit 1928 das Rundfunkorchester und die Musikabteilung der Nordischen Rundfunk AG (NORAG) leitete. Das Programm des über die Sender der NORAG verbreiteten Sinfoniekonzerts enthielt neben Mozarts SINFONIE NR. 39 ES-DUR KV 543, Debussys NOCTURNES L. 91 und Richard Strauss' Tondichtung TOD UND VERKLÄRUNG OP. 24 auch Weissmanns Eigenkomposition der FÜNF LIEDER NACH ANDRÉ GERMAIN. Gesangs-

solistin im letztgenannten Stück war Martha Geister (1905-1991), eine vor allem
als Wagner-Sängerin geschätzte Sopranistin, die von 1929 bis 1936 dem Hamburger Opernhaus und danach 24 Jahre lang dem Landestheater Darmstadt angehörte.

Der Erfolg dieser Veranstaltung führte bald darauf zu einem Anschlussen-
gagement. Am 28. Januar 1932 dirigierte Weissmann in Hamburg das NO-
RAG-Orchester bei der fast dreistündigen Radioübertragung von Daniel-
François-Esprit Aubers (1782-1871) komischer Oper FRA DIAVOLO ODER DAS
GASTHAUS ZU TERRACINA. Herausragend beim Sängerensemble waren zwei
Tenöre, in der Titelrolle Paul Kötter (1898-1974) und in der Rolle des römischen Dragoneroffiziers Lorenzo der Schweizer Herbert Ernst Groh (1906-
1982). Kötter, seit 1930 am Hamburger Opernhaus unter Vertrag, wählte ab
1935 die Frankfurter Oper zu seiner künstlerischen Heimat und blieb dieser
auch nach 1945, als er sich von der Bühne verabschiedete, als Verwaltungsange-
stellter treu. Groh hatte sich nach Engagements in Darmstadt und Mönchen-
Gladbach dem Rundfunk und der Schallplatte zugewandt. 1930 als erster Solist
an den Hamburger Rundfunksender verpflichtet, war der Sänger, mit dem
Weissmann in den Monaten zuvor bereits drei Mal in Berlin bei Schallplattenaufnahmen zusammengearbeitet hatte, inzwischen einer der populärsten deutschen Tenöre.

Dirigent des Berliner Sinfonie-Orchesters

Mit dem 1907 gegründeten Berliner Sinfonie-Orchester, das sich bis 1922
Blüthner-Orchester nannte,[56] hatte Weissmann in den zurückliegenden Jahren
schon öfters zusammengearbeitet, in der Regel im Lindström-Aufnahmestudio,
einmal, im März 1918 bei seinem Berliner Debüt, aber auch als Konzertdirigent. Damals war noch Paul Scheinpflug, inzwischen Chef der Dresdner Philharmoniker, der Leiter des Orchesters. Dessen Nachfolger in Berlin waren
1920 Camillo Hildebrand (1876-1953), 1924 Julius Kopsch (1887-1970), 1925
Oskar Fried (1871-1941) und 1926 Emil Bohnke (1888-1928). Ein Autounfall,
bei dem Bohnke und seine Frau, die Geigerin Lilli von Mendelssohn (1897-
1928) ums Leben kamen, führte 1928 zur Berufung des ehemaligen Königsberger GMD Ernst Kunwald (1868-1939),[57] dem ab Oktober 1929 Helmuth Thierfelder (1897-1966) als zweiter Dirigent zur Seite stand.[58] Obwohl sein Vertrag
Anfang 1931 verlängert wurde,[59] musste Thierfelder schon kurz danach das Orchester verlassen. Ursache der Trennung dürfte ein gestörtes Vertrauensverhält-
nis zwischen dem Wiener Juden Kunwald und Thierfelder, einem begabten Dirigenten, aber auch überzeugten Nationalsozialisten und Antisemiten, gewesen
sein.[60]

Auf den somit frei gewordenen Posten des zweiten Dirigenten holte Kunwald den ihm aus gemeinsamen Königsberger Zeiten noch in guter Erinnerung
gebliebenen Kollegen Weissmann, dessen Berufung am 12. September 1931 in

der Presse publik gemacht wurde.[61] Für den war diese Stelle zwar immer noch nicht die insgeheim erstrebte Chefposition, doch hatte er damit beste Aussichten, in absehbarer Zeit Nachfolger des sich dem Pensionsalter nähernden Kunwald werden zu können. Darüber hinaus ermöglichte ihm das Engagement bei dem in Berlin ansässigen Orchester die problemlose Fortführung seiner Schallplattenverpflichtungen bei der Lindström AG.

Ernst Kunwald dürfte sich nicht zuletzt deswegen für Weissmann als Stellvertreter entschieden haben, weil dieser mit den technischen Medien Schallplatte und Rundfunk vertraute Dirigent Hoffnungen nährte, durch Zusammenarbeit mit dem Rundfunk dringend erwünschte zusätzliche Einnahmen erzielen zu können. Angesichts rückläufiger Ticketverkäufe infolge wachsender Arbeitslosigkeit und bedroht von drastischen Budgetkürzungen infolge schlechter Kassenlage der Stadt Berlin, dem Hauptzuschussgeber, war die Erschließung neuer Geldquellen für das Orchester geradezu überlebenswichtig geworden. Dass wegen der katastrophalen Finanzlage Berlins die Zukunftsaussichten nicht nur für das Berliner Sinfonie-Orchester, sondern auch den zweiten von der Stadt subventionierten Klangkörper, die Berliner Philharmoniker, mittlerweile bedrohlich waren, hatte sich spätestens im Dezember 1931 herumgesprochen, als die Fachzeitschrift *Die Musik* ihren Lesern mitteilte, dass nicht nur die berühmteren Berliner Philharmoniker „im Frühjahr vor der Auflösung" stünden, „auch das Berliner Sinfonie-Orchester kämpft verzweifelt um sein Dasein."[62]

Noch vor seinem offiziellem Dienstantritt hatte Weissmann die verstärkte Zusammenarbeit mit dem Rundfunk begonnen. Am 6. September 1931 leitete er das Berliner Sinfonie-Orchester bei einem, im Abendprogramm der „Berliner Gruppe" übertragenen, zweistündigen Konzert, das eine unterhaltsame Mischung populärer Stücke, von Mendelssohns Ouvertüre MEERESSTILLE UND GLÜCKLICHE FAHRT bis zu Giacomo Meyerbeers FACKELTANZ, bot. Musikalische Unterhaltungsprogramme wie dieses sollten Weissmann und das Orchester danach etwa ein bis zwei Mal pro Monat im Nachmittagsprogramm des Berliner Rundfunks zu Gehör bringen.[63] Weissmann kümmerte sich aber auch um die Rundfunkübertragung anspruchsvollerer Programme, z. B. am 27. Oktober 1931 bei einem großen Abendkonzert, das in der ersten Stunde Orchesterstücke von Richard Wagner, in der zweiten Stunde Ouvertüren und Tänze von Mozart bis Johann Strauss sowie Schuberts SINFONIE H-MOLL D 759 („UNVOLLENDETE") bot. Auch die Musik der Moderne kam nicht zu kurz, so am 14. November 1931 im frühen Abendprogramm des Berliner Rundfunks bei der Erstaufführung eines DURCH DIE NACHT OP. 67 betitelten Liederzyklus' von Ernst Krenek mit der Sopranistin Lucy Siegrist und Mitgliedern des Berliner Sinfonie-Orchesters. Die Mitwirkenden stellten dabei noch ein zweites Werk des Komponisten vor, O LACRYMOSA OP. 48, die Vertonung dreier Rilke-Gedichte.

Vor Publikum trat Weissmann in seiner neuen Rolle als ständiger Dirigent des Orchesters erstmals am Sonntag, dem 11. Oktober 1931 im Bach-Saal am

Magdeburger Platz auf. Gespielt wurden bei diesem Konzert Debussys NOCTURNES, die Tondichtung DON JUAN OP. 20 von Richard Strauss und Schumanns „FRÜHLINGS-SINFONIE" NR. 1 B-DUR OP. 38. Eine Uraufführung war die SUITE FÜR STREICHORCHESTER UND PAUKEN von Wladimir Vogel (1896-1984), einem 1933 in die Schweiz emigrierten deutsch-russischen Busoni-Schüler, dessen „bereits vor zehn Jahren komponiertes und nicht gerade bedeutendes Werk" die Zeitschrift *Die Musik* „wohl nur als freundliche Verbeugung vor dem zeitgenössischen Schaffen" werten wollte.[64] Sehr viel aufgeschlossener zeigte sich das Blatt gegenüber dem Dirigenten Weissmann, dessen „Konzert im Bach-Saal [...] die gestellten Erwartungen und Ansprüche [bestätigte]. Er ist ein Dirigent von reifer künstlerischer Zielsicherheit."[65]

Die bei großen Teilen des Publikums vorherrschende Ablehnung neuer Musik führte schon bei Weissmanns zweitem Sonntagskonzert am 25. Oktober 1931 zu einem „Skandal um Arnold Schönberg",[66] der sogar von der ausländischen Presse, z. B. dem holländischen *Algemeen Handelsblad*,[67] aufmerksam registriert wurde. Weissmann hatte neben Werken von Weber, Beethoven, Smetana und Berlioz auch Arnold Schönbergs BEGLEITMUSIK ZU EINER LICHTSPIELSZENE OP. 34 aufs Programm gesetzt,[68] ein – so Max Marschalk in der *Vossischen Zeitung* – „höchst kunstvoll gearbeitetes [Werk], in dem eine schwüle und bedrückende Atmosphäre herrscht, das indessen eine nicht gerade ‚eingängige' Musik birgt. Das Publikum quittierte mit Zischen und Pfeifen und einem seltsamen Hu-Geheul, das auf jeden Fall den Reiz der Neuheit hatte. Der Kampf um den eigenwilligen, in seiner Eigenwilligkeit so überaus konsequenten Schönberg, ist also immer noch nicht ausgekämpft. Es ist sein Schicksal von jeher auf Gegnerschaft zu stoßen, die ihr Mißbehagen in Lärm umsetzt."[69] Dem Dirigenten Weissmann bescheinigte Marschalk, sich an diesem Abend „als überlegener Interpret der schwierigen ‚Begleitmusik' und sonst aufs Beste" bewährt zu haben.[70] Auch die Zeitschrift *Die Musik* sparte nicht mit Beifall für den Dirigenten, der Schönbergs Werk „in durchsichtiger Darstellung geboten" habe. Den Missfallenskundgebungen des Publikums zum Trotz seien „derartige Lehrproben neuer Musikbetrachtung [...] nötig und dem Dirigenten Weißmann als Verdienst zu buchen."[71]

Zeitgenössische Musik war dem Gespann Kunwald-Weissmann ein besonderes Anliegen. Noch vor Weissmanns offiziellem Dienstantritt war in der Presse die Verwirklichung eines „schon länger erwogenen Planes" zur „Förderung zeitgenössischer Tonsetzer" angekündigt worden. Dabei sollte es diesen, „besonders unter Berücksichtigung des Nachwuchses", in Sonderkonzerten des Berliner Sinfonie-Orchesters „gegen einen geringen Unkostenbeitrag ermöglicht werden, vorwiegend unaufgeführte Werke dem großen Publikum [...] zu Gehör zu bringen."[72] Um die Wichtigkeit des Vorhabens zu unterstreichen, aber auch um dessen Prestige zu steigern, hatten Kunwald-Weissmann das Vorhaben unter die Schirmherrschaft eines „Ehrenausschusses" gestellt, für den prominente deutsche Musikwissenschaftler wie Hans Mersmann, Hans Joachim

Moser, Arnold Schering und Komponisten wie Paul Graener, Heinrich Kaminski, E. N. von Reznicek, Max von Schillings, Arnold Schönberg und Franz Schreker als Mitglieder gewonnen wurden.[73]

Trotz großer Vorauspropaganda und mancher Vorschusslorbeeren dauerte es lange, bis endlich am 27. Januar 1932 das erste, von Ernst Kunwald geleitete Sonderkonzert zustande kam. Obwohl nach Meinung des „Ehrenausschuss"-Mitglieds und verantwortlichem *Melos*-Redakteurs Hans Mersmann „ein Reinfall",[74] bewies das Publikum, wie die *Zeitschrift für Musik* im April-Heft 1932 vermeldete, bereits bei diesem ersten Gemeinnützigen Uraufführungskonzert des Berliner Sinfonie-Orchesters ein „lebhaftes Interesse für Uraufführungen junger und zeitgenössischer Tonsetzer", das sogleich „zur Schaffung eines kleinen Autoren-Fonds für weitere gleichartige Darbietungen" geführt habe.[75]

Das zweite Gemeinnützige Uraufführungskonzert des Berliner Sinfonie-Orchesters fand unter Weissmanns Leitung am 18. März 1932, wieder im Saal der Musikhochschule, statt. Das Programm, eine nach Meinung der Zeitschrift *Die Musik* „famos zur Durchführung gebrachte Folge von drei Novitäten",[76] brachte die Uraufführungen des VORSPIELS FÜR KLEINES ORCHESTER von Herbert Trantow (1903-1993), einem Dresdner Komponisten und Pianisten, des KONZERTSATZES FÜR KLAVIER UND ORCHESTER von Karl Stimmer (1901-1943), einem im KZ Auschwitz ermordeten österreichischen Komponisten, und VARIATIONEN FÜR GROSSES ORCHESTER MIT OBLIGATEM KLAVIER des Berliner Hochschulprofessors Walter Gmeindl (1890-1958). Vor allem Gmeindls Werk wurde von der Kritik positiv aufgenommen. „Unverkennbar", so *Die Musik*, sei „der unsentimentale, naturhafte Impuls zum Musizieren in diesem Komponisten, der sicherlich eine Zukunftshoffnung ist."[77] Fast noch mehr als von Gmeindls VARIATIONEN, „die in der zynischen Brutalität ihrer Klanghäufungen Strawinsky weit übertrumpfen",[78] zeigte sich die *Zeitschrift für Musik* von dem Dirigenten Weissmann beeindruckt, der mit dem Orchester „eine artistische Leistung ersten Ranges" bot.[79]

Mit dem Bemühen, bei seinen Konzerten die „Programme aufzulockern und moderner zu gestalten,"[80] hatte Weissmann die Kritiker auf seiner Seite. Max Marschalk von der *Vossischen Zeitung* zeigte sich z. B. sehr angetan von einem Konzert, bei dem „Frieder Weißmann, der Nachdenkliche, Feinsinnige, auf intime Klangwirkungen bedachte," am 3. Januar 1932 TÄNZE AUS ZWEI JAHRHUNDERTEN präsentierte – „ein buntes, aber mit sicherem Geschmack zusammengestelltes Programm, das selbst den verwöhnten Musiker interessieren konnte." Weissmanns Nähe zur Musik der Romantik kam in den beiden nächsten Konzerten zur Geltung, am 17. Januar 1932 bei einem Tschaikowsky-Abend mit dem Geiger Tossy Spiwakowsky und am 31. Januar 1932 bei der Wiedergabe des Schumannschen KLAVIERKONZERTS (mit der Pianistin Gisela Binz) und der von Weissmann so geliebten SINFONIE NR. 2 D-DUR OP.73 von Johannes Brahms.

Von persönlichen Vorlieben inspiriert war auch das Konzert am 28. Februar 1932. Neben der Tondichtung TILL EULENSPIEGELS LUSTIGE STREICHE OP. 28 von Richard Strauss und drei klassischen Arien bot es zwei Berliner Erstaufführungen, zugleich zwei Erinnerungen an glückliche Jahre in Dresden: die SINFONIE NR. 3 DES-DUR des in Dresden geborenen Spätromantikers Paul Büttner (1870-1943), die Weissmann zwei Monate vorher in Dresden uraufgeführt hatte, und die Eigenkomposition der FÜNF LIEDER NACH GEDICHTEN VON ANDRÉ GERMAIN, die seine verstorbene Ehefrau Meta Seinemeyer bei der Uraufführung in Dresden am 16. Oktober 1928 vorgetragen hatte. Nun trat als Solistin die Sopranistin Miette Muthesius (1899-1996) auf, eine aparte, mit dem namhaften Berliner Architekten und Designer Eckart Muthesius (1904-1989) verheiratete Belgierin mit schottischen Wurzeln, von der Weissmanns Lieder – nach Meinung des *Berliner Tageblatts* – „geschmackvoll und mit bestechendstem Material gesungen" wurden.[81]

Apart – wegen der Namensähnlichkeit – war auch das Gespann von Dirigent und Solist beim nächsten Konzert am 28. März 1932. Neben einer Erstaufführung des von den Nazis ermordeten österreichischen Komponisten Karl Wiener (1891–1942) dirigierte Weissmann Werke von Mendelssohn-Bartholdy, Schubert und Max Bruch. Den Solopart in Bruchs SCHOTTISCHER FANTASIE ES-DUR OP. 46 spielte der Geiger Diez Weismann (1900-1982), ein Sohn des aus Frankfurt am Main stammenden, langjährigen preußischen Staatssekretärs Robert Weismann (1869-1942). Wie sein Vater emigrierte der Carl Flesch-Schüler Diez Weismann nach 1933 in die USA, wo er u. a. als Konzertmeister unter Lepold Stokowski arbeitete.

Bruchs SCHOTTISCHE FANTASIE hatten Dirigent Weissmann und Solist Weismann mit dem Berliner Sinfonie-Orchester schon ein paar Wochen vorher, am 2. März 1932, im Abendprogramm des Berliner Rundfunks aufgeführt. Einen ähnlichen Medienverbund arrangierte Weissmann bereits im Herbst 1931 für die RASKOLNIKOFF-OUVERTÜRE des österreichischen Komponisten Emil Nikolaus von Reznicek (1860-1945). Nachdem er die von Dostojewskis Roman inspirierte „Fantasie-Ouvertüre" mit dem Berliner Sinfonie-Orchester im Oktober 1931 im Abendprogramm des Berliner Rundfunks zur Uraufführung gebracht hatte, bescherten er und das Orchester dem Werk zwei Monate später in Anwesenheit des Komponisten und vor Publikum noch eine zweite „Uraufführung" im Bach-Saal am 13. Dezember 1931. Dabei erzielte das Werk – laut *Vossischer Zeitung* – „einen großen Erfolg, so daß sich der Komponist von seiner Loge aus oftmals dankend verneigen konnte." Ohne des Komponisten Leistung schmälern zu wollen, würdigte das Blatt aber auch das Verdienst des Dirigenten Weissmann, welcher „der Neuheit des Abends ein temperamentvoller und energischer Anwalt" war und an diesem Abend neben Werken von Ravel und Schubert (UNVOLLENDETE) noch Liszts ES-DUR KLAVIERKONZERT, gespielt von der „nicht unbegabt[en]" vierzehnjährigen Solistin Tamara Lenska,[82] dirigierte.[83]

Im Lindström-Aufnahmeraum am 6. Oktober 1931 nach der Einspielung einer Benefiz-Schallplatte zu Gunsten hilfsbedürftiger Mitglieder der Bühnengenossenschaft, v.l.n.r.: Richard Tauber, der Komponist Eduard Künneke; die Schauspielerin Grete Ilm (Bühnengenossenschaft), Frieder Weissmann, Eduard Winterstein (Präsident der Bühnengenossenschaft).

Schwierige Zeiten

Alte und neue Sterne

1931 hatte die Wirtschaftskrise keine Wendung zum Besseren genommen. Politisch führte die Krise zu einer Radikalisierung der Bevölkerung, die angesichts einer Arbeitslosenzahl von über fünf Millionen zunehmend mit den Nationalsozialisten sympathisierte. Kulturell sorgte sie für gesunkene Subventionen und eine Abwanderung des Publikums aus Theatern und Konzertsälen mit der Folge eines regelrechten Theatersterbens, bei dem vor allem Schauspieler und Bühnenangestellte auf der Strecke blieben. Ende der Spielzeit 1931/32 vermeldete die Bühnengenossenschaft, dass zwei Drittel ihrer Mitglieder ohne festes Engagement waren.[84]

Zur Linderung der Not von Schauspielern, Musikern und Künstlern entstanden immer wieder spontane Hilfsaktionen. Auch die Lindström AG wollte helfen und zwar mit einer Schallplatte, bei der alle Mitwirkenden auf ihre Honorare zugunsten des Hilfsfonds der Genossenschaft Deutscher Bühnenangehöriger verzichtet hatten. Auf Vorder- und Rückseite der Platte sollten zwei Lieder eingespielt werden, Eduard Künnekes Song GEH' NICHT SO TREULOS VORÜBER und das Volkslied DIE LORE AM TORE, beide gesungen vom Startenor Richard Tauber mit Begleitung des Odeon-Künstlerorchesters unter Frieder Weissmann. Die Aufnahmen beider Stücke fanden am 6. Oktober 1931 statt, wobei sich nicht nur die Ausführenden, sondern auch der Komponist Eduard Künneke und zwei Vertreter der Bühnengenossenschaft, der Präsident Eduard Winterstein und die Schauspielerin Grete Ilm, im Aufnahmestudio eingefunden hatten, um sich für ein Gruppenfoto ablichten zu lassen.

Die Hilfsaktion hatte es durchaus verdient, dass sie bildlich festgehalten wurde. Denn kaum weniger als die Theaterwelt litt auch die Lindström AG – wie die gesamte Schallplattenindustrie – unter den Folgen der Wirtschaftskrise. Infolgedessen hatte auch Weissmanns Studiotätigkeit weiter abgenommen. In der Zeit von Oktober 1931 bis Dezember 1932 kam er im Schnitt nur noch an drei Tagen im Monat ins Aufnahmestudio. Nunmehr Dirigent des Berliner Sinfonie-Orchesters, nutzte er seinen Einfluss, dass „sein" Orchester verstärkt in die Produktion miteinbezogen wurde. Gleich bei Dienstantritt hatte er mit dem Orchester am 1. und 2. Oktober 1931 die Ouvertüre zu Glucks IPHIGENIE IN AULIS und ein von ihm selbst komponiertes Potpourri von Mozart-Melodien unter dem Titel BLÜTENLESE AUS MOZART-OPERN eingespielt. Gerade letzteres Werk fand im Ausland großes Gefallen. Die *Hollandsche Revue* nannte die Aufnahme „ausgezeichnet" und war begeistert von ihrer technischen Vollkommenheit, ihrer klanglichen Klarheit und Fülle.[85] Der in Australien und Nordamerika publizierende Kritiker Ladislas Adam de Noskowski (1892-1969) war bezaubert vom „herrlichen Potpourri Mozartscher musikalischer Kleinode" und fand nicht nur die technische Aufnahmequalität „sehr gut", sondern auch das Spiel des Orchesters, insbesondere bei der Pizzicato-Begleitung der Serenade aus DON GIOVANNI.[86]

Weitere Schallplattenaufnahmen mit dem Berliner Sinfonie-Orchester erfolgten noch an sechs Tagen des Jahres 1932: am 20. Januar und 29. April zur Begleitung des ungarischen Tenors Koloman von Pataky (1896-1964) bei Arien aus HOFFMANNS ERZÄHLUNGEN von Jacques Offenbach und den Johann Strauss-Operetten DIE FLEDERMAUS und EINE NACHT IN VENEDIG, am 22. Februar bei zwei Aufnahmen zu Goethes hundertstem Todestag, dem Monolog „Sanft und dringend fordert die Natur ihren letzten Zoll" aus Beethovens BEGLEITMUSIK ZU EGMONT OP. 84 und dem Monolog „Nun komm' herab, kristall'ne, reine Schale" aus Fürst Anton Radziwills COMPOSITIONEN ZU GÖTHE'S FAUST, beide rezitiert vom Schauspieler Carl A. Ebert, am 31. März 1932 zur Begleitung des Tenors Joseph Schmidt (1904-1942) bei den Arien „Wie eiskalt ist dies Händchen" und „Kokett ist dieses Mädchen" aus Puccinis LA BOHÈME, schließlich am 31. Mai und 19. Juni bei der Einspielung der Ouvertüren zu Donizettis DIE REGIMENTSTOCHTER, Lortzings ZAR UND ZIM-

MERMANN sowie Knusperwalzer und Hexenritt aus Humperdincks HÄNSEL UND GRETEL.

Mit Koloman von Pataky, der dem Ensemble der Wiener Staatsoper seit 1926 angehörte und bislang vor allem als Mozart-Tenor geschätzt wurde, hatte die Lindström AG einen lyrischen Tenor engagiert, dessen helle Stimme mit ihrer charakteristischen Süße und Brillanz am besten „in sentimentalischer und technisch einfacher Musik" zur Geltung kam.[87] Dies bewies der Sänger bei weiteren Aufnahmen am 23. Mai 1932, bei denen Pataky, begleitet vom Berliner Staatsopernorchester unter Weissmanns Leitung, einen bunten Melodienstrauß band, der Leoncavallos MATTINATA, die Romanze des Radames („Celeste Aida, forma divina") aus Verdis AIDA, sowie zwei Operettenlieder, den Tango „Liebste, glaub an mich" aus Franz Lehárs SCHÖN IST DIE WELT und den Walzer „Da draußen im duftenden Garten" aus EIN WALZERTRAUM von Oscar Straus, enthielt.

Joseph Schmidts kometenhafter Aufstieg hatte drei Jahre vorher mit einem Auftritt im Berliner Rundfunk begonnen. Mit zahlreichen Rundfunksendungen avancierte der lyrische Tenor, dem wegen seiner Körpergröße von 1,54 m die Opernbühne versperrt blieb, danach zum „Rundfunk-Caruso", dessen Popularität durch Schallplatten und ab 1931 durch Mitwirkung in Tonfilmen noch gesteigert wurde. Weissmann, der den jüdischen Sänger durchaus, aber nicht so sehr wie Richard Tauber schätzte,[88] machte mit Schmidt außer am erwähnten 31. März noch an drei weiteren Tagen des Jahres 1932 Schallplattenaufnahmen unter Beteiligung des Berliner Staatsopernorchesters: am 18. Februar bei Aufnahmen zweier Lieder aus Operetten von Johann Strauss, „Launisches Glück" aus TAUSEND UND EINE NACHT und „Als flotter Geist" aus DER ZIGEUNERBARON, sowie am 13. Juni und 1. September bei Aufnahmen zweier Opernarien, „Wohin, wohin? Wohin seid ihr entschwunden?" aus Tschaikowskys EUGEN ONEGIN und „Ich bin allein ..." aus Massenets MANON.

Als dritten Neuzugang im lyrischen Tenorfach verzeichneten die Lindström-Aufnahmebücher damals den gebürtigen Schweizer Herbert Ernst Groh (1906-1982). Wie bei Joseph Schmidt gründete auch sein Erfolg sich weniger auf Bühnenauftritte, denn auf Auftritte in den neuen Massenmedien Rundfunk und Tonfilm sowie auf Schallplatten, deren Zahl sich am Ende seines Lebens auf weit über eintausend Titel belaufen sollte. Im Unterschied zu Schmidt, den die Nazis in den frühen Tod trieben, war aber Groh, selbst ein „glühender Nazi",[89] deren Liebling. Weil seine Stimme an Richard Tauber erinnerte (beide hatten zufälligerweise in Carl Beines den gleichen Stimmlehrer), hoben sie ihn, den „arisch reinen Tauberverschnitt",[90] nach Taubers Vertreibung aus Deutschland auf dessen Podest, von dem aus Groh seine Karriere bis in die 1960er Jahre hinein fortsetzen konnte.

Mit Groh, der 1931/32 ein Dauergast in den Lindström-Studios war und in der Regel von Otto Dobrindt betreut wurde, arbeitete Weissmann nur dreimal zusammen, am 21. Oktober, 6. November und 3. Dezember 1931. Am ersten

Aufnahmetag sang Groh, begleitet vom Orchester der Berliner Staatsoper, drei
Arien aus Leoncavallos DER BAJAZZO („O Columbine, hör' den treuen Harle-
kin"), Offenbachs HOFFMANNS ERZÄHLUNGEN („Ha, wie in meiner Seele ent-
brennet") und Thomas' MIGNON („Leb wohl, Mignon! Wir scheiden"). Offenbachs Operette stand auch beim zweiten Termin auf dem Programm und zwar
mit dem Duett „Hörst Du es tönen" und Emmy Bettendorf als Partnerin. Des
weiteren wurden an diesem Tag die Duette „Ich denk' zurück an jene Zeit"
und „Es lockt die Nacht" aus Millöckers DIE DUBARRY aufgenommen, wobei
Gitta Alpár Grohs Partnerin war. Mit ihr stand er auch beim dritten Termin vor
dem Mikrophon, um die beiden die Duette „So hold, so reizend und engels-
mild" und „O laß uns fliehen aus diesen Mauern" aus Verdis LA TRAVIATA auf
Schallplatte zu singen.

Ein weiterer lyrischer Tenor, den die Lindström AG damals neu verpflichtet
hatte, hieß Jan Kiepura (1902-1966). Nach Erfolgen in seiner Heimat Polen war
er 1926 zum Liebling des Wiener Opernpublikums aufgestiegen, der schon bald
die wichtigsten Opernbühnen der Welt, schließlich auch das Kino eroberte.[91]
Zu seinen frühen Filme zählt der im Mai 1932 uraufgeführte Anatol Litvak-
Film DAS LIED EINER NACHT, in dem Kiepura Mischa Spolianskys Schlager
„Heute Nacht oder nie!" sowie Rossinis „Tarantella napolitana" LA DANZA
sang. Beide Stücke wurden Ende August/Anfang September 1932 unter Weissmanns musikalischer Leitung an drei Tagen noch einmal für Lindströms
Odeon-Label aufgenommen, wobei – laut seiner Erinnerung – der Frauen-
schwarm Kiepura „stets mit einem Handtäschchen voll wohlsortierter Medikamente erschien, die ihm während der Pausen von einer hübschen Sekretärin
verabreicht wurden."[92]

Film- und Rundfunkstars wie Schmidt, Groh, Kiepura, nicht zu vergessen
Richard Tauber und Gitta Alpár, zählten zweifellos zu Lindströms wichtigsten
Stützen im Schallplattengeschäft. Wie Weissmanns Wiener Bohème Orchester
trugen sie dazu bei, dass die etwas weniger gängige „Ware" aus dem Sektor der
ernsten Musik weiterhin, wenn auch etwas seltener, produziert werden konnte.
Experimente vermied man aber auch hier, hielt sich – wie Weissmanns Aufnahmen jener Zeit belegen – an so bewährte Kräfte wie die Sopranistinnen Emmy
Bettendorf und Vera Schwarz, den Frankfurter Helden-Tenor John Gläser, den
brillanten Mozart-Bariton Gerhard Hüsch (1901-1984) sowie solche Exponen-
ten des Wagner-Gesangs wie die Sopranistin Margarete Bäumer, den Tenor
Walter Kirchhoff (1879-1951) oder den Bariton Hans Reinmar (1895-1961).

Gastdirigent in Dresden

Obwohl seit Oktober 1931 als Dirigent des Berliner Sinfonie-Orchester stärker gefordert, war Weissmann keineswegs abgeneigt, Angebote als Gastdirigent zu akzeptieren, erst recht, wenn sie ihn wieder nach Dresden riefen. In der sächsischen Elbmetropole hatte die Konzertdirektion Erich Knoblauch in der Saison 1931/32 – wieder mit Unterstützung des Dresdner Richard Wagner-Verbands – eine Reihe „Großer Sinfoniekonzerte" mit den Dresdner Philharmonikern ins Leben gerufen, die im Saal des Gewerbehauses stattfanden und sich „vor allem an das zahlungskräftigere Publikum" wandten.[93] Die Reihe eröffnete Max von Schillings im November 1931 mit einem Konzert, bei dem seine Gattin Barbara Kemp als Solistin mitwirkte.[94] Für Weissmann mag es ein besonderes Vergnügen gewesen sein, dass er beim zweiten Konzert der Reihe seinem „zweiten Vater" ans Dirigentenpult nachfolgen konnte.

Begonnen hatte er das Konzert am 8. Dezember 1931 mit der SINFONIE NR. 3 DES-DUR des in Dresden geborenen und dort seit 1926 als künstlerischer Direktor des Dresdner Konservatoriums wirkenden Spätromantikers Paul Büttner (1870-1943). Seine Interpretation erfolgte – so die Zeitschrift *Die Musik* – „in einer so schön klaren, überlegenen Weise, daß kein Wunsch unerfüllt blieb. Offenbar ist der Künstler immer noch in einer erfreulichen Aufwärtsentwicklung begriffen."[95] Der Komponist hatte sich schon während der Proben davon überzeugen können, dass sein Werk bei Weissmann in den besten Händen war. Am Tag vor der Aufführung schrieb Büttner an eine Bekannte: „Wie glücklich bin ich, daß Frieder Weißmann meine III. Sinfonie so ganz erfaßt!"[96] Das Werk des von den Nazis 1933 seines Amtes enthobenen Komponisten, der zehn Jahre später verarmt und vergessen starb, war wohl schon 1931 eine Rarität in den Konzertsälen. So fragte sich der Kritiker des Blattes *Die Musik* nach „dem Anhören der Büttnerschen Sinfonie [...], warum diese gesunde und kräftige Musik nicht allgemeinere Pflege findet. Sie gehört mit zum Besten und Eigenartigsten, was die unmittelbare Bruckner- und Brahmsnachfolge in Deutschland gezeitigt hat."[97]

Auf Büttners Sinfonie folgten zwei Gesangsstücke, Rezitativ und Arie des Uriel („Mit Würd' und Hoheit angetan") aus Haydns SCHÖPFUNG und die Romerzählung aus Wagners TANNHÄUSER. Solist war der Berliner Tenor Fritz Wolff (1894-1957), einer der damals führenden Wagner-Tenöre, der auch jetzt wieder „vor allem mit der im Bayreuther Stil gebotenen Romerzählung stärksten Beifall gewann."[98] Beschlossen wurde das Konzert, das „Frieder Weißmann ansehnlichen Erfolg" bescherte,[99] mit Richard Strauss' sinfonischer Dichtung TILL EUGENSPIEGELS LUSTIGE STREICHE OP. 28.

Für das letzte „Große Sinfoniekonzert" am 20. April 1932 hatte Weissmann wieder Richard Strauss aufs Programm gesetzt. Von ihm stammten drei Lieder (STÄNDCHEN OP. 17, 2; MORGEN OP. 27, 4; WIEGENLIED OP. 41, 1), vorgetragen von der großen Sopranistin Lotte Lehmann, die an diesem Abend „sehr starke, nachhaltige Eindrücke" vermittelte.[100] Begonnen hatte das Konzert mit zwei Stücken aus Carl Maria von Webers 1824/25 großenteils in Dresden komponierter letzter Oper OBERON, der Ouvertüre und der von Lotte Lehmann gesungenen Arie der Rezia „Ozean, du Ungeheuer!". Zwischen diese Gesangsnummer und die Strauss-Lieder platzierte Weissmann mit August Sandbergers VIOLA – SINFONISCHES GEDICHT FÜR ORCHESTER ein Werk seines Münchner „Doktorvaters", das er schon einmal, am 22. März 1928, in Dresden aufgeführt hatte. Die VIERTE SINFONIE D-MOLL, OP. 120, vom Komponisten Robert Schumann auf dem Autograph als „Symphonische Fantasie" bezeichnet, beschloss das Konzert, das Weissmanns letzte Zusammenarbeit mit den Dresdner Philharmonikern blieb.

Gastdirigent in Antwerpen

Während Lotte Lehmann im Anschluss an das Dresdner Konzert noch übers Wochenende nach Berlin fuhr, um bei der Lindström AG Schallplattenaufnahmen (mit dem Dirigenten Manfred Gurlitt) zu machen, reiste Weissmann nach Belgien. Die Königlich Flämische Oper zu Antwerpen hatte ihn für eine „Reihe von Wagneraufführungen" eingeladen,[101] deren erste, eine Galaaufführung von Wagners LOHENGRIN, er am 28. April 1932 dirigieren sollte.

Weissmann kannte Antwerpen; schon im August 1930 hatte ihn seine allererste Auslandsreise dorthin geführt, fünf Monate, nachdem ihm ein deutscher Pass ausgehändigt worden war. Damals hatte Belgien zur Feier seines hundertjährigen Bestehens eine internationale Weltausstellung organisiert, die in den Städten Lüttich und Antwerpen gleichzeitig, aber mit inhaltlich verschiedener Ausrichtung, stattfand.[102] Das große Ereignis war Anlass für viele Veranstaltungen, natürlich auch zahlreiche Konzerte, für die – wie deutsche Blätter hervorhoben – Weissmann „als der einzige deutsche Gastdirigent" eingeladen wurde, um „in Antwerpen ein Orchesterkonzert zu dirigieren."[103]

Wie diese Einladung zustande kam, ließ sich bislang nicht feststellen. Auch sonst brachten Recherchen nur wenig zutage über dieses Konzert, das am Mittwoch, dem 13. August 1930, veranstaltet wurde. Dass die Spuren heute so verwischt sind, ist auch darauf zurückzuführen, dass es sich bei dem Orchester um das neugegründete, kurzlebige Groot Symfonie-Orkest van de Wereldtentoonstelling 1930 handelte, das sich schon nach dem Ende der Weltausstellung wieder auflöste. Presseberichten zufolge, die uns leider nur ausschnittsweise überliefert sind, verwandelte sich das noch wenig aufeinander eingespielte Orchester an diesem Abend unter Weissmanns energischer Leitung zu einem Publikum wie Presse begeisternden Klangkörper von beachtlichem Format. *Neptune*, die damals führende frankophone Antwerpener Tageszeitung, pries Weissmann am nächsten Tag als „einen Dirigenten von großer Klasse. Seine Art zu dirigieren, ist gerade das Gegenteil von der lehrhaften Genauigkeit, die das Ideal der meisten Dirigenten zu sein scheint. Feurig, feinnervig und geschmeidig ist sie und ausdrucksvoll in höchstem Maße. In jedem Augenblick fordert und beschwört er die Gefühle, die sein Orchester ausdrücken soll. Denn das Orchester ist ganz das Seine – sein Instrument. Er führt es, formt es, ohne es jemals hart anzufassen, läßt er es bis zum äußersten sein musikalisches Erleben ausdrücken. [...] Das Orchester war unter seinem Stabe wie belebt von einem neuen Geiste. Man glaubte nicht mehr, sich vor demselben Orchester zu befinden, wennschon es auch seit seinem Debüt zu Anfang der Saison in zahlreichen Konzerten Beweise seiner Qualität gegeben hatte. Bewundernswert war die Gleichmäßigkeit seiner Leistungen an diesem Mittwochabend unter der Leitung eines fremden Dirigenten. Weißmann und das Orchester wurden gerechterweise stürmisch lange und herzlich gefeiert."[104] Der ebenfalls begeisterten frankophonen Tageszeitung *La Métropole* erschien „M. Weißmann als ein erstklassiger Orchesterchef und großartiger Leiter, der es absolut meisterhaft versteht, das Orchester zu elektrisieren und zu beherrschen. Wir können uns kaum daran erinnern, jemals eine so perfekte, gründlich erfasste und so nuanciert interpretierte Aufführung wie diese erlebt zu haben. Unter seiner Leitung kann sich das Orchester mit den besten Symphonieorchestern messen. Das begeisterte Publikum bereitete ihm einen triumphalen Erfolg."[105]

Zwanzig Monate nach diesem glänzenden Debüt kam Weissmann also wieder nach Antwerpen. Für die Gala-Vorstellung von Wagners LOHENGRIN hatte die Königlich Flämische Oper kräftig in die Kasse gegriffen und außer Weissmann den dänischen Startenor Lauritz Melchior sowie eine ganze Riege Bayreuth-erprobter deutscher Gäste zur Verstärkung des hauseigenen Ensembles eingeladen: die Sopranistinnen Tiana Lemnitz (1894-1994) als Elsa von Brabant und Anny Helm (1903-1993) als Ortrud, den Bariton Emil Treskow (1890-1961) als Friedrich von Telramund und den Bassisten Ludwig Weber (1899-1974) als König Heinrich.

Melchior, der in Antwerpen auf dem Rückweg von einer längeren USA-Tournee Zwischenstation machte, hatte – wie sich Weissmann 1946 schmunzelnd erinnerte – erst bei der Ankunft erfahren, dass er nicht, wie vertraglich vereinbart, als Tannhäuser, sondern inzwischen als Lohengrin eingeplant war. Als ein wahrer Bühnenprofi kam er auch mit der anderen Rolle zurecht und war, so Weissmann, „ein guter Lohengrin". Seine Gutwilligkeit wurde jedoch auf eine harte Probe gestellt, als die vier Gesellen, die im dritten Akt Lohengrin umbringen sollen, ohne ihren Anführer Friedrich von Telramund ins Brautgemach stürmten, weil der Hannoveraner Bariton Emil Treskow seinen Auftritt verpasst hatte: „Melchior blieb nichts anderes übrig, als mit sich selbst ein wildes, aber zugleich majestätisches Duell zu fechten, das Lemnitz und ich nur ehrfurchtsvoll bestaunen konnten. Ich kann nur sagen, seine freie Improvisation war höchst überzeugend."[106]

Beeindruckt vom „starken Erfolg" der Aufführung,[107] suchte die Intendanz den Dirigenten Weissmann in der kommenden Saison für einen ganzen Monat an das Haus zu binden.[108] Doch für den hatten sich inzwischen die Berliner Verhältnisse in einer Weise entwickelt, dass er sich auf eine längere Abwesenheit nicht einlassen konnte. So kam es zunächst nur zu einem Gastdirigat am 28. Oktober 1932, einer Aufführung von Wagners FLIEGENDEM HOLLÄNDER. Die Rolle des Erik sang der damals führende belgische Tenor Jozef Sterkens (1893-1952), mit dem Weissmann bereits im Vorjahr bei Schallplattenaufnahmen in Berlin zusammengearbeitet hatte.[109] Ihm zur Seite standen namhafte deutsche Gäste wie Rudolf Bockelmann (1892-1958) als Holländer, Ludwig Weber als Daland, Henny Trundt (1897-1998) als Senta. Pläne für eine längere Zusammenarbeit existierten danach durchaus. Noch am 14. Januar 1933 schrieb Weissmann an Walter Braunfels, er werde ihn gerne in Köln besuchen, „wenn ich in's Rheinland komme (und ich fahre öfters über Köln wenn ich nach Belgien fahre, wo ich viel dirigiere)".[110] Den versprochenen Besuch hat Weissmann freilich nie mehr abstatten können, auch zum Dirigieren sollte er in Belgien erst wieder ein Vierteljahrhundert später kommen.

Im Paradies mit Dachgarten

Nach der Berufung zum zweiten Dirigenten des Berliner Sinfonie-Orchesters hatte Weissmann seine bisherige Wohnung in der Von-der-Heydt-Straße aufgegeben und war im Herbst 1931 in eine Wohnung in einem oberen Stockwerk des Hauses Lützowstraße 43 gezogen. Vermutlich eine Dienstwohnung,[111] konnte er sie, wie Korrespondenz vom Januar 1933 belegt,[112] auch noch dann bewohnen, als das Orchester nicht mehr existierte. Um Wohnung und Haushalt brauchte er sich nicht zu kümmern. Dies besorgte Fräulein Hanna Rau, sein Dienstmädchen, das – falls nötig – auch seine drei Hunde ausführte.

Zwar bedeutete ihm die eigene Wohnung Sicherheit, doch war Häuslichkeit nicht Weissmanns Sache. Gewöhnt an die Ungebundenheit des Hotellebens, wählte er schon bald wieder ein Hotel als zweites Zuhause: das berühmte, 1911/12 im neobarocken Stil erbaute Hotel Eden am Kurfürstendamm. Lange Zeit war es das einzige Grandhotel im Berliner Westen, das demjenigen, der sich die – für damalige Verhältnisse – gesalzenen Preise leisten konnte, tatsächlich paradiesische Verhältnisse bot: luxuriös ausgestattete Zimmer, Service auf höchstem Niveau und ein Ambiente gepflegtester Geselligkeit. Sein Dachgarten mit verschiebbarem Glasdach und Minigolf-Anlage „genoß international den Ruf einer ‚Sehenswürdigkeit von Berlin'",[113] und der tägliche Fünf-Uhr-Tanztee im Pavillon des Hauses „gehörte zu den gesellschaftlichen Institutionen des weltgewandten Berliner West-Publikums."[114]

Für Weissmann, auf den Grandhotels stets eine besondere Anziehungskraft ausübten, war das Hotel Eden ein geradezu idealer Aufenthaltsort, vor allem wegen seiner Bar, die als eine der elegantesten von Berlin galt. Sie war Treffpunkt der Berliner Kulturprominenz, hier begegnete man Schriftstellern wie Heinrich Mann, Erich Maria Remarque, Jakob Wassermann, Schauspielern wie

Gustaf Gründgens, Albert Bassermann, Malern wie Max Beckmann und musikalischen Größen wie Paul Lincke, Eduard Künneke, Nico Dostal. Zum besonderen Flair der Eden-Bar trug zu einem Gutteil auch jener Teil der Gäste bei,
den die amerikanische Schauspielerin Louise Brooks, die sich 1928 zu Drehar-
beiten in Berlin aufhielt, in ihren Memoiren als „Luxusflittchen" bezeichnete im
Unterschied zu den „Mädchen der preiswerteren Kategorie", die draußen vor
der Tür auf den Strich gingen.[115]

In der Eden-Bar mit ihrer buntgemischten Gästeschar fand Weissmann den
passenden Ersatz für seine früheren Nachmittagstees. Die Atmosphäre gepflegter Zwanglosigkeit war auch für geschäftliche Kontakte sehr zuträglich, z. B. als
er sich dort mit dem 27jährigen Holländer Jaap den Daas (1905-2001) verabre-
dete, dem Programmchef des Rundfunksenders AVRO, der nach Berlin gekommen war, um Weissmann und das Wiener Bohème Orchester für Gastauftritte im holländischen Rundfunk zu gewinnen. Noch Jahrzehnte später zeigte
sich Jaap den Daas tief beeindruckt von seiner ersten Begegnung mit Weissmann, den er, obwohl er ihn vorher noch nie gesehen hatte, schon von weitem
in einer Gruppe von Reitern an seiner jugendlichen und eleganten Erscheinung
erkannte: „Ein schöner Mann mit strahlenden Augen, ein brillanter Plauderer
und jemand, der das Leben liebte."[116] Der Holländer war ein guter Beobachter,
denn tatsächlich genoss Weissmann das Leben damals in vollen Zügen. Seiner
Wirkung auf andere Menschen war er sich dabei durchaus bewusst, und seine
ungewöhnlich strahlenden Augen, deren „Kraft" er sich einmal rühmte,[117] waren nicht nur bei der Bändigung von Orchestermusikern hilfreich. Nicht wenige
der lebenslustigen Frauen, die beim Fünf-Uhr-Tanztee im Pavillon oder in der
Eden-Bar aufkreuzten, erlagen gerne seinem strahlenden Blick. Und manche
der so Besiegten werden ihm auch gerne gefolgt sein, mal in ein Zimmer des
Hotels, mal in die nicht weit entfernte Wohnung in der Lützowstraße, wo seine
drei Hunde verschwiegene Zeugen der Schäferstündchen waren.

Dass er zur Begrüßung seines holländischen Gastes aus der Mitte einer Rei-
tergruppe hervortrat, belegt Weissmanns ungebrochene Begeisterung für den
Pferdesport, die ihn wohl auch in seiner Freizeit immer wieder auf die Pferde-
rennbahnen in Hoppegarten und Grunewald zog. Beide Rennplätze wurden
von dem bedeutendsten Berliner Pferdesportverein, dem feudalen, 1867 u. a.
von Otto von Bismarck mitgegründeten Union-Club, betrieben und beide waren, vor allem an den Wochenenden, Treffpunkte der Berliner *society*. Zugleich
waren diese Orte aber auch magische Anziehungspunkte für etwas zwielichtige-
re Gestalten wie z. B. den polnischen Rittmeister Jerzy Sosnowski (1896-1942).
In Wahrheit ein Spion des polnischen Geheimdiensts, hatte sich Sosnowski als
„Ritter von Nalecz" in die Berliner Gesellschaft eingeführt. Der gutaussehende
Pole, den es nach Hoppegarten nicht nur wegen der Pferde, sondern vor allem
wegen anlehnungsbedürftiger Frauen aus Adelskreisen zog, gehörte zum Bekanntenkreis von Weissmanns Freundin Djavidan Hanum.[118] Sie war ein
Stammgast von Sosnowskys berühmt-berüchtigten Festen, zu denen sich Her-

ren und Damen des Hochadels ebenso drängten wie Offiziere und SA-Leute oder Stars und Sternchen von Bühne und Leinwand.

Vermutlich hatte Weissmann den polnischen Rittmeister durch Djavidan Hanum und schon zu einer Zeit kennengelernt, als er noch in der Von-der-Heydt-Straße wohnte. Denn von dort konnte er Sosnowskis elegante Wohnung am Lützowufer 38 leicht zu Fuß erreichen. Hin und wieder dürfte Weissmann denn auch bei dessen Festen zugegen gewesen sein, wo es dem smarten Dirigenten nicht schwerfiel, Frauenherzen zu erobern. Noch im hohen Alter erinnerte er sich gerne an ein Abenteuer mit zwei jungen Damen aus bestem preußischen Adel, eine gewisse Ursula von Wangenheim und ein Freifräulein von Seydlitz. Wahrscheinlich hatte er sie bei einer von Rittmeister Sosnowskis Parties kennengelernt, denn beide Adelsdamen verschmolzen in der Erinnerung des alten Mannes mit zwei anderen Baronessen, die tatsächlich sowohl Sosnowskis Geliebte als auch Freundinnen Djavidan Hanums waren. Diese beiden Frauen namens Bettina von Falkenhayn (1900-1935) und Renate von Natzmer (1898-1935) sorgten international für Schlagzeilen, nachdem sie 1934 als polnische Spioninnen im Dienste Sosnowski enttarnt und 1935 auf Befehl Hitlers in Plötzensee hingerichtet wurden.[119]

Das Ende des Berliner Sinfonie-Orchesters

Beim „Kampf um die immer geringer werdenden städtischen Subventionen" schien das Berliner Sinfonie-Orchester gegenüber den Berliner Philharmonikern zunächst die besseren Karten zu haben, da viele Politiker seine Aktivitäten für wichtiger hielten „als die elitäre Zuhörerschaft und das internationale Ansehen der Philharmoniker."[120] Letztendlich blieb aber dann doch dessen „bedeutende Rolle im deutschen Musikleben der wichtigste Vorteil gegenüber dem Berliner Sinfonie-Orchester",[121] dem die Verantwortlichen im April 1932 nur noch eine knapp halbjährige Gnadenfrist bis zu seiner definitiven Auflösung am 1. Oktober 1932 gewährten.[122] Die Musiker des aufzulösenden Orchesters sollten, sofern sie nicht selbst kündigten oder pensioniert wurden, auf andere Orchester, insbesondere die Philharmoniker, das Orchester der Städtischen Oper und das Funkorchester, verteilt werden.

Vom Stellenverlust bedroht, machte sich Weissmann umgehend auf die Suche nach einem adäquaten Ersatz. Es fügte sich, dass am Mainzer Stadttheater die Position des für Oper und Sinfoniekonzerte zuständigen „Städtischen Kapellmeisters" gerade frei geworden war. Zwar kein Haus ersten Ranges, war die Stelle aber doch so attraktiv, dass sich neben Weissmann noch 132 Mitbewerber meldeten, darunter sein Vorgänger beim Berliner Sinfonie-Orchester Helmuth Thierfelder und sein ehemaliger Münsteraner Chef Rudolf Schulz-Dornburg. Da auch die Stadt Mainz unter Sparzwang agierte, hatten die Genannten sowie andere, bereits arrivierte Bewerber keine Chancen. Das Rennen machte ein junges, aufstrebendes Talent, der 26-jährige ehemalige Kleiber-Assistent

Hans Schwieger (1906-2000).[123] Ihm sollte Weissmann später noch einmal begegnen, wenige Jahre nachdem beide zu amerikanischen Staatsbürgern geworden waren und in Texas um einen Dirigentenposten konkurrierten.

Trotz gedämpfter Zukunftsaussichten absolvierte Weissmann mit dem Berliner Sinfonie-Orchester in den verbliebenen Monaten noch fünf vom Berliner Rundfunk übertragene Konzerte, die mit Ausnahme des letzten, am 27. September 1932 gesendeten Konzerts populäre Unterhaltung boten.[124] Herausragend waren am 15. Mai 1932 ein Nachmittagskonzert mit den Comedian Harmonists unter dem Motto „Lustige Musik" und ein direkt von der Funkausstellung am 19. August 1932 übertragenes abendliches Konzert, dessen bunter Melodienstrauß Werke von d' Albert bis Verdi enthielt und mit dem Johann Strauss-Walzer Rosen aus dem Süden beschlossen wurde. Das letzte Rundfunkkonzert des Berliner Sinfonie-Orchesters dirigierte Weissmann am 27. September 1932. Eröffnet wurde das Programm mit Beethovens Leonoren-Ouvertüre Nr. 3, gefolgt von Brahms' Variationen über ein Thema von Haydn. Der als Sohn des Hauptkantors der Großen Wiener Synagoge geborene Bariton Friedrich Schorr (1888-1953), der schon 1931 in den USA sesshaft geworden war und nach Jürgen Kesting „die vollkommene Stimme für die großen Wagner-Partien" besaß,[125] sang anschließend die Arie des Lysiart aus Webers Euryanthe und – unterbrochen durch das Vorspiel zu Wagners Lohengrin – Hans Sachsens Fliedermonolog („Was duftet doch der Flieder") und Schlussmonolog („Verachtet mit die Meister nicht") aus Wagners Die Meistersinger von Nürnberg.[126]

Zwei Tage nach diesem letzten Rundfunkkonzert dirigierte Weissmann das Orchester bei seinem allerletzten öffentlichen Konzert im Berliner Bach-Saal. Es wurde kein denkwürdiger, sondern eher ein merkwürdiger Abend. Denn zur Aufführung am 29. September 1932 gelangten ausschließlich Werke der in Lüneburg geborenen deutsch-englischen Komponistin Lady Else Headlam-Morley (1866-1950). Von der im Saal anwesenden „greisen Lady", die noch von Friedrich Wieck (1785-1873), Robert Schumanns Schwiegervater, und Franz Liszt unterrichtet worden war, konnte – laut Vossischer Zeitung – „niemand Musik von heute erwarten".[127] Das Programm repräsentierte einen breiten Querschnitt ihres unzeitgemäßen Schaffens: ein Konzertstück Deutschland betiteltes Klavierkonzert, eine Romantische Sinfonie, Fragmente aus den Opern Leonarda und The Tulips sowie – mit Klavierbegleitung – einige Lieder. Solistin im Klavierkonzert, das trotz seines Titels keine nationalistischen Absichten verfolgte, war die junge deutsch-jüdische Pianistin Ellen Epstein (1898-1942), die den Solopart bereits im Vorjahr bei der (von Ernst Kunwald dirigierten) Uraufführung des Werks gespielt hatte. Auch jetzt bemühte sich die 1942 von den Nazis nach Riga deportierte und dort umgebrachte Pianistin wieder um eine erfolgreiche Wiedergabe, wurde aber darin wenig unterstützt von dem bei seinem „Henkersmahl" verständlicherweise nur noch „lustlos konzertierende[n] Sinfonie-Orchester".[128]

Ankündigungen von Konzerten des Berliner Philharmonischen Orchesters im Führer durch die Konzertsäle Berlins *(oben) und in der* Vossischen Zeitung.

Unter Furtwängler

Eine entwürdigende Veranstaltung

Die vom Berliner Magistrat beschlossene Zusammenführung zweier Klangkörper wurde vor allem für die Mitglieder des aufgelösten Berliner Sinfonie-Orchesters ein schmerzhafter Prozess. Weil nur vierzig Prozent der Orchestermitglie-
der ins Philharmonische Orchester übernommen werden konnten, musste sich
jeder Musiker, der dort weiterbeschäftigt werden wollte, einem Auswahlverfah-
ren unterziehen. Dabei mussten die Kandidaten in Anwesenheit eines Teils des
Philharmonischen Orchesters einzeln einem Gremium vorspielen, dem Furtwängler, Max von Schillings und der sozialdemokratische Berliner Bürgermeister Friedrich C. A. Lange (1885-1957) angehörten.

In seinem Gross-Berliner Tagebuch 1920-1933 notierte Bürgermeister
Lange am 7. September 1932: „Das Vorspielen hat heute in der Philharmonie
stattgefunden in Gegenwart von Max von Schillings als Vertrauensmann der
Sinfoniker, dazu Furtwängler und ich selbst als Unparteiischer. Eine grauenhaf-
te Atmosphäre in diesem schon an sich unschönen leeren Saal, der an dem trü-
ben Morgen noch trostloser wirkte. Dazu die Stimmung der Sinfoniker, von denen hier jeder mit überreizten Nerven um seine Existenz kämpfte. Das gesamte
Orchester spielte zuerst kurze Zeit unter Leitung seines talentierten jungen Dirigenten Weismann [sic !], dann begann das Einzelspiel. Nach einer Stunde erklärte von Schillings, er lehne diese Scharfrichtertätigkeit ab, und verließ den

Saal. So mußte ohne ihn fortgefahren werden, was den seelischen Zustand der Sinfoniker nicht gerade verbesserte."[129] Am Ende der „entwürdigenden Veranstaltung" wurden schließlich 23 Musiker des Sinfonie-Orchester in das Berliner Philharmonische Orchester übernommen.[130]

Über die Zukunft der beiden Dirigenten des aufzulösenden Orchesters wurde an diesem Tage noch nicht entschieden. Dass sowohl Kunwald als auch Weissmann übernommen würden, war unwahrscheinlich, denn mit Julius Prüwer (1874-1943), dem altgedienten Leiter der volktümlichen Sonntags- und Dienstags-Konzerte des Philharmonischen Orchesters, stand Furtwängler bereits ein erfahrener Dirigent zur Verfügung, dessen Vertrag nicht ohne weiteres gekündigt werden konnte. Gleichwohl hatte der einflussreiche Kritiker Hans Heinz Stuckenschmidt schon am 6. April 1932 in der B. Z. über Prüwers Ausscheiden spekuliert und dabei – mit Blick auf Kunwald und Weissmann als mögliche Nachfolger – das Für und Wider abgewogen: „Beim Sinfonie-Orchester stehen zwei Dirigenten zur Wahl. Der eine, Kunwald, hat den Vorzug einer langen kapellmeisterlichen Erfahrung und großer Popularität in Kreisen, die für den Besuch volkstümlicher Konzerte wichtig sind. Aber er ist nicht mehr der Jüngste und man fragt sich, ob er geeignet ist, die notwendigen Reformen durchzuführen. Außerdem hat er Opernambitionen; man munkelt von einem Gastvertrag mit der Städtischen Oper. Der andere ist Dr. Weismann [sic !], ein junger Dirigent, der in dem halben Jahr seiner Tätigkeit mit dem Berliner Sinfonie-Orchester durch Eigenart der Programme und neue Ideen die Öffentlichkeit zu fesseln verstand. Für ihn sprechen seine Jugend, seine gesellschaftliche Beliebtheit und das Interesse, das ihm Furtwängler entgegenbringen soll."[131]

Ein klares Indiz für Furtwänglers Interesse war seine Bereitschaft, Weissmann am 10. September 1932 Schallplattenaufnahmen mit dem Philharmonischen Orchester machen zu lassen. Diese Aufnahmen der Ouvertüre zu Wagners Oper RIENZI sind eine Besonderheit, nicht nur, weil sie Weissmanns erste und zugleich letzte Zusammenarbeit mit dem Orchester im Schallplattenstudio blieben, sondern auch wegen der Aufzeichnung im Engschnitt-Verfahren, das die Speicherung des knapp zwölfminütigen Stücks auf einer doppelseitigen Schallplatte statt auf den bis dahin üblichen drei Schallplattenseiten ermöglichte. Wegen des politischen Umschwungs in Deutschland schon bald nach seiner Veröffentlichung aus dem deutschen Handel gezogen, wurde dieses frühe Experiment einer „Langspielplatte" im Ausland wegen des „glänzenden Orchesterspiels" und der „ausgezeichneten Aufnahmequalität" sehr geschätzt.[132]

Obwohl er also gute Chancen hatte, war Weissmanns Festanstellung noch lange nicht zu seinen Gunsten entschieden. Klarheit bestand indes darüber, dass man bei den Philharmonikern keinen Ersatz für Julius Prüwer suchte, sondern einen dritten Dirigenten, der sich in erster Linie um jene 25 zusätzlichen Volkskonzerte kümmern sollte, zu denen sich die Berliner Philharmoniker nach der Zusammenführung der beiden Orchester verpflichtet hatten.[133] Dementsprechend war im November 1932 in der Fachzeitschrift *Signale für die musikali-*

sche Welt eine Anzeige erschienen, mit der das „Berliner Philharmonische Orchester [...] infolge der Vermehrung der Konzerte und Vergrößerung der Tätigkeit noch einen Dirigenten für die Samstags- und Dienstags-Konzerte und die
städtischen Volks-Konzerte" suchte.[134] Die Folge war, dass bei den Dienstags-
konzerten der nächsten Monate neben Julius Prüwer nicht nur Weissmann und
Kunwald in Erscheinung traten, sondern auch andere Bewerber wie der Österreicher Alois Melichar (1896-1976) und der Russe Leo Borchard (1899-1945).
Im Gegensatz zu Weissmann, der in der Zeit von November 1932 bis Januar
1933 vier Konzerte dirigieren sollte, mussten sich die drei Letztgenannten nur
mit je einem Konzert begnügen.[135]

Weissmanns erstes Dienstagskonzert mit den Berliner Philharmonikern fand
am 1. November 1932 statt. Veranstaltungsort war der große Saal der Philharmonie, einer ehemaligen Rollschuhbahn in der Bernburger Straße 22a/23 von
Berlin-Kreuzberg.[136] Auf dem Programm standen Webers OBERON-Ouvertüre,
Lieder und Arien von Pfitzner, Giordano und Verdi, gesungen von dem lyrischen Bariton Gerhard Hüsch (1901-1984), und zum Abschluss die
PHANTASTISCHE SINFONIE von Hector Berlioz. Vier Wochen später, am 29. November 1932, spielten die von Weissmann geleiteten Berliner Philharmoniker
zwei sinfonische Dichtungen, Debussys LA MER und TILL EULENSPIEGELS
LUSTIGE STREICHE OP. 28 von Richard Strauss, sowie – wieder einmal mit der
Berliner Pianistin Gisela Binz – das Schumannsche KLAVIERKONZERT A-MOLL
zur Aufführung brachten. Beim dritten Dienstagskonzert am 13. Dezember
1932 erklang als Erstaufführung das CAPRICCIO FÜR KLEINES ORCHESTER OP. 46
von Adolf Busch (1891-1952), dem Bruder des Dirigenten Fritz Busch, das von
Mozarts SINFONIE NR. 40 G-MOLL KV 550 und Beethovens SINFONIE NR. 7 A-
DUR OP. 92 umrahmt wurde.

Während sich die Prozedur zur Festanstellung hinzog, hielt Weissmann die
Augen offen für Chancen, die sich für ihn möglicherweise anderen Orts aufta-
ten. In Köln z. B. rumorte es gerade ziemlich unter den Kapellmeistern der
Oper, deren Chef Eugen Szenkar (1891-1977) sich just zu dieser Zeit zu Gast-
spielen in Buenos Aires aufhielt. Um das Kölner Terrain zu sondieren, wandte
sich Weissmann im November/Dezember 1932 an seinen alten Lehrer Walter
Braunfels, von dem er annehmen durfte, dass dieser als Direktor der Kölner
Musikhochschule mit den Vorgängen hinter den Kulissen des Opernhauses
wohl vertraut war. Braunfels wartete erst einmal ab, bis sich die Wogen in Köln
wieder etwas geglättet hatten. Als man die Lage der Dinge klarer erkennen
konnte, schrieb er seinem einstigen Schüler Weissmann am 10. Januar 1933 unumwunden, in Köln sei „die latente Kapellmeisterkrise [...] behoben und alles
bleibt beim Alten. Eine Bewerbung Ihrerseits wäre also gänzlich zwecklos".[137]

Am gleichen Tag, an dem ihm Braunfels von einer Bewerbung in Köln ab-
riet, dirigierte Weissmann das vierte mit ihm vereinbarte Dienstagskonzert in
der Berliner Philharmonie. Das Programm umfasste die DRITTE SINFONIE von
Johannes Brahms, die Tondichtung DON JUAN OP. 20 von Richard Strauss,

Wagners TANNHÄUSER-Ouvertüre und – ebenfalls von Wagner – Arien aus LOHENGRIN und TANNHÄUSER, gesungen von der Sopranistin Elisabeth Fried-rich. Eine Berliner Erstaufführung war ein Liederzyklus nach den PHANTASUS-Gedichten von Arno Holz (1863-1929), komponiert von dessen Freund Erich Anders, der eigentlich Erich Freiherr Wolff von Gudenberg (1883-1955) hieß.

Was seine Chancen für die Festanstellung anging, so wusste Weissmann, dass er bei Furtwängler als „aussichtsreichster Kandidat" galt.[138] Inzwischen war er aber nicht mehr ganz so sicher, ob er sich wirklich einen Gefallen tat, wenn er am Ende bei den Berliner Philharmonikern nur auf der nachgeordneten Po-sition eines dritten Dirigenten landete. Die Entscheidung über seine berufliche Zukunft musste Weissmann nicht selbst treffen. Die Würfel fielen auch nicht in Furtwänglers Büro, sondern in den Hinterzimmern der Berliner Politik.

Am Abgrund

Sechs Tage nach Weissmanns vierzigstem Geburtstag fand in den Marmorsälen beim Zoologischen Garten der alljährliche Berliner Presseball statt, das „große Meeting der Köpfe, die Parade des gesellschaftlichen Berlin".[139] Die musikali-sche Prominenz war wieder reichlich vertreten, man entdeckte Wilhelm Furt-wängler, Erich Kleiber, Arnold Schönberg und Richard Tauber. Auch Weiss-mann dürfte sich bei diesem gesellschaftlichen Großereignis ins Gedränge ge-stürzt haben, bei dem der Trubel ganz kurz ins Stocken geriet, als bekannt wur-de, dass Reichskanzler Kurt von Schleicher zur selben Zeit von seinem Amt zu-rückgetreten war. Ahnungen, dass sich politisch Unheimliches zusammenbrau-te, wurden vertrieben, indem sich *tout Berlin* an jenem Abend nur um so aus-schweifender vergnügte und im wahrsten Sinne des Wortes „am Abgrund" tanzte. Am späten Vormittag des 30. Januar 1933, als viele ihren Schwips noch ausschliefen, gab es keinen Zweifel mehr, dass in Deutschland die Uhren bald anders liefen. Reichspräsident Paul von Hindenburg hatte Adolf Hitler zum Reichskanzler ernannt, das *Dritte Reich* nahm seinen unseligen Lauf.

Kaum waren sie ganz legal an die Macht gelangt, begannen die Nationalso-zialisten umgehend mit der „Säuberung" aller politischen und gesellschaftlichen Institutionen von politischen Gegnern und Angehörigen ideologisch verfemter Bevölkerungsgruppen. Nach dem Reichstagsbrand vom 28. Februar 1933 und den am 5. März 1933 gewonnenen Reichstagswahlen kannten sie dann keine Hemmungen mehr. Am 2. März 1933 wird Weissmanns Mentor Walter Braun-fels als „Halbjude" in Köln beruflich kaltgestellt und all seiner Ämter entho-ben.[140] Fünf Tage später randaliert in Dresden die SA in der Semperoper in ei-ner Weise, dass Generalmusikdirektor Fritz Busch sein Amt aufgibt und das Land verläßt. Am 10. März 1933 wird in Breslau der Theaterintendant Paul Bar-nay, der Cousin von Weissmanns früherer Vermieterin und Gesangspartnerin Lolo Barnay, von SA-Leuten entführt und so schwer misshandelt, dass er sein Amt aufgibt. Einen Tag später stürmt die SA die Städtische Oper in Charlottenburg und erklärt den Intendanten Carl Ebert und den Dirigenten Fritz Stiedry für abgesetzt. Am 17. März 1933 verhindern die Nazis ein Konzert Bruno Walters und der Berliner Philharmoniker mit der Drohung, sie würden alles kurz und klein schlagen, falls Walter, der wenig später nach Österreich emigriert, das Podium betreten sollte. Am gleichen Tag werden in Frankfurt der Opernchef Josef Turnau abgesetzt und der musikalische Leiter Wilhelm Steinberg beurlaubt. Richard Tauber, mit dem Weissmann nach der „Machtergreifung" an sechs Tagen im Aufnahmestudio zusammengearbeitet hatte, wird wenige Tage nach der letzten Aufnahmesitzung vom 15. März 1933, nach einem Abendessen mit dem Arbeitsminister Franz Seldte vor dem Kempinski-Restaurant von Unbekannten mit dem Ruf „Judenlümmel raus aus Deutschland" zusammengeschlagen und verlässt bald danach Deutschland.[141]

Schon am 22. März 1933 werden die ersten 150 Häftlinge nach Dachau, dem ersten Konzentrationslager der Nazis, gebracht. Zwei Tage später stimmen im Reichstag alle darin vertretenen Parteien außer der SPD dem Ermächtigungsgesetz („Gesetz zur Behebung der Not von Volk und Reich") zu, das Hitler die Möglichkeit gibt, den Reichstag auszuschalten und die Verfassung de facto außer Kraft zu setzen. Am 1. April 1933, pünktlich um zehn Uhr morgens, beginnt ein reichsweiter Boykott jüdischer Geschäfte, in dessen Verlauf der braune Mob Juden auf offener Straße beschimpft, verprügelt und Jagd auf jüdische Ärzte und Anwälte macht.

Spätestens da dürfte auch Weissmann die Unmöglichkeit seines weiteren Verbleibs in einem rabiat antisemitisch gewordenen Deutschland klar geworden sein. Bei den Berliner Philharmonikern, die im Februar 1933 unter ihrem Dirigenten Furtwängler eine mehrwöchige Tournee im In- und Ausland unternommen hatten, war Weissmanns Engagement gleich mit dem Regierungswechsel auf die lange Bank geschoben worden. Eine unmissverständlich klare Absage enthielt dann ein am 3. April 1933 datiertes Schreiben des Cellisten und NSDAP-Mitglieds Fritz Schröder,[142] vormals Vorstand des aufgelösten Berliner Sinfonie-Orchesters und jetzt bei den Philharmonikern bestrebt, „eine Umorganisation des Orchesters im Sinne der ideologischen Prämissen des Regimes durchzusetzen".[143] Weissmanns jüdische Kollegen Julius Prüwer und Ernst Kunwald konnten zwar noch im März und April einige Dienstagskonzerte dirigieren,[144] wurden aber auch kaltgestellt, nachdem sich die Nazis am 7. April 1933 mit dem Gesetz zur Wiederherstellung des Berufsbeamtentums selbst die Vollmacht zur Vertreibung jüdischer und politisch missliebiger Beamter aus ihren Ämtern gegeben hatten.[145]

Wie stets, so hatten jetzt diejenigen gut lachen, die sich rechtzeitig auf die Seite der Machthaber schlugen. Auch in Weissmanns Freundes- und Bekanntenkreis gab es manchen, der mit den neuen Herrschern marschierte oder sich im Gleichschritt versuchte. Max von Schillings, der im Vorjahr als Max Liebermanns Nachfolger Präsident der Preußischen Akademie der Künste geworden war, hatte die „Machtergreifung" der Nazis freudig begrüßt und sich sogleich als willfähriger Helfer bei der „Reinigung" der Akademie von jüdischen und regimekritischen Schriftstellern wie Thomas und Heinrich Mann, Ricarda Huch, Alfred Döblin, Franz Werfel, Jakob Wassermann oder Künstlern wie Max Liebermann und Käthe Kollwitz erwiesen. Zum Dank ernannten die neuen Machthaber Max von Schillings am 26. März 1933 zum neuen Intendanten der Städtischen Oper in Charlottenburg. Schillings, der in seiner Ernennung die für ihn längst überfällige Wiedergutmachung seiner 1925 erfolgten Amtsenthebung an der Staatsoper sah, revanchierte sich bei den Nazis, indem er und seine Frau Barbara Kemp sechs Tage später Mitglieder der NSDAP wurden. Im Mai 1933 sorgte er dafür, dass Arnold Schönberg und Franz Schreker, zwei bedeutende Komponistenkollegen, die im Gegensatz zu ihm eine moderne, avantgardistische Richtung verfolgten, ihre Lehrämter an der Berliner Musikhochschule verloren. Schillings selbst sollte sich der Gunst der neuen Machthaber freilich nicht lange erfreuen können. Eine Lungenembolie nach einer Darmkrebsoperation beendete am 24. Juli 1933 die Karriere dieses Mannes, der kurz vor seinem Tod sein ganzes Renommee und allen Kredit, den er als Künstler erworben hatte, durch Willfährigkeit gegenüber einem diktatorischen Regime verspielte.

Rückzug nach Schloss Seerhausen

Zweifellos darüber bestürzt, hat Weissmann dennoch nie den moralischen Ausverkauf seines Idols Max von Schillings kritisiert. Andererseits scheint er aber auch weder die Begegnung mit Schillings noch dessen Gunst gesucht zu haben, nachdem sich dieser von den Nazis hatte vereinnahmen lassen. Statt dessen zog sich Weissmann zu Beginn der zweiten Aprilwoche 1933 von Berlin zurück, um fern der Hauptstadt in Ruhe seine – durch den Ausfall von Aufträgen der Lindström AG und die Aussichtslosigkeit einer Weiterarbeit bei den Berliner Philharmonikern zunehmend prekäre – Situation zu überdenken. Schloss Storkau bei Stendal, wo er früher öfters Urlaub gemacht hatte, kam leider für ihn als Rückzugsort nicht mehr in Frage, nachdem dessen Besitzer Leon von Guaita im Vorjahr verstorben war und die Erben Schloss und Gut verkauft hatten. So folgte er der Einladung eines anderen Adligen aus seinem Bekanntenkreis, dessen Gastfreundschaft er früher schon des öfteren genossen hatte.[146]
  Karl Alexander Hugo Freiherr von Fritsch (1869-1945) war der letzte Oberhofmarschall des Großherzogtums Sachsen-Weimar-Eisenach. Auch nach ihrem Untergang diente der ehemals großherzoglich sächsische Kammerherr der Monarchie, indem er für den abgedankten und im holländischen Exil verharrenden Kaiser Wilhelm II. tätig war. Gleichwohl fühlte er sich aber auch für die neue Republik verantwortlich, die ihren Beinamen ihm verdankte. Denn Baron Fritsch hatte dafür Sorge getragen, dass die Nationalversammlung zu ihrer konstituierenden Sitzung im Februar 1919 aus dem politisch unruhigen Berlin nach Weimar ins großherzogliche Hoftheater ausweichen konnte. Beschlagen in Fragen des Theaters, der Architektur, Kunst und Musik trug Baron Fritsch – mit

Unterstützung des umtriebigen Harry Graf Kessler – auch 1919 entscheidend
dazu bei, dass Walter Gropius in Weimar das „Bauhaus", die Kaderschmiede
der klassisch-modernen Avantgarde, gründen konnte. Der kunstsinnige, kinderlos verheiratete adlige Herrenreiter besaß in der sächsischen Provinz, bei dem
Städtchen Riesa gelegen, das idyllische Familienschloss Seerhausen, wohin sich
Weissmann ab 12. April 1933 für einige Wochen zurückgezogen hatte. Hinter
den Schlossmauern fühlte er sich zwar sicher vor den Ausschreitungen der Nationalsozialisten, den verstörenden Nachrichten von ihrem unseligen Treiben
konnte er sich aber auch dort nicht entziehen.

Am Tag vor seinem Eintreffen in Seerhausen war in der *Vossischen Zeitung*
und anderen führenden Berliner Tageszeitungen ein offener Briefwechsel zwischen Wilhelm Furtwängler und dem Reichsminister für Volkaufklärung und
Propaganda Dr. Joseph Goebbels erschienen. Mit Blick auf jüngste „Vorkommnisse innerhalb des Musiklebens" hatte der Chef der Berliner Philharmoniker dabei die Diskriminierung jüdischer Musiker als „nicht unbedingt mit der
Wiederherstellung unserer nationalen Würde [...] verbunden" kritisiert: „Nur
einen Trennungsstrich erkenne ich letzten Endes an: den zwischen guter und
schlechter Kunst." Deshalb müssten „Männer wie Walter, Klemperer, Reinhardt usw. auch in Zukunft mit ihrer Kunst zu Worte kommen können".[147]
Furtwänglers mutiger Stellungnahme, die Goebbels in seiner Antwort natürlich
auf eigene Weise zerpflückte, war der Musikwissenschaftler Alfred Einstein, der
wie Weissmann den Doktortitel in München bei Adolf Sandberger erworben
hatte und seit 1927 Redakteur beim *Berliner Tageblatt* war, mit einem Kommen-
tar in seinem Blatt beherzt zur Seite gesprungen. Seine Worte beeindruckten
Weissmann so sehr, dass er noch am 12. April in Schloss Seerhausen zur Feder
griff, um Einstein „den Ausdruck meiner aufrichtigen Hochachtung und Ver-
ehrung zu übermitteln". Denn „Ihre Nachschrift zu dem einzigartigen Furt-
wängler-Brief [...] ist durch die entschiedene und zugleich glückliche Formulierung alles dessen, was von berufener Seite dazu gesagt werden kann, so dan-
kenswert – für den Einzelnen und die Gesamtheit".[148]

Einstein war sich der Wirkungslosigkeit wie auch der Tragweite seiner Inter-
vention durchaus bewusst und emigrierte drei Monate später nach England.
Furtwängler, der sich zu einem solchen Schritt nicht entschließen konnte, sorgte mit seinem Protest zwar für einiges Aufsehen, auch international, bewirkte
aber bei den Nazis kein Umdenken. Im Gegenteil, schon einen Monat später
zeigten sie unverhohlen aller Welt, wie sie mit jüdischen und politisch anders
denkenden Schriftstellern und Intellektuellen umzugehen gedachten, indem sie
auf dem Berliner Opernplatz und in 21 weiteren deutschen Universitätsstädten
öffentliche Bücherverbrennungen „undeutschen Schriftguts" inszenierten. Für
Weissmann war dies endgültig das Signal, Deutschland zu verlassen.

Um seine Chancen für eine Tätigkeit im Ausland auszuloten, wandte er sich
von Schloss Seerhausen aus am 16. Mai 1933 brieflich an die seit 1924 in New
York lebende Chorleiterin Margarethe Dessoff,[149] die 1919 in Frankfurt am

Main seine LIEBESPSALMEN mit ihrem Frauenchor und dem Museums-Orchester uraufgeführt hatte. Seit ihrer Kindheit mit dem amerikanischen Bankier und Mäzen Felix M. Warburg eng befreundet, der als Vorstandsmitglied der New Yorker Juillard School Einfluss auf die amerikanische Musikszene ausübte, war Margarethe Dessoff zweifellos eine gute Adresse, um aus berufenem Munde die Chancen zur Fortsetzung seiner Dirigentenkarriere in den USA auszuloten.

Bei der Suche nach Arbeitsmöglichkeiten im Ausland beschränkte sich Weissmann aber nicht auf die USA. Auch die Niederlande zog er in Betracht. Er hatte zwar dort noch nie dirigiert, verfügte aber spätestens seit Oktober 1931, als er und Ernst Kunwald niederländische Komponisten zur Zusammenarbeit mit dem Berliner Sinfonie-Orchester einluden, über gute Kontakte in die holländische Musikszene, z. B. zu dem Komponisten Rudolf Mengelberg (1892-1959), dem hauptberuflichen Geschäftsführer des von seinem berühmten Onkel Willem Mengelberg geleiteten Amsterdamer Concertgebouw-Orchesters.

Ein weiterer wertvoller Kontakt nach den Niederlanden hatte sich im Vorjahr ergeben, als der Programmchef des Hilversumer Rundfunksenders AVRO Jaap den Daas (1905-2001) nach Berlin kam, um Weissmann und sein Wiener Bohème Orchester für ein längeres Gastspiel beim Sender AVRO einzuladen.[150] Obwohl aus der Einladung nichts wurde, hatte sich Weissmann mit dem zwölf Jahre jüngeren Holländer schnell angefreundet. Das sollte ihm nun ebenso zugute kommen wie seine Kontakte zur niederländischen Musikszene. Denn beides verhalf ihm umgehend zu der Einladung, am 28. Juni 1933 in Rotterdam ein öffentliches, live im Radio gesendetes Gala-Konzert des Concertgebouw-Orchesters zu dirigieren.

Die Flucht

Das Konzert in den Niederlanden war keine Geheimaktion, sondern erfolgte zweifellos mit Wissen der zuständigen deutschen Behörden. Denen waren solche Gastspiele nur zu willkommen, um im Ausland den „Kulturwillen" des Nationalsozialismus zu demonstrieren. Bereitwillig unterstützte man das Engagement der prominenten weiblichen Solisten, der Sopranistinnen Anni Konetzni und Margherita Perras von der Berliner Staatsoper, obwohl neben dem Bassisten Paul Marion aus Wien auch der Tenor Michael Bohnen verpflichtet worden war, der sich mit seinem Einsatz für jüdische Kollegen wie Richard Tauber bei den Nazis sehr unbeliebt gemacht hatte.

Auch Weissmann brauchte sich keine Sorgen zu machen, dass er bei Grenzkontrollen Schwierigkeiten bekommen könnte. Allerdings durfte niemand erfahren, dass er nicht mehr nach Deutschland zurückkommen würde. Um nicht aufzufallen, hatte er deshalb seine Zelte mit größter Vorsicht abgebrochen und persönliche Dinge bei den Eltern oder engen Vertrauten wie Lebs deponiert. Bei der Lindström AG erfüllte er noch in den Tagen vor seiner Abreise bestehende Verpflichtungen für Aufnahmen mit der schwedischen Altistin Kerstin

Thorborg (1896-1970) und den Sopranistinnen Lotte Lehmann und Elisabeth
Rethberg, drei international berühmten Sängerinnen, die sich in ihrer Abneigung gegen Hitler-Deutschland einig waren und danach nie mehr Schallplattenaufnahmen in Deutschland machten.[151]

Just am 22. Juni 1933, dem Tag, an dem er in Berlin mit Elisabeth Rethberg
seine allerletzten Schallplattenaufnahmen in Deutschland machte (passenderweise mit zwei Arien,[152] die vom Schmerz des Abschiednehmens erzählen), erschienen die ersten Ankündigungen seines Rotterdamer-Debüts in der holländischen Tagespresse.[153] Zwei Tage später, am Samstag, dem 24. Juni 1933, machte sich Weissmann am späten Vormittag auf den Weg zum Anhalter Bahnhof.
Um jeden Anschein einer Reise ohne Wiederkehr zu vermeiden, war er mit klei-
nem Gepäck von zuhause losgezogen, nachdem er – was ihm fast das Herz
brechen wollte – seine drei Hunde Fräulein Hanna Rau, seiner Haushaltshilfe,
anvertraut hatte. Kurz vor Mittag bestieg er den D-Zug nach Amsterdam, der
nach einer mehr als zehnstündigen und ohne besondere Vorkommnisse, auch
bei den Passkontrollen, verlaufenen Eisenbahnfahrt fahrplanmäßig um 22.14
Uhr in der Amsterdamer Centraal Station einfuhr.[154]

Im Carlton Hotel erwartete ihn schon ein Reporter der Tageszeitung *De Telegraaf*, dem Weissmann, bevor er sich auf sein Zimmer zurückzog, ein kurzes
Interview gewährte. Tags darauf erfuhr die interessierte Öffentlichkeit, dass der
„junge und wie kein anderer durch Schallplatten zu Ruhm gelangte Künstler"
Weissmann das kommende Konzert mit dem Concertgebouw-Orchester für
die Erfüllung seiner sehnlichsten Wünsche als Dirigent halte. Und dass Willem
Mengelberg, der seit 1892 amtierende Chef des Concertgebouw-Orchesters, der
von 1907 bis 1920 auch Leiter des Frankfurter Museumsorchesters war, ihm
überdies Vorbild seit seiner Schulzeit sei.[155]

Publizistische Vorausaktionen wie der Artikel in *De Telegraaf* blieben nicht
ohne Wirkung und sorgten am Abend des 28. Juni 1933 für einen bis auf den
letzten Platz besetzten Saal in der Rotterdamer Groote Schouwburg. Mit einer
klanglich prachtvollen Wiedergabe der Ouvertüre zu Verdis Oper DIE MACHT
DES SCHICKSALS eröffnete Weissmann das Konzert und brachte damit – wie der
Korrespondent der Zeitung *De Telegraaf* notierte – sogleich das Publikum richtig
„auf Temperatur".[156] Südländisch heiß ging es danach weiter mit Gesangsnum-
mern aus Opern von Verdi und Puccini, wobei – laut dieses Augenzeugen – jedes Kommen und Gehen der vier Solisten auf der Bühne mit stürmischem, sich
zu Ovationen steigerndem Beifall im Saal quittiert wurde. Nach der Pause folgte auf das Fest der Stimmen ein reines Orchesterkonzert, in dem Weissmann
das Concertgebouw-Orchester mit Stücken aus Opern von Richard Wagner, u.
a. der TANNHÄUSER-Ouvertüre, zur Höchstform brachte. Vom Publikum gefeiert und von den Veranstaltern mit Lorbeerkranz und Schleife in den AVRO-
Farben belohnt,[157] konnte Weissmann, obwohl etwas erschöpft, mit sich zufrieden sein. Denn einen besseren Einstand beim niederländischen Publikum hätte
er sich nicht wünschen können.

KAPITEL 6

Transit
1933-1939

Frieder Weissmann in Holland 1933.

Zu Gast in den Niederlanden

Exilanten und Freunde

Der begeisterte Presse-Nachhall des Konzerts ließ sich für Weissmann zunächst nicht in weitere Engagements ummünzen, denn wegen der Theaterferien schlossen auch in den Niederlanden Theater und Konzerthäuser ab Juli ihre Pforten. So hatte er in den nächsten Wochen reichlich Zeit, sich in Amsterdam umzusehen und einzuleben. Wie er dabei die neue Umgebung erfuhr, wissen wir nicht, da von ihm keine Schilderungen aus dieser Zeit überliefert sind. Vergleichbar dürfte seine Situation jedoch mit der des ebenfalls im Juni 1933 als Flüchtling nach Amsterdam gekommenen Schriftstellers Klaus Mann (1906-1949) gewesen sein. Der Sohn Thomas Manns skizzierte in seinem Lebensbericht DER WENDEPUNKT treffend Alltagssituationen eines Emigranten in Amsterdam, der in seinen Gedanken von Deutschland nicht loskam: „Dort regierte das Scheusal. Dieser unangenehmen Tatsache blieb man eingedenk, was einen aber keineswegs daran hinderte, die neu, nicht ganz freiwillig gewählte Umgebung in vieler Hinsicht äußerst angenehm zu finden. Eine schöne Stadt, Amsterdam, ob nun ein Emigrant sich dieser Schönheit freut oder ein Vergnügungsreisender. Auch der Verbannte bewundert die nobel-schlichte Architektur der alten Patrizierhäuser, spürt den etwas verwunschenen Reiz der Grachten mit ihren venezianischen Gerüchen und Perspektiven. [...] Die engen Gassen wimmeln von Radfahrern, deren lautlos-hurtiges Dahingleiten in der Dämmerung geisterhaft wirken mag. Überall gibt es Porträts der königlichen Frauen, Königin-Mutter, Königin, Kronprinzessin; überall gibt es Tulpen. Die Mädchen aber, die in gewissen Stadtgegenden gastlich am Fenster sitzen und den Vorübergehenden mit derbem Scherzwort locken, bevorzugen künstliche Blumen, Gott weiß warum. [...] Wollte man Erholung, so spazierte man im großzügig angelegten, erfreulich soignierten Vondel-Park oder verbrachte eine andächtige Stunde im ‚Rijksmuseum' vor den erfrischend ‚wirklichen', dabei inspirierenden Landschaften, Porträts, religiösen Szenen, Stilleben, Allegorien und häuslich-heiteren Genrebildern der großen Niederländer. Abends gab es gute Musik im ‚Concertgebouw'. [...] Man saß auf der Terasse des Hotels Américain und trank ‚oude Genever', wozu man sich appetitliche Würfelchen aus holländischem Käse oder einen frischen Hering schmecken ließ."[1]

Obwohl sich beide zweifellos schon in Berliner Künstler- und Intellektuellenkreisen kennengelernt hatten und nun auch in Amsterdam immer mal wieder begegneten, scheinen Weissmann und der dreizehn Jahre jüngere Klaus Mann sich dennoch kaum näher gekommen zu sein. Weder sind von Weissmann Äußerungen zu Klaus Mann überliefert, noch taucht in dessen Schriften und Tagebüchern der Name des Dirigenten an irgendeiner Stelle auf. Dass beide Distanz wahrten, lag nicht nur am Altersunterschied oder an der Verschiedenartigkeit ihrer Tätigkeiten. Auch nicht daran, dass sie unterschiedliche sexuelle Präferenzen hatten. Was sie wirklich trennte, war ein völlig anderes Selbstverständnis, nachdem beide Deutschland verlassen hatten. Im Unterschied zu Klaus Mann, der von Amsterdam aus zum Sprachrohr des literarischen Exils wurde und mit *Der Sammlung* antifaschistischen Schriftstellern ein Forum bot, scheint Weissmann sowohl die rasch anwachsende Emigrantenszene – 1933 kamen bis zum Herbst rund 15 000 Flüchtlinge aus Deutschland in die Niederlande – gemieden, als auch sich mit politischen Widerstandsbekundungen zurückgehalten zu haben.[2] Selbst hat er sich auch nie als „Flüchtling" oder „Emigrant" gesehen und in Bezug auf seine Person diese Begriffe ebenso wie „Exil" und „Exilant" stets vermieden. Obgleich in Deutschland geboren und dort vierzig Jahre lang ansässig, dürfte ihm, der einen deutschen Pass erst drei Jahre vor seiner Flucht erhielt, das Gefühl der Heimatlosigkeit und Ausgrenzung so in Fleisch und Blut übergegangen sein, dass er wenig mit der Flüchtlings- und Exilantenrolle anfangen konnte. Durch ihre Annahme hätte er außerdem signalisiert, dass er Deutschland ganz verlassen hätte, also ausgewandert wäre. Dies hätte den deutschen Behörden die Möglichkeit verschafft, seine Konten zu sperren und im Verein mit deutschen Banken die horrenden Abgaben zu erzwingen, die seit der nationalsozialistischen Regierungsübernahme jüdischen Auswanderern abverlangt wurden. So lebte Weissmann zwar außer Landes, weil aber weder Flüchtling noch Auswanderer oder gar offener Gegner der deutschen Regierung ließ man ihn anscheinend in Ruhe und weiterhin im Besitz seines deutschen Passes.

Als Gast der Niederländer war es auch nicht ratsam, sich mit Worten und Taten gegen das nationalsozialistische Regime in Deutschland zu stellen. Bei dem problematischen Spannungsverhältnis zwischen der niederländischen und deutschen Regierung bestand immer die Gefahr, dass von niederländischer Seite die Aufenthalts- und Arbeitserlaubnis entzogen werden konnte, um Ärger mit Hitler-Deutschland und der keineswegs unbedeutenden Minderheit holländischer Nazi-Sympathisanten zu vermeiden. Selbst, wenn die Niederländer ihn schonten, hätten die deutschen Behörden ihn dann aber immer noch ausbürgern können, was seine in Deutschland verbliebenen Eltern gefährdet und ihn in den Niederlanden zu einer gänzlich unsicheren Existenz als staatenloser Ausländer verurteilt hätte.

Statt den Kontakt zur Exilantenszene suchte Weissmann lieber die Nähe der besseren Gesellschaft eingesessener Deutsch-Niederländer und fand offenbar ziemlich schnell Anschluss zu Kreisen jüdischer Bankiers und Geschäftsleute. So befreundete er sich mit dem Handelsagenten Karl Egon Mosler (*1902) und dem Bankier Fritz Gutmann (1886-1944), den Söhnen der bedeutenden Berliner Bankiers Eduard Mosler (1873-1939), seit 1929 Vorstandsmitglied und von 1934-39 Vorstandssprecher der Deutschen Bank, und Eugen Gutmann (1840-1925), des Gründers der Dresdner Bank.

Fritz Gutmann hatte es im Ersten Weltkrieg nach Holland verschlagen, wo er ab 1919 die holländische Tochterfirma der Dresdner Bank aufbaute und als Verwalter u. a. des Vermögens des nach Holland geflohenen Deutschen Kaisers selbst ein Vermögen erwarb. Damit konnte Fritz Gutmann, der 1924 niederländischer Staatsbürger wurde, im gleichen Jahr den Kauf des prächtigen Landsitzes Bosbeek bei Hemstede bestreiten und – dem Beispiel seines Vaters und älteren Bruders, des Berliner Bankiers Herbert M. Gutmann (1879-1942), folgend – den Aufbau einer höchst wertvollen Kunstsammlung mit Werken von Frans Hals, Cranach, Holbein, Hans Baldung Grien, Botticelli, Gainsborough – um nur einige Namen zu nennen – finanzieren. Mit dem glamourösen Lebensstil, den Fritz Gutmann und seine Gattin Louise geb. von Landau pflegten, machten sie ihr Anwesen zu einem gesellschaftlichen *hot-spot*, wo viele Parties mit illustren Gästen gefeiert wurden. Gelegentlich tauchten dabei auch der deutsche Ex-Kaiser und Prinz Bernhard der Niederlande auf, denn in unmittelbarer Nachbarschaft und in einer ebenfalls prachtvollen und mit Kunstschätzen vollgestopften Villa wohnte die mit den Gutmanns befreundete Witwe Catalina von Pannwitz. Die aparte Berlinerin war Wilhelms II. heimliche und von ihm liebevoll „Panny" genannte Geliebte, deren attraktive Tochter Ursula, was ein offenes Geheimnis war, von Prinz Bernhard der Niederlande heftig umworben wurde.

Gastdirigent des AVRO-Rundfunks in Hilversum

Anders als in Deutschland entwickelte sich der niederländische Rundfunk in den 1920er Jahren nicht auf der Basis regionaler Sendegebiete, sondern wurde von weltanschaulich orientierten Programmgesellschaften getragen. Die Liberalen waren 1923 die ersten, die einen Senderverein in Hilversum gründeten, der sich zunächst Hilversumsche Draadlooze Omroep, schon bald danach aber Algemene Vereeniging Radio Omroep (AVRO) nannte. Es folgten ab 1924 in kurzen Abständen die Protestanten mit der Nederlandsche Christelijke Radio Vereeniging (NCRV), die Katholiken mit der Katholieke Radio Omroep (KRO) und die Sozialisten mit der Vereeniging van Arbeiders Radio Amateurs (VARA). Mitte 1925 entstand zuletzt der Senderverein der Freien Protestanten, der Vrijzinnig Protestantse Radio Omroep (VPRO). Zwischen den Vereinen gab es – mit Ausnahme der Sendetechnik – kaum Kooperation. Hilversum war der Sender für die Programme von AVRO, VARA und VPRO, Huizen, später Hilversum 2 genannt, für die Programme von NCRV und KRO.[3]

Die Konkurrenz zwischen den Sendervereinen führte dazu, dass bei AVRO, KRO, VARA und NCRV Ende der 1920er/Anfang der 1930er Jahre eigene Rundfunkorchester entstanden. Deren Stammbesetzung von jeweils ungefähr 40 Spielern rekrutierte sich großenteils aus Musikern, die mit dem Ende der Stummfilmära ihre Arbeitsplätze in Kinoorchestern verloren hatten.[4] Hausdirigenten des AVRO-Symphonieorchesters waren in den 1930er Jahren der mit der bekannten holländischen Sopranistin Hélène Cals (1903-1937) verheiratete Nico Treep (1890-1945), Albert Bernhard van Raalte (1890-1952) sowie Louis Schmidt (1889-1974), der als Kovacs Lajos auch ein Unterhaltungsorchester der AVRO leitete. Regelmäßige Gastdirigenten des AVRO-Symphonieorchesters waren u. a. der in holländisch-Ostindien aufgewachsene Nico Gerharz (1872-1939) oder der Belgier Franz André (1893-1975).

Mit dieser Mannschaft verfügte die AVRO über ausreichend Dirigenten, sodass Jaap den Daas, der AVRO-Programmchef, Weissmann vorerst wenig Hoffnung auf Gast-Engagements mit dem Rundfunkorchester machen konnte. Immerhin gelang dann doch noch am 10. August 1933 die Übertragung eines von Weissmann geleiteten Konzerts im AVRO-Abendprogramm. Das Orchester war jedoch nicht das der AVRO, sondern die Haarlemse Orkest Vereniging, ein traditionsreicher Orchesterverein aus Berufsmusikern und Amateuren in der nordholländischen Stadt Haarlem.[5] Zum Programm des Konzerts ließen sich keine näheren Angaben ermitteln. Bekannt sind nur die Namen der Solisten, des in Antwerpen geborenen Tenors Marcel Wittrisch (1903-1955) und des in Schottland als Sohn polnisch-jüdischer Eltern geborenen Geigers Henri Temianka (1906-1992). Wittrisch, den Kritiker auch heute noch als einen der „gesangstechnisch besten Tenöre" und als „unerreichten Meister der mezza voce" rühmen,[6] war einer der populärsten Tenöre der 1930er Jahre. Seit 1928 Mitglied

der Berliner Staatsoper „Unter den Linden" und stimmlich eines ihrer Glanz-
lichter bis 1944, orientierte sich der Sänger, ein überzeugter Nationalsozialist, in
seinem Gesangsstil bewusst am Vorbild Richard Tauber. Henri Temianka war
in Rotterdam, Berlin, Paris und Philadelphia von so namhaften Lehrern wie zuletzt Carl Flesch unterrichtet worden und galt als einer der technisch vollkom-
mensten Violinvirtuosen seiner Generation. Nach seinem fulminanten New
Yorker Debüt 1928 eroberte er in kürzester Zeit die internationalen Konzertpodien und arbeitete dabei mit den bedeutendsten Dirigenten zusammen.[7]

Ein weiteres AVRO-Engagement, bei dem Weissmanns Name allerdings
nicht in den öffentlichen Ankündigungen auftauchte, fiel ebenfalls in den August 1933. Um sich wohl einen lang gehegten Wunsch endlich zu erfüllen, hatte
Jaap den Daas mit Weissmanns Hilfe dessen Berliner Kollegen vom Wiener
Bohème Orchester für ein zehntägiges Gastspiel in Hilversum gewinnen können. Nach einem abendlichen Auftaktkonzert, das am Sonntag, 6. August 1933
von 20.15 Uhr bis 22.00 Uhr über den Sender Hilversum ausgestrahlt wurde,
folgten bis 15. August fast täglich im Vorabend- bzw. Abendprogramm etwa
einstündige, von Weissmann geleitete Konzerte seines als Wiener Bohème Orkest angekündigten Ensembles, das in seiner dreijährigen Geschichte jetzt zum
ersten (und wohl auch zum letzten) Mal außerhalb des Berliner Aufnahmestudios der Lindström AG in Erscheinung trat.

Die Wiederbegegnung mit den alten Kollegen aus Berlin sorgte für froh ge-
stimmte Tage, an die sich Weissmann noch im hohen Alter vergnügt erinnerte.
Erstaunlicherweise nutzte aber damals offenbar keiner der jüdischen Ensemblemitglieder die mit dem Gastspiel gebotene Chance, sich wie Weissmann oder
der schon im März 1933 in die Niederlande geflohene russisch-jüdische Geiger
Dajos Bela (1897-1978) ins sichere Ausland abzusetzen.[8] Alle kehrten wieder
nach Berlin zurück, wo das Wiener Bohème Orchester noch einige Jahre unter
der Leitung von Otto Dobrindt (1886-1963) weiter existierte.

Jan Kiepura kommt!

Die Kollegen vom Wiener Bohème Orchester waren gerade abgereist, als sich
am 18. August 1933 im Amsterdamer Rembrandt-Theater der Vorhang hob für
die holländische Kinopremiere des deutschen Spielfilms EIN LIED FÜR DICH.
Die Tageszeitungen hatten das Ereignis zuvor groß angekündigt, denn im Mittelpunkt des Films stand der polnische Tenor Jan Kiepura, damals einer der
größten europäischen Stars. Obwohl als Sohn eines Katholiken und einer Jüdin
nach Auffasung der Nazis ein „Halbjude", konnte Kiepura, der zu Hermann
Görings Lieblingssängern zählte, damals in Deutschland noch ungehindert auftreten und seine Popularität durch Auslandsgastspiele und zahlreiche Kinofilme
bis 1937 sogar noch steigern.[9]

Weissmann hatte mit Kiepura in Berlin noch im Februar und April 1933 die
Schlager „Oh Madonna!" und „Ninon, lach mir einmal zu" aus dem Film EIN

LIED FÜR DICH für die Schallplatte aufgenommen. Was lag näher, als auf der Woge des Interesses, das auf Grund des Filmes dem Filmstar Kiepura in Holland entgegengebracht wurde, mit zu schwimmen und den Gesangsstar Kiepura für ein Gastspiel nach Amsterdam zu holen, bei dem natürlich Weissmann das Orchester leiten würde. Wer zuerst den Plan hatte, wissen wir nicht, doch es kam schließlich so, wie Weissmann, der dringend ein Engagement benötigte, es nicht besser hätte wünschen können. Am 5. November 1933 brachte die Tageszeitung *De Telegraaf* auf ihrer Titelseite die Meldung, der „weltberühmte Tenor Jan Kiepura" werde zusammen mit dem von dem „bekannten Odeon-Dirigenten Dr. Frieder Weissmann" geleiteten Concertgebouw-Orchester Amsterdam bei zwei Konzerten am 24. November in Amsterdam und am 1. Dezember in Den Haag auftreten.[10]

Weil Kiepura nach Möglichkeit Rundfunkübertragungen seiner Auftritte vermied, war bei diesen Konzerten die AVRO von vornherein als Mitveranstalter ausgeschieden. Beide Veranstaltungen standen natürlich ganz im Zeichen des Superstars Kiepura. Er war unbestritten der Magnet, der das massenhaft erschienene Publikum anzog, leider aber auch die Veranstalter zu einem höchst seltsamen Programm-„Menü" verleitete, bei dem die Gänge etwas durcheinander geraten waren. Statt mit einer Vorspeise begann der Abend gleich mit einem Hauptgang, der DRITTEN SYMPHONIE von Johannes Brahms. Erst nach dieser schweren Kost folgte das *amuse gueule* mit Kiepura, der drei Arien aus Opern von Verdi (AIDA) und Puccini (LA BOHÈME, TOSCA) vortrug. Zwei symphonische NOCTURNES von Debussy waren dann eine Art Zwischengang, bevor Kiepura wieder auf das Podium zurückkehrte und dem „sehr dankbar gestimmten" Publikum mit drei weiteren Arien (aus Verdis RIGOLETTO, Massenets MANON und Puccinis TOSCA) ein Dessert bescherte.[11] Um halb elf Uhr begann dann der zweite Teil des Abends, eingeleitet durch die TANNHÄUSER-Ouvertüre, nach deren Ende Weissmann und die Orchestermusiker die Bühne verließen. Sie gehörte nun allein Jan Kiepura, der, am Klavier begleitet von Koos van de Griend (1905-1950), seine überwiegend weiblichen Fans mit Schlagern aus Operetten und Filmen in Taumel versetzte, nicht aber für die befürchteten Ohnmachtsanfälle sorgte, für die sich die Veranstalter vorsorglich mit einem Erste-Hilfe-Dienst gewappnet hatten.

Die Presseleute runzelten die Stirn über das merkwürdige *mixtum compositum* des Programms,[12] konnten sich aber noch weniger das Phänomen Kiepura und ein Publikum erklären, dem eigentlich alles recht war, wenn es nur aus der Kehle Kiepuras strömte. So hielten sich die Kritiker an den Dirigenten des Abends und an das Orchester, dessen Leistung unverkennbar unter zu geringer Probenzeit gelitten hatte. Das liberale Blatt *Het Vaderland* registrierte, dass alles zwar mit Schwung und großem Effekt präsentiert und auch vom Publikum dankbar quittiert wurde, vermisste aber bei der Brahms-Symphonie „Feingefühl und tieferes Empfinden" und bemängelte „unsaubere Tempi mit der Tendenz zur Sentimentalität". Besonderen Anstoß nahm das Blatt an Weissmanns „ruckartiger, unruhiger, nebensächliche Details zu deutlich hervorhebender Stabführung, welche dem strömenden Fluss und der großen Linie wenig förderlich sind."[13] Die sozialdemokratische Tageszeitung *Het Volk* hüllte sich schnell in Schweigen über den „ernsten Teil des Abends", bei dem Weissmann ganz sicher nicht in bester Form war, und meinte, es wäre unfair, wollte man ihn, den man ja als verdienten Schallplattendirigenten kenne, auf Grund dieses Konzerts beurteilen.[14]

Der geheimnisvolle Dirigent Marco Ibanez

Nach den Konzerten mit Jan Kiepura trat Weissmann mehrere Monate lang nicht mehr öffentlich in Erscheinung. Erst Anfang April 1934 wird sein Name wieder in den Programmankündigungen des holländischen Rundfunks genannt. Am 3. April 1934 dirigierte er am frühen Abend ein live von der AVRO übertragenes *Dinnerkonzert* sowie am späten Abend ein Orchesterkonzert mit der französischen Pianistin Janine Weill (1903-1983) als Solistin. In beiden Fällen ließen sich die gespielten Werke nicht mehr feststellen. Am 9. April 1934 leitete „Dr. Frieder Weissmann" ein weiteres Konzert mit dem AVRO-Orchester, in dem die 1895 in Amsterdam geborene jüdische Komponistin Henriette Bosmans als Solistin am Klavier mitwirkte. Auch in diesem Fall war nichts Näheres zum Programm ausfindig zu machen, doch ist anzunehmen, dass Bosman, die während der deutschen Besatzung der Niederlande Berufsverbot hatte und 1952 starb, den Solopart ihres wohl bekanntesten Werks, des 1928 entstandenen CONCERTINO FÜR KLAVIER UND ORCHESTER spielte.

Tags zuvor hatte die AVRO im Abendprogramm zwei beliebte Operetten, DER GRAF VON LUXEMBURG von Franz Léhar und DER FIDELE BAUER von Leo Fall, in einer 75-minütigen Kurzfassung gesendet. Von den Mitwirkenden wurde in den Presseankündigungen nur der Dirigent genannt, ein gewisser Marco Ibanez – ein geheimnisvoller Künstler, für den diese Aufführungen die letzten waren, bei denen sein Name genannt wurde. So überraschend er von der Bildfläche verschwand, war er zu Jahresbeginn in den AVRO-Programmankündigungen aufgetaucht als Dirigent bei drei weiteren beliebten Operetten: DIE LUSTIGE WITWE von Franz Léhar (21. JANUAR 1934), EIN WALZERTRAUM von Oscar Straus (11. Februar 1934) und DER ZIGEUNERBARON von Johann Strauss (18. März 1934).

Einen leibhaftigen Dirigenten namens Marco Ibanez gab es natürlich nie. Der Name war ein Pseudonym, hinter dem sich kein anderer als Frieder Weissmann verbarg. Was ihn dazu bewog, kurzzeitig einen falschen Namen anzunehmen, kann nur vermutet werden. Wahrscheinlich tat er es vor allem dem Sender zuliebe und zur Umgehung von Vorschriften, welche die Arbeitsaufnahme ausländischer Gäste beschränkten. Weniger wahrscheinlich ist die Annahme, er hätte es deswegen getan, um beim holländischen Publikum nicht vorschnell zum Operettendirigenten abgestempelt zu werden. Schließlich beruhte sein Erfolg als Schallplattendirigent international ja zu einem Gutteil auf seinen vielen Einspielungen „leichter" Musik.

Pscudonyme hatte Weissmann schon früher benutzt, z. B. nannte er sich „Peter Ping-Pong", wenn er bei der Lindström AG gelegentlich die Rolle des Hausdirigenten ablegte und in die des Schlagerkomponisten schlüpfte. Auch sein selbstgewählter Vorname „Frieder" war im Grunde ein Pseudonym. Im Gegensatz zu diesen verbalen Masken, die entweder selbstironisch gemeint waren oder seine jüdische Herkunft kaschieren sollten, steckten in seinem Alias Marco Ibanez handfestere Anspielungen. In Spanien gab es nämlich einen bekannten Träger des Namens Ibañez, dessen Vorname allerdings Blasco lautete. Der 1867 in Valencia geborene Blasco Ibañez war Schriftsteller und als überzeugter Republikaner ein grimmiger Gegner der spanischen Regierung. Für seine Überzeugungen ließ er sich ins Gefängnis stecken, kämpfte für sie im Parlament und ging zeitweise dafür auch ins Exil nach Argentinien und Frankreich, wo er 1928 in Menton starb.

Die Überführung seiner sterblichen Überreste von der französischen Riviera nach seiner Geburtsstadt Valencia Ende Oktober 1933 gestaltete sich zu einer pompösen Staatsaktion in Anwesenheit des Präsidenten der spanischen Republik, mehrerer Minister und Botschafter und einer unübersehbaren Menschenmenge auf Valencias Straßen. Aufmerksam registriert von der internationalen Presse, fand das Ereignis auch in der niederländischen Presse großen Widerhall, wo einige Blätter den Vornamen Blasco zu Blanco verfälscht hatten. Für Weissmann, der die – häufig verfilmten – Werke des Spaniers zum Teil gekannt haben dürfte, war diese Verfälschung zweifellos ein Anreiz, sich für sein Pseudonym vom Namen des Schriftstellers inspirieren zu lassen, den mit Musik eher wenig verband, der aber – wie Weissmann – das nicht immer angenehme Leben im Exil zur Genüge kannte. Dass Blasco Ibañez einen Teil seines Exils auch noch in Argentinien verbringen musste, könnte für Eingeweihte ein weiterer Wink gewesen sein, der ihnen die wahre Identität des Dirigenten Marco Ibanez entschleierte.

Frieder Weissmann (sitzend) mit seinem Vater (links) und Freunden (vermutlich Fritz Gutmann, 3. v. r.) am Amsterdamer Pier kurz vor dem Ablegen der Orania *nach Buenos Aires am 25. April 1934.*

Zwischen Europa und Südamerika

Abschied von Holland

Seit er 1926 eine Südamerikatournee aufgrund von Passproblemen nicht hatte antreten können, war Argentinien, vor allem dessen Hauptstadt Buenos Aires, für Weissmann ein Traumziel geblieben. Immer neue Berichte über erfolgreiche Argentinien-Gastspiele von Kollegen wie Erich Kleiber (1926, 1927, 1929), Clemens Krauss (1927, 1928), Egon Pollak (1928), Robert Heger (1929), Eugen Szenkar (1928, 1932), zuletzt dem 1933 aus Dresden vertriebenen Fritz Busch, hatten die Verlockung wach gehalten, bis schließlich 1934 der argentinische Traum auch für Weissmann Wirklichkeit wurde. Wie die holländische Tageszeitung *De Telegraaf* am 23. März 1934 meldete, sollte er im Sommer des Jahres in Buenos Aires am Teatro Colón die amerikanische Première der (erst im Vorjahr in Dresden uraufgeführten) Richard Strauss-Oper ARABELLA sowie im Teatro Odeon zwölf Sinfoniekonzerte dirigieren.[15] Leider war das Blatt etwas zu voreilig gewesen und musste sich schon am 27. März 1934 dahingehend korrigieren, dass nur noch von zwölf Sinfoniekonzerten, aber keinem ARABELLA-Engagement mehr die Rede war.[16]

ZWISCHEN EUROPA UND SÜDAMERIKA

Weissmann hatte der entgangenen ARABELLA nicht lange nachgetrauert. Denn in Wahrheit waren nicht – wie *De Telegraaf* wohl auf Grund eines Lesefehlers meldete – 12, sondern 72 Sinfoniekonzerte im Teatro Odeon vereinbart worden.[17] Mit diesem versechsfachten Pensum, das ihn in der Zeit von Mitte Mai bis Anfang Dezember 1934, die er in Argentinien zu bleiben gedachte, zur Einstudierung und Aufführung von zwei bis drei Konzerten pro Woche zwang, konnte er nachgerade froh sein, die Bürde von Opernvorstellungen los geworden zu sein.[18] Im legendären Teatro Colón würde er gleichwohl dirigieren, denn dort hatten ihm die Argentinier zusätzlich zwei herausragend platzierte Konzerte zugesichert.

In den Wochen vor seiner am 25. April 1934 geplanten Abreise hatte Weissmann Besuch von seinen Eltern erhalten, die anscheinend noch ziemlich unbehelligt ins Ausland reisen konnten. Sie wollten es sich nicht nehmen lassen, am 18. April mit dem Sohn zusammen den 63. Geburtstag der Mutter zu feiern, kurz bevor dieser ins ferne Südamerika aufbrach. Nachdem er sich am Mittwoch, dem 25. April 1934, von der Mutter verabschiedet hatte, machte sich Weissmann in Begleitung seines Vaters und einiger Freunde auf den Weg zum Pier des Koninklijke Hollandsche Lloyd im Amsterdamer Hafen. Dort wartete der Dampfer *Orania* auf Passagiere, um sie in einer mehr als dreiwöchigen Seereise mit Zwischenstationen in Southampton, Cherbourg, La Coruna, Vigo, Lissabon, Las Palmas, Pernambuco, Bahia, Rio de Janeiro, Santos, Montevideo nach Buenos Aires zu bringen. Ein Pressefotograf war zufällig auch erschienen, der von Weissmann und seinen Begleitern noch schnell ein Foto für die Wochenendausgaben „schoss" – ein seltenes Dokument und das einzig erhaltene Foto, das Weissmann zusammen mit seinem Vater zeigt. Alle scheinen demnach guter Dinge gewesen zu sein, was nicht ausschließt, dass vielleicht mancher doch ein paar Tränen verdrückte, als das Schiff auslief und allmählich am Horizont verschwand.

Dirigent bei Radio Splendid

Eine Woche, bevor die *Orania* Buenos Aires erreichte, hatte bereits das Wochenblatt *Caras y Caretas*, eine der auflagenstärksten argentinischen Zeitschriften, auf seiner Radio-Doppelseite (*Por el Mundo de la Radio*) Weissmanns Ankunft mit Foto angekündigt.[19] Man war offenbar sehr gespannt auf den „Doktor Frieder Weissmann, den berühmten musikalischen Leiter europäischer Orchester", der an Land von einem Vertreter jener Agentur, die ihm das argentinische Gastspiel vermittelt hatte, begrüßt wurde. Es war dieselbe, die im Vorjahr den Kollegen Fritz Busch ans Teatro Colón geholt hatte. Diese Agentur nannte sich Concierto Daniel und hatte ihr Hauptquartier in Madrid. Das von dem in Kuba geborenen spanischen Impresario Ernesto de Quesada (1886–1972) gegründete Unternehmen galt seit langem als die für Süd- und Lateinamerika allererste Adresse.[20] Repräsentant der Agentur in Buenos Aires war ein ehemali-

ger Violinist aus Bayern namens José Schraml, der – laut Fritz Buschs Ehefrau
Grete – „alles wusste und jeden kannte; schwer, elefantengrau, mit den tieflie-
genden, traurigen Augen dieses Tieres, ausgestattet mit einer immer ausgegan-
genen Zigarre und einem nie ausgehenden Appetit."[21] Bei der ersten Begegnung
mit Weissmann dürfte sich Schraml einige Entschuldigungen für das verpatzte
ARABELLA-Engagement abgerungen haben, das wohl deswegen scheiterte, weil
in der Agentur die eine Hand vergessen hatte, dass die andere längst den Dirigenten Fritz Busch, der im Vorjahr das Bonarenser Publikum begeisterte, auch
1934 wieder für die deutsche *temporada* am Teatro Colón fest engagiert hatte.

Kaum angekommen, war Weissmann auf der Stelle fasziniert von Buenos
Aires und den extremen topographischen, sozialen, kulturellen, insbesondere
architektonischen Kontrasten dieser Stadt der „guten Lüfte". Vermutlich erging
es ihm ebenso wie einem Zeitgenossen, dem deutschen Schriftsteller Paul Zech
(1881-1946)[22], der im Herbst des Vorjahres von Berlin über Wien, Triest und
Montevideo nach Buenos Aires geflohen war. In einem lesenswerten Essay beschrieb Zech diese „Stadt, wo man Weizen, Mais und Häute, gefrorene Rinder
und Schafe, für den Bedarf der ganzen Welt fast, verfrachtet", als einen alles
und jeden amalgamierenden Schmelztiegel, der den Neuankömmling mit keineswegs immer positiven Eindrücken überwältigt. Buenos Aires sei eine besondere Stadt, der etwas „Ungemeines, Unalltägliches" anhafte und die „von einem
krauthaft-würzigen, angenehmen Geruch umweht und von der hitzigen Bewegung exotischer Dinge und bunter Abenteuer durchschauert [sei]. Eine Stadt,
wo man, nach dem Ende gewisser Räume in seinem Leben, wieder von vorn
anfangen muss, ohne selber auch gleich ein ungeschickter Anfänger zu sein.
Weil die ganze Stadt [...] und alles in ihr Wohnende und sie Bewegende, noch
als ein Anfang erscheint. Als ein riesenhafter Kessel sozusagen, wo viele junge
Energien einfließen, sich sammeln und zweckhaft gesichtet, geordnet und verwandelt werden."[23]

Immer noch voller Staunen über diesen *melting pot*, lernte er alsbald jenen
Mann persönlich kennen, dem er das gewaltige, daher zweifellos lukrative Engagement für 72 Sinfoniekonzerte verdankte. Er hieß Max Glücksmann (1873-
1946) und war ein zwanzig Jahre älterer, im polnischen Czernowitz geborener
deutscher Jude, der als junger Mann nach Argentinien auswanderte und dort
bald nach der Jahrhundertwende die Vertretung der Carl Lindström AG übernommen hatte. Ab 1914 auch als Schallplattenproduzent mit eigener Marke
(Discos Glücksmann) aktiv, wurde Glücksmann im argentinischen Schallplattengeschäft schnell der mächtigste Mann, der die besten Künstler des Landes
unter Vertrag hatte. In den 1920er Jahren streckte er seine Hände nach den
neuen Medien Film und Rundfunk aus und bewies auf beiden Geschäftsfeldern
eine ebenso glückliche Hand. Erfolg hatte Max Glücksmann insbesondere mit
dem 1923 gegründeten Radio Splendid. Noch heute ist es eine der wichtigsten
kommerziellen Radiostationen Argentiniens, das zu den Ländern mit der längsten Tradition eines öffentlichen Rundfunks gehört.[24] Seinen Namen verdankte

Radio Splendid einem prunkvollen Theaterbau, in dem der Sender anfänglich untergebracht war und dessen Saal bis 1928 für Übertragungen, u. a. für die ersten Radioauftritte des berühmten Tangosängers Carlos Gardel, genutzt wurde. Danach übertrug Radio Splendid öffentliche Veranstaltungen aus dem Teatro Odeon, einem Ende des 19. Jahrhunderts errichteten Konzert- und Theatersaal, der hundert Jahre später einem Parkplatz weichen musste.

Im Wettbewerb um die Hörergunst verließen sich die argentinischen Radiostationen damals vor allem auf Tangomusik – für empfindliche Gemüter wie Paul Zech geradezu eine akustische Folter: „Dazu kratzen die Radiostationen, fünfzehn in dieser einen Stadt, mit einem Programm, das von Station zu Station über einen Leisten geschlagen ist: Guitarre, Tango und immer wieder Tango, Indianerballaden, aus Kehlen, die sich überschreien und nicht abreissen, in der gleichen Tonhöhe stundenlang funktionierend. Kultur-Kaviar fürs Volk, Musik für primitive Gemüter, für Menschen, denen ein unausstehlicher Lärm Herzensbedürfnis ist. Zwischendurch eine halbe Schallplatte, eine Ouverture, in der Mitte durchgerissen: um Raum zu schaffen für eine fünfmal so lange Reklame, angepriesen mit einem jesuitischen Eifer und Pathos, als handele es sich um die ewige Seligkeit und nicht um ein Abführmittel."[25]

Um Radio Splendid von diesem Programmeinerlei abzuheben und neue Hörerschichten anzusprechen, wollte Max Glücksmann regelmäßige Sendungen klassischer Musik auf hohem Niveau anbieten. Zu diesem Zweck gründete er ein eigenes Sinfonieorchester, für dessen Leitung er Juan José Castro (1895-1968), als Dirigent und Komponist eine herausragende Persönlichkeit der argentinischen Musikszene, gewinnen konnte. Weil aber Castro schon nach der Spielzeit 1933/34 ans Teatro Colón wechselte,[26] stand Glücksmann plötzlich vor dem schwierigen Problem, einen adäquaten Nachfolger zu finden, der den Fortbestand seines Vorhabens garantierte. Dies war schon deswegen wichtig, weil diese sinfonischen Radiokonzerte von der Firma WICO, der südamerikanischen Tochter der mächtigen Standard Oil, gesponsort wurden und für Glücksmanns Station eine bedeutende Einnahmequelle waren.

Glücksmanns Griff nach Weissmann war wohlkalkuliert, denn als argentinischem Repräsentanten der Lindström AG war ihm deren „Hausdirigent" schon lange ein Begriff. Und natürlich wusste er auch, dass Weissmann sich nicht nur im Schallplattenstudio, sondern auch im Rundfunk und auf dem Konzertpodium hervorgetan und international einen Namen gemacht hatte. Weitere Pluspunkte Weissmanns waren dessen jugendliches Alter und blendende Erscheinung, mit denen Glücksmann das weibliche argentinische Publikum anzulocken hoffte. Aus Glücksmanns Sicht sprach daher alles für ein Engagement Weissmanns, dem seinerseits eine längere Verpflichtung im Traumland Argentinien zur Überbrückung der in Holland kommerziell dürren Sommermonate nur zu willkommen war.

Unterdessen waren unter seiner Leitung schon die ersten Konzerte aus dem Teatro Odeon über den Sender gegangen. Das Publikum hatte zu allen Konzerten freien Eintritt, musste sich aber vorher beim Sponsor WICO die Einladungen besorgen. Geprobt wurde mit den „achtundsechzig exzellenten Musikern" des Orchester täglich, wodurch sich dessen Qualität so steigerte, dass Weissmann noch 1946 dafür kein anderes Wort als „grandios" in den Sinn kam.[27] Bei der Programmplanung hatte man ihm im Vertrauen auf seine große Erfahrung und sein breites Musikwissen fast völlig freie Hand gelassen. Lediglich eine Vorgabe sollte er beachten, nämlich den Wunsch, dass mit seinen Konzerten dem Publikum ein Überblick über die gesamte Musikgeschichte vermittelt werde.

Leider verfügen wir nur über fragmentarische Informationen zu den Programmen, doch lassen die wenigen vorhandenen Hinweise erkennen, dass Weissmann seiner bisherigen Linie treu blieb. Im Mittelpunkt stand das gängige klassisch-romantische Repertoire, mit Werken z. B. von Mozart, Brahms und Beethoven. Von letzterem gab es vielbeachtete Aufführungen aller neun Sinfonien. Daneben wurden aber auch Werke zeitgenössischer Komponisten präsentiert. Von ihnen fand offenbar Richard Strauss' Tondichtung DON JUAN op. 20 den größten Beifall beim argentinischen Publikum. Auf großes Interesse stießen aber auch Werke südamerikanischer Komponisten wie (das von Ernest Ansermet orchestrierte Klavierstück) HUELLA Y GATO des Argentiniers Julián Aguirre (1868-1924). Es wurden aus dem Teatro Odeon auch mehrere Opernkonzerte übertragen wie jenes am 6. September 1934, das sogar über nordamerikanische Sender verbreitet wurde. Solist war der mexikanische Sänger Alfonso Ortiz Tirado (1893-1960), eigentlich ein ausgebildeter Mediziner (Frida Kahlo zählte zu seinen Patientinnen), der mit Boleros anfing, bevor er 1928 den Durchbruch als Opernsänger schaffte und zum sowohl in Nord- wie Südamerika vielbeschäftigten Schallplatten- und Rundfunkstar aufstieg.

Der Erfolg der Weissmannschen Rundfunkkonzerte im Teatro Odeon war durchschlagend. Laut einer Meldung der holländischen Tageszeitung De Telegraaf vom September 1934 war sich die argentinische Presse einig im Lob über ihn.[28] Blätter wie La Prensa, Noticias Graficas, El Diario und das deutschsprachige Argentinische Tageblatt rühmten einhellig seine herausragenden Qualitäten als Orchesterleiter. Ganz besonders gefielen der Presse seine Mozart-Interpretationen. Nicht nur in Holland verfolgte man interessiert Weissmanns argentinisches Gastspiel, auch in Frankreich fanden die „erfolgreichen Konzerte im Teatro Odeon unter Leitung des deutschen Dirigenten Frieder Weissmann" schon Ende Juli 1934 beim einflussreichen Musikjournal Le Ménestrel Beachtung.[29]

Bei Radio Splendid beeilte man sich denn auch, Weissmann länger an sich zu binden und hatte bereits im September 1934 seinen Vertrag für das kommende Jahr erneuert.[30] Außerdem war die Konzertvereinigung Asociación del Profesorado Orquestal, deren Orchester neben dem Colón-Orchester das zweite bedeutende Orchester der argentinischen Hauptstadt war, auf ihn zugekommen. Sie wollte ihn für eine Serie von sechs Konzerten engagieren, die, zunächst für das nächste Jahr geplant, schließlich 1936 stattfanden.

Nach dem Konzert im Teatro Colón am 15. Juli 1934 : Frieder Weissmann (3. v. r. sitzend) mit den Komponisten Carlos Lopez Buchardo (4. v. r. sitzend) und Ottorino Respighi (2. v. r. sitzend). Ganz rechts sitzend der Dirigent Juan José Castro, von 1934 bis 1943 Leiter des Orchesters des Teatro Colón.

Hüben und drüben am Rio de la Plata

Am Teatro Colón hatte es sich eingebürgert, die Spielzeit zu teilen und die erste Hälfte der italienischen, die zweiten der deutschen Oper zu widmen. 1934 begann die italienische *temporada* am 22. Mai und endete am 13. Juli mit einer von Ottorino Respighi geleiteten Aufführung seiner letzten Oper LA FIAMMA, deren römische Uraufführung gerade erst ein halbes Jahr zurücklag. Am 17. Juli sollte dann die deutsche *temporada* mit einer von Fritz Busch geleiteten Aufführung von Mozarts COSÌ FAN TUTTE starten. Gewissermaßen als *entr'acte* hatte das Haus während der Aufführungspause eines der beiden Konzerte des Orquesta Estable del Teatro Colón eingeschoben, mit deren Leitung man Weissmann betraut hatte, um ihn für das entgangene ARABELLA-Engagement zu entschädigen.

Für Weissmann erfüllte sich damit der lang gehegte Wunsch, im prachtvollen und von Fritz Busch als „zweifellos das schönste moderne Opernhaus der Welt" gerühmten Teatro Colón endlich dessen vorzügliches 120-Mann-Orchester dirigieren zu dürfen. Weissmann empfand diese Zusammenarbeit tatsächlich als beglückend und zählte sie ein halbes Jahr später, als er wieder in Holland war, „zu den schönsten Erinnerungen meiner Karriere".[31] Das Theater, sagte er, sei einmalig und nur vergleichbar mit der New Yorker Met. Die besten Künst-

ler der Welt seien gerade gut genug, um hier auftreten zu dürfen. Und erst das
Orchester! Man finde in der ganzen Welt kaum ein besseres als dieses fast komplett mit Musikern aus Argentinien und Italien besetzte Ensemble. In Europa
habe man keine Ahnung davon, wie hier musiziert werde. Wüsste man es, dann
würde man das südamerikanische Musikleben in einem völlig anderen Licht sehen, als es jetzt allgemein üblich sei.[32]

Welche Werke bei dem Konzert aufgeführt wurden, ist nicht überliefert. Die
Tatsache aber, dass zwei Komponisten anwesend waren, der Italiener Ottorino
Respighi und der Argentinier Carlos Lopez Buchardo (1881-1948), lässt darauf
schließen, dass Weissmann Werke von ihnen aufs Programm gesetzt hatte. Von
Respighi dürfte es dessen sinfonische Dichtung FONTANE DI ROMA gewesen
sein, die Weissmann schon im April 1929 für die Schallplatte aufgenommen
hatte. Buchardos Beitrag waren wohl die um 1920 entstandenen, spätroman-
tisch geprägten ESCENAS ARGENTINAS, sein einziges sinfonisches Werk, das
1922 von den Wiener Philharmonikern unter Felix von Weingartner während
eines Argentinien-Gastspiels uraufgeführt worden war und danach von Dirigenten wie Erich Kleiber, Fritz Busch und Wilhelm Furtwängler sehr geschätzt
wurde. Wahrscheinlich hatte Weissmann auch noch ein Werk von Richard
Strauss eingeplant, dessen ARABELLA nun Fritz Busch am 16. und 19. August
1934 an seiner Stelle dirigieren würde.

Auch bei seinem zweiten, im Herbst 1934 veranstalteten Konzert mit dem
Colón-Orchester setzte Weissmann wieder ein Werk von Richard Strauss, die
Tondichtung TOD UND VERKLÄRUNG OP. 20, aufs Programm. Des weiteren gelangten Beethovens LEONOREN-OUVERTÜRE NR. 3 OP. 72 A, Schumanns
SINFONIE NR. 4 D-MOLL OP. 120 und als „Neuheit" die Orchestersuite DE MI
TIERRA des Argentiniers Floro M. Ugarte (1884-1975) zur Aufführung, letzteres
– nach Meinung des französischen Musikjournals *Le Ménestrel* im Januar 1935 –
„eine schöne, von argentinischer Folklore gespeiste und melodisch höchst inspirierte Suite."[33] Das Konzert resümierend, bescheinigte das Blatt Weissmann
wieder „einen sehr großen Erfolg".

Für ihn kaum weniger erhebend als die Zusammenarbeit mit dem Orquesta
Estable del Teatro Colón war kurz danach ein Gastdirigat in Montevideo, der
am gegenüberliegenden Ufer des Rio de la Platas gelegenen Hauptstadt Urugua-
ys. Die Regierung des kleinen, politisch stabilen und wirtschaftlich prosperie-
renden Landes förderte damals großzügig die Künste und Medien. Als Gegengewicht zum kommerziellen Rundfunk hatte sie 1929 einen nicht-kommerziel-
len Sender, den Servicio Oficial de Difusión Radio Eléctrica (SODRE), errich-
tet, mit dessen Sinfonieorchester Weissmann am 11. November 1934 ein Konzert gab.[34] Zum Programm fehlen uns Angaben, doch war Weissmann danach
noch lange tief beeindruckt von dem – wie er es nannte – „sublimen
Orchester", einem 117-Mann-Klangkörper, der auf beispielhafte Weise vom
Staat unterstützt werde. Finanziell müssten sich die Musiker keine Sorgen machen. Ihre Verträge liefen für ein Jahr, doch würden Konzerte nur in den ersten

Frieder Weissmann im Amsterdamer Carlton-Hotel im Dezember 1934 nach der ORANIA-*Schiffskatastrophe.*

sechs Monaten gegeben. Während dieser Zeit finde pro Woche ein Konzert statt, für das sechs Tage geprobt werde. Danach erhielten die Musiker einen Monat Urlaub, die restlichen fünf Monate des Jahres seien ausschließlich für Proben reserviert. „Wo auf der Welt gibt es solche ideale Bedingungen? Für jeden Dirigenten ist damit ein Traum wahr geworden. Besser kann ich es nicht ausdrücken." Hinzu komme ein staatliches Konservatorium, das sich um die Ausbildung des Orchesternachwuchses kümmere. Das Resultat dieser Musikpflege sei eine ungewöhnlich engagierte Arbeitsauffassung der Orchestermusiker, die sich darin zeige, dass diese ihn gebeten hätten, nicht erst acht Tage vor dem Konzert mit den Proben zu beginnen, sondern schon eine Woche früher, weil sie gerne sechzehn Tage lang für das Konzert proben wollten.[35]

1935 – Diesseits und jenseits des Atlantiks

Anfang Dezember 1934 verließ Weissmann Buenos Aires. Wie auf der Herfahrt, begab er sich auch jetzt wieder an Bord der *Orania* – eine fatale Entscheidung. Zwar blieben bei der Überquerung des Atlantiks Zwischenfälle aus, doch bei der Einfahrt in den portugiesischen Hafen Leixoes bei Porto kam es zur Katastrophe, als die *Orania* von dem aus dem Hafen auslaufenden portugiesischen Schiff *Loanda* frontal gerammt wurde. Alle Passagiere konnten gerettet werden, doch gelangten sie nur mit dem an Land, was sie am Leibe trugen. Weissmann, der sich gerade an Deck aufhielt, als das Unglück passierte, schaff-

te es gerade noch, seinen Pass sowie die Schlüssel für die Koffer, die er im
Amsterdamer Carlton-Hotel zurückgelassen hatte, aus der Kabine zu holen. Alles übrige aber, „meine Partituren mit Notizen und Änderungen, meine Instrumente, mein Gepäck – alles und jedes" ging verloren, denn „das einst so stolze
Schiff versank innerhalb von zehn Minuten fast vollständig in den Fluten."[36]

Zum Glück hatte Weissmann beim Untergang der *Orania* noch seinen Pass
retten können. Der war zwar nur noch ein paar Monate gültig, doch konnte er
mit der Vorlage dieses Dokuments bei einer deutschen Auslandsvertretung eine
Verlängerung relativ leicht erreichen. Ohne ihn hätte der bürokratische Vorgang einer Pass-Neuausstellung unweigerlich den Amtsschimmel im Deutschen Reich auf Trab gebracht, und vielleicht wäre dann manches ans Licht gekommen, was Weissmann (und der inzwischen verstorbene Schwiegervater
Wilhelm Seinemeyer) lieber vertuscht haben wollte. Gleich nach seiner Rückkehr hatte er sich deshalb beim Deutschen Generalkonsul in Amsterdam um
eine Verlängerung des Passes bemüht, die ihm bereits zwei Monate später bewilligt wurde: mit einem am 19. Februar 1935 neu ausgestellten und bis 18. Februar 1940 gültigen Reisepass Nr. 657.

Inzwischen hatte er sich wieder in die Arbeit gestürzt und im Hilversumer
AVRO-Sendestudio drei Kurzfassungen von Opern und Operetten einstudiert:
Bizets CARMEN am 20. Januar, Jacques Offenbachs HOFFMANNS ERZÄHLUNGEN
am 3. Februar und Oskar Nedbals POLENBLUT am 19. Februar. Im etwa gleichen zeitlichen Abstand ging es danach mit Berté/Schuberts DREIMÄDERLHAUS
am 5. März, Smetanas DIE VERKAUFTE BRAUT am 19. März und Humperdincks
HÄNSEL UND GRETEL am 2. April weiter. Weissmanns vorläufig letzter Auftritt
mit dem AVRO-Orchester erfolgte am 18. April 1934 in einem Radiokonzert,
bei dem die australische Pianistin Eileen Joyce (1912-1991) die Solistin war. Die
Schülerin von Artur Schnabel hatte sich ab 1930 als Konzertpianistin, insbesondere in der Zusammenarbeit mit Rundfunkanstalten, einen Namen gemacht
und war schon damals für ihr breites Repertoire geschätzt. Welches Konzert sie
an diesem Abend spielte, ist leider ebenso wenig überliefert wie das übrige Programm, das wahrscheinlich eines oder mehrere Werke argentinischer Komponisten enthielt.[37]

Sechs Tage später meldete sich Weissmann bei den Amsterdamer Behörden
ab. Nach einer dreieinhalbwöchigen Schiffreise erreichte er Buenos Aires am
18. Mai 1935. Dort hatte die Presse die interessierte Öffentlichkeit eingestimmt
auf „die Rückkehr des Dirigenten Frieder Weissmann, den die Radiohörer nicht
vergessen haben".[38] Gleich nach der Ankunft begann er mit den Proben für das
erste Konzert, mit dem Radio Splendid am 25. Mai, dem argentinischen Nationalfeiertag, die neue Saison eröffnen wollte. Am Konzept der in der Regel etwa
einstündigen Konzerte hatten Radio Splendid und der Sponsor WICO nichts
geändert, und so konnte Weissmann in den nächsten sechs Monaten an seiner
bewährten Programmplanung festhalten. Beispielhaft seien dafür zwei Konzer-

Programmzettel für das Konzert am 7. August 1935 mit dem Klavier-Duo Tila und John Montes als Solisten.

te am 31. Juli und 7. August 1935 genannt, zu denen uns ausnahmsweise die Programmzettel vorliegen.

Beim ersten Konzert bildeten die Erstaufführung eines in Argentinien noch unbekannten zeitgenössischen Werks, der Ouvertüre zur 1933 entstandenen Oper LA FARSA AMOROSA des italienischen Mascagni-Schülers Riccardo Zandonai (1883-1944), und die Wiedergabe eines bewährten Werks des klassischen Repertoires, Beethovens SINFONIE NR. 7 A-DUR OP. 92, einen spannenden Kontrast. Das zweite Konzert stand ganz im Zeichen deutscher Musik vom Barock bis zur Romantik. Aufgeführt wurden die Ouvertüre zu Webers Oper EURYANTHE, Mozarts SINFONIE NR. 40 G-MOLL KV 550, das Scherzo aus Mendelssohn-Bartholdys MUSIK ZU SHAKESPEARES SCHAUSPIEL ‚EIN SOMMER-NACHTSTRAUM‘ sowie Bachs KONZERT FÜR ZWEI KLAVIERE UND ORCHESTER C-MOLL BWV 1060. Solisten des letztgenannten Werks waren der in Polen geborene, am Leipziger Konservatorium ausgebildete Pianist John Montés (1902-1989) und seine ebenfalls aus Polen stammende Ehefrau Tila (Otilia) geb. Horowitz, die seit ihrer Ankunft in Argentinien Mitte der 1920er Jahre als Klavierduo eine Stütze der Bonarenser Musikszene bildeten. Darüber hinaus war John Montés auch einflussreich als Musikkritiker des deutschsprachigen *Argentinischen Tageblatts*.

Der Frühherbst 1935 stand für Weissmann ganz im Zeichen des Balletts. Als Gast des Teatro Colón dirigierte er drei Ballett-Inszenierungen von de Fallas EL AMOR BRUJO, Delibes' COPPELIA und – als argentinische Erstaufführung – Béla Bartóks (1881-1945) DER HÖLZERNE PRINZ OP. 13. Die Choreographien stammten von den beiden Ballettmeistern des Teatro Colón, dem Russen Boris Romanoff (1891-1957) und dem Polen Jan Cieplinski (1900-1972), zwei von Anna Pavlova und Sergej Diaghilevs (1872-1929) Ballets Russes geprägten und vom Bonarenser Publikum geschätzten Ballettmeistern. Größere Sensationen versprachen freilich die Auftritte des Tänzers, Choreographen und Kunstmalers Alexander Sacharoff (1886-1963) und seiner Ehefrau Clotilde geb. von der Planitz alias von Derp (1892-1974). Auf weltweiten Tourneen machten sie ab 1920 Furore mit „abstrakten Pantomimen", in denen sie Musik mit den Mitteln der

Bewegung ausdrücken wollten. Im Oktober 1935 war das für seine androgyne Erscheinung ebenso wie für seine extravaganten Kostüme berühmte Paar nach Stationen in Japan, Nordamerika und Europa auch in Südamerika angelangt, wo sie in Buenos Aires am 10., 17. und 24. Oktober 1935 das Publikum des Teatro Colón begeisterten.[39] Wesentlichen Anteil an ihrem Erfolg hatte das in verkleinerter Besetzung spielende Orchester, das sich unter Weissmanns Leitung bei der Wiedergabe von Werken Mozarts, Mendelssohn-Bartholdys und Otto Nicolais zur Hochform steigerte.

Neue Liebe, neuer Pass

Mittlerweile hatte Weissmann sich gut in in der lebhaften Metropole Buenos Aires eingelebt. Fasziniert von dem dort brodelnden Leben und der bunten, stark von spanisch-italienischen und angelsächsischen Einwanderern geprägten Einwohnerschaft fühlte er sich inzwischen auch schon etwas verwurzelt in dem Land, das ihn von Anfang so herzlich aufgenommen hatte. Er beherrschte leidlich die spanische Landessprache, wich notfalls ins Englische aus und bewegte sich damit angemessen auf allen gesellschaftlichen Ebenen der Stadt.

In Buenos Aires existierte eine relativ große deutsche Kolonie, die damals aufgrund der politischen Verhältnisse in Deutschland einen starken Zustrom von Neuankömmlingen mit großenteils jüdischer Herkunft verzeichnete. Darunter befanden sich auch viele ausübende Musiker, Komponisten, Musikwissenschaftler oder anders im Musikwesen Beschäftigte. Mit einigen von ihnen erlebte Weissmann ein Wiedersehen, z. B. mit dem Geiger und Lindström-Kollegen Dajos Bela, der nach seiner überstürzten Flucht aus Deutschland im März 1933 noch zwei Jahre durch Europa tourte, bevor er im März 1935 nach Buenos Aires ging, um bei bei Radio Splendid ein Engagement als Leiter eines Salonmusik- und Tangoorchesters anzutreten. Gleichwohl scheint Weissmann keine besonders engen Kontakte zur deutschen Kolonie in Buenos Aires gepflegt zu haben, was sich allein schon daran zeigt, dass er in Erinnerungen ausgewanderter deutscher Musiker und in der einschlägigen Forschungsliteratur zur Situation deutscher Exilmusiker in Argentinien nicht bzw. ganz selten und nur am Rande erwähnt wird.

Statt sich in Kreisen deutscher Immigranten zu bewegen, zog Weissmann die Gesellschaft argentinischer Künstler, Musiker und Sänger vor und befreundete sich mit einigen von ihnen, z. B. den Komponisten Juan Garcia Estrada (1895-1960) und Floro M. Ugarte (1884-1975) oder dem als Maler von Pferdebildern und humorvollen Szenen des Lebens argentinischer Gauchos geschätzten Florencia Molino Campos (1891-1959). Als passionierter Reiter begnügte sich Weissmann sicher nicht mit der Betrachtung von Pferdebildern. Schnell hatte er herausgefunden, wo er ausreiten konnte und wo sich Pferdesportliebhaber trafen. Die erste Adresse für letzteres war natürlich das 1876 errichtete Hippodromo Argentino im Stadtteil Palermo, der an den Stadtteil Recoleta an-

Rosita Chevallier-Boutell (1913-1980) und ihr Großvater Francis Hepburn Chevallier-Boutell (1851-1937).

grenzte, in dem Weissmann in der Calle Libertad, etwa 800 Meter vom Teatro Colón entfernt, ein kleines Apartment im Haus Nr. 1144 gemietet hatte.

Die Leidenschaft für Pferderennen hatten die Argentinier im 19. Jahrhundert von den Zuwanderern mit britischen Wurzeln übernommen. Diese Anglo-Argentinier waren in der Regel nicht – wie die meisten Einwanderer aus anderen Ländern – als Armutsimmigranten, sondern als kapitalkräftige Kaufleute, Unternehmer und Ingenieure ins Land gekommen und hatten mit ihrem Know-how und ihren Investitionen schon bald Schlüsselfunktionen im argentinischen Banken-, Versicherungs- und Verkehrswesen sowie im Im- und Export eingenommen. Mit ihnen waren englische Sportarten nach Argentinien gelangt, waren Pferderennen, Polo und Fußball ebenso feste Bestandteile der Alltagskultur des Landes geworden wie das englische Clubwesen oder britische Sitten, z. B. der *afternoon tea* in Gestalt der *merienda* und *la leche*.

Der bedeutendste und traditionsreichste Club in Buenos Aires war der 1882 von dem späteren Staatspräsidenten Carlos Pellegrini (1846-1906) und einer Reihe von gleichgesinnten Pferdefreunden gegründete Jockey Club in der Calle Florida, damals die Straße mit den Häusern der Reichen und Mächtigen des Landes und seit 1913 die eleganteste Einkaufmeile der Metropole. Sehr schnell entwickelte sich der in einem eindrucksvollen Gebäude residierende Jockey Club zu einem gesellschaftlichen Treffpunkt all jener, die in der argentinischen Politik, Wirtschaft und Gesellschaft das Sagen hatten. Die Pforten des Clubs scheinen sich damals auch für Weissmann geöffnet zu haben, der dank seiner landesweit übertragenen Radiokonzerte inzwischen große Popularität erlangt hatte und in der besseren Gesellschaft willkommener Gast war.

Es könnte bei irgendeinem der in diesen Kreisen üblichen Treffen passiert sein, dass er die Schwestern Rosita und Irene Chevallier-Boutell kennenlernte, Töchter einer angesehenen anglo-argentinischen Familie in Buenos Aires. Hatte

Weissmann zunächst ein Auge auf die siebzehnjährige Irene (1918-1990) geworfen, so galten seine Liebesbekundungen schon bald ihrer fünf Jahre älteren Schwester Rosita (1913-1980) – eine Enttäuschung, die ihm Irene nie verzeihen sollte. Im Gegensatz zu Irene besaß Rosita ein eher sanftes Wesen, sie galt als hübscher und sie besaß einen ausgeprägten Humor. Ihr Auftreten war sehr *ladylike*, schließlich war sie, die 1913 in Genf in der französischen Schweiz geboren wurde, auf ein teures Schweizer Mädchen-Internat geschickt worden, wo man ihr alles beigebracht hatte, was sich für eine Dame der Gesellschaft gehörte. Neben ihrer Muttersprache Englisch – sie hatte einen englischen Pass – sprach sie fließend Spanisch und Französisch. Von hauswirtschaftlichen Dingen verstand sie wenig, man hatte ja genügend Personal, und Musik hörte sie zwar gerne, war ihr aber nie ein so wichtiges Lebenselixier wie für Weissmann, in den sie sich auf der Stelle verliebt hatte.

Überhaupt war Musik für ihre Familie wohl eine eher nebensächliche Angelegenheit, der man nicht allzu viel Aufmerksamkeit beimaß. Als Zeitvertreib schätzte man mehr den Pferdesport, vor allem aber das Fußballspiel. Rositas Vater Frank John Chevallier-Boutell (1879-1973) war begeisterter Fußballer und zwischen 1897 und 1906 als Stürmer des Lomas Athletic Club hervorgetreten. Der Großvater Francis Hepburn Chevallier-Boutell (1851-1937) hatte aktiv dazu beigetragen, dass der Fußball in Argentinien und Uruguay heimisch wurde. Als vierter Präsident des argentinischen Fußballverbands stiftete er im Jahre 1900 sogar den begehrten Copa de Competencia, einen alljährlich ausgetragenen Wettbewerb zwischen Fußballclubs aus Argentinien und Uruguay.

Rositas Großvater, ein Neffe des berühmten Politikers und Burenkriegs-Helden Horatio Herbert Kitchener, 1. Earl Kitchener (1850-1916), war 1873 nach Südamerika gekommen. In England geboren und dort an der renommierten Londoner Harrow School erzogen, hatte der zum Ingenieur ausgebildete Sohn eines Theologen und Gelehrten für antike Sprachen zuerst in Uruguay, später in Argentinien als Manager, Aufsichtsrat und Eigentümer diverser Versicherungs- und Eisenbahnunternehmen ein Vermögen erworben. Sein Sohn Frank John – er war das zweite von fünf Kindern, zwei Söhnen und drei Töchtern – hatte ebenfalls eine englische *public school* besucht und nach einem erfolgreichen Ingenieurstudium einen wichtigen Posten bei der General Electric Company übernommen.

Die Chevallier-Boutells waren stolz auf ihre Vorfahren, die sie väterlicherseits bis zu den englischen Kreuzrittern im 12. Jahrhundert zurückverfolgen konnten und von denen ihnen immer noch ein stattlicher Landsitz, Aspall Hall in der englischen Grafschaft Suffolk, geblieben war. Den Namen Boutell hatte Francis Hepburns Mutter in die Familie gebracht. Ihre Vorfahren waren Hugenotten, die nach der „Bartholomäusnacht" Frankreich verlassen und in England Zuflucht gefunden hatten.

Als überzeugte Anglikaner achteten die Chevallier-Boutells auf Abstand zu den meist katholischen Argentiniern, noch distanzierter, um nicht zu sagen ablehnender, war ihre Haltung aber gegenüber Juden. Die Erkenntnis, dass seine Tochter sich heillos in einen Musikanten verliebt hatte, war für Rositas Vater schon schlimm genug. Als er dann auch noch dessen jüdischer Herkunft gewahr wurde und merkte, dass beide heiraten wollten, platzte ihm der Kragen. Mit Brief und Siegel drohte er Weissmann, ihn erschießen zu wollen, falls er nicht von seiner Tochter ablasse. Weissmann nahm diese Drohung durchaus ernst und wandte sich hilfesuchend an einen – wie er sagte – „guten Freund von mir", bei dem es sich um niemand anderen als den damaligen Staatspräsidenten Agustín Pedro Justo (1876-1943) handelte. Der fand die Sache eher lächerlich, stellte aber einen Leibwächter ab, der das Paar ständig begleitete.[40]

Seine guten Beziehungen zum Diktator Pedro Justo, der 1932 durch massive Wahlfälschungen an die Macht kam und bis 1938 regierte, dürften Weissmann auch noch in anderer Hinsicht nützlich gewesen sein. Denn sie verkürzten das Verfahren, das ihn noch vor seiner Rückkehr in die Niederlande zum argentinischen Staatsbürger machte. Der Wunsch, Argentinier zu werden, war zweifellos die Folge seiner Begeisterung für das südamerikanische Land und der Erfahrung neuen Liebesglücks mit Rosita Chevallier-Boutell. Vor allem standen aber dahinter Ängste, deren Ursache die am 15. September 1935 in Nürnberg erlassenen antijüdischen Gesetze waren. Aufgrund eines neuen „Reichsbürgergesetzes" lief er als Jude, der das Staatsgebiet verlassen hatte, nämlich jetzt Gefahr, ausgebürgert zu werden und wieder in der Staatenlosigkeit zu landen.

Die Bestätigung für seine erfolgreiche Naturalisation war ein am 8. November 1935 ausgestelltes Identitätszertifikat (Cédula de Identitad Nr. 1857573) und ein ab 12. Dezember 1935 gültiger Reisepass, in dem sich Weissmann – ohne großes Unrechtsbewusstsein – mit einer kleinen „Korrektur" seines Geburtsjahrs um fünf Jahre verjüngt hatte. Während bei den Behörden sein Gesuch um die argentinische Staatsbürgerschaft bearbeitet wurde, verbrachte er einen Monat als Gastdirigent in der kleinen, am Westufer des Uruguay-Flusses gelegenen Stadt Colón, die bis heute das Zentrum einer wichtigen Touristenregion bildet. Leider liegen uns über dieses Engagement ebenso wenig Informationen vor wie über das sich daran anschließende Gastengagement auf der anderen Seite des Flusses, wo Weissmann, wie schon im Vorjahr, in Uruguay ein Konzert beim Sender SODRE in Montevideo leitete.[41] Mitte Dezember ging Weissmann dann an Bord eines Schiffes, vermutlich die *Alcantara* oder *Asturias* der Royal Mail Line, mit dem er am 2. Januar 1936 London, den Heimathafen der Royal Mail Line, erreichte. Von dort ging es mit einer Kanal-Fähre weiter zum Festland, das Weissmann am 3. Januar 1936 im holländischen Vlissingen betrat.[42]

Winter/Frühjahr 1936 in Amsterdam: Aufnahmen der Fotografin Marion Palfi von Weissmann (mit Widmung für das AVRO-Orchester) und seinen Eltern.

In den Niederlanden Januar bis April 1936

In den Niederlanden angekommen, reiste Weissmann vermutlich gleich nach Hilversum weiter. Dort erwartete man ihn bei der AVRO für eine Aufführung von Johann Strauss' Operette DER ZIGEUNERBARON, die unter seiner musikalischen Leitung und unter Mitwirkung bewährter holländischer Kräfte (Grethe Wejtenschenk-Hogenbirk, Judith Toff, Hansi Book-Liebmann, Henk Viskil, Willem Schansman, Frans Vroons) am 9. Januar 1936 über den Äther gehen sollte. Für die Titelrolle hatte man einen jungen holländischen Bariton namens Theo Baylé (1912-1971) verpflichtet, von dem bis dahin noch niemand etwas gehört hatte, dessen Karriere aber nach diesem öffentlichen Auftritt steil nach oben ging. In den 1940er Jahren war er der erste Bariton der Nederlandse Opera. Später gehörte er lange zum Ensemble der Wiener Staatsoper und absolvierte zahlreiche Gastspiele in Europa und den USA.

In den Tagen vor der Sendung hatte Weissmann in einem Gespräch mit der Tageszeitung *De Telegraaf* seine „Eindrücke von Süd-Amerika" (*Indrukken van Zuid-Amerika)* geschildert, insbesondere solche von Begegnungen mit ungewöhnlich begabten Musikern im Hause Carlos Lopez Buchardos, des Direktors des staatlichen Konservatoriums in Buenos Aires.[43] Am Tag der Sendung der Operette veröffentlicht, waren seine, in der ihm eigenen „flotten Manier" geschilderten,[44] Beobachtungen ein für das Publikum interessantes Hintergrundmaterial und eine zweifellos effektive PR-Maßnahme, um das Publikum auf den Rückkehrer Weissmann neugierig zu machen.

Der hatte unterdessen in Amsterdam,[45] nur wenige Gehminuten vom Concertgebouw und den großen Museen entfernt, eine geräumige Wohnung in der Gabriel Metsustraat 24 gemietet. Die Wahl dieser Unterkunft erfolgte auch im Hinblick auf den in Kürze erwarteten Besuch seiner Eltern, denen die deutschen Behörden, die sich gegenüber der jüdischen Bevölkerung wegen der am

6. Februar 1936 beginnenden Olympischen Winterspiele und zur Vermeidung negativer Reaktionen aus dem Ausland wohl vorübergehend etwas Zurückhaltung auferlegten, die Ausreise zu Besuchszwecken erlaubt hatten.[46]

Natürlich empfand Weissmann das Wiedersehen der Eltern als beglückend, auch wenn es für ihn wegen seiner Radio-Verpflichtungen bei der AVRO nicht immer einfach gewesen sein mochte, sich im gebührenden Maße ihrer anzunehmen. Wie im Vorjahr brachte er monatlich zwei Opern bzw. Operetten in gekürzten Fassungen zur Aufführung: Mozarts DON GIOVANNI am 2. Februar, Nicolais DIE LUSTIGEN WEIBER VON WINDSOR am 20. Februar, Adolphe Adams DER POSTILLON VON LONJUMEAU am 3. März, Franz von Suppés BOCCACCIO am 19. März und Puccinis GIANNI SCHICCI am 31. März. All diese Werke wurden abends ab 20.00 Uhr gesendet. Nur der BOCCACCIO-Ausstrahlung vom 19. März ging bereits um 19.00 Uhr ein von Weissmann geleitetes Konzert des AVRO-Orchesters voraus. Solistin war die holländische Mezzo-Sopranistin Ré Koster (* 1900), später eine berühmte Gesangslehrerin, die eine aparte Auswahl von Liedern Alphons Diepenbrocks (1861-1921), Arthur Bliss' (1891-1975), Francis Poulenc's (1899-1936) und Manuel de Fallas (1876-1946) vortrug.

Den krönenden Abschluss seiner AVRO-Tätigkeit im Jahre 1936 bildete am 16. April die Aufführung von Richard Strauss' DER ROSENKAVALIER mit Henriette Sala, Wilhelm Strienz, Betty van den Bosch, Anny van Kruyswijk, Ruth Horna, Dzjobs Ising und dem aufstrebenden Theo Baylé. Dessen Bariton machte auf Weissmanns Vater, der ja selbst über eine sehr schöne tiefe Stimme verfügte, einen so starken Eindruck, dass es ihm noch kurz vor seinem Tod ein Anliegen war, vom Sohn Näheres darüber zu erfahren, wie sich die Karriere Baylés entwickelt habe.

Des Vaters Faible für Theo Baylé lässt darauf schließen, dass die Eltern an diesem 16. April 1936 immer noch in Amsterdam weilten. Auch tags darauf werden sie noch da geblieben sein, schließlich feierte die Mutter am 17. April 1936 ihren 65. Geburtstag. Wahrscheinlich erfreute man sich dabei noch einmal am Anblick mehrerer Porträts, welche die Fotografin Marion Palfi (1907-1977) kurz vorher von Weissmann und seinen Eltern geschaffen hatte. Die Tochter des Theaterprinzipals Victor Palfi (von Berlins Kurfürsten-Oper) hatte sich in Berlin Anfang der 1930er Jahre einen Namen als Porträtfotografin gemacht. Auf Grund der politischen Umstände zur Emigration gezwungen, kam sie Ende 1935 nach Amsterdam, wo sie, unterstützt vor allem durch Aufträge deutscher Emigranten, sich eine neue Existenz als Fotografin aufbauen konnte.[47]

Neben mehreren Porträts von der Mutter, schuf Marion Palfi ein Doppelporträt, welches das einzige erhaltene Foto ist, das Ignatz Weissmann zusammen mit seiner Frau Auguste zeigt. Während der gleichen Sitzung dürften auch mehrere Porträts von Frieder Weissmann entstanden sein, von denen er eines dem AVRO-Orchester überreichte, gewidmet „den prachtvollen Helfern und liebenswürdigen Menschen in dankbarer Erinnerung an gemeinsame Arbeit. 1936 Frieder Weissmann".[48]

Wohl am nächsten Tag werden die Eltern die Rückreise nach Frankfurt angetreten haben. Danach blieb ihm nicht mehr viel Zeit bis zu seiner eigenen Abreise. Nachdem er sich in Amsterdam am 20. April 1936 bei den Konsulaten Frankreichs, Spaniens und Portugal erfolgreich um Transitvisa bemüht und bei der Amsterdamer Fremdenpolizei abgemeldet hatte, bestieg er den Zug nach Paris. Nach seiner Ankunft dort im Gare du Nord am 21. April 1936 reiste er sofort per Eisenbahn weiter, passierte die Grenzen zu Spanien am 22. April und zu Portugal am 23. April. Noch am selben Tag erreichte er Lissabon, wo er an Bord eines Schiffes ging, das am 15. Mai 1936 in den Hafen von Buenos Aires einlief.[49]

In Argentinien Mai bis Dezember 1936

Kaum war Frieder Weissmann in Buenos Aires eingetroffen, vermeldete die Wochenzeitung *Caras y Caretas* die Ankunft des „namhaften Dirigenten, der es in den beiden vergangenen Spielzeiten verstanden hatte, mit seinem Taktstock die Sympathie des sachverständigen Publikums zu gewinnen." Nicht genug mit solchem Lob, rühmte das Blatt den „38-jährigen" als „unbestreitbare künstlerische Autorität und höchst bemerkenswerten Wagner-Interpreten, der sein Leben seit seiner Jugend ganz und gar der modernen Musik geweiht habe."[50]

Wie im Vorjahr begann Weissmann die neue Spielzeit am 25. Mai, dem argentinischen Nationalfeiertag, mit einem Konzert, dem bis Ende November pro Woche zwei bis drei von WICO gesponsorte Konzerte folgen würden. Neben Radio Splendid wurden die Konzerte mittlerweile auch von den Stationen Radio Litoral in Rosario, Radio Buenos Aires in Córdoba, Radio General San Martin in Bahia Blanca und Radio Roca Soler in Santa Fé übertragen. Mit der Wiedergabe aller vier Brahms-Sinfonien erzielte er großen Erfolg. Der einheimischen Presse zufolge war dies auch „eine bahnbrechende Tat, da Brahms bis dahin in Buenos Aires nur sporadisch aufgeführt wurde."[51] Darüber hinaus setzte er sich in seinen Konzerten besonders für italienische Komponisten des 20. Jahrhunderts ein, indem er Werke von Giuseppe Martucci (1856-1909), Riccardo Zandonai (1883-1944) und Franco Alfanos (1876-1954) zweite Sinfonie aufführte. Die Herzen der holländischen Bonarenser Kolonie eroberte er im Sturm – so die holländische Tageszeitung *De Telegraaf* – mit der Aufführung einer Rhapsodie über den niederländischen Volkshelden Piet Hein, dem wohl bekanntesten, 1900 komponierten Werk Peter van Anrooys (1879-1954), der sich im Vorjahr nach achtzehn Jahren von der Leitung des Residenz-Orchesters in Den Haag zurückgezogen hatte.[52]

In den Monaten August bis Oktober konzentrierte sich Weissmanns Tätigkeit auf die Leitung der – früher erwähnten – sechs Konzerte mit dem Orchester der Asociación del Profesorado Orquestal. Dieses Orchester, das in den zurückliegenden Jahren mit Gastdirigenten wie Ernest Ansermet, Clemens Krauss, Erich Kleiber und Oskar Fried zusammenarbeitete, veranstaltete jähr-

Dr. Frieder Weissmann, renombrado director alemán de orquestas sinfónicas y que actualmente dirige conciertos especiales en las radiodifusoras argentinas, con general beneplácito.

Página 712

El maestro Frieder Weissmann

La tercera visita del gran músico popular, clásicamente popular, divulgador de las obras exquisitas, se inicia el 25 de mayo.

Una cadena de estaciones, formada por L R 4, Radio Spléndid, de Buenos Aires; L T 1, Radio Litoral, de Rosario; L V 3, Radio Córdoba, de Córdoba; y L U 7, Radio General San Martin, bajo el patrocinio de la Wico Standard, transmitirá los conciertos del eminente director, quien durante las dos anteriores temporadas supo conquistar con su batuta la simpatía admirada del público inteligente.

El doctor Frieder Weissmann ha dirigido la orquesta de la Opera del Estado de Berlín y actuó en la del Colón, de Buenos Aires. Es una autoridad artística indiscutible, un notabilísimo intérprete de Wágner. Tiene 38 años, y desde muy joven se consagró, universalmente, como uno de los más altos valores de la música moderna.

Presseankündigungen 1936 v. l. n. r.: Dezemberheft 1936 der Zeitschrift Cine *(Buenos Aires, Argentinien),* Caras y caretas *(Buenos Aires, Argentinien) vom 16. Mai 1936,* Diario da noite *(Rio de Janeiro, Brasilien) vom 12. Mai 1936.*

lich einen eigenen Konzert-Zyklus, der 1936 neun Konzerte umfasste. Abgesehen von den sechs Weissmann-Konzerten, lagen zwei in den Händen des argentinischen Komponisten und Cellisten José María Castro (1892-1964), eines Bruders des Colón-Orchesterchefs Juan José Castro (1895-1968), der fünf Jahre vorher die Leitung des Orchesters der Asociación del Profesorado Orquestal übernommen hatte, eines dirigierte der Berliner Erwin Leuchter (1902-1973), der erst wenige Monate vorher aus Wien, wo er vierzehn Jahre lang gelebt hatte, nach Buenos Aires geflohen war.[53]

Veranstaltet wurden die Konzerte dieses Orchesters im neu eröffneten Teatro Politeama Argentino, einem stattlichen, im Art-Deco errichteten Theater- und Konzertgebäude. Neben bekanntem Repertoire, u. a. von Beethoven, Wagner, Dvorak, Tschaikowsky, stellte Weissmann in diesen Konzerten manch Zeitgenössisches vor, z. B. von Richard Strauss (Orchesterstücke aus INTERMEZZO und SALOMÉ, TILL EULENSPIEGEL) und Ottorino Respighi (FONTANE und PINI DI ROMA), und nie bzw. selten Gehörtes von dem Italiener Alfredo Casella (1883-1947), dem in Italien geborenen argentinischen Pianisten und Komponisten Alfredo Pinto (1891-1968), der als Solist bei der Aufführung seiner SERIE POPULAR ITALIANA mitwirkte, den mit Weissmann befreundeten Argentiniern Floro M. Ugarte, Carlos López Buchardo (1881-1948) und Juan Garcia Estrada (1895-1961). Von letzterem, der bei Jacques Ibert in Paris studierte, wurde am 5. Oktober 1936 das „Poema sinfónica" mit dem Titel SALTEÑA uraufgeführt. Eine südamerikanische Erstaufführung, zugleich ein Zeichen des Dankes für den hilfsbereiten Komponisten und Concertgebouw-Manager, war am 19. Oktober 1936 das VIOLINKONZERT OP. 18 des Holländers

Rudolf Mengelberg (1892-1959) mit dem argentinischen Geiger Roque Citro als Solisten.

Am Ende seines dritten Aufenthalts stand Weissmann auf dem Höhepunkt seiner Popularität in Argentinien. *El Cine*, die führende Filmillustrierte, nahm dies zum Anlass, um im Dezemberheft 1936 den „berühmten deutschen Dirigenten Dr. Frieder Weissmann" mit Foto zu würdigen, dessen „außergewöhnliche Konzerte im argentinischen Rundfunk derzeit allgemeines Wohlgefallen" fänden. Für das Abschiedskonzert des „eminenten deutschen Maestro Dr. Frieder Weissmann" rührte auch der Sponsor WICO die Trommel und schaltete auffällige Annoncen in der Tagespresse. Nach einer „verdientermaßen heiß diskutierten Saison", hieß es, werde dieses Konzert „der Höhepunkt und dank der Persönlichkeit des großen, trotz seiner Jugend international renommierten Musikers ein großer Erfolg".

In den Niederlanden Januar bis März 1937

Mit zwei Visa, ausgestellt in Buenos Aires am 19. November 1936 vom britischen Generalkonsulat und am 23. November 1936 vom brasilianischen Generalkonsulat, ging Weissmann Anfang Dezember an Bord eines Schiffes, das am 8. Dezember 1936 im Hafen von Rio de Janeiro einlief.[54] In der Stadt am Zuckerhut hielt sich Weissmann eine Woche lang auf, während der er eine Reihe von Konzerten dirigierte, über die wir leider nichts Näheres in Erfahrung bringen konnten. Ankündigungen waren dafür jedoch schon im September 1936 in der holländischen Presse erschienen,[55] auch die US-amerikanische Presse hat später darauf Bezug genommen, sodass sie zweifellos stattgefunden haben. Vermutlich dirigierte Weissmann das Orchester des im Vorjahr gegründeten Senders Radio Tupi, das beim Sendestart von Heitor Villa-Lobos (1887-1959) geleitet worden war. Diesen bekanntesten und bedeutendsten zeitgenössischen brasilianischen Komponisten wird Weissmann, der Villa-Lobos' 3 POEMAS INDÍGENAS dreieinhalb Jahre später in New York erstmals aufführen sollte,[56] wohl auch während dieses Engagements aufgesucht haben, das offenbar sieben Monate vorher am 11. Mai 1936, als Weissmanns Schiff auf der Herreise von Europa nach Buenos Aires einen Zwischenaufenthalt in Rio de Janeiro hatte, in die Wege geleitet wurde.[57]

Am 15. Dezember 1936 setzte Weissmann von Rio de Janeiro aus seine Reise nach Europa fort, wo er sich gerade einmal drei Monate aufhalten sollte. Die AVRO hatte ihm diesmal nur drei Engagements offerieren können, am 21. Februar, 8. und 30. März 1937. Dass er die lange, zudem auch kostspielige Reise dennoch antrat, dürfte auf die Tatsache zurückzuführen gewesen sein, dass er beim ersten und zweiten Termin das Concertgebouw-Orchester in dessen Stammhaus, dem Amsterdamer Concertgebouw, vor großem Publikum würde dirigieren können – für ihn eine Chance, die er sich schon deswegen nicht entgehen lassen wollte, um damit die Scharte, die ihm das seinerzeit wenig gelungene Konzert mit Jan Kiepura eingebracht hatte, endlich auswetzen zu können.

Weissmanns erstes Concertgebouw-Orchesterkonzert, ein zu ermäßigten Preisen veranstaltetes „Volkskonzert", wurde vom AVRO-Rundfunk übertragen. Auch jetzt hatte man ihm wieder nur eine einzige Probe zugestanden. Unter diesen Bedingungen hätte kein Dirigent der Welt, so die Zeitung *De Telegraaf*, eine Aufführung zustande gebracht, bei der er alles zeigen kann, was in ihm steckt.[58] Dies um so mehr, als Weissmann mit einem Programm aufwartete, das außer Beethovens vierter SINFONIE B-DUR OP. 60 und Richard Strauss' TILL EULENSPIEGELS LUSTIGE STREICHE OP. 28, zwei nicht zu den gängigsten zählende Repertoirewerke, auch noch eine holländische, wahrscheinlich sogar europäische, Erstaufführung enthielt: Floro M. Ugartes Tondichtung DI MI TIERRA, die er im September des Vorjahres in Buenos Aires mit dem Orquesta Filarmonica de la Asociacón del Profesorado Orquestal aufgeführt hatte. Vermutlich brauchte Weissmann die meiste seiner kurzen Probenzeit für die Einstudierung dieser von argentinischer Volksmusik inspirierten sinfonischen Hommage Ugartes an seine südamerikanische Heimat, die formal von europäischen Vorbildern wie Smetanas MEIN VATERLAND geprägt ist. Das Werk fand mäßigen Beifall bei der Presse, doch zollte man Weissmann einhellig Respekt dafür, dass durch ihn das holländische Publikum endlich einmal das Werk eines argentinischen zeitgenössischen Komponisten kennenlernen konnte.[59]

Obwohl die ungenügende Vorbereitung sich vor allem bei Beethovens Vierter sehr nachteilig bemerkbar machte, ließen sich die kundigen Kritiker von den unüberhörbaren Mängeln an diesem Abends nicht beirren. Für *De Telegraaf* konnte man nach diesem Konzert Weissmann nur wünschen, dass er schon bald die Möglichkeit erhalte, bei einem Konzert, „das er wahrlich verdiene", Beethoven und Richard Strauss seiner inneren Auffassung gemäß zu interpretieren. Vorerst bleibe festzuhalten, dass er als Dirigent nicht nur eine zwingende Persönlichkeit sei, die dramatisches Gespür besitze und mit einem großen Orchesterapparat umzugehen wisse, sondern auch ein geborener Musiker und erfahrener Routinier, der es verstehe, das Publikum gleich von Anfang an mit seiner Leidenschaft für die Kunst und seiner Beherrschung des Orchesters für sich einzunehmen.[60]

Zwischen die Orchesterwerke hatte man noch den Auftritt einer relativ wenig bekannten Holländerin namens Ruth Horna (1899-1983) geschoben, die im Vorjahr bei Weissmanns Radioaufführung des ROSENKAVALIERS in der Rolle der Annina erstmals als Opernsängerin in Erscheinung getreten war.[61] Ihr Vortrag von drei Arien aus Verdis Oper OTELLO mit Orchesterbegleitung war ein mitreißendes Ereignis und für die Zeitung *De Tijd* „die ganz große Überraschung in dieser Saison auf dem Gebiet der niederländischen Sangeskunst".[62] Am Schluss des Konzerts raste das Publikum im nur mäßig besetzten Auditorium vor Begeisterung. Es gab Ovationen, Blumen und einen Kranz für die Sängerin bzw. den Dirigenten, die beide – wie *De Tijd* resümierte – mit dem Konzert „einen vollkommenen Erfolg" errungen hatten.[63]

Vierzehn Tage später dirigierte Weissmann am 8. März 1937 erneut das Concertgebouw-Orchester bei einer vom AVRO-Rundfunk ausgestrahlten Übertragung der konzertanten Aufführung des dritten Akts von Richard Wagners DIE MEISTERSINGER VON NÜRNBERG. Zu den Mitwirkenden zählten die Entdeckungen Ruth Horna als Eva und Theo Baylé als Hans Sachs, die aber beide nicht recht überzeugen konnten: *De Telegraaf* fand Hornas Stimme dünner und etwas gedeckt,[64] *Het Nationale Dagblad* meinte, dass Baylé zwar „sein Bestes tat, aber die Rolle liegt ihm nicht, er ist noch lange nicht reif dafür."[65] Als Beckmesser gefiel hingegen außerordentlich Walter Olitzki (1899-1949), ein langjähriges Mitglied der Königsberger Oper, mit dem Weissmann, als er in Königsberg engagiert war, zusammengearbeitet hatte und der nach 1933 wegen seiner jüdischen Herkunft an deutschen Bühnen nicht mehr beschäftigt wurde.

Konzertante Opernaufführungen waren damals für das holländische Publikum wohl noch recht ungewohnt, und mancher im zahlreich erschienenen Publikum – wie der skeptische Leo Riemens vom *Het Nationale Dagblad* – fragte sich „ob man denn wirklich mit dieser Opernaufführung im Konzertsaal einen guten Griff getan habe."[66] Zweifler wurden schnell still an diesem Abend und am Schluss war die Veranstaltung ein voller Erfolg.[67] Es gab Blumen für die Sängerinnen und für den Dirigenten Weissmann, dem der *De Telegraaf*-Kritiker nun erst recht ein *Revanche-Concert* mit dem Concertgebouw-Orchester wünschte, weil er sich erneut als „ein ausgesprochen begabter Dirigent und Praktiker von höchster Qualität" erwiesen habe.[68] Trotz der vielen Mitwirkenden habe Weissmann „den großen Organismus" perfekt beherrscht und die Zügel fest in der Hand gehalten. Seine Wiedergabe des Werks sei „lebendig, spannend und solide gewesen dank einer frappierenden Werkkenntnis und eines unleugbaren Kunstverstands."[69]

Am 30. März 1937 verabschiedete sich Weissmann vorübergehend von den holländischen Radiohörern bei einem Konzert des Aeolianorkest, eines kleineren hauseigenen Ensembles, im Sendesaal der AVRO in Hilversum. Leider lässt sich aus den vorhandenen Unterlagen nicht erkennen, welche Werke er dabei dirigierte. Am 1. April 1937 meldete er sich bei der Amsterdamer Fremdenpolizei ab.[70] Die Rückreise nach Argentinien führte ihn zunächst mit der Eisenbahn über Belgien, Frankreich und die Schweiz nach Neapel in Italien. Vom dortigen Hotel Excelsior bedankte er sich am 9. April 1937 noch einmal schriftlich bei Rudolf Mengelberg, dem er für dessen „Hilfe und Ihr freundliches Interesse [...], das Sie mir in ‚schwierigen Situationen' gezeigt haben", dankte und eine Wiederholung seines Violinkonzerts versprach.[71] Tags darauf ging er im Hafen von Neapel an Bord eines Schiffes und erreichte am 26. April 1937 Buenos Aires,[72] wo er von seiner Verlobten Rosita sehnlichst erwartet wurde.

Frieder Weissmann und Rosa Edna Chevallier-Boutell bei der zivilrechtlichen Trauung in Buenos Aires am 27. August 1937.

Aufbruch zu neuen Ufern

Abschied von Buenos Aires

Schon Anfang der 1930er Jahre waren die technischen Möglichkeiten so weit entwickelt, dass Radiostationen Programme anderer Sender auch über transkontinentale Entfernungen in akzeptabler Qualität übernehmen konnten. So hatten nordamerikanischer Hörer schon mehrfach Bekanntschaft mit dem Dirigenten Weissmann schließen können, nachdem das größte amerikanische Radionetwork, die National Broadcasting Corporation (NBC), ab 1934 von ihm dirigierte Konzerte aus Holland und Südamerika, zuletzt im März 1937 eine konzertante Aufführung des dritten Akts von Wagners MEISTERSINGERN aus dem Amsterdamer Concertgebouw, übernommen hatte.

Insbesondere seine Erfolge in Buenos Aires hatten die Programmmanager von NBC aufmerken lassen. Sie zerbrachen sich nämlich in ihren New Yorker Büros die Köpfe darüber, wie man die US-amerikanischen Zuhörer noch mehr und noch besser mit sinfonischer Musik an die eigenen Sender binden könnte. In den von Radio Splendid und der Standard Oil-Tochter WICO präsentierten Konzerten glaubte man ein Modell gefunden zu haben, das vielleicht größere Erfolge garantierte als die schon etwas angejahrte – ebenfalls von Standard Oil gesponsorte – wöchentliche NBC-Sendung *The Standard Symphony Hour* aus San Francisco mit dem dortigen Opernorchester. So hatte man vonseiten der NBC wohl schon im Laufe der Saison 1936 erste Fühlung mit Weissmann aufgenommen und ihm auch Hoffnungen auf ein Engagement gemacht.[73]

Das Interesse der NBC hatte Weissmann elektrisiert. Er hatte Erfolg in Argentinien, gewiss, aber die Neugierde auf das „Land der unbegrenzten Möglichkeiten", in dem mittlerweile viele frühere Kollegen und immer mehr der besten Musiker Europas eine neue Heimat gefunden hatten, war geweckt und ließ ihn von jetzt ab nicht mehr los. Verstärkt wurde seine Neugier durch eine wachsende Unzufriedenheit mit den politisch-gesellschaftlichen Verhältnissen in Argentinien, das sich während der Präsidentschaft General Pedro Justos „mehr und mehr zum wichtigsten Aktionsfeld Hitlerdeutschlands und zum Zentrum der Auslandsorganisation der NSDAP in Lateinamerika" verwandelt hatte.[74] Nachdem anfängliche offene Provokationen der Nazis bei Teilen der Bevölkerung auf massiven Widerstand gestoßen waren, hatten die Hitler-Anhänger auf demonstrative Aktionen verzichtet, aber „der politische Druck auf die Mehrheit der ansässigen Deutschen blieb nicht nur überall bestehen, sondern er nahm in den folgenden Jahren, hier und da verschiedenartig getarnt, noch zu."[75] Als „Verstärker" der braunen Ideologie diente im Rundfunk insbesondere eine sogenannte *Deutsche Stunde*, die Paul Zech 1935 so charakterisierte: „Ihr Programm, halb offen, halb versteckt faschistisch, charakterisiert überhaupt die geistige Verfassung der Kolonie, dieses ungeheure Heer von Agenten, Bankbeamten, Technikern und kaufmännischen Angestellten, in der Mehrzahl natürlich ,gleichgeschaltet' und in der Äußerung brauner Rüpeleien so rührig wie kaum in einem anderen außerdeutschen Lande."[76]

Von den „braunen Rüpeleien" war offenbar auch Weissmann nicht verschont geblieben, wie Andeutungen in einem im Mai 1937 mit der Wochenzeitung *Caras y Caretas* geführten Interview erkennen lassen. Weissmann spricht da von Anfeindungen, die ihn „als Fremdling im Bereich der Musik" charakterisierten, und von „direkter Einflussnahme aus Europa auf den Rundfunk", die in seinem Fall „verschiedentlich für dicke Luft" gesorgt hätte.[77] Angesprochen auf seinen Verbleib im Lande und bei Radio Splendid, versuchte Weissmann die Leser zu beruhigen, indem er seine Verbundenheit mit Argentinien sowie seine teilweise engen freundschaftlichen Beziehungen zu Argentiniern beschwor und auf sein neuerliches Engagement bei Radio Splendid hinwies. Doch mit der Bemerkung, im Leben eines Künstlers gebe es keine Dankbarkeit, son-

dern nur Kompromisse, und man könne nur schwer Dinge planen,[78] signalisierte er seine Offenheit für Veränderungen.

Solche hatte es inzwischen tatsächlich gegeben. Während er auf konkrete
Zusagen von NBC wartete, erreichten ihn nämlich Anfragen aus einer anderen
New Yorker Ecke. Arthur Judson (1881-1975) hieß der Mann, der auf einmal
mit Weissmann unbedingt ins Geschäft kommen wollte und ihm auch gleich
ein konkretes Angebot machen konnte: ein Engagement als Gastdirigent des
Cincinnati Symphony Orchestra für zwei Konzerte zu je zwei Aufführungen
um den Jahreswechsel 1937/38. Je nach Erfolg würde man danach sehen, ob
man weiter zusammenarbeiten würde. Es war ein faires und zudem auch noch
ein sehr verlockendes Angebot, weniger wegen des Honorars, sondern vor allem wegen der Aussicht, ein Orchester dirigieren zu können, das zwar nicht zu
den *Big Five*, aber doch zu den besten des Landes zählte. Seit 1931 von dem
Engländer Eugene Goossens (1893-1962) geleitet, war zuvor Fritz Reiner
(1888-1963) zehn Jahre lang Chef des Orchesters gewesen, das, wie sich Weissmann wohl erinnerte, in den Jahren 1912-17 auch unter seinem geschätzten
Kollegen Ernst Kunwald gespielt hatte.

So zögerte er nicht lange mit seiner Unterschrift, zumal sein Leben auch
deswegen eine entscheidende Wendung nehmen würde, weil inzwischen die
Pläne für seine Hochzeit mit Rosita konkrete Gestalt angenommen hatten.
Nachdem mit dem Tod von Rositas Großeltern väterlicherseits, die beide im
Februar und Juni 1937 in England gestorben waren, die heftigsten Opponenten
der ehelichen Verbindung Rositas mit dem jüdischen Musikus Weissmann ausgeschieden waren, hatte auch ihr Vater sein Gewehr weggepackt und war mit
der Gattin beim einen oder anderen Konzert des künftigen Schwiegersohns als
Zuhörer aufgetaucht.[79]

Weissmanns Verpflichtungen in Buenos Aires blieben auch 1937 nicht auf
die Konzerte bei Radio Splendid beschränkt. Im Teatro Colón gab man ihm
bei dessen dreißigster *temporada* mit mehreren Konzerten Gelegenheit, mit dem
Orquesta Estable del Teatro Colón das Publikum zu begeistern. Darunter war
eines, das im Rahmen eines vierteiligen Konzertzyklus' zur Feier des 25jährigen
Bestehens der Asociación Wagneriana stattfand, einer 1912 gegründeten und
für das Musikleben in Buenos Aires bedeutenden Organisation, deren Präsident
seit 1916 der Komponist Carlos López Buchardo war. Zu Dirigenten der vier
Konzerte waren neben Weissmann der Pole Grzegorz Fitelberg (1879-1953),
der ständige Chef des Colón-Orchesters Juan José Castro und Weissmanns ehemaliger Berliner Dienstvorgesetzter Erich Kleiber ausersehen worden, welcher
1937 musikalischer Leiter des deutschen Programms des Teatro Colón wurde
und diese Funktion während der nächsten zwölf Jahre ausüben sollte.

Wie es einem Schlusskonzert gebührt, wurde Weissmanns Konzert am 15.
Mai 1937 zum krönenden Finale des Zyklus'. Nach einem ersten Teil, in dem
das klassisch-romantische Repertoire mit Beethovens vierter SINFONIE B-DUR
OP. 60 und Brahms' VIOLINKONZERT D-DUR OP. 77, bravourös gespielt vom

russischen Geiger Nathan Milstein (1904-1972), zur Geltung kam, widmete sich Weissmann nach der Pause Werken zeitgenössischer Komponisten, Juan Garcia Estradas SALTEÑA, das er im Oktober des Vorjahres im Teatro Politeama Argentino von Buenos Aires aus der Taufe gehoben hatte, das Tongedicht FLAUTO NOTTURNO des Italieners Riccardo Zandonai, von dem Weissmann im Juli 1935 bei Radio Splendid ein Stück erstaufgeführt hatte und für dessen Werke er sich auch später immer wieder einsetzen sollte. Solist war der führende argentinische Flötenvirtuose Angel S. Martucci. Beschlossen wurde das Konzert mit der argentinischen Erstaufführung von THEMA, VARIATIONEN UND FINALE FÜR ORCHESTER OP. 13, einem 1933 entstandenen Werk des heute immer noch unterschätzten, am Leipziger Konservatorium ausgebildeten Ungarn Miklos Rosza (1907-1995), der ab 1940 in Hollywood einer der gesuchtesten Filmkomponisten (BEN HUR) wurde.

Bevor er sich von der südamerikanischen Musikszene vorläufig verabschiedete, warf Weissmann einen keineswegs zornigen Blick zurück auf seine Jahre in Argentinien, den die holländische Illustrierte *Oké* im Juli-Heft 1937 unter dem launigen Titel „Musik, Pferde und Frauen in Argentinien: Eindrücke des berühmten Dirigenten Dr. Frieder Weissmann vom Land seiner Erfolge" veröffentlichte.[80] Einen Monat später gaben sich (nach tags zuvor erfolgter zivilrechtlicher Trauung) am 28. August 1937 – laut *Argentinischem Tageblatt* – „Dr. Frieder Weissmann, der um das Musikleben von Buenos Aires so verdienstvolle Dirigent, dessen diesjährige Konzerte im Teatro Colon zu den interessantesten Veranstaltungen auf dem Gebiete der sinfonischen Musik gehörten," und das „Fräulein Rosita Chevallier Boutell" unter „Sympathiebekundungen von seiten zahlreicher Freunde und Verehrer" in der anglikanischen St. John's Kathedrale von Buenos Aires das Jawort.[81] Trauzeugen bei der Zeremonie waren von Rositas Seite die Schwester Irene, der Onkel Horace George Cook (* 1889) und Richard („Dick") Simons Trillia (1897-1978), der Ehemann ihrer Tante Cecile Thomson Cook (1897-1968).[82] Als Trauzeuge des – laut Trauregister – angeblich 1898 geborenen Weissmann erschien sein Freund, der argentinische Komponist Juan Garcia Estrada.

Anfang September 1937 brach dann das frisch vermählte Paar zur langen Reise in die USA auf. Von Buenos Aires ging es mit dem Trasandino auf einer abenteuerlichen, 36-stündigen Eisenfahrt über die Anden zur chilenischen Hafenstadt Valparaiso. Dort begaben sich die Flitterwöchner am 16. September 1937, mitten im chilenischen Frühling, an Bord der *Santa Barbara*, eines im Ersten Weltkrieg als Truppentransporter eingesetzten Fracht- und Passagierdampfers, der alles andere als ein Luxusliner war. Nach einer fast dreiwöchigen Seereise und Zwischenstationen in Antofagasta (Chile, 18.09.), Salaverry (Peru, 22.09.), Guaquil (Ecuador, 24.09.), Buenaventura (Kolumbien, 26.09.) sowie der Durchquerung des Panamakanals (28.09.) erreichte die *Santa Barbara* am 4. Oktober 1937 ihr Ziel New York, wo sich das Laub im neu-englischen *Indian summer* bereits herbstlich zu färben begann.[83]

Mit auf drei Monate beschränkten Besuchervisa, ausgestellt am 7. September 1937 vom US-Generalkonsulat in Buenos Aires, brachte das Ehepaar Weissmann Pass- und Einreiseformalitäten hinter sich. Anschließend fuhr es ins Ritz-Carlton Hotel in der 46ten Straße Ecke Madison Avenue,[84] damals das luxuriöseste und teuerste Hotel in New York, dessen Köche – so die Fama – mit der Erfindung der *Vichyssoise* die Kochkunst bereicherten. Einen Aufenthalt in seinen Mauern konnte der Gast – laut eines New Yorker Reiseführers von 1939 – ab sieben Dollar aufwärts für ein Einzelzimmer mit Bad pro Nacht buchen. Natürlich hätten sie billiger wohnen können, z. B. im ebenfalls sehr noblen Hotel Astor am Times Square, wo ein Einzelzimmer ab drei Dollar zu haben war,[85] und vielleicht hätte Weissmann auch dort eingecheckt, wenn er gewusst hätte, dass dies das New Yorker Stammhotel seines Idols Arturo Toscanini war. Aber, nebbich, was sollte er sich jetzt den Kopf über Geld zerbrechen, wo ihn und seine junge, hübsche Frau da draußen eine Stadt erwartete, die noch mehr Versprechungen bereit zu halten schien, als Buenos Aires, Berlin und Amsterdam zusammen!

„Der mächtigste Musikmanager seiner Zeit"

Vom Hotel war der *theatre district* mit dem damals am Broadway zwischen der 48ten und 49 Straße gelegenen Metropolitan Opera House leicht zu Fuß erreichbar. Kaum weiter entfernt als die Met war die Carnegie Hall Ecke 57te Straße und 7te Avenue, auf deren gegenüberliegender Straßenseite sich die Büros von Arthur Judson befanden, jenes Mannes, der Weissmann das Cincinnati-Engagement vermittelt hatte und von dem er inzwischen wusste, dass er sich in den USA keinen besseren Agenten als ihn wünschen konnte. Denn der aus Ohio stammende, ursprünglich zum Geiger ausgebildete Judson, der 1915 die Geschäfte des vom brillanten Leopold Stokowski (1882-1977) geleiteten Philadelphia Orchestras übernahm, war schon seit Jahren „zum mächtigsten Musikmanager seiner Zeit und wohl der gesamten amerikanischen Musikgeschichte" aufgestiegen.[86] Ohne Übertreibung konnte seine 1930 gegründete Agentur Columbia Concerts Management von sich behaupten, sie repräsentiere fast zwei Drittel der amerikanischen Spitzenmusiker.

Um seine Künstler besser promoten zu können, war Judson 1927 in das Geschäft mit dem neuen Medium Rundfunk eingestiegen und hatte ein eigenes Radio-Network gegründet. Mit William S. Paley (1901-1990), einem ehrgeizigen Journalisten und millionenschweren Sohn eines Zigarettenherstellers, fand er 1928 einen Partner, der dem Unternehmen namens Columbia Broadcasting System (CBS) die finanzielle Rückendeckung verschaffte. Mit Paleys Geld und den Konzertprogrammen, bei denen Arthur Judson und seine Agentur die Fäden zogen, schaffte CBS schon nach kurzer Zeit den Aufstieg zum zweitgrößten Radio-Network der USA hinter der Senderkette NBC, die zum mächtigen

RCA-Konzern gehörte und schon 1926 als erstes landesweites Radio-Network auf Sendung gegangen war.

Chef der NBC war David Sarnoff (1891-1971), ein knallharter Geschäftsmann und ein Rundfunkpionier der ersten Stunde. Ihn ließ der Erfolg der CBS-Konkurrenz mit ihren Konzertsendungen nicht ruhen. Zwar übertrug auch NBC regelmäßig Konzerte, allerdings nicht so erfolgreich wie CBS. Mitte der 1930er Jahre glaubte Sarnoff, die Lösung gefunden zu haben, wie er CBS überrunden konnte: ein Orchester musste her, das nicht nur den Namen des NBC-Networks trug, sondern auch die besten Musiker Amerikas beschäftigte. Damit nicht genug, sollte es auch von dem besten Dirigenten Amerikas geleitet werden, der – daran bestand für Sarnoff kein Zweifel – zu jener Zeit kein anderer als der große Arturo Toscanini war. Die Sache hatte freilich einen Haken, denn Toscanini war vertraglich an die New Yorker Philharmoniker gebunden, seitdem er 1926 deren Leitung übernommen hatte. Und die Konzerte der New Yorker Philharmoniker wurden von Arthur Judson gemanagt, der sie wiederum über die Sender seines eigenen CBS-Networks verbreitete.

Die Dinge nahmen dann eine überraschende Wendung, als der 69jährige Toscanini die Leitung der New Yorker Philharmoniker 1936 aus Altersgründen niederlegte und sich nach Mailand zurückzog. Kaum davon in Kenntnis gesetzt, witterte NBC-Chef Sarnoff sogleich eine Chance. Wenige Wochen vor Toscaninis siebzigstem Geburtstag schickte er Anfang 1937 den früheren Musikkritiker und jetzigen NBC-Musikredakteur Samuel Chotzinoff (1889-1964) nach Italien mit dem klaren Auftrag, Toscanini wieder aufs Konzertpodium nach Amerika zu locken und als Dirigenten für ein speziell nach seinen Wünschen geschaffenes NBC-Orchester zu gewinnen. Chotzinoff, ein Schwager von Jascha Heifetz, musste lange kämpfen, bis er den zu jähen Stimmungsumbrüchen neigenden Maestro zu einem Vertragsabschluss bewegen konnte – zu für damalige Verhältnisse unerhörten Bedingungen: 40.000 Dollar Gage für zehn Rundfunkkonzerte innerhalb von zehn Wochen zuzüglich der fälligen Einkommensteuer. Hinzu kam ein Orchester von höchstmöglicher Qualität, das Artur Rodzinski (1892-1958), von 1929 bis 1933 Chef des Los Angeles Philharmonic Orchestra und seitdem Leiter des Cleveland Orchesters, zusammenstellen und bis zu Toscaninis Übernahme im Dezember 1937 trimmen sollte.[87] Sarnoff und die NBC frohlockten: die New Yorker Philharmoniker blieben zwar weiterhin bei Judson und der CBS, das Zugpferd Toscanini aber zierte nun die NBC und deren neu geschaffenes Spitzenorchester.

Zur „Einübung" des extra für Toscanini gegründeten NBC-Orchesters, das mit unverschämt hohen Gagen die besten Musiker aus Amerikas Orchestern weglockte, war geplant, dass es unter Leitung von Artur Rodzinski sechs öffentliche, live im Radio übertragene Vorkonzerte geben sollte. Inzwischen hatte das Unternehmen in der Öffentlichkeit Erwartungen geweckt, durch die sich das Orchester und seine Intendanz zunehmend unter Druck gesetzt fühlten. Weil auch Rodzinski immer mehr Selbstzweifel bekam, wurde schließlich „Pier-

re Monteux gebeten, anstelle von Rodzinski die ersten Konzerte zu leiten."[88]
Diese ersten drei Konzerte sollte Monteux am 13., 20. und 27. November 1937
dirigieren, Rodzinski die nächsten drei am 4., 11., und 18. Dezember 1937. So
war der Plan, wie er auch in der NBC-Broschüre *The NBC Symphony Orchestra*
von 1938 dargestellt wird.[89] Doch Monteux konnte nur seine beiden ersten
Konzerte dirigieren,[90] das dritte am 27. November 1937 musste er krankheits-
bedingt kurzfristig absagen.

Sucht man nach dem Namen des Ersatzdirigenten für dieses dritte Vorkon-
zert, so wird man weder in der amerikanischen Presse, noch in der reichen Tos-
canini-Literatur fündig. Er fehlt selbst bei dem ansonsten wohl verlässlichsten
Toscanini-Kenner Harvey Sachs und bliebe vergessen, hätte seinen Namen
nicht am 25. Januar 1938 der New Yorker Korrespondent der holländischen
Tageszeitung *De Telegraaf* in einem Bericht über das große Medienereignis der
Toscanini-Konzerte erwähnt. Im Zusammenhang mit den von Pierre Monteux
dirigierten Vorkonzerten spricht der Korrespondent von einem „glücklichen
Zufall", der „Dr. Frieder Weissmann in die Lage versetzte, eines der Konzerte
mit dem NBC-Orchester zu dirigieren."[91]

Dass Rodzinski, der ja eigentlich alle Vorkonzerte dirigieren sollte, in der
Notsituation nicht selbst einsprang, sondern Weissmann den Vortritt ließ, ver-
rät seine Unsicherheit und spricht für dessen Wagemut. Denn die einmalige
Gelegenheit, das NBC-Orchester noch vor dessen Meister Toscanini zu dirigieren, wollte Weissmann sich auf keinen Fall entgehen lassen, auch wenn ihm
wohl kaum ausreichend Zeit blieb zur Vorbereitung des kniffligen und äußerst
anspruchsvollen Programms: César Francks SINFONIE IN D-MOLL, das Adagio
aus der Orchestersuite JEUX DE TIMBRES des russisch-amerikanischen Komponisten Isadore Freed (1900-1960), die OUVERTÜRE FÜR ORCHESTER der französischen Komponistin Germaine Taillefferre (1892-1983), das Vorspiel zur Oper
FERVAAL von Vincent d' Indy (1851-1931) und zum Abschluss die
FEUER-VOGEL-SUITE von Igor Strawinsky.[92]

Ob das Konzert bei der NBC-Konkurrenz die Zustimmung des Agenten
Judson fand, ist mehr als fraglich und, wenn doch, dann nur unter der Bedingung erfolgt, dass davon kein Aufheben gemacht werden dürfe. Denn ein US-
Debüt so kurz vor demjenigen, das er mit Weissmann in Cincinnati plante, hätte Judsons PR-Strategie empfindlich gestört. Dies würde erklären, weshalb die
New Yorker Presse vor und nach dem Konzert so stumm blieb und es auch
nirgends in den von Judson veröffentlichten Werbematerialien erwähnt wird.
Auch von Weissmann selbst ist nicht bekannt, dass er sich je dazu geäußert hätte. Als Ort seines US-Debüt nannte auch er stets nur Cincinnati.

Weissmanns offizielles US-Debüt in Cincinatti

Unterdessen hatten die Weissmanns bei Spaziergängen, Ausritten und Ausflü-
gen alles getan, um Land und Leute näher kennenzulernen. Fasziniert von der
ethnischen Buntheit der Riesenmetropole New York, hatten sie die einzelnen
Viertel erkundet, sich durch jüdische, italienische, hispanische, wahrscheinlich
auch durch chinesische und noch exotischere Menus probiert, um sich anschließend in englischen Tea-Rooms oder einer American Bar zu entspannen.
Abends genossen sie die unglaubliche Vielfalt des Angebots, das Kinos, Theater, Oper und Konzerte bereithielten. Immer wieder wird Weissmann dabei
auch guten Bekannten aus der Berliner Zeit begegnet sein, die inzwischen am
Broadway und an der Met Triumphe feierten. Lotte Lehmann traf Mitte Oktober 1937 in New York ein, mit dem gleichen Schiff auch Lauritz Melchior.
Kerstin Thorborg, Joseph Schmidt und Elisabeth Rethberg, mit denen Weissmann nur wenige Wochen vor seiner Flucht aus Deutschland noch Aufnahmen
gemacht hatte, hielten sich damals alle in New York auf.

Nach Weihnachten war dann der Tag gekommen, an dem Weissmann und
seine Frau Rosita in der Grand Central Station den Zug bestiegen, mit dem sie
nach über zwanzig Stunden Fahrt endlich Cincinati im amerikanischen Bundesstaat Ohio erreichten. Dort in der kolossalen Union Station am Abend des
26. Dezember 1937 eingetroffen, wurden sie am Bahnsteig von Theo F. Gan-
non, dem Manager des Cincinnati Symphony Orchestra, empfangen. Ihm zur
Seite stand ein Reporter des *Cincinnati Enquirers*, der bedeutendsten Tageszeitung der Stadt, die tags darauf die Ankunft des Maestros und seiner Frau mit einem groß aufgemachten Artikel registrierte.

Bereits sechs Tage vorher hatte das Blatt die Leser auf den Gastdirigenten
Weissmann eingestimmt, dessen Werdegang relativ ausführlich geschildert, seine intensive Schallplattentätigkeit und die sportlichen Betätigungen hervorgehoben sowie die englische Herkunft seiner jungen Gattin betont. Nun den Gast
etwas näher ins Visier nehmend, staunte das Blatt über den „namhaften deutschen Dirigenten", der einerseits mit „strahlenden Enthusiasmus" die USA als
das Land bezeichnete, das alle anderen in sozialer, wirtschaftlicher und kom-
merzieller Hinsicht überrage, andererseits die Kultur der USA nicht minder enthusiastisch allein auf die Bequemlichkeiten im Alltag und die Freundlichkeit
der Menschen reduzierte: „Mr. Weissmann lobte geradezu überschwänglich alles, was er in den letzten Wochen während seines Besuches im Osten gesehen
hatte. [...] Er bewundert zwar bei den Europäern und Lateinamerikanern deren
künstlerischen Hintergrund, doch könne man nirgendwo in der Welt so leckere
Suppen wie in den Vereinigten Staaten kaufen. Nirgendwo sonst könne man
wie hier möblierte Wohnungen finden mit einem Elektroherd, Tischwäsche,
Besteck, Zentralheizung und bequemen Möbeln, nirgendwo Menschen, die so
aufrichtig und zuvorkommend sind, ohne viel Worte zu machen." Dosensup-

pen, warme Wohnungen und freundliche Polizisten seien nicht genug, um
Amerika zur größten Nation der Welt zu machen, mahnte das Blatt, das dem
Ehepaar Weissmann abschließend wünschte, dass Cincinnati ihre Erwartungen
an „die perfekten Amerikaner" nicht enttäuschen möge.[93]

Für die beiden ersten Veranstaltungen am 31. Dezember 1937 und 1. Januar
1938 hatte Arthur Judson neben Weissmann den Rumänen Georges Enescu
(1881-1955) aufs Podium geholt. Heute vor allem als Komponist bekannt, war
er seinerzeit auch ein hochgeschätzter Geiger, zu dessen Schülern Arthur Grumiaux, Ivry Gitlis, Ida Haendel und Christian Ferras, vor allem aber Yehudi
Menuhin zählten.[94] In Cincinnati, seiner ersten Station einer längeren Tournee
durch die USA und Kanada, erschien Enescu in dreifacher Funktion, als Solist,
Dirigent und Komponist. Als Solist spielte er, der auch als herausragender Mo-
zart-Interpret galt, vor der Pause den Solopart im Mozart nur zugeschriebenen
VIOLINKONZERT NR. 7 D-DUR KV 271 I, nach der Pause schwang er dann den
Dirigentenstab bei der Wiedergabe seines wohl eingängigsten Werks, der von
Wagner und Richard Strauss beeinflussten SINFONIE NR. 1 ES-DUR OP. 13.

Enescu stand zweifellos im Mittelpunkt an diesem Abend, dennoch verstand es Weissmann, sich mit drei kürzeren Werken zu behaupten, der eingangs
gespielten LEONOREN-OUVERTÜRE OP. 72 B von Beethoven und den auf Mozarts Konzert folgenden lyrischen Stücken NOTTURNO OP. 70, 1 und
NOVELETTA OP. 82 von Giuseppe Martucci (1856-1909. Mit den beiden atmo-
sphärisch reizvollen Orchesterstücken des italienischen Spätromantikers, für
den er sich schon im Vorjahr in Buenos Aires eingesetzt hatte, verschaffte
Weissmann dem Publikum in Cincinnati sogar einen Wissensvorsprung vor den
New Yorkern. Denn diese sollten den Komponisten Martucci erst zehn Monate später im Oktober 1938 kennenlernen, als Toscanini Werke des von ihm
hochgeschätzten Landsmannes erstmals mit dem NBC-Orchester aufführte.
Wie Toscanini setzte sich auch Weissmann später immer wieder für Martucci
ein, dessen bedeutendster Schüler Ottorino Respighi war.

Im zweiten Konzert mit Aufführungen am 7. und 8. Januar 1938 wollte Judson ein neues „Wunderkind" präsentieren, die gerade einmal zwölf Jahre alte
Pianistin Ruth Slenczynska. Die gebürtige Kalifornierin war von ihrem tyranni-
schen Vater bereits im Alter von drei Jahren einem rigorosen Übungsdrill unterworfen worden. Später erhielt sie Unterricht von Klavierlegenden wie Artur
Schnabel, Egon Petri, Alfred Cortot, Josef Hofmann und Sergej Rachmaninoff.
Nach ihrem Berliner Debüt 1931 pries die *New York Times* das Spiel der Sechs-
jährigen als eine „elektrisierende Schöpfung der Natur in einem ihrer spenda-
belsten Momente". In Cincinnati war sie vor der Pause die Solistin bei Beethovens KONZERT FÜR KLAVIER UND ORCHESTER NR. 3 C-MOLL OP. 37, das umrahmt wurde von der Wiedergabe der Ouvertüre zu Carl Maria von Webers
OBERON und der US-amerikanischen Erstaufführung von Carlos Lopez
Buchardos sinfonischem Gedicht ESCENAS ARGENTINAS, das Weissmann schon
im Juni 1934 in Buenos Aires mit dem Colón-Orchester aufgeführt hatte.

Tschaikowskys SINFONIE NR. 4 F-MOLL OP. 36 stand nach der Pause auf dem Programm und geriet unter Weissmanns Leitung zum Höhepunkt des Abends.

Alle Veranstaltungen waren volle Erfolge, und die Presse war von dem bis dahin nur Schallplattensammlern oder Radiohörern bekannten Dirigenten Weissmann begeistert. Die Tageszeitung *Cincinnati Times Star* bescheinigte Weissmann eine erstaunliche musikalische Persönlichkeit, er sei ruhig, selbstsicher und nicht auf melodramatische Effekte bedacht, ein vollkommener Beherrscher schwierigster Situationen, der mit Erfolg sein Ziel ansteuere. Mit seiner völligen Beherrschung des Orchesters und der Fähigkeit, selbst bei Fortepassagen klar zu phrasieren, erweise sich Weissmann als ein Dirigent allerersten Ranges. Außerdem habe er eine so gewinnende Art, dass man nur hoffen könne, er komme bald wieder.[95] Auch die *Cincinnati Post* pries seine „vollkommene Meisterschaft",[96] der *Enquirer* registrierte die geradezu skrupulöse Detailtreue seines Dirigats.[97] Der Kritiker der Zeitung *The Western Breeze* zog bündig das Fazit, dass alle, die Weissmann als Dirigenten erlebten, jetzt nur hoffen können, ihn in Amerika und Cincinnati noch viel öfters zu hören.[98]

Für Arthur Judson gab es danach keinen Zweifel mehr, Weissmann hatte Star-Potential. Allerdings konnte er nur dann in den USA eine größere Rolle spielen, wenn er sich dort niederließ. Dazu hatte sich Weissmann bislang noch nicht durchringen können. Noch am 21. Dezember 1937 sprach der *Cincinnati Enquirer* von Weissmanns Rückkehr zu seinem Orchester in Argentinien im kommenden Frühling im Anschluss an eine Holland-Reise. Angesichts der Erfolge in Cincinnati hatte es sich Weissmann aber nun doch anders überlegt, zumal auch Rosita einem längeren Aufenthalt in den USA durchaus nicht abgeneigt war. Wegen der Formalitäten einer Einwanderung konnte Arthur Judson sie beruhigen. Er kannte schließlich genügend Leute, die in einem solchen Fall ihre Hilfe anboten und finanzielle Garantien übernahmen, z. B. den 1861 in New York geborenen Jules Semon Bache (1861-1944), dessen Vater, ein jüdischer Glaswarenhändler, aus dem fränkischen Fürth stammte. Der Gründer des lange neben Merryl Lynch bedeutendsten Investmentbanking- und Brokerage-Unternehmens der USA war nicht nur ein schwerreicher Immobilienbesitzer, sondern auch ein Philanthrop, der die von Arthur Judson gemanagten, bei der Bevölkerung so beliebten sommerlichen Open-Air-Konzerte der New Yorker Philharmoniker im Lewisohn-Stadion stets gerne unterstützte.[99] Er dürfte sich den Weissmanns schon allein aus sentimentalen Gründen zur Verfügung gestellt haben, weil er in den 1870er Jahren eine Zeitlang in Frankfurt am Main die Schule besucht hatte. Einen besseren Bürgen als ihn, beruhigte Judson, konnte nur selten ein Einwanderer vorweisen. Am 15. Januar 1938,[100] gerade noch rechtzeitig vor Ablauf ihres Visums, verließen Rosita und Frieder Weissmann an Bord des französischen Luxusdampfers *Île de France* die Vereinigten Staaten mit dem Ziel Niederlande. Dort sollte der Maestro beim AVRO-Rundfunk in Hilversum auch dieses Jahr wieder bei mehreren Opernsendungen als Dirigent mitwirken.

Rosita und Frieder Weissmann im Januar 1938 an Bord der Ile de France, *rechts Blick in den Erster-Klasse-Salon des Schiffes.*

Zwischen USA und Europa

In den Niederlanden: Januar 1938 bis Mai 1938

Wer damals Wert auf stilvolles Reisen legte, für den gab es zur Überquerung des Atlantiks eigentlich nur ein Schiff, den 1927 in Dienst gestellten französischen Luxusdampfer *Île de France*. Dessen komplett im aktuellen Art-Deco-Stil gehaltene Innenausstattung war sensationell und für trendbewusste Passagiere ein so gewaltiger Anreiz, „dass vor 1935 mehr Passagiere der ersten Klasse mit ihr fuhren, als auf jedem anderen Schiff im Transatlantik-Dienst. Insbesondere wohlhabende Amerikaner und die ‚Reichen und Schönen' jener Zeit bevorzugten die Île de France".[101] Zu den Attraktionen des Schiffes zählte auch sein durch ein mitgeführtes Flugboot unübertroffen schneller Postdienst, den Weissmann auch gleich an Bord nutzen sollte. Mit Datum vom 17. Januar 1938 und auf Briefpapier der *Île de France* richtete er an das Dekanat der Philosophischen Fakultät der Münchner Universität die Bitte um einen Nachdruck seiner beim Untergang der *Orania* verloren gegangenen Promotionsurkunde.[102]

Eine offizielle Bestätigung seines Doktorgrads erschien ihm sicher deswegen geboten, weil er sie unter Umständen einmal bei den amerikanischen Einwanderungsbehörden benötigen könnte. Zum Beispiel, wenn es mit dem Visum als *quota immigrant* nicht klappen sollte und er möglicherweise nur über den – damals von vielen seiner Kollegen eingeschlagenen – Umweg eines akademischen Rufs eine Einwanderungserlaubnis erhalten könnte. Denn wer bis 1940 „aufgrund einer Berufung durch eine Universität ins Land kam, war von den seit den 20er Jahren geltenden strikten Beschränkungen ausgenommen."[103]

Vier Tage später erreichte die *Île de France* ihren Heimathafen Le Havre in Frankreich, wo die Weissmanns – so der Stempel in Frieders Pass – am 21. Januar 1938 von Bord gingen. Von Le Havre reisten die Eheleute Weissmann gleich per Zug über Rouen und Lille weiter nach Belgien. Am nächsten Tag überschritten sie bei Roosendaal die holländische Grenze, um nach einer weiteren kurzen Zugreise in Rotterdam, dem Sitz des amerikanischen Generalkonsulats, einzutreffen. Hier beantragten sie umgehend die Visa als *quota immigrants*, die sie zur dauerhaften Niederlassung in den USA berechtigen würden.

In Amsterdam wohnten die Weissmanns – wie dem Brief an die Münchner Universität zu entnehmen ist – zunächst im direkt am Ufer der Amstel gelegenen Amstel-Hotel, *dem* Amsterdamer Luxushotel, das seit 1974 als Rijksmonument unter Denkmalschutz steht. Allzulange dürfte sich das Paar dem Vergnügen, dort zu wohnen, allerdings nicht hingegeben haben, da es ihre Reisekasse auf Dauer doch zu kräftig belastete. Also sah sich Weissmann irgendwann im Februar 1938 nach einer etwas günstigeren Unterkunft um, die auch mehr Platz bieten sollte. Denn offenbar hatten seine Eltern, die natürlich unbedingt ihre Schwiegertochter kennenlernen wollten, es auch jetzt wieder geschafft, trotz der in Deutschland geltenden Restriktionen für Juden besuchsweise in die Niederlande reisen zu dürfen.[104]

Der mit der Münchner Universität wegen der Ersatzkopie des Doktordiploms geführten Korrespondenz ist zu entnehmen, dass sich die schließlich gefundene Wohnung im Haus Nr. 57 in der Van Eegenstraat befand,[105] einem Eckhaus in einer ansprechenden Wohngegend nahe des Vondelparks und dem direkt an den Park angrenzenden Reiterparadies der neoklassizistischen *Hollandsche Manege*. Die Zeit bis zur Ankunft der Eltern nutzte das Paar für kleine Ausflüge und – wie Fotos von Rosita, aufgenommen im winterlich-kalten Park vor dem prächtigen Landsitz Bosbeek, belegen – Besuche bei Freunden wie dem Ehepaar Gutmann in Hemsteede. Daneben durchstreiften die beiden auf Spaziergängen die Stadt Amsterdam, deren lebhafte Geschäftsstraßen und erholsame Parks. Sie besuchten auch den Amsterdamer Zoo, wo Rosita solch großen Gefallen an den Känguruhs fand, dass sie danach für sich und ihren Mann aus dem englischen Wort „kangaroo" zwei kuriose Koseworte formte: ihn nannte sie zärtlich „the Roo", sich selbst „Mama Kanga".

Unterdessen hatte Weissmann auch die Arbeit mit dem AVRO-Orchester wieder aufgenommen. Fünf Produktionen sollten in für den Rundfunk bearbeiteten, d. h. gekürzten Fassungen gesendet werden: im Februar Lortzings ZAR UND ZIMMERMANN, im März Carl Zellers DER VOGELHÄNDLER, Jules Massenets HERODIADE und ein ganz neues Werk, die komische Oper DE SNOEK (DER HECHT) des niederländischen Komponisten Guillaume Landré (1905-1968), schließlich im April Verdis IL TROVATORE.[106]

Wann Weissmanns Eltern in Amsterdam eintrafen, wissen wir nicht. Die Zusammenkunft mit den Eltern war aber ohne Zweifel überschattet von den Ereignissen, die am 12. März 1938 die Weltöffentlichkeit aufschreckten, als

Holland im Februar/März 1938: Rosita Weissmann vor dem Gutmannschen Landsitz Bosbeek bei Hemsteede.

deutsche Wehrmachts-, SS- und Polizeieinheiten in Österreich einmarschierten und der „Anschluss" Österreichs an das Deutsche Reich vollzogen wurde. Bereits in der Nacht vom 11. auf den 12. März 1938 hatte sich jahrhundertelang tradierter Antisemitismus in einer schockierenden Hass- und Gewaltorgie gegen die jüdische Bevölkerung Wiens Bahn gebrochen und Fritz Kortners zynisches Bonmot, wonach ein Wiener aus seinem Herzen keine Mördergrube mache, weil dessen Herz schon eine sei, auf erschreckende Weise bestätigt. Wer sich bis dahin noch eingeredet hatte, das Nazi-Regime könnte sich an der Macht nicht allzu lange halten, musste spätestens jetzt nach Hitlers triumphalem Einzug in Wien aufwachen.

Natürlich stellten sich alle vier die bange Frage, was nun den Juden in Deutschland als nächstes zugemutet werde, ob auch bald in Deutschland wie in Wien jüdische Geschäfte und Wohnungen geplündert, jüdische Männer, Frauen und Kinder öffentlich gedemütigt und gepeinigt würden. Zweifellos drängte Weissmann die Eltern, Deutschland den Rücken zu kehren, erst recht, nachdem ihm und seiner Frau Rosita am 23. März 1938 die US-Einreisevisa als *quota immigrants* bewilligt worden waren. Dass sie diese schon nach der relativ kurzen Wartezeit von zwei Monaten ausgehändigt bekamen, verdankten sie zweifellos dem Umstand, dass sie gegenüber den amerikanischen Einwanderungsbehörden das notariell beglaubigte *Affidavit of support* von ihrem New Yorker Bekannten Jules Semon Bache, Seniorchef der Firma J. S. Bache & Co. Brokers, 42 Broadway, New York, vorweisen konnten, der in dem Dokument Weissmann als *personal friend* bezeichnete und sein eigenes Vermögen – leicht untertrieben – auf „$ 1.000.000,--" schätzte.[107]

Aber noch zögerten die Eltern, wagten nicht den Schritt, Deutschland zu verlassen und ihrem Sohn ins Exil zu folgen. Ungeachtet aller Sorgen, erfreuten sich die vier an ihrem kurzen Zusammensein, schätzten auch sehr die mit ihren zwei Stockwerken gut gewählte Wohnung in der Van Eegenstraat. Den Teil, der sich im Erdgeschoss befand, bewohnten die Eltern, im darüber liegenden Teil hatte sich das junge Paar eingerichtet. Die sprachliche Verständigung der Eltern mit der Schwiegertochter erfolgte wohl hauptsächlich über den Vater, der im Gespräch mit Rosita seine immer noch erstaunlich guten Französisch-kenntnisse aktivieren konnte.

Ebensowenig wie das Datum ihrer Ankunft wissen wir den Tag der Abreise der Eltern. Vermutlich hatten sie es wieder so eingerichtet, dass sie noch vor ih-rer Abreise den – jetzt siebenundsechzigsten – Geburtstag der Mutter gemein-sam am 18. April feiern konnten. Auch deswegen hatten Weissmann und seine Frau Rosita ihre ursprünglich Anfang April geplante Rückreise nach New York inzwischen verschoben und die zunächst nur bis zum 7. April gewährte Aufent-haltsberechtigung bis 1. Juni 1938 verlängern lassen.[108] Ein anderer Grund war, dass Weissmann inzwischen bei der AVRO noch ein weiteres Engagement er-halten hatte und am 8. Mai 1938 Gounods FAUST dirigieren sollte.

Sechs Tage nach der Radioaufführung reisten Weissmann und seine Frau Rosita an Bord des holländischen Passagierschiffs *Volendam* von Rotterdam aus zurück in die USA. Im Vergleich zur luxuriösen *Île de France* war das seit 1922 im Dienst der Holland-America-Line regelmäßig zwischen Rotterdam und New York verkehrende Schiff ein eher biederer Ozeandampfer, in dessen erster Klasse diesmal nur wenige Passagiere mitreisten.[109] Anregende Unterhaltung versprachen immerhin drei Damen, die allein reisende Schriftstellerin Irmgard Keun (1905-1982) aus Berlin und zwei Wienerinnen, die siebzigjährige Emma Goldner geb. Adler und ihre neunzehnjährige Enkelin Anna Elbogen, die wie das Ehepaar Weissmann als *quota immigrants* in die USA einreisen durften.[110]

Die aus Deutschland geflohene Schriftstellerin, deren Romane von den Na-tionalsozialisten als „Asphaltliteratur mit antideutscher Tendenz" geschmäht und verboten worden waren, hatte gerade eine längere Affäre mit dem schwer alkoholkranken und eifersüchtigen Schriftsteller Joseph Roth beendet und nun das – ziemlich aussichtslose – Wagnis auf sich genommen, einen früheren Ge-liebten, der seit 1933 in den USA lebte, wieder für sich zurückzugewinnen. Die beiden anderen Damen waren auf dem Weg nach Philadelphia zu Eugene Or-mandy (1899-1985), Emma Goldners Schwiegersohn bzw. Anna Elbogens On-kel. Ihn hatte Weissmann schon im März 1918 kennengelernt, als er in Berlin sein Debüt als Dirigent mit dem Blüthner Orchester gab. Dessen Konzertmeis-ter war damals ein gerade einmal achtzehn Jahre alter ungarischer Geiger, der sich als Jenö Blau vorstellte. Aus dem begabten Orchestermusiker, den Weiss-mann danach als „Pippi Blau" im Gedächtnis behielt,[111] war inzwischen der er-folgreiche Dirigent Eugene Ormandy geworden, der sich gerade anschickte, als Nachfolger von Leopold Stokowski die Leitung des Philadelphia Orchestras zu übernehmen – ein Amt, das er 42 Jahre lang innehaben sollte.

Während die Gespräche mit der trinkfreudigen und von Liebeskummer geplagten Schriftstellerin nicht immer befriedigend verliefen, konnte man sich mit den beiden musikalisch gebildeten Wiener Damen stets gepflegt unterhalten, über Musik im allgemeinen oder über die moderne Wiener Schule im besonderen. Immer wieder fragte man sich aber auch beklommen, wie lange der Nazispuk in Deutschland und Österreich noch anhalten würde. So erreichte man am 24. Mai 1938 den Hafen von New York. Während sich Irmgard Keun nach Passieren der Einreisekontrollen auf den (vergeblichen) Weg zu ihrem Ex-Geliebten und die beiden Wiener Damen nach Philadelphia machten, fuhr das Ehepaar Weissmann ins Hotel. Diesmal wählten sie nicht das Ritz-Carlton, sondern – eine Nummer kleiner (Einzelzimmer mit Bad ab viereinhalb Dollar pro Nacht) – das nur zwei Blocks von der Carnegie Hall und etwa gleich weit vom Central Park entfernte Shoreham in der 55ten Straße.[112]

In den USA: Mai 1938 bis Dezember 1938

Wenn Frieder Weissmann in den zurückliegenden Jahren Holland am Ende einer Saison in Richtung Südamerika verließ, dann herrschte bei seiner Ankunft in Buenos Aires Spätherbst und die neue Opern- und Konzertsaison stand zur Eröffnung. Nun waren die Weissmanns aber Ende Mai in Nordamerika eingetroffen, wo sich die Saison wie in Holland ihrem Ende näherte. Mit Engagements für die Sommerzeit konnte Judsons Agentur daher nicht aufwarten, auch nicht bei den sommerlichen Konzerten im New Yorker Lewisohn-Stadion, bei denen die Würfel zur Auswahl der Dirigenten längst gefallen waren. Für die kommende Saison winkte Arthur Judson aber bereits mit einem interessanten Versprechen, nämlich einer Reihe von Konzerten an der US-amerikanischen Westküste.[113] *Nolens volens* sah sich Weissmann nun mit einer Menge freier Zeit konfrontiert, die er aber nicht untätig verstreichen ließ. Statt dessen widmete er sich der „Kontaktpflege" zu Agenten, Produzenten, Musikern und frischte Beziehungen zu alten Bekannten auf, die es wie ihn nach New York verschlagen hatte.

Wohl während dieser ungewollten „Freizeit" lernte er den gleichaltrigen amerikanischen Komponisten Horace Johnson (1893-1964) näher kennen. Der Sohn einer Konzertsängerin war in der Nähe von Boston aufgewachsen und hatte an renommierten Ausbildungsstätten im Ostküstenstaat Massachusetts Klavier, Orgel, Musiktheorie und Komposition studiert. Als Mitarbeiter diverser Fachblätter und seit 1930 als verantwortlicher Redakteur des einflussreichen *Musical Courier* spielte er eine wichtige Rolle im amerikanischen Musikleben und verfügte über beste Kontakte zu Komponisten, Dirigenten und Musikern. Bereits in den 1920er Jahren machte er auch als Komponist von sich reden mit einer von dem indischen Dichter Rabindrinath Tagore inspirierten Orchestersuite IMAGERY und einer „Sinfonietta for orchestra", betitelt THE STREETS OF FLORENCE. Er war seitdem einer der erfolgreichsten amerikanischen Kompo-

Urlaub auf The Knolls Farm in Carmel, Putnam County, N.Y.. Der Terrier gehörte vermutlich dem Wirtsleuten Mr. und Mrs. Crane, das linke Bild deutet darauf hin, dass das Ehepaar Weissmann ein Cottage bewohnte.

nisten, dessen IMAGERY-Suite allein in der Saison 1937/38 sechsundzwanzig Aufführungen von verschiedenen Orchestern erlebte.

Weissmann hatte sich schnell mit dem gleichaltrigen Johnson angefreundet, der mit seiner Frau, der Schriftstellerin Helen Redington, in Wingdale wohnte, einer kleinen Ortschaft in der ländlichen Abgeschiedenheit des nördlich von New York gelegenen Hudson-River Tales. Die romantische Atmosphäre der neu-englischen Landschaft, deren Zauber schon Washington Irving zu seiner LEGENDE VON SLEEPY HOLLOW inspirierte, entzückte sogleich die beiden Weissmanns, als sie dem Ehepaar Johnson einen Besuch abstatteten, und weckte in ihnen den Wunsch, hier Ferien zu machen. Mit Hilfe der Johnsons fanden sie auch gleich im benachbarten Putnam County in dem am idyllischen Lake Mahopac gelegenen Städtchen Carmel eine ideale Sommerfrische bei Mr. Samuel B. Crane (1874-1944) und seiner Gattin Gertrude geb. Thompkins (1868-1950). In deren auf einer hügeligen Anhöhe gelegenen Landhaus The Knolls Farm, in dem schon der Revolutionsgeneral George Washington genächtigt hatte, ließen sich die Weissmanns vom Charme des alten Hauses und seines wackeren Besitzerpaars bezaubern, das den alten Pioniergeist Neu-Englands zu verkörpern schien. Der 64jährige Mr. Crane, ein überzeugter Anhänger der Demokratischen Partei, für die er in diversen politischen Gremien tätig war, und seine sechs Jahre ältere Gattin fanden sogleich Gefallen an ihren neuen Gästen, die ihrem Haus einen gewissen Glanz von Internationalität verliehen. Bald hatte Mr. Crane auch seinen Gast Weissman so weit, dass dieser sich bereit erklärte, vor Publikum im örtlichen Rotary-Club sowohl über die Kunst des Dirigierens als auch seine eigene Biographie einen kleinen Vortrag zu halten.

Trotz immer noch etwas holpriger Englischkenntnisse beeindruckte Weissmann – wie die Lokalzeitung *The Putnam County Courier* am 14. Juli 1938 berichtete – seine Zuhörer mit einem „sehr interessanten und informativen Vortrag".[114] Dem aufmerksamen Publikum erläuterte er dabei seine Auffassung vom Beruf des Dirigenten, den nur derjenige gut ausüben könne, der „ein echtes Gefühl" für die Musik und für das musikalische Verständnis seincs Publikums habe. Ein Orchester könne nicht alleine spielen, es brauche einen Dirigenten, der ihm mittels seiner Augen, seines Gesichtsausdrucks, seiner Gestik und bestimmter Manierismen seine Wünsche nach Tempo und Ausdruck vermittle. Vor einem Orchester zu stehen, bedeute für ihn selbst immer das größte Glück. Wichtig sei aber, dass man sein Publikum kenne, denn jedes Land habe andere musikalische Vorlieben.

Ansonsten hielt sich Weissmann mit öffentlichen Äußerungen eher zurück. Lieber unternahm er mit seiner Frau längere Spaziergänge durch die waldreiche Gegend, oft begleitet von einem kleinen Terrier, den beide ins Herz geschlossen hatten. Da wegen der oft unerträglichen Sommerhitze in New York eine zu frühe Rückkehr nach Manhattan nicht ratsam war, blieben die Weissmanns vermutlich bis weit in den August hinein bei Mr. und Mrs. Crane zu Gast. Rosita genoss besonders deren Gastfreundschaft, konnte sie, obwohl in Argentinien aufgewachsen, sich doch mit ihnen aufs beste in ihrer Muttersprache Englisch unterhalten. Und Weissmann kam hier, wo jeder, der etwas auf sich hielt, neben seinem Haus eine Pferdekoppel hatte, als begeisterter Reiter erst recht auf seine Kosten. Gelegentlich stießen zu ihnen auch willkommene Besucher aus dem nicht allzu fernen New York, z. B. der argentinische Freund und Maler Florencio Molina Campos (1891-1959), auch er ein Pferdenarr, der sich gerade in den USA aufhielt, um Kontakt mit Galerien aufzunehmen und seinen Einstieg in den nordamerikanischen Kunstmarkt vorzubereiten.[115]

Spätestens im beginnenden Herbst kehrten Weissmann und seine Frau Rosita wieder zurück nach New York. Auch des Geldes wegen brannte er darauf, so bald wie möglich mit dem Dirigieren anfangen zu können. Es scheint jedoch, dass die Realisierung der geplanten Konzertserie an der US-Westküste noch eine längere Zeit der Vorbereitung benötigte. Erneut zur Untätigkeit genötigt, blieb Weissmann nichts anderes übrig, als seine Zeit einigermaßen sinnvoll damit zu verbringen, dass er wieder die Runde bei Agenten, Produzenten, Musikern und alten Bekannten machte. Seine „Kontaktpflege" blieb dabei nicht auf die normalen Geschäftszeiten beschränkt. So hatte das Branchenblatt *The Music Magazine/Musical Courier* Weissmann und seine Frau dabei beobachtet, wie sie in einer lauen Herbstnacht des *Indian summer* 1938 mit vier anderen, als „musikalische Schlachtrösser" bezeichneten Damen ausgelassen den Broadway entlang bummelten.[116] Die so uncharmant Apostrophierten waren Dorlé Jarmel (1900-2002), die Leiterin der Werbeabteilung der Columbia Concerts Corporation und eine nach Meinung des Cellisten Gregor Piatigorsky „außergewöhnlich intelligente Person",[117] Ruth O'Neill (1891-1978), ehemals Sekretärin von Leopold Stokowski (1882-1977) und seit 1930 Geschäftspartnerin von Arthur Judson, Margaret Walters, eine Konzertmanagerin mit eigener Agentur in der 73ten Straße, sowie die Komponistin Florence Turner Maley (1871-1962).

Dem trotz beruflicher Untätigkeit scheinbar wenig getrübtem Leben der Weissmanns in New York setzten die Judenpogrome in Deutschland am 9./10. November 1938 ein abruptes Ende. Die *New York Times* zeigte in ihrer Ausgabe vom 11. November 1939 auf der Titelseite Bilder einer brennenden Synagoge und eines von Nazis zerstörten und geplünderten jüdischen Geschäfts in Berlin. Ausführlich wurde über die ungeheuerlichen Ausschreitungen gegen die jüdische Bevölkerung in Deutschland berichtet; ein eigener Beitrag widmete sich den Vorgängen in Frankfurt am Main, wo nicht nur ausnahmslos alle jüdischen Geschäfte, Cafés und Restaurants demoliert und die vier großen Synagogen in Brand gesteckt worden seien, sondern sich auch aufgehetzte Demonstranten vor jüdischen Häusern zusammengerottet, Fenster eingeschlagen und in manchen Fällen sogar Häuser besetzt hätten.

Von solchen Nachrichten aufs höchste alarmiert, setzte sich Frieder Weissmann umgehend mit seinen Eltern in Frankfurt in Verbindung. In mehreren Briefen beschwor er sie, so schnell wie möglich nach Holland zu kommen. Der Postverkehr über den Atlantik war damals zwar im großen und ganzen zuverlässig, garantierte aber keineswegs gleichmäßige Briefwechsel, sodass es bei Korrespondenzen immer wieder zu Konfusionen kam. Eben dies erschwerte auch die Verständigung zwischen Weissmann und seinem Vater, der sich am 4. Dezember 1939 entnervt an seinen Sohn wandte. Völlig verzweifelt schilderte er seine aussichtslosen Versuche, als staatenloser Jude ohne Pass eine Ausreisegenehmigung nach den Niederlanden und von dort eine Einreiseerlaubnis zu bekommen: „Mein lieber Junge! Ich schreibe diese Zeilen in einer Wut, die nicht zu schildern ist. Man ist ohne dies kopflos. [...] Du schreibst immerfort, wir sollen nach Holland kommen. Wie kann man kommen, wenn man über die Grenze nicht kann, auch keine Erlaubnis zum Einreisen hat, und die bekomme ich nicht, auch wenn ich mich auf den Kopf stelle. Auch von hier bekomme ich keinen Paß. Die Hände und Füße sind einem gebunden! Gestern den 3.12. war ich hier beim holländischen Konsulat und fragte, ob ich nach Holland einreisen kann. Da sagte der Konsul, daß ich ohne Erlaubnis der holländ.[ischen] Regierung – Justizminister – nicht einreisen darf. Und die Erlaubnis zum Einreisen kann man nur erlangen, wenn eine in Holland ansässige, eingebürgerte Person von Ruf, oder von Kindern, die dorten ansässig sind, und pekuniär gut gestellt sind, eingefordert und gebürgt wird. Sonst nicht. Wenn ich dann von Holland die Erlaubnis zum Einreisen habe, bekomme ich hier vom Polizeipräsidium einen Paß zum Auswandern. Ich lebe doch hier als Staatloser. Ich muß warten bis Du in Holland sein wirst, und dort Näheres hörst. Dies alles müßtest Du doch wissen, denn die Vorschriften gilten [sic!] doch für Juden in allen Ländern. Ich habe Dir seid [!] Wochen schon geschrieben, daß Landau in A-dam [Amsterdam] an uns ein Telegramm geschickt hat;[118] ich ihm auch geschrieben habe, daß wir nicht kommen können. Hast Du den Brief nicht bekommen? Am

3. Dezember morgens kam ein Brief von Dir, datiert vom 25. Nov. und mittags wieder einer datiert von 19. Nov. und heute wieder einer datiert vom 23. Nov. Man weiß also nicht was vor – und nach ist. Ich muß weiter Geduld haben, bis Du in Holland bist, und von dorten ist der Briefverkehr schon geregelter und schneller, als wie von N. York. Die Adressen der verschiedenen Postkarten, die Du von uns erhalten, hat Mutter von der Aushelferin bei uns auf Vorrat schreiben lassen, damit sie – die Mutter – immer schreiben kann, wenn sie Lust dazu hat. Wir haben Wochen hinter uns, die dauernd nicht zu ertragen sind. Der Armbruch der Mutter, der Umzug,[119] das waren keine kleinen Aufregungen; und das Übrige. – Uns hat keiner etwas angetan, ich habe mir ja auch nichts zu Schulden kommen lassen. Wir sind gesund, und hoffen, daß es auch bei Euch der Fall ist. Nun lebe Du und Rosita recht wohl, und seid umarmt und geküßt vom Vater."[120]

Unterdessen hatte Weissmann alle Pläne, die mit Arthur Judson für eine US-Westküsten-Tournee gemacht wurden, vorläufig auf Eis gelegt. Denn es war klar, dass nun, nachdem seine Eltern endlich erste Schritte zur Auswanderung unternahmen, seine Anwesenheit in Holland Vorrang vor allem übrigen hatte. Während er sich mit Freunden und Bekannten dort in Verbindung setzte und mit ihnen nach Möglichkeiten suchte, die Auswanderung – unter Umständen auch auf illegalem Weg – zu beschleunigen, hatte er sich gleichzeitig bei seinem holländischen „Haussender" AVRO um Engagements für die Zeit seines Aufenthaltes in den Niederlanden bemüht. Denn nach den finanziell wenig ertragreichen Sommer- und Herbstmonaten in den USA waren die Ersparnisse doch ziemlich zur Neige gegangen und neuer Verdienst dringend erwünscht. Wie erhofft, zeigte sich die AVRO in Hilversum auch jetzt wieder entgegenkommend und versprach ihm schon für Januar 1939 die Produktion einer Rundfunkbearbeitung der Oper ALESSANDRO STRADELLA von Friedrich von Flotow.

In den Niederlanden: Dezember 1938 bis Juni 1939

Laut Weissmanns Pass gingen er und seine Frau am 27. Dezember 1938 in Rotterdam an Land. Am 3. Januar 1939 meldeten sie sich in Amsterdam bei den Behörden, die ihnen eine Aufenthaltsgenehmigung bis April 1939 gewährten. In Amsterdam stiegen die beiden wahrscheinlich zunächst in Weissmanns Lieblingshotel Carlton ab, bevor sie sich – auch im Hinblick auf den erwarteten Zusammenschluss mit den Eltern – eine Wohnung in dem nahe am Vondelpark gelegenen Haus Lairessestraat 137 mieteten.[121] Dort erreichte sie zum 46ten Geburtstag Weissmanns der folgende rührende Brief des Vaters, geschrieben am 21. Januar 1939: „Mein lieber Junge! Es gilt Dir zu Deinem Geburtstage Glück zu wünschen, und so tue ich es auch. Mag das Glück, oder das Schicksal, Dir das bringen, wonach wir, Du und Deine Eltern, uns sehnen. Es ist die gegenseitige Beglückung. Verlebe den 23. Januar rech[t] vergnügt; wir sind in Gedanken dabei. Von den Streichhölzchen, die Du mir voriges Jahr aus N. York mitgebracht, habe ich noch einige, leider wenige, übrig; die haben lange gehalten. ‚Lebs‘ hat sich einige mitgenommen, weil er sie – die Streichhölzer gesehen, und ihm so gut gefallen haben.[122] Sei Du und Rosita recht herzlich umarmt und geküßt vom Vater.“[123]

Zehn Tage später meldete sich der Vater, der selbst am 25. Januar seinen 76. Geburtstag gefeiert hatte, erneut, um erste Fortschritte bezüglich der Auswanderung und zur Erlangung eines USA-Visums zu melden. Obwohl er unter einer schon fortgeschrittenen schweren Magenkrankheit litt, war Ignatz Weissmann tapfer darum bemüht, die Sache herunterzuspielen. Stattdessen zeigte er sich interessiert am beruflichen Erfolg, den sein Sohn mit der Radioaufführung von ALESSANDRO STRADELLA am 29. Januar 1939 hatte: „Ffm 31.1.39 Mein lieber Junge! Ich war bei der ‚Hapag‘ um eine sogenannte ‚Nummer‘ aus Stuttgart zu bekommen.[124] Ich habe ein Formular ausgefüllt, und ich bekomme dann nach einiger Zeit von Amerik. Consulat das Gewünschte. Das ist der zweite Schritt in der Angelegenheit. Die andern Schritte werden von mir auch noch gemacht. Mit welchem Erfolg, weiß ich nicht. Eines ist sicher: an ein Verbleiben ist nicht in Deutschland zu denken. Jeder der kann, rückt aus. Willi Natt war mit seinem Vater 2 Monate zur Erholung fort. Er hat mir zu meinem Geburtstag brieflich gratuliert, und hat mich gebeten Dir Grüße von ihm zu bestellen. Er ist noch in Gießen Kantor.[125] Es freut mich, daß die Aufführung von Stradella vom Erfolg gekrönt war. Hat ‚Bayle‘ Fortschritte gemacht?[126] Der junge Mann aus Amsterdam war hier, und wünschte mich unter vier Augen zu sprechen. Ich sagte ihm, daß ich noch warten will. Er meinte, daß er ja auch wieder kommen wird. Ich bin nicht für seine Wünsche zu haben. Ich habe auch nicht ihn aufgefordert zu kommen, und ihn [!] auch keinen Auftrag gegeben.[127] Bist Du jetzt mit Deiner Wohnung zufrieden?[128] Mit meinem Magen ist es schlimm; ich kann tatsächlich nichts essen. Nur Schleimbrühe kann ich essen. Ich war beim Arzt, er hat mir Medikamente verschrieben, aber ohne Erfolg. Also weiter hoffen. Lebe Du und Rosita recht wohl, und seid umarmt und geküßt vom Vater.“[129]

Nach weiteren acht Tagen wandte sich Ignatz Weissmann, inzwischen im Krankenhaus und von den Ärzten über das wahre Ausmaß seiner Krankheit getäuscht, noch einmal an seinen Sohn: „Mein lieber Junge! Ich bin eben aus dem Bette im Krankenhause und Mutter sitzt seit heute frühe bei mir. Es ist schon viel an meinem Körper gesucht worden von den Ärzten, aber sie finden nicht die Stelle, wo das Übel sitzt. Ich zahle 10 Mark pro Tag, und esse nicht für 50 Pf.[ennige]. Ich kann nichts essen und nichts trinken, und der Arzt sagt, das es nichts Gefährliches sei. Ich bin vielfach geröngt [!] worden, der Magen schon tüchtig ausgespült worden, und ich habe doch große Beschwerden. Ich werde noch ein paar Tage hier bleiben, und dann nach Hause gehen. Lebe Du und Rosita recht wohl, und seid beide herzlichst umarmt und geküßt vom Vater.“[130]

Nur fünf Tage, nachdem er diesen Brief geschrieben hatte, starb Ignatz Weissmann am 12. Februar 1939. Bestattet wurde er auf dem Frankfurter jüdischen Friedhof, wo sein Grab noch heute besteht. Fast niemand mehr erinnert sich heute noch an diesen Mann, den der damalige Rabbiner Dr. Georg Salzberger (1882-1975) im Juni 1937, als Ignatz Weissmann nach 42jähriger Tätigkeit an der Frankfurter Hauptsynagoge in den Ruhestand verabschiedet wurde, mit einem respektvollen Porträt im *Frankfurter Israelitischen Gemeindeblatt* würdigte. Demnach zeichnete den Kantor Ignatz Weissmann nicht nur eine „gediegene Kenntnis des Chasonus, sondern auch ein reiches und sicheres talmudisches Wissen [aus], eine ungewöhnliche körperliche und geistige Spannkraft und nicht zuletzt der feste Wille zu treuer Pflichterfüllung. Diesen Willen hat Ignatz Weissmann all die Jahre über in die Tat umgesetzt. Von vorbildlicher Gewissenhaftigkeit, Zuverlässigkeit und Pünktlichkeit, hat er seinen heiligen Dienst als ‚meliz hauscher', als redlicher Dolmetsch der Gemeinde an Wochentagen, Sabbaten und Festtagen versehen. Selbst Krankheit hat ihn nur selten verhindert, an der ihm lieb gewordenen Stätte zu erscheinen. Einfach und schlicht ist sein Vortrag, wie es seinem Wesen entspricht. Denn er ist ein aufrechter und aufrichtiger Mann, der niemanden nach dem Munde redet, der eher eines rauhen als eine falschen Wortes fähig ist, keines Menschen, nur Gottes Diener, mit einem Worte: ein Charakter. Generationen von Knaben hat er für die Feier ihrer Barmizwa vorbereitet, in ungezählten jüdischen Häusern ist er aus frohem wie aus schmerzlichem Anlass ein- und ausgegangen und hat durch seine herzliche Anteilnahme an den Menschen und dank einem erstaunlichen Gedächtnis sich eine Kenntnis der Familien unserer Gemeinde, ihrer verwandtschaftlichen Beziehungen und ihrer Schicksale erworben, wie kaum ein anderer."[131]

Kaum hatte die Witwe Weissmann ihren Mann bestattet und den ersten Schmerz über den Verlust überwunden, musste sie die erst im Vorjahr bezogene Wohnung räumen. In der Frankfurter Westendstraße Nr. 28 fand sie eine neue Unterkunft,[132] die jedoch nur eine vorübergehende Bleibe sein sollte. Denn inzwischen versuchte ihr Sohn, von Amsterdam aus alle nötigen Schritte zu unternehmen, um die Auswanderung seiner Mutter nach den Niederlanden zu ermöglichen. Dort hatte sich die Situation für jüdische Einwanderer nach den Novemberpogromen 1938 signifikant verschlechtert, da die damalige Regierung jegliche Konfrontation mit dem nationalsozialistischen Nachbarn Deutschland vermeiden wollte. Der von der römisch-katholischen Staatspartei gestellte Justizminister Carel Goseling (1891-1941) hatte – angeblich zur Bewahrung der deutsch-holländischen Freundschaft – schon am 15. Dezember 1938 die Grenzen geschlossen und Flüchtlinge zu unerwünschten Ausländern erklärt. Erst auf Druck der darüber empörten Öffentlichkeit gestand er die Aufnahme von 7.000 Flüchtlingen zu, die aber nur nach persönlicher Entscheidung des Ministers einreisen durften und großenteils in dem von der niederländischen Verwaltung neu errichteten Zentralen Flüchtlingslager Westerbork interniert wurden.

Die Begrenzung der Einreisegenehmigungen und deren Abhängigkeit vom Wohlwollen des Justizministers machten ein Visum zum Gewinn in einer völlig unkalkulierbaren Lotterie. Für Weissmann bedeutete dies eine ungeheure Belastung, die um so schwerer wog, je länger sich die Bewilligung des Einreiseantrags seiner Mutter hinzog. Für zusätzlichen Druck sorgten Engagements in den USA, die sein Agent Arthur Judson inzwischen für ihn arrangiert hatte. Als Ersatz für die entgangene US-Westküstentournee sollte sich Weissmann nunmehr im Juli 1939 bei den sommerlichen Open-Air-Konzerten der New Yorker Philharmoniker einem breiten amerikanischen Publikum vorstellen. Judson hatte „Nägel mit Köpfen" gemacht und ihn allein für sieben der im New Yorker Lewisohn-Stadion stattfindenden und im Radio landesweit übertragenen Konzerte als Dirigenten vorgesehen – eine unwiederbringliche Chance, die er sich auf keinen Fall entgehen lassen durfte.

Eigentlich wollte Weissmann Ende März/Anfang April 1939 die Rückreise nach den USA antreten, zum vorgesehenen Zeitpunkt war die Entscheidung über das Einreisevisum der Mutter aber immer noch offen. Seine eigene Aufenthaltsgenehmigung konnte er zwar problemlos um zwei Monate bis Juni 1939 verlängern. Auch die AVRO, die ihn bislang für Radio-Kurzfassungen von Friedrich von Flotows ALESSANDRO STRADELLA (Sendung 29. Januar 1939), Giuseppe Verdis AIDA (Sendung 10. Februar 1939) und OTELLO (Sendung 23. April 1939) sowie Robert Planquettes (1848-1903) Operette LES CLOCHES DE CORNEVILLE (Sendung 10. März 1939) verpflichtet hatte, zeigte sich zuvorkommend und garantierte ihm noch zwei weitere Engagements, am 18. Mai 1939 die Übertragung einer Kurzfassung von Lortzings DER WILDSCHÜTZ und am 8. Juni 1939 ein Orchesterkonzert mit dem schwedischen Startenor Jussi Björling als Solisten. Doch wie konnte er die ministerielle Entscheidung über das Visum für seine Mutter so beeinflussen, dass sie nicht nur rechtzeitig vor seiner Abreise in die USA erfolgte, sondern auch noch zu ihren Gunsten ausfiel?

Im Wettlauf mit der Zeit und um die Gunst des Justizministers bewährten sich schließlich Weissmanns gute Kontakte zur niederländischen Musikszene. Durch sie machte er die Bekanntschaft der Sopranistin Ankie van Wickevoort-Crommelin (1903-1998), die aus einer angesehenen alten holländischen Familie stammte und offenbar über recht gute Verbindungen ins Ministerium verfügte. Die am Amsterdamer Konservatorium ausgebildete Sängerin hatte 1932 an der Wiener Oper debütiert und danach mit Dirigenten wie Bruno Walter, Willem Mengelberg und Wilhelm Furtwängler zusammengearbeitet. Im Nachlass der Sängerin finden sich mehrere Briefe, die Weissmann im April und Juni 1939 an sie richtete.[133] Aus ihnen spricht nicht nur die abgrundtiefe Verzweiflung über seine Ohnmacht gegenüber der holländischen Bürokratie, sondern auch die überschwängliche Dankbarkeit gegenüber der Sängerin, die den Minister tatsächlich zum schnellen positiven Entscheid bewegen konnte. Zum Dank für ihre Bemühungen hatte Weissmann der Sängerin ein Engagement bei seiner nächsten Radio-Opernproduktion verschafft. In der am 18. Mai 1939 im Radio gesendeten Opern-Kurzfassung von Lortzings DER WILDSCHÜTZ sang Ankie van Wickevoort-Crommelin die weibliche Hauptrolle. Weitere Gesangs-Mitwir-

Das väterliche Grab auf dem jüdischen Friedhof in Frankfurt a. M., rechts die holländische Sopranistin Ankie van Wickevoort-Crommelin (1903-1998).

kende waren Greta Burbach, Ans Stroink, der Tenor Johann Lammen und der vom verstorbenen Ignatz Weissmann geschätzte Bariton Theo Baylé.

Unterdessen hatte sich Weissmanns Mutter, die am 17. April achtundsechzig Jahre alt geworden war, in Frankfurt am Main auf den beschwerlichen Weg zu den dortigen Behörden gemacht, damit diese sie – wie alle jüdischen Auswanderer – vor der Ausreise systematisch und mit typisch deutscher Gründlichkeit ihrer Vermögenswerte berauben konnten. Zunächst musste Auguste Weissmann, der die Nazis zur Kennzeichnung ihrer jüdischen Herkunft den zweiten Vornamen „Sara" verpasst hatten, am 23. Mai 1939 eine Bescheinigung über ordentliche Beitragspflichten von der Jüdischen Gemeinde in Frankfurt am Main beibringen. Erst danach konnte sie am 26. Mai 1939 einen Antrag zur Freigabe der Auswanderung stellen, dem sie zwei Vermögensaufstellungen beifügen musste, die eine per 1. Januar 1935, die andere zum 26. Mai 1939. Nächste Schritte waren am 27. Mai 1939 die Einholung einer Unbedenklichkeitsbescheinigung vom Finanzamt und am 31. Mai 1939 einer Unbedenklichkeitsbescheinigung von der Frankfurter Steuerverwaltung. Mit diesen „Unbedenklichkeitsbescheinigungen" wurde die Zahlung der „Reichsfluchtsteuer" und anderer Steuern bestätigt, was die Voraussetzung für eine legale Ausreise und die Ausstellung eines Reisepasses war. Die dabei fälligen Zahlungen, u. a. einer „Judenvermögensabgabe" in Höhe von 1.800 Reichsmark und einer „Auswandererabgabe" von 71 Reichsmark, hatten Auguste Weissmanns Vermögen bis 2. Juni 1939 auf 2.086 Reichsmark Barvermögen und 990 Reichsmark Devisenvermögen reduziert. Letzteres konnte sie vergessen, denn dafür gab es nur eine Freigrenze von 10 Reichsmark, der Rest wurde auf Sperrkonten übertragen und konnte nur gegen hohe Abschläge ins Ausland transferiert werden. Schließlich wurde von ihr noch die Zahlung der sogenannten „Dego-Abgabe" verlangt für Umzugsgut, das sie angeblich nach dem 1. Januar 1933 angeschafft hatte. Das war natürlich völlig aus der Luft gegriffen und eine reine Schikane, mit welcher die alte Dame, die ja auch für die Kosten des Transport ihres Umzugsguts nach Amsterdam sowie ihre eigenen Fahrtkosten aufkommen musste, um weitere 640,75 Reichsmark, zahlbar in zwei Raten zu 90,75 Reichsmark und 550 Reichsmark an die Deutsche Golddiskontbank, bis auf den letzten Pfennig geschröpft werden sollte. Sich auf Diskussionen mit den Behörden einzulassen, war zwecklos, und Auguste Weissmann konnte noch froh sein, dass ihr Anfang Juni die Ausreise gestattet wurde, obwohl sie bis dahin nur die erste Rate der „Dego-Abgabe" bezahlt hatte.[134]

Wohl am 6. Juni 1939 konnten ein überglücklicher Weissmann und seine Frau Rosita die Mutter bzw. Schwiegermutter an einem Bahnsteig des Amsterdamer Hauptbahnhof in die Arme schließen. Tags darauf meldete er ihre Ankunft bei den Amsterdamer Behörden, wobei er als ihre Adresse eine Wohnung im zweiten Stock des Hauses Milletstraat 58 in Amsterdam-Süd nannte.[135] Die Milletstraat hatte Weissmann nicht ohne Grund für seine Mutter ausgesucht, denn in dieser Straße lebten damals zahlreiche Juden, darunter viele Flüchtlinge aus Deutschland. Die Wohnung im zweiten Stock des Hauses Milletstraat 58 teilte sich Auguste Weissmann mit dem jüdischen Ehepaar Leopold und Paula Wallach aus dem sauerländischen Meschede und dem aus dem ostwestfälischen Peckelsheim stammenden Großhändler Bernhard Rosenbaum.[136] Drei Hausnummern weiter, in der Milletstraat 55, wohnte der mit Weissmann gleichaltrige, am 2. Mai 1893 als Sohn eines bekannten jüdischen Frankfurter Kaufmanns geborene Erich Hans Carow, der eine Holländerin geheiratet hatte und als Übersetzer arbeitete.[137] Anzunehmen ist, dass Weissmann ihn noch von der Schulzeit her kannte und mit seiner Hilfe in dessen unmittelbarer Nachbarschaft die Wohnung für seine Mutter gesucht und gefunden hatte.

Die Ausreise der Mutter war in höchster Eile erfolgt. Ein am 30. Juni 1939 vom Frankfurter Obergerichtsvollzieher Wilhelm, Adlerflychtsraße 13, erstelltes Verzeichnis lässt darauf schließen, dass bei ihrer Ankunft in Amsterdam das Umzugsgut noch nicht einmal auf den Weg gebracht war.[138] Wahrscheinlich behielt man es in Frankfurt als Pfand solange zurück, bis Auguste Weissmann ihre zweite Rate der „Dego-Abgabe" entrichtet hatte. Dies würde erklären, weshalb sie Wochen später einen – nach der Handschrift zu urteilen – vom Sohn verfassten Brief, versehen mit ihrer Unterschrift, Frankfurter Adresse und dem Datum des 31. Juli 1939, an die Frankfurter Finanzbehörde richtete. Darin äußerte sie die Bitte, ihr die Zahlung dieser zweiten Rate zu erlassen, weil sie sonst nichts mehr zum Leben hätte – ein Ansinnen, das vom zuständigen Sachbearbeiter in Frankfurt mit Eingangsstempel vom 1. August 1939 umgehend und unbarmherzig abschlägig beschieden wurde.[139] Ob sie daraufhin die geforderte

Frühsommer 1939, vermutlich kurz nach dem AVRO-Konzert mit Jussi Björling: Das Ehepaar Weissmann zu Besuch beim Ehepaar Gutmann in Bosbeek bei Heemstede.

Summe noch zahlte und ob sie ihre Sachen je nach Amsterdam geliefert bekam, entzieht sich unserer Kenntnis.

Noch vor der positiven Entscheidung des niederländischen Justizministers hatte Weissmann am 26. April 1939 gegenüber seiner Helferin Ankie van Wickevoort-Crommelin geschworen, er werde „an dem Tag, wo die Sache endlich durch ist, [...] etwas Verrücktes anstellen."[140] Ob er diesen Schwur tatsächlich gleich nach Erhalt der guten Nachricht eingelöst hatte, wissen wir nicht. Was er aber zwei Tage nach der Ankunft seiner Mutter in Amsterdam im AVRO-Studio Hilversum anstellte, entsprach durchaus einer launigen Verrücktheit. An jenem 8. Juni 1939 gab Weissmann sein Abschiedskonzert mit einer öffentlichen Veranstaltung, bei welcher der weltberühmte Tenor Jussi Björling (1911-1960) als Solist auftrat. Vor dem Konzert hatten sich beide noch beim Mittagessen mit reichlich Cognac etwas aufgemuntert. Während Weissmann nach fünf Gläsern genug für einen kräftigen Schwips hatte, fühlte sich der trinkfeste Schwede – wie sich Weissmann über vierzig Jahre danach erinnerte – erst nach dem dreizehnten Glas Cognac in der rechten Stimmung für seinen Auftritt.[141] Tatsächlich absolvierte er danach seine Nummern – Arien aus Verdis REQUIEM, Meyerbeers AFRIKANERIN, Bizets CARMEN, Massenets MANON, Gounods FAUST und Puccinis LA BOHÈME – mit solcher Bravour, dass der Kritik nur das Staunen blieb über seinen vortrefflichen Vortrag und die „kristalline Reinheit" seiner Stimme.[142]

Weissmann, den derselbe Kritiker als einen „schlagsicheren und inspirierenden Dirigenten" bezeichnete, „der die äußerst heikle Aufgabe als Begleiter hervorragend bewältigte",[143] hatte vernünftigerweise den Exzess nicht ganz so weit getrieben wie Björling. Denn im Gegensatz zu diesem musste er sich etwas länger vor Publikum zeigen. Zusätzlich zu Björlings Arien dirigierte er an jenem Tag eine Verdi-Ouvertüre (DIE SIZILIANISCHE VESPER) sowie – gewissermaßen als „Abschiedsgeschenk" an das holländische Publikum – vier niederländische Erstaufführungen: die SINFONIE NR. 2 D-DUR OP. 43 des finnischen Komponisten Jean Sibelius, IMAGERY von Horace Johnson und EL SALÓN MÉXICO von Aaron Copland sowie zwei kurze Stücke seines argentinischen Freundes und Trauzeugen Juan Garcia Estrada (1895-1961).[144] Die Werke aus der „neuen Welt" sollte Weissmann schon wenige Wochen später bei seinen New Yorker Konzerten erneut aufs Programm setzen.

Nach diesem – trotz (oder vielleicht auch wegen) erhöhten Alkoholspiegels bei Dirigent und Solist – erfolgreichen Konzert genossen Weissmann, seine Frau Rosita und seine Mutter die wenigen verbliebenen Tage des Zusammenseins. Am 10. Juni 1939 bedankte sich Weissmann noch einmal brieflich in aller Form und in wohlgesetztem Holländisch bei Ankie van Wickevoort-Crommelin für deren Unterstützung. Indem er ihr „alles Gute für diesen Sommer" wünschte, drückte er auch die Hoffnung aus, bald zurückkehren und wieder mit ihr musizieren zu können.[145] In diesem Glauben nahmen auch Weissmann und seine Frau Rosita einige Tage danach Abschied von Auguste Weissmann, bevor sie am 17. Juni 1939 im Rotterdamer Hafen an Bord der *Volendam* gingen. Alle waren sie fest davon überzeugt, dass man sich schon bald wieder in Amsterdam sehen würde, um dann von da aus die Auswanderung der Mutter nach den USA in aller Ruhe zu betreiben.

Im New Yorker Lewisohn-Stadion: Juli 1939

Nach zehntägiger Seefahrt mit Zwischenstationen in Boulogne-sur-Mer und Southhampton erreichte die *Volendam* am 27. Juni 1939 den Hafen von New York. Nach Passieren der Einwanderungskontrollen begab sich das Ehepaar Weissmann, das noch immer keine eigene Wohung gefunden hatte, in das mittlerweile vertraute Hotel Shoreham in der 55ten Straße.[146] Bis zum 12. Juli 1939, dem Datum seines ersten Open-Air Konzerts im Lewisohn-Stadion, verblieben Weissmann gerade einmal vierzehn Tage – eine extrem kurze Zeit für die Vorbereitungen und Orchesterproben zu diesem und den sechs danach am 15. und 16. Juli, 18. und 19. Juli, 25. und 26. Juli 1939 in dichter Folge geplanten Konzerten.

Die damalige Bedeutung dieser Freilichtkonzerte für die New Yorker, aber auch – wegen der Radioübertragungen – für die Amerikaner überhaupt, kennzeichnet nichts besser als ein termingerecht am 1. Juli 1939 in der deutsch-jüdischen Wochenschrift *Aufbau*, dem Sprachrohr deutschsprachiger Juden weit über New York hinaus, erschienener Vorbericht. Gleich eingangs wird da die einzigartige, aus „einer glücklichen Verbindung von Natur und Kunst" entstandene Atmosphäre der Konzerte im Lewisohn-Konzerte beschworen: „Wer je einem der ‚grossen' Abende beigewohnt hat, den verlässt nicht die Erinnerung an ein Erlebnis seltener Art. Die vieltausendköpfige, lauschende Menge, überwölbt von einem tiefblauen, ganz südländischen Himmel, bekommt in ihrer Regungslosigkeit und Entrücktheit etwas Unwirkliches. Auch die Flugzeuge, die mit der Regelmäßigkeit des Fahrplanes ihren leuchtenden Stern durch das dunkelnde Blau gleiten lassen, erhöhen das Gefühl des Unrealen."[147]

So zauberhaft diese Konzerte für das Publikum sein mochten, für die Musiker bedeuteten sie ab Mitte Juni bis Ende August pausenlose Schwerstarbeit mit täglichen Konzerten bei mitunter zwei Aufführungen. Für Proben war unter diesen Bedingungen kaum Zeit, und Dirigenten, mochten sie auch als Zauberer gelten, konnten zufrieden sein, wenn sich das Orchester in Routine bewährte. Zaubern konnte und wollte auch nicht Weissmann, den die Zeitung *The New York Sun* in einem Vorbericht als „strikten Lehrmeister" charakterisierte, der zwar auf der „Weisungsbefugnis" des Dirigenten bestehe, sich aber keineswegs als „Pultvirtuose" verstehe. Nach seinem Verständnis müsse ein Dirigent eher integraler Teil des Orchesters sein, denn ein Solist, der auf dem Orchester spielen wolle wie ein Pianist auf dem Klavier.[148]

Für das New Yorker Debüt hatte sich Weissmann viel, vielleicht zuviel, vorgenommen und für die sieben Konzerte insgesamt 35 Stücke ausgewählt. Natürlich handelte es sich in der Mehrzahl um bekanntes Repertoire, also Sinfonien von Mozart, Beethoven, Schubert, Brahms, Tschaikowsky und Sibelius, sinfonische Dichtungen von Liszt (LES PRÉLUDES), Richard Strauss (TILL EULENSPIEGEL, DON JUAN), Debussy (PRÉLUDE À L'APRÈS-MIDI D'UN FAUNE), Ravel (RHAPSODIE ESPAGNOLE), Albeniz (IBERIA) sowie Ouvertüren von Wagner und Walzer von Johann Strauß. Wie stets beließ er es auch jetzt nicht beim (Alt-)Hergebrachten, sondern unternahm das für einen *newcomer* nicht geringe Wagnis, die New Yorker mit einer stattlichen Anzahl unbekannter bzw. kaum bekannter zeitgenössischer Werke europäischer, nord- und südamerikanischer Komponisten zu konfrontieren. Aus dem Gastgeberland USA stammten das von mexikanischer Folklore durchtränkte Orchesterstück EL SALÓN MÉXICO Aaron Coplands (1900-1990), die DIXIE FUGUE des deutschstämmigen Amerikaners Hans-Werner Janssen (1899-1990), die Orchestersuite IMAGERY von Horace Johnson (1893-1964), Ausschnitte aus der MEDITERANNEAN SUITE des in Zypern geborenen amerikanischen Komponisten, Pianisten und Dirigenten Anis Fuleihan (1900-1970) sowie die Suite ANDALUZA, eine amerikanische Erstaufführung des spanisch-amerikanischen Gitarristen und Komponisten Vicente Gomes (1911-2001). Amerikanische Erstaufführungen waren ebenfalls zwei Tänze des argentinischen Komponisten Julian Aguirre (1868-1924) und die VARIATIONEN ÜBER EIN THEMA VON FRANK BRIDGE des in den USA noch kaum bekannten britischen Komponisten Benjamin Britten. Relativ unbekannt waren auch eine „Symphonic Episode" aus der Oper GIULIETTA E ROMEI des Italieners und Mascagni-Schülers Riccardo Zandonai (1883-1944) sowie das Stück „Die Eisengießerei" aus der Ballettmusik STAHL des russischen Komponisten Alexander Wassiljewitsch Mossolow (1900-1973).

Rätselhaft bleibt, wie er es in der kurzen Vorbereitungsphase und bei den wenigen Proben schaffte, diese Werke so einzustudieren, dass Orchester und

Dirigent vor Kritik und Publikum einigermaßen bestehen konnten. Letzteres hatte sich freilich nicht in der erhofften großen Anzahl eingefunden, woran Weissmanns ausgefallene Programmwahl sicher nicht ganz unschuldig war. Auch die ihm durchaus gewogene Presse, die seinen Einsatz für unbekannte Komponisten für sehr verdienstvoll hielt, war von der Vielzahl neuer Werke sichtlich überfordert. Selbst der ihm freundlich gesonnene *Aufbau* blieb reserviert. Nach seinem dritten Konzert mit Werken von Sibelius, Debussy, Zandonai, Albeniz und Janssen am 16. Juli 1937 sprach das Blatt von „einem wenig attraktiven Programm" mit einer durchgängigen „Linie robuster Oberflächen-Kunst".[149]

An dem Dirigenten Weissmann hatte die Presse ein größeres Gefallen, nicht zuletzt wegen seines jugendlich-sportlichen Aussehens. Die einen schätzten sein „ausgeprägtes Flair für orchestrale Farbigkeit" und seine „echte Musikalität",[150] die andern seine „gründliche Orchesterkenntnis, Vitalität und Direktheit".[151] Seine Dirigierweise wirkte freilich auf manchen Kritiker befremdlich. Der *Brooklyn Eagle* bemängelte eine „Willkür" bei den Tempi und nannte dies einen fragwürdigen Eingriff in das Werk eines Komponisten.[152] Auch der *New Yorker* meinte, „Mr. Weissmann dirigiert nicht gerade anmutig, und manches von seiner Dirigiertechnik steht in keinem Lehrbuch." „Aber," heißt es dann weiter, „was er vom Orchester haben will, bekommt er. Er lenkt nicht nur, er gestaltet Musik."[153]

Nach dem letzten Konzert im Lewisohn-Stadion am 26. Juli 1939 flohen Weissmann und seine Frau Rosita aus der brütenden New Yorker Sommerhitze in die lieblichere Sommerfrische von Carmel am oberen Hudson-River. Wieder quartierten sie sich in The Knolls Farm von Mr. und Mrs. Crane ein und genossen während der nächsten Wochen die Ungezwungenheit des amerikanischen Landlebens. Auch dieses Mal hatte Mr. Crane seinen deutsch-argentinischen Gast gegen Ende des Aufenthalts dazu überreden können, im örtlichen Rotary-Club Auskunft über seine Arbeit und künftige Pläne zu geben. Laut *The Putnam County Courier* vom 24. August 1939 deutete Weissmann dabei an, dass er demnächst wieder in die Niederlande reisen werde und eine längere Tournee durch mehrere Länder Europas beabsichtige. Dem Berichterstatter des Lokalblattes, der seinen Artikel *In Free America* betitelte, erschien freilich bemerkenswerter, was Weissmann am Schluss seiner Ausführungen generell über das Leben in Amerika zu sagen hatte, insbesondere über das große Glück, hier frei und offen seine Meinung äußern zu können. Dies, meinte Weissmann, sei keineswegs selbstverständlich, denn es gebe zu viele Länder, wo man nicht oder nur hinter vorgehaltener Hand über politische Dinge sprechen dürfe.[154]

KAPITEL 7

Amerika
1939-1958

Bürgermeister La Guardia (2. v. r.) und Newbold Morris (4. v. l.), Vorsitzender des New Yorker Stadtrates, stellen am 28. November 1939 der Presse die für die Wagner-Konzerte der WPA engagierten Künstler vor (v. l.): Lauritz Melchior, Friedrich Schorr, Elisabeth Rethberg und Frieder Weissmann.

Vor Pearl Harbour

Auf schwankendem Boden

Eine Woche später überfiel Hitler-Deutschland Polen, und mit einem Schlag waren alle Pläne Weissmanns für eine Tournee in Europa, aber auch für das Wiedersehen mit der Mutter zunichte geworden. Denn die Bedrohung durch U-Boote hatte sofort den zivilen Schiffsverkehr über den Atlantik lahmgelegt. Auch wenn es an den Westgrenzen Deutschlands zunächst nicht zu größeren militärischen Aktionen kam und die Hoffnung bestand, dass der Krieg nicht auf die Niederlande übergreifen würde, so war Weissmann doch ständig in großer Sorge um seine 69 Jahre alte Mutter, die nun auf unbestimmte Zeit in einem für sie fremden Land ganz allein auf sich gestellt blieb.

Natürlich sorgte er sich auch um seine eigene berufliche Karriere, denn der Wegfall der Schiffsverbindungen nach Europa bedeutete das vorläufige Ende all seiner dort bestehenden und geplanten Engagements. Was ihm jetzt blieb, war die Hoffnung auf Ersatz in den USA. Weil aber hier die neue Saison bereits wieder begonnen hatte und alle Planungen in der Regel abgeschlossen waren, war es selbst für einen Arthur Judson schwierig, Ersatzengagements für ihn aufzutreiben. Denn Weissmann hatte trotz der gelungenen Auftritte in Cincinnati und im New Yorker Lewisohn-Stadion immer noch nicht die Reputation, die Konzertveranstaltern in der amerikanischen Provinz einigermaßen volle Kassen zu garantieren schien.

Infolgedessen war seine finanzielle Lage auch alles andere als rosig. Was er vorher in den Niederlanden verdient hatte, dürfte jetzt weitgehend aufgebraucht gewesen sein, zumal er seiner Mutter den nötigen Unterhalt zurückgelassen hatte. Seit seiner Ankunft in New York Ende Juni 1939 hatte er Einkünfte aus gerade mal sieben Stadion-Konzerten erzielt, die ihm jeweils nur 100 Dollar eingebracht hatten. Diese Summe erschließt sich aus Angaben bei der Volkszählung von 1940 über seine Vorjahreseinkünfte, die er auf 700 Dollar beziffert hatte.[1] Damit lag er unter dem US-Durchschnitt und weit hinter Kollegen, die wie der frühere Frankfurter Generalmusikdirektor Hans Wilhelm Steinberg oder Weissmanns ehemaliger Berliner Kollege Fritz Stiedry etwa zur gleichen Zeit wie er in die USA gekommen waren. Stiedrys Einkünfte beliefen sich 1939 auf 4.000 Dollar, die von Hans Wilhelm Steinberg auf über 5.000 Dollar, womit Steinberg sich schon nach kurzer Zeit in der gleichen Liga bewegte wie Fritz Reiner oder Artur Rodzinski.[2]

Vor diesem Hintergrund ist anzunehmen, dass es wohl hauptsächlich eigene Ersparnisse oder Zuwendungen der Familie seiner Frau waren, die dem Ehepaar den Lebensunterhalt sicherten. Zwei Jahre, nachdem Weissmann Argentinien verlassen hatte, bewegte er sich in den USA wirtschaftlich auf sehr schwankendem Boden, und die Aussichten, festen Boden unter den Füßen zu gewinnen, waren wegen der großen Konkurrenz zugewanderter Dirigenten aus Europa alles andere als günstig. Lamentieren half aber auch nicht, und so machte sich Weissmann wieder an die Arbeit der „Kontaktpflege", indem er mal mit mehr, mal mit weniger Erfolg an die Türen von Agenten, Kollegen, Komponisten und Entscheidungsträgern im New Yorker Musikbusiness und in den Medien klopfte.

Gastdirigent des New York City Symphony Orchestra

Der amerikanische Komponist Horace Johnson (1893-1964), dessen Orchestersuite IMAGERY Weissmann im Sommer 1939 kurz hintereinander in Holland und im New Yorker Lewisohn-Stadion aufgeführt hatte, war seit Mai 1939 Direktor des Federal Music Project, einer Beschäftigungsmaßnahme für arbeitslose Musiker, die von der Works Progress Administration (WPA), einer im Rahmen von Präsident Roosevelts New Deal-Politik zur Behebung der Arbeitslosigkeit geschaffenen Bundesbehörde, getragen wurde.

New Yorker Schirmherr des Musikprojekts der WPA war der charismatische Bürgermeister Fiorello La Guardia (1882-1947). Obwohl Republikaner war La Guardia ein überzeugter Anhänger von Präsident Roosevelts New Deal-Politik, zudem aber auch Ehrenvorstand der Konzerte im Lewisohn-Stadion und ein ausgesprochener Musikliebhaber. Gern dirigierte er aus dem Stegreif

Berufs- und Laienorchester und die Errichtung einer speziell auf Musik und Kunst ausgerichteten *High School* im Jahre 1936 bezeichnete er einmal als die „hoffnungsvollste Tat" seiner ganzen Regierungszeit als Bürgermeister.

Unterstützt von La Guardia und mit Hilfe des von Horace Johnson geleiteten Musikprojekts der WPA hatte sich auch ein aus arbeitslosen Musikern bestehendes Sinfonieorchester, das New York City Symphony Orchestra,[3] gebildet, mit dem Johnson und Bürgermeister La Guardia im Dezember 1939 drei Konzerte mit Wagner-Musik zu radikal ermäßigten Eintrittspreisen im Center Theatre des Rockefeller-Centers veranstalten wollten. Als Dirigent – so Johnsons Vorschlag – sollte Frieder Weissmann engagiert werden.

Mit Datum vom 21. November 1939 erhielt Weissmann ein offizielles Schreiben des Bürgermeisters La Guardia, in dem dieser die geplante Konzertreihe als „die wichtigste, von der Stadt New York in der laufenden Saison gesponsorte Veranstaltung" pries. Für dieses „musikalische Gala-Ereignis ersten Ranges" sei er bereit, „sich mit allen Kräften einzusetzen". Weil er zudem ein „glühender Bewunderer" Weissmanns sei, dem dessen Auftritte „stets ein großes Vergnügen" bereiteten, wäre es für ihn eine große Freude, wenn Weissmann seine Mitwirkung zusagen würde.[4] Dass La Guardia so kräftig in die Harfe griff, lag natürlich nicht bloß an seiner Wertschätzung für den Dirigenten Weissmann. Die Konzerte, bei denen von vornherein große Einnahmen ausgeschlossen waren, sollten natürlich auch keine großen Kosten verursachen. Die Räumlichkeiten im Rockefeller-Center hatte Nelson Rockefeller persönlich kostenlos zur Verfügung gestellt, und die Idee war, dass auch die Künstler ohne Gage auftreten würden.[5] Weissmann, der eine Auffrischung seiner Kasse durchaus hätte gebrauchen können, ließ sich dennoch nicht lange bitten, und gab umgehend die Zusage für das in letzter Minute ergangene, finanziell unattraktive Angebot, allerdings nicht ohne sich vom Bürgermeister im Gegenzug eine kleine Gefälligkeit zu erbitten – nämlich das Recht, im New Yorker Centralpark ungehindert und nach Belieben ausreiten zu können. La Guardia hatte Sinn für *chuzpe*, und so kam ein Deal zustande, der Weissmann fortan zu einer öffentlich bestaunten Sensation machte, wann immer er auf dem Rücken eines Pferdes im Centralpark auftauchte.

Sechs Tage vor dem ersten Konzert rief Bürgermeister La Guardia am 28. November 1939 die Presse, um zusammen mit Newbold Morris, dem Vorsitzenden des New Yorker Stadtrates, der Öffentlichkeit das Programm und die Mitwirkenden dieser Wagner-Konzerte vorzustellen. Zur gleichen Zeit begann man in den New Yorker U-Bahnen und über lokale Rundfunkstationen mit der Werbung für die im Dezember 1939 im wöchentlichen Abstand veranstalteten Konzerte.

Dank moderater Ticketpreise zwischen 25 Cent und einem Dollar war es kein Wunder, dass die Konzerte binnen kurzem ausverkauft waren. Schließlich lockten die Veranstalter mit Solisten, welche die hellsten Sterne der Met waren und damals die Spitze des Wagner-Gesangs repräsentierten: die Sopranistin Eli-

sabeth Rethberg, der Tenor Lauritz Melchior und der Bariton Friedrich Schorr.
Weissmann hatte mit allen schon früher zusammengearbeitet, mit Schorr als
junger Korrepetitor an der Berliner Staatsoper, mit Melchior zuletzt im April
1932 in Antwerpen bei einer Aufführung des LOHENGRIN und mit Elisabeth
Rethberg in Berlin im Juni 1933 bei Schallplattenaufnahmen, die für beide die
letzten waren, die sie in Deutschland machten.

Im ersten Konzert am 3. Dezember 1939 begeisterte Lauritz Melchior das
Publikum mit dem Frühlingslied aus DIE WALKÜRE und zwei Schmiedeliedern
aus SIEGFRIED. Auch Weissmann, der das Orchester in kurzer Zeit gut präpa-
riert hatte, fand bei der Kritik für die Wiedergabe von fünf Wagner-Orchester-
stücken große Anerkennung. Die *New York Sun* lobte sein Dirigat, weil es „sowohl Können als auch Diskretion reflektiere". Denn er setze das Orchester
nicht unter Druck und verlangsame nötigenfalls bei schwierigen Passagen die
Tempi. Als besonders gelungen erschien dem Blatt das Spiel bei Wagners
SIEGFRIED-IDYLL.[6] Die beiden folgenden Konzerte am 10. Dezember mit Friedrich Schorr und am 17. Dezember 1939 mit Elisabeth Rethberg stießen ebenfalls auf große Zustimmung, sodass sich die Veranstalter zur Fortsetzung des
Projekts entschlossen. Denn – so Bürgermeister La Guardia in einem etwas pathetischen Schlusswort nach dem ersten Konzert – durch ihre Mitwirkung bei
diesem Projekt hätten die Orchestermusiker erfolgreich ihre „künstlerische
Würde und Selbstachtung als amerikanische Bürger bewahren" können.[7]

Gastdirigent des New Jersey Symphony Orchestra

Westlich von Manhattan, auf der anderen Seite des Hudson River, erstreckt
sich der Nachbarstaat New Jersey, der viertkleinste, heute aber der am dichtes-
ten bevölkerte Bundesstaat der USA. Attraktiv als Einzugsgebiet für Pendler
nach New York City, stand New Jersey nicht zuletzt in kultureller Hinsicht stets
im Schatten der Riesenmetropole. Gleichwohl entwickelten sich dort immer
wieder eigenständige kulturelle Aktivitäten, z. B. ein 1922 aus zwei Laienensem-
bles hervorgegangenes Sinfonieorchester, das sich in den 1930er Jahren den
Namen New Jersey Symphony Orchestra (NJSO) gab. Heute ein renommiertes,
in der Hauptstadt Newark des Bundestaates New Jersey beheimatetes und in
den letzten Jahrzehnten von namhaften Chefdirigenten wie Hugh Wolff und
Neeme Järvi geleitetes Berufsorchester, war damals das NJSO noch ein reines
Amateurorchester, das aufgrund seiner lokalen Verwurzelung an zwei Orten
spielte, den etwa 20 bis 25 Meilen von New York City entfernten Städten Orange und Montclair im Essex County von New Jersey. Als eine typisch amerikanische Institution, die ohne staatliche Fördermittel auskommen musste, verdankte das Orchester seine Existenz ganz und gar dem persönlichen Engagement
musikliebender Bürger. Es war ein Liebhaberorchester in des Wortes eigentlicher Bedeutung, das von Menschen aller Bildungsgrade und aus allen Schichten
der Bevölkerung getragen wurde – finanziell durch Abnahme von Abonne-

ments der in der Regel drei Konzerte (mit je zwei Aufführungen) pro Saison, organisatorisch durch ehrenamtliche Mitarbeit im Trägerverein und bei der Vor- und Nachbereitung der Veranstaltungen, künstlerisch durch Mitwirkung derjenigen, die ein Instrument beherrschten, im Orchester unter Verzicht auf jede Bezahlung. Bescheidene Honorare erhielten Solisten und Berufsmusiker, die gegebenenfalls zur Verstärkung des Orchesters engagiert werden mussten.

Erster Präsident des Trägervereins war bis 1937 der aus Orange, N. J., stammende Russell B. Kingman (1884-1959), ein vielseitiger Mann mit breitgefächerten Interessen als Unternehmer, Erfinder (mehr als fünfzig Patente, u.a. für einen Füllfederhalter), Sportler und Sportmanager (zweimaliger Präsident des amerikanischen Tennisverbands), Kunstkenner, dessen besondere Liebe der Musik galt. Ein begeisterter Sammler kostbarer Geigen und Celli,[8] war Kingman, obgleich ein Amateur, ein begabter Cellist und enger Freund zwei der bedeutendsten Cellisten des 20. Jahrhunderts, von Pablo Casals (1876-1973) und Emanuel Feuermann (1904-1942), dem in den 1930er Jahren aus Deutschland emigrierten „Jahrhundertcellisten".[9] Als Mäzen machte sich Kingman um die franco-amerikanischen Kulturbeziehungen, u. a. als Mitgründer des Casals Music Festivals in der französischen Pyrenäenstadt Prades, ebenso verdient wie in seiner amerikanischen Heimat als treibende Kraft bei der Gründung des NJSO, in dem er lange am Pult des ersten Cellisten saß und gelegentlich auch solistisch hervortrat. Er spielte lange im American String Quartet, konzertierte auch allein, komponierte und verfasste gelegentlich musikwissenschaftliche Abhandlungen.

Erster Dirigent des Orchesters war der in Jersey City geborene Komponist, Dirigent und Hochschullehrer Philip James (1890-1975), der den Posten 1929 verließ, um sich an der New York University auf seine Lehrtätigkeit zu konzentrieren. Sein Nachfolger wurde der gebürtige Franzose René Pollain (1882-1940), ein ehemaliger Violaspieler der New Yorker Philharmoniker, der als Dirigent des NJSO vielleicht auf Dauer etwas zu sehr dem *laisser-faire* huldigte. Wie jedes Jahr verbrachte Pollain, seit 1930 amerikanischer Staatsbürger, auch 1939 mit seiner Frau Gilberte einen längeren Urlaubsaufenthalt in beider Heimatland Frankreich und wurde dabei vom Ausbruch des Zweiten Weltkriegs überrascht. Als man erkennen musste, dass mit seiner Rückkehr auf absehbare Zeit nicht zu rechnen war, begann die Suche nach einem Ersatzdirigenten. Schon Anfang November hatte man ihn gefunden und konnte der Presse mitteilen, dass Frieder Weissmann während René Pollains Abwesenheit das Orchester als Gast leiten und am 4. und 5. Dezember 1939 die beiden Konzerte zur Eröffnung der achtzehnten Spielzeit des NJSO dirigieren würde.[10]

Auch wenn das NJSO kaum mehr als ein Laienorchester war, war Weissmann nicht bereit, deswegen seine Ansprüche herunterzuschrauben. Disziplin, gründliche Vorbereitung und spieltechnische Präzision waren für ihn unabdingbare Grundvoraussetzung. Die Musiker merkten sehr schnell, dass der von ihm eingeschlagene Weg zwar steiniger als unter Pollain, für sie letztlich aber besser

war. Denn ihr durch Weissmanns intensiven Probendrill gesteigertes spieltech-
nisches Können machte es für sie leichter, schwierigere Stücke so zu spielen,
dass auch anspruchsvollere Musikfreunde im Publikum auf ihre Kosten kamen.

Nicht nur beim spieltechnischen Niveau, sondern auch bei der Programmwahl legte Weissmann die Messlatte höher als sein Vorgänger. Im Zentrum der
drei Konzerte (mit je zwei Aufführungen) der Saison 1939/40 stand jeweils eine
gewichtige Sinfonie des romantischen Repertoires: Tschaikowskys 4. SINFONIE
F-MOLL OP.36, Schumanns „Rheinische" 3. SINFONIE ES-DUR OP. 77 und Mendelssohn-Bartholdys „Italienische" 4. SINFONIE A-DUR OP. 90. Bei jedem Konzert gelangte außerdem das Werk eines argentinischen Komponisten zur Aufführung: Julian Aguirres Orchestertänze LA HUELLA und EL GATO, ein Satz aus
Floro Ugartes Tondichtung DE MI TIERRA und ESTILO, ein Gemeinschaftswerk
von Cayetano Troiani (1873-1942) und Bruno Bandini (1889-1969).

Natürlich traten auch jedes Mal Solisten auf. Im Dezember-Eröffnungskon-
zert sang die junge Sopranistin Suzanne Fisher von der New Yorker Met Arien
aus Jules Massenets HÉRODIADE und Webers DER FREISCHÜTZ. Im Februar-
Konzert wirkten bem Brahmsschen DOPPELKONZERT A-MOLL FÜR VIOLINE,
VIOLONCELLO UND ORCHESTER OP. 102 zwei Konzertmeister der New Yorker
Philharmoniker mit, der Geiger Mishel Piastro (1891-1970), ein Schüler Leo-
pold Auers, und der Cellist Joseph Schuster (1903-1969), der von 1929 bis 1934
Solocellist bei den Berliner Philharmonikern gewesen war. Ihn kannte Weiss-
mann zweifellos noch aus seiner kurzen Zeit unter Furtwänglers Ägide. Im letz-
ten Konzert vom April 1940 war die seit 1933 im Exil lebende österreichische
Pianistenlegende Artur Schnabel (1882-1951) Solist in Beethovens
KLAVIERKONZERT NR. 3 C-MOLL OP. 37. Weitere Werke, die Weissmann in der
Saison 1939/40 aufs Programm setzte, waren Corellis „WEIHNACHTSKONZERT"
CONCERTO GROSSO, OP. 6, NR. 8, Riccardo Pick-Mangiagallis (1882-1949) für
Orchester arrangierte ZWEI PRÄLUDIEN VON J. S. BACH OP. 42, Wagners
SIEGFRIED IDYLL E-DUR WWV 103, der Johann Strauss-Walzer GESCHICHTEN
AUS DEM WIENERWALD OP. 325 sowie Horace Johnsons IMAGERY.

Johnsons Orchestersuite wurde im Februar 1940 zusammen mit Floro
Ugartes Tondichtung DE MI TIERRA aufgeführt, ein Ereignis, bei dem die Anwesenheit der beiden mit Weissmann befreundeten Komponisten für zusätzlichen
Glanz sorgte. Die Presse registrierte solche PR-Maßnahmen ebenso aufmerksam wie Weissmanns originelle Programmzusammenstellung, die gute Zusammenarbeit mit dem Orchester und die Leistungssteigerung der Musiker. So vermeldete der Musikkritiker der *New York Sun* bereits nach dem Februar-Konzert,
ihm seien „höchst wohlwollende Berichte von Weissmanns Erfolgen als Gastdirigent des New Jersey Symphony Orchestra" zu Ohren gekommen.[11] Vier
Wochen später bedachte dann auch die Handelskammer von Orange und
Maplewood das Orchester und seinen Dirigenten Weissmann mit großem Lob,
wobei deren außergewöhnliche kulturellen, erzieherischen und bürgerschaftli-
chen Leistungen zum Wohle des Gemeinwesens hervorgehoben wurden.[12]

So viel öffentlicher Zuspruch beflügelte auch den Vorstand des Orchestervereins und seinen seit 1937 amtierenden Präsidenten Charles E. Arnott. Erfolgreich als Vorstandschef der *Standard Oil* in New Jersey und dementsprechend auch vermögend, war Mr. Arnott kein musikalischer Feingeist. Schon eher war er ein provinzieller „Gesellschaftslöwe", dem an Musik und der Veranstaltung von Konzerten in erster Linie wegen des gesellschaftlichen Glamours gelegen war, den Einladungen von Musikstars unweigerlich mit sich brachten. Es scheint, dass er seine Wünsche bei Weissmann gut aufgehoben fand, denn wenige Tage vor dem dritten und letzten Konzert der Saison 1939/40 berichtete die *New York Sun* am 12. April 1940, das NJSO habe Frieder Weissmann, „dem das Orchester die erfolgreiche laufende Saison in erster Linie verdankte",[13] für die kommende Saison 1940/41 wieder als Dirigenten verpflichtet.Gleichzeitig sei auch beschlossen worden, sowohl den Spielplan ab der kommenden Saison um ein Konzert auf insgesamt vier Konzerte mit jeweils zwei Vorstellungen zu erweitern sowie das Orchester personell erheblich, von bislang 60 auf 75 Spieler, zu vergrößern, sodass nun auch Werke spätromantischer Komponisten in angemessener Besetzung gespielt werden konnten.

Mysterien der Stadion-Konzerte

Wohl auch aufgrund seiner jüngsten Erfolge in New York und New Jersey wurde Weissmann 1940 wieder als Gastdirigent zu den sommerlichen Open-Air-Konzerten der New Yorker Philharmoniker eingeladen. Von den insgesamt 46 zwischen dem 20. Juni und dem 14. August 1940 im Lewisohn-Stadion veranstalteten Konzerten war der Löwenanteil von allein achtzehn dem in Russland geborenen Dirigenten Alexander Smallens (1889-1972), der 1919 amerikanischer Staatsbürger geworden war, zugefallen. Die restlichen 28 Aufführungen teilten sich Stammdirigenten wie Massimo Freccia (1906-2004) und Edwin McArthur (1907-1987), Neulinge des Vorjahrs wie Weissmann und Efrem Kurtz und schließlich die „Debütanten" Artur Rodzinski, mittlerweile Chef des Cleveland-Orchesters, und Hans Wilhelm Steinberg (1899-1978), der 1938 auf Einladung Toscaninis nach Amerika gekommen und stellvertretender Dirigent des NBC-Sinfonieorchesters geworden war.

Weissmanns erstes Konzert sollte ursprünglich am Samstag, dem 13. Juli 1940 stattfinden. Infolge starker Regenfälle zur Mitte der Woche war jedoch ein für den 11. Juli geplantes und von Alexander Smallens dirigiertes Gershwin-Konzert schließlich auf diesem Termin gelandet mit der Folge, dass Weissmanns Konzert kurzfristig auf Sonntag, dem 14. Juli 1940, verschoben wurde. Zweifellos trug diese kurzfristige Terminänderung zum ausgesprochen mageren Besuch des Konzertes bei, zu dem sich nur rund 2.200 Zuhörer einfanden, während das samstägliche Gershwin-Konzert ein zehnfach größeres Publikum angelockt hatte.

Ebenso nachteilig auf den Konzertbesuch dürfte sich aber das extravagante Programm ausgewirkt haben, das Weissmann in völliger Fehleinschätzung der Publikumserwartungen ausschließlich mit Werken spanischer und lateinamerikanischer Komponisten bestückt hatte. Selbst dem renommierten Kritiker und Musikhistoriker Irving Kolodin (1908-1988) von der Tageszeitung NEW YORK SUN war die Programmzusammenstellung ein „Mysterium" geblieben.[14] Damit hatte er sicher etwas übertrieben, doch die insgesamt dreizehn, teilweise sehr kurzen, von spanisch-südamerikanischer Folklore inspirierten Tänze spanischer (Isaac Albeniz, Manuel de Falla, Enrique Granados), argentinischer (Troiani-Bandini, Carlos Lopez-Buchardo, Juan Antonio Garcia Estrada, Floro M. Ugarte) und brasilianischer (Heitor Villa-Lobos, Oscar Lorenzo Fernandez) Komponisten, die an diesem Abend aufgeführt wurden, waren ein musikalisches Neuland, das von den Unterhaltungsbedürfnissen des überwiegenden Teils der Zuhörerschaft weit entfernt war. Auch Kritiker Kolodin empfand das meiste, was er hörte, kaum mehr als „mäßig unterhaltsam". Angetan war er nur von den brasilianischen Novitäten, einer Gruppe indianischer Folksongs des „brillant-talentierten Villa-Lobos", die ihm vor allem wegen der ausdrucksstarken brasilianischen Sängerin Elsie Houston (1902-1943) gefielen, und einem DANZA DI NEGRI von Oscar Lorenzo Fernandez (1897-1948) wegen des „energiegeladenen Dirigats von Mr. Weissmann".[15]

Mit einem wenig mysteriösen, weil ganz auf Beethoven ausgerichteten Programm hoffte Weissmann bei seinem zweiten Konzert am 18. Juli 1940 auf größeren Zuspruch des New Yorker Publikums. Zwar hatte sich dieses mit 8.000 Besuchern fast vervierfacht, doch war auch jetzt das Stadion nicht einmal zur Hälfte gefüllt. Das Konzert begann mit der LEONOREN-OUVERTÜRE NR. 3 C-DUR OP. 72 und endete mit der SINFONIE NR. 7 A-DUR OP. 72, beides – nach Presseurteilen – von Weissmann „hochdramatisch" bzw. „kraftvoll und stilistisch durchdacht" interpretiert.[16] Dennoch waren an diesem Abend weder er noch der Komponist die Hauptattraktion, sondern die 41-jährige Ania Dorfman (1899-1984), die Solistin des zwischen beide Werke platzierten KLAVIERKONZERTS NR. 1 C-DUR OP. 15. Die in Odessa geborene Pianistin, die schon als Teenager mit dem etwas jüngeren Jascha Heifetz konzertierte und von 1920 bis 1935 in Europa eine gefragte Solistin war, hatte sich nach erfolgreichem New Yorker Debüt 1938 in den USA niedergelassen. Sie war die erste Frau, die Arturo Toscanini für ein Konzert (am 2. Dezember 1939) engagierte und spielte später unter seiner Leitung alle fünf Beethoven-Konzerte, wobei das erste als Schallplatte veröffentlicht wurde. Es war offenbar ihr Paradestück, mit dem sie auch an diesem 18. Juli 1940 das Publikum begeisterte. Die Presse lobte ihre anmutige, völlig unangestrengte Wiedergabe Beethovenscher Melodien als „vollendete Kunst", bei der jede Phrase Sinn und Bedeutung hatte.[17] Dem begleitenden Orchester und dem Dirigenten zollte sie freilich weniger Lob. Überlaut und viel zu grob habe die Introduktion geklungen, bemängelte Irving Kolodin von der *New York Sun*, zudem hätten sich bei den Solostimmen, vor allem bei den Holzbläsern, auch ein Paar Patzer zuviel ereignet, die man mit etwas mehr Probenzeit wahrscheinlich hätte vermeiden können.[18]

Enttäuschend war auch die Publikumsresonanz bei Weissmanns drittem und letztem Stadion-Konzert, zu dem sich am Abend des 19. Juli 1940 nur eine „kleine Zuhörerschaft" im weiten Rund des Auditoriums eingefunden hatte.[19] Die wieder originell konzipierte Programmfolge kontrastierte vier DEUTSCHE TÄNZE von Mozart und Schuberts „UNVOLLENDETE" SINFONIE mit drei Werken zweier Zeitgenossen aus „alter" und „neuer Welt", der New Yorker Erstaufführung von Horace Johnsons sinfonischer Dichtung THE STREETS OF FLORENCE sowie – aus Anlass des 75. Geburtstags des Komponisten – der SINFONIE NR. 2 D-DUR OP. 43 und der Tondichtung FINLANDIA OP. 26, 7 des Finnen Jean Sibelius (1865-1957). Ursprünglich sah die Programmauswahl etwas anders aus, doch ist es fraglich, ob ein zahlreicheres Publikum angelockt worden wäre, wenn anstatt Johnsons THE STREET OF FLORENCE eines der zunächst anvisierten Werke – Benjamin Brittens KLAVIERKONZERT D-DUR OP. 13, dessen US-Premiere ein halbes Jahr früher in Chicago mit Britten als Solisten stattgefunden hatte, bzw. die SINFONIE NR. 3 des jüdischen New Yorker Komponisten Arthur H. Gutmann (1882-1963) – die New Yorker Erstaufführung erfahren hätte.[20]

Während die Kritik Johnsons Werk, das Carlos Chavez 1937 in Mexiko City uraufgeführt hatte, als ein „vielfältig instrumentiertes Stück mit hübschen melodischen Konturen, aber ohne zwingende Einfälle oder konsequenten Ausdruck" abtat, lobte sie Weissmanns Dirigat und die bei diesem Stück erzeugte „leuchtend getönte Klangfülle". Noch größeres Lob spendete sie dem Dirigenten aber bei Schuberts SINFONIE NR. 8 H-MOLL, D 759, die als eine „beachtliche musikalische Leistung" gewürdigt wurde, weil sie „dem Zuhörer in hohem Maße den Charakter des Werks vermitteln konnte."[21]

Insgesamt konnte Weissmann aber mit dem Erfolg seiner drei Stadion-Konzerte kaum zufrieden sein. Mit der ambitionierten Programmauswahl hatte er weder bei der Kritik groß punkten, noch das Publikum für sich gewinnen können. Hinzu kamen wegen der geringen Probenzeit Probleme mit dem Orchester, das unter den extremen Bedingungen des sommerlichen Konzert-Marathons mit ständig neuen Dirigenten zwar mit bekanntem Repertoire zurecht kam, allerdings nervös wurde, wenn Novitäten wie Johnsons STREETS OF FLORENCE an der Reihe waren oder fast nur unbekannte Werke wie beim spanisch-südamerikanischen Abend gespielt wurden.

New Jersey Symphony Orchestra: Oktober 1940 bis April 1941

In jenen Tagen, als in New Jersey über die Verlängerung von Weissmanns Engagement entschieden wurde, war im Westen Europas die trügerische Ruhe des „Sitzkrieges", den die Franzosen als *Drôle de guerre*, die Engländer als *Phoney War* bezeichneten, durch den deutschen Überfall auf Norwegen und Dänemark am

9. April 1940 beendet worden. Einen Monat später starteten die Deutschen am 10. Mai 1940 ihre „Westoffensive" mit Angriffen auf Belgien, die Niederlande und Frankreich. Die Niederlande kapitulierten schon am 15. Mai 1940, Belgien am 28. Mai 1940 und Frankreich am 22. Juni 1940.

Seit Kriegsausbruch war Weissmann ohne Nachricht von seiner Mutter geblieben. Trotz der Ungewissheit hatte er sich aber immerhin noch damit beruhigen können, dass er sie in den Niederlanden relativ sicher aufgehoben fand. Nun konnte er sich ihre Situation aber nicht mehr schönreden, denn nun drohte ihr nach der deutschen Besetzung Hollands wieder das gleiche Ungemach wie allen Juden in Nazi-Deutschland. Und Hoffnungen auf ein Lebenszeichen von ihr waren nun endgültig vergebens.

Von Schuldgefühlen gepeinigt, stürzte sich Weissmann in die Orchesterarbeit und begann mit der Vorbereitung der Spielzeit 1940/41. Das Eröffnungskonzert in Orange am 21. Oktober 1940 wurde – wie die *Newark Evening News* am nächsten Tag resümierten – ein „fast überwältigender Erfolg".[22] Solisten der mit einem umfänglichen Strauß von Arien und Duetten aus Opern von Verdi, Puccini, Bizet und Massenet aufwartenden Veranstaltung waren die Sopranistin Hilda Burke und der Tenor James Melton, damals zwei große Opernstars in Amerika. Die aus Baltimore stammende Hilda Burke dürfte Weissmann bereits in Dresden kennengelernt haben, als die Julliard-Stipendiatin dort 1928/29 zum Opernensemble mit dessen Star Meta Seinmeyer stieß. Seit 1935 gehörte Hilda Burke zum Ensemble der New Yorker Met, wo sie alle großen Rollen ihres Faches sang und 1940 ihren dreißigsten Auftritt als „Madame Butterfly" hatte.

Mit MADAME BUTTERFLY und in der Rolle des Pinkerton war zwei Jahre vorher James Melton (1904-1961), der in den 1920 Jahren als Schlagersänger große Popularität genoss, in Cincinnati der Durchbruch als Opernsänger gelungen. Von dem Sänger, mit dem er nach dem Krieg mehrere Schallplatten für RCA einspielen sollte, hatte Weissmann indes keine besonders hohe Meinung. Noch 1981 erinnerte er sich in einem Interview an Melton als einen „schrecklichen Kerl", der zwar „eine gute Stimme hatte, aber kein guter Sänger war."[23]

Die beiden populären Gesangsstars waren sicherlich der Magnet, der für praktisch ausverkaufte Aufführungen sorgte. Beide wurden auch vom Publikum begeistert gefeiert, obwohl – wie die *Newark Evening News* anmerkten – ihre Leistungen zwar solide und gefällig, aber keineswegs großartig waren. Tief beeindruckt zeigte sich das Blatt hingegen von der Leistung des Orchesters, das an diesem Abend die Rolle des Begleiters nur bei der Ouvertüre zu Rossinis BARBIER VON SEVILLA, bei Bizets CARMEN-SUITE NR. 1 und dem Vorspiel zum ersten Akt von Verdis LA TRAVIATA ablegen durfte: „Unter seinem neuen Dirigenten Frieder Weissmann hat sich dieser Klangkörper in allen Bereichen gewaltig verbessert. Fast nicht zu glauben sind die technischen Fortschritte hinsichtlich Flexibilität und Präzision. In gleichem Maße hat nicht nur das Zusammenspiel an Lebendigkeit gewonnen, sondern auch die Fähigkeit des Orchesters, den wahren Gehalt der offerierten Werke zu enthüllen. [...] Während des gesamten Abends schwang Mr. Weissmann präzise den Dirigentenstab und die Musiker reagierten auf seine ausgreifenden Bewegungen mit einer Bereitwilligkeit und einem Sinn für Feinheiten, die herzlichen Applaus verdienten."[24]

Nur drei Wochen später verbreiteten die amerikanischen Zeitungen die Nachricht vom plötzlichen Tod René Pollains, der Anfang November 1940 beim Versuch, mit seiner Frau das von deutschen Truppen besetzte Frankreich zu verlassen und nach den USA zurückzukehren, in Marseille im Alter von 58 Jahren einem Herzschlag erlegen war.[25] Vom Vorstand des Orchestervereins daraufhin gebeten, die Leitung des NJSO zu übernehmen, zögerte Frieder Weissmann nicht, dem Ruf zu folgen. Dass ein solch semiprofessionelles Orchester für einen Dirigenten seines Ranges eigentlich kein angemessenes Betätigungsfeld bot, war ihm sicherlich bewusst. Vermutlich betrachtete er das Engagement auch wegen des bescheidenen Gehalts nur als eine Nebentätigkeit,[26] die ihm solange finanziell etwas den Rücken stärken sollte, bis er lukrativere Engagements bei renommierteren Orchestern gefunden hatte. Zudem sprachen aus Weissmanns Sicht doch auch manche Vorzüge in privater Hinsicht für eine dauerhafte Zusammenarbeit. Allein die Nähe zu New York, wo er sich mit seiner Frau gut eingelebt hatte und wohlfühlte, war ein unschätzbarer Vorteil. Dort konnte er sich bei Ausritten im Central Park erholen, dort pulsierte das kulturelle Leben Amerikas und dort saßen schließlich auch die „Strippenzieher", an deren Fäden die meisten Musiker und ein Dirigent wie er hingen.

Fest entschlossen, „sein" neues Orchester aus provinzieller Mediokrität herauszuführen, verbesserte er die Spielqualität durch intensivste Probenarbeit. Zudem spornte er die Musiker auch dadurch an, dass er zu den Konzerten nach Möglichkeit Solisten einlud, die zu den besten ihres Faches zählten. Dies war in jenen Tagen etwas leichter als sonst, denn, vom Kriegsausbruch überrascht, hatten sich viele hochkarätige Musiker aus Europa gerade noch rechtzeitig in die USA retten können, wo sie nun dankbar jede Auftrittsgelegenheit wahrnahmen. Einer von ihnen war der weltberühmte ungarische Geiger Joseph Szigeti (1892-1973), der schon als dreizehnjähriges Wunderkind in ganz Europa konzertierte und 1905 mit Ferrucio Busoni als Klavierpartner durch England tourte. Er spielte am 2./3. Dezember 1940 den Solopart in Beethovens VIOLINKONZERT D-DUR OP. 77, mit dem ihm 1925 ein umjubeltes US-Debüt mit dem Philadelphia Orchester unter Leopold Stokowski in der New Yorker Carnegie-Hall gelungen war.

Ein Schüler Ferruccio Busonis, zugleich einer seiner bedeutendsten Interpreten, war der in Hannover geborene niederländische Pianist Egon Petri (1881-1962), den der Krieg ebenfalls aus Europa vertrieben hatte. Petri war schon zu Lebzeiten legendär sowohl wegen seiner Virtuosität als auch seines umfangreichen Repertoires. Im vierten und letzten Konzert der Spielzeit 1940/41 trat er am 14./15. April 1941 als gefeierter Solist bei Tschaikowskys unverwüstlichem KLAVIERKONZERT NR. 1 B-MOLL OP. 23 auf.

Solist im dritten Konzert am 17./18. Februar 1941 war der in Königsberg als Sohn eines polnisch-jüdischen Kantors geborene und seit frühester Kindheit in den USA aufgewachsene Cellovirtuose Maurice Eisenberg (1902-1972). Der Schüler und enge Freund von Pablo Casals hatte sich seit 1926 in England und Frankreich als Lehrer, Solist und Kammermusiker (Menuhin Trio) einen Namen gemacht, bis ihn der Ausbruch des Zweiten Weltkrieges zur Rückkehr in die USA veranlasste. Vom NJSO begleitet, spielte er den Solopart sowohl in Joseph Haydns CELLOKONZERT D-DUR als auch in Richard Strauss' Tondichtung für Solocello, Solobratsche und großes Orchester DON QUIXOTE, PHANTASTISCHE VARIATIONEN ÜBER EIN THEMA RITTERLICHEN CHARAKTERS OP. 35. Das Bratschensolo spielte kein Geringerer als William Primrose (1904-1982), der damals nach vier Jahren Konzertmeistertätigkeit in Arturo Toscaninis NBC-Orchester gerade im Begriff war, eine Solistenlaufbahn einzuschlagen.

Seit seiner Rückkehr in die USA lebte Maurice Eisenberg in der Gemeinde Maplewood im Essex County von New Jersey, wo er vom Mäzen Russell B. Kingman (1884-1959) großzügig beim Aufbau einer zweiten Karriere als Solist und Hochschullehrer unterstützt wurde. Kingman, der sich mitunter als Komponist betätigte, hatte 1940 das Adagio aus Schumanns CELLOKONZERT A-MOLL unter dem Titel LET YOUR LIGHT SO SHINE für Cello, dreistimmigen Frauenchor und Orchester arrangiert und auch gleich im Dezember-Konzert des NJSO den Solopart bei der Aufführung seines Werks übernommen.[27] Wenig später sollte das Werk – wieder mit ihm als Solisten – übrigens die allererste Schallplatteneinspielung des Orchesters sein.[28]

Insgesamt zeigt der Spielplan der Saison 1940/41 unverkennbar Weissmanns Bemühen, das Publikum nicht bloß mit Bekannt-Bewährtem zu unterhalten, sondern auch zu Entdeckungen anzuregen. Zwar bildete das klassisch-romantische Repertoire, insbesondere von deutschen Komponisten, den Schwerpunkt der Programme, doch immer wieder überraschte Weissmann das Publikum auch mit Raritäten, z. B. russischer oder französischer Herkunft, oder konfrontierte es mit Neuem und Unbekanntem, vorzugsweise von amerikanischen Zeitgenossen. Abgesehen von Russel B. Kingman waren dies in der Spielzeit 1940/41 Horace Johnson und Samuel Barber (1910-1981), die mit der Orchestersuite THE STREETS OF FLORENCE bzw. Barbers wohl berühmtestem Werk, dem 1936 komponierten und 1938 von Arturo Toscanini uraufgeführten ADAGIO FOR STRINGS, vertreten waren.

Gastdirigent des New York City Symphony Orchestra: Februar-März 1941

Unterdessen waren die von der Works Progress Administration (WPA) geförderten Konzerte des New York City Symphony Orchestra, die im Dezember 1939 unter Weissmanns Leitung gestartet waren, mit großem Erfolg weitergeführt worden. Ab Herbst 1940 hatte man die Konzerte in die Carnegie-Hall verlegt und dafür gesorgt, dass den mitwirkenden Dirigenten und Solisten ein bescheidenes Honorar von jeweils fünfzig Dollar pro Konzert bezahlt werden konnte. Das Fehlen eines Chefdirigenten blieb jedoch ein Nachteil, der die Qualität des Orchesterspiels immer wieder beeinträchtigte. Als Otto Klemperer im Oktober 1940 sich für sechs Konzerte in der Carnegie-Hall zur Verfügung stellte, bestand er deshalb zuallererst auf intensivsten Proben, bei denen er auch nicht davor zurückschreckte, einzelnen Stimmgruppen, z. B. den mitunter in falschen Tonarten spielenden Kontrabässen, Extra-Lektionen zu erteilen. Das drückte natürlich bei manchen Musikern die Stimmung, aber auch Horace Johnson fühlte sich dadurch angegriffen. Der schwelende Streit eskalierte, als Johnson vor dem letzten Konzert persönliche Gäste Klemperers bei der Gene-ralprobe unter Hinweis auf angebliche feuerpolizeiliche Bestimmungen des Saa-les verwies und den Dirigenten anwies, Wagners SIEGFRIED-IDYLL entgegen der vom Komponisten vorgeschriebenen kammermusikalischen Besetzung mit vol-lem Orchester zu spielen. Empört kündigte Klemperer daraufhin am 25. Januar 1941, einen Tag vor seinem letzten Konzert, die Zusammenarbeit.[29]

Ursprünglich war geplant, dass Klemperer gleich anschließend im Februar eine zweite Konzert-Serie dirigierte. Als Ersatz verpflichtete Johnson nun um-gehend seinen Freund Weissmann, ohne sich darüber vorher mit den Mitveran-staltern, dem Orchester und den für die Konzertreihe engagierten Solisten ab-zustimmen. Johnsons eigenmächtiges Vorgehen sorgte bei allen Beteiligten für reichlich Verdruss, der auch genüßlich in der Presse ausgebreitet wurde. Für Weissmann war die vergiftete Atmosphäre, für die er nichts konnte, zweifellos eine schwere Belastung, die nicht nur dazu führte, dass der als Solist für das ers-te Konzert verpflichtete Tenor Frederick Jagel abzuspringen drohte, sondern auch das Orchester in den Schlendrian der Vor-Klemperer-Phase zurückfiel. Das war gerade bei Weissmanns erstem Konzert eine bittere Pille, weil er hier neben der ERSTEN SINFONIE von Johannes Brahms drei moderne, dem New Yorker Publikum eher unbekannte Stück aufs Programm gesetzt hatte: Samuel Barbers (1910-1981) ADAGIO FOR STRINGS, „Nuages" und „Fêtes" aus Claude Debussys (1862-1918) NOCTURNES und eine sinfonische Episode aus der Oper GIULIETTA E ROMEI des italienischen Komponisten Riccardo Zandonai (1883-1944). Zu allem Überfluss hatte Klemperers abrupter Abgang den Veranstal-tern auch keine Zeit mehr gelassen, um den Programm- und Dirigentenwechsel ausreichend zu bewerben. All dies trug dazu bei, dass sich beim ersten Konzert am 2. Februar 1941 gerade einmal 984 Zuschauer in der Carnegie-Hall einfan-den, ein von der Presse aufmerksam registrierter Besucherrückgang um zwei Drittel gegenüber den stets ausverkauften Klemperer-Konzerten.

Bei der Programmgestaltung seiner Konzerte hatte Weissmann seine in der Vergangenheit verfolgte Linie fortgesetzt. Ausgehend vom deutsch-österreichi-schen klassisch-romantischen Repertoire von Haydn bis Richard Strauss unter-nahm er Ausflüge zu Italienern (Verdi, Zandonai), Franzosen (Henri Duparc, Saint-Saens, Debussy), Russen (Tschaikowsky, Rimsky-Korssakow, Rachmani-noff) und lud ein zu Entdeckungen von Werken amerikanischer Zeitgenossen wie Samuel Barber, Horace Johnson (IMAGERY) und Anis Fuleihan (1900-1970). Die im Lewisohn-Stadion gemachten Erfahrungen hatte er sich freilich insoweit zu Herzen genommen, als er die Gewichte jetzt sorgfältiger dosierte und auf eine gewisse Ausgewogenheit der Programme achtete.

Bei drei Konzerten standen mit dem schon erwähnten Tenor Frederick Jagel (1897-1982), der Koloratursopranistin Josephine Antoine (1907-1971) und dem Bariton Richard Bonelli (1889-1980) drei amerikanische Stars der Met im Mittelpunkt. Solisten der restlichen Konzerte waren die Geigerin Viola Wasterlain, der Pianist John A. Warner und der Cellist Joseph Schuster. Abgesehen von Schuster, dem Solo-Cellisten der New Yorker Philharmoniker, waren es keine erstklassigen Musiker. Warner, Solist beim KLAVIERKONZERT NR. 1 FIS-MOLL OP. 1 von Sergej Rachmaninoff, war zwar eine gewisse Attraktion, aber nicht als Pianist, sondern weil es sich bei ihm um einen Laien handelte, der im Hauptberuf Major und Präsident der New Yorker State Police war. Major Warner zeigte sich der pianistischen Herausforderung des seltener gespielten Rachmaninoff-Konzerts denn auch nur mit Einschränkungen gewachsen, insbesondere war er – so Irving Kolodin in der *New York Sun* – viel zu zaghaft, sodass er sich häufig gegen das Orchester nicht behaupten konnte.[30]

Mit dem Orchester tat sich Weissmann, dem ja nur wenig Vorbereitungszeit vergönnt war, diesmal insgesamt recht schwer. Zwar gelangen ihm immer wieder Programmteile, die eine sorgfältige Einstudierung erkennen ließen und bei denen er – so der jüdische *Aufbau* – das Orchester „auf ein ansehnliches Niveau" gehoben hatte,[31] doch wurde dieses positive Bild getrübt durch ständige Ausrutscher und eine „wechselhafte Qualität" des Orchesters,[32] was bei manchem Kritiker den Eindruck erweckten, als gingen Orchester und Dirigent eigene Wege.[33] Mit einer Platzausnutzung zwischen 36 Prozent (am 2. Februar 1941) und 62 Prozent (am 2. März 1941) waren die sechs Weissmann-Konzerte in der Carnegie-Hall denn auch für die Veranstalter, die selbst bei einem vollbesetzten Haus nur einen Gewinn von etwa 200 Dollar erzielten,[34] ein ziemliches Verlustgeschäft. Es nimmt daher nicht wunder, dass sie darauf verzichteten, ihn weiterhin als Dirigenten zu engagieren. Weissmanns Platz nahm ab 6. April 1941 Sir Thomas Beecham ein, der sogleich wieder für den gewohnten Besucherandrang und eine versöhnte Presse sorgte.

Gastdirigent der Essex County Symphony Society: Juni 1941

Im Vorjahr war Weissmann in die Jury eines im April 1940 veranstalteten Wettbewerbs für junge Musiker aus New Jersey berufen worden, der eine Vorauswahl unter den Bewerbern für das von Leopold Stokowski ins Leben gerufene All-American Youth Orchestra treffen sollte.[35] Neben Weissmann saßen in der Jury der Dirigent Alexander Smallens (1888-1972), wie Stokowski ein Stammdirigent der New Yorker Konzerte im Lewisohn-Stadion, Stokowskis Assistent Saul Caston (1901-1970) und ein gewisser Chester Barclay. Er war der Personalchef der Essex County Symphony Society, die den Wettbewerb veranstaltete und auch die Räumlichkeiten dafür zur Verfügung stellte. Der Verein war das Werk der mit dem vermögenden Klavierfabrikanten Parker O. Griffith aus Newark verheirateten Lena Donaldson (1888-1960), die allgemein Mrs. Parker O. Griffith genannt wurde. Von einem Lokalhistoriker wenig schmeichelhaft, aber treffend als „eine Kreuzung aus Medusa, Queen Victoria und Eleanor Roosevelt" bezeichnet,[36] hatte es diese Frau sich in den Kopf gesetzt, Newark zum Ziel der berühmtesten Musiker ihrer Zeit zu machen. Auf einer Farm in Iowa geboren, war sie zunächst Lehrerin für Englisch und Latein, bevor sie ihren Mann kennenlernte, der in seinem Bürogebäude, welches damals als das prächtigste von Newark galt, einen Konzertsaal besaß, der Platz für 400 Besucher bot. Beseelt vom Wunsch, durch Kunst den Zusammenhalt der Gemeinschaft zu fördern, begann Mrs. Griffith schon bald nach ihrer Heirat, sich um die bis dahin darniederliegenden Künste in Newark zu kümmern.

Ein ausverkauftes Benefiz-Konzert mit der Metropolitan Opera brachte Mrs. Parker O. Griffith 1935 auf die Idee, mit Hilfe von einem halben Dutzend Frauenvereinen die Essex County Symphony Society zu gründen. Diese veranstaltete fortan jeden Sommer im Schools Stadion Open-Air-Konzerte, die zu Höhepunkten des kulturellen Lebens von Newark wurden, einer Großstadt mit heute rund 280.000 Einwohnern, deren Zahl aber in den 1940er Jahren fast eine halbe Million betrug. Das für diese Konzerte ad hoc zusammengestellte 100-Mann-Orchester bestand überwiegend aus Mitgliedern des New Jersey Symphony Orchestra sowie des NBC Symphony Orchestra.

Auch 1941 plante man wieder vier Open-Air-Konzerte, für deren Leitung namhafte Dirigenten gewonnen werden konnten: Sir Thomas Beecham, Dimitri Mitropoulos, der NBC-Musikchef Frank Black (1894-1968), ein kompetenter und in allen Musiksparten erfahrener Dirigent und Pianist, und Frieder Weissmann. Für sein Konzert am 17. Juni 1941 hatte das Organisationsteam um Mrs. Parker O. Griffith drei Stars der New Yorker Metropolitan Opera – die Sopranistin Helen Jepson (1904-1997), den Tenor Frederick Jagel und den Bariton Leonard Warren (1911-1969) – sowie die als Konzertsängerin erfolgreiche Mezzosopranistin Edwina Eustis (1908-1997) aufgeboten. Mit diesem superben Quartett, bei dem Helen Jepson nicht nur wegen ihres atemberaubend blonden Haares, sondern auch ihrer pelzbesetzten weißen Robe die Blicke des Publikum magnetisch anzog, hatte Weissmann leichtes Spiel, um die rund 18.000 Zuhörer bei seinem – so Irving Kolodin von der New York Sun – „durchweg vergnüglichen" Streifzug durch vier Opern („OTELLO",„LA BOHÈME", „HOFFMANNS ERZÄHLUNGEN", „CARMEN") bei Laune zu halten. Zufrieden war auch der Kritiker Kolodin, der bei dieser Art von Musik nicht nur „Mr. Weissmanns wohlbekanntes Talent als Dirigent" besonders ausgeprägt verspürte, sondern sich auch darüber freute, dass endlich die für diese Konzerte neu installierte Verstärkeranlage richtig funktionierte.[37]

Aufnahmen bei Columbia Records

Wie jedes Jahr waren Weissmann und seine Frau Rosita auch 1941 der brütenden Spätsommerhitze in New York dadurch entkommen, dass sie sich mit Beginn des *Indian Summer* ins kühlere New Yorker Hinterland nach Carmel zurückzogen. Ihr stilles Vergnügen an den neu-englischen Laubwäldern, die sich mit jedem Tag immer mehr in ein Flammenmeer von atemberaubender Schönheit verwandelten, wurde Mitte September auf Grund eines plötzlichen Anrufs aus Hollywood unterbrochen. In dem verschlafenen Nest sorgte dies gleich für Gesprächsstoff, der auch der Lokalzeitung *The Putnam County Courier* eine kleine Notiz wert war.[38] Obwohl die Meldung der Lokalzeitung ein überraschendes Engagement in der Filmindustrie insinuierte, handelte es sich bei dem „Ruf" aus Hollywood aber um nicht anderes, als einen seit längerem geplanten Aufnahmetermin im Schallplattenstudio von Columbia Records in Los Angeles.

Bei diesem Unternehmen, das 1926 die deutsche Lindström AG übernommen hatte und 1938 ein Teil der von Arthur Judson mitgelenkten Columbia Broadcasting Corporation (CBS) geworden war, hatte Weissmann schon im November 1939 seine ersten Schallplatten in den USA eingespielt. Mit im Studio war damals eine alte Bekannte aus Berliner Lindström-Zeiten – Gitta Alpár. Nach 1933 hatte sie eine sehr wechselhafte Karriere, die sie – nach Aufenthalten in Österreich und England – 1939 im Rahmen einer Tournee in die USA führte, wo sie vom Ausbruch des Zweiten Weltkriegs überrascht wurde. Seitdem bemühte sie sich um den Einstieg in das amerikanische Film- und Musikgeschäft, doch brachte damals die Auffrischung der Zusammenarbeit weder Gitta Alpárs noch Weissmanns US-Karriere voran. Denn die eigenartige Mischung aus ungarischer Folklore, Tangoliedern, einem Lehár-Potpourri, einer Arie aus Verdis LA TRAVIATA und zwei Liedern von Richard Strauss, die unter dem Titel A MUSICALE OF CONTINENTAL SONG auf drei doppelseitigen Schallplatten Platz fand, war ein merkwürdiger „Kessel Buntes", der wie Blei in den Regalen der Schallplattenläden liegen blieb. Das US-Publikum zeigte auch sonst wenig Interesse an Gitta Alpár, die sich zwar in Hollywood niederließ und dort noch einmal heiratete, im Filmgeschäft aber nur noch einmal eine kleine Rolle in René Clairs Film THE FLAME OF NEW ORLEANS von 1941 erhielt.

Auch Weissmann musste danach fast achtzehn Monate pausieren, bis ihn Columbia Records wieder ins Aufnahmestudio rief. Am 7. April 1941 begleitete er die Mezzosopranistin Risë Stevens (1913-2013) und den Bariton Robert Weede (1903-1972) mit einem anonymen *ad hoc*-Orchester bei Aufnahmen von Arien aus Bizets CARMEN und Leoncavallos I PAGLIACCI. Carmen war Stevens Glanzrolle, die sie in den 23 Jahren ihrer Zugehörigkeit zur New Yorker Met bei 124 Vorstellungen verkörperte, Weede hatte 1937 als Tonio in I PAGLIACCI an der Met debütiert. Mit ihm folgten am 18. August 1941 Aufnahmen einer Arie aus Verdis RIGOLETTO, einen Monat später, am 17. September 1941, waren wieder Aufnahmen mit Risë Stevens an der Reihe. Sie sang an diesem Tag eine Arie aus Ambroise Thomas' Oper MIGNON, mit der sie 1936 am Deutschen Theater in Prag ihr professionelles Debüt gegeben hatte, vier Tage später drei Arien aus zwei weiteren Lieblingsopern der Sängerin, Glucks ORFEO ED EURIDICE und Mozarts LE NOZZE DI FIGARO.

Diese Aufnahmen verkauften sich gut, blieben aber dennoch die letzten, die Weissmann für Columbia machte. Weil ein Kurier Partituren aufgrund einer falschen Adressenangabe erst mit großer Verspätung im Studio ablieferte und das Studio trotz Weissmanns Widerspruch darauf beharrte, er sei schuld an der Panne und den dadurch entstandenen Mehrkosten für die stundenweise engagierten Musiker, kam es zum Bruch und dem Ende der Zusammenarbeit. Seine Aufgaben bei Columbia übernahm anschließend Erich Leinsdorf, auf den Weissmann danach nie mehr gut zu sprechen war. Vor „kahlköpfigen" Leuten müsse man sich in acht nehmen, pflegte er dann zu sagen, wenn die Rede auf Leinsdorf kam.[39] Noch in seinem letzten Interview auf amerikanischen Boden am 2. November 1981 gab er unumwunden zu: „Ich kann Leinsdorf nicht leiden."[40]

Unterdessen hatte die neue Spielzeit des NJSO begonnen. Mit Sascha Gorodnitzki (1904-1986) und Nadia Reisenberg (1904-1983),[41] beide Klavier, der Geigerin Dorothy Minty (1908-1986) und dem Sänger Alexander Kipnis (1891-1978), der „eine der schönsten und ausdrucksvollsten Baßstimmen [besaß], die auf Platten überhaupt zu hören sind",[42] war es Weissmann gelungen, wieder hochkarätige Solisten zu verpflichten. Erneut hatte er interessante und attraktive Programme zusammengestellt, die Bekanntes und Unbekanntes vereinten. Zum Beispiel am 1./2. Dezember 1941, wo auf Felix Mendelssohn-Bartholdys VIOLINKONZERT E-MOLL OP. 64 Samuel Barbers kurzer, 1938 unter Arturo Toscanini uraufgeführter FIRST ESSAY FOR ORCHESTRA, OP. 12 folgte. Beschlossen wurde das Konzert mit Dvoraks SINFONIE NR. 9 E-MOLL OP. 95 „AUS DER NEUEN WELT", einem in den USA entstandenen Werk des böhmischen Komponisten, das gleich nach der Uraufführung in New York 1893 von einer patriotischen Kritik als ureigene „amerikanische" Musik vereinnahmt worden war. Ob beabsichtigt oder nicht, die Wahl dieses Stückes erscheint aus heutiger Sicht wie eine Vorahnung. Denn eine Woche später war Patriotismus die Tageslosung, nachdem Japan am 8. Dezember 1941 Pearl Harbor angegriffen und die USA zur Aufgabe ihrer bislang isolationistischen Politik und zum Kriegseintritt provoziert hatte.

Frieder Weissmann dirigiert das Scranton Philharmonic Orchestra, keine Datumsangabe.

„Homefront"

Leiter des Scranton Philharmonic Orchestra

Mit dem Kriegseintritt der USA veränderte sich der amerikanische Alltag schlagartig. Während die berufstätigen Männer, freiwillig oder wehrpflichtig, zur Armee einrückten, machten fortan Frauen, Studenten, Rentner und Arbeitslose deren Arbeit. Selbst in Männerdomänen wie Orchestern, die Frauen bislang eher selten aufnahmen, waren diese nun willkommen. Auch beim NJSO, das immerhin mit der Geigerin Joan Kelsey schon seit 1936 eine Konzertmeisterin hatte, saßen an den Pulten bald immer mehr Frauen. Bei der Versorgung der Bevölkerung gab es einschneidende Veränderungen. Die Produktion langlebiger Güter wie Autos, Staubsauger und Küchengeräte wurde stark gedrosselt und Güter des täglichen Bedarfs wie Lebensmittel, Zucker, Kaffee, Bekleidung, Schuhe, Benzin, Reifen etc. rationiert. Eine dafür neu geschaffene Behörde, das Office of Price Administration (OPA), reglementierte die Rationierung, setzte Höchstpreise fest und kontrollierte alles, auch die Wohnungsmieten. In den Tageszeitungen füllten sich die Spalten mit Kriegsnachrichten und -berichten, aber auch mit Kochrezepten und Tipps, wie umsichtige Hausfrauen mit den Folgen der Rationierungen fertig werden und den familiären Frieden bewahren könnten.

Trotz spürbarer Einschränkungen der Lebensqualität bewahrten sich die Menschen den Appetit auf Unterhaltung. Auch das NJSO verzeichnete bei den Konzerten im Februar und April 1942 keinen Rückgang des Publikums. So erfolgreich seine Orchesterarbeit und so wichtig diese für die Moral der Bevölkerung war, sie enthob Weissmann nicht der amerikanischen Wehrpflicht, die am 16. September 1940 eingeführt worden war. Als Ausländer hätte er zwar den Wehrdienst verweigern können, sich damit allerdings auch der Möglichkeit einer Einbürgerung für immer beraubt. Schon seit längerer Zeit sah er aber in den USA seine wahre Heimat und war gewillt, sich dem Einbürgerungsverfahren zu unterziehen. Bereitwillig folgte er deshalb nach eingetretenem Kriegszustand der sogenannten *Old Man's Registration,* bei der am 27. April 1942 alle wehrfähigen und zwischen dem 28. April 1877 und dem 16. Februar 1897 geborenen Männer behördlich erfasst wurden.[43]

Etwa zur selben Zeit wurde Weissmann durch Vermittlung von Arthur Judsons Columbia Concerts Corporation die Leitung des Scranton Philharmonic Orchestra angeboten. Die im Nordosten des amerikanischen Bundesstaates Pennsylvania gelegene, 1856 gegründete Stadt Scranton verdankte ihren Namen zwei Brüdern, in deren Fabriken die Schienen für die damals überall vorangetriebenen Eisenbahnwege hergestellt wurden. Kohle- und Eisenerzbergbau waren bis in die 1940er Jahre die Hauptindustriezweige der Stadt, die ein bedeutender Eisenbahnknotenpunkt war und 1940 140.000 Einwohner zählte, seitdem aber fast fünfzig Prozent davon eingebüsst hat.

Bereits 1893 hatten Musikliebhaber in Scranton ein Sinfonieorchester gegründet, das jedoch nur bis 1916 existierte. 1917 entstand in dem katholischen St. Thomas College (heute Scranton University) ein Studentenorchester, dessen Leitung 1937 in die Hände des vor den Nazis aus Deutschland geflohenen Felix Maria Gatz (1892-1942) gelegt wurde. Der in Berlin als Sohn eines jüdischen Kaufmanns geborene, an der Universität Erlangen zum Doktor der Philosophie promovierte und von Arthur Nikisch (1855-1922), dem legendären Chefdirigenten der Berliner Philharmoniker (1895-1922), geförderte Gatz, der eigentlich Felix Goldner hieß, hatte sich als Gründer der Berliner Bruckner-Gesellschaft und deren aus Mitgliedern der Berliner Philharmoniker bestehendem Orchester in den 1920er Jahren einen Namen als Bruckner-Dirigent gemacht. 1929 als Professor an die Wiener Musikhochschule berufen, kehrte er 1932 nach Berlin zurück, um ein Jahr später vor den Nationalsozialisten 1933 ins amerikanische Exil zu fliehen, wo er nach einem Umweg über Pittsburgh, Pennsylvania, 1937 ans St. Thomas College in Scranton berufen wurde. Dort verwandelte er alsbald das Studentenorchester in das Scranton Philharmonic Orchestra, legte aber die Leitung zwei Jahre später in andere Hände, um sich mehr seinen akademischen Pflichten widmen zu können. Dies sollte ihm nur kurz vergönnt sein, denn Felix Maria Gatz starb schon am 26. Juni 1942 im Alter von fünfzig Jahren.[44]

Gatz' Nachfolger wurde der aus Ungarn stammende und von Bruno Walter früh geförderte Georges Sebastian (1903-1989), der Scranton allerdings schon

1941 nach zwei Spielzeiten wieder verließ, um bei CBS ein neues Programm-Highlight, die „Great Moments of Music" mit Ausschnitten aus beliebten Opern und unter Mitwirkung bekannter Sänger, musikalisch zu leiten. Seinen Posten in Scranton übernahm nun Weissmann, der mit seiner Zusage nicht lange zögerte, obwohl ihm klar war, dass er auch mit diesem Orchester kein erstklassiges Orchester bekommen würde.

Weit entfernt vom Standard nicht nur der *Big Five* (New York, Boston, Chicago, Philadelphia und Cleveland), sondern auch der Orchester von Los Angeles, San Francisco, Minneapolis, Detroit, Pittsburgh oder Rochester, spielte das Scranton Philharmonic Orchestra in der gleichen „Liga" wie das New Jersey Symphony Orchestra. Wie dieses war auch das Scranton Philharmonic Orchestra ein mit wenigen Berufsmusikern durchsetztes Laienorchester. Finanziell bewegte sich das Engagement, das ihn zunächst pro Saison zu vier Abendkonzerten und zu zwei nachmittäglichen Jugendkonzerten verpflichten würde, im Rahmen dessen, was er beim Orchester in New Jersey verdiente. Das war nicht sehr lukrativ, aber beide Engagements zusammen waren doch eine tragfähige Basis, zumal jetzt Kriegszeiten herrschten und kaum Aussichten auf bessere Positionen bei namhafteren Orchestern bestanden. Außerdem gab es an den Verkehrsverbindungen zu der etwa 120 Meilen von New York entfernten Stadt wenig auszusetzen, höchstens dass er Scranton mit den damaligen Verkehrsmitteln nicht ganz so schnell wie seine Wirkungsstätten in New Jersey erreichen konnte. Seine Zusage führte zum längsten Engagement seiner beruflichen Laufbahn und sollte erst 1958 beendet werden.

Keine Hoffnung auf Wiedersehen

Schon bald nach der deutschen Besetzung der Niederlande war der Terror gegen Juden massiv verstärkt worden. Nach der Niederschlagung eines Generalstreiks im Februar 1941 wurden Juden zunehmend gesellschaftlich isoliert durch Verbote der Teilnahme am Rundfunk und des Besuchs von Kinovorstellungen, durch Zugangsverweigerung für öffentliche Gebäude, Heilbäder, Kurorte, Schwimmbäder, Restaurants und Cafés, schließlich auch durch Blutspendeverbot und Berufsverbote für jüdische Rechtsanwälte, Ärzte und Apotheker. Und obendrein trafen im Frühsommer 1941 immer häufiger Todesmeldungen von jenen 425 jungen jüdischen Männern ein, die nach dem „Februarstreik" als Vergeltungsmaßnahme ins Konzentrationslager Mauthausen deportiert worden waren. Ab 1. Juni 1942 wurde für alle Juden das Tragen des gelben Sterns angeordnet, und schon fünfzehn Tage später begannen die ersten Deportationen holländischer Juden in die Vernichtungslager Auschwitz-Birkenau und Sobibór.

Ausgangspunkt der Deportationen war das ehemals holländische „Zentrale Flüchtlingslager Westerbork", das die Deutschen zum „Polizeilichen Judendurchgangslager Kamp Westerbork" umgewidmet hatten. In dieses Lager war auch Auguste Weissmann gebracht worden, nachdem sie den Häschern der Na-

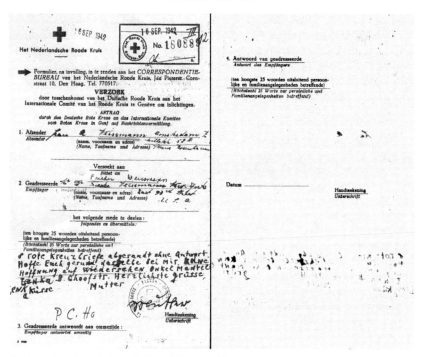

Vorder- und Rückseite des letzten Briefs von Weissmanns Mutter.

zis auf Grund einer Denunziation ins Netz gegangen war. Die Gefangenen im Lager Westerbork konnten Kontakt zu Familienangehörigen im Ausland nur mittels Briefformularen des niederländischen Roten Kreuzes aufnehmen, die dem Absender die Niederschrift von höchstens 25 Worten und diese auch nur für persönliche und familiäre Angelegenheiten gestatteten. Auguste Weissmann hatte offenbar schon acht dieser Kürzestbriefe an ihren Sohn geschickt, die ihn allerdings ebenso wenig erreicht hatten wie ihr letztes, mit Datumstempel vom 16. September 1942 versehenes Lebenszeichen. Mit ganz wenigen Worten nimmt da eine alte, einsame Frau, die sich keinen Illusionen über ihr weiteres Schicksal hingab, Abschied von ihrem Sohn: „8 rote Kreuzbriefe abgesandt ohne Antwort. Hoffe Euch gesund, dasselbe bei mir. Keine Hoffnung auf Wiedersehen. [...] Herzlichste Grüsse, Küsse Mutter [Unterschrift] Mutter."[45] Kaum drei Monate später wurde Auguste Weissmann am 12. Dezember 1942 vom Lager Westerbork zum Konzentrationslager Auschwitz-Birkenau „überstellt" und dort vermutlich gleich nach der Ankunft ermordet.

Diesen Abschiedsbrief seiner Mutter hat Weissmann erst viele Jahre später erhalten, als der Krieg schon lange vorbei war.[46] Von ihrem tragischen Ende hatte er allerdings schon vorher auf andere, fast schicksalhaft anmutende Weise erfahren. Sylvia Willink-Quiël erzählte er dazu diese wundersame und zugleich schreckliche Geschichte: Bei einem Konzert, das er kurz nach Ende des Krieges dirigierte, sei eine Dame aus dem Publikum auf ihn zugekommen und habe ihm den Spazierstock seines Vaters überreicht. Auf seine erstaunte Frage, wie sie in dessen Besitz gekommen sei, erwiderte sie, eine Frau habe ihr diesen Gehstock im Konzentrationslager Auschwitz übergeben mit der Bitte, ihn – falls sie dem KZ je entkomme – ihrem Sohn, der ein berühmter Dirigent sei, zu überbringen. Weissmann hütete seitdem diesen Gehstock wie seinen Augapfel, und es war ganz gewiss in seinem Sinne, dass man ihm diesen Stock mit ins Grab gab.[47]

Musik in Zeiten des Krieges

Zur gleichen Zeit, da in den Niederlanden das Schicksal seiner Mutter endgültig besiegelt wurde, hatte ihr davon nichts ahnender Sohn in Scranton seinen ersten Auftritt als Leiter des Scranton Philharmonic Orchestra und zwar ausgerechnet mit der Wiedergabe zweier Sätze aus Beethovens „SCHICKSALS-SINFONIE" NR. 5 C-MOLL OP. 67. Die Aufführung am Sonntag, dem 20. September 1942, erfolgte nicht im Rahmen einer regulären Konzertveranstaltung seines neuen Orchesters, sondern während einer Zeremonie, bei der Rotkreuz-Krankenschwestern feierlich zum Kriegseinsatz verpflichtet wurden. Veranstaltungsort war die Spielstätte des Orchesters, der fast 2.000 Personen fassende große Theater- und Konzertsaal im Freimaurertempel (Masonic Temple) von Scranton, einem mächtigen, 1930 im reinsten Art-Deco-Stil errichteten Mehrzweckgebäude, das heute das Scranton Cultural Center beherbergt.

Leider führten unsere Recherchen zu Weissmanns Tätigkeit in Scranton bislang nur zu fragmentarischen Resultaten. Sicher rührt dies auch daher, dass das Orchester seit 1970 in seiner alten Form nicht mehr existiert. In jenem Jahr fusionierte es nämlich mit dem Orchester der Nachbarstadt Wilkes-Barre zum Northeastern Pennsylvania Philharmonic Orchestra und wurde ein reines Berufsorchester. Weil seine beiden Orchester sich strukturell nur wenig voneinander unterschieden, kann man aber davon ausgehen, dass Weissmann ihre Veranstaltungsprogramme ähnlich konzipierte. Tatsächlich nutzte er „Synergieeffekte", indem er manchmal in New Jersey und Scranton dieselben Solisten auftreten ließ und mit den Orchestern öfters auch dieselben Werke aufführte. Der Blick auf das Programm des NJSO für die Spielzeit 1942/43 mag daher genügen, um einen Eindruck dessen zu vermitteln, was auch in Scranton bei den vier Abendkonzerten und zwei nachmittäglichen Jugendkonzerten zur Aufführung gekommen sein könnte. In New Jersey hatte die Spielzeit am 19./20. Oktober 1942 begonnen. In den insgesamt fünf Doppelveranstaltungen, zuletzt am 19./20. April 1943, wurden elf reine Orchesterwerke aufgeführt: drei große Sinfonien von Mozart, Beethoven und Schubert, drei Opern-Ouvertüren von Mozart, Nicolai und Wagner sowie Tschaikowskys Fantasie-Ouvertüre ROMEO UND JULIA, Enescus RUMÄNISCHE RHAPSODIE NR. 1 OP. 11, Ravels DAPHNIS ET

CHLOÉ ORCHESTERSUITE NR. 2, eine für Orchester bearbeitete TOCCATA Girolamo Frescobaldis und die Tondichtung THE WHITE PEACOCK OP. 7, 1 des früh verstorbenen Amerikaners Charles Tomlinson Griffes (1884-1920). Hinzu kamen drei Klavierkonzerte (Mozart, Beethoven, Grieg), bei denen die junge Argentinierin Marisa Regules und der seit 1939 in den USA auftretende Pole Mieczysław Horszowski (1892-1993) solistisch mitwirkten, Brahms' VIOLINKONZERT D-DUR OP. 77 mit der erst 14jährigen Geigerin Patricia Travers (1927-2010) sowie vier, von dem Tenor William Haines vorgetragene Arien und Lieder von Bizet, Puccini, Wagner und Richard Strauss.

Inzwischen hatte der Krieg zunehmend seinen Tribut gefordert. Veranstaltern wurde das Leben erschwert durch eine am 7. Januar 1943 durch das OPA erlassene und nur an der Ostküste in Kraft getretene Verordnung (*Pleasure Driving Ban*), mit welcher alle nicht unbedingt nötigen privaten Autofahrten zur Reduzierung des Benzinverbrauchs unterbunden werden sollten.[48] Zusätzliche Probleme entstanden durch plötzliche Einberufungen von Orchestermusikern und Solisten. Oftmals konnte erst in letzter Minute ein Ersatz gefunden werden, so am 1./2. Februar 1943, als Mieczysław Horszowski beim NJSO kurzfristig für den 1939 in die USA eingewanderten und nun zum Militär einberufenen ungarischen Pianisten György Sándor (1912-2005) einspringen musste. Das Konzert, das erste nach Inkrafttreten des *Pleasure Driving Ban*, wurde dennoch für alle Beteiligten ein großer Erfolg, auch weil das etwas weniger herausgeputzte Publikum – wie die *Newark Evening News* feststellten – „anscheinend recht locker mit den Transporthindernissen umzugehen wusste". Um das Publikum vom heimischen Herd wegzulocken, hatte Weissmann, wie das Blatt fortfuhr, jedoch keinerlei Konzessionen gemacht: „Frieder Weissmann bot keine Sensationen, keine Glamour-Stücke, keine gefälligen Novitäten, sondern ein edles und reizvolles Programm, so gekonnt und mit Gefühl dargeboten, dass die Musik unmittelbar berührte und die Zuhörer zu einem so herzlichen Beifallssturm animierte wie schon lange nicht mehr bei diesen Konzerten. [...] Das Orchester verdient große Anerkennung für die mittlerweile erreichte Akkuratesse, Expressivität und Klangschönheit. Es kann sich aber auch glücklich schätzen, einen Dirigenten zu besitzen, der bestrebt ist, Musik im Kern zu erfassen und so genau wie möglich zu präsentieren."[49]

Wie bei Publikum und Presse fanden die Anstrengungen von Orchester und Dirigent auch beim Trägerverein großen Beifall. Mit großer Genugtuung stellte Russell B. Kingman, der Ehrenpräsident des NJSO, zum Ende der Saison 1942-43 in aller Öffentlichkeit fest, dass „das Orchester trotz kriegsbedingter Einschränkungen und vermehrter Veranstaltungen, trotz Transportschwierigkeiten und schlechtem Wetter die erfolgreichste Saison seiner Geschichte hinter sich gebracht und zudem erstmals einen Gewinn erzielt" habe.[50]

Bestärkt durch solche Anerkennung, hielt Weissmann auch in den Spielzeiten 1943/44 und 1944/45 an seiner bewährten Programmplanung fest. Neben arrivierten Künstlern wie dem ungarischen Pianisten Andor Foldes (1913-1992) und seinem – diesmal erschienenen – Landsmann György Sándor oder ihrer kanadischen Kollegin Muriel Kerr (1911-1963) engagierte er auch manch junges, aufstrebendes Talent. Sicher spielten bei deren Verpflichtung deren geringere Gagenansprüche eine gewisse Rolle, ausschlaggebend waren sie aber nicht. Denn weniger bekannte Solisten bedeuten auch ein größeres Risiko für den Veranstalter. Nicht jedes dieser Talente machte international Karriere und wurde später so bekannt wie z. B. der achtzehnjährige Pianist Julius Katchen (1926-1969), der im April 1944 mit Tschaikowskys KLAVIERKONZERT NR. 1 B-MOLL beim NJSO gastierte. Doch vom Können her waren Musiker wie die weniger berühmten Geigerinnen Fredell Lack (* 1922) und Gloria Perkins (* 1923) oder ihr Kollege Harold Kohon (* 1926) ebenfalls erstklassig.[51]

Bei der Auswahl der Werke legte Weissmann das Hauptgewicht auf die Musik des 19. Jahrhunderts und spannte den Bogen von der Barockzeit bis zur aktuellen Moderne. Dem damaligen Zeitgeschmack entsprechend, wählte er bei Barockmusik gerne klangsatt orchestrierte moderne Arrangements, ähnlich Leopold Stokowskis berühmter, 1927 mit dem Philadelphia Orchestra auf Schallplatte eingespielter Version von J. S. Bachs TOCCATA AND FUGUE IN D-MOLL BWV 565. Eine zweifellos von Stokowski inspirierte Adaption war die 1929 von Philip James, dem ersten Dirigenten des NJSO, komponierte Orchesterfassung von J. S. Bachs CHORALVORSPIEL „WIR GLAUBEN ALL AN EINEN GOTT" BWV 680, die Weissmann 1944/45 sowohl mit dem NJSO als auch in Scranton aufführte. Seine Wertschätzung für Philip James, aber auch sein Interesse für das regionale Musikschaffen bewies Weissmann, indem er 1943/44 Werke zweier Komponisten aus New Jersey uraufführte, die BALLAD FOR STRING ORCHESTRA des James'-Schülers John Tasker Howard (1890-1984) und Anne B. Rochlins (1918-2008) CLOUDS.

In Scranton sorgte Weissmann am 20. März 1944 für eine weitere Uraufführung während der Spielzeit 1943/44. Sie galt dem Orchesterwalzer THREE-FOUR, dem neuesten Werk des Freundes Horace Johnson, das Weissmann kurz darauf, am 18. April 1944, auch im Rahmen einer Radioübertragung einer noch größeren Öffentlichkeit vorstellen konnte. Die New Yorker Station WOR war ausstrahlender Sender des Programms, das noch Enescus RUMÄNISCHE RHAPSODIE NR. 2 D-DUR OP. 11,2 und Debussys TARANTELLE STYRIENNE in der Orchesterfassung von Maurice Ravel umfasste. Obwohl am späten Dienstagabend vor Mitternacht platziert, war die in der Regel halbstündige Sendung mit dem hauseigenen Orchester Sinfonietta beim Publikum sehr beliebt. Dass es auch eine von Dirigenten geschätzte Sendung war, belegt die Gästeliste. Neben Weissmann finden sich da in den ersten neun Monaten des Jahres 1944 die Namen des jahrzehntelangen Chefs des Boston Pops Orchestra Arthur Fiedler (1894-1979), des amerikanischen Komponisten Russell Bennett (1894-1981) und von Hans Wilhelm Steinberg, der sich jetzt William Steinberg nannte.

Gründer der Sinfonietta war der amerikanische Cellist und Dirigent, Alfred Wallenstein (1898-1983), ein Nachfahr des kaiserlichen Generalfeldmarschalls

Frieder Weissmann und sein Lieblingspferd "Rummy", ca. 1945.

Albrecht von Wallenstein und seit 1935 Musikchef des Senders WOR. Seinen Gästen ließ Wallenstein bei der Programmgestaltung ziemlich freie Hand. So konnte Weissmann, der von März bis Mai insgesamt sechs Sendetermine erhalten hatte, u. a. auch die von ihm so geschätzte zweite Sinfonie Beethovens und Brittens VARIATIONS ON A THEME OF FRANK BRIDGE OP. 10 aufführen.

WOR gehörte zum 1934 auf genossenschaftlicher Basis gegründeten Mutual Broadcasting System-Network, d. h. einem Konkurrenzunternehmen zu Arthur Judsons CBS-Network. Demzufolge war auch Weissmanns Engagement beim Sender WOR nicht durch Vermittlung von Arthur Judsons Columbia Concerts Corporation zustande gekommen, sondern auf Grund eigener Initiative. Zwischen ihm und Judson hatte es von Anfang an Spannungen gegeben, weil Weissmann, der Agenten nicht sonderlich schätzte und sie offenbar mehr als notwendiges Übel, denn als notwendige Partner in einer schwierigen Branche betrachtete, sich Judsons Diktat nicht immer gebeugt hatte. Als Judson nun unter Berufung auf bestehende vertragliche Vereinbarungen seine Provision auch bei diesem Radioengagement einforderte, platzte Weissmann, der sich übervorteilt fühlte, der Kragen.[52] Die Folge war, dass er plötzlich nicht nur ohne Agenten dastand, sondern es sich mit Judson, dem einflussreichsten Mann der Branche, für immer verdorben und ihn fortan zum Gegner hatte, ein Manko, das seine künftigen Chancen auf der US-amerikanischen Musikszene ganz erheblich beeinträchtigen sollte.

Unterdessen war Weissmann auch zum Wehrdienst herangezogen worden, konnte aber anscheinend trotzdem stets alle Proben- und Konzerttermine sowohl in New Jersey wie in Scranton wahrnehmen. Diese Chance verdankte er besonders dem ihm wohlgesonnenen New Yorker Bürgermeister La Guardia. Denn La Guardia, der von der Pferdeliebhaberei des Dirigenten wusste, hatte dafür gesorgt, dass Weissmann zu einer Kavallerieeinheit im Bundesstaat Maine versetzt wurde. Zusammen mit acht Kameraden betreute er 64 Pferde, darunter eines, dessen Besitzer so unzufrieden mit dem Tier war, dass er es töten lassen wollte. „Zu diesem Mann sagte ich, zeigen Sie mir das Pferd. Ich ging auf das Pferd zu und sprach mit ihm sehr lange. Ich betrachtete das Pferd. Es zeigte keine Bewegung. Nach einer Stunde ging ich weg, kam aber bald wieder zurück. Wieder unterhielt ich mich mit dem Pferd, das sich plötzlich mir zuwandte und mich groß anschaute. Da sagte ich: ,Du bist ein gutes, ein schönes Pferd.' Und von da an gehörte dieses Pferd mir. Es war ganz und gar mein Pferd, nur ich durfte es reiten, jeden anderen warf es aus dem Sattel."[53] „Rummy", so der Name von Weissmanns Lieblingspferd, blieb noch lange nach dem Krieg sein treuer Begleiter.

Weissmanns Einsatz an der *homefront* als Kavallerist und Dirigent sollte schließlich Früchte tragen. Seinem Antrag Nr. 471625 folgend,[54] wurde ihm am 31. August 1944 vom Southern District Court of New York das von Richter George J. H. Follmer signierte Certificate of Naturalization Nr. 6220011 ausgehändigt.[55] Es war sein vierter Nationalitätenwechsel, mit dem er – nach Russland, Finnland, Deutschland, Argentinien – die fünfte Staatsangehörigkeit annahm, die seine letzte bleiben sollte.

Ein neuer Anfang

Im August 1942 rief die Musikergewerkschaft American Federation of Musicians (AFM) ihre Mitglieder zu einem Streik auf, der die US-Schallplattenindustrie für mehr als zwei Jahre fast völlig lahmlegte. Hauptforderung der Gewerkschaft war eine angemessene Honorierung ihrer Mitglieder bei Schallplattenproduktionen. Nachdem kleineren Firmen schon im Herbst 1943 die Puste ausgegangen war, gaben schließlich auch die beiden mächtigsten Firmen der Branche, RCA Victor und Columbia, ihren Widerstand auf und beugten sich am 11. November 1944 den Forderungen der Gewerkschaft. Kaum war der Streik zu Ende, lief die Schallplattenproduktion schon wieder auf Hochtouren. Musiker, die sich im Schallplattengeschäft auskannten, waren wieder gefragt und drückten sich in den Aufnahmestudios die Klinken in die Hand.

Auch für Weissmann standen jetzt wieder die Türen der Aufnahmestudios offen und zwar bei RCA Victor, der Konkurrenz seiner ehemaligen Schallplattenfirma Columbia. RCA Victor war eine Marke der damals weltweit größten Schallplattenfirma Victor Talking Machine Company, eines Unternehmens des mächtigen RCA-Konzerns, dem auch das NBC-Network gehörte. Anfang März 1945 trat James W. Murray, General Manager der RCA Victor, vor die Presse und verkündete das Engagement einer stattlichen Riege hochkarätiger Musiker durch sein Schallplattenlabel. Neben Licia Albanese, Margaret Harshaw und

Frieder Weissmann dirigiert das RCA Victor Symphony Orchestra bei einer Schallplattenaufnahme, 1945.

Robert Merrill, drei Stars der New Yorker „Met", waren dies der aus Argentinien stammende Geiger Riccardo Odnoposoff (1914-2004), der amerikanische Dirigent deutscher Herkunft Karl Krueger (1894-1973) vom Detroit Symphony Orchestra und – last but not least – Frieder Weissmann, Leiter des New Jersey Symphony Orchestra und des Scranton Philharmonic Orchestra.[56]

Dessen Engagement bei RCA Victor war ein sichtbares Zeichen der vollzogenen Trennung von Arthur Judsons Columbia Concerts Corporation. Nun setzte Weissmann seine Hoffnungen auf einen Mann, der ihm den Weg zu RCA Victor geebnet haben dürfte: Siegfried Hearst (1883-1963) von der National Concert and Artist Corporation (NCAC), einer ehemaligen NBC-Tochterfirma, die als Nummer zwei der US-amerikanischen Konzertagenturen galt.

Im Unterschied zu dem oft ruppigen und aufbrausenden Arthur Judson war Siegfried Hearst ein Agent mit besseren Manieren. Deswegen war er, der einst in Barmen als Siegfried Herz auf die Welt gekommen war und seit 1907 zuerst in Kanada, danach in den USA lebte, für viele sensible Künstlernaturen wie Leopold Stokowski, Jascha Heifetz, Artur Rubinstein, Joseph Szigeti oder Emanuel Feuermann auch die bessere Wahl. Die Sängerin Inge Borkh (* 1921) erinnerte sich an ihn als einen „Glücksfall". Sie bezeichnete Hearst als „einen europäisch denkenden Manager [...]. Er war durch und durch Künstler [...] und führte das Leben eines Bohemiens. Hearst war von einer Begeisterungsfähigkeit, die uns alle, die wir seine Schützlinge waren, verpflichtete, so gut zu sein, wie er uns einschätzte. Ich hatte nie den Eindruck, dass wir, was wir ja in Tat und Wahrheit waren, Geschäftspartner seien."[57]

Den zehn Jahre älteren Bonvivant Hearst hatte Weissmann schon bald nach seiner Ankunft in den USA kennen- und schätzengelernt. Weil er sich aber zuerst an Arthur Judson gebunden hatte, war es in den Anfangsjahren bei der lockeren Verbindung zwischen ihm und Hearst geblieben. Nun waren die beiden aber doch noch zusammengekommen. Mit einem Vertrag als *first opera conductor* des Schallplattenlabels RCA Victor in der Tasche, betrat Weissmann zum ersten Mal am 17. April 1945 in New York ein RCA-Aufnahmestudio. Eingespielt wurde an diesem Tag das Duett „Mira, o Norma" aus Vincenzo Bellinis Oper NORMA mit der Sopranistin Zinka Milanov und der Altistin Margaret Harshaw. Weissmann dirigierte das RCA Victor Orchestra, ein 1940 gegründetes Studioorchester aus Mitgliedern der New York Philharmoniker, des Orchesters der Metropolitan Opera, des NBC Symphony Orchestra sowie anderer bedeutender Klangkörper, das bis in die 1960er Jahre existierte. Zinka Milanov stand auch im Mittelpunkt der zweiten Einspielung dieses Tages. Die gebürtige, von Toscanini hochgeschätzte Kroatin Milanov, die 1937 erstmals an der New Yorker „Met" auftrat und danach dreißig Jahre lang einer der großen Stars dieses Hauses war, sang – zusammen mit dem Tenor Jan Peerce (1904-1984) – das Miserere „Quel suon... Ah! che la morte" aus Verdis IL TROVATORE.

Als Weissmann, Zinka Milanov und das RCA Victor Orchestra einen Monat später, am 17. Mai 1945, wieder im New Yorker RCA Recording Studio zusammenkamen, hatte sich die Welt verändert. Der Krieg in Europa war endlich vorbei, nachdem Deutschland eine Woche vorher, am 8./9. Mai 1945, vor den Alliierten und der Sowjetunion kapituliert hatte. Jetzt blickten die Menschen wieder voller Hoffnung in die Zukunft, auch Weissmann war optimistisch, zumal Siegfried Hearst ihm gerade den ersten Konzerttermin im Nachbarland Kanada vermittelt hatte. Am 9. August 1945 sollte er in Toronto das dortige Sinfonieorchester bei den sommerlichen „Proms", Open-Air-Konzerten im Varsity Stadion von Toronto, dirigieren.

Toronto August 1945

Das 1922 gegründete Toronto Symphony Orchester hatte sich seit 1931 unter seinem zweiten Chefdirigenten, dem mehr als fünfundzwanzig Jahre lang amtierenden und von der englischen Königin geadelten kanadischen Komponisten und Dirigenten Sir Ernest Macmillan (1893-1973), zu dem wohl bedeutendsten Klangkörper Kanadas entwickelt. Als Weissmann am Abend des 9. August 1945 vor dieses Orchester trat, war er für das kanadische Publikum noch ein weitgehend unbeschriebenes Blatt oder – wie es die Zeitung *The Toronto Star* in einer Vorankündigung ausdrückte – eine „Spekulation".[58] Nur zwei Stunden später, nachdem er Orchester und Publikum geradezu mitgerissen hatte bei Wagners RIENZI-Ouvertüre, Enescus RUMÄNISCHER RHAPSODIE NR. 1, Ravels LA VALSE und diversen Arien aus Opern von Wagner (TANNHÄUSER), Verdi (AIDA, IL TROVATORE) und Leoncavallo (I PAGLIACCI), gesungen von der Sopranistin Selma Kaye (* 1918), war sein Name ein Begriff geworden. Die Presse war begeistert und staunte vor allem darüber, dass er das gesamte Konzert aus dem Gedächtnis dirigiert hatte. Nicht minder beeindruckte sie, dass der Dirigent sich auch körperlich völlig verausgabte und – wie *The Toronto Star* fast bewundernd registrierte – zwei seiner weißen Dinner-Jackets völlig durchschwitzte.[59]

Im zahlreich erschienenen Publikum im Varsity Stadion von Toronto hatte auch ein 14jähriger Knabe gesessen, der seit vier Jahren das Royal Conservatory of Music in Toronto besuchte und dort von dem chilenisch-kanadischen Pianisten, Komponisten und Lehrer Alberto Guerrero (1886-1959) Klavierunterricht erhielt. Er hieß Glenn Gould (1932-1982) und sollte Guerreros berühmtester Schüler werden, der nach einem fulminanten USA-Debüt 1955 mit seinem scharf akzentuierten Spiel zur internationalen Pianistenspitze vorrückte. Noch etwas scheu in seinem Verhalten, hatte Gould den Dirigenten während der Pause oder nach dem Konzert in seiner Garderobe aufgesucht und in ein Gespräch verwickelt, das beide offenbar als so anregend empfanden, dass sie es in den nächsten Jahren jeden Sommer weiterführten.[60] Denn sein gelungenes Einstandskonzert hatte Weissmann sogleich ein Engagement für die Arena-Konzerte im kommenden Jahr eingebracht. Auch dieses Konzert wurde wieder ein voller Erfolg, und Weissmann war danach lange Zeit ein Dauergast bei den sommerlichen Open-Air-Konzerten in Toronto.

Rede und Antwort stand Weissmann am Tag nach seinem kanadischen Debüt auch den vornehmen Herrschaften des Arts and Letters Club, einer 1908 gegründeten Vereinigung der prominentesten Kulturschaffenden in Toronto. Zum Lunch ins würdige Clubhaus eingeladen, plauderte er „amüsant über das Leben in Buenos Aires, wo er von 1934 bis 1937 dirigierte." Dabei würzte er seinen Vortrag – so der Rückblick im monatlichen Rundbrief des Vereins – mit erstaunlicher Kunde von der Musikkultur des fernen Landes: „Seiner Erzählung nach muss Buenos Aires für Musiker ein Paradies sein, in dem es nicht nur Wein, Frauen und Gesang allezeit und bis zum frühen Morgen gibt, sondern dazuhin auch noch die kürzesten Orchesterproben."[61]

Eigentlich hätten zu diesem Zeitpunkt andere Nachrichten mehr Aufmerksamkeit verdient: am 9. August 1945, elf Uhr Ortszeit, hatten die Amerikaner eine zweite Atombombe, drei Tage nach der völligen Zerstörung Hiroshimas, auf die Hafenstadt Nagasaki abgeworfen. Die Zeitverschiebung von minus dreizehn Stunden mochte daran schuld gewesen sein, dass in den kanadischen Tageszeitungen davon noch nichts zu lesen war, doch übers Radio wird man wohl auch hier am Ontariosee schon am Morgen dieses 10. Augusts von dem grauenvollen Ereignis gehört haben, das alle Vorstellungskraft überstieg und letztlich das japanische Kaiserreich vollends in die Knie und zur Kapitulation am 2. September 1945 zwang. Endlich war der Zweite Weltkrieg auch im Pazifikraum vorbei.

Star-Parade bei einem Open-Air-Konzert in Newark, N. J., am 3. Juni 1947: v. l. n r., Francesco Valentino, Camilla Williams, Frieder Weissmann, Eugene Conley, Dorothy Kirsten, Winifred Heidt, Ramon Vinay.

Nachkriegsjahre

Aufschwung

Herbst 1945 – der Krieg war zu Ende und zur Erleichterung, die alle Welt verspürte, gesellte sich bei Weissmann das sichere Gefühl, dass nun auch seine Karriere wieder Auftrieb bekommen würde. Er hatte erstmals seit Jahren wieder im Ausland dirigiert und zwar so erfolgreich, dass ihm im nächsten Sommer nicht nur ein Engagement für zwei Open-Air-Konzerte in Toronto winkte, sondern auch eines für ein Open-Air-Konzert in Montreal. Außerdem stand er bei der größten amerikanischen Schallplattenfirma unter Vertrag und wurde immer öfter ins New Yorker Aufnahmestudio von RCA Victor gerufen.

Bei seinen beiden Orchestern, dem NJSO und Scranton Philharmonic Orchestra, war die Situation 1945 künstlerisch durchaus zufriedenstellend, doch in finanzieller Hinsicht waren bei beiden die Zukunftsperspektiven weniger rosig. Der *pleasure driving ban* hatte sich – je länger je mehr – doch nachteilig auf die Zuschauerzahlen ausgewirkt und für entsprechend verringerte Einnahmen gesorgt. Gleichzeitig waren während des Krieges aber auch die Ausgaben gestiegen, weil Orchestermusiker und ehrenamtliche Helfer durch bezahlte Kräfte ersetzt werden mussten. Trotz wirtschaftlicher Sorgen gaben aber die Verantwortlichen bei beiden Orchestern grünes Licht für den Start in die erste Nachkriegssaison.

In Scranton waren 1945/46 sieben Konzerte geplant, fünf Abendveranstaltungen und zwei nachmittägliche Jugendkonzerte. Als Solisten hatte man neben der international bekannten Pianistin Ellen Ballon (1898-1969) aus Montreal vier junge, vielversprechende US-amerikanische Talente engagiert: den Pianisten Eugene Istomin (1925-2003) und den Geiger Erno Valasek (* 1926), zwei Gewinner des renommierten Leventritt-Wettbewerbs, sowie die Sopranistin Camilla Williams (1919-2002) und den Bass-Bariton Mac Morgan (1917-2004). Camilla Williams stand kurz davor, als erste schwarze Sängerin von einer bedeutenden US-Opernkompanie, der New York City Opera, fest engagiert zu werden, der Texaner Mac Morgan hatte erst wenige Monate vorher seine GI-Uniform abgelegt und war nun auf dem Sprung zu einer glänzenden, bis Mitte der 1970er Jahre währenden Karriere als Konzert- und Opernsänger.

Ellen Ballon (1898-1969), deren große Zeit vor dem Zweiten Weltkrieg war, als sie in New York, London, Berlin, Wien und Amsterdam mit den bedeutendsten Orchestern und im Weißen Haus vor den Präsidenten Taft (1912) und Roosevelt (1934) konzertierte, trat auch als Solistin beim NJSO auf. Das einstige „Wunderkind", von Artur Rubinstein als „das größte pianistische Genie" gepriesen, war in Orange und Montclair eine souveräne Interpretin des Soloparts von Chopins KLAVIERKONZERT NR. 2 F-MOLL OP. 21. Solisten bei den restlichen drei Konzerten (à zwei Aufführungen) des NJSO waren das 18jährige Pianistenwunder Byron Janis (*1928), der Cellist Maurice Eisenberg und die langjährige Konzertmeisterin des Orchesters Joan Kelsey, zwei heimische und mit dem Orchester eng verbundene Musiker. Vladimir Horowitz' Lieblingsschüler Byron Janis begeisterte auch jetzt wieder als Solist in Rachmaninoffs KLAVIERKONZERT NR. 2 C-MOLL OP. 18, mit dem er 1943 in New York ein sensationelles Orchesterdebüt gegeben hatte. An großen sinfonischen Werken offerierten die Konzerte Kompositionen von Mozart, Beethoven, Schubert, Brahms und Richard Strauss. Ein besonderes Programm-Highlight war die Aufführung von Edward Elgars INTRODUKTION UND ALLEGRO FÜR STREICHQUARTETT UND STREICHORCHESTER, bei dem der Orchester-Ehrenpräsident Russell B. Kingman mit seinem American String Quartet mitwirkte.

Als Orchesterleiter und Gastdirigent im Aufschwung begriffen, war Weissmann inzwischen auch als *first opera conductor* von RCA Victor gut im Geschäft. Bis 1947 entstanden dort unter seiner musikalischen Leitung mehr als fünfzig Aufnahmen von – natürlich – zumeist Opernmusik, in der Regel – wir befinden uns immer noch in der Schellackplatten-Ära – kurze Ausschnitte wie Arien oder Duette. Die Sängerinnen und Sänger, mit denen er dabei zusammenarbeitete, waren allesamt Spitzenkräfte, die fast alle zum Stammpersonal der Met oder der städtischen New York City Opera gehörten. Allein die Aufzählung ihrer Namen lässt die Herzen von Opernfreunden noch heute höher schlagen: die Sopranistinnen Zinka Milanov, Licia Albanese, Jarmilá Novotna, die Mezzosporanistinnen Lucielle Browning, Nan Merriman und Blanche Thebom, die Tenöre James Melton, Jan Peerce und Set Svanholm sowie die Bassisten Robert Merrill und Leonard Warren. Ein Sonderfall war Jeannette MacDonald (1903-1965), die ihren Starruhm vor allem Musicals am Broadway und in Hollywood verdankte. Eine Schülerin von Lotte Lehmann, war sie aber auch schon früh als Konzertsängerin aktiv geworden und hatte ab 1943 den Sprung auf die Opern-bühne gewagt und in Chicago, Cincinnati und Philadelphia beachtliche Erfolge erzielt.

Alle Aufnahmen, die Weissmann damals mit den genannten Künstlern für RCA Victor auf Schallplatte einspielte, fanden große Zustimmung bei Presse und Publikum und fast alle sind auch heute noch – in verschiedensten Varian-ten auf CDs konfektioniert – eine gängige Ware im Tonträgerhandel. Beson-ders erfolgreich waren die Aufnahmen mit Arien und Szenen aus Puccinis MADAME BUTTERFLY mit Licia Albanese, Lucielle Browning und James Melton. Sie standen jahrelang und bis weit in die 1950er Jahre auf den Klassik-Bestsel-lerlisten von *Billboard*, dem wichtigsten amerikanischen Fach- und Branchen-blatt für Musik und Entertainment.

Ausnahmsweise hat Weissmann bei RCA Victor 1946 auch Aufnahmen zweier Instrumentalkonzerte gemacht. Am 8. Mai begleitete er mit dem RCA Victor Symphony Orchestra den Violavirtuosen William Primrose bei der Ein-spielung des seinerzeit fälschlich Georg Friedrich Händel zugeschriebenen VIOLAKONZERTS A-MOLL, das tatsächlich eine Schöpfung des französischen Bratschisten und Komponisten Henri Casadesus (1879-1947) aus dem Jahre 1924 ist. Angesichts der alles andere als barocken Instrumentierung und der ro-mantisch-schmachtenden Melodien vor allem im langsamen Satz, kann man es heute kaum glauben, dass damals niemand an der angeblichen Autorschaft Händels zweifelte.[62] Das andere Instrumentalwerk, das Weissmann 1946 bei RCA Victor dirigierte, war die am 7. November aufgenommene SCHOTTISCHE FANTASIE ES-DUR FÜR VIOLINE UND ORCHESTER, OP. 46 von Max Bruch mit Ja-scha Heifetz (1900-1987), dem damals wohl berühmtesten Geiger, als Solisten.[63] Obwohl dessen erste Einspielung und zugleich die allererste Schallplattenein-spielung des Werks überhaupt, blieb die Aufnahme unter Verschluss, wahr-scheinlich deswegen, weil Heifetz schon kurz danach eine zweite Aufnahme mit dem nunmehr von William Steinberg geleiteten RCA Victor Symphony Orche-stra machte, die – aus welchen Gründen auch immer – der Weissmannschen Aufnahme vorgezogen und veröffentlicht wurde. Heifetz spielte das Werk da-nach noch zweimal ein, 1961 mit dem New Symphony Orchestra of London unter Malcolm Sargent und 1970 bei einer Fernsehsendung, wobei letztere Auf-nahme ebenfalls auf Schallplatte unveröffentlicht blieb. Nachdem sie 65 Jahre lang im Archiv der mittlerweile von Sony übernommenen Produktionsfirma still vor sich hin geschlummert hatte, wurde die von Weissmann dirigierte Auf-nahme dann doch noch 2011 im Rahmen einer Heifetz-Gesamtausgabe in den Handel gebracht.[64]

Eine Krise, ein Höhenflug und ein schneller Abgang

Beim NJSO hatte sich zum Ende der Saison 1945/46 wenig an der finanziell misslichen Situation geändert. Der unter Druck geratene Vorstand unternahm hilflose Versuche, das Steuer herumzureißen, auch dadurch, dass sein Präsident Arnott anfing, sich stärker als früher in Fragen der Programmgestaltung einzumischen. Dies führte über kurz oder lang unweigerlich zu Konflikten mit Weissmann. Zum Eklat kam es schließlich im Frühsommer 1946, als Arnott einen von Weissmann lebhaft befürworteten Gastauftritt Richard Taubers brüsk ablehnte mit dem Argument, Tauber sei ein unbedeutender Sänger.[65] Weissmann war über diese Ignoranz so erbost, dass er alle Hebel gegen Arnott in Bewegung setzte: „Ich habe nicht geruht, bis er abgesetzt wurde."[66] Tatsächlich warf Arnott bald darauf das Handtuch und demissionierte mit dem gesamten Vorstand.

Dank der rührigen Mrs. Parker O. Griffith konnte das von der Auflösung bedrohte Orchester doch noch gerettet werden. Ihre finanziell gut gepolsterte Essex County Symphony Society in Newark übernahm in der Spielzeit 1946/47 das Management und revitalisierte den kränkelnden Klangkörper durch gründliche Reorganisation. Der Schulterschluss des Orchesters mit Mrs. Parker O. Griffiths Essex County Symphony Society scheint ganz im Sinne Weissmanns gewesen zu sein. Denn mit dieser in Newark, der größten Stadt des Bundesstaates New Jersey, beheimateten Organisation im Rücken wurde das New Jersey Symphony Orchestra, dessen Wirkungskreis bislang auf die Gemeinden Orange und Montclair begrenzt war, künftig nicht nur seinem Namen besser gerecht, sondern stand auch finanziell auf erheblich festerem Boden. So hatte Weissmann denn auch als „berufener Dirigent des reorganisierten New Jersey Symphonieorchesters in Newark" im November 1946 gegenüber dem *American Record Guide* seine Entschlossenheit zum Ausdruck gebracht, „diesen Klangkörper zu einem der führenden Orchester des Landes aufzubauen".[67]

Der Wille zum Aufbruch in eine neue Ära zeigte sich schon in Orange am 18. November 1946 beim Eröffnungskonzert der auf drei Konzerte (mit je zwei Aufführungen) verkürzten Spielzeit 1946/47. Erstmals in der Geschichte wurde an diesem Tag ein Konzert des NJSO vom Rundfunk übertragen.[68] Ausstrahlender Sender war WQXR-FM in Newark, die von der *New York Times* betriebene, im Großraum von New York führende Klassikradiostation. Durch sie war das Konzert weit über den Saal hinaus nicht nur im Staate New Jersey, sondern auch im angrenzenden Bundesstaat New York zu hören. Das Programm bot neben Corellis „Weihnachtskonzert" CONCERTO GROSSO OP. 6 NR. 8 die SINFONIE NR. 1 E-MOLL OP. 39 von Jean Sibelius sowie drei Arien aus Opern von Marc-Antoine Charpentier, Wolfgang A. Mozart und Giacomo Puccini, vorgetragen von der hochbegabten, von Arturo Toscanini geschätzten kalifornischen Sopranistin Fiorenza Quartararo (1922-1994), die im Vorjahr auf Empfehlung Bruno Walters an der Met debütierte.[69]

Solisten der folgenden Konzerte waren am 21./22. Januar 1947 der in Paris ausgebildete kubanische Geiger Angel Reyes (1919-1988), Sohn des gleichnamigen Komponisten und Violinisten, und am 31. März/1. April 1947 das russische Tastenwunder Simon Barere (1896-1951). Vom Komponisten Alexander Glasunow als jemand bestaunt, der mit der einen Hand Franz Liszt und mit der anderen Hand Anton Rubinstein verkörperte, hatte Barere wegen der politischen Verhältnisse in seinem Heimatland und in Deutschland erst nach 1933 eine internationale Karriere beginnen können. Zwei Jahre vor seinem New Yorker Debüt in der Carnegie-Hall schaffte Barere 1934 in London den Durchbruch mit Tschaikowskys KLAVIERKONZERT NR. 1 B-MOLL. Mit diesem Stück begeisterte er nun auch in New Jersey das Publikum – fast auf den Tag genau vier Jahre vor seinem dramatischen Tod während eines Konzerts in der New Yorker Carnegie-Hall.

Die erfolgreiche Zusammenarbeit mit der Essex County Symphony Society führte schon bald nach Abschluss der regulären Spielzeit zu einem weiteren Novum in der Geschichte des Orchesters, seinem ersten Gastspiel fern von Orange und Montclair.[70] Am 25. April 1947 leitete Weissmann das Orchester bei einem Festkonzert anlässlich des 200-jährigen Bestehens der fünfzig Meilen entfernten Princeton University. Eröffnet wurde das im McCarter Theatre der Universität veranstaltete Konzert passenderweise mit der AKADEMISCHEN FESTOUVERTÜRE von Johannes Brahms. Auf die anschließende Wiedergabe einer „Londoner" Sinfonie – vermutlich die SINFONIE NR. 104 IN D-DUR – von Joseph Haydn folgte mit der ALT-RHAPSODIE noch ein zweites Werk von Brahms, dessen Solopart von der Mezzosopranistin Nan Merriman (1920-2012), seit 1943 ständiger Gast bei Arturo Toscaninis NBC Symphony Orchestra, gesungen wurde. Sie sang auch die Lieder „Schmerzen" und „Träume" aus Richard Wagners WESENDONCK-LIEDERN WWV 9. Beschlossen wurde das Konzert mit dem 1943 von dem Amerikaner Randall Thompson (1899-1984) auf Texte von Thomas Jefferson komponierten TESTAMENT OF FREEDOM für Männerchor und Orchester, das unter Mitwirkung des studentischen „Glee-Clubs" aufgeführt wurde.

Für seine Pläne eines Aufstiegs des Orchesters in eine höhere Liga hatte Weissmann zwar die Unterstützung von Mrs. Parker O. Griffith und ihrer Essex County Symphony Society sowie auch des einen oder anderen Vereinsmitglieds. Doch scheint es, dass beim NJSO die Zahl derer überwog, die den bisherigen Status eines amateurhaften *community orchestra* beibehalten wollten. Vermutlich stand hinter dieser Fraktion der Ehrenvorsitzende und Orchestergründer Russell B. Kingman, der misstrauisch Mrs. Parker O. Griffiths Eingreifen verfolgte und sein Werk gefährdet sah. Denn es war sein Schwiegersohn, der Princeton-Absolvent und Hobby-Geiger Frederic Stark Newberry (* 1906), der nun das Rad der Geschichte zurückdrehte, nachdem er im Oktober 1947 zum neuen Präsidenten des Vereins gewählt worden war.

Schon vor seiner Wahl hatte Newberry Weissmann signalisiert, dass er für das Orchester einen jüngeren Dirigenten wünschte. Weissmann, mittlerweile 54 Jahre alt, erschien es wenig sinnvoll, sich auf einen Kampf mit dem künftigen Präsidenten einzulassen, zumal sich inzwischen auch die Essex County Symphony Society vom NJSO zurückgezogen hatte. Resigniert gab er auf und erklärte im Oktober 1947 noch vor Newberrys Wahl zum Präsidenten seinen Rücktritt als Orchesterleiter. So konnte Newberry gleich zum Amtsantritt der Öffentlichkeit einen Nachfolger für Weissmann vorstellen, den weitgehend unbekannten New Yorker Samuel Antek (1909-1958).[71] Der Protegé Pierre Monteux's und ehemalige Violinist in Toscaninis NBC Orchester dirigierte in Orange am 17. November 1947 das Eröffnungskonzert zur sechsundzwanzigsten Spielzeit des NJSO,[72] das er danach noch elf Jahre lang bis zu seinem frühen Tod leiten sollte.

Auch wenn von Seiten seines Nachfolgers und des Vereinsvorstands danach nichts unternommen wurde, um die Erinnerung an Weissmann wach zu halten, blieb dessen Wirken bei vielen Konzertbesuchern dennoch lange in guter Erinnerung. Als Samuel Antek im Februar 1950 Tschaikowskys SINFONIE NR. 4 F-MOLL OP. 36 und von Richard Strauss die Walzerfolge aus dem ROSENKAVALIER aufs Programm setzte, überkam einen Kritiker wehmütiges Erinnern an Weissmanns letztes Konzert mit dem NJSO in Orange am 31. März 1947, bei dem ebenfalls ein Werk von Tschaikowsky (KLAVIERKONZERT NR. 1 B-MOLL OP. 23 mit Simon Barere als Solisten) und Richard Strauss' Walzerfolge aus dem ROSENKAVALIER zur Aufführung gelangt waren.[73]

Bewerbungs-Roulette

Weissmann hatte gerade das NJSO verlassen, als sein jetziger Agent Siegfried Hearst schon zwei Orchester ausgemacht hatte, bei denen die Chefpositionen neu zu besetzen waren: in Kanada die Little Symphony of Montreal und in Texas das Houston Sympony Orchestra. Bei der Little Symphony of Montreal, einem seit 1942 bestehenden Kammerorchester, war dessen Gründer und bisheriger Leiter, der in England geborene Komponist, Organist und Dirigent Bernard Naylor (1907-1986), im Sommer 1947 von seinem Posten zurückgetreten. Weil man bei der Suche nach einem Nachfolger nichts übereilen wollte, begnügte man sich in der Saison 1947/48 vorerst mit fünf Gastdirigenten, darunter Weissmann, die bei jeweils zwei Konzerten ihr Können unter Beweis stellen sollten.[74] Derjenige Bewerber, der in seinen Konzerten am meisten überzeugte, sollte danach zum neuen Chefdirigenten gekürt werden – ein bei der Besetzung solcher Positionen nicht unübliches Verfahren.

Ähnlich waren auch die Verantwortlichen in der texanischen Hafenmetropole Houston vorgegangen, als sie sich auf die Suche nach einem Nachfolger

für Ernest Hoffmann (1899-1955) machten.[75] Der verdienstvolle, langjährige
Leiter des Houston Symphony Orchestra, war 1947 ein Opfer der Ambitionen
einiger einflussreicher Personen im Orchesterpräsidium geworden, die das bislang nur regional bedeutende Orchester in die Liga der nationalen Spitzenorchester hochhieven wollten.[76] Um den Konzertbetrieb während der Saison
1947/48 zu sichern, hatte man auch in Houston ausreichend Gastdirigenten
verpflichtet. Weissmann, der für ein abendliches Abonnementkonzert am 15.
Dezember sowie zwei nachmittägliche Jugend- und Studentenkonzerte am 17.
und 18. Dezember 1947 engagiert worden war,[77] gehörte zu den zehn Auser-
wählten, deren damals prominenteste Carlos Chavez (1899-1978), Georges
Enescu (1881-1955) und Charles Munch (1891-1968) hießen. Schnell stellte sich
jedoch heraus, dass diese drei wie auch Leonard Bernstein (1918-1990) und
Maurice Abravanel (1903-1993) an dem Posten nicht interessiert waren bzw.
sich inzwischen anderweitig festgelegt hatten.[78] So verblieben neben Weissmann nur noch Hans Schwieger (1906-2000), Tauno Hannikainen (1896-1968),
Walter Hendl (1917-2007) und Efrem Kurtz (1900-1995). Kurtz, seit 1943 Leiter des Kansas City Philharmonic Orchestra, stand im Grunde genommen
schon als Sieger fest, bevor er ins Rennen ging. Denn er hatte sich bereits im
Januar 1947 in Houston präsentieren können und dabei einen solch günstigen
Eindruck hinterlassen, dass die Verantwortlichen ihn schon damals engagieren
wollten. Nur, weil er sich noch etwas zierte, war es nicht gleich zum Abschluss
des Vertrags gekommen,[79] der dann im März 1948, nach Efrem Kurtz' neuerli-
chem Dirigat, unter Dach und Fach gebracht und der Öffentlichkeit bekanntge-
geben wurde.[80]
So war die Dirigentenkür in Houston im Grunde genommen eine Farce.
Weissmann konnte dies natürlich nicht wissen, als er infolge eines heftigen
Wintereinbruchs in New York so verspätet in Houston eintraf, dass ihm bis
zum ersten und wichtigsten Konzert, bei dem der Stargeiger Isaac Stern als Solist im VIOLINKONZERT D-DUR OP. 77 von Johannes Brahms mitwirkte, nur
noch wenig Zeit für Proben blieb. Angekündigt von der Houstoner Presse als
ein gepflegter Herr und international erfahrener, „auf Genauigkeit bedachter
Dirigent, der bei der Wahl der Worte ebenso auf Zwischentöne achtet wie auf
musikalische Klangfeinheiten", sei Weissmann eingestandemaßen ein Verfech-
ter sogenannter „moderner" Musik. Wie er „mit dem ihm eigenen Humor" anmerkte, sei er dies nicht nur deswegen, weil „schließlich auch ein Dirigent immer wieder mal etwas Neues kennenlernen möchte,"[81] sondern weil man das
Publikum an gute moderne Musik heranführen müsse.
Mit seinem Konzert, dessen Programm ganz dieser Absicht entsprach,[82]
hatte Weissmann großen Erfolg bei der Presse und den mehr als 3.000 Zuhörern im riesigen City Auditorium von Houston. Das „exzellent ausbalancierte
Programm" mit seinen „Mozartschen Köstlichkeiten, dem strahlendem
Brahms-Gesang, dem zarten Pastell Charles Griffes' und volltönendem Wag-
ner-Klang" habe sich – so der *Houston Chronicle* am nächsten Tag – zu „instru-

mentaler Eloquenz" emporgeschwungen, auch wenn bei Debussys LA MER –
wegen der verkürzten Probenzeit – die Wogen nicht ganz so hoch gingen wie
erhofft. Mit dem Orchester und dem Solisten Isaac Stern habe der Dirigent
„Musik in ihrer reinsten Form, unverfälscht, geschmeidig und glänzend" dargeboten. Animiert-amüsiert charakterisierte der Kritiker die körperlich betonte
Dirigierweise Weissmanns als „gymnastisch interessant", mal bewege er sich
„wie eine von mächtigen musikalischen Strippen gelenkte Marionette, mal sei er
ein dramatischer Balletttänzer, der mit weitausholenden Armbewegungen unglaublich graziöse Parabeln zeichne. Breitbeinig und unverrückt, schwinge er
aufs anschaulichste von der Hüfte bis zur Schulter mit und verhelfe so musikalischen Effekten gewissermaßen zu leibhaftiger Verkörperung."[83]

Wie in Houston nahm auch in Montreal die Dirigentenkür der Little Symphony eine höchst merkwürdige Wendung. Alles hatte für Weissmann sehr viel-
versprechend am 9. Dezember 1947 begonnen, als er die Saison mit einem von
Publikum und Presse sehr beifällig aufgenommenen Konzert eröffnete.[84] Spielzeit und Wettstreit brachte er dann bei seinem zweiten Konzert am 8. Juni 1948
zu einem ebenso gelungenen Abschluss. Erstaunt mussten jedoch er und seine
vier Mitbewerber wenig später zur Kenntnis nehmen, was am 30. Juni 1948 öffentlich bekannt wurde: keiner der fünf offiziellen Bewerber war gewählt worden, weil das Orchester einen Kandidaten favorisierte, der gar nicht zum Wettbewerb angetreten war. Er hieß George Schick (1908-1985) und hatte sich als
Gründer und Leiter eines Kammerorchesters in Prag hervorgetan.[85]

„Eine physische Manifestation von Rhythmus und Dynamik"

Die Nachricht über den enttäuschenden Ausgang der Dirigentensuche in Montreal erreichte Weissmann in den Niederlanden, wo er sich seit dem 20. Juni
1948 aufhielt. Anlass dafür war ein schon im Vorjahr ausgehandeltes Engagement über fünf Radiokonzerte, die Weissmann im Juli 1948 im Rahmen der
Feierlichkeiten zum 25jährigen Bestehen des Rundfunksenders AVRO in Hilversum dirigieren sollte. Ihrem früheren ständigen Gastdirigenten hatte die
AVRO einen „königlichen Empfang" bereitet und ihn in einem schönen Hotel
untergebracht.[86] Sein Zimmer hatte einen sonnigen Balkon, was nicht nur ihm
gefiel, sondern anscheinend auch Journalisten. Nach einem Besuch schwärmte
der Musikkritiker der Tageszeitung *De Gooi-en Eemlander* geradezu von diesem
Balkon, auf dem Weissmann und er sich „wie zwei gute Bekannte von der Juni-
sonne hätten verwöhnen lassen".[87] Dank der AVRO stand Weissmann auch ein
Automobil zur freien Verfügung, und für sein leibliches Wohl garantierten
Empfänge und Dinnerparties. Aus Briefen seiner Frau Rosita erfahren wir, dass
er dabei wichtige Persönlichkeiten kennenlernte, u. a. den Dirigenten Charles
Munch – er dirigierte ein Konzert des Haager Residenzorchester in Scheverin-
gen am 9. Juli –, sowie die englische Altistin Kathleen Ferrier.

Ferrier, deren Karriere seit ihrem New Yorker Debüt in der Carnegie-Hall vom Januar 1948 einen gewaltigen Aufschwung genommen hatte, war auch die Solistin in Weissmanns erstem Konzert am 4. Juli 1948, mit welchem das bis zum 13. Juli andauernde offizielle Festprogramm zum „silbernen" Jubiläum der AVRO eröffnet wurde. Außer drei von ihr gesungenen Arien („Laudamus te" aus Bachs H-MOLL MESSE BWV 232, „Ombra mai fu" aus Händels XERXES und „Che farò senza Euridice" aus Glucks ORFEO ED EURIDICE), standen Beethovens LEONOREN-OUVERTÜRE NR. OP. 72 A, dessen KLAVIERKONZERT NR. 5 ES-DUR OP. 73 mit dem holländischen Pianisten Pierre Palla (1902-1968) und schließlich Tschaikowskys FRANCESCA DA RIMINI – ORCHESTERFANTASIE NACH DANTE OP. 32 auf dem Programm. Das Konzert wurde ein voller Erfolg, die Presse nannte es eine „imposante Eröffnungsveranstaltung" und fand Weissmanns Dirigat einfach „atemberaubend": „Es weicht ab, von dem, was wir hier gewöhnt sind: es ist die physische Manifestation von Rhythmus und Dynamik. In hohem Maße suggestiv, vermittelt Weissmanns Dirigat plastische Eindrücke. Wenn man so will, könnte man es als das Resultat gestischer und körperlicher Beweglichkeit bezeichnen, so inspirierend, dass es Musiker wie Zuhörer unter Hochspannung versetzt. Wenn Weissmann dirigiert, verspürt man den Nervenkitzel der Kraftanstrengung eines Künstlers, der auf fast magische Weise sein Orchester zu beseelen versteht."[88]

Nach diesem gelungenen Einstand hatte Weissmann bei den restlichen drei Konzerten (ein ursprünglich geplantes viertes war offenbar gestrichen worden) leichtes Spiel. In Utrecht, wo er am nächsten Abend das städtische Sinfonieorchester leitete, animierte sein entschlossenes Dirigat – wie die Presse registrierte – die Musiker zu einem herzhaft frischen, geradezu prickelnd-moussierenden Spiel.[89] Am 8. und 11. Juli folgten die restlichen Konzerte mit dem noch jungen, erst 1945 von Albert van Raalte gegründeten Radio Philharmonisch Orkest (RFO), bei denen die Pianisten Pierre Palla und Johan Otten sowie der Geiger Nicolaas Roth solistisch mitwirkten. An den Tagen zwischen den Konzertterminen war Weissmann reichlich damit beschäftigt, an Pressekonferenzen und Gala-Abenden teilzunehmen. Er fand aber auch Zeit für Besuche von Freunden und unternahm, weil er ja auch über ein Auto verfügte, am 9. Juli einen Ausflug nach Brüssel, vermutlich um dort bei Konzertveranstaltern oder Radiosendern die Chancen für Engagements im kommenden Jahr zu erkunden. Schließlich hatte man ihm bereits beim Concertgebouw Orchester in Amsterdam ein solches für 1949 in Aussicht gestellt.[90]

Die nach diesem Angebot gesponnenen Pläne für eine Europatournee im kommenden Jahr musste Weissmann jedoch schon bald wieder nach seiner Rückkehr nach New York Ende Juli 1948 begraben, weil Amsterdam einen Rückzieher machte. Schwerer wog indes, dass sich unterdessen auch in den USA nichts bewegt hatte, was ihn für den Verlust des NJSO hätte entschädigen können. Offenbar konnte auch Siegfried Hearst nur wenig gegen Arthur Judsons Bannfluch ausrichten. So blieb Weissmann vorläufig nicht anderes übrig, als sich mit seinen Erfolgen als Gastdirigent zu trösten, die ihm inzwischen den Ruf eines Spezialisten für sommerliche Open-Air-Konzerte eingetragen hatten. In Toronto war er 1947 und 1948 für jeweils drei Konzerte (Juni/September 1947; Juni/August 1948) engagiert worden.[91] Außerdem hatte ihn Mrs. Parker O. Griffiths Essex County Symphony Society im Juni 1947 und im Mai 1948 für jeweils zwei Großveranstaltungen mit großem Staraufgebot nach Newark, N. J., eingeladen. Das erste Konzert am 3. Juni 1947 (*An Evening With Opera*) bot ein Arien- und Ouvertüren-Potpourri mit Dorothy Kirsten (Sopran), dem Ehepaar Winifred Heidt (Mezzosopran) und Eugene Conley (Tenor), Ramon Vinay (Tenor) und Francesco Valentino (Bariton). Das zweite Konzert am 24. Juni 1947 prunkte mit Orchestermusik: Richard Wagners Ouvertüre zu DIE MEISTERSINGER VON NÜRNBERG, Sergej Rachmaninoffs KLAVIERKONZERT NR. 2 C-MOLL OP. 18 und Ludwig van Beethovens SINFONIE NR. 9 D-MOLL OP. 125. Neben einem auf einhundert Musiker vergrößerten Sinfonieorchester, dem 150-köpfigen Chor der New Yorker Schola Cantorum wirkten mit der Pianist Simon Barere sowie das Gesangsquartett Agnes Davis (Sopran), David Lloyd (Tenor), Edwina Eustis (Alt) und Wellington Elzekiel (Bass).

Die Veranstaltungen im Mai 1948 fanden im Rahmen eines kleinen Opern-Festivals statt, das die Essex County Symphony Society an drei Abenden zur Feier ihres zehnjährigen Bestehens durchführte. Für die musikalische Leitung hatte man zwei Dirigenten gewonnen, neben Frieder Weissmann den von Toscanini und Sir Thomas Beecham geförderten Respighi-Schüler Pietro Cimara (1887-1967). Er dirigierte die Eröffnungsvorstellung am 20. Mai 1948 mit dem Doppelprogramm CAVALLERIA RUSTICANA/ I PAGLIACCI. Zwei Tage später wechselten sich dann beide Dirigenten am Dirigentenpult ab bei einer Operngala mit Ausschnitten aus Rossinis BARBIER VON SEVILLA, Wagners LOHENGRIN und Ponchiellis LA GIOCONDA. Zum krönenden Finale verhalf Weissmann dem kleinen Opern-Festival bei der Aufführung von Verdis LA TRAVIATA am 25. Mai 1948, bei der u.a. zwei Stars der New Yorker Metropolitan Opera, Dorothy Kirsten und der Tenor Jan Peerce, mitwirkten.[92]

Große Erwartungen setzte Weissmann in ein Engagement, bei dem er als Gast der neugegründeten Lyric Opera Association of New York zwei Opernaufführungen dirigieren sollte: Bizets CARMEN in Philadelphia am 14. Oktober und Verdis AIDA in Newark, N. J., am 17. Oktober 1948. Die Hauptrollen waren hervorragend besetzt, bei CARMEN mit der am Anfang ihrer Karriere stehenden Sopranistin Bette Dubro als Carmen und dem zu internationalem Starruhm gelangten chilenischen Tenor Ramón Vinay (1911-1996) als Don José, bei AIDA mit Florence Kirk (1909-1999) in der Titelrolle, Valfrido Patacchi (1920-1996) als König von Ägypten und Bette Dubro als Amneris. Trotz großer Anstrengungen aller Beteiligten war der Operntruppe, die von dem Geiger und Impresario Jules Falk († 1957) aus Philadelphia gemanagt wurde,[93] leider nur ein kurzes Leben beschieden, und Weissmanns Rückkehr ans Dirigentenpult eines Opernorchesters blieb folgenlos.

Frieder Weissmann dirigiert das Old Timers' Symphony Orchestra am 14. August 1949 im Prospect Park von Brooklyn.

Musik für alte Geigen und junge Leute

Gewerkschaftliches Engagement und musikalische Triumphe

Die weitgehend erfolglose Vermittlungstätigkeit Siegfried Hearsts, aber auch seine zusehends schwindenden Chancen für eine herausgehobene Position in der nationalen Musikszene trieben Weissmann ab etwa 1948 zu einem verstärkten Engagement bei der American Federation of Musicians (AFM), der Musikergewerkschaft, welche die Interessen professioneller Musiker, Dirigenten, Arrangeure, Komponisten im knallharten amerikanischen Musikbusiness gegenüber Konzert- und Theaterveranstaltern, Schallplattenfirmen, Radio- und Fernsehanstalten etc. vertritt. Die bis heute ungebrochene Macht dieser Organisation hatte sich während des Zweiten Weltkrieges erwiesen, als die AFM zur Durchsetzung ihrer Forderungen nach angemessenen Honoraren die gesamte US-Schallplattenproduktion für mehr als zwei Jahre lahmlegte. Ein weiteres Ergebnis des Streiks war die Gründung eines Fonds (*Recording and Transcription Fund*), der von der Industrie mit einer pro verkaufter Schallplatte erhobenen zusätzlichen Abgabe von wenigen Cents gespeist wurde und das Ziel verfolgte, bedürftige Gewerkschaftsmitglieder durch Veranstaltung von Konzerten zu unterstützen, bei denen das Publikum freien Eintritt hatte.

Im Rahmen dieses Projekts waren beim „Local 802", der New Yorker Dependence der Gewerkschaft, zwei Orchester entstanden, ein Symphony Orchestra Local 802, in dem unterbeschäftigte oder arbeitslose Musiker mitspielten, und ein Old Timers' Symphony Orchestra, das sich aus Musikern zusammensetzte, die alle das Rentenalter erreicht hatten, sich aber noch zu jung fühlten, um zum „alten Eisen" zu gehören. Mit dem ersten Orchester arbeitete Weissmann nur einmal am 27. November 1949 zusammen bei einem sonntäglichen Nachmittagskonzert, das im Brooklyn Museum stattfand.[94] Im Mittelpunkt der Veranstaltung stand die Wiedergabe von Liszts KLAVIERKONZERT NR. 2 A-DUR mit dem Pianisten Simon Barere als Solisten. Das im Radio live übertragene Konzert hatte damals wohl ein Hörer, der nur bescheidene technische Möglichkeiten hatte, privat aufgezeichnet, was die jämmerliche Tonqualität einer CD erklären würde, die im Jahre 2006 von einer kleinen US-amerikanischen Plattenfirma veröffentlicht wurde.[95] Hörenswert ist die Aufnahme gleichwohl, denn Barere, begleitet von Weissmann und dem Symphony Orchestra Local 802, bietet eine Interpretation des Lisztschen Werks, deren Rasanz alle technischen Mängel vergessen lässt.

Weit stärker als beim kurzlebigen Symphony Orchestra Local 802 engagierte sich Weissmann bei dem länger währenden Projekt des Old Timers' Symphony Orchestra. Die meisten seiner Musiker spielten früher bei bedeutenden Orchestern, allein bei den Streichern saßen elf vormalige Konzertmeister. Angestoßen hatte das Projekt der damals 65jährige Cellist Abram Goutkin, der Weissmann im Frühjahr 1949 als Leiter des Altherren-Orchesters gewinnen konnte. Auf große Honorare konnte Weissmann – wie früher bei den WPA-Konzerten – auch jetzt nicht zählen, Proben dirigierte er gratis, für die Aufführung erhielt er eine kleine Entschädigung.

In brütender Sommerhitze und – wie Pressefotos belegen – gerne mit nacktem Oberkörper wagte sich Weissmann an die zunächst etwas heikle Aufgabe, aus 62 Individualisten, von denen viele auf Grund ihrer früheren herausgehobenen Position glaubten, anderen etwas beweisen zu müssen, einen homogenen Klangkörper zu formen. Die New Yorker Presse war inzwischen neugierig geworden, hatte das Projekt wohlwollend begleitet und die Öffentlichkeit darauf eingestimmt, dass hier eine ganz besondere kulturelle Institution am Entstehen war. Das Publikumsinteresse war denn auch überwältigend, als sich das Orchester am 14. August 1949 erstmals der Öffentlichkeit mit einem Konzert im Prospect Park von Brooklyn vorstellte. Viertausend Zuhörer verfolgten mit wachsender Begeisterung die Darbietungen der auf dem Podium versammelten älteren Herrschaften, die trotz ihrer grauen Häupter jugendfrischen Elan bewiesen und – wie die New York Times bemerkte – „aufspielten, was das Zeug hielt."[96]

Auch die Gewerkschaft war beeindruckt und stellte sogleich das Geld für die Fortsetzung des Projekts bereit. Schon einen Monat später, am 11. September 1949, gab das Old Timers' Symphony Orchestra mit seinem Dirigenten Frieder Weissmann ein zweites Konzert, wieder mit freiem Eintritt, allerdings nicht mehr in Brooklyn, sondern in Manhattan in der Mall des Central Parks.[97] Die Zusammenarbeit mit dem Altherren-Orchester war nicht immer einfach, verschaffte aber Weissmann große Befriedigung. Dass die Unternehmung einer guten Sache diente, war nicht unwichtig, zählte aber für ihn weniger als das Resultat der gemeinsamen Bemühungen. Und dieses konnte sich in der Tat hören lassen. Zu einem Reporter sagte er danach scherzhaft, aber nicht ohne Stolz: „Auch in alten Geigen steckt immer noch viel gute Musik."[98]

Mittlerweile nicht mehr eine Kuriosität, sondern ein ernstzunehmender Faktor im New Yorker Musikleben, begann das Old Timers' Symphony Orchestra auch für arrivierte Solisten interessant zu werden. In den nächsten Konzerten, die im Januar und Februar 1950 in der Great Hall des New Yorker Metropolitan Museum stattfanden, war der Geiger Ruggiero Ricci (1918-2012) Solist in Ernest Chaussons POÈME FÜR VIOLINE UND ORCHESTER OP. 25, die Sopranistin Desi Halban sang Lieder von Richard Strauss, der Wagner-Tenor Set Svanholm begeisterte mit Siegmunds Monolog („Ein Schwert verhieß mir der Vater") und Liebeslied („Winterstürme wichen dem Wonnemond") aus dem ersten Akt von Richard Wagners DIE WALKÜRE.

Zwar legten die Programme das Schwergewicht auf romantische bzw. spätromantische Werke, machten aber dennoch auch neugierig auf Novitäten wie Virgil Thomsons 1948 entstandene Pariserinnerungen THE SEINE AT NIGHT oder die Tondichtung NEVADA der New Yorker Komponistin Frances Ulric Cole (1905-1992), die Weissmann erst ein Vierteljahr vorher in Scranton uraufgeführt hatte.[99] Im Februar 1950 wagten sich Weissmann und sein Altherren-Orchester an eine konzertante Aufführung von Puccinis letzter Oper TURANDOT – ein Werk, das an der Met bis 1930 immerhin einundzwanzig Aufführungen erlebt hatte, danach aber in New York nie mehr auf der Bühne zu sehen gewesen war. Mit den Sopranistinnen Brenda Lewis (* 1921) und Teresa Stich-Randall (1927-2007), dem Tenor Victor Clarke, dem Bassbariton Ralph Herbert (1909-1995) und dem Bassisten Norman Scott (1921-1968) waren noch unverbrauchte Gesangssolisten gewonnen worden, die damals auf dem besten Wege waren, die großen Bühnen der USA (und im Falle von Teresa Stich-Randall auch Europas) zu erobern.

Wegen des schon für Konzerte wenig geeigneten Raumes im Metropolitan Museum war die Aufführung erst recht ein Wagnis, das aber dank des Dirigenten nie zu scheitern drohte: „Trotz der extrem schwierigen Bühnenverhältnisse hielt Weissmann alle Kräfte zusammen und holte aus den Sängern und dem Orchester alles heraus."[100] Wie das von der Musikergewerkschaft AFM herausgegebene Fachblatt International Musician feststellte, sprach man danach in musikalischen New Yorker Kreisen von einer sehr bemerkenswerten Leistung Weissmanns, „und man war sich einig darin, dass er etwas, was mehrere Dirigentenkollegen als undankbare Aufgabe abgelehnt hatten, in einen musikalischen Triumph verwandelt hatte."[101]

Die gelungene konzertante Aufführung von Puccinis TURANDOT hatte Folgen. Voice of America, der staatliche Auslandssender der USA, verbreitete sie danach über seine Stationen in aller Welt und hielt sie auf drei Platten des US-Labels Remington fest.[102] Auch in New York war man plötzlich auf das Stück sehr neugierig geworden, für das sich der Vorhang schon wenige Monate später zum zweiundzwanzigsten Male heben sollte: bei der Bühnenaufführung der New York City Opera Company im City Center am 6. April 1950.[103]

Die Anerkennung, die ihm seitens der Gewerkschaft, der Medien und des Publikums für seine Arbeit mit dem Old Timers' Symphony Orchestra entgegengebracht wurde, erfüllte Weissmann zu Recht mit einigem Stolz. Fast noch mehr freute er sich aber über die Dankbarkeit der Musiker. Während der Pause des zweiten Konzerts am 29. Januar 1950 überreichte Samuel B. Rosenbaum, der Verwalter des Recording and Transcription Fund, dem Dirigenten Weissmann eine von allen Orchestermitgliedern gestiftete goldene Armbanduhr, auf deren Rückseite die Widmung *The Old Timers' Symphony Orchestra to Dr. Frieder Weissmann January 29, 1950* eingraviert war. Weissmann hielt dieses persönliche Geschenk in hohen Ehren und trug die Uhr bis an sein Lebensende.

„Man muss die Jugend gewinnen"

Die bei Kriegsende finanziell ziemlich wacklige Situation des Scranton Philharmonic Orchestra hatte sich unterdessen nachhaltig gebessert. Zu Beginn des Jahres 1950 verzeichnete der Kassenwart ein Plus von fast achtzehntausend Dollar – damals eine stattliche Summe.[104] Ermöglicht hatten den Überschuss die sparsame Wirtschaftsführung, vor allem aber Weissmanns beharrliche Orchestererziehung und seine erfolgreiche Programmplanung. Sehr vorteilhaft war dabei, dass er Solisten sowohl für das Orchester in Scranton als auch das Old Timers' Symphony Orchestra in New York verpflichten konnte. So erschien in der Spielzeit 1949/50 Ruggiero Ricci in New York am 7. Januar 1950 und neun Tage danach auch in Scranton, Victor Clarke und Teresa Stich-Randall, die in New York am 11. Februar 1950 bei Puccinis TURANDOT mitwirkten, traten in Scranton kurz vorher (Victor Clarke am 31. Januar 1950) oder wenig später (Teresa Stich-Randall am 13. März 1950) auf.

Wie gewohnt, setzte Weissmann auch in der Spielzeit 1949/50 wieder besondere Akzente. Völlig Neues präsentierte er z. B. zu Saisonbeginn am 31. Oktober 1949 mit der Uraufführung der Tondichtung NEVADA von Frances Ulric Cole, einer von Nadia Boulanger unterrichteten New Yorker Komponistin und Redakteurin des *Time*-Magazins, und gegen Saisonende im März 1950 mit der US-amerikanischen Erstaufführung der IMPRESSION NOCTURNA, einem zarten „symphonischen Gedicht für Streichorchester" des aus Nordspanien stammenden Argentiniers Andrés Gaos (1874-1959). Ein besonderes Ereignis war am 31. Januar 1950 der Auftritt der Pianistin Margaret Bonds (1913-1972), auch sie eine Kompositionsschülerin Nadia Boulangers. Die in Chicago aufge-

Frieder Weissmann mit Publikum vor Beginn eines Jugendkonzerts in Scranton, ca. 1945.

wachsene Pianistin war wegen ihrer schwarzen Hautfarbe eine Ausnahmeerscheinung im damaligen Konzertbetrieb. Als sie vor über dreitausend begeisterten Zuschauern ihre – laut *Scranton Times* – „wunderbare Fingerfertigkeit" in Gershwins überaus populärer RHAPSODY IN BLUE demonstrierte,[105] war dies in Scranton überhaupt das erste Mal, dass eine afroamerikanische Pianistin vor Publikum auftrat.

Gegenüber der Studentenzeitung der University of Scranton bekannte Weissmann zu Beginn der Spielzeit 1949/50, dass ihm Gershwins Stück genauso viel Spaß mache wie Mozarts und Beethovens Musik. Überhaupt liebe er populäre Musik, auch den Bebop-Jazz, der z. B. Frances Coles NEVADA stark beeinflusst habe. Alle, die Jazz gering schätzten, seien nichts anderes als engstirnige Snobs. Denn, so fuhr er fort, „er spiegelt den Zeitgeist auf hervorragende Weise. Er ist für die Amerikaner das Medium, mit dem sie Gefühle zeigen können, die sie ansonsten unterdrücken. Diese Art Musik ist unglaublich rhythmisch, und ihre Interpreten sind in der Tat Könner. Ich glaube, dass in Amerika der Jazz die wahre Quelle für die traditionelle Musik des Landes sein wird."[106]

Im selben Interview betonte Weissmann die Notwendigkeit, das Musikerleben zu einem kulturellen Allgemeingut zu machen. Anders als früher sei Musik heute nicht mehr das Privileg und Vergnügen der Reichen und Vornehmen.

Wie Baseball heute ein Massensport sei, müssse auch die Musik sich für die Massen öffnen: „Deswegen ist es so wichtig, die Jugend zu gewinnen. Denn sie ist das Publikum, welches das künftige Publikum beeinflusst. Tradition entsteht nur durch Weitergabe an die Kinder." Jugendkonzerte seien daher wichtig, und wenn man dabei von Industrie und Wirtschaft unterstützt werde, sei dies nur zu begrüßen.[107] Weissmanns Plädoyer für mehr Jugendkonzerte verhallte nicht ungehört. Bereits ab der nächsten Spielzeit veranstaltete man fünf nachmittägliche Konzerte, so viel wie die Anzahl der Abendveranstaltungen.

Der anhaltend große Zuspruch des Publikums wie auch die hohe Qualität des Gebotenen hatte das Interesse lokaler und überregionaler Radiostationen geweckt. So wurden in der Spielzeit 1950/51 im Radio alle Abendveranstaltungen übertragen,[108] bei denen sich vor allem junge Solisten präsentieren konnten. Drei Sopranistinnen waren darunter, allesamt weibliche Nachwuchsstars der New Yorker Met: Claudia Pinza (* 1927), Tochter des berühmten italienischen Bassisten Ezio Pinza (1892-1957), sowie die fünf Jahre ältere Lotte Lehmann-Schülerin Anne Bollinger (1922-1963)[109] und ihre gleichaltrige Kollegin Regina Resnik (1922-2013) – letztere gehörte dreißig Spielzeiten lang der Met an und galt nach ihrer Mitte der 1950er Jahre erfolgten Wandlung zur Altistin als eine der weltweit führenden Sängerinnen in diesem Fach. Instrumentalsolisten waren die 17-jährige französische Pianistin Claudette Sorel (1932-1999), die erst wenige Monate vorher ihr Konzertdebüt mit den New Yorker Philharmonikern gegeben hatte, sowie zwei Mitglieder des Scranton Philharmonic Orchestra: der langjährige Konzertmeister Ferdinand Liva (1912-1987) und sein Sohn Benito Piccone. Ein besonderes Vergnügen war für Weissmann die Mitwirkung von Leo Rostal (1901-1983), dem Solocellisten in Arturo Toscaninis NBC Symphony Orchestra seit 1940. Den älteren Bruder des Geigers Max Rostal (1905-1991) kannte Weissman noch aus gemeinsamen Berliner Zeiten, als Leo Rostal sich in Ermangelung besserer Engagements den Lebensunterhalt damit verdienen musste, dass er im Hotel Adlon in der Hauskapelle und im Salonorchester von Marek Weber (1888-1964) mitspielte.

Wie sehr man beim Scranton Philharmonic Orchestra mit dem zufrieden war, was unter Weissmanns Leitung erreicht wurde, belegt eine in den Programmheften der Spielzeit 1950/51 abgedruckte ausführliche Würdigung, aus der wir hier kurz zitieren möchten: „Was er Scranton schenkte, ist enorm. Er schuf ein wunderbares Orchester. Er holte nicht nur die besten Virtuosen als Gäste hierher, sondern verhalf auch angehenden jungen Künstlern in einer musik-kritischen Stadt zu Auftritten. Denn seiner Meinung nach hat derjenige junge Künstler eine ganz entscheidende Hürde übersprungen, der in Scranton bestehen konnte. Und nicht zuletzt verdankt ihm das Publikum der Scranton Philharmonie großartige Musik, darunter viele Erstaufführungen. Seine Programme zeichnen sich stets durch eine geschmackvolle Mischung alter und neuer Musik aus. Niemals dirigiert er nur das, was ihm gefällt, sondern jene Musik, von der er glaubt, dass das Publikum sie hören möchte."[110]

South of the Border

Trotz der Anerkennung für seine Arbeit mit dem Old Timers' Orchestra und dem Scranton Philharmonic Orchestra konnte Weissmann kaum verborgen bleiben, dass seine berufliche Karriere in den USA in eine Sackgasse geraten war. Beide Orchester hatte er zwar künstlerisch auf ein beachtliches Niveau heben können, doch spielten beide – um es sportlich zu sagen – nicht in einer Profiliga, sondern in der Liga der Amateure. Als lukrativ konnte man denn auch beide Engagements nicht bezeichnen. Dringend benötigte zusätzliche Einnahmen waren ihm bislang vor allem aus den Gastengagements bei sommerlichen Open-Air-Konzerten in New Jersey und Kanada zugeflossen. Doch in New Jersey hatte die Essex Symphony Society diese Konzerte nach 1948 eingestellt, und eine Einladung ins kanadische Toronto, wo er seit 1945 jeden Sommer gastierte, war 1950 ausgeblieben.

Glücklicherweise war ihm dann doch noch für die Monate Juli und August 1950 eine Einladung aus Mexico City zugegangen. Dort hatte er erstmals im November 1948 ein Konzert auf Einladung der Sinfónica Mexicana dirigiert, eines damals gerade mal zwei Monate alten Orchesters, das seine Geburt der nationalen Musiker-Gewerkschaft, dem Sindicato Unico de Trabajadores de la Musica, und deren Generalsekretär, dem Geiger, Dirigenten und Konzertmeister des jungen Orchesters Juan José Osorio Palacios (1920-1997), verdankte. Die Musiker harmonierten bei den Proben wunderbar mit Weissmann, und so hatten die Konzerte am 19. und 21. November 1948 mit Werken von Beethoven, Brahms und Richard Strauss auch den verdienten Erfolg.[111] Von diesem war man 1950 beim ebenfalls in Mexiko City ansässigen Orquesta Sinfónica de la Universidad immer noch so beeindruckt, dass man beschlossen hatte, Weissmann in der neuen, im Juli beginnenden Spielzeit die Leitung dreier Konzerte zu übertragen.

Das 1936 von Studenten und Lehrkräften der Musikfakultät der Universität von Mexico City gegründete und seitdem von José F. Vásquez (1896-1961) und José Rocabruna (1879-1957) geleitete Orquesta Sinfónica de la Universidad war zwar kein Berufsorchester, aber eines der ältesten mexikanischen Sinfonieorchester, das zudem als erstes regelmäßig jährliche Spielzeiten eingeführt hatte. Veranstaltungsort seiner am 9. Juli 1950 eröffneten dreizehnten Spielzeit war das Teatro Iris (heute Teatro de la Ciudad), ein 1918 nach der mexikanischen Operettensängerin Esperanza Iris (1888-1962) benanntes und nach dem Vorbild der Mailander Scala erbautes Konzert- und Opernhaus. Bei den von Weissmann am 16. Juli und 23. Juli geleiteten Konzerten standen zwei in Mexio City selten aufgeführte Werke im Mittelpunkt: Brahms' KONZERT FÜR VIOLINE, VIOLONCELLO UND ORCHESTER A-MOLL OP. 102 bzw. Camille Saint-Saëns' 3. SINFONIE C-MOLL OP. 78 „ORGELSINFONIE". Solistisch traten bei beiden Werken einheimische Kräfte hervor, beim Brahmsschen Doppelkonzer der Geiger Arturo Romero und der Cellist Manuel Garnica, zwei Mitglieder des namhaften Cuarteto de México, bei dem sinfonischen Werk neben dem Organisten Juan Tercero die Pianistinnen Ofelia Sánchez und Sonia Finkel.

Gebürtige Mexikanerin war auch die Pianistin Charlotte Martin, die beim dritten Konzert am 6. August 1950 den Solopart in Beethovens KLAVIERKONZERT NR. 5 ES-DUR OP. 73 spielte. Zuvor hatte der Abend mit Vorspiel und Isoldes Liebestod aus Wagners TRISTAN UND ISOLDE begonnen, und dabei „gab Mr. Weissmann," so der Korrespondent des US-amerikanischen Fachblatts *Musical Courier*, „uns [...] den authentischsten Wagner seit langem, mit all seinem emotionalen Drängen und seinen verblüffenden Tonfarben. Und er erreichte dies mit einem Studentenorchester und trotz begrenzter Probenzeit."[112] Auch wenn letzteres sich bei den nachfolgenden Werken deutlich störender bemerkbar machte, trübte dies nicht die insgesamt bravouröse Aufführung, die von Weissmann – wie ein anderer Kritiker hervorhob – „mit grandioser Meisterschaft und Kompetenz" geleitet wurde.[113] Demselben Kritiker zufolge, hatte sich Weissmann mit diesem Konzert „auf unauslöschliche Weise ins Gedächtnis der Liebhaber guter Musik eingeschrieben. Was er hier dirigierte, war interpretatorisch vorbildlich. Und so hoffen wir auf ein Wiedersehen mit diesem großen und hervorragenden Dirigenten."[114]

Der Wunsch des Kritikers sollte erhört werden, denn Weissmann kehrte im August des nächsten Jahres noch einmal nach Mexico City zurück. Am 12. und 19. August 1951 dirigierte er das Orquesta Sinfónica de la Universidad bei zwei Konzerten, die im Palacio de Bella Artes stattfanden, dem bedeutendsten, 1934 im Stil des Neoklassizismus und des Art-Deco errichteten mexikanischen Musentempel. Aufgeführt wurden Beethovens SINFONIE NR. 2 D-DUR OP. 36, Tschaikowskys SINFONIE NR. 4 F-MOLL OP. 36, Webers Ouvertüre zur Oper DER FREISCHÜTZ, Richard Strauss' ROSENKAVALIER-SUITE, das Adagietto aus Mahlers SINFONIE NR. 5 CIS-MOLL sowie zwei Solistenkonzerte, Brahms' KLAVIERKONZERT NR. 1 D-MOLL OP. 15 und Rachmaninoffs RHAPSODIE ÜBER EIN THEMA VON PAGANINI OP. 43. Solist im ersten Werk war der gebürtige Russe Shura Cherkassky (1909-1995), der schon als Kind in die USA einwanderte und 14-jährig dem amerikanischen Präsidenten im Weißen Haus vorspielen durfte. Beim zweiten Werk saß die junge mexikanische Pianistin Luz Maria Puente am Klavier, die mit Juan José Osorio Palacio, dem Generalsekretär der mexikanischen Musikergewerkschaft, verheiratet und seit einem knappen halben Jahr Mutter eines Jungen war, der später einmal als Jorge Federico Osorio ein international bedeutender Pianist werden sollte.

Rückzug von der Schallplatte

Seit Ende 1947 ging Weissmanns Tätigkeit für die Schallplattenfirma RCA Victor drastisch zurück. Bevor sie im Herbst 1950 endgültig zum Erliegen kam, hatte er nur noch drei Aufnahmesitzungen wahrgenommen, 1948 bei der Einspielung von Siegmunds Monolog („Ein Schwert verhieß mir der Vater") und Liebeslied („Winterstürme wichen dem Wonnemond") aus dem ersten Akt von Wagners DIE WALKÜRE mit Set Svanholm und dem RCA Victor Symphony Orchestra, im Februar 1950, wiederum mit Set Svanholm, bei der Einspielung von Florestans Rezitativ und Arie („Gott! welch Dunkel hier!") aus dem zweiten Akt von Beethovens FIDELIO, schließlich im September 1950 bei mehrtägigen Aufnahmen mit der großen amerikanischen Wagner-Heroine Helen Traubel (1899-1972),[115] bis heute geschätzt als „eine der prachtvollsten Wagner-Stimmen [...], die es je gegeben hat".[116] Bei ihrem Met-Debüt im Dezember 1939 hatte sie sich „[m]it einem Schlage [...] als hervorragendste Wagner-Sängerin neben der Flagstadt etabliert" und zählte seitdem „zu den größten Wagner-Sängerinnen dieses Jahrhunderts."[117]

Die unter Weissmanns musikalischer Leitung entstandenen Einspielungen von elf Arien und Szenen aus diversen Wagner-Opern (DER FLIEGENDE HOLLÄNDER, TANNHÄUSER, LOHENGRIN, DIE WALKÜRE, GÖTTERDÄMMERUNG, TRISTAN UND ISOLDE, PARSIFAL) waren Traubels erste Schallplatten nach ihrem Wechsel von Columbia zu RCA Victor und zugleich Weissmanns letzte Schallplattenaufnahmen für RCA Victor. Sie zeigen die Sängerin, die sich danach beim Maestro für die dirigentische Unterstützung mit einer Flasche französischen Cognacs bedankte,[118] stimmlich auf vollster Höhe und sind alle auf einer 2003 von der Firma Preiser edierten CD versammelt.[119]

Seinen Rückzug von der Schallplattenarbeit hat Weissmann später einmal mit der Künstlichkeit der Studioatmosphäre begründet. Zunehmend sei er bei Schallplattenaufnahmen des fehlenden Kontakts zum Publikum überdrüssig geworden, habe er die faszinierende Spannung einer Aufführung und die Lebendigkeit des musikalischen Augenblicks vermisst.[120] Ähnlich hatte der Kollege Erich Kleiber schon Ende der 1920er Jahre seine Bedenken gegen die Schallplatte formuliert, die er dann aber schon bald über Bord warf, weil Kleiber klar war, dass im Zeitalter der technischen Medien vor allem die Präsenz eines Künstlers in den Medien zählte.

Angesichts seiner wirtschaftlichen Verhältnisse war der Ausstieg bei RCA Victor jedenfalls keine sehr kluge Entscheidung. Schließlich erfolgte sie zu einem Zeitpunkt, als die Schallplattenbranche durch den Siegeszug des neuen Mediums Langspielplatte einen großen Aufschwung erlebte. Am dadurch immens gestiegenen Bedarf an neuen Einspielungen war Weissmann nun nicht mehr beteiligt. Zwar gelangten seine alten RCA Victor-Schellackaufnahmen in neuer Konfektion auch als Langspielplatten in den Handel, doch die Käufer verlangten vor allem neue Aufnahmen. Die Folge war, dass nicht nur Weissmanns Platten allmählich aus den Regalen der Schallplattenläden verschwanden, sondern auch sein Name beim breiten amerikanischen Publikum immer mehr in Vergessenheit geriet.

Frieder Weissmann bei Proben mit dem Philharmonischen Orchester von Havanna.

Karibikträume

„Ein Dirigent voller Leben und Leidenschaft"

Schon bald nach Abschluss der Schallplattenaufnahmen mit Helen Traubel machte sich Weissmann in der letzten Septemberwoche 1950 – wohl per Flugzeug und in Begleitung seiner Frau – auf den Weg nach Kuba. In Havanna, der Hauptstadt des als „Perle der Karibik" gerühmten Inselstaates, hatte ihm seine Agentur in Latein- und Südamerika, die Sociedad Musical Daniel, ein in seiner jetzigen Situation willkommenes Engagement verschafft, sowohl wegen der zu erwartenden Gagen als auch der damit verbundenen beruflichen Chancen.

Gastgeber war das musikalische Aushängeschild des Landes, das Orquesta Filarmónica de La Habana. 1924 gegründet, hatte das Orchester unter Leitung des spanischen Komponisten und Dirigenten Pedro Sanjuan (1886-1976), seines Schülers Amadeo Roldán (1900-1939) und des Italoamerikaners Massimo Freccia (1906-2004) bis 1943 eine wechselvolle, an Höhen und Tiefen reiche Phase der Entwicklung erlebt. Nachfolger Massimo Freccias wurde Weissmanns ehemaliger Chef Erich Kleiber, der von 1943 bis 1947 Chefdirigent des Orchesters war und es nach Meinung vieler zu einem Klangkörper allerersten Ranges formte. Allerdings sorgte er auch für manche Verärgerung durch seine „teutonische Arroganz und Verachtung für das nationale sinfonische Schaffen."[121] Als Chefdirigenten nur kurz blieben danach der Argentinier Juan

José Castro (1947-48) und Artur Rodzinski (1948-49), dessen Engagement vorzeitig beendet wurde, weil Vorstand und Musiker sich in die Haare gerieten und das Orchester vorübergehend zerfiel.

Mit zahlreichen neuen Musikern, einem anderen Vorstand, verbesserter Organisation und dem bis dahin höchsten staatlichen Zuschuss in Höhe von 125.000 Dollar wagte man 1950/51 einen Neubeginn. Noch ohne Chefdirigenten, begnügte man sich bei den geplanten zwölf (jeweils am Sonntagvormittag und Montagabend veranstalteten) Abonnementkonzerten vorerst mit Gastdirigenten. Neben Berühmtheiten wie Ernest Ansermet, Sergiu Celibidache, Igor Strawinsky und Sergej Koussevitzky hatte man dazu den Kolumbianer Guillermo Espinosa (1905-1990), den Deutschen Thomas Mayer (1907-2002),[122] den gebürtigen Wiener Eric Simon (1907-1994) und – last but not least – Frieder Weissmann eingeladen. Außer den im Teatro Auditorium, der traditionellen Spielstätte seit 1928, veranstalteten Abonnementkonzerten wartete das Orchester in der Spielzeit 1950/51 noch mit zwanzig weiteren Konzerten auf, darunter mehreren Open-Air-Konzerten auf der Plaza de la Catedral, einem der schönsten Plätze der historischen Altstadt von Havanna. Bei diesen Veranstaltungen kam noch eine Reihe weiterer, meist einheimischer bzw. lang mit dem Orchester oder dem kubanischen Musikleben verbundener Dirigenten zum Zuge.[123]

Die Agentur hatte sich für Weissmann mächtig ins Zeug gelegt und ihm im Vergleich zu den übrigen Gastdirigenten die meisten Konzerte vermittelt: vier Abonnementkonzerte (je zwei Aufführungen) im November, Dezember, März und April sowie – außerhalb des Abonnements – vier Konzerte im Oktober, Dezember und Mai in Havanna, schließlich auch noch zwei Konzerte im April in Kubas zweitgrößter Stadt Santiago de Cuba. Der Umfang seines Engagements war natürlich schon ein Indiz für die Erwartungen des Orchesters, das verständlicherweise nicht die Katze im Sack kaufen wollte und ihn deshalb erst einmal als Gast einlud. So hatte es denn auch einen gewissen Signalcharakter, dass man ihm die Leitung des Konzerts am 2. Oktober 1950 übertrug, mit dem die Spielzeit 1950/51 eröffnet wurde.

Beethovens KLAVIERKONZERT NR. 5 ES-DUR OP. 73 und die 24jährige amerikanische Pianistin Harriet Serr (1927-1989) standen im Mittelpunkt eines Programms, das außerdem Werke von Mozart, Richard Strauss und Manuel de Falla bot. Sowohl Dirigent wie Solistin gelangen ein glänzender Einstand beim kubanischen Publikum. Nena Benitez, die Musikkritikerin der traditionsreichsten und verbreitetsten kubanischen Tageszeitung *Diario de la Marina*, sprach von einem „außergewöhnlichen Konzert" und rühmte Weissmanns „energisches, nervenspannendes und ausdrucksvolles Dirigat."[124] Besonders gefiel ihr seine von „seltenem Können und Einsicht" geprägte Interpretation von Mozarts SINFONIE NR. 35 D-DUR KV 385 „HAFFNER", bei der „Dr. Weissmann es verstanden habe, die großartige Schlichtheit der Struktur ebenso zu unterstreichen wie das Zarte, Feine und die Eleganz" des Werks.[125] Lob spendete sie der rhythmisch präzisen Wiedergabe von de Fallas EL AMOR

BRUJO; bei der ROSENKAVALIER-SUITE von Richard Strauss hatte sie keinen Zweifel, das „Weissmanns Interpretation einzig richtig" war, weil „so inspiriert, voller Leben und Leidenschaft, wie es diese Musik verlangt."[126]

Das Programm seines kubanischen Debüts hatte Weissmann mit Bedacht gewählt. Durchaus programmatisch schlug es den Bogen von der Wiener Klassik zur Musik des 20. Jahrhunderts. Auch enthielt es nur Werke von Komponisten, mit denen sich Weissmann besonders identifizierte, darunter zwei Zeitgenossen, die beide noch nicht lange tot waren: de Falla war 1946 gestorben, Richard Strauss erst im Vorjahr. Strauss war der Protagonist für Weissmanns spätromantische Vorlieben, de Falla für sein Faible bezüglich der Musik aus romanischen Kulturen. Letzteres prägte die Programme der vier Abonnementkonzerte im November und Dezember 1950, in denen er das Publikum mit drei eher selten in Havanna aufgeführten Werken überraschte: Saint-Saëns' SINFONIE NR. 3 C-MOLL OP. 78 „ORGELSINFONIE" sowie Ravels 1911 komponierte Orchestersuite DAPHNIS ET CHLOÉ NR. 1 und dessen zwanzig Jahre später entstandenes KLAVIERKONZERT G-DUR. Eine Überraschung war auch dessen Solistin, die (später mit einem Neffen Albert Schweitzers verheiratete) junge französische Pianistin Nicole Henriot (1925-2001).

Die Spätromantik dominierte in Weissmanns Konzerten im Frühjahr 1951. In den Abonnementkonzerten vom 18. und 19. März 1951 sorgte seine kubanische Erstaufführung von Gustav Mahlers SINFONIE NR. 1 D-DUR für eine regelrechte Sensation. Sie brachte ihm gleich ein zusätzliches Engagement für die Abonnementkonzerte am 8. und 9. April ein, nachdem Sergej Koussevitzky deren Leitung aus gesundheitlichen Gründen abgegeben hatte. Mit seinem beherzten Einspringen rettete Weissmann die Konzerte, bei denen er nicht zögerte, sogleich Mahler wieder aufs Programm zu setzen – das Adagietto aus dessen SINFONIE NR. 5 CIS-MOLL. Im Rückblick erscheinen die Programmierung dieses nostalgischen Stücks wie auch die Wahl der beiden anderen Werke – Rachmaninoffs SINFONIE NR. 2 E-MOLL OP. 27 und Brünhildens Schlussgesang aus Wagners GÖTTERDÄMMERUNG mit Brenda Lewis als Solistin – wie musikalische Vorahnungen des kommenden Todes von Sergej Koussevitzky, der schon bald darauf am 4. Juni 1951 verstarb.

Mit mehreren Werken von Johannes Brahms setzte Weissmann während der Spielzeit 1950/51 einen besonderen Programmakzent, zuerst in den Abonnementkonzerten vom März. Vor der Pause wurde da Brahms' DOPPELKONZERT A-MOLL FÜR VIOLINE, VIOLONCELLO UND ORCHESTER OP. 102 mit dem italo-amerikanischen Geiger Ruggiero Ricci (1918-2012) und der im georgischen Tiflis geborenen amerikanischen Cellistin Raya Garbousova (1909-1997) als Solisten aufgeführt, wobei – nach Meinung eines amerikanischen Kritikers – eine „hervorragend ausbalancierte, expressive und romantische Brahms-Interpretation" gelang.[127] Ausschließlich Brahms-Werke boten dann die Konzerte am 22. und 23. April 1951 mit der Aufführung der AKADEMISCHEN FESTOUVERTÜRE C-MOLL OP. 80, des KLAVIERKONZERTS NR. 2 B-DUR OP. 83

und der SINFONIE NR. 1 C-MOLL OP. 68. Solist war der in Havanna geborene Pianist Jorge Bolet (1914-1990), der seit 1942 die amerikanische Staatsbürgerschaft besaß. Mit ihm hatte Weissmann schon in Scranton im Januar 1945 zusammengearbeitet, als Bolet noch sehr um die Anerkennung amerikanischer Kritiker rang, die sich damals mit seiner Art des Klavierspiels sehr schwer taten. Hier in Kuba hatte Bolet natürlich leichteres Spiel und der Jubel des Publikums fiel entsprechend enthusiastisch aus.

Ohne alle Programme im Detail aufzulisten, seien beispielhaft für die zweifellos etwas populäreren, aber keineswegs weniger anspruchsvollen Freiluft-Konzerte auf der Plaza de la Catedral diejenigen vom 7. Oktober und am 23. Dezember 1950 erwähnt. Beim ersten Termin wurden die Ouvertüre zu Richard Wagners DIE MEISTERSINGER VON NÜRNBERG, die ROSENKAVALIER-SUITE von Richard Strauss sowie Dvoraks SINFONIE NR. 9 E-MOLL OP. 65 „AUS DER NEUEN WELT" aufgeführt, beim zweiten die Ouvertüre zu Wagners Oper RIENZI, Aram Chatschaturjans Suite aus der Bühnenmusik zu MASKERADE, Anatolij Ljadows Tondichtung DER VERZAUBERTE SEE OP. 62, der Schleiertanz aus SALOME von Richard Strauss sowie das KLAVIERKONZERT NR. 1 Es-Dur von Franz Liszt mit Nicole Henriot als Solistin.

Dass Weissmann in seinen Konzerten die sehr lebendige kubanische Musikszene mit keinem Werk berücksichtigte, lag zweifellos daran, dass es ihm in der kurzen Zeit seines Engagements noch nicht möglich war, sich eingehender mit der Musik des Landes zu beschäftigen und Kontakte zu einheimischen Komponisten zu knüpfen. Schließlich hatte er nicht nur in Havanna ein mit Proben und Konzerten prallvolles Programm zu absolvieren. In Scranton war er weiterhin bei seinem Philharmonischen Orchester gefordert, wo auf ihn während der gesamten Spielzeit 1950/51 jene Konzerte warteten, die bereits im vorigen Kapitel erwähnt wurden. Hinzu kamen im Oktober und November 1950 drei Konzerte mit dem Vancouver Symphony Orchestra, heute das drittgrößte kanadische Orchester, das sich gerade – nicht im besten Einvernehmen – von seinem bisherigen Chefdirigenten Jacques Singer (1917-1980) getrennt hatte und nun auf der Suche nach einem Nachfolger war. Schließlich wartete auf ihn in New York auch noch sein Old Timers' Symphony Orchestra. Das ihm sehr ans Herz gewachsene Altherren-Orchester leitete er im Februar und März 1951 bei vier, in der Great Hall des New Yorker Metropolitan Museum veranstalteten Konzerten, die jeweils mehr als eintausend Menschen anlockten.[128] Höhepunkt der Veranstaltungsserie war zweifellos die Aufführung von Gustav Mahlers SINFONIE NR. 1 D-DUR am 10. März 1951, acht Tage vor seinem Triumph in Havanna mit dem gleichen Werk.

Dort war Anfang Juni 1951 endlich die Entscheidung gefallen, und Weissmann wurde aufgrund der insgesamt sechzehn Konzerte, in denen er als Gastdirigent Presse und Publikum ebenso begeisterte wie die Musiker und den Vorstand des Orchesters, für die Dauer der nächsten drei Spielzeiten zum Chefdirigenten bzw. *director proprietario* des Orquesta Filarmónica de La Habana berufen.

Cocktail-Empfang nach der Aufführung von Mahlers Sinfonie Nr. 2 c-moll im Gala-Konzert vom 22. Oktober 1951, v.l.n.r. die Kritikerin Nenita Benítez, die Präsidentin der Sociedad de Música de Cámara de Cuba Conchita Garzón, der kubanische Komponist Aurelio de la Vega, die Solistin und Mezzosopranistin Marta Peréz, Frieder Weissmann, der Kritiker Fausto Martinéz, die Kritikerin Conchita Gallardo, der kubanische Komponist José Ardevol, die Sängerin Greta Menzel und ihr Ehemann, der Dirigent und Komponist Paul Csonka sowie eine unbekannte Person.

Ein Traum wird wahr

Mit der Ernennung zum Orchesterchef war für Weissmann ein lang gehegter Wunsch in Erfüllung gegangen – endlich gebot er über ein professionelles Orchester von internationalem Rang! Dessen Qualität konnte er nicht genug rühmen: „Die Musiker sind mit Ausnahme von zwei Amerikanern und vier Europäern allesamt Kubaner. Die Qualität ihres Spiels ist hoch, besonders bei den Stimmführern der Bläser. Die Streicher erzeugen einen Klang von seltener Sinnlichkeit, der maßgeblich zum bemerkenswert warmen, ‚satten‘ und doch brillanten Klang des Orchesters beiträgt."[129] Von dessen „sechzehn ersten Violinen, sechzehn zweiten Violinen, den traumhaften Holz- und Blechbläsern" schwärmte Weissmann selbst dann noch, als sein kubanisches Engagement ein Jahrzehnt zurücklag.[130]

Finanziell stand offenbar auch alles zum Besten, nachdem der Staat wieder Zuschüsse und Garantien gab, die freilich nicht ganz die Höhe des Vorjahres erreichten. Die immer nur kurzfristig für ein Jahr gewährten staatlichen Subventionen waren eine Hauptursache für die stets wacklige Finanzlage des Orchesters, die es auch mit sich brachte, dass Weissmanns Vertrag in jedem Jahr aufs Neue bestätigt werden musste. Trotz dieses Wermutstropfens stürzte er sich in die Vorbereitung der Konzerte der Spielzeit 1951/52. Die im Vorjahr reichlichen Angebote außerhalb der beiden Abonnementserien (jeweils zwölf

Konzerte) wurden nun aus Ersparnisgründen drastisch reduziert. Von den jetzt nur noch sechs Extra-Veranstaltungen leitete er nur eine, und zwar am 23. April 1952 ein Konzert im Teatro Auditorium, bei dem der chilenische Pianist Armando Palacios (1904-174) mit Griegs KLAVIERKONZERT A-MOLL OP. 16 im Mittelpunkt stand. Hingegen übernahm er bei den Abonnementkonzerten die musikalische Leitung zu drei Vierteln, d. h. bei neun Doppelkonzerten. Für die restlichen Konzerte engagierte man Gäste: Efrem Kurtz am 2./3. Dezember 1951, Pierre Monteux am 17./18. Februar sowie am 25./26. Februar 1952.

Genährt durch zahlreiche, teilweise sehr ausführliche Vorberichte der Presse über die Proben und die Vorbereitungen zur neuen Konzertsaison, war das öffentliche Interesse sehr groß, als die Spielzeit am 21. und 22. Oktober 1951 eröffnet wurde. Allein das Programm der beiden Eröffnungskonzerte war schon ein mächtiger Fanfarenstoß, der eine neue Ära im Musikleben Havannas anzukündigen schien. Nach dem großen Erfolg mit Mahler-Werken in der vorhergehenden Saison, sollte nun zum ersten Mal in Kuba Gustav Mahlers SINFONIE NR. 2 C-MOLL aufgeführt werden, ein fünfsätziges, neunzig Minuten währendes Opus für Sopran- und Altsolo, gemischten Chor und ein weit über hundert Köpfe zählendes Riesenorchester. Und dieses gewaltige Werk sollte nicht als Einzelstück stehen, sondern zu Beginn des Konzerts einen Kontrapunkt erhalten durch ein Werk des absoluten Meisters dieser Disziplin, nämlich Johann Sebastian Bachs DOPPELKONZERT FÜR ZWEI VIOLINEN D-MOLL BWV 1043. Programmatisch war auch die Wahl der ausschließlich kubanischen Solisten, beim Bach-Konzert von Carlos Agostini und Deogracias Moncada, zwei Orchestermusikern und Mitgliedern des hochgeschätzten Quartetts der Sociedad de Música de Cámara de Cuba, bei Mahler von der Sopranistin Iris Burguet (1922-1987) und der Mezzosopranistin Marta Peréz (* 1928), zwei damals schon international berühmten kubanischen Sängerinnen. Die Einstudierung der Chorpassagen hatte Paul Csonka (1905-1995) übernommen, zwar ein geborener Österreicher, doch als Dirigent, Komponist und Impresario schon seit den 1930er Jahren eine feste Institution des kubanischen Musiklebens.

Das starke kubanische Element bei den Mitwirkenden hatte zweifellos zum rauschenden Erfolg der Veranstaltungen beigetragen. „Wir wurden nicht enttäuscht. Musik der höchsten Ordnung. Kubanische Solisten, Chor und Orchester unter Leitung von Dr. Frieder Weissmann", registrierte geradezu entzückt Nenita Benítez von der Tageszeitung Diario de la Marina: „Die neue Saison hat einen guten Anfang genommen und alle Mitwirkenden verdienen unsere stärkste Unterstützung. Denn das Orchester ist und bleibt das kulturelle Barometer Kubas."[131]

Wie fruchtbar das kulturelle Klima Kubas auf dem Gebiet der Musik war, wurde bei Weissmanns erster Spielzeit als Chefdirigent mehrmals deutlich. Allein sechs Werke kubanischer Komponisten setzte er aufs Programm, mit Ausnahme von Amadeo Roldans (1900-1939) PRÉGON Y FIESTA NEGARA aus TRES PEQUEÑOS POEMAS allesamt Uraufführungen: José Ardevols (1911-1981)

VARIACIONES SINFÓNICAS für Violincello und Orchester, Paul Csonkas
VARIACIONES SOBRE SANTA LUCIA, Harold Gramatges' (1918-2008) DOS
DANZAS CUBANAS, Felix Guerreros HOMENAJE AL SÓNGORO COSONGO und Au-
relio de la Vegas (*1925) OBERTURA A UNA FARSA SERIA. Vom hohen Stand der
kubanischen Musikkultur zeugten auch einheimische Künstler, die bei den
Konzerten als Solisten auftraten: die Sopranistin Iris Burguet, der Pianist Rafael
Morales, der Geiger Alexander Prilutchi, der Bratschist Juan W. Granat, die
Cellisten Adolfo Odnoposoff und Ernesto Xancó, der Flötist Robert Ondina,
der Tubaspieler Bernardo Gulin.

Außer Kuba waren auch andere Länder des romanischen Sprachraums bei
Weissmanns Konzerten in der Saison 1951/52 wieder gut vertreten. Aus dem
spanischen Sprachraum kamen Manuel de Fallas Orchestersuite EL SOMBRERO
DE TRES PICO, der 1927 komponierte CANTO A SEVILLA OP. 37 des Spaniers Joa-
quin Turina (1882-1949) und die 1944 komponierte OBERTURA PARA EL FAUSTO
CRIOLLO des Argentiniers Alberto Ginastera (1916-1983). Dem französischen
Sprachraum entstammten Kompositionen von Ernest Chausson, César Franck,
Arthur Honegger, Maurice Ravel und Camille Saint-Saëns, dem italienischen
Riccardo Zandonais (1883-1944) LA FLAUTA NOCTURNA.

Die Musik slawischer Länder repräsentierten Sinfonien von Dvorak und
Tschaikowsky sowie Rachmaninoffs KLAVIERKONZERT NR. 2 C-MOLL OP. 18,
letzteres mit dem umjubelten Byron Janis als Solisten. Haydns SINFONIE NR.
104 D-DUR und Beethovens TRIPELKONZERT C-DUR OP. 56 standen für die erste Wiener Schule, Arnold Schönbergs VERKLÄRTE NACHT OP. 4 für Streichorchester für die zweite Wiener Schule. Bruckners SINFONIE NR. 4 ES-DUR
„ROMANTISCHE" wurde erstmals in Kuba aufgeführt, ein Wagnis, das vom Publikum nicht wie erhofft belohnt wurde. Großes Gefallen hingegen fanden Webers Ouvertüre zu DER FREISCHÜTZ und Arie „Ozean, du Ungeheuer" aus
OBERON, gesungen von der US-amerikanische Sopranistin Doris Dorée (1911-
1971), Wagners Liebestod aus TRISTAN UND ISOLDE sowie die Tondichtung
DON QUIXOTE – FANTASTISCHE VARIATIONEN ÜBER EIN THEMA RITTERLICHEN
CHARAKTERS, OP. 35 von Richard Strauss.

Weil die Übernahme des Chefdirigentenamts in Havanna seinen vollen Einsatz erforderte, hatte Weissmann seine bisherigen Aktivitäten in Scranton und
New York nicht mehr im gewohnten Umfang aufrecht erhalten können. Vom
Old Timers' Symphony Orchestra hatte er sich deshalb mit drei Konzerten in
der Mall des New Yorker Central Parks Anfang September 1951 verabschiedet.[132] In Scranton kam für Weissmann eine Beendigung seines Engagements
schon allein aus finanziellen Erwägungen nicht infrage, allerdings war ihm
daran gelegen, sein Pensum etwas zu reduzieren und von den dort seit Kurzem
beschlossenen zwölf Konzerten pro Saison nur noch acht zu dirigieren. Da
man ihn, dessen internationales Ansehen nun gestiegen war, in Scranton
unbedingt halten wollte, gab man seinem Wunsch nach und verpflichtete für

die Zeit seines kubanischen Engagements bei den restlichen vier Veranstaltungen Gastdirigenten.[133]

Die Lösung war zweifellos nicht von Nachteil für die Stadt, denn deren Musikleben profitierte nun von Synergieeffekten, die sich auf Grund von Weissmanns Doppelfunktion als Orchesterchef in Scranton und Havanna ergaben. So kam das Konzertpublikum der pennsylvanischen Industriestadt bereits zu Beginn der Spielzeit 1951/52 in den Genuss eines bis dahin unerhörten Musikerlebnisses, indem Weissmann das nur zum Teil mit Berufsmusikern besetzte Orchester zu einem Kraftakt stimulierte und im Masonic Temple von Scranton am 8. Oktober 1951, zwei Wochen vor der Aufführung desselben Werks in Havanna, Gustav Mahlers SINFONIE NR. 2 C-MOLL aufführte. Wiederholt kamen nun auch kubanische Musiker nach Scranton, beispielsweise die Sopranistin Iris Burguet, die nach ihrem Auftritt mit Turinas CANTO A SEVILLA in Havanna Ende Januar 1952 in die USA reiste und in Scranton das Publikum bei einem von Weissmann geleiteten Konzert mit Arien aus Opern von Mozart, Verdi und Puccini sowie Liedern der kubanischen Komponisten Armando Valdés Torres (1898-1953) und Gonzalo Roig (1890-1970) begeisterte.[134] Anfang April 1952 ließ dann ein weiterer kubanischer Import das Konzertpublikum in Scranton aufhorchen, als die damalige Juillard-Studentin Nola (eigentlich Juana María Saínz) Sahig (1925-1988), die später in Kuba eine bedeutende Klavierlehrerin wurde, den Solopart in Beethovens KLAVIERKONZERT NR. 3 C-MOLL OP. 37 interpretierte.

Beginn eines Albtraums

Die zu achtzig Prozent von der Zuckerindustrie beherrschte Wirtschaft Kubas war Anfang der 1950er Jahre in eine schwere Krise geraten, als auf dem Weltmarkt die Zuckerpreise infolge des im Juni 1950 ausgebrochenen Korea-Krieges abstürzten. Im Sog der Krise waren auch die Staatsfinanzen eingebrochen, was beim Orquesta Filarmónica de La Habana dazu führte, dass der dringend benötigte Zufluss zugesagter staatlicher Gelder ins Stocken geriet und die Gehälter der Musiker nicht ausbezahlt werden konnten. Erstaunt registrierte Weissmann, dass die offenbar an solche Widrigkeiten gewöhnten Musiker ihren Dienst unbeirrt weiter versahen: „Sie hielten heldenhaft zusammen, probten und spielten ohne Bezahlung weiter, und sorgten dafür, dass dennoch alle Solisten und der Dirigent ihre Gagen bis auf den letzten Penny erhielten."[135]

Kubas wirtschaftliche Krise hatte gesellschaftliche Gegensätze verschärft, die das Land nicht erst seit der Regierung des 1948 gewählten und als äußerst korrupt geltenden Präsidenten Carlos Prío Socarrás (1903-1977) spalteten. Zum Hoffnungsträger und Nachfolger Príos fühlte sich der ehemalige Präsident (1940-44), Oberst, Oberbefehlshaber der Streitkräfte und jetzige Senator Fulgencio Batista (1901-1973) berufen, der allerdings bei den für Juni 1952 geplanten Wahlen nicht damit rechnen konnte, die politische Linke, die sich auf die unzufriedene Bevölkerung stützte, besiegen zu können. Um der sicheren Niederlage zuvorzukommen, putschte sich Batista mit Hilfe des Militärs am frühen Morgen des 10. März 1951 an die Macht und jagte den amtierenden Präsidenten Prío ins US-amerikanische Exil.

Der politische Umsturz dauerte nur wenig mehr als eine Stunde, und wären nicht ein paar Schüsse gefallen und Panzer und Mannschaftswagen mit Soldaten aufgefahren, hätten die noch in Karnevalslaune befindlichen Bewohner Havannas sowie die zahlreichen amerikanischen Touristen von dem Ganzen kaum etwas wahrgenommen, zumal der neue Herrscher auch nicht verfügte, die Spielcasinos und Vergnügungsstätten zu schließen. Allerdings war ein Teil der männlichen Bevölkerung von seiner Aktion insofern betroffen, als sie befehlsgemäß in die Kasernen eilte. Und weil nicht wenige der Befehlsempfänger Musiker des Philharmonischen Orchesters waren, sah sich Weissmann gezwungen, die für den Abend vorgesehene Gala-Aufführung des zehnten Abonnementkonzerts mangels Mitwirkender absagen zu müssen.[136]

Das ausgefallene Konzert, das schon drei Tage später nachgeholt wurde, blieb eines der wenigen Opfer des trotz zweier getöteter Palastwachen relativ unblutigen Machtwechsels, in dessen Folge sich die Verhältnisse – zumindest für das Orchester – zunächst eher vorteilhaft zu entwickeln schienen. Denn die neue Regierung sorgte dafür, dass im Juli 1952 ein neuer Vorstand mit dem Arzt Dr. Salvador Bonilla Sosa (1913-2006) an der Spitze das Ruder beim Orquesta Filarmónica de La Habana übernahm. Die Dr. Sosa nachgesagten guten Verbindungen zur neuen Regierung und zu Diktator Batista schienen auch sofort bestens zu funktionieren, denn bereits Ende Juli 1952 konnte er die Zusage für die bis dahin höchste staatliche Subvention in Höhe von $ 150.000 vermelden sowie die Übernahme der Schirmherrschaft über die Konzerte der kommenden Saison durch die Regierung.[137]

Weissmann, dessen Vertrag bei der ersten Sitzung des neuen Vorstands verlängert wurde,[138] empfand diese Entwicklung der Dinge als geradezu „segensreich", ermöglichte sie doch, dass die Proben für die beiden ersten Konzerte am 9./10. November 1952 auf einen ganzen Monat ausgedehnt werden konnten.[139] Wie in der vorhergehenden Spielzeit hatte er auch jetzt wieder die musikalische Leitung bei neun der insgesamt zwölf Abonnementkonzerte (mit jeweils zwei Veranstaltungen) übernommen. Bei den restlichen drei Doppelkonzerten standen die Gäste Antal Dorati, Eugene Ormandy und Igor Strawinsky am Dirigentenpult, wobei letzterer am 5. und 6. April 1953 ausschließlich eigene Werke, die PULCINELLA-SUITE und Auszüge aus der PETRUSCHKA-Orchestersuite, zur Aufführung brachte.

Solistin bei den Konzerten, mit denen die Spielzeit 1952/53 eröffnet wurde, war die Sopranistin Astrid Varnay (1918-2006), seit ihrem Debüt an der New Yorker Met im Jahre 1941 eine der ganz großen Wagner- und Richard Strauss-Sängerinnen. Sie beherrschte das Auditorium nach der Pause mit Wagners „Du bist der Lenz" (DIE WALKÜRE) und „Träume (WESENDONCK-LIEDER) sowie

Szene und Arie aus ELEKTRA von Richard Strauss. Vor der Pause brillierte das von Weissmann geleitete Orchester mit Beethovens LEONOREN-OUVERTÜRE NR. 3 und der SINFONIE NR. 2 D-DUR von Johannes Brahms. Wie schon im Vorjahr war auch jetzt die Werkauswahl beim Eröffnungskonzert programmatisch, gleichsam die Ouvertüre zu einer Konzertsaison, in der das klassisch-romantische Repertoire vor allem der deutsch-österreichischen Musik dominierte.

Am häufigsten hatte Weissmann Werke von Beethoven und Richard Strauss (jeweils vier) aufs Programm gesetzt, gefolgt von Brahms und Wagner (je drei) sowie Liszt und Tschaikowsky (je zwei). Die Moderne kam lediglich zu Wort mit Béla Bartóks (1881-1945) KONZERT FÜR ORCHESTER, Sergej Prokofievs (1891-1953) sinfonischem Märchen PETER UND DER WOLF OP. 67 und Dmitri Kabalewskis (1904-1987) Ouvertüre zur Oper COLAS BREUGNON. Etwas häufiger als im Vorjahr hatte man ausländische Starsolisten eingeladen, neben Astrid Varnay die Pianistin Nicole Henriot und ihre männlichen Kollegen Claudio Arrau und Byron Janis sowie den Geiger Yehudi Menuhin. Mit ihnen gelangten Tschaikowskys KLAVIERKONZERT NR. 1 B-MOLL OP. 23 (Janis), Liszts KLAVIERKONZERT NR. 1 ES-DUR (Henriot), Chopins KLAVIERKONZERT NR. 1 E-MOLL OP. 11 (Arrau) sowie Beethovens VIOLINKONZERT D-DUR OP. 61 (Menuhin) zur Aufführung. Kubanische Künstler von internationalem Rang waren der Geiger Angel Reyes (1919-1988) und der Pianist José Echaniz (1905-1969), die ihr großes Können im Brahmsschen VIOLINKONZERT D-DUR OP. 77 bzw. in Franz Liszts KLAVIERKONZERT NR. 2 A-DUR demonstrierten.

Internationaler Starglanz umgab auch die kubanische Sopranistin Iris Burguet, die nicht unwesentlich zum Erfolg einer weiteren kubanischen Mahler-Erstaufführung beitrug, als sie am 22. und 23. März 1953 mit ihrer – so Weissmann – „außergewöhnlich schönen Stimme" den Solopart in Mahlers SINFONIE NR. 4 G-DUR interpretierte.[140] Die Konzerte, bei denen diese Sinfonie erklang, boten noch zwei weitere Premieren, die sogar Welturaufführungen waren: INTRODUCCIÓN Y EPISODIO von dem kubanischen Komponisten Aurelio de la Vega sowie zwei Lieder auf die Gedichte ACTO DE FE und MI TRISTEZA ES SUAVE der großen kubanischen Poetin Dulce Maria Loynas (1902-1997), komponiert von Frieder Weissmann, den in Kuba nach fast fünfundzwanzig Jahren erstmals wieder die Lust am schöpferischen Tun gepackt hatte.

Die Präsentation des zeitgenössischen kubanischen Musikschaffens war Weissmann auch in seiner zweiten Spielzeit ein besonderes Anliegen. Großenteils als Weltpremieren wurden folgende Werke aufgeführt: SONERAS von Edgardo Martin (1915-2004), OBERTURA von Arturo „Chico" O'Farrill (1921-2001), die 1952 mit dem kubanischen Nationalpreis ausgezeichnete SINFONIE NR. 1 von Francisco N. Nugué (1909-1966), das im gleichen Jahr mit einem weiteren Nationalpreis ausgezeichnete Werk EL SON ENTERO von Nilo Rodriguez Suárez (1921-1997), Felix Guerreros (1917-2001) HOMENAJE AL SÓNGORO COSONGO, Julian Orbons (1925-1991) HOMENAJE A LA TONADILLA sowie Alejandro Garcia Caturlas (1906-1940) BERCEUSE CAMPESINA. Weissmann fand alle diese Komponisten „sehr begabt und sehr ehrgeizig. Sie sind auf der Suche nach einem eigenen Musikstil, bei dem sie die Rhythmen und die von starken afro-kubanischen und spanischen Einflüssen geprägte Folklore ihrer Heimat mit den Ausdrucksmitteln der Moderne verschmelzen."[141]

Nach den letzten Abonnementveranstaltungen vom 19. und 20. April 1953 leitete Weissmann am Sonntagmorgen des 3. Mai 1953 im Teatro Auditorium noch ein weiteres Konzert außerhalb des regulären Programms. Mit Lalos Ouvertüre zu LE ROI D'YS, Prokofiews PETER UND DER WOLF, Tschaikowskys Fantasieouvertüre ROMEO UND JULIA und mit Johann Strauss' Konzertwalzer WEIN, WEIB UND GESANG bot es – nach Meinung der Tageszeitung *Diario de la Marina* – „ein leichtes Programms für jeden Geschmack",[142] das vom Publikum mit großem Beifall bedacht wurde. Leider war die Veranstaltung nur auf mäßiges Besucherinteresse gestoßen, was um so bedauerlicher war, als es sich dabei um ein Benefizkonzert zugunsten der Orchestermusiker handelte. Sie mussten im Laufe der zu Ende gegangenen Spielzeit ständige Einkommenseinbußen hinnehmen, weil die Regierung, statt die großzügig versprochenen Gelder bereitzustellen, alsbald die Zuschüsse willkürlich kürzte.

Fulgencio Batista hatte gleich nach der Machtübernahme verfassungsmäßige Rechte außer Kraft gesetzt und das Parlament aufgelöst. Neuwahlen sollten erst 1953 stattfinden und politische Parteien solange suspendiert bleiben. Ebenso schnell wie der Rechtsstaat verschwand die Maske des Sozialreformers, die der Diktator anfangs aufgesetzt hatte. Es begann die Verfolgung politischer Gegner und mit ihr die Unterdrückung der Meinungsfreiheit. Auf kulturellem Gebiet dienten staatliche Förderungsgelder fortan allein dem Zweck der politischen Disziplinierung: „Die Alternative war brutal – entweder beugte man sich unter den Schirm des Dikators oder die Institution wurde finanziell zu Tode stranguliert."[143] Batista, der die amerikanische Mafia ebenso bereitwillig ins Land ließ wie harmlose Touristen, zeigte immer offener, wer er wirklich war: „ein gewissenloser Diktator und blutrünstiger Schlächter, ein selbstverliebter Zampano, der sein Volk ausbeutete und in die eigene Tasche wirtschaftete. Er war ein Despot wie aus dem Bilderbuch."[144]

Gaben die politischen Verhältnisse in Kuba schon reichlich Anlass zur Sorge, so bedrückte Weissmann fast noch mehr die immer desolatere Lage seiner Musiker, die zum Überleben gezwungen waren, sich Nebenverdienste zu suchen und die Proben zu schwänzen. Die negativen Auswirkungen auf die Qualität des Orchesterspiels blieben natürlich nicht aus, und so ging Weissmann am 5. März 1953, zwei Tage nach dem Konzert, wenig optimistisch in die Sommerpause. Auf dem Flugplatz Rancho Boyeros (heute Aeropuerto Internacional José Martí) wartete eine Maschine der National Airlines, mit der er ein paar Stunden später in New York landete.[145] Er wusste da noch nicht, dass er nie mehr nach Kuba zurückkehren würde.

Der bittere Nachgeschmack unerfüllter Sehnsucht

Den entscheidenden Anstoß für Weissmanns abrupte Beendigung des kubanischen Engagements sollte drei Monate später ein 26-jähriger Rechtsanwalt aus Havanna geben, den damals noch kein Vollbart, sein späteres Markenzeichen, zierte. Weissmann dürfte von diesem Fidel Castro bis dahin kaum Notiz genommen haben und falls doch, dann nur *en passant* im Zusammenhang mit Castros kühnem, aber vergeblichen Versuch, den Diktator Batista gleich nach dem Putsch wegen Verfassungsbruchs vor Gericht zu bringen. Ende Juli 1953, als Weissmann, der am 16. und 23. Juli 1953 endlich wieder einmal zwei „Proms"-Konzerte in der Varsity Arena von Toronto dirigiert hatte,[146] von Kanada nach New York zurückkehrte, konnte er den jungen Kubaner jedoch nicht mehr ignorieren, sorgte dieser doch international für Schlagzeilen. Der Grund: Castro hatte am 26. Juli 1953 mit 150 schlecht bewaffneten Guerrilleros eine Kaserne in Santiago de Cuba angegriffen, um damit die Bevölkerung zur Revolte gegen den Diktator Batista anzustacheln. Das Himmelfahrtskommando scheiterte zwar kläglich und Castro verschwand für einige Zeit hinter Gittern. Doch seitdem wusste alle Welt, dass Kuba ein Pulverfass mit glimmender Lunte war.

Schockiert von den Nachrichten über die misslungene Rebellion, waren diese der sprichwörtliche Tropfen, der bei Weissmann „das Fass zum Überlaufen" brachte. Randvoll war es schon gewesen, weil aus Havanna die längst fälligen Zusagen sowohl für die Fortführung seiner Tätigkeit als Chefdirigent des Orquesta Filarmónica de La Habana als auch die finanzielle Absicherung der Spielzeit 1953/54 ausgeblieben waren. Selbst wenn diese Zusagen vielleicht doch noch erfolgen sollten, erschien ihm nun aber die Aussicht, in bürgerkriegsähnlichen Verhältnissen ein Orchester zu leiten, dessen Musiker um ihre Gagen betteln mussten, als so niederschmetternd, dass er sich spontan dazu entschloss, nicht mehr nach Kuba zurückzukehren.

Für den spontanen Charakter seines Entschlusses, den er später nie richtig begründen wollte,[147] spricht, dass er ihn schon bald wieder bereute. Wie sehr er an dem Orchester in Havanna auch noch Jahre später hing, belegt sein – Anfang September 1955 in der kubanischen Zeitung *Diario de la Marina* veröffentlichter – flammender Appell zu dessen Erhalt, als die Philharmoniker wieder einmal kurz vor der Auflösung standen. Leidenschaftlich beklagte er da „den bitteren Nachgeschmack unerfüllter Sehnsucht", beschwor die großartigen Qualitäten und stolze Geschichte des Orchesters, schwärmte von der ihn beglückenden Zusammenarbeit mit dem Orchester und bedauerte zutiefst dessen derzeitige desaströse Lage.[148] Sehnsucht verspürte er auch noch Anfang der 1960er Jahre, wie die Schlussworte seines „Und so verließ ich Kuba" betitelten Artikels für die Mitgliederzeitschrift der amerikanischen Musikergewerkschaft erkennen lassen: „Aber immer noch sehne ich mich nach Havanna – und nach der Wiederauferstehung vergangener musikalischer Schönheit."[149]

Frieder Weissmann dirigiert das Scranton Philharmonic Orchestra, keine Datumsangabe.

Ende mit Dende

Am Golden Gate und in Kanada

Während in Havanna sein Amt als Orchesterchef verwaiste,[150] stand Weissmann in New York vor der Aufgabe, Ersatzengagements zu finden. Denn das verbliebene Engagement beim Scranton Philharmonic Orchestra mit den sechs pro Saison vereinbarten Konzerten (zu je zwei Aufführungen) reichte gerade mal dazu, um ihm und Rosita ein bescheidenes Auskommen zu sichern. Vor diesem Hintergrund war es ein Hoffnungsschimmer, dass er im November 1953 eine Einladung aus Kalifornien erhielt. Die San Francisco Arts Commission, eine in der Golden Gate-Metropole bis heute aktive und eminent wichtige kommunale Einrichtung zur Förderung der Künste, wollte ihn im Mai des kommenden Jahres für eine konzertante Open-Air-Aufführung von Tschaikowskys Oper EUGEN ONEGIN engagieren.

Die Veranstaltung war als Erweiterung der seit 1949 in San Francisco veranstalteten sommerlichen „Pops"-Konzerte gedacht, die auch 1954 mit dem Boston Pops Orchestra unter Arthur Fiedler (1894-1979) fortgesetzt wurden. Stattfinden sollte die Aufführung im städtischen, siebentausend Zuschauer fassenden Civic Auditorium (heute Billy Graham Civic Auditorium). Im Februar 1954 unterzeichnete Weissmann den Vertrag, der ihm für die musikalische Leitung einer englisch gesungenen, konzertanten Aufführung von EUGEN ONEGIN am 13. Mai 1954 eine Gage in Höhe von eintausend Dollar plus Spesen sicherte, etwa das Eineinhalbfache dessen, was der Star des Abends, die Sopranistin Franca Duval von der Mailänder Scala erhielt und mehr als ein Sechstel der Summe, die im Budget für das gesamte San Francisco Symphony Orchestra eingeplant war. Die übrigen Gesangssolisten, allesamt lokale Größen wie die Altistin Elizabeth Pharris (Olga), der Tenor Raymond Manton (Lenski), der Bariton Stephen Kemalyan (Eugen Onegin) und der Bassist Robert Lancaster erhielten zusammen genau soviel wie Weissmann.[151]

Die am Abend des 13. Mai 1954 erfolgte konzertante Darbietung des Werks, das die 1923 gegründete Oper von San Francisco bis dahin noch nie aufgeführt hatte und erst 1971 auf die Bühne bringen sollte, wurde ein großer Erfolg. Die Presse dankte danach der Arts Commission mit „21 Salutschüssen" für „eine der besten Unterhaltungsshows seit vielen Monden",[152] lobte einen „lohnenswerten Abend",[153] bei dem „das Publikum die konzertante Version des ‚Onegin' sehr genossen" habe.[154] Nach Meinung der meisten Kritiker verdiente der Dirigent Weissmann die Ovationen des Publikums zu Recht, war doch – so die *San Francisco Call* – seine „Schlagtechnik und sein musikalisches Gespür unübertroffen".[155] Trotz des beachtlichen Erfolgs dieser Veranstaltung, zeigte die Arts Commission danach aber keine Neigung, ihr weitere folgen zu lassen. Auch für Weissmann blieb die Sache folgenlos, weitere Gastdirigate in San Francisco sind nicht zu verzeichnen, weder bei der Arts Commission noch beim Sinfonieorchester und der Oper.[156] Überhaupt blieb dieser Gastauftritt – soweit wir das feststellen konnten – Weissmanns letzter in den USA.

In Kanada gastierte er danach noch drei Mal, im September 1955 und August 1956 als Dirigent von „Proms"-Konzerten in Toronto und im Februar/März 1958 als Dirigent zweier Konzerte des Winnipeg Symphony Orchestra, des musikalischen Aushängeschilds der kanadischen Provinz Manitoba. Der *spiritus rector* dieses Orchesters, der Franz Schreker-Schüler Walter Kaufmann (1907-1984),[157] hatte sein Amt im Frühjahr 1957 überraschend nach zehn Jahren erfolgreicher Tätigkeit aufgegeben, um eine Musikprofessur an der US-amerikanischen Indiana University zu übernehmen.[158] Da ein Nachfolger nicht sofort zur Stelle war, bediente man sich auch hier einer bewährten Interimslösung: man engagierte für die Spielzeit 1957/58 sieben Bewerber als Gastdirigenten, von denen dann der am besten geeignete den vakanten Posten erhalten sollte. Weissmann war der älteste Bewerber und derjenige, der als Dirigent – auch international – die größte Erfahrung besaß.[159] Es scheint, dass auch alles auf Weissmanns Wahl hinauslief, denn sein Agent Siegfried Hearst schickte ihm am 10. April 1958 ein Telegramm, das ihm einen für damalige Verhältnisse nicht unattraktiven Zweijahresvertrag des Winnipeg Symphony Orchestra in Aussicht stellte: als Gegenleistung für nur zehn Konzerte pro Saison garantierte man ihm ein Honorar in Höhe von 50.000 Dollar für alle Rechte inkl. Rundfunk.[160] Einzige Bedingung: Weissmann musste umgehend zusagen. Doch der zauderte und schlug damit nicht nur eine große Chance in den Wind. Auch seinen Agenten Hearst war er danach für immer los.[161]

Schluss in Scranton

In Scranton hatte sich die finanzielle Situation des Philharmonischen Orchesters, das 1950 noch einen erklecklichen Gewinn erwirtschaftet hatte, in den
letzten Jahren immer mehr verschlechtert. Schuld daran waren rückläufige Einnahmen aufgrund einer nach 1950 (infolge zunehmender Verdrängung der
Kohle als Brennstoff) in dieser Region eingetretenen Rezession mit Zechenster-
ben und dramatischer Bevölkerungsabwanderung. Rettung versprach ein in
Scranton geborener Sohn polnischer Einwanderer namens Henry J. Dende
(1918-2001). Der politisch erfahrene, in vielen ehrenamtlichen Funktionen aktive Zeitungsverleger verfolgte nach seiner 1957 erfolgten Wahl zum Vorstands-
vorsitzenden des Trägervereins ein klares Ziel: Weissmanns Ablösung durch
einen Orchesterchef, von dem sich Dende eine stärkere Anziehungskraft für
neues, vor allem jüngeres Publikum sowie populärere Programme erhoffte.

Im ersten Jahr als Vorstandsvorsitzender hatte Mr. Dende den Boden für
seine Zwecke gründlich vorbereitet. Am 21. Mai 1958 verkündete er der Presse
den einmütigen Beschluss des Vorstands, Weissmann zum Ende der Spielzeit
von seinem Amt als Orchesterleiter zu entbinden. Unter Hinweis auf ein – angeblich die Existenz des Orchesters bedrohendes – Defizit in Höhe von 3.000
Dollar betonte Dende, die Trennung erfolge „allein aus finanziellen Gründen",
denn Weissmanns künstlerische Leistungen seien „über jede Zweifel erhaben".
Von ihm gespendet, besagte dieses Lob natürlich das genaue Gegenteil und war
eine Beruhigungspille, die Weissmann noch lange sauer aufgestoßen sein dürfte.
Erst recht, nachdem Dende verkündet hatte, wie er neue Abonnenten gewinnen wollte, nämlich durch Verpflichtung „namhafter" Gastdirigenten und Solisten sowie durch „Aufmöbeln" – sprich Popularisierung – der Programme.[162]

Diese Parolen dürften Weissmann nicht zuletzt deswegen geschmerzt haben, weil – Ironie des Schicksals – er selbst Mr. Dende die Argumente dafür in
die Hand gespielt hatte. Denn im vergangenen Februar musste er wegen des
Gastauftritts in Winnipeg die Leitung seines Orchesters in Scranton für das am
17. Februar 1958 anberaumte Konzert dem Ersatzdirigenten Lyle „Skitch"
Henderson (1918-2005) überlassen, einem vielseitigen, vor allem in populärer
Musik erfahrenen Dirigenten, gefragt am Broadway, in Hollywood, bei Funk
und Fernsehen. Der versierte Entertainer, den es damals drängte, sich vermehrt
auch als Dirigent eines Sinfonieorchesters zu beweisen, hatte die ihm gebotene
Chance genutzt. Er eroberte Publikum wie Orchester im Sturm und wurde ein
Jahr später, am 18. Mai 1959, denn auch zum neuen Orchesterchef in Scranton
berufen.[163]

Mit dem Ende seines sechzehnjährigen Engagements in Scranton hörte
auch Weissmanns Dirigententätigkeit in Nordamerika auf. Der 65-jährige hatte
sich damit aber noch lange nicht von der Ausübung dieses Berufes zurückgezogen – im Gegenteil.

KAPITEL 8

Europa
1953-1984

Frieder Weissmann bei Proben, Ort unbekannt, ca. 1955.

Hinwendung nach Europa

Italien, Niederlande, Belgien

Was Weissmann zur Nichtannahme des Winnipeg-Angebots bewog, bleibt ein Geheimnis. Möglicherweise hatte er das Telegramm erst dann erhalten, als es für die Antwort zu spät war. Denn an dem Tag, als Siegfried Hearst das Telegramm abschickte, war er in Buenos Aires vollauf damit beschäftigt, sich auf das erste von sechs im April 1958 im Radio übertragenen „Pops"-Konzerten vorzubereiten, zu deren Leitung er vom staatlichen Rundfunksender Radio Nacional eingeladen worden war. Denkbar ist aber auch, dass der 65-jährige, dem zu diesem Zeitpunkt das Aus in Scranton schon bekannt gewesen sein dürfte, bereits fest entschlossen war, sich nicht mehr für längere Zeit an ein Orchester zu binden, weil er inzwischen die Freiheit des Gastdirigentendaseins zu sehr schätzen gelernt hatte.

In der Tat hatte sich Weissmann schon bald nach seinem abrupten Ausstieg in Havanna als Gastdirigent etablieren können, allerdings nicht auf dem amerikanischen Kontinent. Im vom Krieg so geschundenen Europa waren die Lebensverhältnisse inzwischen weitgehend normalisiert, vor allem in jenen Staaten, die westlich des „Eisernen Vorhangs" lagen. Viele Kriegswunden waren zwar nur oberflächlich vernarbt, doch gab es wieder ein reiches kulturelles Leben. Aus Ruinen waren Theater, Opern- und Konzerthäuser neu erstanden, und Orchester und musikalische Ensembles blühten wieder in großer Vielfalt. Der kulturelle Aufschwung, aber auch der günstige Dollar-Wechselkurs verlockte manche namhaften US-amerikanischen Musiker, sich auf den Weg ins „alte Europa" zu machen, z. B. Artur Rodzinski, Weissmanns direkter Vorgänger in Havanna, der seit 1951 vor allem in Italien arbeitete.

Rodzinski hatte sich dabei der Vermittlerdienste einer gewissen Felicitas Keller bedient,[1] deren Namen und Madrider Adresse man auch in Weissmanns persönlichem Adressbuch entdecken kann. Sie war die europäische Repräsentantin der Sociedad Daniel, jener Agentur, die Weissmann 1934 zu seinem allerersten Engagement in Argentinien und jetzt, 1958, auch zu seinem ersten argentinischen Engagement seit über zwanzig Jahren verholfen hatte. Wahrscheinlich unterstützte sie ihn auch, als er im Herbst 1953 damit begann, seine Fühler nach dem klassischen „Sehnsuchtsland" Italien auszustrecken. Das Land, in dem er bis dahin noch nie als Dirigent in Erscheinung getreten war, wurde schnell zu seiner europäischen Wahlheimat, war doch das Publikum dort auf Anhieb so von ihm angetan, dass er nach einem ersten Konzert in Mailand Anfang Dezember 1954, über das uns leider keine weiteren Angaben vorliegen,[2] sogleich für drei weitere Konzerte im Sommer und Herbst 1955 nach Rom bzw. Florenz eingeladen wurde.

Gastgeber in Rom war eines der bekanntesten italienischen Sinfonieorchester, das 1908 gegründete Orchestra dell Accademia Nazionale di Santa Cecilia, dessen Chefdirigent seit 1953 Fernando Previtali (1907-1985) hieß. Veranstaltet wurden die Konzerte vom 10. Juli und 20. November 1955 an zwei pittoresken Orten, im Sommer unterm freien Himmel in der Ruine der antiken Basilica di Massenzio am Rand des Forum Romanum, im Spätherbst im Teatro Argentina, einem der ältesten römischen Theater, dem die Welt u. a. die Uraufführung von Rossinis BARBIER VON SEVILLA verdankte. Beim ersten Konzert war der tschechische Pianist Rudolf Firkušný (1912-1994) Solist in Beethovens KLAVIERKONZERT NR. 3 C-MOLL OP. 37, beim zweiten dirigierte Weissmann vom Klavier aus das Orchester bei Corellis CONCERTO GROSSO OP. 6, NR. 8 „WEIHNACHTSKONZERT", ein damals ungewöhnlicher Vorgang, der zwar dem Publikum gefiel, bei der Kritik aber für manches Stirnrunzeln sorgte.[3]

Eine Woche vor dem zweiten Rom-Konzert gab Weissmann sein Debüt beim Maggio Musicale Fiorentino mit einem Konzert, das am 13. November 1955 im Teatro Communale von Florenz stattfand. Auf dem Programm des über RAI 2 verbreiteten Konzerts standen Vorspiel und Tod der Isolde aus Richard Wagners TRISTAN UND ISOLDE, das CONCERTO PER ORCHESTRA von Orazio Fiume (1908-1976), eine florentiner Erstaufführung, das VIOLINKONZERT NR. 2 E-MOLL OP. 64 von Felix Mendelssohn-Bartholdy sowie die SINFONIE NR. 3 C-MOLL OP. 78 „ORGELSINFONIE" von Camille Saint-Saens. Solistin beim Mendelssohn-Konzert war die in Wien geborene jüdische Geigerin Erica Morini (1904-1995), eine bezaubernde und von den Größten ihres Fachs bewunderte Künstlerin, die bereits mit fünfzehn Jahren den Dirigenten Arthur Nikisch schwärmen ließ: „Das ist *kein Wunderkind*, das ist ein Wunder – und ein Kind."[4]

Gefragt war Weissmann bald auch in den Niederlanden und Belgien. Bei der AVRO in Hilversum konnte er nicht mehr auf den alten Freund Jaap den Daas zählen, nachdem dieser 1952 die Leitung des Holland Festivals übernommen hatte. Doch seine Nachfolger hatten durchaus Interesse, die bewährte Zusammenarbeit fortzusetzen. Nach einem ersten Gastdirigat am 4. November 1954 mit Rachmaninoffs ausladender, damals in Holland weitgehend unbekannter und daher von Kritik und Publikum mit Skepsis aufgenommener SINFONIE NR. 2 E-MOLL OP. 27 kehrte Weissmann im Frühjahr und Herbst 1956 für eine Serie von Studioaufnahmen nach Hilversum zurück. Eingespielt wurden im April Ausschnitte aus Opern von Bellini, Verdi und Weber mit den Mezzosopranistinnen Mimi Aarden (1924-2013) und Marijke van der Lugt (1919-1989), zwei der bedeutendsten holländischen Sängerinnen der Nachkriegszeit, sowie drei Orchesterstücke, Offenbachs Ouvertüre zu ORPHEUS IN DER UNTERWELT, Enescus RUMÄNISCHE RHAPSODIE NR. 1 OP. 11 und Respighis FONTANE DI ROMA. Ende Oktober folgte eine (verkürzte) Gesamtaufnahme des ZIGEUNERBARONS von Johann Strauss, bei der die beiden Sängerinnen wiederum mitwirkten.

Danach ging die Reise ins Nachbarland Belgien, wo Weissmann das National Orchestra of Belgium ab dem 4. November an drei aufeinanderfolgenden Abenden im Palais des Beaux-Arts in Brüssel bzw. im Opernhaus von Gent dirigierte. Zur Aufführung gelangten Vorspiel und Liebestod der Isolde aus Wagners TRISTAN UND ISOLDE und Mahlers SINFONIE NR. 1 D-DUR sowie Beethovens KLAVIERKONZERT NR. 4 G-DUR OP. 58 in Brüssel und Chopins KLAVIERKONZERT NR. 2 F-MOLL OP. 21 in Gent. Solist in beiden Klavierkonzerten war der 22-jährige John Browning (1933-2003), der im Vorjahr den Leventritt-Wettbewerb und soeben in Brüssel den Zweiten Preis beim Concours Musical Reine Elisabeth gewonnen hatte.

Vom 16. bis 20. November 1956 leitete Weissmann das National Orchestra of Belgium dann bei täglichen Konzerten im Brüsseler Palais des Beaux-Arts. Es handelte sich um ein Engagement in letzter Minute, nachdem der für diese Konzerte ursprünglich vorgesehene ungarische Dirigent László Somoguy (1907-1988) seine Mitwirkung überraschend abgesagt hatte. Das bei allen Konzerten gleiche Programm bestand aus folgenden Werken: Ouvertüre zu Glucks IPHIGENIE IN AULIS, Telemanns KONZERT FÜR VIOLA UND ORCHESTER und Bartoks KONZERT FÜR VIOLA UND ORCHESTER, beide mit dem Deutsch-Amerikaner Ernst Wallfish (1920-1979) als Solisten, Mozarts SINFONIE NR. 35 D-DUR KV 385 und Kodálys HÁRY JÁNOS SUITE FÜR ORCHESTER. Drei dieser Konzerte fanden im Rahmen der Jeunesses Musicales statt, des von Marcel Cuvelier (1889-1959), dem Generalsekretär der Brüsseler Philharmonie und Mitgründer des Concours Musicale Reine Elisabeth, während des Zweiten Weltkriegs in

Brüssel gegründeten Netzwerks für junge Musiker, das der Völkerverständigung dienen will und heute als weltweit größte Jugend-Kulturorganisation gilt.

Seine Erfolge in Italien, Holland und Belgien führten dazu, dass Weissmann auch 1957 wieder in alle drei Länder zu Gastdirigaten eingeladen wurde, nach Italien im Juli und Dezember, nach Holland und Belgien im Oktober und November. Am 10. Juli 1957 landete er auf dem Flughafen Ciampino bei Rom,[5] um am 18. Juli 1957, wieder mit dem Orchester der Accademia Nazionale di Santa Cecilia und in der Basilica di Massenzio, ein reines Tschaikowsky-Programm zu dirigieren: die OUVERTURE SOLENNELLE 1812 OP. 49, die Fantasieouvertüre ROMEO UND JULIA sowie die SINFONIE NR. 6 H-MOLL OP. 74 „PATHÉTIQUE". Er blieb diesmal nur kurz in Italien und war schon eine Woche später wieder zurück in New York.[6] Bis Anfang Oktober hielt er sich in den USA auf, zog sich mit seiner Frau zur Erholung für ein paar Wochen in eine „Sommerfrische" im Umland zurück und dirigierte das Scranton Philharmonic Orchestra beim Konzert zur Eröffnung der neuen Spielzeit.

Am 11. Oktober 1957 ging er im Rotterdamer Hafen von Bord eines Transatlantikdampfers,[7] um sechs Tage später im Sendesaal der AVRO das Rundfunkorchester bei einem öffentlichen Konzert zu dirigieren. Aufgeführt wurden dabei drei impressionistische Werke aus dem romanischen Sprachraum: ISTAR – SYMPHONISCHE VARIATIONEN OP. 42 von Vincent d' Indy, NOCHES EN LOS JARDINES DE ESPANA von Manuel de Falla und SHEHERAZADE von Maurice Ravel. Solist bei de Falla war der holländische Pianist und Organist Pierre Palla (1902-1968), von 1931 bis 1967 „Hauspianist" der AVRO. Die Solopartie bei Ravel sang die junge amerikanische Mezzosopranistin Nedda Casei (* 1932). Sie stand 1957 noch vor dem Durchbruch zur gefeierten Opernsängerin, die mehr als zwanzig Jahre lang ein Star der New Yorker Met war.

Vier Tage später, am 21. Oktober 1957, begleitete Weissmann die Sängerin erneut im Sendesaal der AVRO. Jetzt sang Casei drei Arien aus Bizets CARMEN und den Rossini-Opern IL BARBIERE DI SIVIGLIA und LA CENERENTOLA. Abgelöst wurde sie von einem hochkarätigen Solistenquartett, bestehend aus den holländischen Sopranistinnen Gre Brouwenstijn (1915-1999) und Maria van Dongen (* 1928), dem holländischen Tenor Justus Bonn (1917-1978) sowie dem italienischen Bariton Scipio Colombo (1910-2002). Unter ihrer Mitwirkung entstanden Aufnahmen diverser Arien und Duette aus Bizets CARMEN, Puccinis MANON LESCAUT und TURANDOT, schließlich auch des gesamten zweiten Aktes der Oper TOSCA. Damit nicht genug, leitete Weissmann an diesem Tag auch noch Aufnahmen der Ouvertüre zu Rossinis ITALIANI IN ALGERI sowie eines Intermezzos aus MANON LESCAUT. Beschlossen wurde die Aufnahmeserie bei der AVRO am 24. Oktober 1957 mit der Einspielung der gesamten Oper LES PECHEURS DES PERLES von Georges Bizet. Solistisch wirkten diesmal mit die Sopranistin Annette de la Bije, der Tenor Chris Scheffer, der Bariton Leo Ketelaars und der Bassist Guus Hoekman.

Dreieinhalb Wochen später, am 17. und 18. November 1957, leitete Weissmann das National Orchestra of Belgium bei zwei Konzerten im Brüsseler Palais des Beaux-Arts. Sorgten die Ouvertüre zu Wagners RIENZI, de Fallas Orchestersuite EL AMOR BRUJO, Strawinskys 1945 komponierte SINFONIE IN DREI SÄTZEN FÜR ORCHESTER und Ravels LA VALSE schon für manche Höhepunkte, so wurden die Aufführungen doch gekrönt durch die Auftritte des Pianisten Arthur Rubinstein, der den Solopart in Beethovens KLAVIERKONZERT NR. 4 G-DUR OP. 58 interpretierte. Mit der belgischen Königin Elisabeth (1876-1965), einer Nichte der Kaiserin Sissi, saß dann am zweiten Abend ein tatsächlich gekröntes Haupt im Publikum. Sie lud nach dem Konzert die Mitwirkenden und ausgewählte Gäste zu einem Galadiner ein – für Weissmann ein auch kulinarisch so denkwürdiges Ereignis, dass er die Menükarte zur Erinnerung aufhob.[8]

Neapel und Mailand waren dann am 3. und 16. Dezember 1957 die nächsten Stationen dieser Europatournee. In beiden Städten leitete er die dort ansässigen Orchester der staatlichen Rundfunkanstalt RAI, in Neapel das Orchestra da camera „Alessandro Scarlatti", in Mailand das Orchestra di Milano della RAI. Veranstaltungsort in Neapel war der Saal des ehrwürdigen Conservatorio di Musica San Pietro a Majella, das Konzert in Mailand fand im Rahmen der beliebten Concerti Martini e Rossi statt, die von dem Spirituosenhersteller gleichen Namens gesponsort wurden. Auf dem Programm standen in Neapel Haydns SINFONIE NR. 88 G-DUR HOB I:88, das Adagietto aus Mahlers SINFONIE NR. 5 sowie Arnold Schönbergs VERKLÄRTE NACHT OP. 4 FÜR STREICHORCHESTER. In Mailand bot das Programm neben der Ouvertüre zu Rossinis L'ITALIANA IN ALGERI und dem Vorspiel und Tod der Isolde aus Wagners TRISTAN UND ISOLDE vor allem Arien aus Opern von Mozart, Rossini, Meyerbeer, Verdi, Wagner, Puccini und de Falla. Vorgetragen wurden diese Stücke im ständigen Wechsel der beiden Solisten, der aufstrebenden spanischen Mezzosopranistin Teresa Berganza (* 1935), die gerade beim Festival von Aix-en-Provence ein sensationelles Operndebüt gegeben hatte, und dem italienischen Bariton Giuseppe Taddei (1916-2010), einem – laut Jürgen Kesting – „zentralen Sänger" des 20. Jahrhunderts.[9]

Wiedergutmachung

Weniger Erfolg hatte Weissmann beim Versuch, als Gastdirigent in England und im Nachkriegsdeutschland Fuß zu fassen. Tatsächlich hatte er 1953, als er seine Chancen in Europa auszuloten begann, den Blick zuallererst auf die britische Insel gerichtet. Dies belegt eine im Herbst 1953 geführte Korrespondenz mit dem Schauspieler und Regisseur Carl Ebert (1887-1980).[10] Mit ihm, den die Nazis 1933 zur Aufgabe seines Intendantenamtes an der Charlottenburger Städtischen Oper zwangen, hatte Weissmann 1932 bei Aufnahmen für eine Schallplatte zum hundertsten Todestag Johann Wolfgang von Goethes zusammengearbeitet. Ebert, mittlerweile in Los Angeles ansässig, war Mitgründer der

1934 ins Leben gerufenen Opernfestspiele im englischen Glyndebourne und seit Kriegsende wieder deren künstlerischer Direktor, zudem auch ständiger Gastregisseur des Festivals von Edinburgh. Durch seine Vermittlung erhoffte sich Weissmann Einladungen nach Glyndebourne und Edinburgh – leider vergeblich. Wie Ebert ihm Ende November 1953 mitteilte, waren alle Verträge mit Gastdirigenten an beiden Orten in der kommenden Saison bereits unter Dach und Fach.[11]

Als dieses Antwortschreiben im Briefkasten seiner New Yorker Wohnung landete, befand sich Weissmann auf einer zweiwöchigen Europareise, die ihn zuerst nach London geführt hatte. Dort geführte Gespräche mit David Webster (1903-1971), dem von 1945 bis 1970 amtierenden Generaldirektor des Londoner Royal Opera House, Covent Garden, ließen sich zunächst recht gut an, bis Terminkonflikte einem „höchst interessanten Angebot" ein rasches Ende bereiteten.[12] Danach sollte Weissmann noch lange warten müssen, bis er – fast siebzigjährig! – endlich in London debütierte.

Die meiste Zeit seiner Europareise im Dezember 1953 verbrachte Weissmann in Deutschland, das er bis dahin gemieden hatte. 1946 versicherte er noch einem amerikanischen Journalisten, er habe Deutschland 1933 verlassen, um nie mehr dorthin zurückzukehren.[13] Auch zwei Jahre später, als ihn Edgar Sarton-Saretzki, der 1939 aus Deutschland nach Kanada emigrierte Patensohn seines Vaters, für Radio Canada Montreal interviewte, weigerte er sich brüsk, deutsch zu sprechen.[14] Bezeichnend für sein immer noch distanziertes Verhältnis zur deutschen Sprache ist auch, dass er 1953 die Korrespondenz mit Carl Ebert auf Englisch führte, welche dieser – wie selbstverständlich – auf Englisch beantwortete. Es war auch jetzt kein Heimweh, das ihn nach Deutschland zog, sondern vor allem der Wunsch, hier arbeiten zu können. Der Zustand des Landes, die überall immer noch sichtbaren Zerstörungen, ließen ihn sichtlich kalt: „Nach dem Krieg kam ich zum Dirigieren wieder nach Deutschland. Ein besonderes Gefühl hatte ich dabei nicht, es machte mir wirklich nichts aus. Alles war weg, und alles war verändert."[15]

Falls er gehofft hatte, dass ihm das Land, das ihn 1933 vertrieben und seine Mutter im Zweiten Weltkrieg brutal ermordet hatte, die Genugtuung einer Wiedergutmachung in Form bereitwilliger Engagements verschaffte, so konnte er kaum mit dem Resultat seiner Erkundungsreise zufrieden sein.[16] Zwar hatte ihm in Berlin sein „lieber großer und bewunderter Freund" Hans Heinz Stuckenschmidt (1901-1988),[17] vor 1933 als Musikkritiker der BZ am Mittag ein engagierter Fürsprecher Weissmanns und seit Kriegsende eine das Musikleben weit über Berlin hinaus prägende Persönlichkeit, manche Türen zum Sender RIAS und zur Berliner Philharmonie geöffnet.[18] Nach sich lang hinziehenden Verhandlungen reichte es aber am Ende gerade einmal zu einem einzigen Konzert mit den Berliner Philharmonikern im Juni 1955. In München sah es kaum besser aus: die Oper engagierte ihn für zwei Abendveranstaltungen, im Dezember 1954 für Bizets CARMEN und im August 1955 für den ROSENKAVALIER von

Richard Strauss. Hinzu kamen am 25. April 1956 noch Radioaufnahmen mit den Münchner Philharmonikern, bei denen Virgil Thomsons THE SEINE AT NIGHT und Edgardo Martins SONERAS PARA ORQUESTA fürs Archiv des Bayerischen Rundfunks eingespielt wurden.

Zurückhaltend verhielten sich nicht nur die Veranstalter. Weissmann, der gerne auswendig dirigierte und auch ihm wohl vertraute Werke stets aufs Neue eingehend studierte, hatte sowohl in Berlin wie in München mit den Orchestern und Solisten intensiv geprobt – für den Geschmack mancher Musiker, welche die Stücke gut zu kennen glaubten, wohl etwas zu intensiv. Bei den Aufführungen bekam Weissmann ihren Unmut dann zu spüren. Jahre später erinnerte sich Weissmann noch an die Dissonanzen bei der ROSENKAVALIER-Aufführung in München: „Es war gar nicht so einfach, sich gegen das Orchester durchzusetzen. Ich glaube, sie waren alle ein wenig desinteressiert".[19] Ähnlich war es zwei Monate vorher in Berlin zugegangen, wo die *Berliner Allgemeine – Wochenzeitung der Juden* nach dem Konzert am 13. Juni 1955 „nicht sagen [konnte], daß sich die Philharmoniker an diesem Abend vor Musizierfreude ,überschlugen'.“[20]

Alles andere als wohlwollend war insbesondere der Empfang durch die einheimische Presse. Während sich das englische Fachblatt *Theatre World* bei der Münchner ROSENKAVALIER-Aufführung an „der spontanen musikalischen Heiterkeit des Ganzen" erfreute und Lob zu gleichen Teilen dem Dirigenten Weissmann, dem Regisseur Rudolf Hartmann und dem Bühnenbildner Helmut Jürgens (1902-1963) spendete,[21] verspürte die Münchner *Abendzeitung* „besonders im ersten Akt [...] Unstimmigkeiten zwischen Bühne und Orchester" sowie eine „hektisch-temperamentvolle Interpretation", bei der sich „das in allen Satteln gerechte Staatsorchester [...] unter des Gastes unberechenbar geführten ,Schlägen'" unglücklich zu fühlen schien.[22]

In Berlin brachte sich Weissmann – nach Meinung der schweizerischen *Neuen Zürcher Zeitung* – mit dem Konzert vom 13. Juni 1955 „in gute Erinnerung. [...] Nach einer etwas überakzentuierten dritten Leonore, einem höchst zuverlässig begleiteten Mozartschen Es-Dur Klavierkonzert (Solistin Annemarie Schier-Tiessen) machte er aus Manuel de Fallas großer ,Liebeszauber'-Suite eine Entdeckung. Eine starke, in den dramatischen Wirkungen an die Grenze des Optischen vorangetriebene Leistung, Al-Fresco ohne Grobheit, mit der eigenwilligen Sinnenfreude, die Weissmann immer zum Erfolg führen wird.“[23] Die Berliner Presse nörgelte hingegen vielstimmig, die *Berliner Morgenpost* fand die Begleitung beim Klavierkonzert „zu laut, zu grob, zu ungeschmeidig", *Der Abend* verspürte bei Beethoven eine zu „massive Dynamik" und *Die Welt* vermisste gar bei de Fallas Ballettmusik die Anwesenheit einer Tanztruppe.[24] Am meisten störte die Kritiker aber Weissmanns Dirigierstil, seine „lebhafte, ungewöhnliche Kurven beschreibenden Dirigierbewegungen" (*Telegraf*), die „nicht immer sehr schön anzusehen [sind], er rudert so viel mit den Armen, und weil er ohne Taktstock schlägt, wird oft der Zeigefinger der rechten Hand mit herrscherlicher Geste ins Orchester gestoßen."[25] (*Der Tag*) Das Fehlen des Taktstocks provozierte vor allem die Tageszeitung *Die Welt* zu Hohn und Spott: „Der Dirigent benutzt keinen Taktstock (obwohl er nach einer Meldung der Deutschen Presse-Agentur von sich aus sagt, er sei ‚mit dem Taktstock in der Hand geboren'). Er leitet das Orchester mit den weitausholenden, fledermausartigen, heftigen Bewegungen eines Chordirigenten, emphatisch und beschwichtigend und leider nicht immer ganz genau."[26]

Man verspürt bei solcher Kritik ein unverhohlenes Ressentiment, wie es damals vielen Remigranten entgegenschlug. Schon kurz nach Kriegsende waren Vorwürfe gegenüber Emigranten von Schriftstellern wie Frank Thiess öffentlich erhoben worden: Sie hätten „die warme Sonne Kaliforniens" genossen,[27] gar „aus ihrer gesicherten Position" und „aus den Logen und Parterreplätzen des Auslands der deutschen Tragödie zu[ge]schaut",[28] während die Daheimgebliebenen ausharren mussten und zur Flucht in eine „innere Emigration" gezwungen wurden. Die Selbstzuweisung einer Opferrolle wurde damals von weiten Teilen der deutschen Bevölkerung ebenso dankbar aufgegriffen wie die Vorbehalte gegenüber Remigranten. Letztere scheinen auch dem Münchner Intendanten Rudolf Hartmann, der sich während des *Dritten Reiches* in der Zusammenarbeit mit Clemens Krauss als Opernregisseur und Richard Strauss-Spezialist in Berlin und München profiliert hatte, nicht fremd gewesen zu sein. In seinen Erinnerungen auf die Münchner Opernfestspiele von 1955 zurückblickend, bezeichnete er Weissmann und den Gastdirigenten Georges Sebastian als „Zugvögel".[29] Vordergründig scheint dies eine Anspielung auf deren emsige Reisetätigkeit zu sein. Im Kontext des Satzes, bei dem die beiden „Zugvögel" den Kollegen Knappertsbusch, Keilberth, Böhm und Rieger gegenübergestellt werden, erhält der Vergleich mit Lebewesen, die es in unwirtlichen Zeiten lieber in sonnigere Gefilde zieht, jedoch eine andere Bedeutung. Denn allein Weissmann und Sebastian verband das Schicksal der Vertreibung durch die Nazis, die anderen Kollegen waren hingegen während des *Dritten Reiches* in Amt und Würden geblieben. Möglicherweise trugen solche Ressentiments auch dazu bei, dass die Zusammenarbeit nach 1955 für längere Zeit zum Erliegen kam und Weissmann auch danach nur noch zwei Mal an der Münchner Oper gastierte.[30]

Eine ganz besondere Wiedergutmachung wäre es gewesen, wenn Weissmann eine Einladung zum Gastdirigieren nach Frankfurt erhalten hätte. Dahingehende Hoffnungen hatte ihm der damalige Frankfurter Generalmusikdirektor Georg Solti (1912-1997) bei einer zufälligen Begegnung in New York im Winter 1957 gemacht, als er Weissmann ein Engagement im Rahmen der Frankfurter Museums-Konzerte in der Saison 1958/59 in Aussicht stellte. Von seinem Versprechen wollte Solti aber danach nichts mehr hören. Er stellte sich taub, und Weissmanns Versuche, ihn über den Vorsitzenden der Frankfurter Museums-Gesellschaft Dr. Walter Sondag († 1960) daran zu erinnern, stießen ins Leere – seine Briefe blieben ohne Antwort.[31]

Die Hoffnung, in Deutschland wieder arbeiten zu können, war ein Grund für Weissmanns Reisen dorthin. Ein zweiter war der Wunsch nach zumindest

materieller Wiedergutmachung des erlittenen Unrechts. Die Möglichkeit dafür
bestand erst seit kurzem im Rahmen eines Entschädigungsgesetzes, das, vom
Deutschen Bundestag am 18. September 1953 beschlossen, am 1. Oktober
1953 als „Bundesergänzungsgesetz" in Kraft getreten war. Weissmann war
zweifellos über die neue Gesetzeslage informiert, als er im Dezember 1953 von
München kommend in Berlin eintraf. Denn dort kontaktierte er einen gewissen
Rechtsanwalt Rosenbaum, der – so der Eintrag in Weissmanns Adressbuch –
für die Berliner Zweigstelle der United Restitution Organization (URO) in Wil-
mersdorf, Helmstedter Straße 5, tätig war.

Diese privatrechtliche internationale Organisation leistete Nazi-Opfern bei
der Wiedergutmachung Rechtshilfe. Von ihr unterstützt, machte sich Weissmann auf den mühseligen Weg, die von der deutschen Bürokratie bereits bei
der Antragstellung errichteten Hürden der Wiedergutmachung zu überwinden.
Erst am 5. August 1954 war er soweit, dass er einen Entschädigungsantrag für
seine Mutter als Opfer der nationalsozialistischen Verfolgung von New York
aus an die Hessische Landesregierung in Wiesbaden schicken konnte, bei welcher der Antrag vier Tage später einging.[32] Die Sache zog sich danach noch Jahre hin, in denen Weissmann, nunmehr mit Hilfe des URO-Büros im Frankfurter Grüneburgweg und seines dort arbeitenden Schulfreunds Selmar Spier, dem
Entschädigungsamt beim Regierungspräsidium in Wiesbaden immer neue Dokumente und Belege nachreichen musste, z. B. am 7. Juni 1957 einen ausgefüll-
ten „Fragebogen C zum Freiheitsschaden", den Rote-Kreuz-Brief seiner Mutter
vom 16. September 1942 „zum Nachweis der Deportation", die Nennung von
„Zeugen für die Deportation der Mutter" und „Zeugen für Tragen des Ju-
densterns der Mutter".[33] Im Januar 1958 wurde ihm als Alleinerbe „wegen des
durch die Verfolgte [d. h. seine Mutter] erlittenen Freiheitsschadens" schließlich
eine Entschädigung in Höhe von 5.250,-- DM, Ende August 1959 „wegen
Schadens durch Zahlung von Sonderabgaben (Judenvermögensabgabe, Abgabe
an die Deutsche Golddiskontbank, Auswandererabgabe)" in Höhe von 502,23
DM, also insgesamt 5.752,23 DM bzw. bei damaligem Wechselkurs 1.370 US-
Dollar, zugesprochen.[34] Für sich selbst konnte er nach dem „Bundesentschädigungsgesetz" von 1956, welches das „Bundesergänzungsgesetz" von 1953 ab-
löste, einen „Schaden im beruflichen Fortkommen" geltend machen, bei dem
ihm schließlich eine monatliche Rente gewährt wurde, deren Höhe bei der letzten Anpassung vom Oktober 1981 2.131,-- DM, beim damaligen Wechselkurs
etwa 1.000 US-Dollar, betrug.[35]

Wiederbegegnungen

Wie in Frankfurt auf Selmar Spier, so traf Weissmann bei seinen Reisen durch
Deutschland jetzt auch anderswo immer wieder auf Bekannte und Freunde aus
der Zeit vor 1933. Anlässlich seines Konzerts mit den Berliner Philharmonikern
besuchte er beispielsweise Barbara Kemp, die 72-jährige Witwe Max von Schil-

lings', in deren Zehlendorfer Wohnung Sophie-Charlottestraße 15.[36] Es war ein fröhliches Wiedersehen, zu dem sich auch die in St. Petersburg geborene Anja Triwas einfand, die schon 1930 Gast bei Weissmanns Teestunden war. Sie hieß jetzt Anja Schrobsdorff-Triwar und betrieb – wie Weissmanns Adressbuch zu entnehmen ist – im Oberhaardter Weg 43 als freie Journalistin die Firma Publica Grunewald, die namhaften Blättern des In- und Auslands Artikel über Lifestyle-Themen wie gesunde Bewegung und Ernährung zulieferte.[37] Weissmanns Besuch war für sie ein passender Anlass, um in einem kleinen Feuilleton an seine Parties vor 1933, insbesondere aber an das Schicksal der geheimnisvollen

Leberecht von Guaita (1906-1980) um 1970.

Prinzessin Djavidan Hanum zu erinnern, welche die Autorin zuletzt als biedere Hausfrau im österreichischen Innsbruck angetroffen hatte.[38]

Weissmanns Adressbuch entnehmen wir die Namen weiterer Berliner Frauenbekanntschaften vor 1933, mit denen er jetzt wieder Verbindung aufnahm, z.B. Christa von Puttkamer (1903-1995), die 1949 in Berlin die erste Frauenloge der Freimaurer mitgründete und sich bis zu ihrem Tod als Vortragsrednerin, Buchautorin und Leiterin der Berliner Dependence des Deutschen Freimaurermuseums ganz in den Dienst der Freimaurerei stellte. Oder die inzwischen im Rheinland bei Düsseldorf lebende Ursula von Bonin (* 1915). Als 18jährige hatte sie sich einst heftig in „Peter" verliebt, dem sie nun gerne beim lästigen Abklappern von Konzertveranstaltern zur Seite stand. Oder Ursula von Hohenlohe (1905-1988), die nur kurz Prinzessin geblieben war, weil ihre 1928 geschlossene Ehe mit August Fürst zu Hohenlohe-Öhringen (1890-1962) schon zwei Jahre später wieder geschieden wurde. Seitdem allein und mittlerweile in München lebend, war die in London Geborene unter ihrem Geburtsnamen Ursula von Zedlitz eine erfolgreiche Übersetzerin vor allem englischsprachiger Autoren wie Harold Nicolson, V. S. Naipaul, Mary MacCarthy und Herman Wouk.

Natürlich nutzte Weissmann bei seinen Reisen auch immer jede Gelegenheit, um seinen alten Freund Lebs zu besuchen, der seit 1937 in Stuttgart lebte.

Nach dem Tod seines Vaters im November 1932 und dem kurz darauf erfolgten Verkauf von Schloss und Gut Storkau hatte Lebs zunächst versucht, eine eigene Filmproduktionsfirma Opto-Film GmbH aufzubauen, die musikalische Vorfilme in der Art der Schrekerschen WELTKONZERT-Filme für die Tobis-Film herstellte. Das Unternehmen war freilich nicht lange lebensfähig.[39] 1933 suchte Lebs ein Unterkommen als freier Komponist bei Film und Funk, wo der Exodus jüdischer Komponisten und Arrangeure große Lücken hinterlassen hatte. Als Komponist wird er bei zwei 1934 in den Kinos gezeigten Spielfilmen genannt, der Komödie HERR KOBIN GEHT AUF ABENTEUER und – zusammen mit Will Meisel (1897-1967) – dem musikalischen Lustspiel ICH SING MICH IN DEIN HERZ HINEIN, bei dem Lebs auch die musikalische Leitung innehatte. Auf ein Libretto von Hermann Gressieker (1903-1983) komponierte er die im Februar 1935 vom Reichssender Radio Berlin gesendete Funkoper DER PILOT IM PARADIES, ein Melodram für eine Sprechstimme und großes Orchester mit Lothar Müthel (1896-1964) als Sprecher und Mitgliedern des von Gerhard Maass (1906-1984) geleiteten Berliner Funkorchesters.

In Stuttgart, wo sein Schwager Ludolf von Alvensleben zwischen September 1936 und Juli 1937 einen führenden SS-Posten innehatte, erhielt Lebs dann im März 1937 eine Festanstellung als Redakteur bzw. „Referent" in der Abteilung Unterhaltung des Reichssenders Stuttgart. Nach dem Krieg betreute er zunächst im Dienst der französischen und amerikanischen Besatzer diverse Künstler-Ensembles, bevor er nach der Währungsreform freier Mitarbeiter des Süddeutschen Rundfunks wurde. Eine Festanstellung erfolgte sechs Jahre später bei der Abteilung Unterhaltungsmusik des SDR. Dort zählten zu seinen wichtigsten Tätigkeiten – laut Personalakte – „die Programmgestaltung, das Lektorat auf dem Gebiet der Unterhaltungs- und Tanzmusik, die Vorbereitung von Konzerten, Tätigkeiten als Übersetzer von französisch-, italienisch- und englischsprachiger Korrespondenz und die Beantwortung von Hörerpost".[40]

Seit 1938 mit der in Hannover geborenen Gisela von Heydekampf (1918-1985) verheiratet, war Lebs inzwischen Vater von zwei 1940 und 1943 geborenen Töchtern Melina bzw. Verena und einem im November 1944 geborenen Sohn, der zum Zeichen seiner tiefen Freundschaft den – von Weissmann unter Freunden bevorzugten – Vornamen Peter erhalten hatte.[41] „Onkel Peters" Besuche waren für die Familie jedes Mal ein großes Ereignis, das auch er vor allem dann besonders genoss, wenn er sich dort – vorzugsweise über Weihnachts- und Neujahrstage – eine Ruhepause gönnte.

Der reisende Maestro, flankiert von Plakaten für die PERLENFISCHER-*Aufführung in Catania März 1962 und Konzerte in Florenz im Palazzo Pitti August 1971.*

Alla Tzigane

Beim „fahrenden Volk"

Die im Mai 1958 vollzogene Trennung vom Scranton Philharmonic Orchestra machte Weissmann zum freien Gastdirigenten. Ohne feste Bindung an ein Orchester konnte er jetzt ungehindert Engagements dort annehmen, wo und wie lange er es wollte, und war da angelangt, wovon ihn der Vater seinerzeit eigentlich fernhalten wollte: „Er wollte nicht, dass Musik mein Beruf werde, weil Musiker in früheren Zeiten mehr oder weniger dem fahrenden Volk zugerechnet wurden so wie Spielleute oder Zigeuner."[42] Solche Angst vor sozialem Abstieg, aber auch vor wirtschaftlicher und finanzieller Unsicherheit, wie sie den Vater umtrieb, war dem Sohn schon immer fremd gewesen. Denn der Lebensstil des fahrenden Volks entsprach durchaus seiner Natur: „Anders als Frauen, sind Männer Zigeuner. Ich höre dann auf zu reisen, wenn ich tot bin," sagte er 1968 einer amerikanischen Zeitung.[43]

Weissmann suchte geradezu das ruhelose Leben mit ständig wechselnden Hotels, Städten, Landschaften, Sprachen, unterschiedlichen Konzerthallen, Opernhäusern, Orchestern und ebenso unterschiedlichem Publikum, das mal etwas bürgerlich-gesetzter, mal volkstümlich-temperamentvoller war. Nicht nur als Dirigent war er die personifizierte Dynamik. Auch im Alltag liebte er die Gegensätze, die Kontraste und die Schnelligkeit. Flink war sein Denken, seine Sprache und sein Benehmen, wie ein amüsierter holländischer Reporter 1958 beobachtete: „Kommt Weissmann in Stimmung und bricht sein Temperament durch, dann kommt er garantiert gleich auf tausendundein Problem zu sprechen. Wenn er isst, dann ebenso schnell wie er redet, witzig, elegant und amüsant-sarkastisch. Dann ist er ganz *homme du monde* und keiner, der Probleme wälzt – bleibe man ihm dann nur ja mit Fragen zur Ewigkeit und Ähnlichem fern. Das ist nicht seine Sache, und damit springt er gleich von einem Thema zum nächsten, das eine kann man drucken, das andere weniger, und bereits bei der Suppe hat man die Welt schon zwei Mal umrundet."[44]

In solcher Verfassung und voller Unternehmungslust war er Mitte August 1958 zu seiner ersten Europatournee als freier Gastdirigent aufgebrochen. Am 20. August in Neapel an Land gegangen, reiste er gleich nach Florenz weiter, um dort drei Tage später im Palazzo Pitti ein Konzert mit dem Orchestra del Maggio Musicale Fiorentino zu dirigieren, das am nächsten Tag in Pontremoli, einem etwa zwei Autostunden nördlich von Florenz gelegenen Städtchen, wiederholt wurde. Gespielt wurden Rossinis SINFONIA SEMIRAMIDE, Tschaikowskys SINFONIE NR. 6 H-MOLL OP. 74 „PATHÉTIQUE" sowie als florentiner Erstaufführung die TRE MOVIMENTI SINFONICI des italienischen Komponisten Gabriele Bianchi (1901-1974). Vierhundert Kilometer südlich war Rom die nächste Station für ein Konzert am 30. August mit dem Orchestra dell Accademia Nazionale di Santa Cecilia. Die Ruinen des antiken Stadio di Domiziano auf dem Palatin-Hügel boten eine perfekte Kulisse für ein sommerliches Freiluft-Konzert, bei dem Werke von Beethoven, Wagner und Anatalij Ljadows Tondichtung DER VERZAUBERTE SEE OP. 62 aufgeführt wurden.

Die Monate September und Oktober verbrachte Weissmann in den Niederlanden, im September bei der Rundfunkgesellschaft AVRO für Gesamtaufnahmen von Donizettis LA FAVORITA und Richard Strauss' ROSENKAVALIER, am 22. Oktober bei der Rundfunkgesellschaft VARA für Aufnahmen von Ausschnitten aus Heinrich Marschners HANS HEILING und Carl Maria von Webers EURYANTHE. Außerdem dirigierte er in Amsterdam am 26. September und 3. Oktober zwei Konzerte mit dem Kunstmaand-Orkest, das sich später Amsterdams Philharmonisch Orkest nannte, sowie in Amsterdam (am 10., 13., 17., 20. Oktober) und Rotterdam (am 26., 27. Oktober) sechs Aufführungen der Nederlandse Opera. Vier Aufführungen der kurz nach Ende des Zweiten Weltkriegs gegründeten Opernkompanie, die heute De Nationale Opera heisst, galten Johann Strauss' DIE FLEDERMAUS, zwei Puccinis TOSCA.

Über Belgien ging es dann im November wieder nach Italien, zunächst nach Venedig, dann nach Rom. Veranstaltungen, bei denen er in dieser Zeit als Dirigent mitwirkte, ließen sich bislang weder in Belgien noch in den beiden italienischen Städten nachweisen. Am 21. Dezember 1958 dirigierte er, wieder in Florenz im Salone del Cinquecento des Palazzo Pitti, das Orchestra del Maggio Musicale Fiorentino. Aufgeführt wurden Richard Strauss' Tondichtung DON JUAN OP. 20, Mahlers SINFONIE NR. 1 D-DUR und – als florentiner Premiere – die PASSACAGLIA des italienischen Komponisten Sandro Fuga (1906-1994).

Nach diesem Konzert blieb Weissmann noch über ein halbes Jahr in Europa, zum überwiegenden Teil in Italien. Aufgrund von Angaben in Briefen können wir – wenn auch nur teilweise und ganz grob – seine Wege nachverfolgen. Demnach weilte er im Januar 1959 in Venedig, anschließend in Mailand. Mitte Februar reiste er nach Deutschland, wo er sich mehrere Tage in Ost-Berlin aufhielt. An der 1955 wieder aufgebauten Deutschen Staatsoper, wo er zuletzt vor fünfunddreißig Jahren dirigierte, leitete er am 21. Februar 1959 eine Aufführung von Puccinis TOSCA.[45] Mitwirkende in der zehn Jahre alten Inszenierung von Hans Völker (1897-1984) waren bewährte Kräfte des Hauses: Gisela Behm (* ca. 1917) sang die Titelrolle, der Heldentenor Erich Witte (1911-2008) die Rolle des Cavaradossi, die Baritone Gerhard Niese (1906-1980) und Walter Großmann (1900-1973) die Rollen des Scarpia bzw. Angelotti.

Zwei Tage später, am 23. Februar, war er wieder zurück in Italien, reiste zunächst nach Venedig, dann nach der apulischen Hauptstadt Bari, schließlich ab der zweiten Märzhälfte nach Florenz. Anzunehmen ist, dass er in den genannten italienischen Städten Konzerte dirigierte, doch liegen uns dazu bislang keine näheren Angaben vor. In Venedig logierte er regelmäßig in der Pensione Accademia „Villa Maravegie", einer im Dorsoduro gelegenen Villa aus dem 17. Jahrhundert mit einem romantischen Skulpturengarten und Blick auf den Canale Grande. In Florenz wählte er zum Stammquartier die 1985 durch den englischen Film ZIMMER MIT AUSSICHT (ROOM WITH A VIEW) berühmt gewordene Pensione Quisisana, die im Mai 2011 durch die Explosion einer Autobombe schwer in Mitleidenschaft gezogen wurde und heute nach umfänglicher Renovierung Albergo degli Orafi heißt.

Lolita

Am 18. August 1958, als Weissmann gerade seine große Europatournee angetreten hatte, brachte der angesehene New Yorker Verlag G. P. Putnam's Sons den schon drei Jahre früher durch einen obskuren französischen Verlag erstveröffentlichen Roman LOLITA des russisch-amerikanischen Schriftsteller Vladimir Nabokov (1899-1977) in einer neuen Ausgabe heraus. Die Wiederveröffentlichung der Geschichte um einen älteren, Humbert Humbert genannten Literaturprofessor, der einem zwölfjährigen Mädchen in verhängnisvoller Leidenschaft verfällt, war eine literarische Sensation, die dem dem Autor international zum lang ersehnten Durchbruch verhalf und dem Verlag bereits nach drei Wochen einen Verkaufserfolg bescherte, wie ihn zuvor nur VOM WINDE VERWEHT erzielt hatte.

Obwohl der Roman von manchen als äußerst skandalös empfunden wurde, gab es dagegen kaum juristische Einsprüche. Die Nachkriegsgesellschaft hatte begonnen, sich allmählich aus ihrer restaurativen Erstarrung zu lösen, moralische Kategorien wurden nicht mehr so eng wie früher gesehen. Die Reaktionen auf die Wiederveröffentlichung von Nabokovs Romans waren ein frühes Signal für den Wandel der Sexualmoral, der zehn Jahre später in der „sexuellen Revolution" der 68er-Generation kulminierte. Weder der Trubel um den Roman

noch das Buch selbst waren aber Anlass und Auslöser dessen, was sich am
Nachmittag des 24. Oktober 1958, einem Freitag, in der Manege des Amsterdamer Vondelparks ereignete. Wenn man so will, lieferte LOLITA lediglich litera-
risch die Begleitmusik bzw. gab – wenn auch nur unterschwellig – mit den Takt
an für die beiden Protagonisten, die sich damals zufällig begegneten: hier, hoch
zu Ross, der Dirigent Weissmann, der einen freien Nachmittag zum Ausreiten
nutzte, da, ein vierzehnjähriges, in Pferde, Hunde und klassische Musik vernarr-
tes Mädchen, das sich gerade für eine Reitstunde bereit machte. Weissmann war
ein guter Reiter, und es war seine tadellose Haltung, die dem Mädchen sogleich
auffiel. Als dann dieser Reiter, geschmeichelt von ihrer Bewunderung, auch ihr
einen aufmerksamen Blick zuwarf, war es um das Mädchen geschehen: Es hatte
sich auf der Stelle in den gutaussehenden älteren Herrn verliebt, von dem es
zum Zeitpunkt der Begegnung noch nicht wusste, wer er tatsächlich war: „Bei
seinem Anblick war ich wie vom Donner gerührt. Als hätte sich mir in seinem
Gesicht ein Mysterium offenbart."[46]

Heute ist dieses Mädchen die bekannte holländische Malerin Sylvia Willink-
Quiël, die am 25. März 1944 als Sylvia Maria Elisabeth Quiël in Amsterdam auf
die Welt kam. Sie hatte ihren Vater früh verloren, und man geht wohl nicht fehl
in der Annahme, dass sie aufgrund dieses Verlusts eine Schwäche für Männer
hatte, die dem Alter nach ihr Vater hätten sein können. Für sie war „die besondere Freundschaft", die bis zu Weissmanns Tode dauern sollte, „die erste wahre
Liebe".[47] Ihm verdankte der Teenager auch entscheidende Impulse für seine
künstlerische Entwicklung: „Für ihn machte ich Farbtuschezeichnungen mit
musikalischem Bezug. Die erste Arbeit zum ‚Erlkönig' ist leider verloren gegangen, aber der Rest ist noch da, z. B. zu St. Saens' ‚Danse Macabre' op. 40, Schuberts ‚Ständchen', zum ‚Zauberlehrling' von Dukas und der ‚Versunkenen Kathedrale' von Debussy etc.. Ich hatte noch nie Zeichenunterricht bekommen, es
war also alles authentisch, was ich machte. Dass ich später einmal vor allem
Porträts malen würde, ahnte ich damals noch nicht. Eine Lebensregel lernte ich
damals von Weissmann: Habe den Mut, anders zu sein."[48]

Weil Weissmann schon wenige Tage später nach Italien weiterreiste, konnte
der harmlose Flirt zunächst nur brieflich fortgesetzt werden, anfangs etwas sporadisch, nach Sylvias fünfzehntem Geburtstag Ende März 1959 jedoch immer
öfters. Gleichzeitig veränderte sich auch Weissmanns Ton, wechselte vom di-
stanzierten „Sie" zum vertrauten „Du", blieb aber immer noch zurückhaltend.
Passend zur Rolle eines väterlichen Freundes, spornte er den bei seiner Malerei
unsicheren Teenager an, lobte hier, kritisierte da, freute sich über die Fortschritte. Schließlich ging er in Genua am 17. Juni 1959 an Bord eines Schiffes, das am
26. Juni, nach einer neuntägigen Seereise durchs Mittelmeer und quer über den
Atlantik, im Hafen von New York einlief. Insgesamt hatte er bei dieser Tournee fast zehn Monate in Europa zugebracht.

Mi Buenos Aires querido

Rosita hatte ihren Mann seit Kriegsende immer wieder auf Auslandsreisen begleitet, auch nach Kuba war sie noch mehrmals mitgekommen. Danach gibt es
bis Mitte der 1970er Jahre keine Belege mehr für weitere gemeinsame Auslandsreisen. Die Gründe dafür liegen im Dunkeln. Angesichts seiner „Erobe-
rung" eines Teenagers in Amsterdam kann man allerdings nicht ausschließen,
dass sich die Eheleute wegen mancher amouröser Abenteuer Weissmanns aus-
einander gelebt hatten. „Ich habe drei Hobbys – Orchester, Pferde, Frauen",
brüstete er sich 1957 gegenüber einer holländischen Zeitung, „und alle drei sind
darin gleich, dass sie eine lenkende Hand benötigen."[48] Möglicherweise hatte
aber Rosita auch einfach keine Lust, sich auf so langen Reisen in Hotels aufhalten zu müssen, vielleicht entschied sie sich aus Sparsamkeitsgründen zum Verzicht. Andererseits scheint sie nach 1953 häufiger nach Buenos Aires gereist zu
sein und sich dort länger aufgehalten zu haben. Einer Münchner Zeitung sagte
Weissmann im Juni 1964: „Ich bin nirgends lange, nicht einmal in Buenos Aires, wo meine Frau ist."[49] Festzustellen ist auf jeden Fall, dass das Paar nach
1953 aufgrund immer längerer Trennungen, deren letzte zehn Monate dauerte,
von einem normalen Eheleben Abstand genommen hatte.
    Rosita war im Spätsommer 1948, elf Jahre nach ihrer Hochzeit, erstmals
wieder nach Buenos Aires gereist. Ihre Aufenthalte dort wurden Anfang der
1950er Jahre häufiger, nachdem sich die Eltern wohl aus Altersgründen – der
Vater feierte 1953 den 74ten, die Mutter den 71ten Geburtstag – vom Alltags-
geschäft der Verwaltung der Familienbesitztümer ganz zurückgezogen hatten.
Bei letzteren handelte es sich zum einen um das Apartment in Buenos Aires,
Juncal 917, in dem die Familie wohnte, zum anderen um die bei Huangelen in
der Provinz Buenos Aires gelegene Estancia „La Eva" (mit fast 2.300 Hektar
flachem Weideland für Rinderzucht), die Rositas Mutter Eva Jessie geb. Cook,
als sie 1911 den Ingenieur Frank John Chevallier Boutell heiratete, beide als
Mitgift in die Ehe einbrachten. Es waren diese Familienbesitztümer bzw. die
Aussicht auf das Erbe, die Rosita immer wieder zur Rückkehr nach Buenos Aires veranlassten. Denn in Argentinien gab es ein Gesetz, wonach ein zu langer
Aufenthalt außerhalb argentinischer Grenzen den Verlust von Erbansprüchen
nach sich ziehen konnte. Ein ebenso triftiger Grund dürfte aber gewesen sein,
dass sie die Gemeinsamkeit der Familie in Buenos Aires dem einsamer gewor-
denen Leben in New York vorzog. Außerdem hatte sich die Familie vergrößert.
Ihre Schwester Irene war seit 1945 mit dem Botschaftssekretär Eduardo Victor
Requena (1909-1998) verheiratet und mittlerweile Mutter von drei Kindern,
zwei Töchtern Beatriz Irene (*1946) und Inés Rosa (*1949) und einem Sohn
Eduardo Juan Fernando (*1948). Selbst kinderlos, war Rosita vernarrt in ihre
Nichten und den Neffen.

Ihr Verhältnis zu Irene und deren Mann war freilich beständigen Schwankungen unterworfen, weil die Schwester und der Schwager sich schon bald als die eigentlichen Besitzer des zu erwartenden Erbes aufspielten. Nicht ganz zu Unrecht, denn während Rosita kaum Anstalten machte, sich stärker um die Ranch und die Wohnung zu kümmern, hatten Irene und Eduardo, der seinen bisherigen Beruf an den Nagel gehängt hatte, die Geschäfte bei beiden Besitztümern an sich gezogen. Als Rositas Mutter Mitte der 1960er Jahre starb, wurden Rosita und ihre Schwester Irene sowie der mittlerweile sehr gebrechliche Vater Frank John Chevallier Boutell zu je einem Drittel Erben ihrer Hinterlassenschaft. Da Rosita nicht auf der Auszahlung ihres Erbanteils bestand, wegen des heftigen Widerstands von Schwester und Schwager und wegen fehlender finanzieller Mittel für anwaltliche Unterstützung wohl auch nicht bestehen konnte, willigte sie darin ein, die Besitztümer als Familienunternehmen in der Form einer Kommanditgesellschaft auf Aktien (*Sociedad en Comandita por Acciones*) fortzuführen. Als persönlich haftende Gesellschafter (*socio solidario*) setzte sich das Ehepaar Irene und Eduardo Requena ein, Rosita und der verwitwete Vater wurden Kommanditisten.

Humbert Humbert in der Klemme

Nicht einmal zwei Monate hielt es Weissmann im Sommer 1959 in New York an der Seite von Rosita aus. Laut Passstempel traf er am 19. August 1959 mit dem Schiff in Sizilien im Hafen von Palermo ein und ging in Venedig vier Tage später von Bord. Am 26. August 1959 dirigierte er im römischen Stadio di Domiziano das Orchestra dell Accademie Nazionale di Santa Cecilia bei einem Freiluft-Konzert mit Werken von Beethoven, Wagner, Richard Strauss und Respighi, das am nächsten Abend im Auditorium Fonte Anticolana des etwa eine Autostunde östlich Roms gelegenen, für seine Thermalquellen geschätzten Städtchens Fiuggi wiederholt wurde. Die Woche danach reiste er mit dem Zug zu Rundfunkaufnahmen nach den Niederlanden, überquerte am 6. September die holländische Grenze bei Nijmegen und wohnte den ganzen Monat über in Amsterdam im Hotel Pays-Bas, das schon der Maler Max Beckmann (1884-1950) sehr geschätzt hatte. Dort traf er sich häufig mit Sylvia, nahm diese auch mit, wenn ihn die AVRO mit Dienstwagen und Chauffeur vom Hotel abholte und zu den Orchesterproben nach Hilversum fuhr. Danach machte es ihm Spaß, sie in Amsterdam öfters zum Essen auszuführen und so ihren Horizont kulinarisch zu erweitern. Anfang November brach er zur Weiterreise nach Italien auf. Es begann wieder die Zeit des Briefeschreibens, die aber jetzt immer öfters unterbrochen wurde, wenn er in Amsterdam auftauchte zu Kurzbesuchen, die weniger beruflich bedingt waren, als vielmehr dem Wunsch entsprangen, Sylvia für ein paar Tage nahe zu sein.

Die wachsende Vertrautheit zwischen beiden spiegelt sich in einer zunehmend höheren Frequenz des Briefwechsels und in einem immer persönlicher, intimer, manchmal auch drängender und flehender werdenden Ton seiner Briefe. Weissmann ist sich dabei völlig im Klaren, dass er verbotenes Terrain betreten hat: „Ich glaube wohl dass Du meine Briefe besser vernichtest – meinst Du nicht?" rät er Sylvia im Dezember 1960.[50] Doch dann macht er selbst den entscheidenden Fehler, durch den Sylvias Mutter dem Liebespaar auf die Schliche kommt: Seine Ungeduld verleitet ihn zu einer überraschenden Umbuchung eines Fluges von Rom nach Amsterdam. So trifft er nicht wie eigentlich geplant am 4. Februar 1961 ein, sondern bereits zwei Tage früher. Weil sie von seiner Umbuchung nichts weiß, ist Sylvia nicht zu Hause. Er will ihr eine kurze Nachricht hinterlassen, stellt sich dabei allerdings so ungeschickt an, dass diese nicht Sylvia, sondern deren schon lange misstrauischer Mutter in die Hände fällt.

Während das Paar seinem Liebestraum weiter nachhängt, schreitet die Mutter zur Tat, macht Stimmung gegen Weissmann bei Agenten, Konzertveranstaltern und beim Rundfunk. Er merkt zwar, dass sich der Wind dort gedreht hat, doch hat er dafür keine Erklärung. „In Holland scheint man mich nicht zu wollen", schreibt er Sylvia im August 1961, „da ich nichts vom Radio gehört habe u. von Concertgebouw auf später vertröstet worden bin (vom Radio eigentlich auch)."[51] Tatsächlich ist er danach nie mehr in den Niederlanden aufgetreten. Von den Intrigen ahnt auch Sylvia nichts, deren Mutter schließlich zur schärfsten Waffe greift und Weissmann die Sittenpolizei genau dann auf den Hals hetzt, als er am 1. September 1961 von Rom kommend wieder einmal in Amsterdam eintrifft. Es gelingt ihm, sich dem Zugriff der Polizei buchstäblich in letzter Minute zu entziehen und nach dem sicheren London auszuweichen. Dort sitzt ihm der Schrecken noch im Genick, als er ihr am nächsten Tag „herzliche Grüße" schriftlich zukommen lässt und danach den Kontakt zu ihr abbricht. Seine Reaktion stürzt Sylvia in abgrundtiefe Verzweiflung und fast wäre sie gestorben, hätte sie nicht der feste Glaube am Leben erhalten, dass es in vier Jahren, wenn sie volljährig war, ein Wiedersehen mit dem geliebten Mann geben werde.

Von der Freiheit eines Gastdirigenten

Während er die Niederlande mied und Sylvia zu vergessen suchte, vergrub sich Weissmann in Arbeit, reiste hektisch von Nord nach Süd, von London nach Bari in Süditalien, von Bari nach Florenz, von Florenz über Stuttgart nach Mailand und hatte außer in London und Stuttgart als Dirigent überall zu tun. Zurück in Florenz führte er am 15. Februar Werke von Beethoven, Debussy und Ravel mit dem Orchestra del Maggio Musicale Fiorentino auf, reiste anschließend nach Sizilien und blieb einen Monat lang in Catania, um im Teatro Massimo Bellini am 5. März ein Orchesterkonzert mit Werken von Giorgio Federico Ghedini (1892-1965), Adriano Lualdi (1885-1971), Johann und Richard Strauss sowie am 21. März eine Aufführung von Bizets Oper DIE PERLENFISCHER (mit Aurelia Beltrami, Giuseppe Campora, Piero Capucilli, Marco Stefanoni) zu dirigieren. Nach einem am 24. März über die Sender von RAI 1 ausgestrahlten Jugendkonzert (*Concerti sinfonice per la gioventu*) leitete er in Italiens Nordosten in Triest am 1. April 1962 das Orchestra del Teatro Verdi bei einem Konzert, bei dem der frühverstorbene italienische Pianist Fabio Peressoni (1938-1963) den Klavierpart in de Fallas NOCHES EN LOS JARDINES DE ESPANA spielte.

Kaum zwei Wochen danach war Weissmann in England für sein Londoner Debüt. In der Festival Hall dirigierte er das Royal Philharmonic Orchestra bei einem reinen Beethoven-Abend. Umrahmt von der Bühnenmusik zu EGMONT OP. 84 und der SINFONIE NR. 3 ES-DUR OP. 55 „EROICA" war das KLAVIERKONZERT NR. 5 ES-DUR OP. 73 das strahlende Mittelstück, das er mit dem Solisten Julius Katchen – so der *Daily Telegraph* am nächsten Tag – „ in seinem ganzen Glorienschein präsentierte".[52] Lob kam auch von der *Times*, die Weissmann als „einen Musiker von höchster Qualität" pries, „der auf die architektonische Gestaltung der Musik ebenso Wert legt wie er auf die Details der Phrasierung, Artikulation und Dynamik achtet."[53] Der Erfolg des Abends brachte Weissmann sogleich ein weiteres Engagement im Oktober ein, bei dem er mit dem London Symphony Orchestra die Ouvertüre zu Verdis I VERSPRI SICILIANI, Beethovens SINFONIE NR. 5 C-MOLL OP. 67 und – mit dem ungarisch-britischen Pianisten Louis Kentner (1905-1987) – Tschaikowskys KLAVIERKONZERT NR. 1 B-MOLL OP. 23 aufführte.

Und so ging es weiter, meistens kreuz und quer in Italien und hin und wieder mit Abstechern in nördlichere Länder wie Deutschland. Dort trat Weissmann in den 1960er Jahren noch drei Mal vor Publikum auf: am 14. September 1963 mit den Berliner Philharmonikern bei einem Tschaikowsky-Richard Strauss-Konzert unter Mitwirkung des Pianisten Horst Göbel, 1965 und 1966 in München bei Aufführungen von Puccinis MADAME BUTTERFLY und Tschaikowskys EUGEN ONEGIN, letztere im Januar 1966 mit Claire Watson, Dagmar Naaf, Lilian Benningsen, Georg Paskuda, Hans-Günter Nocker und Mio Yahia.

1964 erweiterte Weissmann seinen Aktionsradius nach Südamerika. Auf Einladung des Orquesta Sinfónica Nacional de Peru und seines damaligen Leiters, des Peruaners Leopoldo da Rosa (1931-2013), dirigierte er im Mai 1964 zwei Konzerte im Teatro Municipal der peruanischen Hauptstadt Lima. Am 22. Mai war der amerikanische Geiger Paul Makanowitzky (1920-1988), ein Schüler Ivan Galamians und Jacques Thibauds, der Solist in Beethovens VIOLINKONZERT D-DUR OP. 61 sowie in Strawinskys erstmals in Peru aufgeführtem VIOLINKONZERT D-DUR. Auf dem Programm standen ferner de Fallas Orchestersuite EL AMOR BRUJO und die Tondichtung DON JUAN OP. 20 von Richard Strauss. Eine Woche später folgten zwei weitere peruanische Erstaufführungen: Strawinskys CAPRICCIO FÜR KLAVIER UND ORCHESTER mit dem chinesischen Pianisten Fu Ts'ong und die Tondichtung ALSO SPRACH ZARATHUSTRA OP. 30 von Richard Strauss. Eröffnet wurde der Abend mit dem Vorspiel zum ersten Akt von Wagners DIE MEISTERSINGER VON NÜRNBERG.

Zwei Monate später war Weissmann wieder auf dem südamerikanischen Kontinent. Auf Einladung des staatlichen argentinischen Rundfunksenders Radio Nacional leitete er dessen Sinfonieorchester im Juli 1964 bei drei Konzerten, die im Rahmen eines Zyklus von knapp dreißig gratis dargebotenen Sinfoniekonzerten stattfanden, die alljährlich von Mai bis Oktober in der Aula der Rechtsfakultät mit meist jüngeren, noch wenig bekannten Dirigenten veranstaltet wurden. Dass man ihn, den mittlerweile über Siebzigjährigen, dazu eingeladen hatte, war eine Auszeichnung und eine Hommage an einen *grand old man* des argentinischen Radios.

1966 zog es Weissmann erneut nach der südlichen Erdhalbkugel, doch lag jetzt sein Ziel auf dem afrikanischen Kontinent. Auf Einladung des Cape Town Symphony Orchestra, eines 1914 gegründeten Klangkörpers, der nach mehreren Metamorphosen heute Cape Town Philharmonic Orchestra heißt, verbrachte er mehr als zwei Monate in der zweitgrößten Stadt der damals noch Apartheid-regierten Republik Südafrika. Mit dem Orchester erarbeitete er in den Monaten April bis Juni mehrere Konzerte, deren erstes am 19. April 1966 stattfand. Auf dem Programm standen zwei Klavierkonzerte, bei denen der amerikanische Pianist John Browning Solist war: MOZARTS KLAVIERKONZERT A-DUR KV 488 und Beethovens KLAVIERKONZERT NR. 5 ES-DUR OP.73. Das vom Publikum begeistert applaudierte Konzert endete mit dem Adagietto aus Mahlers SINFONIE NR. 5 C-MOLL. Die südafrikanische Sopranistin Mimi Coertse (* 1932), seit 1955 Mitglied der Wiener Staatsoper und 1966 zur österreichischen Kammersängerin ernannt, war die Solistin beim Konzert am 7. Mai 1966, in dem sie mit Arien aus Mozarts Oper DON GIOVANNI glänzen konnte.

Dass Weissmann zwei Jahre später wieder nach Kapstadt eingeladen wurde, verdankte er – wie schon 1966 – vor allem einem gewissen Hans Kramer (1911-2002), einem in Hannover aufgewachsenen und 1934 nach Südafrika emigrierten Juden, der in Kapstadt das wohl bekannteste südafrikanische Schallplattengeschäft besaß und in vielfältiger Weise das Musikleben am Kap mitbestimmte. Er war z. B. musikalischer Berater des Cape Performing Arts Board (CAPAB), eines staatlichen Kulturfonds, der u. a. die Cape Town Opera förderte, die pro Saison zwei Opern aufführte. 1968 standen Bizets CARMEN und Puccinis TURANDOT auf ihrem Programm, und Weissmann dirigierte beide Opern im Mai und Juni in Kapstadts Alhambra Theater, einem in den 1920er Jahren erbauten und zunächst als Kino genutzten Art-Deco-Palast, in dem später auch Bühnenshows stattfanden.[54] Die Titelrolle der Carmen sang die mittlerweile zu internationalem Starruhm aufgestiegene amerikanische Mezzosopranistin Nedda Casei, mit der Weissmann schon 1957 in den Niederlanden zusammengearbeitet hatte. Als Turandot trat die südafrikanische Sopranistin Joyce Barker (1931-1992) auf, die vor allem in England erfolgreich war, bevor sie sich Mitte der 1960er Jahre auf ihre Heimat konzentrierte.

Solch weite Reisen wie nach Südafrika und Bekanntschaften wie die mit Hans Kramer waren für Weissmann die „Schmankerl", die ihm bei seiner gewiss abwechslungsreichen Reisetätigkeit besonders schmeckten. Ihm gefiel sein jetziges Leben als Gastdirigent, er war stets unterwegs und tat nur das, wonach es ihn schon immer verlangte: dirigieren, dirigieren, dirigieren! Statt sich wie in den USA über Jahre hinweg mit teils ignoranten, teils intriganten reichen Männern abgeben zu müssen, die als ehrenamtliche Orchestermanager ihren Ehrgeiz stillten, konnte er jetzt solchen Leuten, falls sie seine Wege kreuzten, schon nach kurzer Zeit wieder den Rücken kehren. Als reisender Musikant lernte er zudem viele Menschen kennen, was seine Neugierde befriedigte, ihm aber auch immer wieder Gelegenheit gab, Bekanntschaft mit angenehmen Mitmenschen zu schließen.

Die Freiheit des Gastdirigentendaseins hatte freilich auch eine Kehrseite. Sie zeigte sich in der Notwendigkeit ständiger Bewerbung um neue Engagements und der damit einhergehenden Abhängigkeit von Veranstaltern. Da er in der Regel auf die Unterstützung von Agenten verzichtete, musste er selbst die Verhandlungen mit Direktoren, Managern und Orchesterchefs führen. Auf Mitarbeiter und ein Büro konnte er sich nicht stützen, ihm genügte sein Adressbüchlein, der Terminkalender und diverse Schreibstifte. Papier und Kuverts fand er in den Hotelzimmern, alle Briefe schrieb er mit der Hand und für Telefonate benutzte er öffentliche Fernsprecher in Hotels, Restaurants und Cafés. Bei den Verhandlungen mit Veranstaltern spielten Zu- und Abneigungen, Freundschaften und Rivalitäten eine ebenso große Rolle wie die politischen Wechselströme, die auf staatlicher, regionaler, kommunaler oder institutioneller Ebene das kulturelle Leben und den Fluss der Fördergelder bestimmten, somit auch das Verhalten der Veranstalter, die einmal mit mehr, einmal mit weniger oder gar keinen Engagements aufwarten konnten.

Außer von solch menschlichen Faktoren war ein reisender Musikus natürlich in besonderem Maße abhängig von Einwirkungen höherer Gewalt und von Krankheit. Weissmann blieb in den 1960er Jahren keines dieser Unglücke erspart. Anlässlich der Feiern zum hundertjährigen Bestehen der Einheit Italiens sollte er in Turin am 30. Juni 1960 ein großes öffentliches Sinfoniekonzert unter Mitwirkung des Chors und des Radiosinfonieorchesters Turin der RAI sowie der Geigerin Pina Carmirelli (1914-1993) dirigieren. Gedacht als erstes von zwei Konzerten zum Thema „Ein Jahrhundert der Musik" (*Un secolo di musica*), sollte das Programm ein Jahrhundert russischer Musik feiern. Die Programmauswahl war von der Redaktion vorgegeben: Tschaikowskys Fantasie-Ouvertüre ROMEO UND JULIA, Alexander Scriabins (1872-1915) Tondichtung PROMÉTHÉE – LE POÈME DU FEU OP. 60, Prokofievs VIOLINKONZERT NR. 2 G-MOLL OP. 63 und Dmitri Schostakowitschs (1906-1975) SINFONIE NR. 9 ES-DUR OP. 70. Mit Ausnahme der Tschaikowsky-Ouvertüre handelte es sich, wie Weissmann Sylvia schrieb, um Stücke, „die ich noch nie gemacht habe. Das Programm war obligatorisch – es *musste* gemacht werden – u. ich hatte keine Wahl damit. Aber es ist aufregend und schön."[55]

Am 26. Juni von Neapel über Rom nach Turin kommend, begann er „in einer grausamen Hitze" mit den Proben, die zwei Mal am Tag stattfanden.[57] Trotz ungünstiger äußerer Bedingungen war er begeistert von der Zusammenarbeit mit dem Orchester: „Die Proben verlaufen glänzend – ein wunderbares Orchester – sehr groß und sehr effizient."[58] Der Begeisterung folgte ein Tag später die große Enttäuschung, als der gesamte Betrieb der monopolistischen staatlichen Rundfunk- und Fernsehgesellschaft RAI durch einen Mitarbeiterstreik lahmgelegt wurde: „Heute – am 30ten – sollte das Konzert [fehlt: stattfinden] – und da streikt in ganz Italien das ganze Personal der RAI (Radio Italiano). – Da ist einfach nichts zu machen – und das ist sehr schade – ein ganz großer Erfolg für mich (mit dem Riesenorchester u. Chor) geht dadurch verloren. [...] Aber ich habe wenigstens die große Genugtuung gehabt, dass das Orchester in den Proben mich sehr gefeiert hat!"[59] Ein Trost war ihm auch, dass der Sender ihm als Kompensation für den Verlust die Leitung eines Konzerts im Februar des kommenden Jahres anvertraute, für das der belgische Geiger Arthur Grumiaux (1921-1986) als Solist verpflichtet wurde. Auf dem Programm des am 2. Februar 1962 landesweit über die Sender von RAI 1 ausgestrahlten Konzerts standen Respighis Orchesterbearbeitung von Johann Sebastian Bachs PASSACAGLIA C-MOLL BWV 582, Saint-Saëns' SINFONIE NR. 3 C-MOLL OP. 78 „ORGELSINFONIE", ferner Mozarts VIOLINKONZERT NR. 1 B-DUR KV 207, Chaussons POÈME FÜR VIOLINE UND ORCHESTER OP. 25 und Ravels Konzert-Rhapsodie TZIGANE. Angemerkt sei, dass die letztgenannten drei Stücke erst vor kurzem auf CD wiederveröffentlicht wurden.[60]

Fünf Jahre nach dem Streik der RAI-Mitarbeiter wurde Weissmann Anfang November 1966 ein Opfer der verheerenden Überschwemmung von Florenz, eines Jahrhunderthochwassers, bei dem siebzehn Bewohner der Stadt den Tod in den Fluten des Arno fanden, viele Gebäude beschädigt wurden und zahllose jahrhundertealte Kunstschätze in Archiven, Bibliotheken, Galerien und Museen in den mit ausgelaufenem Heizöl verseuchten Schlammmassen für immer verloren gingen. Am 3. November war er bei strömendem Regen in Florenz eingetroffen, nachdem er im Oktober in München Verhandlungen mit Herbert List, dem stellvertretenden Intendanten der Bayerischen Staatsoper, geführt und beim Bayerischen Rundfunk vom 17. bis 19. Oktober mit dem Münchner Rundfunkorchester die Ouvertüren zu Dimitri Kabalewskis (1904-1987) COLAS BREUGNON OP. 24 und Rossinis LA CENERENTOLA sowie Jacques Iberts (1890-1962) DIVERTISSEMENT für kleines Orchester aufgenommen hatte.

Wie gewohnt, war er in der direkt am Arno gelegenen Pensione Quisisana abgestiegen, die während der Schreckensnacht zum 4. November von dem rasant anschwellenden und bald fünf Meter über seine Ufer getretenen Fluss überflutet wurde. Zwar konnte er sich rechtzeitig aus seinem im Erdgeschoss gelegenen Zimmer in Sicherheit bringen, allerdings blieb ihm nur wenig mehr als das, was er am Leibe trug. Fast alle Anzüge, Mäntel, Wäsche hatte er verloren, Ersatzansprüche an die Hotelbesitzerin konnte er vergessen, da die alte

Frieder Weissmann in Florenz um 1967: links mit der aus den Fluten des Arno geretteten Hündin Minna, rechts mit Sylvia Quiël.

Dame nicht gegen ein Hochwasser versichert war, wie es die Stadt seit Menschengedenken nicht kannte.

In der Katastrophe, bei der Tausende von Tierkadavern, darunter 180 tote Rennpferde, auf dem Arno durch die Stadt trieben, bewahrte er kaltes Blut, setzte sich sogar der Gefahr aus, indem er einen Hund rettete, der in den Fluten zu ertrinken drohte. Zwischen ihm und der Hündin, einer irischen Wolfshundmischung mit schwarzem Fell und weißem Brustfleck, entwickelte sich danach ein zartes Verhältnis. Wenn er nach Florenz kam, kümmerte er sich um Minna, wie er das Tier nannte. „Ich gehe jetzt oft hin in Begleitung von Minna, die ganz süß ist – zärtlich", berichtete er vier Monate später aus Florenz, „und heute hat sie zum ersten Mal gebellt! Ein anderer Hund ist erschienen – heisst Maja! [...] – gehört einem Mann von der ‚Nazione' (Zeitung) mit dem ich ganz gerne zusammen bin."[61]

Die Adressatin seines Briefes war Sylvia in Amsterdam, die, Ende März 1965 volljährig geworden, ihn sofort in Italien aufgespürt hatte. Seitdem hielten beide wieder engen Kontakt miteinander. Wie früher wurde ihre Verbindung hauptsächlich durch Briefe aufrecht erhalten, doch konnte Sylvia jetzt, da sie frei war, ihn öfters in Italien oder Deutschland besuchen. Sie hatte in den vergangenen Jahren an der renommierten Gerrit Rietveld Kunstakademie studiert. Gleich nach ihrem 21ten Geburtstag war sie bei ihrer verhassten (und längst wiederverheirateten) Mutter ausgezogen und wohnte seitdem zur Miete in einer eigenen kleinen Wohnung. Den Lebensunterhalt verdiente sie sich als halbtags beschäftigte Designerin in einem Stickereiwarengeschäft. Auch Weissmann nahm nun, da er nichts mehr von ihrer Mutter zu befürchten hatte, wieder öfters den Weg über Amsterdam, wenn er zwischen den USA und Europa hin und her reiste.

Da in Florenz die Menschen wegen des Hochwassers tagelang ohne elektrisches Licht, Trinkwasser, Gas und Telephon ausharren mussten und überdies
Typhusgefahr bestand, verließ er Florenz am 9. November. Weil er in Rom, wo
er zunächst hinfuhr, nichts zu tun bekam, machte er nach ein paar Tagen kehrt
und fuhr mit dem Zug nach München, wo er wieder in der Pension Asta wohnte. Im Dezember war Brüssel seine nächste Station. Hier dirigierte er im Palais
des Beaux-Arts am 14. Dezember das National Orchestra of Belgium bei einem
Konzert, dessen Programm ausschließlich aus Klavierkonzerten bestand. Der
Solist Byron Janis hatte die Kühnheit, drei halsbrecherische Werke zu interpretieren: Prokofievs KLAVIERKONZERT NR. 1 DES-DUR OP. 10, die BURLESKE FÜR
KLAVIER UND ORCHESTER D-MOLL OP. 11 von Richard Strauss und Rachmaninoffs KLAVIERKONZERT NR. 3 D-MOLL OP. 30.

Entweder in Brüssel oder danach in Amsterdam hatte er sich mit Sylvia getroffen und war dann weiter nach Stuttgart gefahren, um dort seinen Freund
Lebs zu besuchen. Von dort bedankte er sich bei Sylvia, die ihm Ausschnitte
der Zeitungskritiken vom Brüsseler Konzert geschickt hatte, und ließ sie wissen, er sei „hier in Stuttgart – über die Feiertage – zusammen mit meinem sehr
guten Freund (seit meiner Jugend mein bester Freund – und das hat immer gehalten!) damit ich nicht so elend alleine in München bin."[61] In Stuttgart blieb er
über zwei Wochen und wäre wohl auch gerne noch etwas länger da geblieben:
„Es tut mir sehr leid von hier wegzugehen – aber es ist im Moment besser,"
schrieb er Sylvia am 13. Januar 1967. Es war deswegen „besser", weil er unbedingt wieder nach Florenz wollte. In München, wo er seinen 74ten Geburtstag
verbrachte, wurde jedoch der Stress aufgrund der vielen Reisen, häufigen Ortswechsel und der starken beruflichen Anspannung für seinen Körper zu viel.
Eine bei dem kalten Winterwetter fast normale leichte Erkältung entwickelte
sich binnen kurzem zu einer Grippe, die ihn bis Anfang März in der Münchner
Pension Asta festhielt.

Für Weissmann, der in den letzten Jahrzehnten kaum einmal krank geworden war und es deswegen auch nie für nötig gehalten hatte, finanziell durch
Rücklagen oder eine Versicherung für den Fall einer Krankheit vorzusorgen,
ging die Sache dieses Mal noch glimpflich ab. Schwerer traf ihn zwei Jahre später, wieder im Februar, eine Infektion, die er sich in San Remo, wo er am 7. Februar 1969 ein Konzert dirigierte, oder in Bozen, wo er am 10. Februar über-
nachtete, zugezogen hatte und die schnell in eine veritable Hepatitis ausgeartet
war. Ein Vorbote schwerer Krankheit hatte sich sieben Wochen vorher in Sizilien gemeldet, als er in Catania mit dem Orchester des Teatro Massimo Bellini
und der italienischen Pianistin Dora Musumeci (1934-2004) für ein am 21. Dezember 1968 geplantes Konzert probte.[62] Eine vorübergehende Schwäche ließ
ihn damals nach einem Arzt rufen, der bei ihm einen gefährlich hohen oberen
Blutdruckwert von 220 feststellte. Weissmann glaubte dennoch, die Warnungen
des Arztes in den Wind schlagen zu können: „Der Arzt hat mir lächerlicherwei-
se angeraten, sofort aufzuhören zu arbeiten – aber es geht mir wieder gut!"[63]

Als wäre nichts gewesen, absolvierte er mit großem Erfolg das Konzert in Catania, machte danach in Neapel bei der RAI Rundfunkaufnahmen mit dem Orchestra da camera „Alessandro Scarlatti", verbrachte im Januar einige Zeit in Florenz, bevor er im Februar über San Remo und Bozen nach München fuhr.

Glücklicherweise hatte er mit Sylvia dort schon länger ein Treffen vereinbart gehabt, denn so stand ihm gleich jemand bei, als er, am 15. Februar in München angelangt, sich in der Pension Asta schwerkrank ins Bett legte. Beider Zusammensein entwickelte sich nun ganz anders als gedacht. Sylvia wurde zur treusorgenden Krankenschwester, die in der kurzen Zeit ihres Aufenthalts ihrem Geliebten die denkbar beste Pflege angedeihen ließ. Am 23. Februar, als sie bereits wieder zu Hause in Amsterdam war, konnte er ihr berichten, es ginge ihm „viel besser – Schlafen tue ich noch immer sehr schlecht – aber am Tage ist schöne Sonne!"[64] Für die Arbeit fühlte er sich aber immer noch zu schwach: „Konzerte: in ca. 14 Tagen kann ich wieder daran denken – aber leider weiss ich schon dass ich im ganzen April keine Aussicht habe."[65]

Tatsächlich war die „Aussicht" noch schlechter, als er wieder arbeiten wollte. Anfang April schrieb er Sylvia aus Florenz: „Ich habe nichts zu tun – durch meine schöne Farbenkrankheit (gelb) habe ich alles hier im April und Mai verloren – weiss noch nicht was wird".[66] Er blieb die beiden Monate in Florenz, ging mit Minna spazieren und freute sich über einen„herrlichen Stock. Wunderbar", den ihm Sylvia aus Amsterdam geschickt hatte.[67] Auch „weil es so unglaublich billig ist – mehr wie die Hälfte",[68] fuhr er vom 20. Juni bis 1. Juli nach Riccione ans Meer. Er wohnte im Piccolo Hotel, einem bescheidenen Familienhotel in der Viale Dante, das heute nicht mehr existiert, achtete bei den Mahlzeiten darauf, „dass ich nicht trinke [...], weil ich anscheinend noch nicht völlig hergestellt bin",[69] und genoss am Strand und am Meer die Urlaubsatmosphäre.

Ganz besonders wünschte er sich, dass Sylvia es doch noch schaffen könnte, ihn hier zu besuchen, bevor er am 4. Juni in Florenz die Proben für drei Konzerte mit dem Orchestra di Palazzo Pitti begann. Er hatte schon die Hoffnung ganz aufgegeben, da traf sie in Florenz am 5. Juli in der Pensione Quisisana ein und war bei allen drei Konzerten zugegen: am 6. und 10. Juli im Hof des Palazzo Pitti, am 8. Juli auf der Piazza der 250 Kilometer entfernten lombardischen Stadt Cremona, die durch so legendäre Geigenbauer wie Stradivari, Amati und Guarneri berühmt ist. Das Programm war an allen Abenden dasselbe: der Ouvertüre zu Verdis LA FORZA DEL DESTINO folgten Mendelssohns SINFONIE NR. 4 A-DUR OP. 90 „ITALIENISCHE" und – nach der Pause – Beethovens SINFONIE NR. 3 ES-DUR OP. 55 „EROICA". Während Sylvia am 11. Juli wieder zurück nach Amsterdam reiste, machte sich Weissmann in den Tagen danach auf den Weg nach Genua. Am 15. Juli ging er dort an Bord des schmucken, erst vier Jahre alten italienischen Transatlantik-Passagierschiffs Raffaelo der Italian Line (Società di Navigazione), das nach etwa einer Woche im Hafen von New York am Chelsea Pier anlegte.

Ritardando

Ende September 1969 brach Weissmann mit Gattin Rosita zu einer zweimonatigen Reise nach Buenos Aires auf. Während sie mit der Schwester, dem Schwager und ihrem verwitweten Vater ihre Erbschaftsansprüche zu regeln versuchte,
bemühte er sich dort um Engagements beim Teatro Colon und beim Rundfunk, hatte aber damit keinen Erfolg. In der Hoffnung, dass ihm Europa mehr
Glück bringe, verließ er Argentinien Mitte November an Bord der SS Augustus
der Italian Line und erreichte Neapel am 29. November 1969. Dort wohnte er
eine Woche lang im Hotel Oriente in der Viale Diaz 44, bevor er am 5. Dezember die Weiterreise nach Sizilien antrat. In Catania bezog er – wie bei früheren
Aufenthalten – ein Zimmer im Central Palace Hotel und machte sich im Teatro
Massimo Bellini an die Proben für die Aufführungen eines Konzerts am 20.
und 21. Dezember, das – wie er Sylvia danach schrieb – „mit Ausnahme des
Solisten, eines Cellisten, sehr gut war."[70] Von Catania reiste er nach Rom, blieb
dort in der Pension Alto Adige bis 29. Dezember und fuhr dann weiter nach
Florenz, wo er sich bis 7. Januar 1970 in der Pensione Quisisana aufhielt. Abge-
sehen vielleicht von einigen Gesprächen mit Veranstaltern, gab es in beiden
Städten für ihn beruflich nichts tun, auch nicht in München, der nächsten Station seiner Reise, wo er am 8. Januar 1970 eintraf.

Hier sollte es allerdings ein Wiedersehen mit Sylvia geben. Mit ihr feierte er
im winterlich-kalten München seinen 77. Geburtstag, besuchte mit ihr Opern-
und Ballettaufführungen, bevor beide Ende des Monats nach Genua weiterreis-
ten. Nachdem er dort seine Schiffspassage nach New York zum nächstmögli-
chen Termin gebucht hatte, fuhren beide am 30. Januar mit dem Zug nach Florenz, wo sie am nächsten Tag voneinander Abschied nahmen. Während Sylvia
zurück nach Amsterdam flog, blieb er noch solange in der Pensione Quisisana,
bis er von Genua aus die Schiffsreise nach den USA antreten konnte. Beim
Rückblick auf die vergangenen fünf Monate dürfte er in beruflicher Hinsicht
kaum mit dem Erreichten zufrieden gewesen sein, privat begleiteten ihn hingegen so schöne Erinnerungen, dass er am liebsten gleich wieder nach Italien zurückgekehrt wäre. Aber das musste jetzt noch eine Weile warten, denn mit Rosita hatte er gerade eine wichtige Entscheidung getroffen.

Seit sie in den USA lebten, waren die Weissmanns im Sommer dem Beispiel
vieler New Yorker gefolgt, indem sie der Stadt mit ihren brütend-heißen Stra-
ßenschluchten den Rücken kehrten und klimatisch angenehmere Orte im Umland aufsuchten. In den ersten Jahren hatten sie sich dafür das Städtchen Carmel am Lake Mahopac im Hudson-Tal ausgesucht, später andere, meist nördlich von New York City im Hudson-Gebiet und in Connecticut gelegene Orte.
Mit Beginn der 1960er Jahre wurde dann das von New York City bequem zu
erreichende Städtchen Ridgefield in Connecticut zu ihrer bevorzugten Sommerfrische. Die neu-englische Kleinstadt bezauberte als romantische Idylle, war

aber wegen seiner kulturell aufgeschlossenen Bevölkerung auch ein Ort, der seit jeher Künstler, Musiker, Literaten und Bohemiens anzog. Für den Dramatiker Eugene O'Neill (1888-1953) waren die vielen Ulmenbäume im Stadtbild zweifellos Inspirationsquelle für sein dort 1924 entstandenes Drama SEHNSUCHT UNTER ULMEN (DESIRE UNDER THE ELMS) gewesen. Die Ulmen waren das Wahrzeichen der Stadt, das auch das führende Gasthaus The Elms Inn im Namen führte, in dem sich die Weissmanns jahrelang einquartierten. In der Gästeliste des 1799 erbauten, seit einigen Jahren aber geschlossenen historischen Gasthofs finden sich viele illustre Namen, u. a. die Filmstars Elizabeth Taylor, Judy Garland, Paul Newman, Robert Redford und Musiker wie die Opernsängerin Lily Pons (1888-1976) oder der Dirigent Arturo Toscanini, der 1947 und 1949 sogar zwei Konzerte in Ridgefield dirigierte.[71]

Mit den Jahren zunehmend dort auch gesellschaftlich integriert, hatten sich die Weissmanns, die in dem Städtchen allein auf Grund ihrer eleganten Erscheinung auffielen,[72] nun dazu entschlossen, in Ridgefield ihren Hauptwohnsitz zu nehmen. 1970 mieteten sie ein – angeblich aus dem 18. Jahrhundert stammendes – Häuschen mit etwas niedrigen Zimmerdecken und einem Garten am Prospect Drive 62. Ihr kleines Apartment in New York diente fortan als praktische Zweitwohnung, wenn man Freunde und Bekannte besuchte oder in der Stadt anderes zu erledigen hatte. Kaum waren sie in ihrem neuen Domizil in Ridgefield eingezogen, schlossen sich ihnen zwei Katzen an. Bojangles und Mitzi, wie sie getauft wurden, waren fortan die ständigen Begleiter des Ehepaares in einem beschaulichen Alltagsleben, das Weissmann freilich nie lange aushielt.

Auch jetzt war er schon nach wenigen Wochen wieder unruhig geworden, musste aber zu seinem Leidwesen feststellen, dass er mittlerweile auch in Italien als Dirigent immer weniger gefragt war. Finanziell lohnte sich die Reise eigentlich kaum, und so war es wohl die Sehnsucht nach dem sonnigen Italien, vor allem aber nach seiner Geliebten Sylvia, die ihn dennoch wieder nach Europa aufbrechen ließ. Sylvia sollte auch im nächsten Jahr an seiner Seite sein, als er im August wieder etwas mehr zu tun hatte.

In Florenz leitete er am am 1. und 3. August 1971 das Orchestra di Palazzo Pitti bei der – im Hof des Palazzo Pitti veranstalteten – Aufführung der Ouvertüre zu Rossinis Oper ITALIANI IN ALGERI, Schönbergs VERKLÄRTER NACHT OP. 4 FÜR STREICHORCHESTER und Beethovens SINFONIE NR. 4 IN B-DUR OP. 60. Drei Wochen später folgte er einer Einladung nach Südtirol für eine einwöchige Tournee mit dem Haydn-Orchester, einem von den Städten Bozen und Trient 1960 als musikalisches Aushängeschild für Südtirol gegründeten Klangkörper. Veranstaltungsorte waren sechs Städte: Vipiteno/Sterzing, Selva/Wolkenstein, Caldaro/Kaltern, Levico, Riva del Garda und Meran. Das Programm war überall dasselbe: der Ouvertüre zu Mozarts TITUS folgten drei Gesangsstücke von Haydn (Arie der Giannina aus GIANNINA UND BERNARDONE), Beethoven (Rezitativ und Arie „Ah! perfido"), Mozart (EXSULATE, JUBILATE KV 165) mit der Sopranistin Liselotte Becker-Egner und zum Schluss Haydns SINFONIE NR. 100

Beim Partiturstudium in Bozen 1971, links; Ankündigungsplakat für das Mahler-Konzert in Florenz im Teatro Communale am 2./3. März 1974, rechts.

(MILITÄRSINFONIE). Für den 78-Jährigen erwies sich diese Tournee mit sechs Konzerten in einer Woche dann doch als etwas zu strapaziös, zumal die Umstände der Reise auf kurvigen Straßen mit einem nicht sehr geräumigen PKW, in dem außer ihm und Sylvia auch noch die – von ihm gar nicht geschätzte – Solistin und deren Sohn mitfuhren, alles andere als komfortabel waren.

In besserer Erinnerung blieb ihm hingegen ein Engagement, das ihn im Frühjahr 1972 für fast zwei Monate wieder nach Südafrika führte. Mit dem Cape Town Symphony Orchestra gab er in Kapstadt zwei Konzerte, im März eines mit ausschließlich symphonischen Werken, im April eines mit Gesangs- und Instrumentalstücken aus Opern von Bizet, Gounod, Verdi und Puccini. Solistin beim zweiten Konzert war die führende südafrikanische Sopranistin Desirée Talbot (* 1926), die fünf Jahre vorher eine dreißigjährige Bühnenkarriere beendet hatte und seitdem Gesangsunterricht an der University of Cape Town erteilte. Beim Konzert im März kamen zwei Werke zur Aufführung, die Weissmann besonders am Herzen lagen: die Tondichtung ALSO SPRACH ZARATHUSTRA OP. 30 von Richard Strauss und Mahlers SINFONIE NR. 1.

Mitte April von Südafrika nach Ridgefield zurückgekehrt, reiste Weissmann im Juni nach Florenz. Dort fand am 23. Juni ein internationaler Wettbewerb für Nachwuchsdirigenten (*Concorso Internazionale per Giovani Direttori d'Orchestra*) statt, bei dem Weissmann als Juror mitwirkte. Gewinner des Wettbewerbs wurde Günther Neuhold (* 1947), den zweiten Preis teilten sich Daniel Lipton und Gueorgui Steffanov Notev, dritte Preise erhielten Pincas Steinberg, Valerio Paperi und Ronald Zollman. Neun Tage später dirigierte Weissmann das Orchestra di Palazzo Pitti im großen Hof des mächtigen Palastes bei einem Konzert, das zwei Tage später am gleichen Ort wiederholt wurde. Auf dem Programm standen jeweils die Ouvertüre zu Rossinis LA CENERENTOLA, Sibelius' VALSE TRISTE OP. 44, Wagners SIEGFRIED-IDYLL WWV 103 und Beethovens SINFONIE NR. 8 OP. 93.

Der Mahler-Dirigent

1973, im Jahr seines 80ten Geburtstags, blieben Einladungen vollständig aus. So reiste er erst wieder im Februar 1974 nach Italien, um am 2. und 3. März Mahlers SINFONIE NR. 2 C-MOLL „AUFERSTEHUNG" mit dem Chor und Orchester des Maggio Musicale Fiorentino aufzuführen. Die Werke Gustav Mahlers hatten Weissmann seit jeher fasziniert. Schon als junger, wenig erfahrener Dirigent hatte er sich in München im Oktober 1919 an die Aufführung der KINDERTOTENLIEDER gewagt. Im Dezember 1927 präsentierte er in Dresden bei einem Liederabend zwei RÜCKERT-LIEDER mit Meta Seinemeyer und bei einem Orchesterkonzert der Dresdner Philharmoniker zwei Lieder aus DES KNABEN WUNDERHORN mit Annemarie Lenzberg. Bei zwei weiteren Konzerten mit den Dresdner Philharmonikern im Oktober 1928 und November 1929 gelangen ihm denkwürdige Aufführungen der SINFONIE NR. 5 CIS-MOLL und des sinfonischen Liederzyklus DAS LIED VON DER ERDE.

Lange vor der sogenannten „Mahler-Renaissance", die erst anlässlich Mahlers 100stem Geburtstag im Jahre 1960 einsetzte, machte er sich nach dem Krieg für diesen Komponisten stark. Orchester, die für solch mächtige Sinfonien wenig gerüstet erschienen, führte er zu Höchstleistungen: das New Yorker Old Timers' Symphony Orchestra im März 1950 bei der SINFONIE NR. 1 D-DUR, das Scranton Philharmonic Orchestra im Oktober 1951 bei der SINFONIE NR. 2 C-MOLL „AUFERSTEHUNG". Auf Kuba war er der erste Dirigent, der dort Mahlers SINFONIE NR. 1 D-DUR (März 1951), SINFONIE NR. 2 C-MOLL „AUFERSTEHUNG" (Oktober 1951) und SINFONIE NR. 4 G-DUR (März 1953) aufführte. 1956 folgten mehrere Aufführungen von Mahlers SINFONIE NR. 1 D-DUR in Belgien, dasselbe Werk spielte das Orchestra del Maggio Musicale Fiorentino unter seiner Leitung im Dezember 1958. Das ergreifende Adagietto aus der SINFONIE NR. 5 CIS-MOLL brachte er 1951 in Havanna und Mexico City, 1958 in Neapel, 1960 in Rom und 1966 in Kapstadt zu Gehör.

Das Mahler-Jahr eröffnete Weissmann pünktlich am 8. Januar 1960 in Turin mit der vielbeachteten und landesweit im Rundfunk übertragenen Aufführung der KINDERTOTENLIEDER sowie der SINFONIE NR. 4 G-DUR. Mitwirkende waren die Mezzosopranistin Lucretia West und die Sopranistin Margharita Kalmus) sowie das Orchestra Sinfonica di Torino della RAI. 1961 hatte er in Neapel großen Erfolg mit der SINFONIE NR. 1 D-DUR. Die unter seiner Leitung am 12. März 1967 erfolgte florentiner Erstaufführung der SINFONIE NR. 3 D-MOLL mit Chor und Orchester des Maggio Musicale Fiorentino und der Altistin Fedora Barbieri war sensationell. Das Publikum feierte ihn danach mit einer fast viertelstündigen Ovation, und Leonardo Pinzanti, der Kritiker der Zeitung *La*

Partitur der Anfangstakte des Adagiettos von Mahlers 5. Sinfonie c-moll mit Weissmanns Anmerkungen.

Nacione, schrieb danach hingerissen: „Und so drückte Frieder Weissmann Mahlers ‚Dritter' ganz den Stempel seiner Interpretation auf. Er machte uns – Kritikern wie Publikum – etwas sehr Wichtiges klar, dass nämlich Musik nur dann leuchtet, wenn sie vom Feuer des Mutes und der Intelligenz entzündet wird, erst recht aber vom Feuer der Liebe. Und wenn diese Liebe tief und wahr ist, kann sie wahrlich Berge versetzen."[73] Der Erfolg der Aufführung war so groß, dass das Werk noch im gleichen Jahr am 5. November mit denselben Mitwirkenden wiederholt werden musste.

Danach dauerte es fünf Jahre, bis er im März 1972 im südafrikanischen Kapstadt wieder Gelegenheit bekam, eine Mahler-Sinfonie (SINFONIE NR. 1 D-DUR) zu dirigieren. Zwei Jahre später erhielt er dann aus Florenz die Einladung, am 2. und 3. März 1974 im Teatro Communale die Aufführung der SINFONIE NR. 2 C-MOLL „AUFERSTEHUNG" mit dem Chor und Orchester des Maggio Musicale Fiorentino und den Solistinnen Maria Luisa Carboni (Sopran) und Carmen Gonzales (Mezzosopran) zu leiten. Das achtzig Minuten lange Riesenwerk war für den 81-jährigen Maestro zweifellos ein enormer Kraftakt, der ihm aber gleichzeitig eine ungeheure Befriedigung verschaffte. Belohnt vom begeisterten Beifall des Publikums, freute er sich nicht minder über die Anwesenheit zweier Menschen, die ihm lieb und teuer waren: seines alten Freundes Lebs und seiner jugendlichen Geliebten Sylvia. Für letztere blieben beide Aufführungen „erhabene, unvergessliche Erlebnisse", auch weil sie ihren „alten Helden" am ersten Abend aus der vordersten Reihe im Parkett, am zweiten Abend vom Rang aus bewundern konnte.[74] Vor allem aber, weil sie – im Gegensatz zu Weissmann – ahnte, dass diese Konzerte Höhepunkt seines Dirigentenlebens, zugleich aber auch sein Schwanengesang waren.

Auf der Arno-Brücke in Florenz 1974.

Finale

Enttäuschungen

Am Tag nach der zweiten Mahler-Aufführung wollte Weissmann nach Riccione fahren, um dort mit Sylvia den Triumph der Vorabende noch etwas länger auszukosten. Lebs hielt es für eine gute Idee, sich den beiden anzuschließen und dann am nächsten Morgen von dort aus nach Deutschland zurückzureisen. Weissmann war spontan damit einverstanden, doch noch während der Fahrt ans Meer setzte er eine zunehmend finstere Laune auf. Grund zur wachsenden Verdrossenheit gaben ihm wohl Lebs und Sylvia, die sich auf eine Weise angeregt unterhielten, die er, im Nachhall seines Erfolgs und daran gewöhnt, dass beide zu ihm aufblickten, nur als schnöde Missachtung seiner Person deuten konnte. Natürlich verkannte er damit die Situation völlig, ließ aber nicht davon ab. So stand denn der gemeinsame Abend in Riccione unter keinem guten

Stern: Weissmann war missgelaunt, stritt sich mit Lebs und zeigte auch Sylvia die kalte Schulter. Auch wenn sie es sich zunächst nicht eingestehen wollte, fühlte sie sich doch recht unangenehm berührt durch sein eitles, egozentrisches Verhalten. Zurück in Amsterdam, begann sie sich allmählich von seinem Bann zu lösen und, indem sie sich in die Malerei stürzte, ihrem Leben alsbald eine neue Wendung zu geben.

Es scheint, dass Weissmann die Gefühlstrübungen bei Sylvia entweder nicht gemerkt hatte oder sie nicht wahrhaben wollte. Im Glauben, zwischen ihnen bliebe alles beim Alten, machte er sich – wahrscheinlich über New York und von dort gemeinsam mit Rosita – auf die Reise nach Argentinien. In Buenos Aires war im Jahr zuvor der Schwiegervater im Alter von 94 Jahren gestorben. Als Erbin hätte Rosita nun Anspruch auf die Hälfte des Familienbesitzes gehabt, doch zog sie es vor, ihren Anteil der Schwester Irene zu überlassen. Wie es dazu kam, lässt sich nicht mehr feststellen, da schriftliche Vereinbarungen entweder niemals existierten oder aber zwischenzeitlich verloren gegangen sind und beide Parteien sich stets in tiefes Schweigen hüllten. Mysteriös bleibt die Sache aber schon deswegen, weil Rosita sechs Jahre früher vergeblich versucht hatte, ihren als Kommanditeinlage eingebrachten Erbteil auf dem Klageweg ausbezahlt zu bekommen,[75] und in dieser Absicht 1972 noch einmal einen Anwalt einschaltete.[76] Mit welcher Gegenleistung sie von der Schwester (und dem Schwager) abgefunden wurde, liegt ebenfalls im Dunkeln, doch gibt es Hinweise, dass ihr wohl eine lebenslange Rente (in unbekannter Höhe) sowie ein ständiges Besuchsrecht für sich und ihren Ehemann im Apartment in Buenos Aires und auf der Estancia „La Eva" versprochen wurde. Möglicherweise erschien Rosita diese Lösung vorteilhafter als ein mit hohen Kosten und ungewissem Ausgang verbundener Prozess gegen die Schwester und den Schwager, zumal beide sie darüber aufgeklärt haben könnten, dass bei dem damaligen Wechselkurs und der in Argentinien herrschenden Inflation sich für sie die Auszahlung ihres Anteils kaum lohnen würde, das Familienunternehmen Estancia „La Eva" danach aber in Konkurs gehen dürfte.

Nach ungefähr zwei Monaten, in denen er seinem Tatendrang dadurch die Zügel schießen ließ, dass er auf der Ranch „La Eva" ausgiebig Pferdesport betrieb, kehrten Weissmann und Rosita Mitte Mai nach New York zurück.[77] Er verweilte aber dort nicht lange. Schon drei Wochen später war er wieder in Florenz, musste dort allerdings bezüglich neuer Engagements enttäuscht feststellen, dass sich nirgends etwas zu seinen Gunsten getan hatte: „Ich bin also hier", schrieb er Sylvia am 2. Juni, „weiß aber noch nicht ob ich bleiben kann. Situation hier ist sehr schlecht."[78] Das Ausbleiben neuer Engagements in Italien verstörte ihn zutiefst. Abgesehen von „ein paar miserable Radio Concerte in Canada", die er offenbar ausschlug, sei die Lage unverändert, klagte er zwei Monate später von New York aus: „So geht es weiter – und weiter – ich habe nichts in Italien zu tun". Und er ahnte, dass ihm auch wegen des Alters die Felle allmählich wegschwammen: „Ich bin ‚älter' geworden – schade – schade".[79]

Nicht nur er war älter geworden, sondern auch Bekannte und Freunde bei
Orchestern und Opernhäusern, die, inzwischen im Ruhestand, nun nichts mehr
für ihn tun konnten. Manche waren auch schon tot, wie z. B. der Ende 1974 in
Florenz verstorbene Renato Mariani (* 1915). Weissmann trauerte lange „dem
wundervollen Freund" nach, einem Musikwissenschaftler, Essayisten und
Kritiker, der jahrzehntelang die treibende Kraft beim Maggio Musicale Fiorentino gewesen war.[80] Der Verlust schmerzte ihn um so mehr, als der neue Leiter
des Teatro Communale und des Maggio Musicale Fiorentino, der Pianist und
vormalige Leiter der Oper Roms und des Spoleto-Festivals Massimo Bogian-
chino, ihm bis November 1975 „natürlich nicht geantwortet" hatte.[81] Auch ein
zwei Monate später unternommener Versuch, mit Hilfe von Renzo Marchiano,
dem Konzertmeister des Orchestra dei Maggio Musicale Fiorentino, Gogianchinos Interesse zu wecken, blieb ebenso erfolglos wie drei Jahre später ein er-
neuter Vorstoß Weissmanns bei Gogianchinos Nachfolger Luciano Alberti (*
1931).[82] Gleichermaßen niederschmetternd waren für ihn auch alle übrigen Antworten auf Anfragen in Städten wie Neapel, Rom und Catania, wo er einst mit
großem Erfolg dirigierte.[83] Allein Berlin versprach etwas Hoffnung, allerdings
mit leeren Worten, die wie Giftpillen schmeckten: „Man sagte, ich möge doch
warten, und auch, ich sei ja nicht jung. Die nehmen jetzt nur noch junge Leute!
Fein! (nicht so fein –)."[84]

Zur großen Enttäuschung, die ihn 1975 von der Reise nach Europa abhielt,
kam hinzu, dass auch Sylvia seine Briefe nur zögerlich beantwortete. Als sie
dann auf seine Ankündigung vom 15. Mai 1976, er werde ab 25./26. Mai wieder in Florenz sein, gar nicht reagierte, wurde er ungeduldig. „Hast Du meinen
Brief nicht bekommen? – ich bin also – seit Tagen hier", schrieb er ihr am 4.
Juni aus Florenz. Die Mahnung wirkte, und Sylvia klärte ihn endlich darüber
auf, dass sie ihr Herz im Vorjahr an einen anderen Mann verloren hatte. Es war
dies der berühmte holländische Maler Carel Willink (1900-1983), der unter Experten als „einer der wichtigsten Vertreter des Magischen Realismus und der fi-
gurativen Nachkriegskunst" gilt.[85] Willink, dessen Werke in den bedeutendsten
Museen Hollands hängen,[86] war nicht viel jünger als Weissmann und ebenfalls
verheiratet; im Unterschied zu ihm zögerte Willink aber nicht, sich zu seiner
neuen Liebe ganz zu bekennen. Obwohl seine dritte Ehefrau Mathilde geb. de
Doelder (1938-1977) sich vehement und mit skandalösen, in aller Öffentlichkeit
vollzogenen Zerstörungsaktionen der Scheidung zu widersetzen versuchte,[87]
ließ er nicht von Sylvia ab und setzte alles daran, um sie schließlich am 5. Juli
1977 heiraten zu können.

Nachdem ausbleibende Engagements ihm den Aufenthalt in Italien schon
wieder vergällt hatten, schmerzte Weissmann Sylvias Antwort wie ein zweiter
Schlag ins Gesicht. Mit zusammengebissenen Zähnen bewahrte er tapfer die
Fassung. Er lobte ihre Entscheidung, zeigte sich von Willink beeindruckt und
nannte es gar seine „größte Freude [...], dass Du endlich Gefährtin eines wirkli-

chen Mannes bist."[88] Dies geschrieben, reiste er am nächsten Tag zurück in die USA. Erst vier Jahre später sollte der Briefwechsel fortgesetzt werden.

„A Tribute to Dr. Frieder Weissmann"

Im Sommer 1974 erhielt Weissmann einen Brief von Larry Holdridge, einem damals etwa halb so alten Schallplattensammler aus Amityville auf Long Island, der heute ein Auktionsgeschäft für Schellackplatten, Wachszylinder und andere phonographische Spezialitäten betreibt. Der Experte für historische Tonträger, dem der Name Frieder Weissmann natürlich schon lange ein Begriff war, hatte zu seinem Erstaunen erst vor kurzem festgestellt, dass die seit fast zwei Jahrzehnten von der US-amerikanischen Musikszene verschwundene Schallplattenlegende Weissmann still in seiner Nähe in der New Yorker Upper East Side wohnte. Da Holdridge auch Mitglied der New Yorker Vocal Record Collectors Society war, hatte er gleich die Idee, Weissmann als Ehrengast zur nächsten Jahresversammlung dieses Vereins einzuladen.

Unter dem Vorbehalt, dass er keine Rede halten musste, folgte Weissmann der Einladung zu einer Veranstaltung, die am 3. Oktober 1975 unter dem Titel „A Tribute to Dr. Frieder Weissmann" im New Yorker Freedom House stattfand. Holdridge hatte für den Abend ein Programm mit achtzehn, unter Weissmanns Leitung zwischen 1928 und 1948 entstandenen Gesangsaufnahmen zusammengestellt. Das Publikum spendierte nach jedem Stück immer stärkeren Beifall, und Weissmann war von dieser Reaktion so angetan, dass er sich überwand. Er bedankte sich für den Applaus nicht nur mit einer kurzen Verbeugung, sondern spendierte auch noch großzügig Autogramme.

Die Begegnung mit Holdridge empfand Weissmann um so mehr als ein Gewinn, da dieser auch bereitwillig seine Vermittlerdienste zu Opernhäusern, Orchestern und Schallplattenfirmen in New York und Boston angeboten hatte. Holdridges Bemühungen blieben zwar auch ohne Erfolg, doch scheint Weissmann darüber nicht sonderlich traurig gewesen zu sein, weil fast jeder, der dem Maestro mit Bedauern absagte, ihn zugleich seiner Hochachtung versicherte. „Ich denke, er freute sich darüber, dass man ihn nicht vergessen hatte," erinnert sich Holdridge, „auch wenn es jetzt für ihn keinen Platz mehr auf den Konzertpodien gab."[89] Dank Holdridge kam es im Sommer 1977 zu ein paar Radiosendungen, im Juli präsentierte er an zwei Tagen Weissmann-Schallplatten beim New Yorker Sender WNYC, im August war Weissmann Gast des langjährigen Musikkritikers der *New York Times* Robert Sherman (* 1932) im landesweit ausgestrahlten Programm „The Listening Room" des Senders WQXR.

Obwohl von nirgendwo Anfragen kamen und er der Steuerbehörde im April 1977 mitteilen musste, dass er als Dirigent 1976 leider ohne jedes Engagement war und daher keine Einnahmen verzeichnen konnte,[90] gab er auch jetzt die Hoffnung nicht auf. Je länger aber Angebote ausblieben, um so mehr drängte es ihn zu einer neuen Europareise. Im Herbst 1978 war der Entschluss gefasst,

Im New Yorker Apartment Ende der 1970er Jahre, links mit der von Krankheit gezeichneten Rosita.

und so meldete er sich wieder bei Signora Vittoria Nutini, der recht betagten Besitzerin der Pensione Quisisana, und kündigte ihr seine Ankunft in Florenz im kommenden Frühling an.[91]

Vor der geplanten Italienreise hatten sich die Weissmanns – wie schon 1976 und 1977 – wieder einmal mehrere Wochen lang in Argentinien aufgehalten. Während dieser Reise klagte er immer häufiger über Prostata-Beschwerden, die ihm schon längere Zeit zu schaffen machten. Weil er nicht krankenversichert war, hatte er bislang versucht, diese Beschwerden zu ignorieren, die, als sie wieder zurück in Ridgefield waren, aber immer heftiger wurden. Schließlich musste nicht nur die Reise nach Italien abgesagt werden, auch seine Einweisung in ein Krankenhaus war unumgänglich, nachdem er einen Ohnmachtsanfall hatte. Auf eine schmerzhafte Operation folgten wenig später ein leichter Gehirnschlag und anschließend eine längere Phase heftiger Gichtanfälle. Letztlich hatte er aber Glück, denn sein Herz war in Ordnung und der anfängliche Verdacht auf Krebs bewahrheitete sich nicht.

Während er sich mit einer Folge von Krankheiten abquälte, nahm er kaum zur Kenntnis, dass sich der Zustand seiner Frau zusehends verschlechterte. Auch sie scheint die Signale ihres Körpers, in dessen Unterleib sich Metastasen bereits ausgebreitet hatten, ignoriert, auf jeden Fall aber vor ihm verheimlicht zu haben. Die Ahnung einer Katastrophe verspürten aber wohl beide, und je stärker diese Ahnung wurde, desto mehr versuchten beide, sie zu verdrängen. Als Weissmann dann auch noch erfuhr, dass sein alter Freund Lebs am 21. Februar in Heidelberg an den Folgen eines Herzinfarkts verstorben war,[92] wurde das Unglück für ihn zu viel – er wollte, nein, er musste weg von hier, am besten alleine und ganz weit weg. Umgehend buchte er für sich einen Flug nach Argentinien, besorgte sich am 28. Februar ein Visum beim argentinischen Konsulat, packte die Koffer und landete am 9. März 1980 in Buenos Aires.

Die Verwandtschaft dort war über seine erst kurz vorher angekündigte Ankunft wenig erfreut, zumal er auch unbedingt Urlaub auf der Ranch „La Eva"
machen wollte, wo man gerade mit einer etwas angespannten Personalsituation
fertig werden musste. Weil ihnen eine Haushälterin und der Verwalter fehlte,
quartierten Irene und ihr Mann Eduardo den Schwager Weissmann nicht auf
der Ranch, sondern in einem benachbarten Hotel ein, was dessen Laune nicht
eben verbesserte. So gingen die Tage in der Pampa in ziemlich gedrückter Stimmung hin, die noch gedrückter wurde, als dreieinhalb Wochen später ein Telegramm eintraf: Rosita war am 2. April 1980, abends kurz vor sieben Uhr, im
Krankenhaus von Norwalk, Connecticut, im Alter von 66 Jahren an einer
Krebserkrankung gestorben!

De Profundis

Schockiert von der Todesnachricht, deprimierte Weissmann nicht minder die
Scham darüber, dass er seiner Frau in ihren schwersten Stunden aus Egoismus
fern geblieben war. Gewiss, er hatte sie oft mit anderen Frauen betrogen und
sie hatten sich beide ziemlich auseinandergelebt. Aber sie war doch immer die
„einzige Frau [geblieben], die ich jemals geliebt habe".[93] Von Rosita wollte er
sich nie trennen, sie war seine Lebensgefährtin. Sie hatte ihm den Halt gegeben,
den der 87-Jährige jetzt, da sie tot war, zu verlieren drohte. Ohne sie war er
ganz alleine – eine Erkenntnis, die ihm immer bitterer schmecken sollte, je
mehr ihm klar wurde, dass er auf die Unterstützung von Rositas Schwester Irene und deren Mann Eduardo nicht bauen konnte. Außerstande, an Rositas Beerdigung auf dem Ridgebury-Friedhof in Ridgefield am 7. April 1980 teilzunehmen, war er noch zehn weitere Tage wie gelähmt, erst dann konnte er den
Rückflug nach New York antreten.

Noch in Argentinien hatte sich der Verzweifelte nicht anders zu helfen gewusst, als seine Freundin Sylvia in Amsterdam brieflich um Hilfe anzurufen. Sie
hatten zuletzt vor vier Jahren miteinander korrespondiert, als sie ihm von ihrer
Verbindung mit dem Maler Carel Willink erzählte. Obwohl mittlerweile mit
Willink verheiratet, zögerte sie keine Sekunde, um ihre erste, vom Schicksal so
gebeutelte große Liebe wieder in die Arme zu nehmen – wenn auch zunächst
nur auf postalischem Wege.

Der wieder hergestellte Kontakt zu Sylvia wirkte auf Weissmann wie ein
Stärkungsmittel. Zwar immer noch fassungslos über den den Tod seiner Frau,
oft einsam, hemmungslos weinend und Selbstmordgedanken hegend, fand er
doch in dem bald schnelleren Briefwechsel mit Sylvia viel Trost und neuen Le-
bensmut. Während seine psychischen Schmerzen gelindert wurden, verschlechterte sich aber seine physische Verfassung. Am 17. Mai klagte er über starke
Gichtschmerzen im linken Fuß.[94] Kaum einen Monat später und nur wenige
Tage, nachdem er ihr per Brief seine schweren Krankheiten vom Vorjahr gestanden hatte, stürzte er am 9. Juni im Garten und lag dort zwei Stunden lang,

bevor jemand seine Hilferufe hörte. Tags darauf stürzte er wieder, doch war jetzt jemand in der Nähe, der einen Rettungswagen alarmieren konnte.

Ins Krankenhaus von Norwalk, Connecticut, eingeliefert, ergaben die Untersuchungen zum Glück nichts, was den Verdacht auf einen Gehirnschlag bestätigt hätte. Seine Stürze waren die Folge schwerer Gichtanfälle gewesen, deretwegen er auch danach noch mehrere Wochen lang ans Bett gefesselt blieb. Unfähig zu schreiben, konnte er den Kontakt zu Sylvia nur dadurch aufrecht erhalten, dass er seine Briefe hilfsbereiten Krankenschwestern diktierte. Sylvia hatte inzwischen ihren Mann davon überzeugt, dass Weissmann dringend ihrer Unterstützung bedurfte. Carel Willink, den das Amsterdamer Stedelijk Museum für moderne Kunst gerade mit einer großen, vielbesuchten Einzelaustellung ehrte, hatte vor drei Jahren eine Krebstherapie überstanden und fühlte sich inzwischen wieder besser. Außerdem wusste er, wie sehr seine Frau im Grunde immer noch an Weissmann hing. Eifersucht war genauso wenig seine Sache wie eine romantische Sicht auf die Ehe: „Von hundert Ehen sind gerade einmal fünfzehn gute Ehen," sagte er in einem Interview, „aber davon ist bei zehn der Mann impotent und bei fünf abnormal. Ich bin kein Frauenliebhaber, kann aber auch nicht ohne eine Frau leben."[95] Großzügig und großherzig, war er damit einverstanden, dass Sylvia im Juli für eine Woche in die USA flog, um dem rekonvaleszenten Weissmann in Ridgefield den Wiedereintritt ins Alltagsleben zu erleichtern.

Ihr Kurzbesuch wirkte Wunder, Weissmann begann wieder zu lachen und fand es „eigentlich schön, dass Du noch immer da bist – und eigentlich dass ich noch immer da bin – das Schicksal hat mit uns sehr merkwürdig gespielt".[96] Überschwänglich dankte er ihr, aber auch ihrem Mann, für den Beistand. Er bewunderte Sylvia, weil sie so praktisch dachte, Stolperfallen im Haus aus dem Weg räumte, den Handlauf der Treppe reparierte und ihm einen Vorrat an Suppen kochte, von dem er, der in der Küche hilflos war, noch eine Weile zehren konnte. Vor allem aber stärkte ihn die Gewissheit, dass sie ihn schon bald wieder besuchen würde, zunächst am 5. Oktober, dann am 23. Dezember, und beide Male für jeweils eine Woche.

Sich aufrappelnd, kehrte er ins Leben zurück. Er traf Vorkehrungen für die Auflösung des New Yorker Apartments und wagte sich wieder unter Menschen. Einmal fuhr er mit Larry Holdridge und dessen Ehefrau in sein Lieblingsrestaurant, was weniger für Weissmann als für Holdridge ein denkwürdiges Ereignis war. Der inzwischen nicht nur einsam, sondern auch einsilbig gewordene Maestro kam nämlich auf der Hinfahrt mit seinen Wegweisungen immer etwas zu spät und sagte auf der Rückfahrt dann gar nichts mehr, weil er dank einer guten Mahlzeit und mehrerer Gläser Whisky in tiefen Schlaf gefallen war.[97] Ein anderes Mal ging er sogar in ein Konzert der Ridgefield Symphonette (später Ridgefield Symphony Orchestra) am 25. Oktober 1980, zu dem ihn die Orchesterchefin Beatrice Brown (1917-1997), eine Schülerin von Hermann Scherchen, „mit schmeichelhaften Worten" eingeladen hatte.[98] Als Nachfolge-

rin von Skitch Henderson hatte sie das Scranton Philharmonic Orchestra acht
Jahre lang geleitet, bis es 1970 aus finanziellen Gründen zur Fusion mit dem
Sinfonieorchester der Nachbarstadt Wilkes-Barre zur neugegründeten Nor-
theastern Pennsylvania Philharmonic gezwungen wurde.

Eine Anfrage bei den Berliner Philharmonikern hatte zwar auch jetzt wieder
zu nichts geführt,[99] doch dämpfte dies nur wenig die Lust des 88-Jährigen, wieder zu arbeiten und vor allem wieder auf Reisen zu gehen. Für den kommenden
Februar stand für ihn bereits eine zweimonatige Reise nach Argentinien fest.
Ebenso der anschließende Flug nach Italien und dort ein Wiedersehen mit Sylvia. Alles geschah, wie geplant. Vom 21. Februar bis zum 23. April 1981 hielt er
sich in Argentinien auf, abwechselnd in Buenos Aires und auf der Estancia „La
Eva". Letztere war zwar sechs bis sieben Stunden von Buenos Aires und eine
halbe Stunde vom nächsten Dorf entfernt, aber dennoch „wonderful – ein
schönster Park mit herrlichen Bäumen – das Haus mitten drin".[100] Die hier üb-
liche Abendessenszeit um halb zehn Uhr war ihm zu spät: „Ich kann nicht solange warten – ich esse um 8 ½ (spät genug) – aber eine wundervolle Köchin".
Das Land fand er wieder „sehr schön", doch erschien es ihm auch als „das teuerste auf Erden – eine Tasse Kaffee= $ 2!! schwarzer Kaffee (sehr gut) $ 1½!!!!
eine Zeitung=90 cts!! und so fort".[101] Mit der Schwägerin Irene und Schwager
Eduardo bestand ein harmonisches Einvernehmen, man kümmerte sich um
sein Wohlergehen und hatte in Buenos Aires für ihn extra ein Dienstmädchen
engagiert. Dort schenkten ihm auch die Medien Aufmerksamkeit, im Radio lief
sogar eine *homenaje* mit Schallplattenmusik zu seinen Ehren. Und selbst der
künstlerische Direktor des Teatro Colon nahm sich die Zeit für ein längeres
Gespräch mit ihm.[102]

Dennoch war er nur halb bei der Sache, denn inzwischen hatte er sich so bis
über beide Ohren in Sylvia verliebt, dass er die Tage bis zum Wiedersehen zählte und ganz unruhig wurde, als der rege Briefverkehr zwischen ihnen einmal ins
Stocken geriet. Am 23. April, abends um 19 Uhr, ging er an Bord einer Maschine der Aerolíneas Argentinas und landete mit dem Flug Nr. 136 dreizehn Stunden später auf dem Flughafen von Rom, wo ihn Sylvia bereits erwartete. Zusammen passierten sie den Zoll und fuhren danach in die Via Crocifero 44 zu
seinem römischen Stammhotel, der dicht am Trevi-Brunnen gelegenen Pensione Alto Adige. Am 28. April reisten sie von Rom mit dem Zug weiter nach Florenz, wo Signora Nutini in der Pensione Quisisana alles in gewohnter Weise für
ihren Aufenthalt im Zimmer Nr. 15 vorbereitet hatte.

Nach einer Woche wurde Sylvia von ihrem Mann dringend nach Amsterdam zurückgerufen, doch kaum war sie dort eingetroffen, rief sie Signora Nutini nach Florenz zurück, weil der Maestro krank geworden sei. Also machte sie
kehrt und pflegte Weissmann in der Pensione Quisisana wieder so gesund, dass
er bei der Weiterreise einen Zwischenaufenthalt in Mailand unbedingt für ein
kurzes Gespräch mit dem Direktor der Scala nutzen wollte. Dieser Herr war
sehr höflich, schien aber doch ziemlich überrascht zu sein, dass sein Gegenüber

noch unter den Lebenden weilte – jedenfalls wirkte er auf Sylvia so, „als ob er ein Gespenst" gesehen hätte.[103] Anschließend ging die Reise weiter nach München, wo Weissmann und Sylvia noch einige Tage im Hotel Stachus weilten. Nach dem peinlichen Vorfall mit dem Grenzbeamten wegen der kleinen Pass-„Korrektur" trennten sich ihre Wege auf dem Münchner Flughafen, er flog zurück nach New York, sie heim nach Amsterdam.

Mitte Juli wieder zurück in Ridgefield, litt er wieder unter Gichtschmerzen und großer Schlaflosigkeit, viele Nächte fand er gar keine Ruhe. Ungeduldig und immer sehnsüchtiger zählte er Tage und Stunden bis zu Sylvias nächstem Besuch im August. Kaum vorbei, fing alles von neuem an, zudem brannte er jetzt auch darauf, wieder dirigieren zu können. Ein Abschiedskonzert bei der AVRO schwebte ihm vor, für das er schon ganz konkrete Vorstellungen hatte: „Tristan mit einem guten Sopran und S. Saens III. mit Orgel – und Rosencavalier-Suite".[104] Sylvia, so seine Bitte, sollte deswegen schon mal in Hilversum vorstellig werden. Mit einem anderen Programmvorschlag war er selbst bereits im Juli an James Levine, den musikalischen Leiter der New Yorker Met, herangetreten: eine Neuinszenierung von Max von Schillings Oper MONA LISA. Ebenso schnell wie von der AVRO kam auch von Levine die Absage. Man habe die Planungen bereits bis 1985/86 abgeschlossen, werde aber später nach Möglichkeit gerne seinen Vorschlag aufgreifen.[105] Weissmann hatte auch Beverly Sills einen Brief geschrieben, erhielt von der Sängerin, die sich im Vorjahr von der Bühne zurückgezogen hatte und nun als General Manager die Geschicke der New York City Opera hinter den Kulissen lenkte, jedoch sehr lange keine Antwort. Erst Ende nächsten Jahres kam ein Schreiben von ihr, in dem sie ihm sowohl alles Gute, als auch ein „fröhliches Neues Jahr" 1983 wünschte und sich gleichzeitig für eine Schallplatte bedankte, die ihr Larry Holdridge zugeschickt hatte.[106]

Besagte Schallplatte war eine Doppel-LP mit dem Titel A TRIBUTE TO DR. FRIEDER WEISSMANN, die Holdridge auf Sylvias Initiative hin produziert und deren Vertrieb er auch übernommen hatte.[107] Das Album enthielt dreizehn sorgfältig restaurierte Aufnahmen, die unter Weissmanns Leitung vor 1933 entstanden waren. Die eine Platte versammelte acht Gesangsaufnahmen aus Opern und Operetten, bei denen Meta Seinemeyer, Elisabeth Rethberg, Vera Schwarz, Lotte Lehmann, Emanuel List, Lauritz Melchior, Tino Pattiera, Dmitri Smirnoff und Richard Tauber mitwirkten. Auf der anderen Platte befanden sich fünf Orchesterstücke: Korngolds Vorspiel zum dritten Akt des WUNDERS DER HELIANE, die Walzerfolge aus Strauss' DER ROSENKAVALIER, Glucks Ouvertüre zu IPHIGENIE IN AULIS, Webers JUBEL-OUVERTÜRE OP. 58 und Tschaikowskys OUVERTURE SOLENNELLE 1812 OP. 49.

Mit Sylvia Willink-Quiël 1981, links in Ridgefield (Connecticut) im Juli nach Krankenhaus-Aufenthalt, rechts in New York (vor dem Metropolitan Museum) im November am Tag des Abflugs nach den Niederlanden.

Schlussakkord

Beverly Sills' Dankschreiben erreichte Weissmann, als er schon lange nicht mehr in Amerika lebte. Bei ihren Besuchen, zuletzt im August 1981, war Sylvia immer mehr zu der Überzeugung gelangt, dass Weissmann, schon wegen gesundheitlicher Probleme, eigentlich nicht mehr im Stande war, alleine zu leben. Er war kein Pflegefall, aber er bedurfte doch einer gewissen Betreuung, die ihm in Ridgefield nicht zuteil wurde. Ein Alters- oder Pflegeheim kam nicht in Frage, auch wegen seiner bescheidenen Einkünfte. Und so war ihr Entschluss schnell gefasst: sie wollte Weissmann zu sich nach Amsterdam holen, um sich besser um ihn kümmern zu können. Sie wusste natürlich, dass sie damit nicht nur sich eine gewaltige Aufgabe zumuten, sondern auch die Großherzigkeit ihres Ehemannes reichlich strapazieren würde. Um so wichtiger war ihr deshalb Carel Willinks Einverständnis. Und Weissmann? In seiner jetzigen Situation konnte ihm nichts Besseres passieren, als dass fortan die Frau, um die mittlerweile sein ganzes Denken und Fühlen kreiste, immer in seiner unmittelbaren Nähe sein würde. Von Carel Willinks Zustimmung zutiefst beeindruckt, ging er denn auch nur zu gerne auf ihren Vorschlag ein.

Ende Oktober/Anfang November 1981 besuchte ihn Sylvia zum letzten Mal in den USA. In ihrem Beisein stellte er sich im Lincoln Center am 2. November den Fragen zweier Journalisten, deren Interview zwar unveröffentlicht blieb, aber Interessenten in den Rogers & Hammerstein Archives der New York Public Library zugänglich ist.[108] Die nächsten fünf Tage waren ausgefüllt mit der Räumung der New Yorker Wohnung, von der sich Weissmann nun endgültig trennte, und mit der Übergabe des Hauses in Ridgefield an Untermieter. Schließlich gingen Weissmann und Sylvia auf dem New Yorker John F.

In Amsterdam nach 1981, rechts im Zimmer des Hotels Smit.

Kennedy Flughafen an Bord einer Maschine, die nach einem knapp achtstündigen Flug am 8. November 1981 auf dem Flughafen Schiphol bei Amsterdam landete. Von dort fuhren sie mit dem Taxi ins Zentrum von Amsterdam bis zur Pieter Cornelisz Hooftstraat 24-26, wo sich das Hotel Smit befand, das heute Hotel Cornelis heißt. Das kleine, bei Touristen wegen seiner idealen Lage nahe der großen Museen, des Vondel-Parks und des Concertgebouws beliebte Garni-Hotel sagte auch Weissmann sofort zu. Schließlich konnte man vom Hotel aus die Wohnung der Willinks in der Ruysdaelkade 15 in nur fünf Minuten zu Fuss erreichen.

Das Zimmer, in dem er nun den Rest seines Lebens wohnen würde, war klein, doch genügte es ihm. Alles was er benötigte, war vorhanden und für alles, was er mitgebracht hatte, stand ausreichend Platz zur Verfügung. Er machte es sich bequem, schmückte die Wände mit Plakaten, auf denen sein Name prangte, und schaute, wenn er allein war, aus dem Fenster und auf das Leben in der belebten P. C. Hooftstraat oder hörte sich seine Schallplatten auf dem kleinen tragbaren Plattenspieler an, der stets Bestandteil seines Reisegepäcks war. Sylvia sah täglich nach ihm, führte ihn in der Regel mittags und abends zum Essen aus. Von den holländischen Restaurants war er begeistert, ganz besonders liebte er das traditionsreiche Fischrestaurant De Oesterbar in der Leidseplein Nr. 10. Er genoss die gemeinsamen Mahlzeiten, noch mehr aber Sylvias Fürsorge. Zu ihrem Mann Carel, dem er für seine verständnisvolle Art nicht genug zu danken wusste, entwickelte er eine herzliche Freundschaft, und schon bald bildete Sylvia mit ihren beiden *grand old men* ein in der Öffentlichkeit viel bestauntes Trio. Man besuchte gemeinsam Ausstellungen und Konzerte, verkehrte in Künstlerkreisen, ging zusammen in Cafés oder unternahm Spaziergänge. Als diese we-

Frieder Weissmann mit Sylvia und Carel Willink in Amsterdam 1982.

gen Weissmanns zunehmender Gichtbeschwerden immer kürzer wurden, besorgte Sylvia ihm einen Rollstuhl, in dem er sich jedoch nur ungern in der Öffentlichkeit fahren ließ. Eine *ménage à trois* im eigentlichen Sinn führten die drei aber nicht, auch wenn die beiden, der Körpergröße nach sehr verschiedenen Herren gelegentlich Mäntel und Hüte zum Spaß tauschten. Denn man achtete strikt auf getrenntes Wohnen: hier Weissmann im Hotel Smit, dort das Ehepaar Willink in der Ruysdaelkade 15.

Weissmanns Gesundheit gab indes wieder Anlass zur Sorge, nachdem er am 12. Dezember 1981 einen Herzinfarkt erlitten hatte. Von dem bekannten Herzspezialisten Professor Dirk Durrer (1918-1984) im Wilhelmina Gasthuis-Krankenhaus behandelt und von Sylvia liebevoll betreut, überstand er aber auch diesen Schicksalsschlag. Kaum konnte er am 31. Dezember mit Unterstützung eines Physiotherapeuten schon wieder stehen und erste Schritte mit einem Gehgestell tun, verspürte er sogleich wieder große Lust zu arbeiten. Noch am gleichen Tag musste Sylvia in seinem Namen eine Anfrage für eine Gastverpflichtung an die Oper in Frankfurt am Main richten. In seinen letzten Lebensjahren erhielt Weissmann nur Absagen, so auch jetzt wieder. Aber wo die anderen – auch so berühmte Kollegen wie Herbert von Karajan, James Levine oder Seiji Osawa – im Ton persönlich, warm und achtungsvoll antworteten, erhielt er aus Frankfurt zwölf Tage später eine kalte Dusche. Michael Gielen, der seine Karriere in den 1940er Jahren am Teatro Colon unter Erich Kleiber begonnen hatte, leitete damals die Frankfurter Oper. Er hielt es nicht für nötig, selbst zu antworten, sondern überließ dies seiner Referentin, die sich ihrer Aufgabe bürokratisch-nüchtern und mit einer fadenscheinigen Begründung entledigte.[109]

In den Niederlanden war unterdessen ein bekannter Journalist auf Weissmann aufmerksam geworden, der nach ausführlichen Gesprächen Ende Januar
1982 in der Wochenzeitung *Haagse Post* ein großes, detailreiches und sehr char-
mantes Porträt Weissmanns unter dem Titel „Der Lebensabend eines Maestros" veröffentlichte.[110] Daraufhin meldeten sich zwei Leser, der eine, Piet
Schapendonk, war ein großer Liebhaber des Wiener Bohème Orchesters, der
andere, Cor Pot, ein ebenso großer Fan von Richard Tauber. Beide waren be-
gierig, den Mann kennenzulernen, der für ihre Idole so viel geleistet hatte.
Weissmann genoss die Bewunderung der beiden sehr und gab Cor Pot, der fünf
Jahre später ein Buch über Richard Tauber veröffentlichen sollte,[111] im Juli
1983 bereitwillig ein Interview, das auf Tonband festgehalten wurde. Obwohl
technisch völlig unzulänglich, sind diese unveröffentlicht gebliebenen Aufnahmen dennoch wertvoll, weil sie die einzigen sind, bei denen Weissmann deutsch
spricht – mit einer sanften Stimme und einem leichten Frankfurter Akzent.

Weiteren Auftrieb erhielt Weissmann, als Larry Holdridge im April 1982 die
ersten Exemplare des Doppelalbums A TRIBUTE TO DR. FRIEDER WEISSMANN
schickte. Obwohl ihm das Cover-Design wegen der blauen Farbe nicht sonderlich gefiel,[112] war Weissmann doch sehr von der Produktion angetan, die er
auch sogleich diversen Kollegen zukommen ließ, stets verbunden mit dem –
leider vergeblichen – Wunsch nach einer Einladung zum Gastdirigieren. Ende
März 1982 stellte er bei den niederländischen Behörden den Antrag für eine
Aufenthaltsgenehmigung, die ihm auch gewährt wurde, allerdings jährlich erneuert werden musste.

Im September 1982 flog er mit Sylvia zum allerletzten Mal für eine Woche
in die USA, um in Ridgefield den Haushalt aufzulösen. Wegen der Eile war es
unvermeidlich, dass dabei vieles, für das spätere Biographen dankbar gewesen
wären, unter den Tisch fiel und für immer verloren ging. Natürlich musste Sylvia die Hauptlast bei dieser Haushaltsauflösung tragen, doch stand Weissmann
ihr, so gut er konnte, bei. Statt zu jammern, fügte er sich ins Unabänderliche
und ging ihr sogar einen Schritt voraus, indem er die gesamte Wohnungsein-
richtung einem älteren jüdischen Ehepaar, einer Zufallsbekanntschaft aus dem
örtlichen Supermarkt, für den Spottpreis von eintausend Dollar überließ. Nach
fünf 'Tagen war all das, was er in Amsterdam noch brauchte und woran sein
Herz ganz besonders hing, in sieben schweren Koffern verpackt. Mit einem
Taxi, dessen Fahrer Weissmann seit langem kannte, weil er „nicht unnötige
Preise" verlangte,[113] gelangten die beiden mit ihrem Gepäck in die Upper East
Side von New York, wo Weissmann und Sylvia bis zum Abflug die Annehmlichkeiten des komfortablen und in der Nähe seiner ehemaligen Wohnung gele-
genen Hotels Wales genossen.

Zurück in Amsterdam glich sein Leben dem langsamen Ausklingen einer
harmonischen Melodie, die kurz vor dem Ende noch einmal anschwoll. Am 7.
August 1983 erfuhr Carel Willink, dass er wegen seines Leberleidens nur noch
wenige Monate zu leben hatte. Zum Zeichen seiner Wertschätzung für den be-

AVRO-Empfang am 11. August 1983 in Hilversum, links Händeschütteln mit dem Direktor Siebe van der Zee, rechts mit Sylvia und ihrem schwerkranken Ehemann Carel Willink.

freundeten Musiker ließ sich der hochherzige Maler trotz dieser schrecklichen Diagnose nicht davon abhalten, vier Tage später mit Sylvia an einer Veranstaltung teilzunehmen, die der Rundfunksender AVRO in Hilversum zu Weissmanns Ehren und fünfzig Jahre nach dessen holländischem Debüt veranstaltete. Das Ereignis – ein Empfang mit anschließendem Lunch – war nicht öffentlich, sondern nur für aktive und ehemalige Angehörige des Senders. Unter den Anwesenden waren der Senderchef Siebe van der Zee (1920-1985), Zus Vogt, die Tochter des AVRO-Gründers Willem Vogt (1888-1973), der Freund Jaap den Daas, sowie der bekannte Radiosprecher und -moderator August „Guus" Weitzel (1904-1989). Wie schon bei seiner Ehrung in New York im Jahre 1975, war Weissmann auch hier zu keiner Rede zu bewegen, er genoss jedoch sichtlich die Reden, mit denen andere ihn würdigten, und die große Aufmerksamkeit, die ihm von allen, die gekommen waren, zuteil wurde.

Carel Willink starb drei Monate später am 19. Oktober 1983. Weissmann war jetzt, da Sylvia Hilfe brauchte, ihre Stütze. Allerdings waren sich beide der zunehmendem Schwäche des 90-Jährigen nur zu bewusst, auch wenn er immer wieder scherzhaft von sich behauptete, „unzerstörbar" zu sein. Er hatte keine Angst vor dem Tod, hatte nie mit seinem Schicksal gehadert. Statt dessen hatte er die Dinge stets so genommen, wie sie kamen. Er traf auch jetzt keine Vorbereitungen für sein Ableben. Als Dirigent wäre ihm so etwas nie eingefallen. Denn vor Konzerten pflegte er, sich stets aufs Neue in die gespielten Werke einzuarbeiten. „Ich höre nie auf zu studieren, weil ich immer wieder Neues entdecke, das ich zuvor nicht gesehen habe," sagte er 1968 im Interview. „Einen Dirigenten, der sagt, dieses Stück kenne ich auswendig, den können Sie vergessen, er taugt nichts. Ich höre nicht auf zu suchen, ich suche immer weiter und komme doch nie ans Ende. Mein Leben ist daher nie langweilig." Sein Fazit zum Thema Tod war simpel: „Ich höre auf, wenn ich tot bin".[114]

Der Tod kam dennoch überraschend. Am 3. Januar 1984, einem ungemütlichen Wintertag mit Schneeregen, hatte er mit Sylvia noch gut gelaunt in einem Restaurant zu Abend gegessen. Danach tranken beide noch in einer Bar einen

„Absacker". Vor dem Hotel angekommen, merkte Sylvia, dass etwas mit ihm nicht stimmte, und so wartete sie noch solange, bis er aufs Zimmer gegangen war. Er kam nur bis zur Rezeption und brach dort zusammen. Ein Notarzt diagnostizierte einen Herzinfarkt. Mit Mühe organisierte Sylvia einen Krankenwagen, mit dem sie den todkranken Geliebten in das vier Kilometer entfernte katholische Krankenhaus Het Onze Lieve Vrouwe Gasthuis bringen konnte. Von starken Schmerz- und Beruhigungsmitteln betäubt, verließen ihn dort allmählich die Kräfte. Am frühen Morgen des 4. Januar 1984 verstarb Frieder Weissmann, drei Wochen vor seinem 91ten Geburtstag, friedlich in Sylvias Armen.

Vom Gesicht des Verstorbenen nahm Sylvia eine Totenmaske ab. Den Leichnam kleidete sie so, wie Weissmann als Dirigent aufgetreten war: mit Frack, Frackhemd, Schärpe und Lackschuhen. Als weitere Beigabe legte sie den Stock hinzu, den seine Mutter vor ihrem Tod in Auschwitz einer Mitgefangenen, die den Holocaust überlebte, einst mitgegeben hatte. Die Beerdigung erfolgte zwei Tage später im kleinen Kreis auf dem Friedhof Zorgvlied an der Stelle, wo Carel Willink drei Monate vorher die letzte Ruhestätte gefunden hatte. Auf dem Grabstein sind nicht nur die Namen beider Männer verewigt, sondern auch Sylvias Name. Sie wollte so noch bei Lebzeiten dokumentieren, was beide Männer miteinander verband, zugleich aber auch bestimmen, dass sie später nur dort begraben sein möchte, wo ihre beiden Männer liegen.

Die holländische Presse nahm regen Anteil am Begräbnis. „Sylvia begräbt ihren Freund", lautete der Aufmacher der Tageszeitung *De Telegraaf* vom 7. Januar 1984. Fotos zeigten die „angeschlagene Sylvia Quiel" auf dem Weg zum Friedhof, am Grab und in besseren Tagen mit ihren beiden Männern. Der Artikel beschrieb ausführlich die „glänzende Karriere" des zu Grabe getragenen Dirigenten und schloss mit dem Seufzer „der tief betrübten Witwe von Carel Willink [...]: ‚Alles ist vorbei. Jetzt habe ich niemand mehr, um den ich mich kümmern kann.‘" Außerhalb Hollands nahm die Presse hingegen kaum Notiz vom Tod Frieder Weissmanns. In den USA brachte nur die Lokalzeitung *Ridgefield Press* Anfang Februar einen ausführlichen Nachruf,[115] das deutsch-jüdische Monatsmagazin *Aufbau* folgte einen Monat später mit einer achtzeiligen Notiz.[116] Mit einjähriger Verspätung und einem Nachruf von wenigen Zeilen erinnerte in Deutschland allein das Musikmagazin *Orpheus* an den Toten. Erst dessen hundertster Geburtstag gab dann Anlass für eine ausführliche Radiosendung im Abendprogramm des Westdeutschen Rundfunks, bei welcher der Autor, der Musikjournalist Ekkehard Kroher, leider manchen biographischen Fehlinformationen aufsaß.[117] Dessen ungeachtet war sein 90-minütiges Porträt sehr verdienstvoll, denn es blieb noch lange in Deutschland der einzige Versuch einer Würdigung des Künstlers Frieder Weissmann, dessen Lebenswerk – so Kroher – „ein besseres, würdigeres Fortleben verdiente als bisher", weil er ein bewundernswerter „Vollblutmusiker [war], dessen Vielseitigkeit, dessen Integrität, dessen Sensibilität und Spontaneität noch heute aus jeder Schallplattenaufnahme klingt – sie mag so alt sein, wie sie will."

Anhang

Anmerkungen

Abkürzungen:
AdK Berlin=Akademie der Künste Berlin; BSB=Bayerische Staatsbibliothek München; FW=
Frieder Weissmann; GStA PK=Geheimes Staatsarchiv Preußischer Kulturbesitz Berlin; HH-
StAW=Hessisches Hauptstaatsarchiv Wiesbaden; HistA SWR= Historisches Archiv des Süd-
westdeutschen Rundfunks; ISGF=Institut für Stadtgeschichte Frankfurt am Main; NL=Nachlass;
NMI= Nederlands Muziek Instituut; RW=Rosita Weissmann geb. Chevallier Boutell;
StadtA=Stadtarchiv; SWQ=Sylvia Willink-Quiël, Amsterdam; UA=Universitätsarchiv; WB=Wal-
ter Braunfels.

Seite 5 Zitat entnommen Frieder Weissmann, „Conducting is a Funny Business", in: Quelle, Ort
und Datum unbekannt. NL FW (SWQ). Im Original englisch.

Kapitel 1: Semy 1893-1916

1 Linett Burton, Conductor Frieder Weissmann Finds ‚Life Is Never Boring', in: *The Wilton
Bulletin*, 31. Juli 1968.
2 (Müller von Asow 1929a), S.
3 StadtA Langen, Standesamtsbezirk Langen Geburtsregister 13/1893 vom 25.Januar 1893.
4 Estera Gitel Weissmann heiratete David Slana in Klodawa um 1882 und hatte mit ihm einen
Sohn Smuel Stempa; vgl. Jewish Records Indexing Poland, *Klodawa Births, Marriages, Deaths
1878-84 „Ester Gite Wajsman"*, http://www.jewishgen.org/databases/jripl/jridetail_2.php,
aufgerufen am 21.Oktober 2015. Jozek David heiratete Szajna Malka Toronczyk und wurde
1897 in der zwanzig Kilometer entfernten Stadt Kolo Vater eines Sohnes Smuel Izek Weiss-
mann-Wojtowicz, der mit Frau und Sohn Opfer des Holocausts wurde; vgl. Yad Vashem,
Zentrale Datenbank der Namen der Holocaustopfer „Izek Smul Wojtowicz Wejsman", http://ww-
w.yadvashem.org/yv/de/index.aspm, aufgerufen am 21. Oktober 2015. Moziek Aron Wojtowicz heiratete in Klodawa 1899 Ginda Studentkowska, Nachkommen sind nicht bekannt; vgl.
StA Posen in Konin (Bestand 54/838/0 Akta stanu cywilnego Okręgu Bóżniczego
Kłodawa). Die letztgenannte, über das Internet zugängliche Quelle (http://www.szukajwar-
chiwach.pl/) ermöglicht den Zugriff auf die Geburts-, Ehe- und Totenbücher der jüdischen
Gemeinde Klodawa. Ihr entstammen alle übrigen biographischen Angaben zur Familie
Weissmann in Klodawa.
5 (Rothuizen 1982)
6 Seite „Erfelden (Stadt Riedstadt, Kreis Groß-Gerau) Jüdische Geschichte/Synagoge" (http:
//www.alemannia-judaica.de/erfelden_synagoge.htm), aufgerufen am 24. November 2015.
7 Gemeindearchiv Erfelden Riedstadt 4 (Handbücher für die isr. Gemeinde Erfelden für 1885-
88 und 1888-91).
8 (o A 1889), S. 825.
9 (Arnsberg 1971), S. 468.
10 Sie ging im November 1938 in der „Reichspogromnacht" in Flammen auf.
11 LWL-Medienzentrum für Westfalen Landschaftsverband Westfalen-Lippe (LWL), Jüdisches
Leben in Europa jenseits der Metropolen: Die Ämter in der Synagoge (http://www.joods-le-
ven.net/geschichten/folgeseite.php?id_geschichten=212).
12 Seite „Monsheim mit Kriegsheim (Kreis Alzey-Worms) Jüdische Geschichte/Synagoge",
http://www.alemannia-judaica.de/monsheim_synagoge.htm, aufgerufen am 24. November
2015.

13 („Landwirtschaftliche Blätter. Amtsblatt der Kreisbauernkammer Pfalz: Kundgabe des Landwirtschaftlichen Vereins der Pfalz sowie des Kreisverbandes Ehemaliger Pfälzischer Landwirtschaftsschüler und des Verbandes Pfälzischer Landwirtschaftlicher Genossenschaften zu Landau." 1864), S. 239.

14 Regina Loeb blieb unverheiratet und wurde 1942 in Auschwitz-Birkenau ermordet.

15 Rosalie Löb war verheiratet mit Heinrich Hirsch (1854-1919) aus Hillesheim. Es war Heinrich Hirschs dritte Ehe. Daraus gingen fünf Nachkommen hervor: Martha Hirsch (1892-1975), Joseph Hirsch (1893-1964), Ella Hirsch (1895-1979), Frieda Hirsch (1897-1985), Richard Hirsch (1898-?).

16 Ferdinand Loeb war um 1924/32 Gemeindevorsteher zusammen mit Adolf Scheuer und Otto Goldschmidt; vgl. Seite „Monsheim mit Kriegsheim (Kreis Alzey-Worms) Jüdische Geschichte/Synagoge", http://www.alemannia-judaica.de/monsheim_synagoge.htm, aufgerufen am 24. November 2015.

17 Cornelius Mann war der Ehemann von Augustes Tante Martha Loeb (* 1818). Zu den Wormser Nachkommen von Cornelius Mann, vgl. (Schlösser 2015).

18 Gemeindearchiv Monsheim, Eheregister 4/1892.

19 Lt. (Autorenkollektiv 1885), Bd. 2, S. 576 und Bd. 6, S. 499 betrug der Anteil der Einwohner mit jüdischer Konfession an der Gesamtbevölkerung im Jahre 1880 5 Prozent in Berlin und 10, 1 Prozent in Frankfurt.

20 StadtA Langen, Standesamtsbezirk Langen Geburtsregister 97/1894 und Sterberegister 55/1894, beide vom 29. Juli 1894.

21 (Arnsberg 1979), S. 74.

22 Telef. Mitteilung Edgar Sarton-Saretzki, Ottawa,vom 5. Oktober 2012.

23 *Frankfurter Israelitisches Familienblatt* vom 3. Oktober 1919, S. 4.

24 Ebd..

25 Mitteilung SWQ vom 9. Januar 2014.

26 (Fischer 1995), S. 511-522, hier: S. 513.

27 (Reed 1946a), S. 101.

28 (Arnsberg 1979), S. 13 ff..

29 Ebd., S. 14 f..

30 Ebd. S. 18.

31 (Arnsberg 1979), S. 14.

32 Ebd..

33 Vgl. (Rothuizen 1982), S. 45.

34 (Philanthropin Frankfurt, Main 1888)

35 Ebd., Band 1912, S. 55.

36 Mündliche Mitteilung SWQ vom 3. März 2015.

37 So FW in einem Vortrag in den USA 1938, vgl. *The Putnam County Courier*, Carmel, N. Y., vom 14. Juli 1938, S. 5. Im Original englisch.

38 So Edgar Sarton-Saretzky, Ottawa, in Gesprächen 5. Oktober 2012 und am 25. Mai 2014.

39 Vgl. (Comite des Delegations Juives. 1983), S. 74 ff.

40 („Programm des Goethe-Gymnasiums in Frankfurt a.M. Frankfurt, M., 1897 - 1915" 2015), Bd. 1911, S. 27.

41 (Spier 1968).

42 Ebd., S. 110.

43 Ebd., S. 82

44 Ebd., S. 84.

45 Ebd., S. 83.

46 *De Telegraaf* vom 25. Juni 1933, S. 13.

47 (Rothuizen 1982), S. 45. Im Original holländisch.

48 („Programm des Goethe-Gymnasiums in Frankfurt a.M. Frankfurt, M., 1897 - 1915" 2015),
    Bd. 1910, S. 23.

49 Ebd., Bd. 1911. S. 27.

50 (Spier 1968), S. 92.

51 UA Heidelberg, Studentenakte Semi Weissmann. In Frankfurt hatte er sich am 07.05.1911
    nach Heidelberg abgemeldet.

52 (Müller von Asow 1929), Sp. 1548; (Lotz und Weggen 2006), Band 1, S. 20.

53 NL FW (SWQ).

54 (Magruder 1930), S. 255.

55 Vgl. http://www.museumskonzerte.de/service/programmarchiv.html.

56 („UB Heidelberg: Vorlesungsverzeichnisse der Universität Heidelberg 1784-1941 – digital"
    2015), SS 1911, S. 27.

57 Vgl. (Magruder 1930), S. 255.

58 Vgl. („UB Heidelberg: Die Matrikel der Universität Heidelberg 1386 - 1920 – digital" 2015),
    Winter-Semester 1906/1907 bis Sommer-Semester 1916, Heidelberg 1906-1916, S. 277-320.

59 (T. Mann 1967a), S.149.

60 Behördlich gemeldet am 2. November 1911 Barerstraße 49 III b. Dippert; vgl. StadtA Mü
    Meldebogen für Friedrich Weissmann.

61 Ebd..

62 Vgl. (Kroll 1966), S. 166.

63 (Jung-Kaiser 1980), vol. Bd. 58, S. 91.

64 Ebd., S. 92.

65 Siehe Anmerkung 24.

66 BSB München NL WB Ana 579.

67 Ebd., Brief FW vom 4. März 1913

68 Ebd., Brief FW vom Oktober 1914.

69 Ebd., Brief FW vom 27. August 1912.

70 Ebd., Brief FW vom 4. März 1913.

71 Ebd.. DER ROSENKAVALIER gelangte schon wenige Wochen nach der Dresdner Uraufführung
    am 26. Januar 1911 auf den Spielplan des Frankfurter Opernhauses.

72 BSB München NL WB Ana 579 Brief FW vom 27. August 1912.

73 Ebd., Brief FW vom 4. März 1913.

74 Ebd..

75 Vgl. *Neue Zeitschrift für Musik* 85 (1918), S.237.

76 In der Sekundärliteratur, z. B. (Müller von Asow 1929), Sp. 1548, wird FW mitunter ein
    Musikstudium bei Willy Rehberg an der Mannheimer Hochschule für Musik zugeschrieben.
    Rehberg unterrichtete dort tatsächlich ab Sommersemester 1912 eine Klavierklasse, doch gibt
    es keine Bestätigung dafür, dass FW sich je in Mannheim aufgehalten hätte. In den beiden
    noch vorhandenen Meldekarten FWs (Frankfurt am Main und München) fehlen entspre-
    chende Angaben. Lt. Mitteilung StadtA Mannheim, Dr. Susanne Schlösser, vom 16. April
    2012 findet sich FWs Name auch nicht in den Mannheimer Melderegistern und in den Stu-
    dentenverzeichnissen der Mannheimer Hochschule für Musik.. Unrichtig sind ebenfalls die
    1982 im Begleittext der Doppel-LP A TRIBUTE TO DR. FRIEDER WEISSMANN (Ritornello R-
    1001-2) genannten weiteren Studienorte Grenoble und Genf. Diese Falschinformation, die
    erstmals bei (Magruder 1930), S.255 auftaucht, beruht möglicherweise auf einer Verwechs-
    lung, denn Willy Rehberg war von 1890 bis 1907 Erster Klavierlehrer am Genfer Konserva-
    torium und Leiter der Genfer Orchester-Abonnementskonzerte.

77 Siehe Anmerkungen 57 und 65.

78 BSB München NL WB Ana 579 Brief FW vom 17. April 1914.

79 UA München Sign. O-II-7p (Promotionsakte FW, Stellungnahme Prof. Sandberger vom 31. Dezember 1919 zum Promotionsgesuch vom 9. Dezember 1919).

80 StadtA Mü Meldebogen für Friedrich Weissmann.

81 (T. Mann 1967b), S. 300.

82 (Spier 1968), S. 112

83 BSB München NL WB Ana 579 Brief FW, datiert Freitag [3. Oktober 1914].

84 Ebd..

85 Ebd..

86 Vgl. (Gosewinkel 2001), S. 265.

87 BSB München NL WB Ana 579 Brief FW, datiert Freitag [3. Oktober 1914].

88 Vgl. ebd..

89 A. Rienhardt, Ausländer an deutschen Universitäten im Sommer 1914, in: *Frankfurter Zeitung* vom 1. September 1914, S. 2.

90 BSB München NL WB Ana 579 Brief FW, datiert Freitag [3. Oktober 1914]. Ebd..

91 Ebd..

92 Ebd..

93 Ebd..

94 Ebd..

95 (Weissmann 1983). FW lässt offen, ob er die Großmutter väterlicherseits oder mütterlicherseits meinte. Väterlicherseits hieß die Großmutter Bertha Weissmann geb. Neufeld. Sie war bei der Hochzeit ihres Sohnes Isidor 1892 noch am Leben. Wann und wo sie starb, ist nicht bekannt. Mütterlicherseits hieß die Großmutter Johanna Loeb geb. Reinach. Sie starb 1923 in Monsheim im Alter von 89 Jahren.

96 (Deutsches Bühnenjahrbuch 1915) Bd. 1915, S. 408.

97 BSB München NL WB Ana 579 Brief FW, datiert Freitag [3. Oktober 1914].

98 (Schütte 2003), S. 26.– Ein Schwager Rottenbergs war Alfred Hugenberg (1865-1951), der antisemitische „Pressezar" und publizistische Wegbereiter Adolf Hitlers, der 1900 Franz Adickes Tochter zweite Gertrud (1878-1960) geheiratet hatte.

99 Ebd., S. 27.

100 In die Zeit von FWs Frankfurter Engagement fällt die Uraufführung (im November 1915) der einzigen Oper Ludwig Rottenbergs, des Einakters DIE GESCHWISTER nach Goethes gleichnamigem Schauspiel. „Das Publikum nahm das Werk des beliebten Dirigenten mit Achtung und Beifall auf," registrierte danach die *Neue Zeitschrift für Musik* 82 (1915), S. 385.

101 (Deutsches Bühnenjahrbuch 1915) Bd. 1915, S. 410.

102 Lt. telef. Mitteilung SWQ vom 12. September 2013. – Das führende Frankfurter Kaffeehaus war damals das Café Bauer am Schillerplatz (heute Hauptwache), Ecke Schillerstraße. Am prächtig gestalteten Interieur hatte der Maler Hans Thoma mitgewirkt und den Gästen standen zusätzlich ein mit Zeitschriften in zwölf Sprachen ausgelegter Lesesaal sowie Räume für Billard- und Kartenspiele zur Verfügung. Weitere bekannte Kaffeehäuser in der Innenstadt waren das Café Milani, am Anfang der Zeil gegenüber der Katharinenkirche gelegen, ferner Café Bristol, Café Hauptwache und das am Opernplatz gelegene Café Kaisergarten.

103 (Weissmann 1983).

104 Vgl. (Philanthropin Frankfurt, Main 1888), Bd. 1912, S. 55.

105 Vgl. ISGF Meldekarte für Weissmann, Cantor der isrl. Gemeinde.

106 Vgl. ebd.: „Wiesbaden 24.10.14 Pr. I 20 A 4097 VIII 5229 vom 30.10.14".

107 Vgl. BSB München NL WB Ana 579 Brief FW November 1926.

108 (Mohr 1980), S. 174.

109 Emmy Bettendorf sang 1909 als Vierzehnjährige erstmals an der Frankfurter Oper vor. Danach studierte sie acht Semester Gesang am Hoch'schen Konservatorium in Frankfurt a. M. bei Francis Thorold (Bariton) und der Koloratursopranistin Hedwig Schacko (1868-1932).

110 Er logierte wieder im Haus Kaiserplatz 5 bei Lauterer; vgl. StadtA Mü Meldebogen für Friedrich Weissmann.

Kapitel 2: Debüt 1916-1920

1 ISGF Meldekarte für Weissmann, Cantor der isrl. Gemeinde.

2 (Deutsches Bühnenjahrbuch ,) Bd. 28 (1917), S. ???

3 Vgl. (*Adressbuch für Stettin und Umgebung: unter Benutzung amtlicher Quellen. 1917* 1917), S. I, 242.

4 Seite „Judenzählung". In: Wikipedia, Die freie Enzyklopädie. Bearbeitungsstand: 27. Dezember 2014, 16:36 UTC. URL: http://de.wikipedia.org/w/index.php?title=Judenz%C3%A4hlung&oldid=137153933 (Abgerufen: 29. Januar 2015, 17:10 UTC) : „Im Militär wurden Judenwitze erzählt und Reime geprägt: Überall grinst ihr Gesicht, nur im Schützengraben nicht! Die von Offizieren und radikalen Nationalisten geschürten Gerüchte sagten jüdischen Soldaten einen Mangel an Tüchtigkeit und Mut nach; oft wurden sie als körperlich unterlegen und für das Soldatendasein ungeeignet beschrieben. Zugleich behaupteten zahlreiche anonyme Beschwerden an das Kriegsministerium, dass sie sich in großer Zahl dem Fronteinsatz entzögen. Sie würden Geld und Beziehungen nutzen, um in Schreibstuben, Etappenkommandos und Büroposten bequem durch den Krieg zu kommen. Sie würden wichtige Posten in den Kriegsproviantgesellschaften erhalten, damit einen beherrschenden Einfluss auf die Kriegswirtschaft ausüben und sich an der Not der Bevölkerung bereichern."

5 Schriftliche Notiz Edgar Sarton-Saretzkis am Rande eines im Juni 1948 mit FW und ihm im Sendestudio von CBC Montreal aufgenommenen Fotos, dem Verf. im April 2014 übermittelt von Herrn Sarton-Saretzki, Ottawa,.

6 (Kende und Scanzoni 1988), S. 80.

7 Der Österreicher Jalowetz zählte neben Alban Berg, Anton von Webern, Alexander Zemlinsky, Franz Schreker, Karl Kraus und Adolf Loos zum engsten Kreis der Schüler Arnold Schönbergs. In Prag leitete Jalowetz zahlreiche Uraufführungen der Neuen Wiener Schule (u. a. Schönbergs GURRELIEDER). Es folgten Verpflichtungen nach Wien und Köln (als Nachfolger von Otto Klemperer). Nach seiner Emigration in die USA 1938 unterrrichtete Jalowetz, der Musikwissenschaft bei Guido Adler studiert hatte, am Black Mountain College in North Carolina. – Von Aachen ging Kurt Harder in den 1920er Jahren nach Potsdam als erster Kapellmeister am (ehemals Königlichen) Schauspielhaus, wegen seiner Lage am Stadtkanal im Volksmund auch „Kanaloper" genannt.

8 (Schwarz 1993), S. 93.

9 Klausner starb 1919 durch Selbstmord; vgl. (*Die Stimme: Centralblatt für Stimm- und Tonbildung, Gesangunterricht und Stimmhygiene* 1918), S. 95. Er wurde ersetzt durch Eugen Orthmann, der zuvor in Barmen engagiert war. Später GMD in Aachen, Mannheim und Düsseldorf war Orthmann während des „Dritten Reiches" ein strammer Gefolgsmann der Nationalsozialisten und von 1935-1945 Intendant der Großen Berliner Volksoper. Orthmann starb im Mai 1945 durch Selbstmord.

10 DIE SCHNEIDER VON SCHÖNAU, Komische Oper in drei Akten von Jan Brandts Buys nach einem Libretto von Bruno Warden und Ignaz Michael Welleminsky. Uraufführung: Dresden (Hofoper), 1. April 1916; DIE TOTEN AUGEN, Oper von Eugen d'Albert nach einem Libretto von Hanns Heinz Ewers und Marc Henry. Uraufführung: Dresden (Hofoper), 5. März 1916.

11 DAS DREIMÄDERLHAUS, Singspiel in drei Akten von Heinrich Berté nach einem Libretto von Alfred Maria Willner und Heinz Reichert, basierend auf dem Roman SCHWAMMERL von Rudolf Hans Bartsch. Uraufführung: Wien (Raimund Theater), 15. Januar 1916. - DIE CZARDASFÜRSTIN, Operette von Emmerich Kálmán nach einem Libretto von Leo Stein und

Bela Jenbach. Uraufführung: Wien (Johann-Strauß-Theater), 17. November 1915. - DER SOLDAT DER MARIE, Operette in drei Akten von Leo Ascher nach einem Libretto von Bernhard Buchbinder, Jean Kren und Alfred Schönfeld. Uraufführung: Berlin (Neues Operettenhaus), 2. September 1916.

12 Vgl. (Raupp 1930), S. 278.

13 (Beaujean und Retinski 1995), S. 26.

14 Seine schon im Juli 1914 angekündigte Oper DER STUDENT VON PRAG blieb offenbar unveröffentlicht und wurde nie aufgeführt; vgl. *Die Musik* 13 (1913/14), Heft 20 (2. Juli-Heft), Beilagen-Seite i.

15 Richard Richter (1894-1972) war später Chefdirigent in Kiel (1919-26), GMD in Hagen (1926-30) und in Hamburg (1933-1945). Er wurde 1945 pensioniert.

16 ISGF Meldekarte für Weissmann, Cantor der isrl. Gemeinde: „18.9.16 Mainz". – Zur Geschichte des Regiments vgl. (Balzer 2015).

17 ISGF Meldekarte für Weissmann, Cantor der isrl. Gemeinde.

18 Ebd., lt. Vermerk auf der Meldekarte „Bescheid erstreckt sich nicht auf Familienangehörige." Der Vater und der ältere Bruder hatten 1910 bzw. 1914 vergeblich um die preußische Staatsbürgerschaft nachgesucht. Beide galten weiterhin als russische Staatsbürger.

19 Vgl. ebd..

20 (Weissmann 1983).

21 UA München Sign. O-II-7p (Promotionsakte FW).

22 (Deutsches Bühnenjahrbuch 1915) Bd. 29 (1918), S. 275.

23 L.Bd., „Ekstase macht noch keine Musik", in: *Der Abend* (Berlin) vom 14. Juni 1955.

24 Leiter des Orchesters von 1915-23 war der erfolgreiche Filmkomponist Giuseppe Becce (1877-1973).

25 Lt. Mitteilung LA Berlin vom 25.05.2012 konnten FWs Berliner Meldeunterlagen in der nur sehr lückenhaft überlieferten Einwohnermeldekartei nicht ermittelt werden. In den Berliner Adressbüchern, die nur Wohnungsinhaber nennen, taucht seine Adresse erst ab 1930 auf, d. h. zuvor wohnte er in Hotels oder war Gast bzw. Untermieter. In (Deutsches Bühnenjahrbuch 1915) Bd. 29 (1918), S. 824; 30 (1919), S. 809; 31 (1920), S. 912 wird er mit der Adresse Derfflingerstraße 5 in Berlin genannt.

26 (Blubacher 2015), S. 42.

27 Eigentlicher Besitzer des Hauses Derfflingerstraße 5 war Dr. Rosenstocks Firma Deutsches Immobilien-Syndikat. Diese Immobilienfirma besaß in Pankow außerdem in der Mühlenstraße, einer von jüdischem Leben geprägten Straße mit Lehrlingsheim und Mädchenhaus, ein Wohnhaus sowie in der Pankower Breiten Straße das stattliche Park-Sanatorium mit separater Villa und Badehaus. – Dr. Rosenstock war der Sohn eines jüdischen Schulrektors und Bruder des Berliner Bankiers, Börsenvorstands und ehrenamtlichen Handelsrichters Theodor Rosenstock (1853-1929) sowie der Onkel von dessen Kindern, des bedeutenden Historikers und Kulturphilosophen Eugen Rosenstock-Huessy (1888-1973) und der mit dem einflussreichen Strafrechtler Hermann Kantorowicz (1877-1940) verheirateten Dorothea Rosenstock (1884-1920).

28 Neben dem Deutschen Immobilien-Syndikat besaß Dr. Rosenstock eine im östlichen Umland von Berlin bei Neufinkenstein gelegene Kalksandsteinziegelfabrik sowie die Vaterländische Proviantgesellschaft mbH. Für letztere war die Derfflingerstraße 5 ein idealer Firmensitz, befand sich doch ein paar Häuser weiter auf der anderen Straßenseite im Haus Nr. 19 c die Wohnung des Generalleutnants Wilhelm Groener (1867-1939), der 1916 die Leitung der im selben Jahr gegründeten zentralen kriegswirtschaftlichen Behörde, des Kriegsernährungsamtes, übernommen hatte und damit auch für die Ernährung der in der Kriegsindustrie beschäftigten Arbeiter zuständig war.

29 Ludwig Barnay und Marie Kreuzer hatten noch zwei früh verstorbene Kinder, die 1871 geborene Tochter Etelka Friederika und Charlottes Zwillingsschwester Friederike. Der in man-

chen Quellen (z. B. Munzinger-Archiv) als Sohn von Ludwig Barnay genannte Schauspieler und Theaterdirektor Paul Barnay hieß eigentlich Paul Horovitz. Er war Ludwig Barnays Neffe, Sohn von dessen Schwester Ilka (1853-1932) und ihrem Ehemann, dem Budapester Arzt Dr. Horovitz. Ludwig Barnays Ehe mit Maria Kreuzer wurde 1880 geschieden. Die 1883 mit der Schauspielerin Minna Arndt (1852-1932) geschlossene zweite Ehe Ludwig Barnays blieb kinderlos.

30 (Holsiepe 2013).

31 So gehörte das Nachbarhaus (heute Derfflingerstr. 6, damals Nr. 4 der verschwundenen Ulmenstraße) seit 1911 dem Verlagsbuchhändler Franz Ullstein, einem von fünf Söhnen des berühmten Verlagsgründers Leopold Ullstein. Erbauer der Villa mit der Nr. 8 war der Rittergutsbesitzer, Reichstagsabgeordnete, Oberpräsident von Pommern und seit 1916 Kanzler des Johanniterordens Helmuth von Maltzahn-Gültz (1840-1923). Gegenüber der Nr. 5, im Haus Nr. 24, wohnte 1917 der Kammergerichtsrat und frühere Oberlandesgerichts-Vizepräsident zu Celle Hugo Weizsäcker (1861-1939), Bruder des Kunstgeschichtsprofessors Heinrich Weizsäcker (1862-1945), der von 1891 bis 1904 Direktor des Städelschen Kunstinstituts in Frankfurt am Main gewesen war. Etwas weiter in Richtung Kurfürstenstraße lebte der später bedeutende holländisch-jüdische Maler und Fotograf Paul Citroen (1896-1983) noch bei seinen Eltern im Haus Nr. 21, wo im Oktober 1915 auch seine erste Ausstellung stattfand. Sechs Hausnummern weiter residierte im Haus Nr. 15 der für den Impressionismus bedeutsame Verlag von Bruno Cassirer (1872-1941), der sich mit Erfolg auch als Pferdezüchter und Betreiber der Trabrennbahn in Berlin-Mariendorf betätigte.

32 Vgl. (Blubacher 2012), S. 39.

33 Ebd., S. 29

34 Vgl. (Rothuizen 1982), S. 44.

35 Eleonora von Mendelssohns Zuneigung war Toscanini oft unangenehm. Lt. ebd. war FW zufällig anwesend, als der Maestro von ihrem Selbstmord benachrichtigt wurde, und wurde dadurch Zeuge einer bemerkenswert kaltherzigen Reaktion des großen Maestro (im Original holländisch): „An diesem Abend befand ich mich mit anderen in Gesellschaft von Toscanini, den ein Freund fragte: „Weisst Du schon, dass Eleonora tot ist?" „Ja, ich weiß das," sagte Toscanini. „Wie kannst Du nur so herzlos sein?" fragte der Freund. „Wo wäre ich, wenn ich ein Herz hätte?" lautete Toscaninis Gegenfrage. Für ihn gab es nur Musik, Musik, Musik." Bei der Trauerfeier für Eleonora von Mendelssohn war der von der Verstorbenen so verehrte Toscanini – im Gegensatz zu seiner Ehefrau und seiner mit dem Pianisten Vladimir Horowitz verheirateten Tochter – dieser Zeremonie ferngeblieben.

36 Lt. Mitteilung SWQ vom 13. September 2013 behauptete FW, erstmals im Alter von 26 Jahren, d. h. 1919/20, Geschlechtsverkehr mit einer Frau gehabt zu haben.

37 Vgl. (Deutsches Bühnenjahrbuch 1915) Bd. 29 (1918), S. 824; 30 (1919), S. 809; 31 (1920), S. 912.

38 Vgl. BSB München Ana 579 NL WB, Brief FW vom 25. Juli 1912.

39 Um – so die *Zeitschrift für Musik* 89 (1922), S. 540 – „den weitverbreiteten Irrtum aus der Welt zu schaffen, als sei das Berliner Blüthnerorchester ein Reklameunternehmen der bekannten Instrumentenfirma", nannte sich das Orchester ab 1922 Berliner Sinfonie-Orchester (nicht zu verwechseln mit dem gleichnamigen, 1952 im Ostteil der Stadt gegründeten Orchester, das 2006 seinen Namen in Konzerthausorchester Berlin änderte).Wohl aus dem gleichen Grund wurde fünf Jahre später auch der Blüthnersaal in Bach-Saal umbenannt.

40 *Neue Zeitschrift für Musik* 85 (1918), S. 98.

41 *Allgemeine Musikzeitung* 45 (1918), S. 158.

42 Ebd..

43 Ebd..

44 Das einzige Kind des Paares war die 1924 geborene Tochter Sybil Werden (1924-2007), die nach dem Zweiten Weltkrieg als Tänzerin und Filmschauspielerin sowie als erste Ehefrau des Schauspielers Harald Juhnke bekannt wurde; vgl. (Holsiepe 2013).

45 Vgl. (Zentral- und Landesbibliothek Berlin 2015), Bde. 1920, S. 3628 und 1921, S. 3909. Die Rechtsanwälte hießen J. Kodlin, Graf von Medern und Dr. Rosenkampff.

46 UA München Sign. O-II-7p (Promotionsakte FW).

47 (Jung-Kaiser 1980), S. 166.

48 *Münchner Neueste Nachrichten* vom 11. Februar 1919, S. 1 [R.W]

49 UA München Sign. O-II-7p (Promotionsakte FW).

50 Seit 1809 ein unter russischer Oberhoheit stehendes Großfürstentum, hatte sich Finnland kurz nach der russischen „Oktoberrevolution" am 6. Dezember 1917 für unabhängig erklärt. Am 4. Januar 1918 wurde es von Sowjetrussland und in der Folge durch zahlreiche andere Staaten, z. B. Deutschland am 6. Januar 1918, anerkannt. Ein sozialistischer Umsturzversuch am 27. Januar 1918 stürzte den jungen Staat in einen dreimonatigen Bürgerkrieg, bei dem schließlich die Regierungstruppen unter General Gustaf Mannerheim (1867-1951) siegten. Zum Schutz vor der bolschewistischen Diktatur setzte das bürgerliche Lager nun auf eine Monarchie. Mangels eigener Adliger glaubte man, in Prinz Friedrich Karl von Hessen (1868-1940), einem Schwager des deutschen Kaisers, den richtigen Thronkandidaten gefunden zu haben. Der war auch bereit, die angebotene Krone anzunehmen, doch die Ereignisse vom November 1918 in Deutschland veranlassten die finnische Regierung zur Rücknahme ihres Angebots, das der hessische Prinz schließlich am 20. Dezember 1918 auch selbst ablehnte. Im Sommer 1919 wurde aus Finnland eine Republik, Kaarlo Juho Stahlberg (1865-1952) wurde zum ersten Staatspräsidenten ernannt.

51 Edvard Hjelt hatte in Deutschland studiert, besaß hervorragende Deutschkenntnisse und verfügte über beste Kontakte in Deutschland. Er gehörte zu den Initiatoren eines 1915 aus finnischen Kriegsfreiwilligen, hauptsächlich national gesinnten Studenten, gebildeten Bataillons, genannt „Finnische Jäger", das, als „Pfadfinder-Kurs" getarnt, auf Grund geheimer Abmachungen mit dem Deutschen Reich im Lockstedter Lager in Holstein von deutschen Offizieren ausgebildet und als „Königlich-Preußisches Jäger-Bataillon Nr. 27" in Dienst genommen wurde.

52 Harald Hornborg war einer der allerersten Freiwilligen des finnischen Jäger-Bataillons. Er wurde bereits 1915 Chef der 2. Kompanie. Nach einer Kriegsverwundung kam er im Oktober 1918 als Botschafts-Attaché nach Berlin, von wo er im November 1920 nach Helsinki ins finnische Außenministerium wechselte. Er arbeitete noch bis Ende 1930 für die finnische Regierung und war danach war im Verlagswesen und in der Holzindustrie tätig.

53 Mitteilung der finnischen Botschaft Berlin vom 8. Juni 2012.

54 Ebd..

55 Z. B. (Lewis 1985), S. 11.

56 Lt. SWQ bestand für sie kein Zweifel an FWs finnischer Herkunft.

57 Vgl. Mitteilung der finnischen Botschaft Berlin vom 8. Juni 2012 (mit Bezug auf eine Aktennotiz vom 30. September 1927 und FWs Aussage „Isä Ignaz asuu Frankfurt am Main staatenlosina. Suomessa ei omaisia.")

58 *Signale für die musikalische Welt* 77 (1919), S. 187.

59 *Vossische Zeitung*, Abend-Ausgabe, vom 8. März 1919, S. 3.

60 *Signale für die musikalische Welt* 77 (1919), S. 187.

61 *Berliner Börsen-Zeitung* vom 19. März 1919, S. 3.

62 *Signale für die musikalische Welt* 77 (1919), S. 187.

63 *Allgemeine Musikzeitung* 46 (1919), S. 146.

64 Mitteilung Sabine Fröhlich, Frankfurt a. M., an den Verfasser vom 8. April 2014.

65 (Fröhlich 2005), S. 63.

66 *Frankfurter Zeitung* vom 10. April 1919.

67   Ebd..

68   Ebd..

69   *Kleine Presse* (Frankfurt) vom 10. April 1919.

70   *General-Anzeiger* (Frankfurt) vom 10. April 1919.

71   *Frankfurter Nachrichten* vom 10. April 1919.

72   Offiziell meldete sich FW am 15. April 1919 „zurück aus Berlin"; vgl. ISGF Meldekarte für Weissmann, Cantor der isrl. Gemeinde.

73   *General-Anzeiger* (Frankfurt), Morgenblatt, vom 11. Mai 1919, S. 2. – Die Sopranistin und Gesangspädagogin Annemarie Lenzberg war die Tochter des Oberlandgerichtsdirektors Dr. Hugo Lenzberg, der sich als Förderer des kulturellen Lebens der Stadt Düsseldorf besondere Verdienste erwarb.

74   *Frankfurter Nachrichten* vom 9. Mai 1919, S. 8.

75   *Frankfurter Zeitung*, Abendausgabe, vom 15. Mai 1919, S. 1.

76   *General-Anzeiger*, Morgenblatt, vom 11. Mai 1919, S. 2.

77   *Frankfurter Nachrichten* vom 9. Mai 1919, S. 8.

78   Vgl. StadtA Mü Meldebogen für Friedrich Weissmann. Daneben wird ein zweites Anmeldedatum 2.10.1919 genannt. Die ISGF Meldekarte für Weissmann, Cantor der isrl. Gemeinde vermerkt unter dem Datum 12.8.1919 „auf München".

79   *Münchner Neueste Nachrichten* vom 17. Oktober 1919, S. 1 R.W..

80   Ebd..

81   *Rheinische Musik- und Theater-Zeitung* Bd. 21 (1920), S. 19.

82   FWs Abmeldung in München erfolgte am 18. Oktober 1919. Als nächster Aufenthaltsort wurde Tegernsee vermerkt; vgl. StadtA Mü Meldebogen für Friedrich Weissmann. Sein Name ist allerdings in den Meldebüchern der Stadt Tegernsee nicht verzeichnet; lt. Mitteilung des Bürgerbüros der Stadt Tegernsee an den Verfasser vom 21.11.2013.

83   BSB München Ana 579 NL WB, undatiertes Schreiben FW [Mitte Oktober 1919].

84   ISGF Meldekarte für Weissmann, Cantor der isrl. Gemeinde. FWs Aufenthalte sind in den Frankfurter und Münchner Meldebögen danach bis 1927 nicht mehr registriert. Nur der Münchner Meldebogen nennt noch einen Aufenthalt in Dresden ab Juli 1927; vgl. StadtA Mü Meldebogen für Friedrich Weissmann.

85   BSB München Ana 579 NL WB, undatiertes Schreiben FW [Mitte Oktober 1919].

86   Der Liederabend sollte ursprünglich schon am Dienstag, 11. November 1919 im „Bayerischen Hof" stattfinden. Lt. Anzeige *Münchner Neueste Nachrichten* vom 16. November 1919 wurde er dann auf Samstag, 29. November 1919 im „Museum" verlegt.

87   *Münchner Zeitung* vom 11. Dezember 1919, S. 2 A. B..

88   UA München Sign. O-II-7p (Promotionsakte FW).

89   Ebd.. Zur angeblichen juristischen Promotion siehe Kapitel 1, Seite 30.

90   Vgl. Eberhard Köstler, Autographen und Bücher, Tutzing (http://www.autographs.de/extlink.php, aufgerufen am 17. Mai 2014).

91   Original im Besitz des Verfassers.

92   *Münchner Neueste Nachrichten* vom 17. Februar 1920, S. 1.

93   *Münchner Zeitung* vom 11. Februar 1920, S. 1 A. B..

94   *Münchner Neueste Nachrichten* vom 30. März 1920, S. 1.

95   *Rheinische Musik- und Theater-Zeitung* Bd. 21 (1920), S. 143.

96   BSB München Ana 579 NL WB, undatiertes Schreiben FW [Mitte Oktober 1919].

97   (Müller von Asow 1929), Sp. 1549. Die Quelle bezeichnet den Verfasser der Gedichte fälschlicherweise als „H. Stucken".

98   Lt. Mitteilung Sabine Fröhlich, Frankfurt a. M., an den Verfasser vom 8. April 2014 ist eine Aufführung der ELEGIEN durch den Dessoffschen Chor nicht nachweisbar.

99   *Frankfurter Zeitung*, Abendausgabe, vom 1. Mai 1920.

100 *Frankfurter Nachrichten* vom 29. April 1920, S. 3.

101 Vgl. BSB München Ana 579 NL WB, undatiertes Schreiben FW [Mitte Oktober 1919]: „[...] ich möchte dann gerne noch einen Abend machen, würden Sie mir Ihre Variationen dafür geben (also für München)". FW meinte sicher nicht WB's jüngstes Variationenwerk PHANTASTISCHE ERSCHEINUNGEN EINES THEMAS VON BERLIOZ OP. 25, das in Zürich am 19. Januar 1920 unter Volkmar Andreä uraufgeführt und in Deutschland in München im März 1920 im Rahmen des 6. Konzerts der musikalischen Akademie unter Bruno Walter erstaufgeführt wurde.

102 (Weissmann 1981): FW bezieht sich in dem Interview auf ein nicht näher datiertes, anscheinend aber misslungenes „Meister-Konzert" in München, bei dem der amerikanische Geiger Albert Spalding (1888-1953) anwesend gewesen sein soll. Spalding reiste zwar zu jener Zeit mit den New Yorker Philharmonikern durch Europa, konzertierte dabei aber nur in Frankreich, Italien, Belgien, Niederlande und Großbritannien und nicht in Deutschland; vgl. (Spalding 1943), S. 270-78. Wahrscheinlich verwechselte FW den Amerikaner Spalding mit dem deutschen Geiger Felix Berber (1871-1930), der seit 1913 an der Münchner Musikhochschule unterrichtete und 1920 einen Ruf als ordentlicher Professor an der Münchener Musikakademie erhielt. Wie FW im März 1926 WB mitteilte, war seine gestenreiche Dirigierweise offenbar Anlass für eine Meinungsverschiedenheit mit Berber, der aber später seine Meinung geändert habe, sodass er heute „nicht nur anders denkt, sondern gut u. sehr interessiert über mich spricht – so ist er wohl der Meinung geworden, daß neben einer Veranlagung zur Geste – die in Wahrheit nicht schädlich ist, sondern im Orchester alles erreichen kann, auch der Wille zum Weg da ist." Vgl. BSB München NL WB Ana 579 Brief FW, Bad Reichenhall, datiert „M.[ärz 19]26".

103 FW meldete sich am 22. November 1920 bei den Berliner Behörden; vgl. ISGF Meldekarte für Weissmann, Cantor der isrl. Gemeinde.

104 Vgl. *Berliner Tageblatt* vom 17. Dezember 1920, S. 3.

105 *Berliner Börsenzeitung* vom 4. Dezember 1920, S. 3.

106 (Deutsches Bühnenjahrbuch 1915), Bd. 32 (1921), S. 249.

107 Vgl. (Deutsches Bühnenjahrbuch 1915), Bd. 33 (1922), S. 572.

108 Ebd., S. 264.

Kapitel 3: Bewährung 1921-1924

1 (Weissmann 1981b). Die Anstellung als Korrepetitor erfolgte definitiv im Jahre 1921; vgl. GStA PK, BPH, Rep. 119 Generalintendanz der Staatstheater Nr. 3984 Personalakte Weissmann, Dr. Frieder, Korrepetitor, 1921-1924.

2 (Quander und Barenboim 1992), S. 413 – Im Herbst 1920 stand keine Inszenierung des FLIEGENDEN HOLLÄNDERS auf dem Spielplan der Berliner Staatsoper..

3 Zitiert nach (Detig 1998), S. 211.

4 Vgl. (Weissmann 1981b). Lt. G.H.P., „Wer ist der Bub mit den blauen Augen?" in: *Telegraf*, Berlin, vom 11. Juni 1955 sollen die Proben der Oper CARMEN gegolten haben. Deren Premiere (mit Barbara Kemp in der Hauptrolle) erfolgte aber erst am 16. Juni 1922 unter der Leitung des Generalmusikdirektors Leo Blech; vgl. (Quander und Barenboim 1992), S. 413.

5 Vgl. (Weissmann 1981b).

6 Vgl. (Cincinnati Symphony Orchestra Association 1937), S. 214; *New York Post* vom 8. Juli 1939.

7 *Vossische Zeitung* vom 29. November 1921, S. 2.

8 (Quander und Barenboim 1992), S. 311.

9 *Vossische Zeitung* vom 29. November 1921, S. 2.

10 *Signale für die musikalische Welt* Bd. 79 (1921), S. 1142.

11 *Vossische Zeitung* vom 29. November 1921, S. 2.

12 *Signale für die musikalische Welt* Bd. 79 (1921), S. 1142.

13 Ebd..

14 *Vossische Zeitung* vom 29. November 1921, S. 2.

15 (Weissmann 1981). Im Original englisch.

16 *Berliner Börsen-Zeitung* vom 26. Dezember 1921, S. 8.

17 *Berliner Tageblatt* vom 25. Dezember 1921, S. 7.

18 Lt. SWQ sprach FW wiederholt von einem für ihn peinlichen Vorfall anläßlich der Uraufführung eines von ihm komponierten Balletts. Diese drohte zu platzen, weil sich das Orchester wohl wegen zu niedriger Gagen zu einem Streik entschlossen hatte. Um den Abend zu retten, habe er daraufhin den Part des Orchesters alleine am Klavier übernommen. Damit sei sein Werk zwar zum Leben erweckt worden, doch vor den erbosten Orchestermusikern, die mit erhobenen Fäusten den „Streikbrecher" am Haupteingang erwarteten, hätte er sich nur dadurch retten können, dass er still und leise über einen Hinterausgang ins Freie schlich und sich so in Sicherheit brachte. Für den geschilderten Vorfall konnte bislang nirgends eine Bestätigung gefunden werden.

19 Neben dem Ballett dirigierte FW an diesem Abend auch noch die Ouvertüre zu Mozarts Oper DER SCHAUSPIELDIREKTOR; vgl. *Berliner Börsenzeitung* vom 4. Februar 1922, S. 2 und 16. Februar 1922, S. 2.

20 *Vossische Zeitung* vom 21. Mai 1922, S. 3.

21 *Vossische Zeitung*, Abendausgabe, vom 1. Dezember 1922, S. 2.

22 *Signale für die musikalische Welt* Bd. 80 (1922), S. 1414.

23 Gusta Hammer erhielt 1928 ein Engagement an die Berliner Kroll-Oper, dem sich weitere Engagements in Kiel (1929-32) und Braunschweig (1932-34) anschlossen. Ab 1934 gehörte sie mehr als 20 Jahre lang dem Ensemble der Hamburgischen Staatsoper als Dramatische Altistin an. Gastauftritte führten sie nach Dresden, München, Paris und Barcelona. 1957 zog sie sich von der Bühne zurück, blieb aber bis zu ihrem Tod (als Folge eines Verkehrsunfalls) aktiv als Konzertsängerin und Lehrerin in München.

24 *Signale für die musikalische Welt* Nr. 14 vom 5. April 1922, S. 460.

25 Vgl. (Bach 1992), S. 42 f..

26 Mitteilung SWQ vom 25. Dezember 2013.

27 Vgl. Seite „Singende Säge". In: Wikipedia, Die freie Enzyklopädie. Bearbeitungsstand: 24. Dezember 2014, 09:52 UTC. URL: http://de.wikipedia.org/w/index.php?title=Singende_S %C3%A4ge&oldid=137076296 (Abgerufen: 30. Januar 2015, 10:20 UTC)

28 Vgl. (Deutsches Bühnenjahrbuch 1915) Bde. 33 (1922), S. 264; 34 (1923), S. 81; 35 (1924), S. 106. - FWs Vermieter im Haus Kurfürstendamm 130 lassen sich nicht mehr feststellen, künstlerische Nähe versprachen aber – laut Berliner Adressbuch von 1925 – drei Wohnungsinhaber, allesamt Maler: der Münchner Porträtmaler Max Ring (1857-1925), der impressionistische Porträt- und Landschaftsmaler Fritz Wildhagen (1878-1956) und der Impressionist und später dem Expressionismus verbundene Professor Arthur Degner (1888-1972).

29 (Jacob o.J.), S. 31.

30 Nach Musikstudium am Prager Konservatorium bekleidete der in Wien geborene Erich Kleiber Kapellmeisterposten in Darmstadt (1912-18), Wuppertal (1919-21), Düsseldorf und Mannheim (1922-23), bevor er 1923 GMD der Berliner Staatsoper wurde. Zur Biographie vgl. (Russell und Ruppel 1958).

31 In Wien geboren, stieg der promovierte Jurist Fritz Stiedry vom Assistenten Gustav Mahlers (an der Wiener Hofoper) 1913 zum Chefdirigenten in Kassel und von 1914 bis 1923 zum Ersten Kapellmeister an der der Berliner Hof- bzw. Staatsoper auf. Nach 1923 zunächst als Gastdirigent tätig, war er 1924/25 Nachfolger Felix von Weingartners an der Wiener Volksoper, von 1928 bis zur Emigration 1933 Erster Dirigent an der Städtischen Oper in Berlin-Charlottenburg, danach bis 1937 Chefdirigent der Leningrader Philharmoniker. Anschließend Auswanderung nach den USA und Leitung des neu gegründeten New Friends of Music Or-

chestra in New York, mit dem er sich als Interpret von Bach, Haydn und Mozart profilieren konnte. Nach Erfolgen in Chicago 1946 zählte er zu den leitenden Dirigenten der Met in New York und wurde über zwölf Spielzeiten hinweg besonders für seine Interpretationen von Mozart-, Wagner- und Verdi-Opern geschätzt.

32 George *Szell war in den Jahren 1946-70 Chef des Cleveland-Orchesters, Mitropoulos (als Nachfolger Bruno Walters) in den Jahren 1951-57 Chef der New Yorker Philharmoniker; zum Verhältnis beider vgl.* (Charry 2014).

33 (Weissmann 1981). Im Original englisch.

34 *Vossische Zeitung,* Abendausgabe, vom 30. Juni 1923, S. 3. – Nach Musikstudium (Karlsruhe und Heidelberg) war Bruno Stürmer Kapellmeister an verschiedenen Theatern, von 1923 bis 1927 Chorleiter in Duisburg, dann in Kassel, Düsseldorf und Erfurt. Während des „Dritten Reiches" trat er mit NS-linientreuen Kompositionen (z. B. LIEDERBUCH FÜR DIE HITLER-JUGEND) hervor. Nach dem Zweiten Weltkrieg lebte er bis zu seinem Tod 1958 in Frankfurt am Main, wo ihm 1952 die Ehrenplakette der Mainmetropole verliehen wurde. Umstritten war seine Teilnahme als Chorlehrer bei den 2. Internationalen Ferienkursen für Neue Musik in Darmstadt im Jahre 1947.

35 Ebd..

36 (Quander und Barenboim 1992), S. 313.

37 *Vossische Zeitung* vom 21. September 1921, S. 3.

38 Gegründet Ende des 19. Jahrhunderts von dem schwedischen Mechaniker Carl Lindström (1869-1932), hatte sich das Unternehmen zunächst auf die Herstellung von Phonographen, Grammophonen und Filmprojektoren konzentriert. Nach der Umwandlung in eine Aktiengesellschaft im Jahre 1908 richtete das Unternehmen Aufnahmestudios ein und begann auch mit der Herstellung eigener Schallplatten, die 1911 unter dem Namen Parlophon in den Handel kamen. 1911 übernahm das Unternehmen zusätzlich von der britischen Fonotipia Company Ltd. das Label Fonotipia und von der Berliner International Talking Machine Company mbH die Plattenmarke Odeon, eines der bekanntesten Labels der Vorkriegs-Schellack-Zeit. Durch weiteren Zukauf von Labels wie Jumbo, Jumbola, Beka, Lyraphon, Dakapo und Favorit stieg das Unternehmen des „Schallplattenkönigs" Carl Lindström zum „Global Player" auf, der nicht nur in England, Frankreich, Spanien, Italien und Österreich, sondern auch in Südamerika, in Brasilien, Argentinien und Chile Tochterfirmen unterhielt. Rückschläge musste das Unternehmen infolge des Krieges hinnehmen, und von den Schallplattenlabels lebten danach eigentlich nur noch Parlophon und Odeon weiter. Dennoch verzeichnete das Unternehmen, dessen Gründer Carl Lindström 1921 als technischer Direktor aufgehört hatte, in den kommenden Jahren einen großen Aufschwung, der 1925 allein beim Berliner Stammunternehmen zu einer Tagesproduktion von rund 150.000 Schallplatten und 1.000 Grammophonen führte (vgl. (Lotz 2014), S. 15).

39 Lt. (Weissmann 1981) hieß der verhinderte Dirigent Eduard Mörike. Mörike machte mit dem Bariton erner Engel zwei Tage später, am 10. Oktober 1921, Aufnahmen für Parlophon von Stücken aus Wagners TANNHÄUSER und MEISTERSINGER VON NÜRNBERG.

40 Ebd..

41 (Reed 1946), S. 67. Im Original englisch.

42 Ebd., S. 68. Im Original englisch.

43 Ebd.. Im Original englisch.

44 Ebd.. Im Original englisch.

45 Vgl. (Sieben 1988), S. 22 f..

46 Aufnahmetage waren 25. November 1921, 13. Dezember 1921, 7. Februar 1922, 8. April 1922, 22. Oktober 1922, 12. Dezember 1922, 23. Mai 1923.

47 (Reed 1946), S. 68. Im Original englisch. Als beteiligte Sänger nennt FW neben Emmy Bettendorf den schwedischen Tenor Carl Martin Oehmann, den Bariton Michael Bohnen und

die Altistin Karin Branzell. Seine Erinnerung trügt jedoch, denn er verwechselt die Besetzung mit einer Aufnahme im „elektrischen" Verfahren vom 7. Oktober 1926; die Altstimme sang dabei allerdings nicht Karin Branzell, sondern Louise Marck-Lüders.

48 Als Tochter des Direktors einer Ölraffinerie und einer ausgebildeten Pianistin wuchs Edith Lorand in ihrer Geburtstadt Budapest auf, wo sie an der Königlichen Musikakademie bei Jenö Hubay und Carl Flesch Violine studierte. Nach ihrem Wiener Debüt 1920 zog sie nach Berlin, wo sie bis zu ihrer Emigration 1934 mit ihren Schallplatten ein Massenpublikum erreichte und zu einer das Musikleben und die Unterhaltungskultur der Weimarer Zeit prägenden Gestalt wurde. 1934 zurück in Ungarn, baute sie dort ein „All-Gipsy-Orchestra" auf. Nach einer Tournee, die sie 1935 in die USA führte, ließ sie sich dort 1937 endgültig nieder. Als amerikanische Staatsbürgerin konzertierte sie mit ihrem „Hungarian" oder „Viennese Orchestra", konnte aber damit nicht mehr an ihre früheren Berliner Erfolge anknüpfen.

49 Um längere Werke, z. B. Sinfonien, Tondichtungen, Suiten, Instrumentalkonzerte aufzunehmen, war man damals gezwungen, sie auf mehrere Schallplatten zu verteilen. Wegen der dadurch höheren Kosten verkleinerte sich der Kreis der Käufer, die beim Erwerb einer großen Sinfonie eine ziemlich schwere Box mit manchmal fünf oder sechs doppelseitig bespielten Schallplatten nach Hause trugen. Wegen der geringeren Marktchancen erhöhte sich gleichzeitig das finanzielle Risiko für die Produzenten. Aber auch für die Künstler war die Aufteilung auf mehrere Platten umständlich und mühsam, weil sie wegen der kurzen Aufnahmedauer ihr Spiel alle paar Minuten unterbrechen und warten mussten, bis die Aufnahmematrizen ausgetauscht waren. Danach war es für die Künstler schwierig, im Ton, im Tempo und in der Stimmung sofort den passenden Anschluss zur vorhergehenden Passage zu finden, was gerade bei längeren Stücken die oft störenden klanglichen Schwankungen erklärt.

50 13. Dezember 1921 Ouvertüre FIGAROS HOCHZEIT (W. A. Mozart); 10. Januar 1922 Ouvertüren zu AIDA (G. Verdi) und DIE LUSTIGEN WEIBER VON WINDSOR (O. Nicolai); 31. März 1922 Stundentanz aus LA GIOCONDA (A. Ponchielli); 8. April 1922 Ouvertüre zu DER SCHAUSPIELDIREKTOR (W. A. Mozart); 23. Juni 1922 Brautwalzer aus ET FOLKESAGN (N. W. Gade), „Valse triste" aus KUOLEMA OP. 44 und VALSE LYRIQUE OP. 96 A (J. Sibelius), ROMANZE IN G-DUR OP. 26 (J. S. Svendsen); 20. Oktober 1922 Orchestervorspiel und „Hexenritt" aus HÄNSEL UND GRETEL (E. Humperdinck); 24. Januar 1923 Vorspiel, diverse Zwischenakt- und Ballettmusik zu CARMEN (G. Bizet); 7. Februar 1923 „Solveigs Lied" aus PEER GYNT OP. 23 und NORWEGISCHER TANZ OP. 35, 2 (E. Grieg), AUFFORDERUNG ZUM TANZ – RONDO BRILLANT OP. 65 (C. M. v. Weber); 19. Februar 1923 Ouvertüren zu DER WAFFENSCHMIED, UNDINE, ZAR UND ZIMMERMANN, DER WILDSCHÜTZ (alle A. Lortzing); 9. Mai 1923 Ouvertüren RUY BLAS OP. 95 und MEERESSTILLE UND GLÜCKLICHE FAHRT OP. 27 (F. Mendelssohn-Bartholdy); 16. Mai 1923 EGMONT-OUVERTÜRE OP. 84 (L. v. Beethoven), DEUTSCHE TÄNZE 1-3 KV 571 (W. A. Mozart); 23. Mai 1923 Orchestervorspiel DIE MEISTERSINGER VON NÜRNBERG (R. Wagner).

51 Mit dem Orchester der Staatsoper Berlin spielte Kleiber damals zwei Schallplatten ein, die eine mit Ouvertüren zu Verdis Opern AIDA und RIGOLETTO, die andere mit den Sätzen Andante und Menuett aus Mozarts SINFONIE NR. 33 B-DUR KV 319, vgl. (Lotz 2015).

52 „A Talk with Erich Kleiber about his recording", in: *La Prensa*, Buenos Aires, Argentinien, 6. Oktober 1929 (http://www.freewebs.com/kleiber_en/MAIN_004.htm)

53 So (Weissmann 1981).

54 Ab der Spielzeit 1924/25 war Eduard Mörike als Generalmusikdirektor Chefdirigent der Dresdner Philharmonie und der Dresdner Singakademie.

55 SYMPOSIUM 1373 (mono).

56 Ausführliche Biographie zu Bruno Vondenhoff bei (Zander 2005)

57 Rudolf Schulz-Dornburg ging nach dem Studium am Kölner Konservatorium 1912 als Kapellmeister ans Deutsche Theater in Köln und wechselte 1913 als Kapellmeister und Dramaturg ans Hoftheater Mannheim. Seit 1919 leitete er das im gleichen Jahr gegründete Städtische Orchester Bochum.

58 Korrepetitoren waren Wilhelm Nebe (*1891) und Fritz Waldmann (1903-1995).

59 BSB München NL WB Ana 579 Brief FW, Münster vom 4.2.25.

60 Im (*Deutscher Bühnenspielplan 1896-1944* 1896) ist eine Aufführung des FLIEGENDEN HOLLÄNDERS nur für den 27. April 1924 dokumentiert. Die Auswertung von Anzeigen in der Lokalpresse ergab noch eine zweite Aufführung am 1. Mai 1924.

61 *Westfälische Landeszeitung.*, Datum unbekannt. Zitiert nach (Carl Lindström AG 1932). Die im StadtA Münster vorhandenen Verfilmungen der *Westfälischen Landeszeitung* weisen genau für die Woche nach dem 27. April 1924 eine Lücke auf.

62 Heinz (Heinrich bzw. Henry) Swoboda (Svoboda), geboren in Prag, Musikstudium (Prag und Wien), Dr. phil., war von 1921-23 Repetitor in Prag und Düsseldorf. Von 1927 bis 1931 arbeitete er als Schallplattendirigent für Electrola, Berlin, danach bis 1938 als Dirigent und Programmredakteur für Radio Prag, zudem von 1931-1939 als Gastprofessor an der University of Southern California in Los Angeles. 1939 ließ er sich in den USA nieder, blieb aber als Dirigent vorwiegend in Europa, Mittel- und Südamerika aktiv. 1949 gehörte er zu den Mitgründern der Westminster- und Concert Hall-Schallplattenlabels, für die er viele Schallplatten aufnahm. – Gustav Adolf Schlemm, geboren in Gießen, zunächst kaufmännische Lehre, dann 1918-23 Musikstudium (Dr. Hoch's Konservatorium in Frankfurt), 1923-28 Engagements in Königsberg und Münster, 1929-31 Städtischer Musikdirektor in Herford, 1931-33 Chefdirigent Landestheater in Meiningen. Während des „Dritten Reiches" gelegentliche Rundfunkengagements, Kompositionstätigkeit auch für den Film. Nach 1945 Gründer und Leiter der Singakademie und des Sinfonieorchesters in Wetzlar, wo er 1987 starb. – Karl [nicht Wilhelm, so (Deutsches Bühnenjahrbuch 1915) Bd. 1925] Hauf begann als Korrepetitor in Darmstadt. Von Münster ging er als Kapellmeister nach Düsseldorf, war von 1936 bis 1943 Musikdirektor in Ulm, danach Kapellmeister am Hessischen Landestheater in Darmstadt.

63 So Hanns Niedecken Gebhard im Programmheft zur szenischen Aufführung des Oratoriums SAUL UND DAVID in den Städtischen Bühnen Hannover 1923/24; zitiert nach (Schmidt, Weber, und Bruderreck 1995), S. 100.

64 Ebd., S. 59.

65 Lt. (*Deutscher Bühnenspielplan 1896-1944* 1896); weitere Aufführungen am 17. Oktober 1914, 25. Januar, 30. April und 17. Mai 1925.

66 *Westfälische Landeszeitung.*, Datum unbekannt. Zitiert nach (Carl Lindström AG 1932).

67 Einen weiteren, nicht minder innovativen Mitstreiter fand Niedecken-Gebhard in dem Bühnenbildner Hein Heckroth (1901-1970), der für die Münsteraner Premiere das Bühnenbild schuf. Vom Kubismus geprägt, war auch Heckroth, der schon als Student (Städelsches Kunstinstitut in Frankfurt am Main) mit Niedecken-Gebhardt bei den Freilichtspielen in Oberingelheim zusammengearbeitet hatte, ein begeisterter Anhänger der expressionistischen Tanzkunst Labans und Mary Wigmans.

68 Rudolf Predeek (1886-1950), Dr. phil., an verschiedenen Orten als Lehrer und Redakteur tätig, 1919 beim *Westfälischen Volksblatt*, von 1919-1921 bei der *Westdeutschen Volkszeitung* in Hagen und seit 1921 beim *Münsterischen Anzeiger*. Zuletzt war er Studienrat am Gymnasium in Arnsberg.

69 *Münsterischer Anzeiger* vom 19.10.1924.

70 *Münstersche Zeitung* vom 19.10.1924.

71 *Westfälische Landeszeitung.* vom 18.10.1924.

72 *Münstersche Zeitung* vom 04.11.1924. - Lt. (*Deutscher Bühnenspielplan 1896-1944* 1896) eine weitere Aufführung am 23. Dezember 1924 zusammen mit TANZ-SUITE.

73 (ORF 2010)

74 *Münstersche Zeitung* vom 04.11.1924.

75 *Münstersche Zeitung* vom 07.11.1924. - Lt. (*Deutscher Bühnenspielplan 1896-1944* 1896)} weitere Aufführungen am 14. November, 24. November, 19. Dezember, 22. Dezember 1924.

76 *Westfälische Landeszeitung.* vom 19.12.1924.

77 *Münsterischer Anzeiger* vom 20.12.1924.

78 Ebd..

79 *Westfälische Landeszeitung.* vom 19.12.1924

80 Paul Bekker, Nachruf auf Arthur Nikisch, in: *Frankfurter Zeitung* vom 31. Januar 1922.

81 (Weissmann 1983).

82 Vgl. (Reed 1946), S. 101.

83 Lt. (*Deutscher Bühnenspielplan 1896-1944* 1896) weitere Aufführungen am 3. Januar, 8. Januar, 16. Februar und am 24. März 1925.

84 *Düsseldorfer Nachrichten*, Datum unbekannt. Zitiert nach (Carl Lindström AG 1932).

85 Lt. (*Deutscher Bühnenspielplan 1896-1944* 1896) weitere Aufführungen am 3. Februar, 12. Februar, 18. Februar und 21. März 1925.

86 BSB München NL WB Ana 579 Brief FW, Münster, vom 4. Februar 1925 (auf Papier des Theaters der Stadt Münster i. W.): „[…] ich hörte erst recht spät, dass Sie von der Intendanz nicht benachrichtigt waren und nicht eingeladen, was, wie man mir begründete, mit zu großer pecuniärer Belastung verbunden gewesen wäre. Schulz-Dornburg, der in München Konzert hatte, hatte Sie wider meines Erwartens nicht gesprochen und meinte, Sie seien aus irgend welchen Gründen eingeschnappt - ?"

87 Ebd..

88 *Zeitschrift für Musik* Bd. 92 (1925), S. 8.

89 *Münsterischer Anzeiger* vom 03.02.1925.

90 Ebd..

91 Lt. (*Deutscher Bühnenspielplan 1896-1944* 1896) weitere Aufführungen am 12. März, 22. März, 28. März und am 10. Mai 1925.

92 *Münsterischer Anzeiger* vom 14.03.1925.

93 Lt. (*Deutscher Bühnenspielplan 1896-1944* 1896) eine weitere Aufführung am 24. Mai 1925.

94 Zur Biographie, vgl. (Fetthauer 2015b).

95 *Westfälische Landeszeitung.* vom 23.05.1925.

96 *Münsterischer Anzeiger* vom 22.05.1925.

97 *Münstersche Zeitung*, Datum unbekannt. Zitiert nach (Carl Lindström AG 1932).

98 *Westfälischer Merkur*, Datum unbekannt. Zitiert nach (Carl Lindström AG 1932).

99 BSB München NL WB Ana 579 Brief FW, Münster, vom 4. Februar 1925 (auf Papier des Theaters der Stadt Münster i. W.).

100 Niedecken-Gebhard und Schulz-Dornburg verließen Münster zum Ende der Spielzeit 1926/27. 1927 gründeten beide in Essen die Folkwanghochschule. Nach 1933 trug Niedecken-Gebhard entscheidend zur Entwicklung völkischer „Thingspiele" bei. Er war zudem Regisseur zahlreicher monumentaler Massenfeste, u. a. bei den Olympischen Spielen 1936 in Berlin, und von den Machthabern geschätzt als Operndirektor in Leipzig und Musikprofessor in Berlin und Leipzig. Generalmusikdirektor Schulz-Dornburg wurde 1934 Leiter des von Göring und dem Deutschen Luftsportverband ins Leben gerufenen Reichsorchester des deutschen Luftsports. 1937 wurde er Chefdirigent beim Reichssender Köln, 1940 beim Deutschen Kurzwellensender Berlin. Ohne Probleme gelang ihm nach 1945 bis kurz vor seinem Tod 1949 die Fortsetzung seiner Karriere als Generalmusikdirektor in Lübeck. Hanns Niedecken-Gebhard wurde 1945 aller seiner Ämter enthoben. Ab 1947 lehrte er bis zu seinem Tod 1953 Theaterwissenschaft in Göttingen.

101 Schulz-Dornburg kündigte in Bochum – nicht ganz freiwillig – zum 1. Juli 1925, nachdem die dortige Musik- und Theaterkommission zunehmend ihren Unwillen über eine Vernachlässigung seiner Bochumer Tätigkeit deutlich gemacht hatte; vgl. (Schmidt, Weber, und Bruderreck 1995), S. 184.

102 Vgl. ebd., S. 185. – Swobodas Bewerbung hatte keinen Erfolg. Gewählt wurde der Komponist und Dirigent Leopold Reichwein (1878-1945), Generalmusikdirektor bis 1938.

103 (Porte 1927), S. 93.

104 Vgl. (Weissmann 1981). Melchior heiratete im März 1928 die bayerische Filmschauspielerin Anna Maria Hacker (1903-1963), genannt „Kleinchen".

105 Cover-Text der LP LEBENDIGE VERGANGENHEIT – FRITZI JOKL von Preiser Records LV 138.

106 Alle Aufnahmen wurden wiederveröffentlicht auf der LP LEBENDIGE VERGANGENHEIT – FRITZI JOKL von Preiser Records LV 138, zum Teil auch auf der CD LEBENDIGE VERGANGENHEIT – FRITZI JOKL von Preiser Records 89191.

Kapitel 4: Glück 1925-1929

1 Wetterkarte 17. November 1925 in: *Vossische Zeitung* vom 18. November 1925, Morgenausgabe, S. 7.

5 (Wahl, o. J.), S 4.

4 (Busch 1978), S. 203.

5 (Kondelik, o. J.).

6 (Zentral- und Landesbibliothek Berlin 2015), Bd. 1925, S. I, 3056.

7 (Kondelik 2002), S. 260. Die Quelle beruft sich dabei auf einen Zeitgenossen und Freund von Meta Seinemeyer, den Kanadier John Hague, der sich jedoch insoweit irrte, als er die unzweifelhaft leukämische Krankheit als Tuberkulose bezeichnete.

8 BSB München NL WB Ana 579 Brief FW, Bad Reichenhall, datiert „M.[ärz 19]26".

9 Vgl. (Wahl, o. J.), S. 9 f. Wahl spricht von FW als „Verlobtem" im Zusammenhang mit einem Ereignis, das vor November 1926 stattfand.

10 Gemeint sind wohl die 1922-24 komponierten ORCHESTERVARIATIONEN DON JUAN OP. 34 mit dem Untertitel „Eine klassisch-romantische Phantasmagorie für großes Orchester". Deren Uraufführung erfolgte allerdings schon am 13. November 1924 in Leipzig durch das Gewandhaus-Orchester unter Wilhelm Furtwängler.

11 Zitiert nach (Wahl, o. J.), S. 4.

12 („Meta Seinemeyer: In Memoriam" 1929), S. 71.

13 Vgl. StadtA Dresden Heiratsurkunde Standesamt V Dresden Nr. 434/1929.

14 (Porte 1927), S. 91. Im Original englisch.

15 (Franze 1931), S. 21.

16 Vgl. (Hart 1994), S. 43; (Morgan 2005), S. 60.

17 Der auf Initiative einer jungen Leipziger Lehrerin 1909 gegründete „Richard-Wagner-Verband Deutscher Frauen" machte es sich zur Aufgabe, die von Richard Wagner gegründete Stipendienstiftung zu unterstützen, deren Ziel es war, finanziell Minderbemittelten den Besuch der Bayreuther Festspiele zu ermöglichen.

18 (Weissmann 1981)).

19 (Carl Lindström AG 1932)).

20 Meta Seinemeyer trat erstmals am 8. Juli 1926 in Buenos Aires im Teatro Colon als Sieglinde in Richard Wagners WALKÜRE auf. Weitere Auftritte in dieser Rolle erfolgten am 12. und 20. Juli 1926, als Agathe in Webers FREISCHÜTZ am 15. und 19. Juli 1926, als Elisabeth in Wagners TANNHÄUSER am 26. und 30. Juli sowie am 10. August 1926, als Eva in Wagners MEISTERSINGER am 6. und 8. August 1926. Die Schiffsreisen dauerten hin und zurück jeweils drei Wochen.

21 Vgl. HistA SWR Lebenslauf Leberecht von Guaita.

22 Vgl. ebd..

23 Am 16. Oktober 1928 im Dresdner Gewerbehaus-Saal.

24 (Raupp 1935), S. 298 f..

25 Zur Biographie Ludolf von Alvenslebens, vgl. („Familie von Alvensleben - Ludolf-Schochwitz (1901-1970)" 2015)

26 (Stangneth 2011), S. 373.

27 Schillings zu seinem Freund Richard Strauss; zitiert nach (Detig 1998), S. 14 f..

28 Der NS-linientreue Autor Wilhelm Raupp schildert lebhaft in seiner 1934 erschienenen Biographie ((Raupp 1935), S. 298 f.), wie Alvensleben mit „erschöpfenden Aufklärungen [...] die Welt Adolf Hitlers in überzeugender Größe" vor Schillings darstellte: „Die Auseinandersetzungen erfassen das Ganze der nationalsozialistischen Weltanschauung. Schillings wird Zeuge des stahlharten Ringens eines vom Gefühl seiner geschichtlichen Sendung Besessenen, der den wahren Feind der Deutschen erkannt hat und ihn mit furchtbarer Wucht angreift. Das heilige Bewußtsein, daß Adolf Hitler selbstvergessen um den Bestand des Volkes streitet, treibt Max von Schillings in seine Reihen. Mächtig ergreift ihn der reißende Strom, der ihn dem ersehnten weltgeschichtlichen Ereignis entgegenträgt."

29 Zwar hielt sich Max von Schillings zunächst noch mit öffentlichen Bekenntnissen zum Nationalsozialismus zurück, trat aber Anfang 1929 zum Missfallen der liberalen und linken Presse als Mitglied des Ehrenausschusses eines neugegründeten und sich „Deutschtum in der Kunst e. V." nennenden „Vereins zur Pflege deutscher Musik durch deutsche Künstler" in Erscheinung. Aus taktischen Gründen – er stand damals in (bald darauf gescheiterten) Verhandlungen zur Übernahme des Intendantenpostens der Städtischen Oper in Charlottenburg – distanzierte er sich zwar schnell wieder von dieser ultrarechten Organisation, die dem von Alfred Rosenberg (1893-1946) gegründeten „Kampfbund für deutsche Kultur" nahestand, doch änderte dies nichts an seiner mittlerweile erfolgten politischen Radikalisierung.

30 Vgl. (Reed 1946), S. 69.

31 Mitteilung StadtA Düren vom 17. April 2012; vgl. ferner (Raupp 1935) und (Detig 1998).

32 (Reed 1946) Im Original englisch.

33 (Detig 1998) S. 97.

34 *Berliner Börsenzeitung* vom 12. Mai 1926, S. 6.

35 Vgl. (Mohr 1980), S. 219.

36 *Musikblätter des Anbruch* 8 (1926), S. 294. – Ludwig Leschetizky, ein Großneffe des legendären polnischen Pianisten, Komponisten und Musikpädagogen Theodor Leschetizky (1830-1915), war zunächst Bankbeamter in Triest, bevor er sich zu einer musikalischen Ausbildung am dortigen Conservatorio Tartini entschloss. 1909 wurde er mit der Oper DIE PERLE VON ARASTHAN sowie der sinfonischen Dichtung DAS FEST AUF SOLHAUG bekannt. Die Dirigentenlaufbahn schlug Leschetitzky ab 1910 ein.

37 In diesem Zusammenhang macht eine – dem Verfasser von Sylvia Willink-Quiël im Dezember 2013 mitgeteilte – mündliche Äußerung FWs stutzig, der gegen Ende seines Lebens ihr gegenüber – ohne Ort, Zeit und Namen des Mitbewerbers zu nennen – einmal erwähnte, es ärgere ihn noch immer, vor langer Zeit auf eine ihm angebotene leitende Position verzichtet zu haben, nachdem ihm ein Mitbewerber für den Fall, dass FW und nicht er den Posten erhalte, mit Selbstmordabsichten drohte. Obwohl kein handfester Beleg, ist FWs Äußerung immerhin ein Indiz, das sich – nach allem, was wir über ihn wissen – sinnvollerweise nur mit seiner Königsberger Bewerbung in Verbindung bringen lässt.

38 FW hatte sich am 27. Juli 1926 bei den Berliner Behörden abgemeldet; vgl. („Meldekarte für Weissmann, Cantor der isrl. Gemeinde", o. J.) und (Deutsches Bühnenjahrbuch 1915) Bd. 38 (1927), S. 432.

39 Zitiert nach (Carl Lindström AG 1932).

40 Ebd..

41 Ebd..

42 Ebd.. Weitere Aufführungen am 19. September, 25. September, 5. Oktober, 13. November 1926 und 20. März 1927; vgl. („Kultur in Ostpreußen: Stadttheater Königsberg - Spielpläne", o. J.).

43 Zitiert nach (Carl Lindström AG 1932).

44 Die Musik Bd. 19 (1927), S. 363. - JENUFA: Aufführungen am 28. September, 30. September, 3. Oktober, 9. Oktober, 20. Oktober, 23. Oktober 1926; MACHT DES SCHICKSALS: Aufführungen am 24. Oktober, 28. Oktober, 3. November, 17. November, 28. November, 11. Dezember 1926, 17. Januar 1927; vgl. („Kultur in Ostpreußen: Stadttheater Königsberg - Spielpläne", o. J.).

45 (Reed 1946), S. 69. FWs Behauptung, die Königsberger Aufführung hätte den Boden für das angeblich Jahre später erfolgte Auftreten des Gespanns Kemp-Bohnen an der Metropolitan Opera bereitet, ist unrichtig. Tatsächlich debütierten beide Sänger an der Metropolitan Opera schon am 1. März 1923 bei der amerikanischen Erstaufführung von Schillings' Oper MONA LISA.

46 Am 21. Dezember 1925 und am 4. Januar 1927; vgl. („Kultur in Ostpreußen: Stadttheater Königsberg - Spielpläne", o. J.).

47 Vgl. (Reed 1946), S. 69:. Im Original englisch.

48 Die Musik Bd. 19 (1927), S. 523.

49 Weitere Aufführungen am 15. Februar, 17. Februar und 26. Februar 1927; vgl. („Kultur in Ostpreußen: Stadttheater Königsberg - Spielpläne", o. J.).

50 Zitiert nach (Jung-Kaiser 1980), S. 269.

51 Erwin Kroll in Zeitschrift für Musik Bd. 94 (1927), S. 298 f..

52 Weitere Aufführungen am 12. März, 26. März, 2. April, 22. Mai 1927; vgl. („Kultur in Ostpreußen: Stadttheater Königsberg - Spielpläne", o. J.).

53 (Carl Lindström AG 1932).

54 Ebd..

55 (Reed 1946), S. 70. – Für FWs Behauptung, er habe in Königsberg auch eine Aufführung von Hans Pfitzners (1869-1949) Oper PALESTRINA vorbereitet und den Komponisten für die musikalische Leitung gewinnen können, fanden sich keine Belege. Im Königsberger Opernspielplan 1926/27 taucht PALESTRINA nicht auf, auch nicht in der folgenden Spielzeit. Erst im November 1932 fanden Aufführungen von Pfitzners Oper in Königsberg statt, wobei der Komponist die zweite Aufführung am Totensonntag leitete. Die übrigen Vorstellungen leitete der damalige Generalmusikdirektor Bruno Vondenhoff, FWs Kollege aus gemeinsamer Kapellmeisterzeit in Münster; vgl. (Zander 2005), S. 61 f. sowie (Kroll 1966), S. 136. Möglicherweise wurden FWs Ausführungen vom Interviewer nicht korrekt wiedergegeben.

56 Vgl. (Weissmann 1981) Im Original englisch.

57 (Rothuizen 1982), S. 45.

58 Am 3. April, 10. April und am 21. April 1927; vgl. („Kultur in Ostpreußen: Stadttheater Königsberg - Spielpläne", o. J.).

59 (Carl Lindström AG 1932).

60 (Stadttheater Königsberg 1929), S. 68.

61 (Zander 2005), S. 62.

62 Vgl. Gramophone Bd. 4 (Januar 1927), S. 319.

63 Ebd.. Im Original englisch.

64 Ebd., S. 335. Im Original englisch.

65 Die Aufnahmen der ersten beiden Lieder mussten bei einer weiteren Aufnahmesitzung am 13. Dezember 1926 wiederholt werden.

66 Gramophone Bd. 4 (Januar 1927), S. 419. Im Original englisch.

67 Ebd., S. 376. Im Original englisch.

68 (Rosenzeig 1937), S. 492.

69 Vgl. Gramophone Bd. 4 (Januar 1927), S. 413.

70 Gramophone Bd. 5 (Juni 1927), S. 18. Im Original englisch.

71 Gramophone Bd. 5 (Juli 1927), S. 57. Im Original englisch.

72 Gramophone Bd. 5 (Oktober 1927), S. 189. Im Original englisch.

73   *Gramophone* Bd. 5 (Dezember 1927), S. 275. Im Original englisch.

74   Vgl. (Kondelik, o. J.), S. 261.

75   (Wahl, o. J.), S. 11.

76   (Busch 1978), S. 203.

77   So (Weissmann 1981).

78   *Gramophone* Bd. 5 (Oktober 1927), S. 193. Im Original englisch.

79   Vgl. (Kondelik 2002).

80   (Kesting 1993), S. 348. – Die am gleichen Tag erfolgte Aufnahme des ersten der FÜNF LIEDER OP. 32 („Ich trage meine Minne") von Richard Strauss mit FW am Klavier wurde nicht veröffentlicht.

81   Ebd., S. 349.

82   Ebd., S. 347 f..

83   (Kästner 1959) S. 39.

84   *Allgemeine Musikzeitung* Bd. 54 (1927), S. 104.

85   Ebd..

86   Am 26. und 27. November 1926 Aufnahmen von Arien aus Mozarts ZAUBERFLÖTE („O Isis und Osiris", „In diesen heil'gen Hallen"), Meyerbeers HUGENOTTEN („O höre mich, du starker Gott"), Wagners LOHENGRIN („Gott grüß' euch, liebe Manner von Brabant!") und – zusammen mit Meta Seinemeyer – Duette aus Verdis MACHT DES SCHICKSALS („Eine Frau bin ich, Vater", „Du wirst den Schritt beim Morgenrot"," Einst wirst du dein Los beklagen", „Preis dir, allmächtiger Herr der Verhüllung!").

89   *Allgemeine Musikzeitung* Bd. 54 (1927), S. 104.

90   Ebd..

91   *Signale für die musikalische Welt* Bd. 85 (1927), S. 51.

92   Hermann Baum (1899-1984), ein Sohn des bedeutenden Veterinäranatomen und Dekans der medizinischen Fakultät der Universität Leipzig gleichen Namens (1864-1932) und ein Schüler des Dresdner Musikprofessors Joseph Gustav Mraczek (*1878), war ab 1925 mit mehreren, in Dresden uraufgeführten sinfonischen Dichtungen hervorgetreten.

84   So Keith Anderson im Beiheft zur CD-Veröffentlichung (Marco Polo 8.223324) mit Ernö Rosza und der tschechoslowakischen Staatsphilharmonie (Košice) unter Alfred Walter.

85   *Signale für die musikalische Welt* Bd. 86 (1928), S. 18.

86   (Carl Lindström AG 1932).

87   Ebd..

88   (Härtwig 1970), S. 76.

89   (Schindler 2003), S. 47

90   *Signale für die musikalische Welt* Bd. 86 (1928), S. 565.

91   Begleitet von FW und dem Berliner Staatsopernorchester sang Charlotte Schrader am 21. September 1928 im Berliner Lindström-Aufnahmestudio die Lieder ES MUSS EIN WUNDERBARES SEIN und WIEDER MÖCHT' ICH DIR BEGEGNEN von Franz Liszt. Die Aufnahmen blieben unveröffentlicht.

92   (Carl Lindström AG 1932).

93   Lt. Schreiben der Dresdner Polizeibehörde an das Münchner Einwohnermeldeamt vom 4. Juli 1927 war FW damals in Dresden gemeldet; vgl. StadtA Mü Meldebogen für Friedrich Weissmann.

94   Mitteilung SWQ vom 9. Januar 2014.

95   Robert Jones, Beiheft CD „Meta Seinemeyer" Pearl GEMM CD 9082. Im Original englisch.

96   (Weissmann 1981)Im Original englisch.

97   *Berliner Tageblatt*, Abendausgabe, vom 2. März 1932.

98   *Vossische Zeitung*, Abendausgabe, vom 1. März 1932, S. 7.

99 Vgl. *Signale für die musikalische Welt* 87 (1929), Ausgabe 9. Januar 1929. Die Quelle nennt kein genaues Datum, keinen Veranstaltungsort und keine weiteren Einzelheiten zum Programm.

100 *Signale für die musikalische Welt* 86 (1928), S. 213 f.

101 Vgl. „Meta Scinmeyer. By a Personal Friend", in: *Gramophone* Bd. 7 Oktober 1929, S. 196. Die Quelle bezeichnet den Liederabend irrtümlich als letzten öffentlichen Auftritt Meta Seinemeyers.

102 Vgl. Kapitel 2, S. 71.

103 Dieses Schicksal teilt FWs Werk mit der Version des finnischen Komposten Selim Palmgren.

104 Er selbst erwähnte das Werk nach seiner Flucht nur noch zwei Mal, am 30. Juni 1933 gegen - über der Tageszeitung *Rotterdamsch Nieuwsblad* sowie in einem Lebensabriss, verfasst für ein Programmheft des Teatro Colon (Buenos Aires) zum Konzert mit Nathan Milstein am 15. Mai 1937.

105 Näheres zu dieser Oper und zum Komponisten bei (Schwarz 1999).

106 (Sieben 1988), S. 13.

107 Vgl. (Reed 1946), S. 69.

108 *Berliner Tageblatt und Handels-Zeitung* vom 2. Februar 1928, S. 4.

109 Hingewiesen sei auf die 1997 erschienene CD-Kassette THE ART OF *Meta Seinemeyer* (Sterling EAN 0717281894029), die mit insgesamt 62 Titeln fast zwei Drittel ihres Schaffens präsentiert. Empfehlenswert sind ferner die hervorragend restaurierten sechzehn Aufnahmen auf der CD SINGERS TO REMEMBER: THE ART OF *Meta Seinemeyer* (Dutton Lab - Harmonia Mundi EAN 0765387977023) sowie die CD *Meta Seinemeyer sings Puccini, Verdi, Giordano and Wagner* mit 13 Titeln (Hänssler CLASSIC EAN 51401027601824).

110 (Fischer 1995), S. 219.

111 (Kesting 1993), S. 349.

112 Ebd..

113 Ebd., S. 263.

114 Lotte Lehmann FRAUENLIEBE UND LEBEN" - WORKS BY SCHUMANN, BRAHMS, SCHUBERT AND SACRED SONGS, Hänssler CLASSIC EAN 4010276016786.

115 *Die Zeit* Nr. 17/2005 vom 21. April 2005.

116 (Kesting 1993), S. 371.

117 Bei (Reed 1946), S. 102 spricht FW davon, dass das Orchester der Dresdner Staatsoper bei dieser Aufnahme mitgewirkt habe; die Aufnahmebücher nennen aber das Berliner Staatsopernorchester.

118 E. W. Korngold, DAS WUNDER DER HELIANE mit Tomowa-Sintow/Welker/De Haan/Runkel/Pape/Gedda, Rundfunk Chor Berlin, Radio-Symphonie-Orchester Berlin, Dirigent:John Mauceri; Decca (Universal) EAN 0028947834298.

119 Lt. Mitteilung Sylvia Willink-Quiël vom Februar 2015.

120 *Die Musik* Bd. 22 (1930), S. 863.

121 Pearl/Pavilion EAN 5015903938720, Symposium Records EAN 0760411141029, Pristine Audio PASC 239.

122 *Die Musik* Bd. 21 (1929), S. 524.

123 *Frankfurter Zeitung* vom 27. März 1929, S. 1.

124 *Het Vaderland*, Morgenausgabe, vom 7. Dezember 1930. Im Original holländisch.

125 Vgl. (Weissmann 1981) und (Rothuizen 1982), S. ???.

126 (Carl Lindström AG 1932).

127 (Blume und Finscher 1994), Sp. 1015.

128 Die Oper sollte erst 2011 in Gießen [!] die deutsche Erstaufführung erleben. Von Gomez' wohl bekanntester Oper IL GUARANY hatte FW mit dem Berliner Staatsopernorchester damals eine – nur für den südamerikanischen Markt bestimmte – Schallplatteneinspielung der Ouvertüre vorgenommen (Odeon O-26804, Odeon 193577, Parlophone 28053).

129 (Carl Lindström AG 1932).

130 Lt. Mitteilung Prof. Dieter Härtwig, Dresden, vom 14. Januar 2014 an Verfasser.

131 Ebd..

132 Aktennotiz der finnischen Botschaft Berlin vom 30. September 1927. Im Original finnisch.

133 (Rothuizen 1982), S. 45.

134 (Porte 1927), S. 91. Im Original englisch.

135 (Strauss, Krauss, und Brosche 1997), S. 47.

136 Nettsträter verließ 1929 Frankfurt am Main und war bis 1933 Generalmusikdirektor in Braunschweig, von 1933 bis 1935 Generalmusikdirektor in Karlsruhe. Während des Zweiten Weltkrieges war er Generalmusikdirektor in Bochum und leitete zeitweise das Prager Sinfonieorchester. Nach dem Zweiten Weltkrieg war er von 1946 bis 1949 Generalmusikdirektor in Hagen. Dort starb er 1952: „Er vergiftete sich durch Gas und nahm seinen Sohn in den Tod mit." (Kroll, 1966), S. 131.) Nettsträter war in zweiter Ehe verheiratet mit der aus Ostpreußen stammenden Violinvirtuosin Nora Ehlert.

137 *General-Anzeiger* (Frankfurt) vom 25. März 1929.

138 Ebd..

139 *Frankfurter Volksstimme* vom 26. März 1929.

140 Josef Turnau (1888-1954) war zuletzt Direktor der Städtischen Bühnen in Breslau, Hans Wilhelm Steinberg (1899-1978) musikalischer Direktor am Deutschen Theater in Prag.

141 (Weissmann 1981).

142 Vgl. (Kondelik 2002), S. 266.

143 Ebd., S. 267.

144 Lt. Mitteilung SWQ.

145 (Wahl, o. J.), S. 12.

146 Lt. telef. Mitteilung SWQ vom Januar 2014.

147 *Dresdner Anzeiger* vom 20. August 1929, S. 2.

148 StadtA Dresden Heiratsurkunde Standesamt V Dresden Nr. 434/1929.

149 (Wahl, o. J.), S. 12.

150 StadtA Dresden Heiratsurkunde Standesamt V Dresden Nr. 434/1929.

151 (Wahl, o. J.), S. 1.

152 Robert Jones, Beiheft CD „Meta Seinemeyer" Pearl GEMM CD 9082. Im Original englisch.

153 Wilhelm Seinemeyer, Meta Seinemeyers Vater, stammte aus der gut protestantischen Hansestadt Bremen, wo er am 16. November 1870 als Sohn des Tonnenmachers Heinrich Christian Friedrich Seinemeyer und seiner Frau Anna Marie Adelheid Schröder auf die Welt kam und christlich getauft wurde; vgl. „Deutschland, Geburten und Taufen 1558-1898," index, FamilySearch (https://familysearch.org/pal:/MM9.1.1/NCNM-F96), aufgerufen am 28. Juni 2014. Er heiratete am 2. Juli 1895 in Berlin die ebenfalls evangelische Schneiderin Anna Wassermann, die am 15. Dezember 1871 in Bremen als Tochter des Silberarbeiters Friedrich Wilhelm Wassermann und seiner Ehefrau Louise Dorothea Schöttler geboren wurde. Neben der am 5. September 1895 in Berlin geborenen Tochter Metha Margarethe Dorothea hatte das Paar einen am 16. Oktober 1896 in Berlin geborenen Sohn Friedrich Wilhelm. Wilhelm Seinemeyer sen. war als Kriminal-Kommissar bei der Berliner Polizei zuletzt hauptsächlich mit Autodiebstählen befasst. Er starb zwei Jahre nach seiner Tochter am 26. Dezember 1931. Die Witwe Anna Seinemeyer geb. Wassermann bezog danach mit dem Sohn eine Erdgeschosswohnung im Haus Giesendorfer Str. 30 in Berlin-Lichterfelde, wo sie am 16. Oktober 1954 starb. Wilhelm Seinemeyer jun., der 1943 eine gewisse Hertha Hamann heiratete, verstarb 1973 in Berlin-Steglitz, wird aber noch im Berliner Telefonbuch bis 1978 genannt. Er hinterließ eine Tochter Isolde, deren Schicksal ebenso unbekannt ist wie das seiner Witwe. Neben dem Grab von Meta Seinemeyer auf dem Stahnsdorfer Friedhof befinden sich die Gräber ihrer Eltern. Meta Seinemeyers Grab ziert ein am 29. Juli 1931 errichtetes und von dem namhaften Berliner Bildhauer Paul Hubrich (1869-1948) geschaffenes Grabmal, das nur

ihren Geburtsnamen (Seinemeyer), aber nicht ihren Ehenamen (Weissmann) nennt. Es ist davon auszugehen, dass FW keinen Einfluss auf die Gestaltung der letzten Ruhestätte seiner Ehefrau nahm. Das Grabmal für die danebenliegenden Gräber des Vaters und der Mutter wurde am 5. Mai 1933 aufgestellt und stammt von dem Berliner Bildhauer Carl Metzner (1884-1965).

154 (Gerigk und Stengel 1940) erwähnt an keiner Stelle Meta Seinemeyer, auch nicht im Eintrag für FW (Sp. 390).

155 (Kondelik, o. J.).

156 TOD UND VERKLÄRUNG OP. 24 von Richard Strauss wurde am 1. und 6. November 1929 vom Berliner Staatsopernorchester unter FWs Leitung auf Schallplatte eingespielt.

157 (Carl Lindström AG 1932).

158 Aufnahmetermine mit dem Berliner Staatsopernorchester unter Otto Klemperer: DON JUAN OP. 20 am 28. Juni und 15. Oktober 1929, TILL EULENSPIEGELS LUSTIGE STREICHE OP. 28 am 3. und 24. Juni 1929.

159 Die Aufnahmen der Tondichtung TOD UND VERKLÄRUNG OP. 24 mit dem Leipziger Gewandhaus-Orchester unter Gustav Brecher erfolgten am 10. April 1929.

160 *De Hollandsche Revue* 36 (1931), o. S.. Im Original holländisch.

161 Ebd..

162 *Die Musik* 22 (1930), S. 475.

163 *The Brisbane Courier* 28. Januar 1931, S. 20. Im Original englisch.

164 (Reed 1946), S. 101.

165 Aufnahmetermine 1929-32 mit Margarete Bäumer: 20. September 1929 (P 2-21568/69): TANNHÄUSER (Wagner): 2. Akt, Einleitung und Arie Elisabeth „Dich, teure Halle, grüß ich wieder" sowie Fürbitte Elisabeth „Der Unglücksel'ge, den gefangen"; TRISTAN UND ISOLDE (Wagner): 1. Akt, 3. Szene, Erzählung Isolde „Doch nun von Tristan!" / 16. Juni 1930 mit Gotthelf Pistor, Tenor (P 2-21570/71): DIE WALKÜRE (Wagner): 2. Akt, 4. Szene, Brünnhilde-Siegmund: Todverkündung „Siegmund, sieh auf mich!" / 10. Oktober 1930 mit Reimer Minten, Tenor (P 2-21742-45): SIEGFRIED (WAGNER): 3. Akt, 3. Szene Brünnhildes Erwachen und Liebesduett „Heil dir, Sonne! Heil dir, Licht! / 15. Juni 1931 mit Walther Kirchoff,Tenor (P 133167-70): TRISTAN UND ISOLDE (Wagner): 2. Akt, 2. Szene Liebesduett Isolde-Tristan „Isolde! Geliebte!" / 11. April 1932 mit Werner Schupp, Tenor (P 133493/94): DON GIOVANNI (Mozart): 1. Akt, 10. Szene Donna Anna-Don Octavio „Ach Oktavio, ich sterbe!;" mit Gerhard Hüsch, Bariton (P 133495/96): TIEFLAND (d'Albert): 1. Akt, 8. Szene Duett Marta-Sebastiano „Tu mit mir, was du willst" und 2. Akt, 9. Szene Duett Marta-Sebastiano „Nun hab' ich nichts als dich" / 5. Dezember 1932 mit Walther Kirchhoff, Tenor (P 133695-97): GÖTTERDÄMMERUNG (Wagner): Vorspiel Duett Brünnhilde-Siegfried „Zu neuen Taten, teurer Helde!"; mit Walther Kirchhoff und Alfred Göbel, Bariton (P 133698): GÖTTERDÄMMERUNG (Wagner): 2. Akt, 4. Szene Schwurszene Brünhilde-Siegfried „Helle Wehr! Heilige Waffe!".

166 *Die Musik* 23 (1931), S. 149.

167 Odeon Ro 1185/86 (TOSCA), erschienen bei Odeon (Frankreich) 188.061

168 P 2-21606 (MANON) und P 2-21608 (EUGEN ONEGIN), erschienen bei Columbia (Japan) Col JW 244 und SW 244.

169 P 2-21609 (AYAYAY), erschienen bei Parlophon (Polen) P 64500 b.

170 P 2-21607 und P 2-21610 (SADKO), erschienen bei Odeon (Russland) xxRu 614/5.

171 (Suter 2015)

172 (Kesting 1993), S. 462.

173 (Weissmann 1981).

174 (Reed 1946), S. 101. Im Original englisch.

175 *Die Musik* 22 (1930), S. 460.

176 (Carl Lindström AG 1932).

177 Ebd..
178 Ebd..

Kapitel 5: Erfolg 1930-1933

1   (Kier, o. J.), S. 29.
2   Der unter dem Namen Leon Golzmann als Sohn eines Russen und einer Ungarin in Kiew
    geborene Dajos Bela zählte zu den damals populärsten Unterhaltungsmusikern, der mit sei-
    nem eigenen Tanzorchester zahllose Schallplatten für das Lindström-Label Odeon einspielte.
    Daneben wirkte er aber auch in FWs „Wiener Bohème Orchester" mit.
3   Nach einer Ausbildung als Pianist am Berliner Konservatorium wurde Otto Dobrindt (1886-
    1963) Aufnahmeleiter bei der Lindström AG, der ab Mitte der 1920er Jahre mit einem eige-
    nen Orchester, das unter verschiedenen Namen firmierte (z. B. Orchester Otto Dobrindt, Sa-
    xophon-Orchester Dobbri, Odeon Tanz-Orchester, Orchester Robert Renard, Orchester
    Eric Harden) viele Schallplatten unterschiedlichster Stilrichtungen, von Swing bis zur leichten
    Klassik produzierte. Viele Stars der Ufa wurden von Dobrindt und seinen Orchestern bei
    Platteneinspielungen begleitet, u. a. Lilian Harvey, Willy Fritsch, Hans Albers und Zarah Le-
    ander. Dobrindt war Mitglied der NSDAP und wurde 1935 Chef des Unterhaltungsorches-
    ters beim Deutschlandsender. Nach dem Zweiten Weltkrieg leitete er bis 1961 das Unterhal-
    tungsorchester des (Ost-) Berliner Rundfunks und dirigierte gelegentlich auch andere Orches-
    ter in der DDR.
4   KANNST DU PFEIFEN, JOHANNA?, Kurzspielfilm, D 1934, Länge: 11 Minuten, Produzent: Pe-
    ter P. Brauer, Regie: Johannes Guter, Darsteller: Marianne Winkelstern und Harald Paulsen.
5   Berliner Adressbuch 1931, IV, S. 408.
6   (Naso 1955), S. 416.
7   NL FW (SWQ), Anja Triwas, Djavidan-Hanum, die Nilkönigin. Eine Frau, die man sich ganz
    anders vorstellt, in: Quelle unbekannt, ca. 1955.
8   (Weissmann 1981)
9   (Corino 1991), S. 265.
10 (Burlin 1929), hier: S. 22.
11 Weitere Mitwirkende bei dem unter der Regie des Dokumentarfilmers Hansjürgen Völcker
    entstandenen Film waren Richard Tauber, Edith Lorand, Dajos Bela und der Kabarettist,
    Conferencier und Komiker Willi Schaeffers (1884-1962), vgl. Melos 9 (1930), S. 536.
12 HistA SWR Lebenslauf Leberecht von Guaita.
13 Filme: NIEMANDSLAND (1931, Schnitt); GEFAHREN DER LIEBE (1931, Ton-Schnitt);
14 Im ersten Film der Reihe dirigierte Max von Schillings das Berliner Sinfonie-Orchester bei
    Rossinis WILHELM TELL-Ouvertüre. Weitere Dirigenten waren Bruno Walter (OBERON-Ou-
    vertüre von Carl Maria von Weber), Erich Kleiber (Johann Strauss-Walzer AN DER SCHÖNEN
    BLAUEN DONAU) Leo Blech (Vorspiel zu Wagners DIE MEISTERSINGER), Fritz Stiedry (Ouver-
    türe zu Nicolais DIE LUSTIGEN WEIBER VON WINDSOR) und Fritz Busch (Ouvertüre zu Wag-
    ners TANNHÄUSER).
15 (Weissmann 1981)
16 So Michael Scott, Buchautor und Gründer der London Opera Society, zitiert nach (Kesting
    1993) S. 367.
17 (Fetthauer 2015a)
18 Die Musik Bd. 23 (1931), S. 470.
19 (Reed 1946), S. 101. Im Original englisch.
20 Aufnahmedaten mit Gitta Alpár: 27.02.31, 24.04.31, 04.05.31, 21.09.31, 21.10.31, 06.11.31,
    03.12.31.

21 Pattiera gehörte zusammen mit u.a. Maria Cebotari, Robert Burg, Paul Schöffler und Kurt Böhme zu den 29 Unterzeichnern einer Resolution vom 12. März 1933, in der öffentlich Klagen gegen Fritz Busch erhoben wurden und sein Verbleiben im Amt als künstlerische und administrative Gefährdung des Betriebs der Semperoper bezeichnet wurde; vgl. (Jürgs 2000), S. 198, (Kösters 2009), S. 26 und (Shirakawa 1992), S. 233.

22 P 2-21675-2; 2-21676; 2-21677; 2-21678; 2-21679; 2-21680-2 („Querschnitt-Oper" P 9516-9518 bzw. „Kurzoper" O 7630-7632).

23 Parlophon-Prospekt, zitiert nach *De Hollandsche Revue* 35 (1930), S. 1011.

24 Ebd., S. 1011 f.. Im Original holländisch.

25 *Die Musik* 23 (1931), S. 149.

26 *Die Musik* 22 (1930), S. 712.

27 Lt. (Morreau 2003) S. 295 f. soll FW davon gesprochen haben, dass weitere Aufnahmen mit Feuermann im Jahre 1933 geplant waren, diese aber wegen der veränderten politischen Verhältnisse in Deutschland nicht mehr zustande kamen.

28 Wohl um die Käufer nicht mit zwei Dirigentennamen zu verwirren, brachte die englische Parlophone die von FW dirigierten Ersatzaufnahmen nicht mit seinem Namen, sondern dem Michael Taubes in den Handel – ein fragwürdiger Umgang mit Urheberrechten, der an Konsumententäuschung grenzt und heute bei CD-Wiederveröffentlichungen für ziemliche Verwirrung sorgt.

29 The *Sidney Morning Herald* vom 27. Februar 1932, S. 8. Im Original englisch.

30 *De Hollandsche Revue* 36 (1931), S. 455. Im Original holländisch.

31 Rundfunkteilnehmerzahlen in Deutschland: 1924: 1 580; 1925: 548 749; 1929: 2. 635 567; 1930: 3 066 682, nach (Pohle 1955), S. 333.

32 Berlin (Funkstunde), Hamburg (Norag), Königsberg (Orag), Leipzig (Mirag), Stuttgart (Sürag), Frankfurt (Süwag), München (Deutsche Stunde in Bayern), Köln (Werag), Breslau (Schlesische Funkstunde).

33 Berlin (Funkstunde): Bruno Seidler-Winkler, Cornelis Bronsgeest (Oper), Hans von Benda (Konzerte); Hamburg (Norag): José Eibenschütz; Königsberg (Orag): Hermann Scherchen; Leipzig (Mirag): Alfred Szendrei; Stuttgart (Sürag): Emil Kahn; Frankfurt (Süwag): Hans Rosbaud; München (Deutsche Stunde in Bayern): Hans Adolf Winter (1892-?); Köln (Werag): Wilhelm Buschkötter, Leo Eysoldt; Breslau (Schlesische Funkstunde): Georg Dohrn, Hermann Behrder.

34 (Reif 1999), S. 25.

35 Undatierte Rezension ohne Quellenangabe in: (Carl Lindström AG 1932)

36 Vgl. *Zeitschrift für Musik* 97 (1930), S. 1062.

37 Übertragen wurden aus dem Stuttgarter Sendesaal beim Konzert am 12. Juni 1931 Debussys NOCTURNE NR. 2 mit dem Titel „Fêtes", Schumanns KLAVIERKONZERT A-MOLL OP. 54 mit Gisela Binz als Solistin und Schumanns „FRÜHLINGSSINFONIE" NR. 1 B-DUR OP. 38, am 21. Januar 1932 ausschließlich Werke von Richard Wagner: die Ouvertüren zu den Opern DER FLIEGENDE HOLLÄNDER und TANNHÄUSER, das Vorspiel zu DIE MEISTERSINGER VON NÜRNBERG sowie – unter Mitwirkung des Berliner Tenors Fritz Blankenhorn – die Gralserzählung aus LOHENGRIN, Siegmunds Liebeslied und Wotans Feuerzauber aus DIE WALKÜRE sowie das Preislied aus den MEISTERSINGERN. Fritz Blankenhorn hatte sich 1928 sowohl in der Theaterproduktion als auch in der im gleichen Jahr erfolgten Verfilmung der Ralph Benatzky-Operette Casanova zwar als Operettentenor profiliert, verfügte aber, wie sich an diesem Abend zeigte, auch über eine durchaus für Wagner-Partien geeignete Stimme von schöner Klarheit.

38 *Stuttgarter Neues Tagblatt*, Morgenausgabe, vom 10. Januar 1931.

39 Ebd..

40 *Schwäbischer Merkur* vom 11. Januar 1931, S. 6.

41 Ebd..

42 *Stuttgarter Neues Tagblatt*, Morgenausgabe, vom 10. Januar 1931.

43 Ebd..

44 *Schwäbischer Merkur* vom 11. Januar 1931, S. 6.

45 *Stuttgarter Neues Tagblatt*, Morgenausgabe, vom 10. Januar 1931.

46 (Gauss 2009), S. 90.

47 *Melos* 10 (1931), S. 22.

48 *Die Musik* 23 (1931), S. 313.

49 *Stuttgarter Neues Tagblatt*, Morgenausgabe, vom 9. Mai 1931, S. 2.

50 Odeon O-6827/28. Tauber dirigierte das Werk am 20. April 1932 in Freiburg i. Br...

51 *Schwäbischer Merkur* vom 10. Mai 1931, S. 6.

52 *Stuttgarter Neues Tagblatt*, Morgenausgabe, vom 9. Mai 1931, S. 2.

53 Undatierte Rezension ohne Quellenangabe, zitiert nach: *Die Sürag* Nr. 20 vom 17. Mai 1931, S. 8.

54 *Stuttgarter Neues Tagblatt*, Morgenausgabe, vom 9. Mai 1931, S. 2.

55 *Schwäbischer Merkur* vom 10. Mai 1931, S. 6.

56 Vgl. Kapitel 2, Anmerkung 39.

57 *New York Evening Post* vom 23. Juni 1928 und *Zeitschrift für Musik* 95 (1928), S. 467.

58 *Zeitschrift für Musik* 96 (1929), S. 658. – Nach einem musikwissenschaftlichen Studium wurde Helmuth Thierfelder 1922 von der Universität Halle mit der Dissertation über „Vorgeschichte und Entwicklung des deutschen Männergesangs" zum Doktor der Philosophie promoviert. Es folgten bis 1929 Stationen als Repetitor und Kapellmeister in u. a. Leipzig, Schwerin und an der Berliner Staatsoper.

59 Vgl. *Zeitschrift für Musik* 98 (1931), S. 82.

60 Vor 1933 Mitglied des Kampfbundes für deutsche Kultur, organisierte Thierfelder nach seiner Trennung vom Berliner Sinfonie-Orchester auf eigene Faust Konzerte mit dem Berliner Philharmonischen Orchester, wobei die Abonnenten großenteils über NS-Publikationen wie *Der Angriff* geworben wurden. Dank „glänzende[r] Beziehungen" zur NSDAP – so (Grabe, Hollmann, und Mlynek 1989), S. 178 – machte Thierfelder, der am 1. Mai 1933 Mitglied der NSDAP und kurz darauf der SS wurde, im „Dritten Reich" Karriere. Von 1934-1937 war Thierfelder, den Reichskulturwart Hinkel 1935 zum stellvertretenden Leiter der Reichsmusikerschaft vorschlug, Kapellmeister in Wiesbaden, danach Leiter des Niedersächsischen Sinfonieorchesters Hannover („Niedersachenorchester"), eine Position, die er auch nach Kriegsende bis zu seinem Tod 1966 innehatte.

61 *Vossische Zeitung* vom 12. September 1931 („Musiknachrichten"); vgl. auch *Zeitschrift für Musik* 98 (1931), S. 914.

62 *Die Musik* 24 (1931), S. 200.

63 29. November 1931 Berliner Gruppe 16:50-18:30; 10. Januar 1932 Berliner Gruppe 16:15-17:45; 7. Februar 1932 Berlin 15:40-16:45; 17. Februar 1932 Berlin 16:30-17:30; 25. März 1932 Berlin/Deutschlandsender 12:00-14:00; 28. März 1932 2:20-14:00 Berlin/Deutschlandsender; 5.5. 1932 Berlin/Deutschlandsender 12:20-14:20; 15.5. 16:00-1800 Berlin/DS Lustige Musik und die Comedian Harmonists; 18.6. 16:05-18:00 Berlin; 19.8. 20:00-22:50 von der Funkausstellung Berlin.

64 *Die Musik* 24 (1931), S. 126.

65 Ebd..

66 So die *Vossische Zeitung* vom 26. Oktober 1931, S. 11.

67 Vgl. *Algemeen Handelsblad*, Morgenausgabe, vom 28. Oktober 1931.

68 Das Werk wurde im April des Vorjahres vom Frankfurter Rundfunkorchester unter Hans Rosbaud uraufgeführt. Die Berliner Erstaufführung erfolgte am 6. November 1930 mit dem Orchester der Berliner Krolloper unter Leitung von Otto Klemperer.

69 *Vossische Zeitung* vom 26. Oktober 1931, S. 11.

70 Ebd..

71 *Die Musik* 24 (1931), S. 201.

72 *Melos* 10 (1931), S. 301.

73 *Zeitschrift für Musik* 98 (1931), S. 932. – Das Projekt war nicht nur für deutsche Komponisten offen. So informierte die niederländische Tageszeitung *Algemeen Handelsblad* am 1. Oktober 1931, S. 6, ihre Leser darüber, dass der Nederlandsche Vereeniging voor Hedendaagsche Muziek ausreichend Mittel bewilligt worden seien, um es wenigstens einem bedürftigen holländischen Komponisten zu ermöglichen, sein Werk vom Berliner Sinfonie-Orchester aufführen zu lassen.

74 *Melos* 11 (1932), S. 67. – Uraufgeführt wurden die VIERTE SINFONIE des von den Nazis später verfemten Schönberg-Schülers Norbert von Hannenheim (1898-1945), ein Konzert von und mit der russisch-stämmigen Klavier- und Violinvirtuosin Sonia Grammatté (1899-1974), der Witwe des Malers Walter Gramatté (1897-1929), und sechs, unter dem Obertitel PASSION IM URWALD präsentierte Gesänge auf eigene Texte für Sopran und Orchester op. 45 von Grete von Zieritz (1899-2001), einer seit 1926 der Berliner Meisterklasse von Franz Schreker angehörenden österreichischen Komponistin.

75 *Zeitschrift für Musik* 99 (1932), S. 360.

76 *Die Musik* 24 (1932), S. 607.

77 Ebd.

78 *Zeitschrift für Musik* 99 (1932), S. 408.

79 Ebd..

80 (Gutmann 1932), S. 18.

81 *Berliner Tageblatt*, Abendausgabe, vom 2. März 1932. – Miette Muthesius war die Tochter des belgisch-britischen Botanikers und Geografen Dr. Marcel Hardy (1876-1944/45). Nach der Trennung von ihrem Ehemann Eckart Muthesius, der in den 1930er Jahren beratender Architekt des Maharadschas von Indore war, heiratete sie in England in zweiter Ehe den aus Deutschland emigrierten Maler, Bildhauer und Kunsthandwerker Joseph („Jupp") Dernbach-Mayen (1908-1990).

82 Ebd..

83 *Vossische Zeitung*, Abendausgabe, vom 14. Dezember 1931, S. 9.

84 (Blubacher 2012), S. 181.

85 *De Hollandsche Revue* 37 (1932), S. 457. Im Original holländisch.

86 *The Sydney Morning Herald* vom 27. August 1932, S. 8. Im Original englisch.

87 (Kesting 1993), S. 366.

88 (Weissmann 1983).

89 (Jürgs 2000), S. 164.

90 Ebd..

91 Bis 1937 drehte Kiepura mehr als ein Dutzend Spielfilme. 1936 heiratete er die ungarische Sänger-Schauspielerin Martha Eggerth, mit der FW noch im März 1933 Schallplattenaufnahmen gemacht hatte. Zur Biographie Kiepuras, vgl. Seite „Jan Kiepura". In: Wikipedia, Die freie Enzyklopädie. Bearbeitungsstand: 4. November 2014, 10:56 UTC. URL: http://de.wikipedia.org/w/index.php?title=Jan_Kiepura&oldid=135510079 (Abgerufen: 28. Februar 2015, 08:04 UTC)].

92 (Reed 1946), S. 101.

93 (Härtwig 1970), S. 89.

94 Ebd..

95 Ebd..

96 Vgl. Axel Schmoldt, Krefeld, Katalog Autographen-Auktion am 1. April 2006, Los-Nr. 711 (Brief Büttners an Professor Hanna Schmitz vom 7. 12.1931).

97 *Die Musik* 24 (1932), S. 374.

98 Ebd..

99 Ebd..

100 *Zeitschrift für Musik* 99 (1932), S. 528.

101 Die Ausstellung in Lüttich beschäftigte sich vorwiegend mit Industrie und Wissenschaft seit 1830, diejenige in Antwerpen legte den Schwerpunkt auf koloniale und maritime Themen.

102 *Melos* 9 (1930), S. 325.

103 *Neptune*, Antwerpen, vom 14. August 1930 zitiert nach (Carl Lindström AG 1932). Im Original französisch.

104 *La Métropole*, Antwerpen, vom 15. August 1930 zitiert nach (Carl Lindström AG 1932). Im Original französisch.

105 *Zeitschrift für Musik* 98 (1931), S. 1112.

106 (Reed 1946), S. 100 f.. Im Original englisch.

107 So *Die Musik* 24 (1932), S. 715.

108 Vgl. *Het Vaderland*, 7. Mai 1932, Abendausgabe, S. 2.

109 Unter FWs musikalischer Leitung entstanden damals bei der Lindström AG mehrere, in erster Linie für den holländisch-flämischen Markt bestimmte Schallplatten mit Arien aus Wolf-Ferraris SLY, Massenets WERTHER und Respighis LA CAMPANA SOMMERSA.

110 BSB München Ana 579 NL WB, Schreiben FW vom 14. Januar 1933.

111 Im Nachbarhaus Nr. 44, das denselben Eigentümer hatte, befand sich bis zur Auflösung des Berliner Sinfonie-Orchesters dessen Geschäftstelle.

112 BSB München Ana 579 NL WB, Schreiben FW an WB vom 14. Januar 1933.

113 (Polster 1998), S. 82.

114 Ebd., S. 82.

115 Zitiert nach (Perthold u. a. 1990), S. 31.

116 (Rothuizen 1982), S. 45. Im Original holländisch.

117 (Weissmann 1981).

118 (Corino 1991), S. 266 f..

119 Zur Affäre vgl. (Soltikow 1959). Soltikow weist darauf hin, dass Djavidan Hanum, obschon „seit Jahren ahnungsloses Mitglied der Clique um Sosnowski", am Abend des 27. Februar 1934, als die Gestapo die Abendgesellschaft im Hause Sosnowski stürmte und ihn mit einem Dutzend Gästen verhaftete, zufällig nicht anwesend war. In einer Laune trotzigen Übermuts erklärte sie „bissig, es sei nur Zufall gewesen, dass sie nicht in Sosnowskis Wohnung gewesen sei. Sie sei dort ständiger Gast, nur eben am Abend der Razzia sei sie leider verhindert gewesen. Also, so sagt sie, gehöre sie von Rechts wegen ins Gefängnis – bitte, sie stehe der Gestapo zur Verfügung." Zitiert nach (Corino 1991), S. 266 f..

120 (Aster 2007), S. 89 f..

121 Ebd., S. 90.

122 Ausführliche Darstellung dieser Vorgänge ebd., S. 90 f. und (Trümpi 2011), S. 89 ff..

123 (Lange 2015), S. 124.

124 Sendetermine im Berliner Rundfunk am 05. Mai 1932, 12:20-14:00 Uhr, am 15. Mai 1932, 16:00-18:00 Uhr, am 18. Juni 1932, 16:05-18:00 Uhr, am 19. August 1932, 20:00-22:50 Uhr, am 27. September 1932 Berlin 21:10-22:10 Uhr.

125 (Kesting 1993), S. 285.

126 Das Konzert wurde aufgezeichnet und die Stücke von Beethoven, Brahms und Wagners LOHENGRIN-Vorspiel wurden am 29. September 1932 um 0:00 Uhr im Nachtprogramm des Berliner Rundfunks – zusammen mit einer wohl früher aufgezeichneten TARANTELLE von Franz Liszt – wiederholt.

127 *Vossische Zeitung*, Abendausgabe, vom 30. September 1932, S. 7.

128 Ebd..

129 Zitiert nach (Muck 1982), S. 96.

130 (Aster 2007), S. 91.

131 Zitiert nach (Muck 1982), S. 90.

132 *Sydney Morning Herald* vom 30. Dezember 1933, S. 6. Im Original englisch.

133 (Aster 2007), S. 91.

134 Zitiert nach (Muck 1982), S. 97.

135 Julius Prüwer dirigierte die Konzerte am 18. Oktober 1932, 6. Dezember 1932, Ernst Kunwald am 8. November 1932, Alois Melichar am 22. November 1932, Leo Borchard am 3. Januar 1933.

136 Die Rollschuhbahn wurde 1888 von dem Architekten Franz Heinrich Schwechten zu einem bestuhlten Konzertsaal ohne Tische umgebaut. 1898 entstand in der benachbarten Köthener Straße der Beethovensaal als Ergänzung der Philharmonie.

137 BSB München Ana 579 NL WB, Schreiben WB an FW vom 10. Januar 1933.

138 (Weber und Drees 2005), S. 195 f..

139 *Vossische Zeitung* vom 30. Januar 1933, S. 11.

140 Braunfels Werke wurden 1933 verboten, ihm selbst wurde jede musikalische Betätigung untersagt. Mit der Familie lebte er bis 1945 zurückgezogen am Bodensee und komponierte während dieser Zeit heimlich Opern, Kantaten, Kammermusik. Nach Kriegsende von Konrad Adenauer wieder als Direktor der Kölner Musikhochschule eingesetzt, komponierte er bis zu seinem Tod am 19. März 1954 in Köln noch zahlreiche Werke, die sich aber gegenüber der damals vorherrschenden atonalen Moderne nur schwer behaupten konnten. Erst seit den 1990er Jahren werden Braunfels' Werke wieder entdeckt und erfolgreich aufgeführt.

141 (Jürgs 2000), S. 268 f..

142 (Weber und Drees 2005)

143 (Aster 2007), S. 92.

144 Julius Prüwer dirigierte am 7. März, 28. März und 18. April 1933, Ernst Kunwald am 14. März 1933.

145 Kunwald verließ daraufhin Deutschland und verbrachte in seiner Heimatstadt Wien noch wenige Jahre der Ruhe. Am Tag des „Anschlusses" von Österreich nahm sich sein Bruder, der Jurist und Finanzexperte Dr. Gottfried Kunwald (1868-1938), das Leben. Ernst Kunwald überstand die Drangsalierungen der Nationalsozialisten nicht lange. Er starb am 12. Dezember 1939 im Alter von 71 Jahren. – Julius Prüwer, Professor an der Berliner Musikhochschule, wurde zum 1. Oktober 1933 gekündigt, wobei man ihm seine Bezüge noch bis zum Jahresende beließ. Zunächst hielt er sich mit Gastdirigaten im In- und Ausland über Wasser, leitete dann von 1936-38 das Sinfonieorchester des Jüdischen Kulturbunds in Frankfurt am Main, bevor er sich 1939 zur Emigration entschloss. In New York unterrichtete er Dirigieren und Instrumentation am College of Music und trat gelegentlich als Dirigent mit dem NYC Symphony Orchestra auf, bis er am 8. Juli 1943 in New York im Alter von 69 Jahren starb; vgl. (Kalcher 2015).

146 Mitteilungen Burkhard von Fritsch, Freising, vom 12. Juli 2015 und 8. November 2015. Einträge im Gästebuch der Familie von Fritsch belegen die Anwesenheit FWs auf Schloss Seerhausen erstmals am 16.-18. Mai 1931, im August 1931, am 20.-23. Mai 1932, 19.-21. September 1932, 12. April-17. Mai 1933.

147 „Goebbels über die Kunst – Ein Briefwechsel mit Furtwängler", in: *Vossische Zeitung* vom 11. April 1933, Morgenausgabe, S. 3

148 UC Berkeley, Jean Gray Hargrove Music Library, Alfred Einstein Collection Folder 1010.

149 (Weber und Drees 2005)

150 (Rothuizen 1982), S. 45.

151 Die international geschätzte Wagner-Sängerin Kerstin Thorborg verließ kurz darauf Deutschland und hielt sich bis zum „Anschluss" Österreichs in Wien auf. Ab 1938 lebte sie in den USA, wo sie an der Metropolitan Opera bis 1950 Triumphe feierte. Lotte Lehmann widersetzte sich im April 1934 Görings Aufforderung, sich als eine Art Nationalsängerin in den

Dienst des „Dritten Reiches" zu stellen und fiel daraufhin bei den Machthabern in Ungnade, vgl. (Kater, o. J.). Auch sie ging zunächst nach Wien, bevor sie 1938 in die USA emigrierte, wo sie bis 1951 der New Yorker „Met" angehörte und eine in aller Welt gefeierte Wagner- und Strauss-Sängerin war. Elisabeth Rethberg hatte schon in den 1920er Jahren ihren Wohn- sitz in die USA verlegt, wo sie seit 1923 regelmäßig an der Metropolitan Opera sang. – Kers- tin Thorborg sang am 16. Juni 1933 die Arie des Orfeus „Ach, ich habe sie verloren" aus der Oper ORFEUS UND EURIDIKE, die Arie „Laßt seh'n, was für mich übrigblieb" und die Haba- nera „Ja, die Liebe hat bunte Flügel" aus Georges Bizets CARMEN, schließlich die Arie der Dalila „Sieh, mein Herz erschließet sich"aus Camille Saint-Saens SAMSON UND DALILA. Lotte Lehmann sang am 20. Juni 1933 Arien aus Massenets WERTHER („Nicht kann ich's mehr ver- hehlen") und MANON („Nützet die schönen jungen Tage"), Offenbachs HOFFMANNS ERZÄHLUNGEN(„Sie entfloh, die Taube so minnig"), d'Alberts DIE TOTEN AUGEN („Psyche wandelt durch Säulenhallen") und Mozarts HOCHZEIT DES FIGARO („O säume länger nicht, geliebte Seele").

152 Am 22. Juni 1933 sang Elisabeth Rethberg, begleitet vom Odeon-Opernorchester unter FW, die Arien „Als euer Sohn einst fortzog" aus Ruggiero Leoncavallos CAVALLERIA RUSTICANA und „Leb wohl, freundlich' Gestade" aus Giacomo Meyerbeers DIE AFRIKANERIN.

153 Z. B. in der Abendausgabe des *Algemeen Handelsblad* vom 22.06.1933, S. 15 unter der Über- schrift „Dr. Weissmann in ons land".

154 Nach dem Zweiten Weltkrieg schmückte FW in Interviews seine im Grunde wenig spekta- kuläre Flucht mit Szenen aus, die einem Hollywood-Anti-Nazi-Film-Drehbuch entnommen sein könnten; vgl. (Reed 1946), S. 102 und (Weissmann 1981). 1946 sprach er davon, dass ihn das plötzliche Erscheinen des gesamten Staatsopernorchesters in SA-Uniformen zur Flucht veranlasst habe. 1981 war die Farbe dieser Uniformen nicht nur schwarz (FW spricht von Gestapo-Uniformen, meinte aber wohl SS-Uniformen), ihm drohte darüber hinaus jetzt auch von ganz anderer Seite Gefahr: Seiner Schilderung zufolge erhielt er am Morgen vor der letzten Aufnahmesitzung mit Elisabeth Rethberg einen Anruf von seiner guten Freundin Djavidan Hanum (1877-1968), der u.a. gute Beziehungen zu Nazi-Bonzen nachgesagt wurden. Sie habe ihm dringend die sofortige Flucht aus Deutschland nahegelegt, da er wegen eines am Abend zuvor mit zwei jungen Damen aus bestem preußischen Adel stattgefundenen Rendezvous' bei den Machthabern unangenehm aufgefallen sei. Daraufhin sei er direkt vom Aufnahmestudio zum Anhalter Bahnhof gegangen und mit dem nächsten Zug nach Holland gefahren. Tags darauf habe er aus den Zeitungen erfahren, dass die beiden jungen Damen, Ursula von Wangenheim die eine und eine Baroness von Seydlitz die andere, unter dem Verdacht der Spionage verhaftet worden seien. Beide seien später auf persönlichen Befehl Hitlers hingerichtet worden. Es mag stimmen, dass zwei von FWs damaligen Damen- bekanntschaften eine Baroness von Wangenheim und eine Baroness von Seydlitz waren. Aber deren Namen lassen sich – laut Mitteilung von Andreas Herbst, Gedenkstätte Deut- scher Widerstand Berlin, vom 1. Juni 2012 – nirgends als Hinrichtungsopfer der NS-Justiz nachweisen. Aufsehen erregte 1934/35 hingegen der Fall von zwei anderen adligen Damen, Bettina von Falkenhayn (1900-1935) und Renate von Natzmer (1898-1935), die zum Be- kanntenkreis von FWs Freundin Djavidan Hanum zählten und 1935 tatsächlich als polnische Spioninnen hingerichtet wurden – nur war FW zu jener Zeit schon lange nicht mehr in Deutschland. Überdies datiert er seine Flucht falsch, nennt als Jahr 1932 (1946) bzw. 1934 (1981).

155 Vgl. *De Telegraaf* vom 25. Juni 1933, S. 13.

156 *De Telegraaf* vom 1. Juli 1933, Morgenausgabe, S. 5. Im Original holländisch.

157 Ebd..

Kapitel 6: Transit 1933-1939

1   (K. Mann und Mann 1984), S. 308 f..

2   Vgl. (Schmidinger und Schöller 2007), S. 21.

3   1930 wurden die Sendezeiten für die einzelnen Vereine von der Regierung neu festgelegt. Je zwanzig Prozent erhielten die vier großen Vereine AVRO, VARA, NCRV und KRO, fünf Prozent VPRO und die restlichen fünfzehn Prozent verteilten sich auf kleinere Interessengruppen. Diese Struktur bestimmte das Gesicht des öffentlichen Rundfunks in den Niederlanden bis in die 1960er Jahre.

4   Vgl. (Overman und van Meurs 1997), hier: S. 148.

5   Nach Nico Gerharz (1920-27) und Eduard van Beinum (1927-31) wurde Frits Schuurman 1931 Chef des (seit 1872 im Concertgebouw Haarlem residierenden) Orchesters. Die Haarlemse Orkest Vereniging wurde 1953 als Noordhollands Philharmonisch Orkest (NPhO) das Symphonieorchester der Region Noord-Holland und existierte unter dieser Bezeichnung bis Ende 2001. Zum 1. Januar 2002 fusionierte das Orchester mit dem ehemaligen Nederlands Balletorkest zur neuen Holland Symfonia.

6   (Schlesinger und Holender 1997), S. 91.

7   Zwei Jahre nach seinem Auftritt in Haarlem gewann Temianka beim ersten Henryk Wieniawski-Violinwettbewerb den dritten Preis hinter David Oistrakh und Ginette Neveu. 1936 Gründung des Temianka Kammerorochesters in London, 1937 Konzertmeister des Scottish Orchestra, 1941 Konzertmeister des Pittsburgh Symphony Orchestra. Im Krieg wegen seiner Vielsprachigkeit als Übersetzer eingesetzt, nahm er nach 1945 seine Konzertkarriere wieder auf. Es folgten ausgedehnte Tourneen, 1946 die Gründung des Paganini String Quartets, 1960 des California Chamber Symphony Orchestra und eine beachtliche Lehrtätigkeit.

8   Vgl. Kapitel 5, Anmerkung 2. Nach einem von SA-Leuten im März 1933 brutal unterbrochenen Konzert seines Tanzorchesters im Berliner Excelsior-Hotel war Dajos Bela umgehend in die Niederlande geflohen. Von dort wandte er sich nach Paris, London, Wien und ging 1935 nach Argentinien. In Buenos Aires leitete er ein Tanzorchester bei Radio Splendid, daneben arbeitete er aber auch bis zu seinem Tod als Bandleader für diverse Rundfunkanstalten und in Kaffeehäusern. (Glocer 2010), hier: S. 107 f..

9   Vgl. Seite „Jan Kiepura". In: Wikipedia, Die freie Enzyklopädie. Bearbeitungsstand: 1. Juli 2015, 18:12 UTC. URL: https://de.wikipedia.org/w/index.php?title=Jan_Kiepura&oldid=143653210 (Abgerufen: 30. Juli 2015, 07:07 UTC)

10 De Telegraaf vom 5. November 1933, S. 1. Im Original holländisch.

11 Het Vaderland, Morgenausgabe, vom 2. Dezember 1933. Im Original holländisch.

12 Vgl. Het Vaderland, Morgenausgabe, vom 2. Dezember 1933.

13 Ebd.. Im Original holländisch.

14 Het Volk vom 25. November 1933, S. 11. Im Original holländisch.

15 De Telegraaf, Abendausgabe, vom 23. März 1934, S. 3. – 1946 nannte FW die Richard Strauss-Oper DIE FRAU OHNE SCHATTEN, vgl. (Reed 1946), S. 70

16 De Telegraaf, Abendausgabe, vom 27. März 1934, S. 7.

17 So (Weissmann 1935).

18 Ebd. argumentiert FW in diesem Sinne.

19 Caras y Caretas (Buenos Aires) Nr. 1858 vom 12. Mai 1934, o. S..

20 Zur Biographie Ernesto de Quesadas, vgl. Seite „Ernesto de Quesada", in: Wikipedia, The Free Encyclopedia. Retrieved 07:19, July 30, 2015, from https://en.wikipedia.org/w/index.-php?title=Ernesto_de_Quesada&oldid=647922660 sowie Webseite von Conciertos Daniel http://www.conciertosdaniel.com/principal.htm.

21 (Busch 1978), S. 84.

22 Zur Biographie, vgl. Seite „Paul Zech". In: Wikipedia, Die freie Enzyklopädie. Bearbeitungs-stand: 13. Januar 2015, 00:53 UTC. URL: https://de.wikipedia.org/w/index.php?title=Paul_Zech&oldid=137725617 (Abgerufen: 30. Juli 2015, 07:27 UTC)

23 (Zech 2005), S. 68.

24 Bereits am 27. August 1920 gab es in Argentinien die weltweit erste Radioübertragung einer Oper mit der Live-Sendung des PARSIFAL von Richard Wagner aus dem Coliseo Theater in Buenos Aires. Die Zahl der damals kaum mehr als zwanzig Besitzer von Radioapparaten in der Stadt stieg danach rapide an und bald konkurrierten zahlreiche kommerzielle Rundfunk-sender um die Gunst der Hörer, wobei der Wettbewerb hauptsächlich mit Unter-haltungsmusik, insbesondere mit Tangomusik, bestritten wurde.

25 (Zech 2005), S. 74.

26 (Valenti Ferro 1992), S. 183.

27 (Reed 1946), S. 70. Im Original holländisch.

28 Vgl. De Telegraaf, Abendausgabe, vom 12. September 1934, S. 7.

29 Le Ménestrel 96 (25. Juli 1934), S. 278.

30 Vgl. De Telegraaf, Abendausgabe, vom 12. September 1934, S. 7.

31 (Weissmann 1935). Im Original holländisch.

32 Ebd..

33 Le Menestrel 97 (25. Januar 1935), S. 32. Im Original französisch.

34 Vgl. Revista histórica, Bände 39-40 (1968), S. 562.

35 (Weissmann 1935). Im Original holländisch.

36 „Geredden der ‚Orania' terug", in: De Tijd, Abendausgabe, vom 24. Dezember 1934, S. 2. Im Original holländisch.

37 Gegenüber der argentinischen Wochenzeitung Caras y Caretas (Nr. 2016 vom 22. Mai 1937, S. 143) erwähnte FW, er habe in Holland Werke argentinischer Komponisten – Alberto Wil-liams (1862-1952), Julián Antonio Tomás Aguirre (1868-1924), Floro M. Ugarte (1884-1975), Carlos López Buchardo (1881-1948) – mit großem Erfolg („con entusiasmo por el público, particularmente en Holanda") aufgeführt.

38 Caras y Caretas (Buenos Aires) Nr. 1910 vom 11. Mai 1935, o. S..

39 Vgl. (Deutsches Tanzarchiv Köln 2015).

40 (Rothuizen 1982), S. 47. Im Original holländisch.

41 Vgl. Diario da noite (Rio de Janeiro) vom 12. Mai 1936, S. 1f..

42 NL FW (SWQ), Pasaporte Republica Argentina Nr. 1857573 (Ausgabedatum 10.12.35), Stempel Doorlaatposten Vlissingen vom 3. Januar 1936.

43 „Indrukken van Zuid-Amerika" in: De Telegraaf, Abendausgabe, vom 9. Januar 1936, S. 7.

44 Ebd..

45 NL FW (SWQ), Pasaporte Republica Argentina Nr. 1857573 (Ausgabedatum 10.12.35), Stempel der Amsterdamer Fremdenpolizei vom 14. Januar 1936.

46 Ebd., Stempel des holländischen Grenzpostens bei Roosendaal, etwa 130 Kilometer südlich von Amsterdam, vom 27. Januar 1936. Möglicherweise hatte FW seine Eltern an diesem Tag im benachbarten Belgien, vermutlich in Antwerpen, abgeholt.

47 Palfi heiratete einen Amerikaner und emigrierte 1940 in die USA. Dort arbeitete sie für Zeit-schriften wie *Ebony* und beteiligte sich 1955 an Edward Steichens Ausstellung FAMILY OF MAN. Ab Mitte der 1960er Jahre unterrichtete sie in Los Angeles an diversen Lehranstalten. Sie starb 1978.

48 NL FW (SWQ).

49 Ebd., Pasaporte Republica Argentina Nr. 1857573 (Ausgabedatum 10.12.35) Stempel der ar gentinischen Einwanderungsbehörde vom 15. Mai 1936.

50 *Caras y Caretas* (Buenos Aires) Nr. 1963 vom 16. Mai 1936, S. 140. Im Original spanisch.

51 *De Telegraaf*, Abendausgabe, vom 1. September 1936, S. 7. Im Original holländisch.

52 Ebd..

53 Erwin Leuchter (1902-1973), geb. in Berlin, kam 14jährig nach Wien, dort Musikstudium und Berufserfahrungen als Dirigent. 1936 Emigration nach Argentinien, Dirigententätigkeit für die Asociación del Profesorado Orquestral sowie die Sociedad Filarmónica de Buenos Aires. Lehrer von Michael Gielen und Carlos Kleiber; vgl. Herbert Henck (http://www.herbert-henck.de/Internettexte/Kurzmann_III/kurzmann_iii.html#ErwinLeuchter).

54 NL FW (SWQ), Pasaporte Republica Argentina Nr. 1857573 (Ausgabedatum 10.12.35) Stempel Policia Maritima e Aérea Rio de Janeiro vom 8. Dezember 1936.

55 Z. B. in *De Telegraaf*, Abendausgabe, vom 1. September 1936, S. 7.

56 Heitor Villa-Lobos erwähnt FWs Name in einem Brief, den er am 26. Juli 1947 von Paris aus an die kanadische Pianistin Ellen Ballon schrieb; vgl. (Peppercorn und Villa-Lobos 1994), S. 97.

57 *Diario da noite* (Rio de Janeiro) vom 12. Mai 1936, S. 1f..

58 *De Telegraaf* vom 22. Februar 1937.

59 So *De Volkskrant* vom 22. Februar 1937.

60 *De Telegraaf* vom 22. Februar 1937. Im Original holländisch.

61 Zur Biographie Ruth Hornas, vgl. http://www.401dutchdivas.nl/nl/sopranen/250-ruth-hor-na-.html.

62 *De Tijd* vom 22. Februar 1936. Im Original holländisch.

63 Ebd.. Im Original holländisch.

64 *De Telegraaf*, Abendausgabe, vom 9. März 1937.

65 *Het Nationale Dagblad* vom 11. März 1937. Im Original holländisch.

66 Ebd. Im Original holländisch.

67 Vgl. *Algemeen Handelsblad*, Abendausgabe, vom 9. März 1937, S. 6.

68 *De Telegraaf*, Abendausgabe, vom 9. März 1937. Im Original holländisch.

69 Ebd.. Im Original holländisch.

70 NL FW (SWQ), Pasaporte Republica Argentina Nr. 1857573 (Ausgabedatum 10.12.35) Stempel Hoofdbureau van Politie Vreemdelingendienst vom 1. April 1936.

71 Ebd., Schreiben FW, Neapel, an Rudolf Mengelberg vom 9. April 1937.

72 Ebd., Pasaporte Republica Argentina Nr. 1857573 (Ausgabedatum 10.12.35) Stempel Republica Argentina vom 26. April 1937.

73 *The Putnam County Courier*, Carmel, N. Y. vom 14. Juli 1938, S. 5; (Reed 1946), S. 70.

74 (Kießling 1980), S. 66.

75   Ebd., S. 69.

76   (Zech 2005), S. 75.

77   *Caras y Caretas* Nr. 2016 vom 22. Mai 1937, S. 143. Im Original spanisch.

78   Vgl. ebd..

79   (Rothuizen 1982), S. 47.

80   Lt. Anzeige in *De Telegraaf*, Abendausgabe, vom 26. Juli 1937. Im Original holländisch.

81   *Argentinisches Tageblatt* vom 29. August 1937.

82   NL FW (SWQ), Auszug aus Trauregister der anglikanischen St. John's Gemeinde in Buenos Aires, Eintrag vom 28. August 1937.

83   Angaben lt. „New York, New York Passenger and Crew Lists, 1909, 1925-1957," database with images, FamilySearch (https://familysearch.org/ark:/61903/1:1:24KY-3H5:   auf gerufen am 3. August 2015), Samuel Federico Weissman, 1937; citing Immigration, New York, New York, United States, NARA microfilm publication T715 (Washington, D.C.: National Archives and   Records Administration, n.d.); FHL microfilm 1,757,794.

84   Ebd..

85   Vgl. (*New York City Guide - A Comprehensive Guide to the Five Boroughs of the Metropolis-Manhattan, Brooklyn, the Bronx, Queens, and Richmond. Prepared by the Federal Writers' Project of the Works Progress Administration in New York City* 1939), S. 9.

86   (Doering 2013), S. 2. Im Original englisch.

87   Samuel Chotzinoff schilderte seine Mission anekdotenreich in (Chotzinoff 1956). Trockener und faktenorientierter sind die Darstellungen von (Matthews 1982), S. 77-92 und (Sachs 1980), S. 350-370.

88   (Sachs 1980), S. 362.

89   (National Broadcasting Company 1938), S. 12 ff..

90   Vgl. (Sachs 1980), S. 362.

91   *De Telegraaf*, Abendausgabe, vom 25. Januar 1938. Im Original holländisch.

92   Vgl. *Radio Guide* 7 (1937), Heft 6 (20.-27.11.1937), S. 9.

93   *Cincinnati Enquirer* vom 27. Dezember 1937, S. 11. Im Original englisch.

94   Vgl. (Schlüren, o. J.).

95   NL FW (SWQ), zitiert nach einer undatierten Rezension, enthalten in einem Pressespiegel, vermutlich erstellt von Columbia Concerts Management. Im Original englisch.

96   Ebd.. Im Original englisch.

97   Ebd.. Im Original englisch.

98   Ebd.. Im Original englisch.

99   Er war auch Besitzer einer exquisiten Kunstsammlung. Sie sorgte 1929 für Schlagzeilen, als Jules Bache das Raffael zugeschriebene Gemälde Giuliano de Medici für die damals horrende Summe von $ 600.000 erwarb. Nach seinem Tod im Jahre 1944 schätzte man den Wert seiner 63 Bilder umfassenden Gemäldesammlung (darunter Werke von Rembrandt, Tizian, Raffael, Dürer, Botticelli, Bellini, die er dem Metropolitan Museum in New York großzügig vermachte,) auf die damals erstaunliche Summe von mehr als zwölf Millionen Dollar.

100 Der erste USA-Aufenthalt des Ehepaars Weissmann währte vom 4. Oktober 1937 bis 15. Januar 1938; vgl. Affidavit of support Jules S. Bache, o. D., NL FW (SWQ), und „New York, New York Passenger and Crew Lists, 1909, 1925-1957," index and images, *FamilySearch* (https://familysearch.org/pal:/MM9.3.1/TH-1951-22088-20736-59?cc=1923888 : accessed 25 January 2015), 6157 - vol 13253-13255, May 23, 1938 > images 983/984 and 987/988 of 1161; citing NARA microfilm publication T715 (Washington, D.C.: National Archives and Records Administration, n.d.).

101 Seite „Île de France (Schiff)". In: Wikipedia, Die freie Enzyklopädie. Bearbeitungsstand: 5. September 2014, 19:42 UTC. URL: http://de.wikipedia.org/w/index.php?title= %C3%8Ele_de_France_(Schiff)&oldid=133764150 (Aufgerufen: 2. März 2015, 07:34 UTC)

102 UA München Sign. O-II-7p (Promotionsakte FW).

103 (Grünzweig 1993), hier: S. 298.

104 NL FW (SWQ), Brief Ignatz Weissmann vom 21. Januar 1939. Darin wird ein Päckchen mit Streichhölzern erwähnt, „die Du mir voriges Jahr aus N. York mitgebracht, [...]." Demzufolge fand 1938 ein Treffen statt, für das als Ort nur Amsterdam in Frage kommt.

105 UA München Sign. O-II-7p (Promotionsakte FW, Brief vom 1. April 1938).

106 Ausgestrahlt wurden diese Produktionen auf Radio Hilversum I am 6. März 1938 („Der Vogelhändler") und am 11. März 1939 („Herodiade") auf Radio Hilversum II am 6. Februar 1938 („Zar und Zimmermann"), am 26. März 1938 („De Snoek"), am 4. April 1938 („Il Trovatore") um am 8. Mai 1938 („Faust"). Bei der am 18. April 1938 im Programm Hilversum II ausgestrahlten Operette „Der Zigeunerbaron" handelte es sich wohl um eine Wiederholung einer am 9. Januar 1936 erstgesendeten Aufnahme.

107 NL FW (SWQ), Angaben lt. Affidavit of support Jules S. Bache, o. D..

108 Ebd., Pasaporte Republica Argentina Nr. 1857573 (Ausgabedatum 03.09.37), Stempel des „Hoofdbureau van Politie Amsterdam – Vreemdelingendienst" vom 9. April 1938.

109 Vgl. „New York, New York Passenger and Crew Lists, 1909, 1925-1957," index and images, *FamilySearch* (https://familysearch.org/pal:/MM9.3.1/TH-1951-22088-20736-59? cc=1923888 : accessed 25 January 2015), 6157 - vol 13253-13255, May 23, 1938 > images 983/984 and 987/988 of 1161; citing NARA microfilm publication T715 (Washington, D.C.: National Archives and Records Administration, n.d.).

110 Ebd. sowie images 987 and 988 of 1161; citing NARA microfilm publication T715 (Washington, D.C.: National Archives and Records Administration, n.d.). Emma Goldner war eine Schwester des auch musikalisch sehr begabten Wiener Arztes und Schönberg-Freundes Dr. Oscar Adler (1875-1955). Ihre Tochter, die Pianistin Julia Elbogen geb. Goldner (1890-1981), war die Mutter der mitreisenden Enkelin Anna Elbogen. Deren Vater war der von den Nazis im KZ Dachau eingesperrte Wiener Kaufmann Franz Elbogen, ein Bruder des mit Schriftstellern wie Peter Altenberg, Heimito von Doderer, Karl Kraus, Thomas Mann und Robert Musil und mit Musikern wie Alban Berg und Arnold Schönberg befreundeten Schriftstellers Paul Elbogen (1894-1987). Emma Goldners zweite Tochter Stefanie war eine hervorragende Harfenistin, die nach dem Ersten Weltkrieg in die USA auswanderte und dort als Musikerin bei den New Yorker Philharmonikern den damals noch unbekannten Dirigenten Eugene Ormandy (1899-1985) kennenlernte, den sie später heiratete.

111 Mitteilung SWQ vom 2. Juni 2013.

112 Orts- und Zeitangaben, vgl. „New York, New York Passenger and Crew Lists, 1909, 1925-1957," index and images, FamilySearch (https://familysearch.org/pal:/MM9.3.1/TH-1951-22088-20736-59?cc=1923888 : accessed 25 January 2015), 6157 - vol 13253-13255, May 23, 1938 > images 983/984 and 987/988 of 1161; citing NARA microfilm publication T715 (Washington, D.C.: National Archives and Records Administration, n.d.).

113 Vgl. *The Putnam County Courier*, Carmel, N. Y. vom 14. Juli 1938, S. 5.

114 *The Putnam County Courier*, Carmel, N. Y. vom 14. Juli 1938, S. 5. Im Original englisch.

115 Vgl.(Ocampo 2005), S. 29.

116 *The Music Magazine/Musical Courier* 118 (1938), S. 96: „musical steeds".

117 (Piatigorsky 1968), S. 168. Dorlé Jarmel war verheiratet mit dem Pelzgroßhändler und späteren Schallplattenproduzenten Dario Soria (1912-1980), mit dem sie 1953 das Schallplattenlabel Angel Records gründete.

118 Wahrscheinlich meint Ignatz Weissmann den fast gleichaltrigen Menachem Mendel Landau (* Klodawa 1860, † Amsterdam 1941), der in Amsterdam ein Restaurant betrieb. Drei seiner zahlreichen Kinder, die Brüder Abraham Ide Landau (1893-Sobibor 1943), Pinkus Szmull Landau (1900-Sobibor 1943) und Mosiek Hercke Landau (1890-Auschwitz 1943), lebten ebenfalls in Amsterdam; Abraham und Pinkus Landau besaßen eine Süßwarenmanufaktur in der Amsterdamer Nieuwe Herengracht, Mosiek Landau war seit 1927 Kantor der Synagoge in der Amsterdamer Jacob Obrechtstraat, vgl. das niederländische Web-Portal Joodsmonument (http://www.joodsmonument.nl/search/550714/en?q_mm=landau& start = 48).

119 FWs Eltern wohnten von 1913 bis 1930 in Frankfurt am Main in der Elkenbachstr. 4. 1936 sind sie in der Scheffelstr. 17, 1938 in der Beethovenstr. 40 gemeldet.

120 NL FW (SWQ).

121 Vgl. NMI NL Ankie van Wickevoort Crommelin Best. HGM 317/180, 182, 184.

122 „Lebs" war der Spitzname für Leberecht von Guaita; vgl. dazu Kapitel 5, S. 126.

123 NL FW (SWQ).

124 Seit 1921 waren für die Einwanderung in die USA je nach staatlicher Herkunft unterschiedlich große Kontingente pro Jahr festgelegt worden. Die bei Antragsstellung erteilte Nummer entschied über die Aufnahme im Rahmen des festgelegten Kontingents. In Deutschland war für die Ausstellung von Visa das US-Generalkonsulat in Stuttgart zuständig.

125 Der 1907 in Frankfurt am Main geborene Willi Natt war Kantor in Gießen. Er kam am 30. November 1942 nach Theresienstadt und wurde dort ermordet; vgl. (Yad Vashem 2015).

126 Der Bariton Theo Baylé (1912-1971) debütierte am 9. Januar 1936 in einer von FW geleiteten AVRO-Radioaufführung des „Zigeunerbarons" von Johann Strauß. In den 1940er Jahren war er erster Bariton der Niederländischen Oper. Später sang er jahrelang an der Wiener Staatsoper und war Gast an zahlreichen Bühnen Europas und Amerikas.

127 Die Identität des „jungen Mannes aus Amsterdam" wird wohl nie geklärt werden können. Um möglichen Zensureingriffen und einer Gefährdung des Mannes vorzubeugen, dürfte Ignatz Weissmann hier nur allgemein und andeutungsweise geäußert haben. Vermutlich handelte es sich bei ihm um eine Art „Fluchthelfer", wahrscheinlich beauftragt von FW, um die Eltern illegal über die Grenzen nach den Niederlanden zu bringen. Jüdische Hilfskomitees halfen in solchen Fällen, nahmen die Auswanderer in Empfang und brachten sie in jüdischen Familien unter, bis ihr Aufenthalt geregelt werden konnte. Offenbar wollte Ignatz Weissmann diesen Weg aber nicht gehen, stattdessen zog er es vor, auf die Ausstellung eines Visums für die USA und somit eine ordnungsgemäße Auswanderung zu warten, zumal er glaubte, berechtigte Hoffnung auf die baldige Zuteilung einer „Quotennummer" zu haben.

128 Die Frage nach der Wohnung dürfte sich nicht auf New York, sondern auf die Unterbringung in Amsterdam beziehen. Möglicherweise ist es aber auch eine verklausulierte Frage, ob FW mittlerweile schon für die Eltern eine Wohnung gefunden habe.

129 NL FW (SWQ).

130 Ebd..

131 *Frankfurter Israelitisches Gemeindeblatt* 15 (1937), Nr. 9, S. 12 f.. – Der 1882 in Culm (Westpreußen) als Sohn eines Rabbiners geborene Georg Salzberger war nach Studium der Philosophie, Philologie und deutscher Literatur in Berlin und Promotion in Heidelberg von 1910-1939 Rabbiner in der Israelitischen Gemeinde Frankfurt und gehörte zur jüdischen Reformbewegung. Nach 1933 war Salzberger der einzige liberale Gemeinderabbiner im nationalsozialistischen Frankfurt. 1934 wurde er Vorsitzender des neugegründeten „Jüdischen Kulturbundes" im Rhein-Main-Gebiet. 1939 konnte er nach England emigrieren. Dort war er Mitbegründer der einzigen deutschsprachigen jüdischen Gemeinde in London und bis 1957 deren Rabbiner. Mit hohen Ehrungen ausgezeichnet, starb Dr. Georg Salzberger 1975 in London.

132 HHStAW 519-3-19419 (Entschädigungsakte Auguste Weissmann, Antrag auf Mitnahme von Umzugsgut vom 2. Juni 1939) und (Martini 2010), S. 291.

133 NMI NL Ankie van Wickevoort Crommelin Best. HGM 317/180-184.

134 Alle Angaben lt. HHStAW 519-3-19419 (Entschädigungsakte Auguste Weissmann).

135 Stadsarchief Amsterdam NL-SAA-3800095 (A 01232-0515-0237) Archiefkaarte *Auguste Weissmann-Loeb*.

136 http://www.joodsmonument.nl/page/433549. Auf dem letzten Brief von FWs Mutter war als ihre Adresse „c/o Hans Rosenbaum" angegeben, vgl. Abbildung auf Seite 272.

137 http://www.joodsmonument.nl/person/510077/nl.

138 Das Verzeichnis umfasst auf 13 Seiten 356 Positionen, die einen guten Einblick in die gutbürgerlichen Lebens- und Wohnverhältnisse in FWs Elternhaus vermitteln. U. a. gehörte zum Umzugsgut „1 Schrankgrammophon mit ca. 125 Platten" (Nr. 10), zwei Operngläser „25 Jahre alt" (Nr. 71), „18 grosse Photografien im Rahmen", „31 kleine dto", „1 Rahmen mit verschiedenen Photografien", „1 Karton Familienbriefe" und „verschiedene Bilder & Photografien" (Nr. 81-85), „1 Musikalische Abhandlung" (Nr. 309) und zehn Bücher über Musik und jüdische Geschichte sowie je ein jüdisches Gebets- und Andachtsbuch; vgl. HHStAW 519-3-19419 (Entschädigungsakte Auguste Weissmann: Akte der Devisenstelle S Az 2018/39).

139 Vgl. HHStAW 519-3-19419 (Entschädigungsakte Auguste Weissmann).

140 NMI NL Ankie van Wickevoort Crommelin Best. HGM 317/183. Im Original holländisch.

141 Vgl. (Weissmann 1981).

142 *De Gooi – Een Eemlander* vom 9. Juni 1939, S. 13. Im Original holländisch.

143 Ebd.. Im Original holländisch.

144 Vgl. *De Telegraaf,* Abendausgabe, vom 3. Juni 1939, S. 7. AVRO-Sendedaten für diese Werke konnten bislang nicht ermittelt werden, möglicherweise war damals eine Aufzeichnung auch aus technischen Gründen noch nicht möglich.

145 NMI NL Ankie van Wickevoort Crommelin Best. HGM 317/184. Im Original holländisch.

146 Angaben lt. „New York, New York Passenger and Crew Lists, 1909, 1925-1957," database with images, FamilySearch (https://familysearch.org/ark:/61903/1:1:242W-G8X : accessed 3 August 2015), Friedrich Weissmann, 1938; citing Immigration, New York, New York, United States, NARA microfilm publication T715 (Washington, D.C.: National Archives and Records Administration, n.d.); FHL microfilm 1,757,895.

147 *Aufbau* (New York) vom 1. Juli 1939, S. 5.

148 *The New York Sun* vom 8. Juli 1939, S. 14. Im Original englisch.

149 *Aufbau* (New York) vom 1. August 1939, S. 9.

150 *Brooklyn Eagle* vom 13. Juli 1939, S. 13. Im Original englisch.

151 *The New York Sun* vom 13. Juli 1939, S. 16. Im Original englisch.

152 *Brooklyn Eagle* vom 13. Juli 1939, S. 13. Im Original englisch.

153 *The New Yorker* vom 22. Juli 1939. Im Original englisch.

154 *The Putnam County Courier,* Carmel, N. Y. vom 14. August 1939, S. 2.

Kapitel 7: Amerika 1939-1958

1 United States Census, 1940, index and images, FamilySearch (https://familysearch.org/pal:/MM9.1.1/KQTF-7T9: accessed 24 May 2014), Faudes [!] Weismann, Assembly District 15, Manhattan, New York City, New York, New York, United

States; citing enumeration district (ED) 31-1322, sheet 5A, family 147, NARA digital publication of T627, roll 2655.

2 Die Frage nach dem Einkommen war damals sehr umstritten. Der republikanische Senator Charles Tobey aus New Hampshire versuchte vergeblich, sie aus dem Fragebogen streichen zu lassen. Als Kompromiss konnten die Befragten die Antwort vertraulich hinterlegen, wenn sie das wollten. Dirigenten wie Bruno Walter, Erich Leinsdorf oder FWs ehemaliger Berliner Korrepetitorenkollege Dimitri Mitropoulos bestanden – wie nur zwei Prozent aller Befragten – auf einer vertraulichen Behandlung ihrer Einkünfte und ließen eine Veröffentlichung nicht zu.

3 Das Orchester bestand nur 3 1/2 Jahre. Es ist nicht zu verwechseln mit dem 1944 – wiederum unter Beteiligung von Bürgermeister La Guardia – gegründeten New York City Symphony Orchestra, dessen Dirigenten Leopold Stokowski und Leonard Bernstein waren und das bis 1948 existierte. Das WPA-New York City Symphony Orchestra ist auch nicht zu verwechseln mit dem 1926 von dem New Yorker Richter Leopold Prince gegründeten New York City Symphony Orchestra, einem Liebhaberorchester, das 1956 in ein Berufsorchester umgewandelt wurde und noch heute besteht.

4 Schreiben Bürgermeister LaGuardia vom 21. November 1939, NL FW (SWQ).

5 Bezüglich der Nicht-Honorierung der beteiligten Künstler vgl. (Morris 1955), S. 160.

6 *The New York Sun* vom 4. Dezember 1939, S. 28. Im Original englisch.

7 Ebd.. Im Original englisch.

8 Zu seiner Instrumentensammlung zählten ein Stradivari-Cello von 1689 (Archinto*)*, das berühmte de Munck Cello von 1730 und die Figueroa Violine von 1686.

9 Das de Munck-Stradivari-Cello erwarb Kingman nach Feuermanns frühem Tod von dessen Erben.

10 *The New York Sun* vom 7. November 1939, S. 12.

11 William G. King, Music and Musicians, in: *The New York Sun* vom 20. Februar 1940. Im Original englisch.

12 Vgl. *The New York Sun* vom 28. März 1940 und 02. April 1940.

13 *The New York Sun* vom 12. April 1940. Im Original englisch.

14 Irving Kolodin, Weissmann Takes Baton at Stadium, in: *The New York Sun* vom 16. Juli 1940. Im Original englisch.

15 Ebd.. Im Original englisch.

16 Irving Kolodin, Ania Dorfman plays Beethoven - Weissmann Is Conductor at Stadium, in: *The New York Sun* vom 19. Juli 1940 und *PM Daily*, New York, vom 19. Juli 1940. Im Original englisch.

17 *PM Daily*, New York, vom 19. Juli 1940. Im Original englisch.

18 Irving Kolodin, Ania Dorfman plays Beethoven - Weissmann Is Conductor at Stadium, in: *The New York Sun* vom 19. Juli 1940.

19 Irving Kolodin, Weissmann Gives Work by Johnson, in: *The New York Sun* vom 20. Juli 1940. Im Original englisch.

20 Zunächst war offenbar die New Yorker Erstaufführung von Benjamin Brittens Klavierkonzert mit dem Komponisten als Solisten geplant gewesen; vgl. *Aufbau* (New York) vom 31. Mai 1940, S. 11. Vermutlich zog Britten, der zu jener Zeit auf Long Island weilte, kurz darauf seine Zusage zurück, weil er sich mit größeren Zahnproblemen herumplagte; vgl. (Britten 2011), Brief an Beth Welford vom 11. Juni 1940. Statt Brittens Werk scheint man nun die DRITTE SINFONIE des New Yorker Komponisten Arthur Harry Gutmann in Betracht gezogen zu haben, eines Sohns deutsch-jüdischer Einwanderer, der häufig mit dem 1937 in die USA emigrierten österreichischen Filmkomponisten Arthur Gutmann (1891-1945) verwechselt wird. Im *Aufbau* (New York) vom 26. Juli 1940, S. 9, wird FW dafür gelobt, dass er im „dankenswerte[n] Bestreben, im Rahmen der von ihm dirigierten Konzerte im New Yorker Stadium möglichst viele neue und interessante Werke dem Publikum vorzustellen", beabsich-

tige, Gutmans Sinfonie aufzuführen, „ein Werk, das bereits von Rodzinski und Reiner auch zur Aufführung erworben wurde. Der Komponist [...] hat hier ein äusserst anspruchsvolles Werk geschaffen, dem man es im Formalen und Inhaltlichen anmerkt, wie ernst sein Schöpfer am Werke ist." Gleichwohl verzichtete FW auf Gutmanns unbekanntes Werk. Statt dessen sorgte er für die New Yorker Premiere der STREETS OF FLORENCE des Freundes Horace Johnson..

21 Irving Kolodin, Weissmann Gives Work by Johnson, in: *The New York Sun* vom 20. Juli 1940. Im Original englisch.

22 *Newark Evening News* vom 22. Oktober 1940. Im Original englisch.

23 (Weissmann 1981). Im Original englisch.

24 *Newark Evening News* vom 22. Oktober 1940. Im Original englisch.

25 Z. B. *New York Times* vom 13. November 1940.

26 Zu FWs Gehalt gibt es keine genauen Informationen. Man kann aber davon ausgehen, dass FW als Dirigent des NJSO höchstens 3.000-3.500 Dollar pro Jahr verdiente, da sein Nachfolger Samuel Antek zuletzt (1959) ein Jahresgehalt von 10.000 Dollar bei einem gegenüber FW dreifach erhöhten Veranstaltungsvolumen hatte; vgl. W. G. Rogers, They Make Their Own Music – and Like It, in: *Daytona Beach Sunday News Journal* vom 1. November 1959, S. 7-B.

27 Da das Stück schon zwei Wochen vorher am 17. November 1940 in Rumson, N. J., mit Kingman als Solisten öffentlich aufgeführt wurde, war die Präsentation in Orange und Montclair keine Uraufführung. Das Werk erschien 1942 im Musikverlag Novello, New York.

28 Die Schallplatte wurde im Rahmen eines Hilfsprogramms für britische Soldaten, dem „Bundles for Britain"-Projekt, produziert. Vermutlich gelangte sie nicht in den Handel.

29 Das Konzert am 26. Januar 1941 dirigierte John Barnett (* 1917) an Klemperers Stelle. Über Umstände und Hintergründe des Klemperer-Konflikts, vgl. La Guardia Community College, La Guardia and Wagner Archives, 84 - Works Progress Administration: 84C - WPA Music Project: Concerts at Carnegie Hall, Box # 19, Folder 374 (Dec 1940-Jan 1941).

30 I. K. [Irving Kolodin], Major Warner Is Soloist, in: *The New York Sun* vom 17. Februar 1941, S. 15.

31 *Aufbau* vom 14. Februar 1941

32 *The New York Sun* vom 24. Februar 1941. Im Original englisch.

33 *The New York Post* vom 10. Februar 1941, S. 12.

34 Vgl. La Guardia Community College, La Guardia and Wagner Archives, 84 - Works Progress Administration: 84C - WPA Music Project: Concerts at Carnegie Hall, Box # 19, Folder 374 (Dec 1940-Jan 1941), Memorandum Leo Steiner vom 25. Januar 1941 an Präsident Morris.

35 Die Gewinner aus New Jersey maßen sich anschließend im Mai und Juni bei weiteren Wettbewerben mit Gewinnern aus anderen Bundesstaaten. Aus den Siegern dieser Wettbewerbe traf dann Star-Maestro Leopold Stokowski persönlich die endgültige Auswahl der neunzig Mitglieder seines neugegründeten All-American Youth Orchestra, mit dem er im August 1940 zu einer großen, sehr erfolgreichen Auslandstournee nach Latein- und Südamerika aufbrach. Vgl. *The Westfield Leader*, Westfield N. J., vom 11. April 1940, S. 19.

36 So der Lokalhistoriker Charles Cummings (1938-2005) aus Newark, zitiert nach JoAnne Sills, Newark's Forgotten Music Center, in: NJcom (http://www.nj.com/ news/index.ssf/2008/11/_griffith6_lena.html). Im Original englisch.

37 Irving Kolodin, Metropolitan Singers Heard in Newark, in: *The New York Sun* vom 18. Juni 1941, S. 29. Im Original englisch.

38 *The Putnam County Courier* vom 18. September 1941, S. 6.

39 Die Information über den Vorfall wie über FWs Bemerkung zu Leinsdorf verdanke ich einer Mitteilung von Larry Holdridge, Amityville N.Y., vom 31. März 2015.

40 (Weissmann 1981). Im Original englisch.

41 Sascha Gorodnitzki, Nadia Reisenberg und Dorothy Minty hatten als Solisten ihre große Zeit vor 1950. Alle waren danach bedeutende Lehrer, die an der Juillard School in New York unterrichteten. Gorodnitzki, ein Schüler von Josef Lhevinne, war Lehrer u.a. von Eugene Istomin, Garrick Ohlsson, Dennis Russell Davies. Reisenberg förderte Studenten wie den Pianisten Richard Goode und die Dirigenten Myung-Whun Chung und Andrew Litton; Aufsehen erregte sie 1939-40, als sie alle 27 Klavierkonzerte Mozarts in wöchentlichen Radiosendungen mit dem WOR Symphony Orchestra unter Alfred Wallenstein spielte. Dorothy Minty war die Solistin bei der Uraufführung von Charles Ives' Violinkonzert im Jahre 1928.

42 (Kesting 1993), S. 228.

43 „United States World War II Draft Registration Cards, 1942," index and images, Family-Search,(https://familysearch.org/pal:/MM9.3.1/TH-267-11826-10664?21cc=1861144: aufgerufen am 11. März 2015), 004126364>image 4303 of 6055. Citing NARA microfilm publications M1936, M1937, M1939, M1951, M1962, M1964, M1986, M2090, and M2097 (Washington, D.C.: National Archives and Records Administration, n.d.).

44 (Berky 2015).

45 NL FW (SWQ).

47 Mitteilung SWQ am 1. März 2014.

48 Die Verordnung stieß auf größten Protest der Bevölkerung, sodass sie schon bald insoweit gelockert wurde, dass es eine Verordnung auf der Basis von Freiwilligkeit wurde. Doch der danach dramatisch gestiegene Benzinverbrauch bewog das OPA am 20. Mai 1943 zum Erlass eines Verbots für alle nicht unbedingt nötigen privaten Autofahrten in 17 Ostküstenbundesstaaten.

49 *Newark Evening News* vom 2. Februar 1943. Im Original englisch.

50 *The Independent Press*, Bloomfield N. J., vom 23. April 1943, S. 16. Im Original englisch.

51 Fredell Lack, Tochter jüdischer Einwanderer aus Litauen, stammt aus Oklahoma. Musikalisch ausgebildet von Berühmtheiten wie Louis Persinger, Ivan Galamian, Georges Enescu und Nadia Boulanger zog sie 1951 nach Houston, Texas, wo sie zum Lyric Art Quartet stieß und mehr als fünfzig Jahre an der University of Texas unterrichtete. – Gloria Perkins war bereits mit neun Jahren öffentlich aufgetreten und nahm später Unterricht bei Louis Persinger, dem bedeutenden amerikanischen Geiger, Pianisten und Hochschullehrer, zu dessen Schülern u. a. Yehudi Menuhin, Ruggiero Ricci, Isaac Stern, Fredell Lack, Zvi Zeitlin, Leonard Posner, Enrique Danowicz and Louise Behrend zählten. – Harold Kohon wurde wie Lack u. a. von Georges Enescu unterrichtet. Er spielte 1944 mit Russel B. Kingman im American String Quartet und bewies später seine Vielseitigkeit als Konzertmeister, Gründer eines nach ihm benannten Quartetts und vielbeschäftigter Studiomusiker bei Jazz und Unterhaltungsmusik. – Julius Katchen (1926-1969) studierte 1943/44 zwar noch am Haverford College in Pennsylvania, war aber schon mehrfach erfolgreich als Solist aufgetreten, z. B. bei seinem New Yorker Debüt im Lewisohn Stadion 1939, wo der 12-jährige das Publikum mit Schumanns KLAVIERKONZERT A-MOLL begeisterte.

52 Ein schriftlicher Beleg für den geschilderten Vorgang konnte bislang nicht gefunden werden. Lt. SWQ hat FW aber wiederholt erwähnt, dass er sich mit seinem Agenten überworfen habe, weil dieser ihm die Provision für ein Engagement in Rechnung gestellt hatte, das nicht aufgrund seiner, sondern FWs Bemühungen zustande gekommen war.

53 (Weissmann 1981) Im Original englisch.

54 Ancestry.com, Index to Petitions for Naturalization filed in New York City 1792-1989 (database on-line), Provo, UT, USA: Ancestry.com Operations, Inc. 2007, (http://search.ancestry.com/cgi-bin/sse.dll?h=2565682&db=nysoundexpet&indiv=try: aufgerufen am 03. August 2015.)

55 NL FW (SWQ).

56 *The Desert News*, Salt Lake City (Utah), vom 3. März 1945, S. 8.

57 (Borkh 2002), S. 27 f..

58 *The Toronto Star* vom 4. August 1945. Im Original englisch.

59 *The Toronto Star* vom 10. August 1945.

60 Lt. Mitteilung SWQ hat FW diese Begegnungen mit Glenn Gould mehrfach erwähnt.

61 *The Monthly Letter* September 1945, S. 8. Im Original englisch.

62 Auf CD veröffentlicht bei Naxos 3575754 und Doremi 7784.

63 RCA Victor Matrizen-Nr. D6-RC-6267-2, D6-RC-6268-1, D6-RC-6269-1A, D6-RC-6270-1, D6-RC-6271-1A, D6-RC-6272-1

64 Jascha Heifetz (Complete Original Jacket Collection), Sony B00467EKKO Disc 101.

65 Tauber hielt sich von August 1946 bis Januar 1947 in Nordamerika auf.

66 (Weissmann 1983).

67 (Reed 1946), S. 93. Im Original englisch.

68 (Turner und Koles 2001) S. 121 nennen als Rundfunkdebüt des NJSO fälschlicherweise die Übertragung des Konzerts vom 26. Januar 1948 über die Station WNJR.

69 Fiorenza Quartararo war leider nur eine kurze Karriere beschieden, da sie sich schon nach vier Spielzeiten und der Geburt einer Tochter für immer ins Privatleben zurückzog.

70 Vgl. „In the World of Music", in: *New York Times* vom 22. September 1946: „[...] it will also give concerts in other parts of the State. Frieder Weissman is the conductor."

71 *The Millburn and Short Hills Item*, Millburn N. J., vom 23. Oktober 1947, S. 5.

72 *The Independent Press*, Bloomfield N. J., vom 31. Oktober 1947, S. 14.

73 *The Independent Press*, Bloomfield N. J., vom 16. Februar 1950, o. S. („The Realm of Entertainment").

74 Die übrigen Bewerber waren Valter Poole (1903-1984), Dirigent des Detroit Civic Orchestra, Fritz Mahler (1901-1973), Dirigent des Eerie Philharmonic Orchestra und ein Großneffe des Komponisten Gustav Mahler, Stanley Chapple (1900-1987), Dirigent des St. Louis Philharmonic Orchestra und Guy Fraser Harrison (1894-1986), Dirigent des Rochester Civic Orchestra und des Rochester Philharmonic Orchestra.

75 Zur Biographie, vgl. Seite „Ernst Hoffmann (conductor)", in *Wikipedia, The Free Encyclopedia*. Retrieved 09:32, July 30, 2015, from https://en.wikipedia.org/w/index.php?title=Ernst_Hoffmann_(conductor)&oldid=673714207.

76 Zu den Hintergründen ausführlich, vgl. (Kirkland 2012), S. 188.

77 Bei den nachmittäglichen Konzerten am 17. und 18. Dezember dirigierte FW Werke von Gioacchino Rossini, Peter I. Tschaikowsky, Virgil Thomson (1896-1989), Johann Strauss, dem australischen Pianisten und Komponisten Arthur L. Benjamin (1893-1960) sowie Corellis „Weihnachtskonzert" Concerto grosso op. 6 Nr. 8.

78 Chavez, Enesco und Munch waren zu prominent, als dass sie ernsthafte Kandidaten gewesen wären, und schieden deshalb von vornherein aus dem Rennen. Der in Griechenland geborene, in Berlin ausgebildete und mit Kurt Weill befreundete Maurice Abravanel sowie der in den USA geborene *shooting star* Leonard Bernstein absolvierten zwar ihre Konzerte (im Dezember 1947 bzw. Januar 1948), hatten sich aber mittlerweile schon anderswo festgelegt: Abravanel übernahm noch 1947 die Leitung des überregional unbekannten Utah Symphony Orchestra, das er in mehr als drei Jahrzehnten zu einem Orchester von internationalem Rang formen sollte, Bernstein blieb in New York, festigte seinen Ruf als Komponist und beabsichtigte die Übernahme der Leitung des Palestine Symphony Orchestra (später Israel Philharmonic Orchestra) in Tel Aviv.

79 Vgl. Hubert Roussel, Selection of Symphony Conductor Well Up On Agenda for This Year, in: *Houston Post*, Datum unbekannt, vermutlich 2. Januar 1948. Im Original englisch.

80 Unter Kurtz nahm das Orchester schnell einen großen Aufschwung und spielte sich in die vordere Reihe der amerikanischen Symphonieorchester. Kurtz gelang es jedoch nicht, das Publikumsinteresse dauerhaft wachzuhalten. Zum Ende der Saison 1953/54 musste er gehen, und Ferenc Fricsay übernahm seine Stelle. – Für Hans Schwieger, ehemals Kapellmeister in

Mainz und von dort wegen seiner jüdischen Frau von den Nazis vertrieben, zahlte sich Kurtz' Wechsel nach Houston insofern aus, als er 1948 die dadurch frei gewordene Stelle beim Kansas City Philharmonic Orchestra übernehmen und sich auf dieser Position bis zu seiner Versetzung in den Ruhestand im Jahre 1971 halten konnte. Tauno Hannikainen wurde 1947 *assistant conductor* und 1949 *associate conductor* des Chicago Symphony Orchestra, Walter Hendl blieb bis 1949 *associate conductor* der New Yorker Philharmoniker und übernahm dann die Leitung des Dallas Symphony Orchestra.

81 *Houston Chronicle*, Datum unbekannt, vermutlich 13. November 1947. Im Original englisch.

82 Aufgeführt wurden Mozarts SYMPHONIE NR. 35 D-DUR KV („HAFFNER"), die Schlussszene von Wagners GÖTTERDÄMMERUNG, das VIOLINKONZERT D-DUR OP. 77 von Johannes Brahms mit dem Stargeiger Isaac Stern als Solisten sowie– als Beispiele der Musik des 20. Jahrhunderts – zwei impressionistische Werke, die Tondichtung THE WHITE PEACOCK des früh verstorbenen Amerikaners Charles Tomlinson Griffes (1884-1920) und die LA MER betitelten drei symphonischen Skizzen Claude Debussys.

83 *Houston Chronicle* vom 16. Dezember 1947. Im Original englisch.

84 Aufgeführt wurden drei Stücke „mit Namen": Arcangelo Corellis CONCERTO GROSSO OP. 6 NR. 8 „WEIHNACHTSKONZERT", Arnold Schönbergs SEXTETT FÜR 2 VIOLINEN, 2 VIOLEN UND 2 VIOLONCELLI OP. 4 „VERKLÄRTE NACHT" in einer vom Komponisten erstellten Fassung für Streichorchester und Mozarts SINFONIE NR. 41 C-DUR KV 551 „JUPITER-SINFONIE".

85 Vgl. *The Montreal Gazette* vom 1. Juli 1948, S. 6. – George Schick blieb nur kurz bei der Little Symphony of Montreal und wechselte schon nach zwei Spielzeiten als associate conductor an das damals von Rafael Kubelik geleitete Chicago Symphony Orchestra.

86 NL FW (SWQ), Brief RW, Greystone, vom 23. Juni 1948. Im Original englisch.

87 Vgl. *De Gooi-en Eemlander* vom 30. Juni 1948, S. 2. Im Original holländisch.

88 *De Gooi-en Eemlander* vom 5. Juli 1948, S. 2. Im Original holländisch.

89 Vgl. *Utrechts Nieuwsblad* vom 6. Juli 1948, S. 2.

90 Vgl. NL FW (SWQ), Brief RW, Greystone, vom 23. Juni 1948.

91 Programme und Mitwirkende bei FWs Konzerten mit dem Toronto Symphony Orchestra im Varsity-Stadion 1947/48:
    12. Juni 1947: Manuel de Falla, EL AMOR BRUJO, Solistin Vivian della Chiesa (Sopran); Mozart, SINFONIE NR. 35 D-DUR KV 385 „HAFFNER"; Richard Strauss, ROSENKAVALIER-SUITE;
    19. Juni 1947: David Wendel Guion (1892-1981), BARN DANCE, Solist Edmund Hockridge (Bariton); Smetana,Tänze aus DIE VERKAUFTE BRAUT, Solist: Edmund Hockridge; Prokofieff, SINFONIE NR. 1 „KLASSISCHE"; Ravel, BOLERO;
    25. September 1947: Berlioz, RAKOCZY-MARSCH; Charles T. Griffes (1884-1920),   THE WHITE PEACOCK; Mozart, SINFONIE NR. 39 ES-DUR KV 543; Ravel, DAPHNIS UND CHLOE; Johann Strauss, Ouvertüre zu DIE FLEDERMAUS;
    3. Juni 1948: u. a. Grieg, KLAVIERKONZERT A-MOLL OP. 16, Solistin: Ellen Ballon (Klavier);
    10. Juni 1948: Vorspiel und Bacchanal aus Wagners TANNHÄUSER, vier Arien aus Opern von Verdi, Berlioz, Massenet und Ponchielli mit Frank Wennerholm (Bariton), Tschaikowsky FRANCESCA DA RIMINI OP. 32 und Ravel DAPHNIS UND CHLOÉ-SUITE NR. 2;
    26. August 1948: Ouvertüre zu Verdis MACHT DES SCHICKSALS, Tschaikowskys SLAWISCHER MARSCH B-MOLL OP. 31, Arien aus Opern von Bizet, Meyerbeer und Puccini mit dem Tenor Eugene Conley, Karfreitagszauber aus Wagners PARSIFAL, Dvorak SLAWISCHER TANZ NR. 6, Lee Smith DIVERTISSEMENT IN WALTZ TIME sowie aus Auszüge aus Ferde Grofés GRAN CANYON-SUITE.

92 Mit Peerce hatte FW 1946 Schallplattenaufnahmen gemacht.

93 Jules Falk, einst ein „Wunderkind" und Besitzer einer nach ihm benannten Stradivari-Geige (heute gehört sie Viktoria Mullova), war ein musikalischer Hansdampf, der in seiner Heimatstadt Philadelphia Konzerte mit durchreisenden Gesangstars veranstaltete, im Spielerparadies Atlantic City in den Sommermonaten erfolgreich ein Opernhaus (Steel Pier Opera) betrieb

und in den Wintermonaten sich gelegentlich in Europa auch als Talentsucher betätigte, dessen wohl berühmteste „Entdeckung" die Sopranistin Jarmila Novotna gewesen sein dürfte.

94 Vgl. „Brooklyn Museum Concert", in: *New York Times* vom 23. Novemer 1949.

95 Cembal 4481369. Die CD nennt fälschlicherweise 1948 als Aufnahmejahr.

96 „Musical Oldsters Perform for 4,000; Orchestra Veterans, 60 to 78, Give Concert, Sponsored by Union, in Prospect Park", in: *New York Times* vom 15. August 1949. Im Original englisch.

97 Aufgeführt wurden das Vorspiel zum ersten Akt von Wagners DIE MEISTERSINGER VON NÜRNBERG, Georges Enescus RUMÄNISCHE RHAPSODIE NR. 2 C-DUR OP. 20 sowie Auszüge aus Bizets Oper CARMEN mit den Solisten Bette Dubro, Jean Gibbons, Walter Fredericks und Norman Young. Ferner Tschaikowskys OUVERTÜRE SOLENNELLE 1812 OP. 49 und John Philip Sousas (1854-1932) amerikanischer Nationalmarsch STARS AND STRIPES FOREVER.

98 Vgl. The Wilkes College Beacon vom 30. September 1949, S. 3. Im Original englisch.

99 Frances Ulric Cole (1905-1992), geboren in New York, Musikstudium am New Yorker Institute for Musical Arts, an der Juillard School und in Paris bei Nadia Boulanger. Danach Musiklehrerin und Redakteurin beim Time Magazine. Gründungsmitglied der Society of American Women Composers.

100 „The Conductor as Showman", in: *International Musician* (1953), S. 17. Im Original englisch.

101 Ebd. Im Original englisch.

102 Remington Records DS 1644-49 „This is the Voice of America", Department of State, Office of International Information, International Broadcasting Division.

103 Francis Perkins, „Enterprising New York City Opera Scores in Puccini's ‚Turnadot‘, in: *Toledo Blade* vom 9. April 1950.

104 Vgl. „Margaret Bonds Plays with Scranton Philharmonic Ork", in: *The New York Age* vom 11. Februar 1950, S. 3:

105 D. M. Peters in *Scranton Times*, zitiert nach ebd.. Im Original englisch.

106 (Cusick und Donnelly 1949), S. 2. Im Original englisch.

107 Ebd. Im Original englisch.

108 „Scranton Philharmonic Heard Over WRUN-FM", in: *Daily Sentinel*, Rome, N.Y., vom 16. Oktober 1950.

109 Anne Bollinger wechselte 1953 an die Hamburger Staatsoper, wo sie 1959 ihre Karriere wegen einer schweren Erkrankung aufgeben musste. Sie starb, erst 43 Jahre alt, 1963 in Zürich.

110 NL FW (SWQ), „Fait accompli", in: *Scranton Philharmonic,* Programmheft Saison 1950/51, ohne Nr. und Datum. Im Original englisch.

111 Vgl. *Oakland Tribune* vom 30. Januar 1949, S. 36.

112 *Musical Courier* Bd. 141-142 (1950), S. 14. Im Original englisch.

113 NL FW (SWQ), „Second Concert of the Symphony Orchestra of the University", unsignierte, undatierte Kritik ohne Quellenangabe. Im Original englisch.

114 Ebd.. Im Original englisch.

115 Zur Biographie, vgl. Seite „Helen Traubel", in: Wikipedia, The Free Encyclopedia; aufgerufen am 30. Juli 2015, 10:28 Uhr, bei https://en.wikipedia.org/w/index.phptitle=Helen_Traubel&old-id=660689137.

116 (Fischer 1995), S. 254.

117 Ebd., S. 255

118 (Weissmann 1981).

119 Lebendige Vergangenheit: Helen Traubel Preiser Records ASIN: B00014AQZE

120 Lt. Mitteilung SWQ vom 15. Juli 2015.

121 Harold Gramatges, Treinta años de la Orquesta Filarmónicade La Habana, in: *Nuestro Tiempo* 1 (1954), S. 1. Im Original spanisch.

122 Thomas Mayer emigrierte 1938 nach Buenos Aires und war dort lange Assistent von Erich Kleiber und Fritz Busch.

123 Alberto Bolet (1905-1999), Paul Csonka (1905-1995), Manuel Duchesne (* 1932), Gonzalo Roig (1890-1970), Pedro Sanjuán (1886-1976).

124 *Diario de la marina* vom 5. Oktober 1950, S. 16. Im Original spanisch.

125 Ebd.. Im Original spanisch.

126 Ebd.. Im Original spanisch.

127 Sydney Baron, „Report from Cuba", in: *Toledo Blade* vom 25. März 1951, Sec. 2, S. 6. Im Original englisch.

128 Laut Bericht des Metropolitan Museum wurden diese Konzerte im Frühjahr 1951 von 4.214 Personen besucht; vgl. *The Metropolitan Museum of Art Bulletin* Incorporating the Eighty-First Annual Report of the Trustees for the Year 1950 (Sommer 1951), 10: 11-39. http://www.jstor.org/stable/3258031, aufgerufen am 27. November 2015.

129 (Weissmann 1953), S. 3.

130 (Weissmann 1962).

131 *Diario de la Marina* vom 25. Oktober 1951 S. 8.

132 Sein Nachfolger wurde der gebürtige Italiener Enrico Leide (1887-1970), der sich seit einem halben Jahrhundert vor allem in New York und Georgia unauffällig als Dirigent betätigte. Unter ihm änderte das Orchester, das fortan im Brooklyn Museum unterkam, seinen Namen und nannte sich von 1952 bis zu seiner Auflösung 1960 American Symphony of New York, was manchmal zu Verwechslungen führt mit Leopold Stokowskis 1962 in New York gegründetem American Symphony Orchestra.

133 Ross Parmenter, „Arts & Leisure: Harpsichord Milestone", in: New York Times vom 10. Juni 1951.

134 *Boletín de música y artes visuales*, Ausgabe 38; Ausgaben 40-41; Ausgaben 47-66; Ausgaben 74-76, Departamento de Asuntos Culturales, Unión Panamericana., 1953, S. 9

135 (Weissmann 1953), S. 4 Nachlass

136 Vgl. R. Hart Phillips, „American Tourists Sit Out Cuba's Revolution", in: *New York Times* vom 16. März 1952.

137 „Batista to Subsidize Orchestra in Havana", in: *New York Times* vom 25. Juli 1952.

138 Vgl. *Orientación musical,* Band 12 (1952), S. 41

139 Vgl. (Weissmann 1953), S. 3. Im Original englisch.

140 Ebd.. Im Original englisch.

141 Ebd.. Im Original englisch.

142 *Diario de la marina* vom 5. Mai 1953, S. 12. Im Original spanisch.

143 (Sánchez Cabrera 1979), S. 8. Im Original spanisch.

144 (Maxwill 2012).

145 „New York, New York Passenger and Crew Lists, 1909, 1925-1957," Database with images, FamilySearch (https://familysearch.org/ark:/61903/1:1:QVMF-J2Z3: accessed 23 June 2015), Frieder Weissman, 1953; citing Immigration, New York, New York, United States, NARA microfilm publication T715 (Washington, D.C.: National Archives and Records Administration, n.d.); FHL microfilm 2,321,752.

146 Im ersten Konzert waren vier Tanzstars des kanadischen National Ballet, die Ehepaare Lois Smith und David Adams sowie Irene Apine und Jury Gotshalk, solistisch hervorgetreten, im zweiten ein weiteres Ehepaar, die US-amerikanische Geigerin Carol Glenn (1918-1983) bei Tschaikowskys Violinkonzert D-Dur und ihr Ehemann Eugene List (1918-1985), seit seinem Auftritt bei der Potsdamer Dreimächtekonferenz im Juni 1945 als *Potsdam pianist* in den USA eine Berühmtheit, beim ersten Klavierkonzert von Franz Liszt.

147 Vgl. (Weissmann 1962).

148 Nena Benítéz, „Frieder Weissmann sc duele del receso de la Orquesta Filarmónica", in: *Diario de la marina* vom 4. September 1955. Im Original spanisch.

149 (Weissmann 1962). Im Original englisch.

150 Nach FWs überraschendem Rückzug behalf man sich in Havanna damit, für die Anfang November 1953 eröffnete Saison acht Gastdirigenten einzuladen, je zur Hälfte namhafte Ausländer (Erich Kleiber, Heitor Villa-Lobos, Desiré Defauw, Manuel Rosenthal) und einheimische Künstler (José Echániz, Alberto Bolet, Paul Csonka, Manuel Duchesne).

151 (Art Commission, San Francisco (Calif.) 1954), S. 2987

152 *San Francisco Call* vom 14. Mai 1954. Im Original englisch.

153 *San Francisco News* vom 14. Mai 1954. Im Original englisch.

154 *San Francisco Examiner* vom 14. Mai 1954. Im Original englisch.

155 *San Francisco Call* vom 14. Mai 1954. Im Original englisch.

156 (Weissmann 1981). Im Interview deutet FW an, er habe sich damals alle Chancen in San Francisco vermasselt, weil er sich weigerte, den Präsidenten des San Francisco Symphony Orchestra James D. Zellerbach (1892-1963) mit dem Titel „Exzellenz" anzureden, auf den dieser als Botschafter besonderen Wert gelegt habe. Ein schwerreicher Papierfabrikant, hatte James D. Zellerbach wie sein jüngerer Bruder Harold L. Zellerbach (1894-1978) diverse einflussreiche Funktionen bei der Arts Commission, dem Sinfonieorchester und der Oper inne. Tatsächlich war er auch vier Jahre lang Botschafter der USA in Italien, allerdings erst ab 1956. FWs *fauxpas* kann also nicht schon 1954 passiert sein, was nicht ausschließt, dass es damals andere Unstimmigkeiten zwischen ihm und James D. Zellerbach gab, die sich für ihn nachteilig auswirkten. Vermutlich brachte der alte Maestro die Dinge bei dem Interview etwas durcheinander und erinnerte sich an eine spätere Begegnung mit James D. Zellerbach, die 1963, kurz vor Zellerbachs Tod, stattgefunden haben könnte. Denn damals war der von Zellerbach stets trotzig verteidigte Orchesterchef Enrique Jordá (1911-1996) nach einer wenig erfolgreichen Amtszeit ausgeschieden, und vermutlich hatte sich FW damals erfolglos um die Nachfolge beworben. Den Posten bekam schließlich der Wiener Joseph Krips.

157 Zur Biographie, vgl. Seite „Walter Kaufmann (Komponist)". In: Wikipedia, Die freie Enzyklopädie. Bearbeitungsstand: 18. Januar 2014, 21:44 UTC. URL: https://de.wikipedia.org/w/index.php?title=Walter_Kaufmann_(Komponist)&oldid =126614726 (Abgerufen: 25. Oktober 2015, 10:34 UTC)

158 Vgl. (Pitman 2010), S. 178.

159 Die übrigen Bewerber waren Russell Stanger (1924-2015), Gewinner des Eugene Ormandy-Dirigentenwettbewerb 1956, George Hurst (1926-2012), Assistent Sir Adran Boults beim London Philharmonic Orchestra, Leonard Pearlman (* 1929), ein Schüler von Hans Rosbaud und Hans Swarowsky, Martin Rich (1905-2000), in Breslau geborener Assistent Robert Bings an der New Yorker Met, Karl Kritz (1906-1969), Leiter einer Opern-Company in Pittsburgh, und James Robertson (1912-1991), seit 1954 Leiter des New Zealand Symphony Orchestra.

160 NL FW (SWQ).

161 Nach FWs Ausscheiden wurde eine Woche später, am 17. April 1958, keiner der übrigen Mitbewerber, sondern der junge Kanadier Victor Feldbrill (* 1924) zum neuen Chefdirigenten erklärt. Der Assistent Willem van Otterloos stand die nächsten zehn Jahre an der Spitze des Orchesters

162 „Move to Clear Debt: Guest Conductors Scheduled by Philharmonic Next Season", in: *Scranton Times* vom 22. Mai 1958. Im Original englisch.

163 Vgl. „Local history: Famed musician Skitch Henderson brought talents to Scranton Philharmonic", in: *Scranton Time*s vom 20. Februar 2011. - Mit Henderson schrieb das Orchester schon bald wieder schwarze Zahlen, allerdings zog es ihn schon nach drei Jahren wieder nach New York, wo er fortan beim Fernsehen, u. a. als Bandleader in Johnny Carsons „Tonight Show, lange aktiv war.

Kapitel 8: Europa 1953-1974

1 Library of Congress, Artur Rodzinski collection 1868-1989, http://findingaids.loc.gov/db/search/xq/searchMfer02.xq_id=loc.music.eadmus.mu009012 &_faSection=overview&_faSubsection=eadheader&_dmdid=d957e2, aufgerufen 26. November 2015.
2 Das Mailänder Konzert erwähnt ein Artikel der Münchner *Abendzeitung* vom 19. November 1954.
3 Vgl. *L' Unità* vom 21. November 1955, S. 2.
4 Zitiert nach (Eggebrecht 2005), S. 211.
5 NL FW (SWQ), US-Passport Nr. 495666 (Ausgabedatum 02.05.1957) Stempel Rom Ciam pino „Entrata" 10. Juli 1957.
6 Ebd., Stempel New York „Admitted" 25. Juli 1957.
7 Ebd., Stempel Rivierpolitie Rotterdam 11. Oktober 1957.
8 NL FW (SWQ).
9 (Kesting 1993), S. 688. - Diskographische Angaben Fonit Cetra LMR 5025.
10 AdK Berlin, Carl-Ebert-Archiv 3.1 Nr. 1398.
11 Ebd., Schreiben Carl Ebert, Los Angeles, an FW vom 22. November 1953.
12 Ebd., Schreiben FW, Hotel Königshof München, an Carl Ebert vom 9. Dezember 1953. Im Original englisch.
13 Vgl. (Reed 1946), S.102.
14 Mündliche Auskunft von Edgar Sarton-Saretzki, Ottawa, in Frankfurt am Main am 25. Mai 2014.
15 (Rothuizen 1982), S. 45. Im Original holländisch.
16 Den Atlantik überquerte er von London aus an Bord eines Flugzeugs der Panam, das dort am 20. Dezember 1953 mit der Flug-Nr. 1014/20 gestartet war; vgl. „New York, New York Passenger and Crew Lists, 1909, 1925-1957," database with images, FamilySearch (https://familysearch.org/pal:/MM9.3.1/TH-1971-34005-7974-83?cc=1923888, aufgerufen am 26. November 2015), 8403 - vol 18373-18374, Dec 21, 1953 > image 80 of 1352; citing NARA microfilm publication T715 (Washington, D.C.: National Archives and Records Administration, n.d.).
17 AdK Berlin, Hans-Heinz-Stuckenschmidt-Archiv 3.01 Nr. 352, so FWs Anrede in Briefen an Stuckenschmidt vom 22. Dezember 1953 und 30. März 1954, im Original spanisch bzw. englisch.
18 Vgl. ebd..
19 St. R., „In München trafen ein: Dr. Frieder Weissmann – Dirigent aus Buenos Aires – Hotel Königshof", in: *Abendzeitung* (München), Datum unbekannt [vermutlich Juni 1964].
20 *Berliner Allgemeine – Wochenzeitung der Juden* vom 24. Juni 1955.
21 *Theatre World, Band 51,* Iliffe Specialist Publications, Limited, 1955, S. 45. Im Original englisch.
22 Erich Müller-Ahrenberg, „Rosenkavalier – einmal anders", in: *Abendzeitung* (München) vom 16. August 1955.
23 *Neue Zürcher Zeitung* vom 9. August 1955, S. c5.
24 *Berliner Morgenpost* vom 15. Juni 1955, *Der Abend* (Berlin) vom 14. Juni 1955, *Die Welt* (Essen) vom 18. Juni 1955.
25 *Telegraf* vom 16. Juni 1955, und der *Tag* vom 15. Juni 1955.
26 *Die Welt* (Essen) vom 18. Juni 1955,
27 Edwin Redslob, Schlusswort an Thomas Mann, in: *Der Tagesspiegel* vom 23. Oktober 1945.

28 (Thiess 1995), S. 61 f.

29 (Hartmann 1975), S. 417:

30 1965 MADAME BUTTERFLY und Januar 1966 EUGEN ONEGIN.

31 StadtA Ffm, Depositum der Frankfurter Museums-Gesellschaft V 125, Signatur 10 und 14

32 HHStA Wiesbaden Entschädigungsakte Auguste Weissmann Abt. 518 Paket 1067 W-32412.

33 Ebd..

34 Ebd..

35 NL FW (SWQ), Mitteilung Entschädigungsamt Berlin vom 15.10.1981.

36 Vgl. G.H.P., „Wer ist der Bub mit den blauen Augen?" in: *Telegraf*, Berlin, vom 11. Juni 1955.

37 Später sollte Anja Triwas in die USA auswandern und in Tiburon in Kalifornien eine Art Wellness-Oase betreiben. Dort starb sie 1991.

38 NL FW (SWQ), Anja Triwas, Djavidan-Hanum, die Nilkönigin. Eine Frau, die man sich ganz anders vorstellt, in: Quelle unbekannt, ca. 1955.

39 Historisches Archiv SWR, Personalakte Leberecht von Guaita, Lebenslauf.

40 Ebd..

41 Peter von Guaita verstarb am 27. April 2012 in Spraitbach. Seiner 1966 mit Ursula geb. Neufurth geschlossenen Ehe entstammen eine Tochter Stefanie (* 1967) und zwei Söhne, Christoph (* 1973) und Benjamin Felix (* 1977).

42 *The Putnam County Courier*, Carmel, N.Y. vom 14. Juli 1938, S. 5. Im Original englisch.

43 Linett Burton, Conductor Frieder Weissmann Finds ‚Life Is Never Boring‘, in: *The Wilton Bulletin*, 31. Juli 1968.

44 *De Telegraaf* vom 10. Oktober 1958, S. 3. Im Original holländisch.

45 (Otto/Rösler 1972), o. S..

46 (Willink 2011), o. S.. Im Original holländisch.

47 Ebd..

48 Ebd..

49 *De Telegraaf* vom 14. November 1957, S. 11. Im Original holländisch.

50 NL FW (SWQ), St. R., „In München trafen ein: Dr. Frieder Weissmann – Dirigent aus Buenos Aires – Hotel Königshof", in: *Abendzeitung* (München), Datum unbekannt [vermutlich Juni 1964].

51 Sammlung SWQ, Brief FW an SWQ, ohne Datum und Poststempel [Dezember 1960].

52 Ebd., Brief FW an SWQ, ohne Datum und Poststempel [August 1961].

53 *Daily Telegraph* vom 14. April 1962. Im Original englisch.

54 *The Times* vom 14. April 1962. Im Original englisch.

55 Das Alhambra Theater in Kapstadt wurde 1974 abgerissen.

56 Sammlung SWQ, Brief FW an SWQ, ohne Datum und Poststempel [16. Juni 1961].

57 Ebd., Brief FW an SWQ, ohne Datum und Poststempel Freitag [30. Juni 1961].

58 Ebd., Schreiben FW an SWQ, Poststempel Turin 29. Juni 1961. Im Original englisch.

59 Ebd., Brief FW an SWQ, ohne Datum und Poststempel Freitag [30. Juni 1961].

60 Andromeda ANDRCD9116

61 Sammlung SWQ, Brief FW an SWQ, ohne Datum und Poststempel [März 1967).

62 Ebd., Brief FW an SWQ, ohne Datum und Poststempel [Dezember 1966].

63 Auf dem Programm standen Anatolij Ljadows DER VERZAUBERTE SEE OP. 62, Tschaikowskys KLAVIERKONZERT NR. 1 B-MOLL und EIN HELDENLEBEN op. 40 von Richard Strauss.

64 Sammlung SWQ, Brief FW an SWQ, datiert 22. Dezember, Poststempel Neapel 24. Dezember 1968.

65 Ebd., Brief FW an SWQ, Poststempel Florenz vom 23. Februar 1969.

66 Ebd..

67 Ebd., Brief FW an SWQ, Poststempel Florenz vom 6. April 1969.

68 Ebd., Schreiben FW an SWQ, Poststempel Bologna vom [Tag unleserlich] Mai 1969.

69 Ebd., Brief FW an SWQ, Poststempel Riccione vom 26. Juni 1969

70 Ebd..

71 Ebd., Brief FW an SWQ, Poststempel Catania vom 21. Dezember 1969.

72 Dazu angestiftet hatte ihn sein Freund, der NBC-Musikchef, Schwager von Jascha Heifetz und Verfasser einer Toscanini-Biografie Samuel Chotzinoff, der seit 1935 in Ridgefield lebte. Möglicherweise wurde FW durch Chotzinoff auf Ridgefield aufmerksam.

73 (Sanders 2015), S. 61.

74 *La Nazione* vom 12. März 1967.

75 (Willink 2011), o. S.. Im Original holländisch.

76 Vgl. *Boletin oficial de la Republica Argentina* vom 8. November 1967, S. 1 und vom 26. Juni 1968, S. 1.

77 Vgl. NL FW (SWQ), Schreiben des Rechtsanwalts Dr. Jorge M. Mayer, Buenos Aires an Rechtsanwalt Dr. F. Fopma, Amsterdam vom 14. Februar 1984.

78 Vgl. Sammlung SWQ, Brief FW an SWQ, ohne Datum und Poststempel [28. April 1974].

79 Ebd., Brief FW an SWQ , datiert 2. Juni, Poststempel Florenz 5. Juni 1974.

80 Ebd., Brief FW an SWQ, datiert 2. August [vermutlich 1974], ohne Poststempel.

81 Ebd., Brief FW an SWQ, Poststempel New York 23. September 1975.

82 Ebd., Brief FW an SWQ, Poststempel New York 21. November 1975.

83 Vgl. ebd., Briefe an FW von Renzo Marchioni, Florenz, vom 19. Januar 1976, Luciano Alberti, Teatro Communale Florenz, vom 20. April 1979 und 4. Dezember 1979.

84 Vgl. ebd., Briefe an FW von Lucio Parisi, Teatro di San Carlo Neapel, vom 27. Oktober 1975 und Adriano Salvo, Teatro di San Carlo Neapel, vom 26. November 1975.

85 Ebd., Brief FW an SWQ, Poststempel New York 11. Dezember 1975. Im Original englisch und deutsch.

86 http://www.kettererkunst.de/bio/carel-willink-1900.php, aufgerufen 26. November 2015.

87 U. a. widmete das Amsterdamer Stedelijk Museum für moderne Kunst Carel Willink 1980 eine große Einzelausstellung.

88 Aus Eifersucht zerstörte Mathilde Willink geb. de Doelder im August 1975 mit einem Brotmesser zwei große Gemälde ihres Noch-Ehemanns, das eine von 1952 war ein Porträt seiner zweiten Ehefrau, das andere von 1963 ein Porträt von der 25jährigen Mathilde, die Willink 1969 heiraten sollte. Beide Bilder konnten restauriert werden, doch weigerte sich Willink, das Bild von Mathilde zu signieren. Die in der Amsterdamer Schickeria notorische Exzentrikerin Mathilde sorgte auch nach diesem Skandal immer wieder für Schlagzeilen, sei es, dass sie einen Vorschuss auf die Scheidung verlangte und dann nach New York ging in der Hoffnung, Salvador Dalis Freundin zu werden, sei es, dass sie sich mit Delphinen im Delphinarium von Zandvoort tummelte oder bei ihrem letzten TV-Auftritt im Mai 1977 wegen der bevorstehenden Scheidung mit Selbstmord drohte. Nach der Scheidung, bei der ihr 135.000 Gulden zugesprochen wurden, verfiel sie immer mehr ihrer Drogensucht und geriet immer tiefer in zweifelhafte Kreise. Am 25. Oktober 1977 wurde sie erschossen in ihrer Wohnung gefunden. Bis heute ist ungeklärt, ob sie sich selbst tötete oder ob sie ermordet wurde.

89 Sammlung SWQ, Brief FW an SWQ, ohne Datum und Poststempel [21. Juni 1976].

90 E-Mail Larry Holdridge, Amityville N.Y., an Verf. vom 29. März 2015.

91 NL FW (SWQ), Schreiben FW an The Director of the Internal Revenue Serv. Center, Holtsville, N.Y. vom 10. April 1977.

92 Ebd., vgl. Mitteilung von Signora Nutini, Pensione Quisisana Florenz, an SWQ vom 11. Oktober 1978.

93 Nach seiner Versetzung in den Ruhestand im Jahre 1971 widmete sich Leberecht von Guaita intensiv der Familienforschung und dem Studium der Geschichte der Freimaurer. 1976 veröffentlichte er einen Essay über den Diplomaten Walter Hallstein (Leberecht von

Guaita, Ein Kämpfer für die „Vereinigten Staaten von Europa" – Prof. Dr. h.c. Walter Hallstein zu seinem 75. Geburtstag am 17. November 1976, Archiv für Sippenforschung 42 (1976), S. 615-628).

94 Sammlung SWQ, Brief FW an SWQ Poststempel New Haven vom 7. September 1980,

95 Ebd., Brief FW an SWQ vom 17. Mai 1980, Poststempel Stamford vom 19. Mai 1980.

96 Bibep [eigtl. Elisabeth Maria Lampe-Soutberg], Interview met A.C. Willink, in: *Vrij Nederland* vom 6. April 1968. Im Original holländisch.

97 Sammlung SWQ, Brief FW an SWQ datiert *Wednesday*, Poststempel Stamford, Datum unleserlich [August 1980].

98 E-Mail Larry Holdridge, Amityville N. Y., an Verfasser vom 29. März 2015.

99 Sammlung SWQ, Schreiben FW an SWQ, Poststempel Stamford vom 15. Oktober 1980.

100 NL FW (SWQ), Brief Peter Girth, Berliner Philharmonisches Orchester, an FW vom 14. Oktober 1980.

101 Sammlung SWQ, Brief FW an SWQ, Poststempel Huangelen 7. März 1981.

102 Ebd., Brief FW an SWQ, Poststempel Huangelen 2. März 1981.

103 Vgl. ebd., Brief FW an SWQ, datiert 15.3.[1981], Poststempel unleserlich [Huangelen].

104 Vgl. Brief SWQ an Verfasser vom 25. November 2015.

105 Sammlung SWQ, Brief FW an SWQ, Poststempel Stamford 3. Oktober 1981.

106 NL FW (SWQ), Schreiben James Levine, Metropolitan Opera New York, an FW vom 23. Juli 1981. Eine Wiederaufführung von MONA LISA an der Met kam bis heute nicht zustande, immerhin erfolgte aber eine konzertante Aufführung mit dem von Leon Botstein dirigierten American Symphony Orchestra in der New Yorker Carnegie Hall am 20. Februar 2015.

107 Ebd., Brief Beverly Sills, New York City Opera, nicht datiert [Dezember 1982]. Im Original englisch.

108 Ritornello R-1001/1002 (2 LPs)

109 (Weissmann 1981.

110 Sammlung SWQ, Brief FW an SWQ, datiert 7. Juli 1980, Poststempel New Haven 13. Juli 1980.

111 NL FW (SWQ), Schreiben Pamela Rosenberg, Operndirektion Städtische Bühnen Frankfurt am Main, an FW vom 12. Januar 1982.

112 (Rothuizen 1982.

113 (Pot 1988).

114 E-Mail Larry Holdridge, Amityville N.Y., an Verfasser vom 31. März 2015.

115 Linett Burton, Conductor Frieder Weissmann Finds ‚Life Is Never Boring', in: *The Wilton Bulletin*, 31. Juli 1968.

116 „Frieder Weissman, Noted Conductor, Former Resident", in: *The Ridgefield Press* vom 9. Februar 1984.

117 *Aufbau*, New York, vom 2. März 1984.

118 Ekkehard Kroher Historische Aufnahme: Der Dirigent Frieder Weissmann, Sendung: WDR 3 am 13. Februar 1993.

Quellen

Veröffentlichungen

Adressbuch für Stettin und Umgebung: unter Benutzung amtlicher Quellen. 1917. 1917. Berlin: Scherl.

Arnsberg, Paul. 1971. *Die jüdischen Gemeinden in Hessen: Anfang, Untergang, Neubeginn*. Bd. 1. 3 Bde. [Frankfurt a.M.]: Societäts-Verl.

———. 1979. *Bilder aus dem jüdischen Leben im alten Frankfurt*. Frankfurt a.M.: Kramer.

Art Commission, San Francisco (Calif.). 1954. *Minutes of Art Commission of the City and County of San Francisco*. San Francisco: Art Commission. http://archive.org/details/minutesofart comm1954sanf, aufgerufen am 17. September 2015.

Aster, Misha. 2007. *„Das Reichsorchester": Die Berliner Philharmoniker und der Nationalsozialismus*. 1. Aufl. München: Siedler.

Autorenkollektiv. 1885. *Meyers Konversationslexikon*. 4. Aufl. 19 Bde. Leipzig und Wien: Verlag des Bibliographischen Instituts. http://www.retrobibliothek.de/retrobib/seite.html? id=102017.

Bach, Steven. 1992. *Marlene Dietrich*. New York, NY: Morrow.

Balzer, Wolfgang. 2015. „Festung Mainz - Königlich Preußisches 2. Nassauisches Infanterie-Regiment Nr. 88". *Festung Mainz - Das „Bollwerk Deutschlands" 1620-1918*. http://www.festung-mainz.de/bibliothek/aufsaetze/regimentsgeschichte/88er.html, aufgerufen am 29. Juli 2015.

Beaujean, Alfred, und Annette Retinski, Hrsg. 1995. *Harenberg Opernführer: Der Schlüssel zu 500 Opern, ihrer Handlung und Geschichte; mit Cd-Empfehlungen der Opernwelt-Redaktion*. 2., überarb. Aufl. Dortmund: Harenberg.

Berky, John F. 2015. „Felix Maria Gatz (1892-1942) – A Forgotten Bruckner Pioneer". http://www.abruckner.com/Data/articles/articlesEnglish/berkyFelixMGatz/gatzessa y.pdf, aufgerufen am 11. März 2015.

Blubacher, Thomas. 2012. *Gibt es etwas Schöneres als Sehnsucht?* Berlin: Insel-Verlag.

———. 2015. *Die vielen Leben der Ruth Landshoff-Yorck*. 1. Aufl. Berlin: Insel Verlag.

Blume, Friedrich, und Ludwig Finscher, Hrsg. 1994. *Die Musik in Geschichte und Gegenwart: Allgemeine Enzyklopädie der Musik*. 2., neubearbeitete Aufl. Bd. Personenteil 1. Aa - Bae. 26 Bde. Kassel; Stuttgart; Weimar: Bärenreiter.

Borkh, Inge. 2002. *Ich komm vom Theater nicht los...* Stuttgart: Books on Demand.

Britten, Benjamin. 2011. *Letters from a Life Vol 2: 1939-45: Selected Letters and Diaries of Benjamin Britten*. Faber & Faber.

Bunz, Rainer. 2013. Der vergessene Maestro. Der Dirigent Frieder Weissmann. Sendung: 26. Januar 2013, 21.03-22.00 Uhr Klassik Plus (BR-Klassik)

Burlin, Berthold. 1929. „Exotische Bühnenprinzessinnen". *Revue des Monats* 4 (Nr. 1): 19–22. http://magazine.illustrierte-presse.de/die-zeitschriften/werkansicht/dlf/83349/1/0/.

Busch, Fritz. 1978. *Aus dem Leben eines Musikers*. 3. Aufl., geringfügig gekürzte und mit einem Nachw. vers. Ausg. Berlin: Henschelverl. Kunst und Gesellschaft.

Carl Lindström AG, Berlin. 1932. „Auszugsweise Sammlung von Pressestimmen, enthalten in einem um 1932 für Werbezwecke erstellten biographischen Abriss".

Charry, Michael. 2014. *George Szell: A Life of Music*. 1. Auflage. Urbana: University of Illinois Press.

Chotzinoff, Samuel. 1956. *Arturo Toscanini: ein intimes Porträt*. Wiesbaden: Limes-Verlag.

Cincinnati Symphony Orchestra Association. 1937. *The Cincinnati Symphony Orchestra Year Book*. Cincinnati: Cincinnati Symphony Orchestra.

Comite des Delegations Juives., Hrsg. 1983. *Das Schwarzbuch. Tatsachen und Dokumente. Die Lage der Juden in Deutschland.* Ullstein.

Corino, Karl. 1991. „Nachwort". In *Harem. Erinnerungen der Prinzessin Djavidan Hanum, frühere Gemahlin des Khediven von Ägypten,* 249–68. München: Dt. Taschenbuch-Verl.

Cusick, James J., und Joseph Donnelly. 1949. „Aquinas Interviews Noted Conductor". *The Aquinas - Student Publication of the University of Scranton* 17 (4. November 1949): 2.

Detig, Christian. 1998. *Deutsche Kunst, deutsche Nation: Der Komponist Max von Schillings.* Kassel.

Deutscher Bühnenspielplan 1896-1944. 1896. Bd. 1.1896/97–48.1943/44[?]. Berlin; Leipzig; Berlin: Neuer Theater-Verl.

Deutsches Bühnenjahrbuch. *Deutsches Bühnenjahrbuch (bis 1915: Neuer Theater-Almanach). Theatergeschichtliches Jahr- und Adressenbuch, gegründet 1889, hrsg. von der Genossenschaft Deutscher Bühnen-Angehöriger, Berlin.* Berlin: F. A. Günther & Sohn.

Deutsches Tanzarchiv Köln. 2015. „Sacharoff Archiv". *Auftrittsdaten.* http://www.sk-kultur.de/tanz/sacharoff/seiten/auftritte.html, aufgerufen am 20. Februar 2015.

Die Stimme: Centralblatt für Stimm- und Tonbildung, Gesangunterricht und Stimmhygiene. 1918. Trowitsch & sohn.

Doering, James M. 2013. *The great orchestrator: Arthur Judson and American arts management.* Urbana [u.a.]: Univ. of Illinois Press.

Eggebrecht, Harald. 2005. *Grosse Geiger.* Piper.

„Familie von Alvensleben - Ludolf-Schochwitz (1901-1970)". 2015. http://www.familie-von-alvensleben.de/index.php/personen-von-historischem-interesse-mainmenu-34/nach-1850-mainmenu-214/ludolf-schochwitz-1901-1970-mainmenu-332, aufgerufen am 1. August 2015.

Fetthauer, Sophie. 2015a. „Gitta Alpár". *Lexikon verfolgter Musiker und Musikerinnen in der NS-Zeit.* http://www.lexm.uni-hamburg.de/object/lexm_lexmperson_00000787, aufgerufen am 29. Juli 2015.

———. 2015b. „Herbert Graf". *Lexikon verfolgter Musiker und Musikerinnen in der NS-Zeit.* http://www.lexm.uni-hamburg.de/object/lexm_lexmperson_00001468, aufgerufen am 29. Juli 2015.

Fischer, Jens Malte. 1995. *Grosse Stimmen: von Enrico Caruso bis Jessye Norman.* [Frankfurt am Main]: Suhrkamp.

Franze, Johannes. 1931. „Argentinien". *Musikblätter des Anbruch* 13.

Fröhlich, Sabine. 2005. „First Performance Anywhere - Margarete Dessoff (1874-1944), eine bedeutende Chordirigentin". In: Musiktheorie hg. von Peter Cahn 20 (2005), 61–85.

Gauss, S. 2009. *Nadel, Rille, Trichter: Kulturgeschichte des Phonographen und des Grammophons in Deutschland (1900-1940).* Böhlau.

Gerigk, Herbert, und Theophil Stengel, Hrsg. 1940. *Lexikon der Juden in der Musik.* Berlin: Hahnefeld.

Glocer, Silvia. 2010. „Acerca de los músicos judíos exiliados en la Argentina durante el nazismo". *Revista Argentina de Musicología 11 (2010),* 99-116.

Gosewinkel, Dieter. 2001. *Einbürgern und Ausschließen.* Göttingen: Vandenhoeck & Ruprecht.

Grabe, Thomas, Reimar Hollmann, und Klaus Mlynek. 1989. *Unter der Wolke des Todes leben ... Hannover im Zweiten Weltkrieg.* Hamburg: Kabel Ernst Verlag.

Grünzweig, Werner. 1993. „Bargain and Charity'? Aspekte der Aufnahme exilierter Musiker an der Ostküste der Vereinigten Staaten". In *Musik im Exil: Folgen des Nazismus für die internationale Musikkultur, hrsg. v. Hanns-Werner Heister, Claudia Maurer Zenck, Peter Petersen,* Originalausg, 297–310. Frankfurt am Main: Fischer Taschenbuch Verlag.

Gutmann, Hanns. 1932. „Berliner Musik 1931". *Aufbruch – Monatsschrift für moderne Musik* 14 (1932).

Hartmann, Rudolf. 1975. *Das geliebte Haus.* Piper.

Hart, Philip. 1994. *Fritz Reiner: A biography.* Evanston, Ill: Northwestern Univ. Press.

Härtwig, Dieter. 1970. *Die Dresdner Philharmonie: eine Chronik d. Orchesters 1870 – 1970.* Leipzig: Deutscher Verlag f. Musik.

Holsiepe, Ernst Dirk. 2013. „Margit Barnay - Schauspielerin". In *Cinegraph Lexikon zum deutschsprachigen Film*, Lg. 48, D 3. München: edition text + kritik.

Jacob, Walter, Hrsg. o.J. *Leo Blech - ein Brevier; anläßlich des 60. Geburtstages hrsg. u. eingel. von Walter Jacob. Mit vier Bildern, einer bisher unveröffentlichten Komposition Leo Blechs und zahlreichen Beiträgen.* Hamburg [u.a.]: Prismen-Verl.

Jung-Kaiser, Ute. 1980. *Walter Braunfels (1882-1954).* Bd. 58. Studien zur Musikgeschichte des 19. Jahrhunderts. Regensburg: Bosse.

Jürgs, Michael. 2000. *Gern hab' ich die Frau'n geküsst: die Richard-Tauber-Biographie.* München: List.

Kalcher, Antje. 2015. „Julius Prüwer". *Lexikon verfolgter Musiker und Musikerinnen in der NS-Zeit.* http://www.lexm.uni-hamburg.de/object/lexm_lexmperson_00000787, aufgerufen am 29. Juli 2015.

Kästner, Erich. 1959. *Romane für Kinder: Als ich ein kleiner Junge war. Emil und die Detektive. Emil und die drei Zwillinge. Pünktchen und Anton.* Gemeinschaftsausg. Bd. in 7 Bänden; Bd. 6. Gesammelte Schriften. Köln: Kiepenheuer & Witsch.

Kater, Michael H. o. J. „Feigning Opposition to the Third Reich:The Case of Singer Lotte Lehmann". http://www.uvm.edu/~uvmchs/Page=HilbergLectures.html&SM=sub menunews.html, aufgerufen am 17. März 2015.

Kende, Götz K., und Signe Scanzoni. 1988. *Der Prinzipal. Clemens Krauss: Fakten, Vergleiche, Rückschlüsse.* Tutzing: Schneider, Hans.

Kesting, Jürgen. 1993. *Die großen Sänger unseres Jahrhunderts.* Düsseldorf, Wien, New York, Moskau: ECON.

Kier, Herwig. o. J. „Die Lindström AG zwischen Weltwirtschaftskrise und ihrem Aufgehen in der EMI Electrola". http://www.phonomuseum.at/includes/content/lindstroem/kier _neu.pdf, aufgerufen am 17. März 2015.

Kießling, Wolfgang. 1980. *Kunst und Literatur im antifaschistischen Exil 1933-1945 in sieben Bänden; Kunst und Literatur im antifaschistischen Exil 1933-1945 in sieben Bänden, Bd. 4: Exil in Lateinamerika.* 1. Aufl. Leipzig: Reclam jun.

Kirkland, Kate Sayen. 2012. *The Hogg Family and Houston.* 1. Aufl. University of Texas Press.

Kondelik, Vicky. 2002. „Meta Seinemeyer". *The Record Collector*, 243–83.

———. o. J. „Meta Seinemeyer - German soprano (1895-1929)".http://www.seinemeyer.com/.

Kösters, Ferdinand. 2009. *Als Orpheus wieder sang ...* 1. Aufl. Münster: Monsenstein und Vannerdat.

Kroher, Ekkehard. 1993. Historische Aufnahme: Der Dirigent Frieder Weissmann, Sendung: 13. Februar 1993 im Programm WDR 3.

Kroll, Erwin. 1966. *Musikstadt Königsberg.* Freiburg i. Br. [u.a.]: Atlantis.

„Kultur in Ostpreußen: Stadttheater Königsberg - Spielpläne". o. J. http://kultur-in-ostpreussen.de/drupal-7.20/?q=spielplaenestth.

„Landwirtschaftliche Blätter. Amtsblatt der Kreisbauernkammer Pfalz: Kundgabe des Landwirtschaftlichen Vereins der Pfalz sowie des Kreisverbandes Ehemaliger Pfälzischer Landwirtschaftsschüler und des Verbandes Pfälzischer Landwirtschaftlicher Genossenschaften zu Landau." 1864. http://bavarica.digitale-sammlungen.de/resolve/display/bsb10371553.html, aufgerufen am 29. Juli 2015.

Lange, Peter. 2015. *Ein amerikanischer Europäer: Die zwei Leben des Dirigenten Hans Schwieger.* Berlin: Metropol-Verlag.

Lewis, John Sam. 1985. „Three Pioneers of Recording: Anna Case - Frieder Weissmann - Samuel Gardner". *Record Research* 211 (2): 9, 11.

Lotz, Rainer E. 2015. „Online Discography VOX Schallplatten- und Sprechmaschinen-Aktiengesellschaft, Berlin". *Online Discographies.* http://www.lotz-verlag.de/Online-Disco-Vox.html, aufgerufen am 25. Januar 2015.

———. 2014. „Carl Lindström und die Carl Lindström Aktiengesellschaft: Einführungsvortrag zum 9. Discografentag". Immenstadt. http://www.phonomuseum.at/includes/ content/lindstroem/aktiengesellschaft.pdf, aufgerufen am 14. Mai 2014.

Lotz, Rainer E., und Axel Weggen. 2006. *Deutsche National-Discographie: Discographie der Judaica-Aufnahmen.* Bd. Band 1. Bonn: Lotz.

Magruder, Richard J. 1930. „Dr. Frederick Weissmann". *Disques* 1: 254 ff.

Mann, Klaus, und Frido Mann. 1984. *Der Wendepunkt. Ein Lebensbericht.* 19., Aufl. Reinbek bei Hamburg: rororo.

Mann, Thomas. 1967a. *Die Erzählungen.* Bd. 11. 12 Bde. Moderne Klassiker 111. Frankfurt am Main: Fischer Taschenbuch Verlag.

————. 1967b. *Doktor Faustus.* 12 Bde. Moderne Klassiker 109. Frankfurt, M. [u.a.]: Fischer Taschenbuch Verlag.

Martini, Joachim Carlos. 2010. *Musik als Form geistigen Widerstandes. Bd. 1. Texte, Bilder, Dokumente / Vorw. von Arno Lustiger.* 1. Aufl. Frankfurt, M: Brandes & Apsel.

Matthews, Denis. 1982. *Arturo Toscanini.* Herausgegeben von Ray Laade Burford und Arturo Toscanini. Turnbridge Wells: Midas Books.

Maxwill, Peter. 2012. „Kuba-Despot Batista Freiheitskämpfer mit Folterkammer". *Spiegel Online,* März 8. http://www.spiegel.de/einestages/kuba-despot-batista-freiheitskaempfer-mit-folterkammer-a-947510.html, aufgerufen am 12. September 2015.

„Meta Seinemeyer: In Memoriam". 1929. In *Jahrbuch Sächsische Staatstheater - Oper und Schauspiel.* Bd. 1928. Dresden.

Mohr, Albert Richard. 1980. *Das Frankfurter Opernhaus.* Frankfurt a.M.: Kramer.

Morgan, Kenneth. 2005. *Fritz Reiner, maestro and martinet.* Music in American life. Urbana: University of Illinois Press.

Morreau, Annette. 2003. *Emanuel Feuermann.* New Haven: Yale University Press.

Morris, Newbold. 1955. *Let the Chips Fall: My Battles against Corruption. 1. Aufl.* Appleton-Century-Crofts.

Muck, Peter. 1982. *Einhundert Jahre Berliner Philharmonisches Orchester: Darstellung in Dokumenten.* Tutzing: Hans Schneider.

Müller von Asow, Erich Hermann. 1929. *Deutsches Musiker-Lexikon.* Dresden: Limpert.

Naso, Eckart von. 1955. *Ich liebe das Leben.* 3. Aufl. Hamburg: Krüger.

National Broadcasting Company. 1938. *The NBC Symphony Orchestra.* National Broadcasting company.

New York City Guide - A Comprehensive Guide to the Five Boroughs of the Metropolis-Manhattan, Brooklyn, the Bronx, Queens, and Richmond. Prepared by the Federal Writers' Project of the Works Progress Administration in New York City. 1939. (American Guide Series). New York: Random House.

Ocampo, Juan Carlos. 2005. *Florencio Molina Campos: biografia.* Molina Campos Ediciones.

ORF. 2010. „Programminformation zu ‚Museumskonzert Ernst Toch' am 17.06.2010". Juni 17. http://oe1.orf.at/artikel/243500.

Otto, Werner und Walter Rösler. *1972. Deutsche Staatsoper Berlin.* Berlin: Deutsche Staatsoper.

Overman, Rob, und Harry van Meurs. 1997. „Radio (Ph)Filharmonisch Orkest 1945 – 1997: Kroniek",. In *Lekker gespeeld, hrsg. v. Bente-Helene van Lambalgen,* 148–75. Amsterdam.

Peppercorn, Lisa M., und Heitor Villa-Lobos. 1994. *The Villa-Lobos Letters.* Auflage: New edition. London: Toccata Pr.

Perthold, Sabine, Claudia Prosche, Hanna Hacker, und Annette Förster. 1990. *Rote Küsse: Ein sinnliches Frauen-Film-Schau-Buch.* Tübingen: konkursbuch.

Philanthropin Frankfurt, Main. 1888. „Programm / Philanthropin, Realschule und Lyzeum der Israelitischen Gemeinde zu Frankfurt a. M". Frankfurt am Main. http://sammlungen.ub.uni-frankfurt.de/cm/periodical/titleinfo/3089693, aufgerufen am 16. Februar 2015.

Piatigorsky, Gregor Piatigorsky [Aus d Engl übertr von Else. 1968. *Mein Cello und ich.* Übersetzt von Else Winter. Tübingen: Wunderlich.

Pitman, Walter. 2010. *Victor Feldbrill: Canadian Conductor Extraordinaire.* Toronto: Tonawanda, NY: Dundurn.

Pohle, Heinz. 1955. *Der Rundfunk als Instrument der Politik: Zur Geschichte des deutschen Rundfunks von 1923/38*. Bd. 1. Wissenschaftliche Schriftenreihe für Rundfunk und Fernsehen. Hamburg: Hans Bredow-Inst.

Polster, Bernd. 1998. *Swing Heil. Jazz im Nationalsozialismus*. Berlin: Transit Buchverlag GmbH.

Porte, J. F. 1927. „Gramophone Celebrities XVIII. - Dr. Weissmann". *The Gramophone (London)* 5: 91–94. http://www.exacteditions.com/read/gramophone/august-1927-33657/9/2/, aufgerufen am 16. Februar 2015.

Pot, Cor, und Marja Visscher. 1988. *Richard Tauber: zanger zonder grenzen*. Oud-Beijerland.

„Programm des Goethe-Gymnasiums in Frankfurt a.M. Frankfurt, M., 1897 - 1915". 2015. http://digital.ub.uni-duesseldorf.de/ulbdsp/periodical/structure/4641591, aufgerufen am 29. Juli 2015.

Quander, Georg, und Daniel Barenboim, Hrsg. 1992. *Apollini et Musis: 250 Jahre Opernhaus Unter den Linden*. Berlin: Propyläen.

Raupp, Wilhelm. 1930. *Eugen d'Albert*. Leipzig: Koehler & Amelang.

———. 1935. *Max von Schillings*. Hamburg: Hanseatische Verlagsanstalt.

Reed, Peter Hugh. 1946. „Frieder Weissmann Reminisces - In an Interview with the Editor". *American Record Guide* 13: 67–72, 93, 99–102.

Reif, Ruth Renée. 1999. *Die Stuttgarter Philharmoniker. Hrsg, von der Gesellschaft der Freunde der Stuttgarter Philharmoniker*. Tübingen: Silberburg-Verlag.

Rosenzeig, Franz. 1937. *Kleinere Schriften*. Berlin.

Rothuizen, William. 1982. „Frieder Weissmann – De levensavond van een maestro". *Haagse Post* vom 30. Januar 1982.

Russell, John, und K. H. Ruppel. 1958. *Erich Kleiber. Eine Biographie*. Übersetzt von Andreas Razumovsky. Langen / Müller.

Sachs, Harvey. 1980. *Toscanini: eine Biographie*. München [u.a.]: Piper.

Sánchez Cabrera, Maruja. 1979. *Orquesta filarmónica de La Habana: memoria, 1924-1959*. [La Habana]: Ministerio de Cultura: Editorial Orbe.

Sanders, Jack. 2015. *Hidden History of Ridgefield, Connecticut*. Arcadia Publishing.

Schindler, Agate. 2003. *Dresdner Liste. Musikstadt Dresden und nationalsozialistische Judenverfolgung 1933-1945 in Wort und Bild. Ein Beitrag zur Dresdner Musikgeschichte*. Dresden.

Schlesinger, Robert, und Ioan Holender. 1997. *„Gott sei mit unserm Führer": der Opernbetrieb im deutschen Faschismus*. Wien: Löcker.

Schlösser, Annelore und Karl. 2015. „Die Wormser Juden 1933-1945. Dokumentation hg. v. Stadtarchiv Worms". Januar 28. http://www.wormserjuden.de/.

Schlüren, Christoph. o. J. „Porträt George Enescu". http://www.musikmph.de/rare_music/composers/a_e/enescu_george/1.html, aufgerufen am 16. Februar 2015.

Schmidinger, Veit Johannes, und Winfried E. Schöller. 2007. *Transit Amsterdam: deutsche Künstler im Exil 1933 - 1945*. München: Allitera-Verl.

Schmidt, Dörte, Brigitta Weber, und Markus Bruderreck. 1995. *Keine Experimentierkunst: Musikleben an Städtischen Theatern in der Weimarer Republik*. Stuttgart: Metzler.

Schütte, Wolfram, Hrsg. 2003. *Adorno in Frankfurt - Ein Kaleidoskop mit Texten und Bildern*. Frankfurt am Main: Suhrkamp.

Schwarz, Werner. 1993. „Die Richard-Wagner-Gedächtnisstiftung Stettin". *Baltische Studien* 125 (N. F. 79): 89–95.

———. 1999. „Musikalisches Schaffen in bewegter Zeit: Der Komponist und Dirigent Erich Mirsch-Riccius (1884-1962)". *Beiträge zur Musikgeschichte Ostmittel-, Ost- und Südeuropas*, 249–69.

Shirakawa, Sam H. 1992. *The Devil's Music Master: The Controversial Life and Career of Wilhelm Furtwangler*. New York: Oxford University Press.

Sieben, Hansfried. 1988. *Odeon - Die Matrizen-Nummern der Serie xxB (30 cm) von 6815-9598 (1923-1953)*. Düsseldorf.

Soltikow, Michael. 1959. *Rittmeister Sosnowski Michael Graf Soltikow*. Stuttgart,. [Düsseldorf] Dt. Bücherbund.

Spalding, Albert. 1943. *Rise to follow*. New York: Holt.

Spier, Selmar. 1968. *Vor 1914: Erinnerungen an Frankfurt, geschrieben in Israel*. 2. Aufl. Frankfurt a.m.: Kramer.

Stadttheater Königsberg. 1929. *1809-1929 – Die Oper 120 Jahre Stadttheater Königsberg*. Königsberg.

Stangneth, Bettina. 2011. *Eichmann vor Jerusalem: Das unbehelligte Leben eines Massenmörders*. Orig.-Ausg., 2. Aufl. Zürich: Arche.

Strauss, Richard, Clemens Krauss, und Günter Brosche. 1997. *Richard Strauss, Clemens Krauss Briefwechsel: Gesamtausgabe*. Bd. 20. Publikationen des Instituts für Österreichische Musikdokumentation. Tutzing: H. Schneider.

Suter, Paul. 2015. „Georges Baklanoff". *Theaterlexikon der Schweiz hrsg. von Andreas Kotte*. http://tls.theaterwissenschaft.ch/wiki/Georges_Baklanoff, aufgerufen am 29. Juli 2015.

Thiess, Frank. 1995. „Innere Emigration". In *„Draussen vor der Tür" 1945-1948*, 1:59–62. Die deutsche Literatur 1945-1960. München: Deutscher Taschenbuch Verlag.

Trümpi, Fritz. 2011. *Politisierte Orchester: Die Wiener Philharmoniker und das Berliner Philharmonische Orchester im Nationalsozialismus*. Auflage: 1. Auflage. Wien: Böhlau Wien.

Turner, Jean-Ray, und Richard T. Koles. 2001. *Newark, New Jersey*. Charleston, SC: Arcadia Publishing.

„UB Heidelberg: Die Matrikel der Universität Heidelberg 1386 - 1920 – digital". 2015.. http://www.ub.uni-heidelberg.de/helios/digi/unihdmatrikel.html, aufgerufen am 29. Juli 2015.

„UB Heidelberg: Vorlesungsverzeichnisse der Universität Heidelberg 1784-1941 – digital". 2015. http://www.ub.uni-heidelberg.de/helios/digi/unihdvorlesungen1784-1930.html, aufgerufen am 29. Juli 2015.

Valenti Ferro, Enzo. 1992. *100 años de música en Buenos Aires de 1890 a nuestros días*. Buenos Aires: Ed. de Arte Gaglianone.

Wahl, Horst. o. J. „Erinnerungen an Meta Seinemeyer". *Stimmen, die um die Welt gingen*.

Weber, Horst, und Stefan Drees. 2005. *New York*. Bd. v. 2. Quellen zur Geschichte emigrierter Musiker, 1933-1950 = Sources relating to the history of emigré musicians, 1933-1950. München: K.G. Saur.

Weissmann, Frieder. 1935. „'Het muziekleven in Zuid-Amerika – Dr. Frieder Weissmann vertelt',". *De Telegraaf, Abendausgabe*, Januar 29.

———. 1962. „And so I Left Cuba". *Guide to the Performing Arts* 1962.

———. o. D.. „Conducting is a Funny Business". Quelle, Ort und Datum unbekannt.

———. o. D.. „Ese apasionante oficio de dirigir ...". Havanna (Kuba), Quelle und Datum unbekannt.

Willink, Sylvia. 2011. *Vissi d'arte - Vissi d'amore*. Amsterdam: Sylvia Willink.

Zander, Eva. 2005. *Im Rhythmus der verwirrten Welt*. Mainz: Are-Ed.

Zech, Paul. 2005. *Paul-Zech-Lesebuch: Zusammengestellt und mit einem Nachwort von Wolfgang Delseit*. Herausgegeben von Walter Gödeen und Wolfgang Delseit. Auflage: 1., Aufl. Köln: Nyland Stiftung.

Zentral- und Landesbibliothek Berlin. 2015. „Berliner Historische Adressbücher (1799-1943)". http://digital.zlb.de/viewer/cms/82/, aufgerufen am 29. Juli 2015.

Andere Quellen

Weissmann, Frieder. 1953. „Music in Havana". Unveröfftl. Ms.. NL FW (SWQ).

———. 1981. Interview New York 2. November 1981 Interviewt von Barton Wimble und Tom Owen. Rogers and Hammerstein Archives, Lincoln Center Library New York City.

———. 1983. Interview Amsterdam Juli 1983 Interviewt von Cor Pot.

Diskographie

Weissmann schätzte die Zahl seiner Schallplattenaufnahmen auf rund viertausend. Unsere Recherchen ergaben eine deutlich niedrigere Zahl, die aber mit weit über zweitausend Schallplattenaufnahmen immer noch eine singuläre Größe erreicht. Allein aus Platzgründen ist es nicht möglich, all diese Schallplatten hier mit den nötigen Angaben aufzulisten. Eine Auswahldiskographie ist eine Sache des Geschmacks und deshalb meist nicht sehr hilfreich. Eine Orientierung an den derzeit im Handel und auf CDs erhältlichen Wiederveröffentlichungen ist angesichts der Angebotsschwankungen auch keine gute Alternative. Im übrigen wurde in den Anmerkungen gelegentlich auf solche Wiederveröffentlichungen hingewiesen.

Wer also auf der Suche nach Weissmann-Aufnahmen ist, sei hiermit auf das Internet verwiesen. Dank der perfekten Suchmaschinen kann jeder schnell die im Handel erhältlichen Aufnahmen feststellen. Darüber hinaus sind zahlreiche Weissmann-Aufnahmen online und kostenlos zugänglich. Empfehlenswert sind folgende Archivportale:

- Die Sächsische Landesbibliothek – Staats- und Universitätsbibliothek Dresden (SLUB) ermöglicht über http://www.slub-dresden.de/startseite/ den Zugang zu 349 Schellackplatten mit Frieder Weissmann, davon 134 mit Meta Seinemeyer. Viele sind online als MP3-Datei zu hören und können heruntergeladen werden.
- Auf dem europäischen Archivportal Europeana http://www.europeana.eu/portal/ sind noch einmal 100 Einträge, zumeist herunterladbare MP3-Dateien, unter den Suchbegriffen „weissmann dr f conductor" und „weissmann frieder" zu finden, wobei knapp die Hälfte zum Bestand der SLUB zählen.
- Das britische AHRC Research Centre for the History and Analysis of Recorded Music (CHARM) stellt auf seiner Webseite http://www.charm.rhul.ac.uk/index.html unter „sound files/house conductors/The house conductor: Frieder Weissmann" 44 Aufnahmen mit vorwiegend Orchestermusik zur Verfügung, die als FLAC-Dateien heruntergeladen werden können. Unter „Discography" findet man mit den Suchbegriffen „Weissmann, Frieder", „Weissmann, Frider" und „Weissmann, Dr." die diskographischen Angaben zu 664 Aufnahmen.

Hinzuweisen ist ferner auf den knapp 740 Tonträger umfassenden Weissmann-Bestand im Deutschen Rundfunkarchiv in Frankfurt a. M.. Diese Gemeinschaftseinrichtung der in der ARD zusammengeschlossenen öffentlich-rechtlichen Rundfunkanstalten Deutschlands stellt ihr Archivgut auch für wissenschaftliche Forschungs-, Erschließungs- und Editionsprojekte bereit.

Im Archiv des Bayerischen Rundfunks befinden sich Sendekopien von sechs – unter Weissmann musikalischer Leitung mit den Münchner Philharmonikern und dem Münchner Rundfunkorchester 1956 und 1966/67 entstandene – Einspielungen von Werken Jacques Iberts, Dmitri Kabalewskis, Edgardo Martins, Gioacchino Rossinis, Virgil Thomsons und Peter I. Tschaikowskys. Weitere Weissmann-Aufnahmen bei deutschen Rundfunkanstalten sind nicht bekannt. Bei ausländischen Runfunkanstalten konnten bislang nur im Archiv des holländischen AVRO-Senders mehrere Konzert-, Opern- und Operettenmitschnitte aus den Jahren 1956-58 lokalisiert werden.

Eine hervorragende Internetquelle zur Recherche der zwischen 1921 und 1933 entstandenen Weissmann-Aufnahmen sind die – für die österreichische Gesellschaft für historische Tonträger (GHT) im Rahmen ihres 2008 ins Leben gerufenen „The Lindström-Project" – von Christian Zwarg, Berlin, erstellten Diskographien *aller* Aufnahmen der Marken Odeon und Parlophon (http://www.phonomuseum.at/discography-%E2%80%93-edited-by-christian-zwarg/). Die Listen sind als PDF-Dateien veröffentlicht und können leicht durchsucht werden.

Danksagung

Für Auskünfte und Unterstützung bei den Recherchen danke ich Marie-Luise Adlung (Geheimes Staatsarchiv Preußischer Kulturbesitz, Berlin), Herbert Bauch (Stadtarchiv, Langen), Dr. Thomas Blubacher (Rheinfelden), Terry Ann Brown (Houston Symphony Archives, Houston, TX) Susanne Bruse (München), Manfred Capellmann (Frankfurt a. M.), Andrea Clos, Akademie der Künste – Archiv Darstellende Kunst, Berlin), Bart Daems (Paleis voor Schone Kunsten/Palais des Beaux-Arts – Archives, Brüssel), Ute Daub (Frankfurt a. M.), Dr. Christian Detig (Rundfunk Berlin-Brandenburg Kulturradio, Berlin), Alexandra Maria Dielitz (BR-Klassik, München), Albrecht Dürr (Stuttgarter Philharmoniker – Musikdramaturgie, Stuttgart), Tobias Fasora (Historisches Archiv des SWR, Stuttgart), Burkhard von Fritsch (Freising), Sabine Fröhlich (Frankfurt a. M.), Brian Fulton (Scranton Times Tribune – Library, Scranton, PA), Barbara Gánczyk (Klodawa), Jason Gibbs (San Francisco Public Library, San Francisco), Dr. Werner Grünzweig (Akademie der Künste – Musikarchiv, Berlin), Stephanie von Guaita (Waldshut), Franziska Gulde-Druet (Stiftung Berliner Philharmoniker – Archiv, Berlin), Andreas Gumz (NDR – Unternehmensarchiv, Hamburg), Anja Gussek (Stadtarchiv, Münster), Peter Haberkorn (Hessisches Hauptstaatsarchiv Wiesbaden, Wiesbaden), Volker Harms-Ziegler (Institut für Stadtgeschichte, Frankfurt a. M.), Prof. Dr. Dieter Härtwig (Dresden), Maria Heiskanen-Schüttler (Botschaft von Finnland, Berlin), Andreas Herbst (Gedenkstätte Deutscher Widerstand, Berlin), Larry F. Holdridge (Amityville, NY), Gisela Hoppe (Stadtarchiv, Dresden), Olaf Ihlefeldt (Südwestfriedhof, Stahnsdorf), Gabriele Klein (Langen), Ulf Kluck (Förderverein Jüdische Geschichte und Kultur im Kreis Groß-Gerau e.V., Erfelden), Vicky Kondelik (University of Michigan Library, Ann Arbor, MI), Jochen Kowalski (Berlin), Helmut Krebs (Stadt- und Kreisarchiv, Düren), Philip J. Leininger (New Jersey Symphony Orchestra, Newark, NJ), Michael Lenarz (Jüdisches Museum, Frankfurt a. M.), Roswitha Link (Stadtarchiv, Münster), Anton Löffelmeier (Stadtarchiv, München), Stefan Lösch (Verbandsgemeindeverwaltung Monsheim Standesamt, Monsheim), Rafael Luwisch (I. E. Lichtigfeld-Schule im Philanthropin, Frankfurt a. M.), James Manishen (Winnipeg Symphony Orchestra, Winnipeg, MB), Judy Muratore (Boston, MA), Daniel O'Hara (Saltburn-by-the-Sea), Anton Oberarzbacher (Hotel-Pension Erika, Bad Reichenhall), Dr. Andreas Odenkirchen (Frankfurter Museums-Gesellschaft, Frankfurt a. M.), Meline von Paris (Bad Soden-Salmünster), Dr. Caroline Prassel (Dr. Hoch's Konservatorium, Frankfurt a. M.), Edgar Sarton-Saretzki (Ottawa), Rita Schäfer (Bayerische Staatsbibliothek – Abteilung für Handschriften und Alte Drucke, Nachlässe und Autographen, München), Dr. Susanne Schlösser (Stadtarchiv, Mannheim), Axel Schröder (Landesarchiv, Berlin), Ute Schröder (Dresdner Philharmonie Archiv, Dresden), John Shepard (Jean Gray Hargrove Music Library, University of California, Berkeley, CA), Laurie Shulman Ph. D. (Dallas, TX), Anke Spille (Zentral- und Landesbibliothek – Historische Sammlungen, Berlin), Dr. Claudius Stein, M.A (Archiv der Ludwig-Maximilians-Universität, München), Dr. Kerstin Stremmel (Theaterwissenschaftliche Sammlung Universität Köln, Köln), Maike Strobel und Erzsébet Trautz (Universitätsbibliothek Johann Christian Senckenberg, Frankfurt a. M.), Cesar Willekens (Vlaamse Opera – Bibliothek, Antwerpen), Jörg Wyrschowy (Deutsches Rundfunkarchiv, Frankfurt a. M.), Eva Zander (Frankfurt a. M.), Sabrina Zinke (Universitätsarchiv, Heidelberg), Christian Zwarg (Berlin).

Ganz besonderen Dank schulde ich aber Frieder Weissmanns Alleinerbin Sylvia Willink-Quiël (Amsterdam). Sie ermöglichte mir den ungehinderten Zugang zu allen Hinterlassenschaften des „vergessenen Maestros" und stellte bereitwillig die im Nachlass befindlichen Fotos für Illustrationszwecke zur Verfügung. Ihrer unermüdlichen Unterstützung, ihrer Begeisterung für das Projekt und ihrer aufmerksamen Begleitung und Beratung ist es ganz wesentlich zu verdanken, dass dieses Buch entstehen konnte.

Bildnachweis

Gabriele Klein, Langen: 245 (l).

Sammlung Rainer Bunz, Egelsbach: 23, 29, 46, 57, 81, 87, 93, 114, 129, 135, 141 (m, r), 145 (l), 154 (r), 163, 184, 219, 233 (r).

Sammlung Vicky Kondelik, Ann Arbor: 108, 110, 124, 141 (l), 146.

Stefanie von Guaita, Waldshut: 325.

Wikipedia: 221 (l), 245 (r, Franz Ziegler).

Sylvia Willink-Quiël, Amsterdam: 50 (r), 338, 343 (l), 355, 356, 357, 359.

Alle übrigen Bilder stammen aus dem Nachlass von Frieder Weissmann. Die Wiedergabe erfolgt mit freundlicher Genehmigung der Erbin, Frau Sylvia Willink-Quiël, Amsterdam.

Wir haben uns um die Klärung aller Bildrechte bemüht. Sollten dennoch Ansprüche bestehen,, werden die Urheber gebeten, sich zu melden.

Personenverzeichnis